Hans Bausenhardt

SÜD ITALIEN

Sizilien Handbuch

VERLAG MARTIN VELBINGER

Erhältlich gegen Voreinsendung von 29,80 DM auf das Postscheckkonto
München — 2o 65 6o - 8o8 oder per Verrechnungsscheck im Brief

VERLAG MARTIN VELBINGER — Petersbrunner Str. 8 a — 813o Starnberg

INHALT:

mit vielen Restaur.-Tips

mit Wander-tips

mit Wort.... schatz

Handbuch

SÜDITALIEN

Sizilien

VERLAG MARTIN VELBINGER

Petersbrunner Str. 8a, 813o Starnberg

Dieses vorliegende Buch erscheint als Band 12 einer Reihe unkonventioneller Reiseführer im Verlag Martin Velbinger:

Band 1:   SÜDAMERIKA, 7o4 Seiten, 39,- DM
Band 2:   SÜDL. KARIBIK, 512 Seiten, 39,8o DM
Band 3:   ZENTRAKAMERIKA+MEXICO, in Vorbereitung
Band 4:   GRIECHENLAND, 416 Seiten, 29,8o DM
Band 5:   PORTUGAL, M.Müller, 32o Seiten, 19,8o DM
Band 6:   SÜDFRANKREICH, M.Müller, 288 Seiten, 19,8o DM
Band 7:   PARIS, H.J. Sing, 352 Seiten, 29,8o DM
Band 8:   BAHAMAS & FLORIDA, 288 Seiten, 26,8o DM
Band 9:   WOHNMOBIL–SELBSTBAU, Geißler/Treibel, in Vorber.
Band 1o: WIEN, Norbert Steidel, 448 Seiten, 19,8o DM
Band 11: TOSCANA/ELBA, H.J. Sing, ca. 3oo Seiten, 19,8o DM
Band 12: SÜDITALIEN/SIZILIEN, H.Bausenhardt, 496 S., 29,8o DM
Band 13: KORSIKA, Schröder/Pagenstecher, 224 Seiten, 16,8o DM
Band 14: SARDINIEN, H.Bausenhardt, ca. 3oo Seiten, 19,8o DM
Band 15: GOLF VON NEAPEL/CILENTO, Bausenhardt, 19,8o DM

Weitere Titel in Vorbereitung. Bitte Anfrage an den Verlag. (Rückporto beilegen!)

Buch- Konzeption: Martin Velbinger

Layout: Herbert A. Spiegl und Martin Velbinger

 Der Teil Gargano — Eol. Inseln basiert auf einem
 Layout von Susanne Becker

Karten: Herbert A. Spiegl

Illustrationen: Bettina v. Hacke und Herbert A. Spiegl

Cover: Martin Velbinger, Strich: H. A. Spiegl

ISBN: 3 — 88 316 — o14 — 8

ALLE ANGEGEBENEN PREISE sind ca.- Preise, auch wenn sie nicht als solche bezeichnet sind. — Für die Richtigkeit und Vollständigkeit aller Angaben, insbesondere
der Abfahrtszeiten und Preise kann keine Gewähr übernommen werden.

DRUCK: Clausen und Bosse
COVER—LITHOS: Gebr. Czech
SATZ: Martin Velbinger, München
PRINTED IN WEST GERMANY   1. Auflage 1983

ÎNHALT:

INHALT:

ÌNHALT:

ÏNHALT:

Handwerkszeug:

①Wortschatz:

②Konsulate:

③ **Tourist INFO**

Ansonsten Tourist- Info: am Beginn des jew. Regionenkapitels!

④Literatur

⑤Sonstiges:

INDEX:

ANREISE

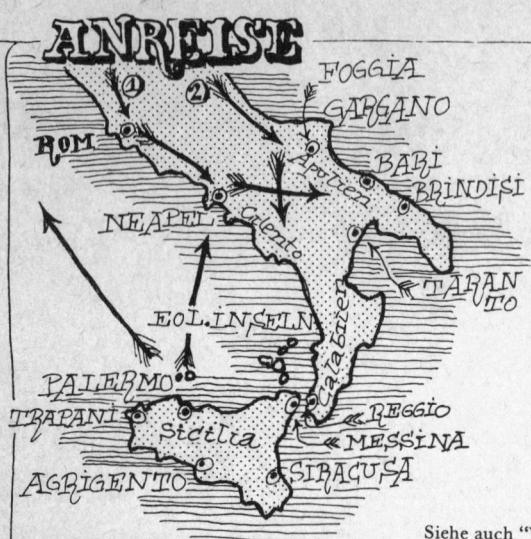

SÜDITALIEN

Generell gibt's 2 Hauptan-reiserouten:

① *via WESTKÜSTE (Roma, Napoli)*

② *via ADRIAKÜSTE (Ancona, Bari, Brindisi)*

Beide schnell befahrbar in PKW über Autostrada bzw. per Zug (Hauptlinien)

ALTERNATIVROUTE: über die Abruzzen, — sowie per Fähre ab Genua, bzw. Sardinien.

Siehe auch "Winter-Anreise"/Kapitel Sizilien!

Ⓐ Anreise: Auto ... Seite 11

<u>Vorteil</u>: Beweglichkeit "vor Ort", Unabhängigkeit bezüglich Abfahrtszeiten und Gepäck. — <u>Nachteil</u>: hohe Km-leistung bei Spritkosten und Autobahngebühren, die in jedem Fall, auch wenn man sich zu mehreren die Kosten teilt, erheblich über den Zugkosten liegen. Zugleich: Diebstahlgefahr in den Hauptstädten wie Neapel/Palermo.

Ⓑ Anreise: Bahn ... Seite 24

<u>Vorteil</u>: superbillig; für rund 60 DM seid ihr vom Brenner bis Reggio di Calabria und für rund 2 DM mehr bis Palermo!! Einer der großen Pluspunkte, die Süditalien in Bezug auf Anreise zu einem der billigsten südeuropäischen Länder macht! Eisenbahnabteile sind eine ausgesprochene Brutstätte für Kontakte. — <u>Nachteile</u>: Fernzüge meist sehr voll, Verspätungen und oft schlechte Anschlüsse. Den "Orario Generale" kaufen (ital. Kursbuch, in Kiosken).

Die Bahn für lange Distanzen. Dann an Ort und Stelle Auto mieten.

Ⓒ Anreise: Flug ... Seite 28

<u>Vorteil</u>: geht fix. Innerhalb Italiens und aus Italien raus noch relativ billig. Normal- Tickets aus BRD nach Italien aber reichlich teuer! TIP: Retourticket ("flieg & Spar") bei Lufthansa von München nach Rom und retour für ca. 500,— DM. Weiter per Zug.

Per Auto:

*Am beweglichsten, unabhängigsten.
Kein Warten auf Anschlüsse, viele
kleinere Ortschaften werden nur
1 bis 2 mal täglich vom Bus angefahren.*

Wer sein Auto allerdings einmal durch Neapel gesteuert hat, wird es zumindest in den Großstädten für die schlechteste aller Lösungen halten. Abstellen ist noch problematischer als Fahren, und kaum steht der mit allerlei
wertvollen Dingen gefüllte Blechbehälter aus Germania, kommen die ernst-
und wohlgemeinten Warnungen vor den "Ladri" (Diebe), danach die Ladri
selbst. Die Garage kostet meist mehr als das Hotel.

Benzinkosten, Autobahngebühren und hoher Reifenverschleiß — Hitze,
viele Kurven und der italienische Schmirgelasphalt reduzieren eure Pneus
und machen das Autofahren wesentlich teurer als bei uns.

Nur wer mit Diesel fährt, liegt niedriger.

ROUTEN:

① **Autobahn: München ≫→ Brenner ≫→ Bologna ≫→ Roma ≫→ Napoli:**

ca. 1.000 km. In den Hauptreisezeiten (Juli, August, Weihnachten) vielerorts überlastet. Besonders: Grenzübergang Kiefersfelden/Kufstein, Maut-
stelle hinter Innsbruck, der Grenzübergang Brenner und die Mautstellen der
Autobahn bei Vipiteno/Sterzing, bei Carpi(Modena) und Roma/Nord. Dort
an "heißen" Tagen (Ende Juli, 1o. bis 15.8.) oft bis 25 km Stillstand.

Auf der Appenninstrecke Bologna — Firenze bei starkem Verkehr durch
viele LKW's und Engstellen oft sehr zähflüssig. Ich habe für diese 85 km
oft schon mehrfach 3 - 4 Stunden gebraucht. Leider gehen alle Alternativen entweder via Landstraße durchs Gebirge oder ein Riesenumweg.

Wer über NAPOLI hinaus will, sollte bei Caserta Nord von der A 2 auf die
A 3o nach Salerno über Nola.

Ab SALERNO ist die Autobahn gratis (noch 45o km bis Reggio).

①① **Variante,** die der teuren Autobahn teilweise aus dem Weg geht: München
— Garmisch (teilweise Autobahn) — Scharnitz Pass/Grenze und runter
über den 17 %- Gefälle- Zirler Berg nach Innsbruck (für Gespanne verboten,
sonst aber harmlos, sofern nicht im tiefen Winter). Dann bis Innsbruck Süd
(noch durch den Tunnel durch) per Gratisautobahn und dort auf die alte
Brenner- Bundesstraße, die wenig befahren ist und für LKW bis zum Brenner
gesperrt und hinter Grenze/Brenner weiter Landstraße bis TRENTO.

Dort entweder nach PADOVA (schnelle Straße und Stadtumgehung/S.S.47)
und weiter nach RAVENNA (S.S. 516 und S.S. 3o9). Ravenna im Hochsommer unbedingt meiden, denn die Straße führt durchs Hinterland des
"Teutonengrills", wo vor lauter Querverkehr oft nichts mehr nach vorn

geht. Weiter bis CERVIA, dort dann zur Autobahn Richtung ANCONA und APULIEN.

Wer Richtung NAPOLI will, fährt bis FANO, von dort auf meist guter Straße über Foligno — Terni (S.S. 3) südwärts. An hochsommerlichen Wochenenden rasen hier aber abertausende Römer, die "Weekend" an der Adria machen.

Oder (wieder zurück, nur im Geiste!) bis 15 km nördlich von Verona (etwa 2 km hinter einer Häusergruppe, Ospedaletto) zur Brennerstraße, dann Autobahn wie (1).

Durch die PO—EBENE via Landstraße ist schön, aber zeitraubend.

Stops/Varianten/Abstecher:

✱ **Gardasee:** runter von der A 22 in <u>ROVERETO/SÜD,</u> dann die S.S. 249 am Ostufer. Am Nordteil Felswände, die hunderte von Metern senkrecht aus dem See steigen. Vom Montebaldo (2218 m) Blick über den See in seiner ganzen Größe und Vielseitigkeit. Viele seltene Pflanzen. Straße ab Mori, nur im letzten Stück schwierig, oder ab Malcesine die Seilbahn auf 1800 m Höhe.

Dieser Ort, wie die Hafenpromenaden von Riva sind das Top- Revier für Windsurfer (im Sommer voll von Wohnmobilen!!), wobei die Surfer als heißen Gardasee- Anreisetip die Route ab Brenner bis Vipiteno/Sterzing handeln. Hier über den Jaufen- Pass rüber ins Tal von Meran. Weiter über die schnelle Straße im Tal nach Bozen/Bolzano. Dann parallel zur Autobahn über gut ausgebaute Landstraße (Achtung, nachts schwierig zu Tanken!) bis Trento: bequeme Abkürzung zum Gardasee. S.S. 45 - über Vezzano — Arco, höchster Punkt bei knapp 500 m.

<u>Ab RIVA</u> Ostufer des Sees. Viele Tunnels, kaum Platz für die Straße. <u>Malcesine</u> supertouristisch, aber schönes Hafenbecken, links davon im 1. Stock gutes Restaurant. Gesamte Region in Hochsaison sehr schwierig, Übernachtungsmöglichkeit zu finden. Der See öffnet sich, Wärme und Mittelmeer-Vegetation. <u>Bis GARDA</u> Bademöglichkeiten dicht an der Straße. Wasser verlockend sauber. Lohnend die Punta S. Vigilio, Halbinsel mit Villen und feierlichen Zypressenalleen. Weiter südlich gehört der See den Touristen. Ruhig auf der Landstraße bleiben. Ihr erlebt ein Stück Po- Ebene Ri. Mantova, die abseits der Autostrada alles andere als langweilig ist.

✱ **Mantova:** auf einer Halbinsel zwischen 3 Seen. Residenzstadt der Renaissance. Die Gonzaga holten im 15. Jhd. Spitzenkünstler aus ganz Italien nach Mantova. Auch wenn ihr wenig Zeit habt, die Plätze im Zentrum mit ihrer Mischung aus urbanem und sehr ländlichem Leben. Palazzo Ducale (Museum) mit Renaissance- Fresken von Andrea Mantegna lohnen Besuch!

<u>Abstecher nach SABBIONETTA:</u> Renaissance- Städtchen, heute eher ein Dorf. Eine der vielen Mini-Residenzen der Po- Ebene, als Idealstadt gebaut, überall Geometrie und Perspektive gegenwärtig.

Von Sabbionetta zur A 1 nach <u>PARMA.</u> Zwischen Mantova und Parma Kleinstadt- Ristoranti und Dorftrattorie, die diesen Teil der Po- Ebene zu einem kulinarischen Mekka in Norditalien machen.

✱ Florenz (Firenze): es gibt kaum eine Großstadt in Europa, wo künstlerische und architektonische Vergangenheit derart lebendig ins tägliche Leben einbezogen sind. Die Kirchen, die großen Museen hebt man besser für eine Extrareise nach Florenz auf. Quartiersuche ist schwierig. In den umliegenden, kleineren Städten mehr Entspannung, weniger voll, Preis und Leistung meist in günstigerem Verhältnis. Absolut Top ist jedoch Übernachtung in "Pension Villa Bencista" oben in Fiesole mit weitem Blick von der Hotel-Terrasse über das Lichtermeer der Stadt im Tal. Eine alte Feudalvilla. Viele weitere Details im großen "TOSCANA/ELBA"- Band von Hans Jörg Sing, Band Nr.11 der Reiseführer- Reihe.

Macht einen Bummel durch die Markthallen, mit ihren Farben und Düften ein Vorgeschmack auf Süditalien! An den Ständen leckere "Panini" mit Fleisch und Trippa.

Raus aus dem Verkehrs- und Touristengetümmel seid ihr oberhalb der Stadt bei S. Miniato al Monte , als Kirche und Mosaiken, umgeben von viel Grün. Schönster Blick über die Stadt mit ihren Türmen und Kuppeln.

Wer autobahnmüde ist: auf kleinen Straßen durch den CHIANTI, Hügelland mit weltbekannten Weingütern, kleine Landstädtchen, so z.B. Greve mit excellenten "enothecas" (Weindirektverkauf). Entlang der S.S. 222 (Firenze–Siena) der typische Chianti. Impruneta Greve, Castellina in Chianti toskanische Landstädtchen, in denen nur am Wochenende ein unvorstellbares Gewimmel herrscht. Viele Tips zum Weinkauf im Sing/Toscana—Elba, auch wo man direkt in Schlössern testen und kaufen kann. Zypressen kennzeichnen diesen Teil der Toscana, aber auch weitläufige Wälder, daß man gar nicht den Eindruck hat, durch eine Weingegend zu fahren.

Die beste Idee vom Chianti bekommt ihr auf der S.S. 222 von Firenze nach Greve — Castellina — Siena; schmal ringelig; mehr Abfahrten zu Weingütern ("Fattoria") als Km. Direktverkauf, — Preise für excellente Tropfen: mittel, Spitzenflaschen jedoch zu Spitzenpreisen. Die Superstrada Firenze nach Siena (kurvig und bei 140 km/h gefährlich!) ist schnell, aber sehr langweilig. Abstecher nach S. GIGNANO und CERTALDO möglich. Wenn die Hotels in S. Gimignano voll sind, passable Hotels im Centrum von Poggibonsi, ca. 15 PKW-Minuten von San Gimignano.

CERTALDO: mittelalterliche Kleinstadt und Heimat von Boccacio, mit nur wenig Tourismus, Zwischenstop zum Ausspannen, mit weitem Blick übers toscanische Hügelland, in der Ferne die Turmsilouette von S. Gimignano. Das Hotel/Rest. "Ostaria del Vicario" in altem Palast. Excellent!!

S. GIMIGNANO: Neben Siena

#) Zum Vergleich ein Durchschnittspfarrer ohne Fahrrad

einer der lohnensten Stops in der Toscana. Perfekt erhaltenes mittelalterliches Stadtbild mit Mauer, Toren und 15 Türmen. Pflichtziel aller Tosca-
na- Reisebusse. Aber die knapp 15.000 Einwohner- Stadt verdaut das, ohne
die eigene Identität zu verlieren. Top- Hotels und Restaurants, die zur
Toscana- Spitzenklasse gehören (siehe "Sing/Toscana Elba"), PKWS parken
außerhalb vor der Stadtmauer. Im Dom und in S. Agostino die Zeit bleiben,
um sich in die Fresken einzufühlen. Hotel "Bel Soggiorno" (mit sehr gutem
Ristorante, schöner Terrasse auf der Stadtmauer, teuer) "Stella" - einfacher
und wesentlich billiger, ein Ristorante mit guter toscan. Küche. Lohnend der
Abstecher nach VOLTERRA, mittelalterliche Stadt mit etrusk. Stadtmauer.

MONTERIGGIONI: dicht an der Superstrada. Dorf mit mittelalterlich-turm-
bewehrtem Mauerring, der inzwischen viel zu groß geworden ist. "Ristorante Il Pozzo" mit ländlicher Küche.

✱ Siena: bestimmend das gedeckte, patinierte Blaßrot des mittelalterlichen
Ziegelsteins; die Dachlandschaft überragt der Dom; enge steile Gassen mit
Palastfassaden. In der Mitte der Stadt die Piazza del Campo wie eine Muschel. Obwohl keine Geometrie wie in einer Rechenaufgabe, perfekte Harmonie
"Museo Nazionale" und "Museo dell' Opera del Duomo", zwei der Haupt-
sammlungen für mittelalterliche, toscanische Malerei. Ohne den Rummel der
Museen von Firenze. — "Tre Donzelle", preiswertes Hotel mit Patina und
kleinen Defekten dicht an der Piazza del Campo, ein genuines Restaurant
zu vertretbaren Preisen. "Sciacciapensieri", in einer kleinen alten Villa außerhalb der Stadt: teuer, aber vom Ambiente perfekt. In der Nähe "Camping
Comunale".

Südlich von Siena beginnt die andere, wenig bekannte Toscana, ein kahles
Hügelland mit endlosen Feldern. Auf den Bergspitzen in Olivenhainen;die
wenigen Kleinstädte auf langen, sanften Hügeln.Zypressenreihen, die zu
Villen und Bauernhöfen führen. Stimmungsvoll bei Nebel und Dunst.

Einzigster Nachteil: die S.S. 2 ist sehr zeitraubend und lohnt sich nur, wenn
man zum LAGO DI BOLSENA will (gute Campingmöglichkeiten).Sehr sauberes Wasser, noch kein Massentourismus. Sonst von SIENA auf der Schnellstraße zur A 1.

✱ Orvieto: von Süddeutschland in einem Tag zu erreichen. Stimmungsvollster
Zwischenstop auf der Schnell- Route in den Süden.Die Stadt auf einem
Tuff- Plateau, ihre Silouette überragt vom weithin sichtbaren Dom. Die ganze Stadt ist Nationalmonument, aber nicht museal. Abends durch die Gassen
schlendern, wenn der goldgelbe Tuff der Hausmauern die Wärme des Tages
abstrahlt. Sinnliches Erleben, im Süden zu sein.

Stimmungsvolle Altstadthotels, die die mittelalterlichen Hausstrukturen geschickt mit einbezogen haben. In Mittelklasse: "Duomo"/Via Maurizio 7
und "Posta"/Via Luca Signorelli 18, sowie "Corso"/Cavour 343, alle um
die 4o - 45 DM/Doppel. Ristoranti und Trattorien mit traditioneller, um-
brischer Küche: viele Pilze, handgemachte Nudeln, Bauernschinken, Fleisch
von freigeweideten Rindern und Schweinen, von Hühnern, die freien Auslauf hatten und ihre Nahrung auf dem Hof zusammengepickt haben: "Mo-
rino"/Via Garibaldi, — "Pino da Checco"/Via di Piazza del Popolo" mit

Ambiente und sehr raffinierter, traditioneller Küche um 35 DM. Einfacher und qualitativ ebenso überzeugend: "La Grotta"/Via Luca Signorelli und "Da Marino"/Via dei Cartari sowie "Trattoria Romana"/Corso Cavour, alle um die 2o DM.

BOMARZO: die riesigen, in Stein gehauenen Monstren, aufgerissenen Mäuler und Riesennixen stammen aus der Phantasiewelt eines fürstlichen Außenseiters, dem das Harmoniestreben der Renaissance zu glatt war. Die A 1 bis Attigliano — "Parco dei Monstri".

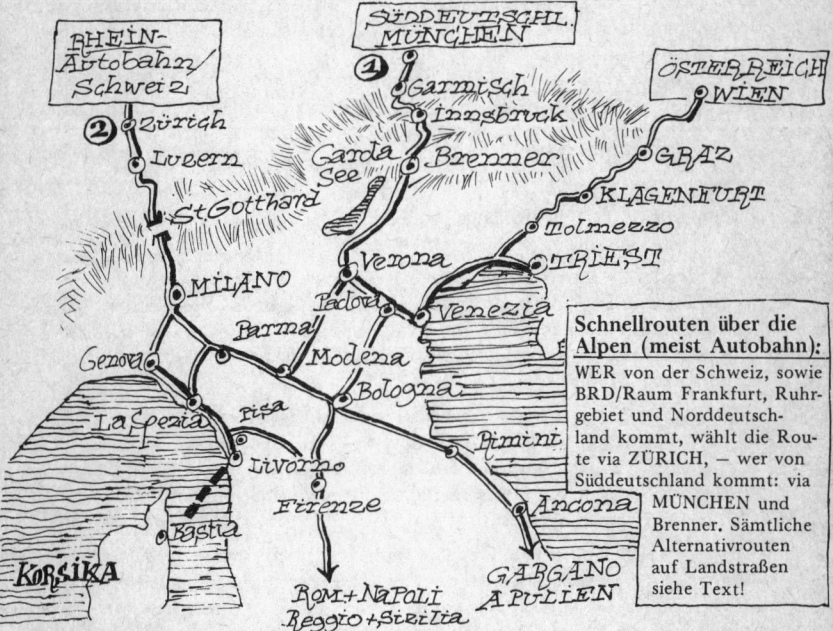

Schnellrouten über die Alpen (meist Autobahn):
WER von der Schweiz, sowie BRD/Raum Frankfurt, Ruhrgebiet und Norddeutschland kommt, wählt die Route via ZÜRICH, — wer von Süddeutschland kommt: via MÜNCHEN und Brenner. Sämtliche Alternativrouten auf Landstraßen siehe Text!

② Autobahn: Basel »→ St. Gotthard »→ Lugano »→ Como »→ Milano »→ Bologna »→ Ancona »→ Foggia »→ Bari (1.2oo km)

In der Schweiz noch nicht überall Autobahn. Wenn viel los ist: statt über den St. Gotthard über Zürich — Chur — S. Bernardino nach Lugano. Ist etwas weiter, landschaftlich ebenfalls sehr reizvoll und meist weniger voll.

Bei viel Verkehr vor der Grenze in Chiasso runter, in Como wieder auf die Autobahn, Mailand westlich auf Autobahn umfahren. Von Süden herkommend kann es am Autobahnende in Milano Melegnano sehr voll sein.

Ihnen könnt Ihr ausweichen, ist aber auch zeitraubend: Ist ganz viel los, runter in Casalpusterlengo (35 km vor Melegnano), von dort auf der S.S. 9 Richtung Milano bis unmittelbar hinter Melegnano, links ab Richtung Abbiategrasso für 7,4 km, dort rechts Ri. Milano über Locate bis zur Auffahrt der Umgehungsautobahn (6,8 km/Auffahrt Ripamonti). Bei weniger Verkehr runter in Lodi.

Gleich noch, wie der römischen Schlange ein Schnippchen schlagen: (von Norden kommend):

Autostrada adieu in Magliano Sabina (34 km vorher, von dort bis zum Autobahnring (Raccordo anulare – G.R.A.) auf der S.S. 3 Flaminia (ihr seid hier auf Goethes Spuren). Landschaft versöhnt mit den Kurven.

Die Strecke MILANO ➤→ ADRIA ➤→ APULIEN ist mächtig befahren, zwischen Rimini und Pescara reichlich touristischer Zwischenverkehr, wenn man hier Landstraße fährt. Auf der Autobahn relativ zügig, auch im Hochsommer:
Die Autostrada Bologna – Apulien die schnellste und zu allen Jahreszeiten am wenigsten problematische Route in den Süden. Immer in der Nähe der Adria, kaum Steigungen und im Winter im Gegensatz zur "Autostrada del Sole" (Bologna – Firenze – Roma – Napoli) selten eingeschneit.

Rennstrecke, erst Teutonengrill, dann Italienergrill, bis Pesaro gute Chancen, Sauerkraut zu bekommen.

Mit Sitzfleisch lässt sich die Strecke Süddeutschland – Gargano – Foggia in einem Tag schaffen. Brauchbare Zwischenstops in Autobahnnähe gibt es kaum; an der Adria Ferienbetrieb total! Unbedingt lohnend: die Mosaikkirchen in Ravenna, im Sommer aber derart überfüllt, daß die Sache keinen Spaß bringt!

✱ **Urbino:** beherrscht einen Hügel. Renaissancestadt, wo der Mensch das Maß der Architektur ist. Nationalmuseum im Palazzo Ducale. Gemäldegalerie mit einigen Hauptwerken der früheren Renaissance. Gleichzeitig die Wohnbedingungen eines kleineren Fürstenhofes sichtbar. Geburtshaus von Raffael, kleines Museum.

✱ **Atri:** Abruzzenkleinstadt in Panoramalage über einer, von Bodenerosion zerfressenen Hügellandschaft. Im Rücken die fast 3.000 m hohe Kette des Gran Sasso, die fast senkrecht zur nur 3o km entfernten Adria abfällt. Sehenswert der Dom, eine riesige, frühgotische Halle mit erzählenden Fresken eines lokalen Malers der Renaissance. Atri ist einer der wenigen Orte für entspannenden Zwischenstop: "Hotel du Parc" in Panoramalage, recht teuer. Von Atri zum Gargano noch 2oo km, bis Bari 34o km.

③ **Westküste:** aus den bekannten Gründen wieder nix für den Hochsommer, sonst aber gut und recht billig – weniger Autostrada). In Milano A1 bis vor Parma, dort A15 nach La Spezia, dann A12 bis Livorno, weiter S.S.1 Civitavecchia über Grosseto (unterwegs schon mal Baden, Tips im Kasten!). Civitavecchia–Roma G.R.A. wieder A12, dann S.S. 148 über Terracina nach Minturno: Reisende nach Napoli S.S. 7 quater.

Wer weiter südlich will, ebenfalls S.S. 7 quater bis Marina di Lago Patria, dort Schnellstr. nach Casoria, die direkt in Autostrada mündet, dort auf A16 (Bari) bis Kreuz Nola, dann A30 Salerno.

✻ Stops/Abstecher: landschaftlich entlang der Küste nicht sehr aufregend, überwiegend durch flache Küstenebenen. LUCCA: wenn nicht die Pflicht drängt, den schiefen Turm zu Pisa zu besteigen, bietet das naheliegende Lucca mehr: eine lebendige Stadt mit vielen Marmorkirchen, bei deren Fassaden die mittelalterlichen Baumeister ihrer Phantasie keine Zügel angelegt haben. Straßen mit großem Plattenpflaster, wo die Fußgänger mehr Rechte haben, als die Autos. Um die Stadt eine Wallanlage mit Bäumen. Jugendherberge, sowie "Hotel Ilaria"/Via del Fosso, Buca di S. Antonio-Ristorante mit Ambiente und gutem Essen.

✻ BADEN an der Maremmaküste südlich von Grosseto:
Generell arg überlaufen, das Meer leidlich sauber. Durch aufgewühlten Sand sieht es aber schlimmer aus, als es ist. — 7 km hinter Grosseto das Naturschutzgebiet bei Rispescia: Ri. Spergolaia — Marina di Alberese (Campen verboten, gibt echt Ärger!) — Oder weiter südlich : Abfahrt Ansedonia, etwa 4 km hinter der Tagliata etrusca schmale Asphaltstraße, die an einem Sarazenenturm am Strand endet.

Und noch ein heißer Tip landeinwärts (auch im Winter Baden). Ist aber inzwischen touristisch so entdeckt, daß dort fast immer Jubel und Trubel ist. Die heißen Wasserfälle von SATURNIA und das dortige Thermalbad (erstes gratis, zweites DM 10) Schwefelwasser von 37°, reichlich, speist erst das Schwimmbecken der Thermen, dann 500 m weiter eindrucksvolle Kaskade (im Winter um 32—34 , im Sommer dank Sonne unverändert 37°). Naturbadewannen im Sinter. Ende Mai werden die einheimischen Schafe gebadet (soll aber die Socken kratzig machen). Bis Albinia S.S. 1, dann S.S. 74 bis Manciano, ab dort Schilder nach Saturnia (noch 12 km). Zu den Thermen ist ausgeschildert, die Cascata del Molino ist 200 m vorher, man sieht sie schon bei der Abfahrt ins Tal, vor einer scharfen Rechtskurve nach links Feldweg (gelbes Schild). Dieser Weg, weil viel befahren, ist recht mies. Und bei Regen stellenweise sehr schlüpfrig. Vorher prüfen, wie weit ihr fahren könnt.

An der Cascade eine Bar. Bisher wird noch nicht geklaut, aber trotzdem etwas Vorsicht! Nachts gehört die Szenerie den Nackten und den Spannern.

✻ SÜDL. VON ROM als Alternative zu den schnurgeraden Straßen durch die Pontinische Ebene, noch vor weniger als 1oo Jahren unpassierbare Sümpfe: die kleinen Bergstädte in den Monti Lepini, die es schon gab, als Rom noch sieben unbewohnte Hügel war.

NORMA, SERMONETA, SEZZE: verwinkeltes Mittelalter in Verteidigungslage auf Bergspitzen, vorgeschichtliche Polygonalmauern, Terrassenfelder mit unendlichen Olivenhainen. Kleine, ländliche Hotels und genuine Trattorien. Ideal als Zwischenstop, wenn man noch viele Km in den tiefen Süden vor sich hat: Napoli 16o km, Cosenza 46o km, Reggio 65o km.

④ Durch's Landesinnere:

a. von Firenze (A1, Ausfahrt FI-Certosa) auf Schnellstraße nach Siena, dort um Stadt herumquälen nach Perugia—Ponte S. Giovanni (dort Abzweig in die Stadt). Wer Zeit sparen will, kann die A1 bis Valdichiana nehmen.

b. von Ravenna über Rimini (nur Stadtrand!) — Nova Feltria—Sansepolcro—Citta di Castello—Perugia Ponte S. Giovanni. Perugia—Terni entweder über Todi oder Assisi—Foligno. Dann. Terni—Rieti–l'Aquila (Abstecher zum Gran Sasso, den höchsten Appenninengipfeln)—Sulmona—Isernia (auf der Strecke fahrt Ihr am Abruzzen-Nationalpark entlang)—Bojano. Hier scheiden sich die Wege, einmal nach Foggia oder nach Benevento—Salerno oder Napoli.

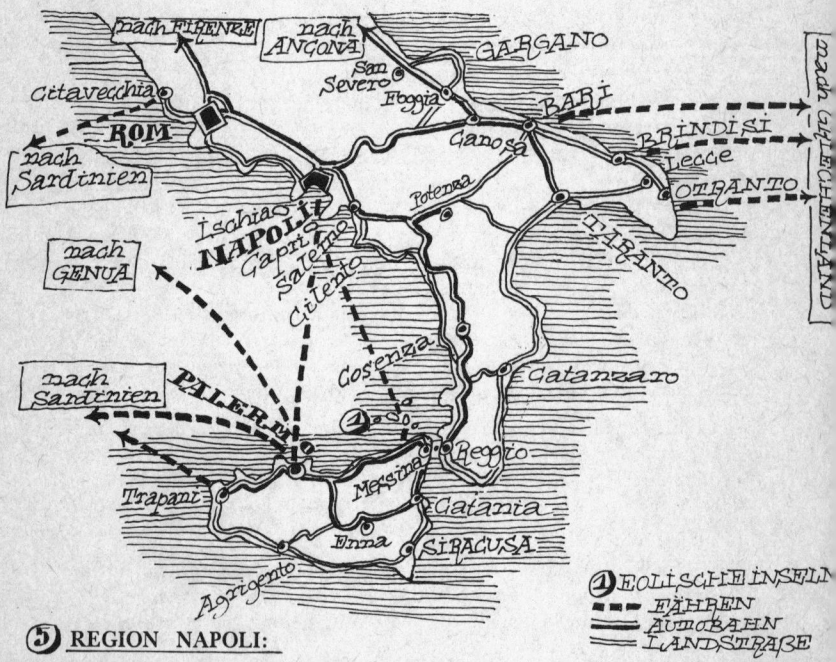

⑤ REGION NAPOLI:

können wir hier nur anschneiden, — ausführliche Details im Band 15 "Golf von Neapel/Cilento" von Hans Bausenhardt, Verlag Velbinger (19,80 DM). Die Recherchen in dieser, von Deutschen stark frequentierten Region (Capri, Ischia, Halbinsel von Amalfi, Cilento) ergaben eine derartige Fülle an Infos zu Hotels, Restaurants, Verbindungen etc., daß dies den Rahmen eines handlichen Süditalien-Guides gesprengt hätte. Gleichzeitig wollten wir die Fülle dieser wertvollen Infos nicht durch Kürzungen unter den Tisch fallen lassen und haben uns zu einem seperaten   Band entschlossen.

Wer nach SÜDITALIEN fährt via Westroute, macht meist einen Bogen um

Hans Bausenhardt
Golf von Neapel
Cilento

VERLAG
MARTIN VELBINGER

Cilento
Handbuch

umfangreiche und detaillierte Infos zur Golf-Region inkl. Cilento.

★ "schon 1 oder 2 Tips des Bandes zu preisgünstigem Restaurant oder Hotel kann bereits den Preis des Buches (19.80 DM) wieder einsparen" ★

Hans Bausenhardt
256 Seiten , – 19.80 DM
Bezug:
Buchhandel, – bzw. siehe Ende dieses Buches

den Golf, – allenfalls Bildungsstop in Pompei. Schade!

★ NAPOLI: ist per Autobahn umfahrbar. Von der preisgünstigen Autofähre rüber nach PALERMO/Sizilien abgesehen (bzw. Gleitkufenboot via Eolische Inseln!) jedoch sehr lohnend!! Eine der dichtbesiedeltsten Regionen Europas. Extreme Stadtzerstörung, Industrie, Müll, Barackenviertel, – aber auch Vitalität, Straßenmärkte, Essensdünste aus den Trattorias, Handwerkerstraßen und Hinterhofindustrie. Ausgezeichnete Küche in der Stadt der Pizza und Maccheroni. Der Kontakt mit den Menschen in ihrer Lebensumgebung ist das Zentrale an Napoli, was seit Jahrhunderten Reisende an dieser Stadt faszinierte.   Und die Museen, Kirchen und Paläste.

WO ES GEHT: Autostrada benutzen. Ist im Umland Napolis billiger, als sonst in Italien. Die normalen Straßen führen durch endlose, überbevölkerte Vorstädte, sind eng, schlecht beschildert und Kontakt Blech mit Blech. — Bei dichtem Getümmel: selbstbewußt und dennoch risikoarm fahren. Sonst bleibt ihr stecken und werdet Anlaß zu einem Hupkonzert. Innerhalb des Centrums gehts ohnehin nur im Schrittempo voran.

Parkplätze sind Mangelware. Bei Touren auf die Inseln: das Auto im Stall lassen. Die Überfahrt für's Auto recht teuer und die Fahrmöglichkeiten auf den Inseln recht beschränkt , insbesondere auf Capri.

WER mit dem Zug kommt: aufpassen, es gibt 4 Fernbahnhöfe in Napoli!
   * "NA CENTRALE", der eigentliche Hauptbahnhof, wo fast alle Züge halten
   * "NA PIAZZA GARIBALDI", unterirdisch unter Napoli Centrale. Metrostation und Fernbahnhof für einige Rapidi nach Rom, Apulien und Sizilien/Calabrien.

* "NA MERGELLINA": Metro und Station für Rapidi , — wie Piazza Garibaldi
* "NA CAMPI FLEGREI": weit vom Centrum. Haltestation für die Nachtzüge
zwischen Süditalien und Sizilien rauf zum Norden Italiens. Metroanschluß in
die Stadt, aber oft lange Wartezeiten!

✱ Für den REGIONALVERKEHR wichtiger als die FS ist die "CIRCUMVESUVIANA"
(SFSM), eine Art S- Bahn. Bedient das Vesuv- Umland. Wichtig die Linie nach Torre
Annunziata-Pompei (Villa Misteri) — Sorrento. Abfahrt in der Nähe von Napoli Centrale

✱ SCHIFFE AB NAPOLI:
Die "Stazione Marittima" liegt beim Castel Nuovo. Fernverkehr mit "Tirrenia" nach
Reggio, Palermo/Sizilien und Cagliari/Sardinien. — "Siremar" fährt nach Milazzo/Sizilien
via Stromboli und Lipari/Eolische Inseln. — NAHVERKEHR: nach Capri, Sorrento und
Ischia.

Ab Napoli/Mergellina: die "Aliscafi" (Gleitkufenboote) nach Capri und Ischia

Ab Pozzuoli: Fähren nach Ischia und Procida. — Für den NAHVERKEHR lohnen sich
Rückfahrkarten nicht. Sie sind nicht ermäßigt und nicht unter den einzelnen Gesellschaften übertragbar.

✱ "EINREISE PER PKW" nach Napoli: Überlegen, ob es nicht sinnvoller ist, mit dem
Auto außerhalb entlang der Schnellbahnlinien Quartier zu beziehen. Ansonsten:

* VON NORDEN: A 2 von Rom, dann auf die Autostrada Tagenziale bis NA-Est
für die Bahnhofsgegend. — Bis NA - Centro für die Innenstadt und Mergellina.
Tourist Info an der A 2 an der Service Station S. Nicola La Strada bei Caserta Nord.

* VON OSTEN: die A 16, dann auf den Tangeziale. Touristinfo an der Service-
Station Tre Ponti Ovest (Marigliano).

* VON SÜDEN: die A 3, hier häufig Staus, aber die S.S. 18 ist noch verstopfter.
Die Autobahn endet beim Hauptbahnhof. Touristinfo am Parkplatz La Pineta bei Torre del Greco.

✱ BAHN: Touristinfo in der Stazione Centrale und der Stazione Mergellina. Alle Details
im "Golf von Napoli"- Band, inkl. ausführlichem Kartenmaterial zu Bahnhöfen, Metro-
Routen, Schiffsabfahrten in der Golf- Region, Stadtplänen, Hotels etc.

✱ ESSEN:
Die Napoletanische Küche ist Arme- Leute- Küche phantasievoller Städter, denen ein
fruchtbares Umland alles in Vielfalt, Farbenpracht und Frische liefert. Nur für Mengen
an Zutaten hat immer das Geld gefehlt.

* Fürs Sattwerden sind Nudeln, Pizzateig und Brot zuständig. Und bis zur Verschmutzung des Meeres waren Muscheln, Tintenfische und kleinere, gräten-
reiche Fische die wichtigsten Proteinlieferanten.

* "Vermicelli con le vongole" und "Polpi alla luciana" sind Küchenlieblinge.
Die Sandmuscheln, es müssen die ganz kleinen, grauen sein, bekommen einen
Klecks Tomate, ausreichend, um die "Vermicelli", so heißen hier die Spaghetti,
erröten zu lassen, Nudeln und Muscheln zu verbinden. Die "Polpi" dünsten im
eigenen Saft, — mit Olivenöl, Knoblauch und Tomatenstücken, immer so suppig,
daß die Meeresbewohner weiterhin schwimmen können.

* Fleisch spielte früher kaum eine Rolle. Man verzehrte das, was die Adelsfamilien
nicht auf den Teller bekamen: Innereien, Pfoten, Köpfe, Schwänze, machte fan-
tasievolle Ragouts daraus, Würste, Sülzen, oder genießt es wie "Tippa e Musso".
(Kutteln und Schnauze), penibel gereinigt, dann gekocht und wieder mit frischem Wasser frischgehalten, einfach mit Salz und Zitronensaft.
Erst in den letzten Jahren, nachdem alles Meeresgetier rar und teuer geworden
ist, spielt Fleisch eine größere Rolle.

* Pizza: Napolis Beitrag zur italienischen Küche. Mit etwas Glück ein Vergnügen,

das all die nördlich der Alpen kursierenden Pizza- Karrikaturen vergessen läßt.
Der Napolitaner mißt die Güte der Pizza nicht an der Reichlichkeit der Auflage.
So liebt man sie in Vesuv- Nähe: heiß, als käme sie direkt von der Lava, aber
mit Holzkohlenduft. Der Teig darf keinesfalls hart wie Knäckebrot sein und nicht
dünn. Napolitaner wollen satt werden und haben meist schlechte Zähne.— Durchmesser: Tellerrand muß unsichtbar bleiben. Was drauf ist, darf nicht zu viel sein,
weil sonst der Teig zu naß und pappig wird. Lieber ein paar Teiginseln im To-
matenmeer.

Alle weiteren Details in dem rund 5o Seiten umfassenden Neapel- Kapitel
im Band 15, — inkl. Hotels- Tips, Infos über Handwerkerstraßen, Museen,
Trattorias. Kartenmaterial etc.

✹ ISCHIA: was über dem Wasser steht: ein Riesenvulkan mit üppiger Mittelmeervegetation, Thermalquellen und ausgezeichnete Wandermöglichkeiten.
Eigenes Auto entbehrlich wegen guter und häufiger Insel- Busverbindungen:

* Linie 1 : Nordteil des Rundkurses: Porto — Casamicciola — Lacco A. — Forio —
  Panza — Cava Grando (S. Angelo), Abfahrt alle ca. 3o - 6o Min.
* Linie 2/A: Porto — Piedimonte — Maronti: etwa stündlich
* Linie 2/B: Porto — Piedimonte — Fiaiano: selten
* Linie 3: Porto — Casamicciola — Maio: selten
* Stadtlinie: Porto — Ischia Ponte: etwa alle 3o Min.

* Mikrotaxi: Dreirad mit Fahrgastraum. Orginell, stinkend, nicht schnell, aber wesentlich billiger als das normale Taxi. Preis Verhandlungssache.

BADEN: Traumstrände hat Ischia nicht, der größere Teil der Küste ist felsig, steil und
unerrreichbar. An den wenigen, meist kleineren Stränden entsprechendes Getümmel. Die schönsten Strände im Westen und Süden, aber das hat sich rumgesprochen.
Im Osten und Norden ist die Schmutzwoge Napolis spürbar, wie auch landschaftlich
enttäuschende Strände.

THERMALQUELLEN: gratis und frei in der Landschaft gibt es praktisch nie. Mehr als
3o Gruppen von Quellen, die an den Austrittsstellen zwischen 5o und 8o Grad heiß
sind. Vergnüglich der Besuch eines der Thermalgärten mit bis zu 1o verschieden
heißen Becken. Thermalbaden macht schlapp, wenn man zu lang im warmen
Wasser badet. Die Tageskarte um die 1o - 25 DM.

✹ CAPRI: teuer und landschaftlich fantastisch. Im Hochsommer sehr überlaufen von 1- Tagesausflüglern, die von Ischia, Napoli und Halbinsel Amalfi
mit der Fähre und dem Aliscafi kommen. Für Ausflug unbedingt lohnend,—
nicht nur wegen der "Blauen Grotte"! Gute Wandermöglichkeiten, ausgezeichnete Ristoranti und in HS. schwierig, Zimmer zu finden.

SPAZIERWEGE:

1.) Villa Jovis (Villa di Tiberio): ausgeschildert, ca. 45 Min. An der höchsten Stelle an
der Kirche S. Maria del Soccorso 334 m Steilabfall ins Meer. Die Ruinen riesig, aber
der Reiz liegt mehr in der wuchernden Vegetation. Am "Salto di Tiberio" soll sich
der Kaiser daran ergötzt haben, politische Gegner und unbequeme Höflinge 297 m
in die Tiefe springen zu lassen.

2.) Arco Naturale — Punta di Tragara: Rundweg, 1,3 o Std. Gut ausgebauter Treppenweg an Capris wilder Südküste entlang. Arco Naturale (=Stichweg): ein natürliches
Felstor. Der Küste vorgelagert: die Faraglioni Klippen. Zweimal die Möglichkeit,
auf langen Treppen zur Felsküste abzusteigen.

3.) Grotta Azura (Blaue Grotte): entweder per Motorboot ab Marina Grande (Seilbahn
rauf nach Capri/Dorf). Kostet um die 8 DM für Bootsfahrt, offen von 9 Uhr früh

bis Sonnenuntergang. Von Anacapri auch per Landweg erreichbar, erstes Teilstück per Bus. — Soll es in der Grotte wirklich blau leuchten, muß außen starkes Licht herrschen. Die Einfahrt (nur 1 m hoch!) nur mit Ruderbooten und bei ruhigem Meer möglich.

4.) Inselrundfahrten mit Booten ab Marina Grande. Entlang der Küste rund 6o Höhlen. Dauert ca. 1 Std. 3o Min.

✦ VESUV/POMPEI: der rund 1.2oo m direkt am Meer aufsteigende Vulkankegel des Vesuv lohnt sich sehr für Zwischenstop, allerdings im Sommer selten gute Fernsicht über die Bucht, Ischia und Capri. Straßen bis auf 1.ooo m, der Rest zu Fuß oder per Seilbahn. AUTO: wichtigste Zufahrt von Ercolano (A 3 bis Ercolano) bis Parkplatz Quota 1.ooo oder Seilbahn. BUS: bei gutem Wetter bis Seilbahn. Details über verschiedene Anfahrtsrouten , — wie auch rund 13 Seiten zu Pompei im "Golf von Neapel"-Band. Beides Schlüsselerlebnisse, — neben Napoli- und Halbinsel von Amalfi. Für Vesuv und Pompei mind. 1/2 Tag reservieren! —

✦ HALBINSEL VON SORRENTO UND AMALFI: ein Gebirge mit über 1.ooo m Höhe, das sich ins Meer vorschiebt. Eine der schönsten und vielseitigsten Küstenlandschaften des Mittelmeeres: fast senkrecht aus dem Meer steigend, Wälder, Maccia, Terrassen mit Ölbäumen, Orangen, Zitronen und überall Blumen. Schöne Wanderungen, Details im "Golf von Neapel"-Band! — SORRENTO: Palasthotels der Belle Epoque zwischen einer tropischen Vegetation. Plüsch, Marmor, vergoldete Bronze und geschliffene Kristall- Lüster; Italiano mischt sich mit Oxford- English.

POSITANO, AMALFI, RAVELLO: wie orientalische Märchendörfer, die steile Berghänge hochklettern. Weiße, rosa, türkisene Kuben, ineinander verschachtelt, die Gassen oft so eng, daß sich nichteinmal ein Esel durchquetschen kann.Eines der meistbesuchtesten Gebiete Süditaliens; in den Hotels zwischen Juni und September kaum Platz, in den Orten nur begrenzter Parkplatz.

BAHN/BUS: SFSM- Züge bis Sorrento. Dort Busanschluß bis Amalfi. Die Südseite der Halbinsel per Bus ab Salerno (SITA).

BADEMÖGLICHKEITEN: die Nordküste bis Sorrento bedenklich verschmutzt, überwiegend Felsküste mit Badestegen und nur wenigen, kleinen Buchten. — Die Südküste auf lange Strecken unzugänglich; Straße windet sich 2oo - 3oo m oberhalb des Meeres am Fels entlang! — Überwiegend in Ortsnähe kleinere Badebuchten. Wasserqualität gut, nur im weiten Umkreis von Salerno grauenvoll verschmutzt.— Alle Strände hoffnungsvoll überfüllt.

KULINARISCHES: auf der Südseite der Halbinsel isst man besser! In und um Sorrento haben die szenenbeherrschenden Engländer deutlich gastronomische Akzente gesetzt.

Insgesamt ist die einheimische Küche, sofern noch "orginal" eine harmonische Verbinddung von Meeres- und Gebirgsprodukten. — Die lokale Weinproduktion mengenmäßig gering. Jedoch Spitzenweine darunter. Bekommt man aber nur in guten Ristorantis und Trattorias, die ihn oft selbst anbauen.

SALERNO: eine moderne Großstadt mit öden Betonschluchten und infernalischem Verkehr. Lungomare mit Palmen vor dem total erledigtem Meer. Die kleine Altstadt muß man hinter dem glatten, hochragendem Beton regelrecht suchen.

Salerno ist Umsteigebahnhof für Reisende an die Amalfiküste (weiter per Bus), in den Cilento (Lokalzüge und Bus) und nach Lucanien. Die Busse starten nicht am Bahnhof, sondern an der Piazza della Republica (außer SITA) und dem Busbahnhof der SITA in der Via Irno (ca. 1o Min. vor der Staz. FS. entfernt).

✱ CILENTO: optimaler Zwischenstop auf dem Weg in den Süden, Richtung Reggio und Sizilien. (München ⟫⟶ Napoli/Cilento prinzipiell Nonstop in einem Tag möglich mit fliegendem Fahrerwechsel. Besser jedoch, — insbesondere ab Höhe Stuttgart/Nürnberg/Frankfurt: 1. Tag bis Gegend Orvieto, 2. Tag bis Cilento).   Optimale Bademöglichkeiten, mit die besten an der italienischen Westküste, Hügel- und Berglandschaften, Sandbuchten, vermischt mit Felsküste und guten Schnorchel/Tauchmöglichkeiten.

Viele Campingplätze, schön angelegt in weiten Olivenhainen. Handtuchfelder zwischen Macchia und steil abfallenden Bergen. Ausgezeichnete Küche in Dorftrattorias. Im Landesinneren: kleine Dörfer, in denen nur noch die älteren Leute geblieben sind, Dorfherbergen und viel von Süditalien- Flair!

Paestum ⟫⟶ Maratea via Küstenstraße: ca. 6 - 8 Std., — via Autobahn: ca. 2 Std. Ab Maratea/Grenze Calabrien bis Reggio, egal ob Autobahn oder gut ausgebaute Küstenstraße: ca. 6 Std., jeweils per Auto. Alle weiteren Details im "Golf von Neapel/Cilento"- Band.

TIP: wer Autobahn fährt: lohnender Zwischenstop: Besuch der Höhle "Grotta di Pertosa", rund 2oo m Einfahrt über unterirdische Seen mit Boot, Rest zu Fuß. Aber nicht zu vergleichen mit den großen Höhlen in Jugoslawien (Adelsberger Grotten) oder Sardinien. — Ausfahrt Petina, wer vom Norden kommt, — bzw. Polla, wer vom Süden kommt. Dann noch ca. 1o km Landstraße. In der Nähe der Höhle kleineres Hotel.

⑥ Langstrecken—Alternativen:

Wer München — Sizilien bzw. Basel — Sizilien mit eigenem Auto fährt, ist selbst auf Nonstop- Trip via Autobahn mindestens 2 Tage unterwegs, wobei 2 Fahrer nötig sind, die sich stetig abwechseln, während der andere hinten im Fond pennt. Angenehme Alternativen sind die FÄHREN:

* GENUA ⟫⟶ PALERMO/Sizilien: derzeit 4 mal/Woche, Überfahrt ein Tag, in der Kabine (2. Klasse) ca. 14o DM, PKW zwischen 15o und 26o DM je nach Größe. Allein von Autobahngebühren, Sprit und PKW- Abnutzung unterm Strich günstiger, — vom Km- Streß ganz abgesehen.

* PALERMO ⟫⟶ NEAPEL: täglich. Abfahrt gegen 2o Uhr, Ankunft gegen 7 Uhr Auch hier der Straße vorzuziehen, wer Sizilien einbaut. Kabine/2. Klasse ca. 8o DM, PKW zwischen 1oo DM und 16o DM.

* PALERMO ⟫⟶ CAGLIARI/Sardinien: 2 mal pro Woche, Überfahrt eine Nacht, in der 2.Klasse Kabine ca. 70 DM, PKW je nach Größe zwischen 95 und 150 DM. Eine der interessantesten Verbindungen, wenn man Zeit hat: quer durch Sardinien und von S. Teresa Gallura rüber nach Bonifacio/Korsika (tägl. eine knappe Std., ca 10 DM/Person) und von Bastia/Korsika rüber nach Livorno/Italien. Autobahn nach München.

* TRAPANI/Sizilien ⟫⟶ CAGLIARI/Sardinien: 2x je Woche, Preise wie Palermo.

* OLBIA/Sardinien ⟫⟶ CIVITAVECCHIA: speziell subventioniert vom Staat und entsprechend billig: in der 2. Klass- Kabine 4o DM, PKW zwischen 75 und 1oo DM, — retour zwischen 12o und 16o DM. (Tirrenia).

Alle Fähr- Verbindungen mit "Tirrenia". Die "Sicil Ferrys" sind geringfügig teuer und verkehren zusätzlich auf der Strecke Palermo — LIVORNO.

Mit der Bahn:

Konkurrenzlos billig. Brenner ≫ → Reggio ca. 6o DM. Wer gleich bis Palermo löst, zahlt nochmals rund 2 DM dazu.

Ab Entfernungen über 8oo km werden alle zusätzlichen Km extrem billig: bis 8oo km kosten je 1oo km/Italien rund 7 DM, — alle weiteren 1oo km ca. 2 DM, ab 1.5oo km sogar nur noch ca. 1 DM! Wer Wegstrecke und Endpunkt seiner Reise kennt, löst deshalb vorteilhafter gleich durch.

Im Ausland gelöst gelten internationale Fahrkarten 2 Monate bei beliebiger Fahrtunterbrechung. Allerdings werden sie nur zu den wichtigeren Stationen entlang der Hauptstrecken und wichtiger Nebenlinien ausgestellt.

In Italien ausgestellte Inlandsfahrkarten gelten kürzer: bis 250 km einen Tag, dann für jede weiteren 200 km je einen Tag zusätzlich.

Preisdifferenz zwischen in Italien und im Ausland gekauften Billetts ist minimal.

Rückfahrtkarten mit ca. 15% Ermäßigung gibt es nur im Nahverkehr bis 250 km. 4 Tage gültig, bis 50 km nur einen!

✦ Biglietto Chilometrico. Kilometerheft für 3.000 beliebig verbrauchbare Kilometer. Rentiert für Strecken unter 800 km — bringt dort ca. 15% Ermäßigung. Kostet ca. 140 DM, gilt 2 Monate und für maximal 20 Fahrten, kann von maximal 5 Personen benützt werden, die von Anfang an namentlich eingetragen sein müssen, aber nicht immer alle reisen müssen.

Kann auch bei DB, ÖBB und SBB bestellt werden, dort geringfügig teurer.

Fahrpreisermäßigungen:

Wer unter 26 Jahren ist, bekommt bei Transalpino und Twen Tours ermäßigte Fahrkarten. Zu bekommen in vielen Reisebüros und Studentenreiseläden. In Italien relativ wenig große Reisebüros.

ZIELBAHNHÖFE (Süditalien und Sizilien):
(a): nur Transalpino, — (b) nur Twen Tours
Napoli, Salerno (a), — Messina (a), — Taormina (b), — Catania, Siracusa (b), — Pescara (a), Foggia (a), — Bari, Brindisi.
Im grenzüberschreitenden Verkehr Beschränkung auf bestimmte Züge.

Kinder:
Internat. Fahrkarten: bis 4 Jahre gratis. Zwischen 4 und 12 Jahren: Halbpreis.
DB: bis 4 Jahre gratis, 4 - 12 Jahre halber Preis
ÖBB: (Inlandskarten): bis 6 Jahre gratis, 6 — 15 halber Preis
SBB: (Inlandskarten): bis 6 Jahre gratis, 6 — 16 halber Preis
FS: (Inlandskarten): bis 4 Jahre gratis, 4 — 14 Jahre: halber Preis

Familienermäßigung: bei ÖBB, SBB und FS. Familienzusammengehörigkeit muß nach
gewiesen werden. z. B. mit Stammbuch. Bei Konsulaten frühzeitig den bürokratischen
Aufwand erledigen, denn ein deutsches Stammbuch ist den Schalterbeamten in Napoli
oder Bari ein Buch mit sieben Siegeln.

In Italien: ab 4 Personen eine Ermäßigung von 3o % für alle!

Interrail und die touristischen Netzkarten der FS rentieren nur, wenn man
pausenlos auf Achse ist.Den Stiefel mehrfach rauf und runter.

Seniorenpass: (Carta d'argento): Männer ab 65, Frauen ab 6o. Kostet knapp 1o DM
und gilt ein Jahr, ausgenommen wenige Tage im Hochsommer (Wochenenden) und auf
dem Höhepunkt des Weihnachtsverkehrs.Bringt 3o % Ermäßigung.

Platzreservierung: Züge nach und in Italien sind fast immer gesteckt voll. Platzreservierung für Sitzplätze gibt es nur für den internat. Verkehr. Im innerital. Verkehr nur
für die 1. Klasse einiger Rapidi und TEE.

Liege- und Schlafwagen: Frühzeitig bestellen. Auch die Bestellung für innneritalieni-
sche Anschlußzüge möglich. Die Computernetze der europäischen Bahnen sind verbunden!! — Auf den großen Nord- Süd Strecken auch in den "toten Zeiten" minimal 4 bis
5 Tage vorreservieren!

Kampf um Sitzplätze: auch wenn die Langstrecken Expresse oft 2o Wagen haben
und reichlich Züge fahren, sodaß sich die Kapazität der Strecke nicht mehr steigern
lässt: der Platz reicht allemal nicht aus. Am besten erkämpft man sich einen Platz, wo
der Zug eingesetzt wird.

Fahrpläne: in den Reisebüros und an den Schaltern der FS gibt es manchmal kleine
Gratisfahrpläne für die Hauptstrecken. Wer viel, — insbesondere auch auf Nebenstrecken
reist, besorge sich am besten den "ORARIO GENERALE" von Pozzi, Ausgabe Centro/
Sud. Gibt es an Zeitungskiosken, nicht am Fahrkartenschalter. Der "Pozzorario" enthält
im Gegensatz zu anderen Kursbüchern auch Nicht- FS- Linien und eine Reihe wichtiger
Buslinien. Mit 2oo Seiten handlich. Ca. 5 DM.

Liniennetz: In Süditalien sehr weitmaschig. Die meisten Linien eingleisig und es
geht sehr langsam voran. — Modernen Ansprüchen genügen nur:

> * Adria Linie: Bologna — Foggia — Bari — Lecce
> * Hauptlinie: Roma — Formia — Napoli — Reggio di Calabria

Recht flott wird noch auf der eingleisigen Jonischen Linie: Bari — Taranto — Sibari—
Crotone — Reggio di Calabria gefahren.

Trotz eines 1982 angelaufenen Modernisierungsprogrammes genügen die Wagen vielfach
eher musealen Ansprüchen. Sitzunterlagen vielfach Holz. — Auch auf weniger wichtigen Strecken Nachtzüge. Vielfach lässt sich auf 35o bis 45o km eine ganze Nacht verbringen.

Eccedenza: (Anschlußfahrkarte zum "Biglietto Chilometrico", vergl. Vorseite!). Tip:
wer ein Biglietto Chilometrico hat, das bis auf wenige Km verbraucht ist und noch tief
im Süden steckt: die Rückfahrt bis zur Grenze eintragen lassen. Die Anschlußfahrkarte
ist um etwa 2o % ermäßigt. Geht aber nur für einen Benutzer der Karte. Die Bahner
stört es dabei nicht im Geringsten, daß auf der Kilometerkarte nur noch z.B. 2o km
drauf sind und es bis zum Brenner vielleicht 1.5oo km sind.

✱ LANDSCHAFTLICHE LECKERBISSEN:

Die Hauptstrecke von Napoli nach Reggio di Calabria
Lamezia T. über Tropea nach Reggio
Roma — Sulmona — Pescara
Sulmona — L'Aquila — Terni
Sulmona — Castel di Sangro — Napoli
Salerno — Potenza — Metaponto
Salerno — Lagonegro
Paola — Cosenza

und die noch verbliebenen Nebenbahnstrecken, die nicht zur FS gehören.

Rechnet im Langstreckenverkehr unbedingt mit Verspätungen, Anschlußzüge warten nicht. Im Hochsommer und um Weihnachten können Verspätungen auf Nord- Südverbindungen von 6 - 8 Std. eintreten!✱—

Im Landesinneren und entlang der jonischen Küste liegen die Stationen oft kilometerweit von den Ortschaften entfernt, deren Namen sie tragen. 10— 15 km sind nicht selten, den Rekord hält Roccabernarda (Calabrien) mit 33 km. Busverbindungen in die Dörfer, aber nicht von und zu allen Zügen — und oft auch nicht vom Bahnhof, sondern von der nächsten größeren Stadt. An der Küste sind um die noch vor 100 Jahren völlig einsamen Bahnhöfe nach der Ausrottung der Malaria und Urbarmachung Ortschaften gewachsen, die vielfach größer sind, als die alten Dörfer auf den Hügeln.

✱ Nicht- FS- Bahnen: Für Süditalien- Reisende wichtig, die in abgelegene Winkel wollen. Runde 1.35o km großes Netz, davon die Hälfte Schmalspur. Oft ein starkes Eisenbahnfeeling, obwohl das rollende Material nicht immer museal ist. Gleicher Tarif wie bei der FS. Es müssen jedoch eigene Fahrkarten gelöst werden. Ebenso gelten nicht die zahlreichen FS- Ermäßigungen. Kinder, die größer als 1 m sind, zahlen in der Regel voll.

WICHTIGSTE BAHNGESELLSCHAFTEN:

* SFSM: Ferrovia Circumvesuviana. Eine Art S- Bahn im Raum Napoli.
* FSE: Ferrovia del Sud- Est: ausgedehntes und dichtbefahrenes Netz im mittleren und südlichen Apulien. Normalspur.
* FCL: Ferrovie Calabro - Lucane: kein zusammenhängendes Netz. Linien von Bari nach Lucanien. Stichbahnen in Calabrien

LANDSCHAFTLICH und als Bahnfahrt ein Leckerbissen: die Strecke Cosenza — S. Giovanni in Fiore. Die Strecke: Cosenza — Catanzaro Città und die Strecke: Gioia Tauro—Sinopoli.

🐝 Fahrplan- Italienisch:

arrivo	Ankunft	
partenza	Abfahrt	
feriale	werktags	
festivo	sonn- und feiertags	
locale	(loc) Bummelzug	
diretto	(D) Eilzug, oft ein verkappter locale	
espresso	(EXPR) Schnellzug	
rapido	(R) Fernschnellzug, kostet Zuschlag (supplemento rapido) = 25 %	

des normalen Streckenpreises. Viele Rapidis haben nur 1. Klasse!

automotorice = Triebwagen. Fahren Lokalverkehr und auf mittleren Fernstrecken. Meist schneller und pünktlicher als Lok- bespannte Züge

autoservizio sostituivo = Busersatzverkehr
ferma in tutte le stazioni = hält an allen Bahnhöfen

✱ Der von mir erlebte Record liegt bei 20 Std. (Weihnachten 1980, Express Venedig-Palermo)

ROUTEN:
(international) Züge von BRD nach Italien: außer für die
Bewohner des Oberrheintales und der
Schweiz ist der Weg über den Brenner billiger (ca. 2o DM), als der über die
Schweiz. Dafür sind die Züge meist schlechter, voller und auf den 12o km
durch Österreich häufig Verspätungen.

Fahrten durch die Schweiz haben folgende Vorteile: mehr Verbindungen
(tagsüber die IC- Verbindung Basel/SBB — Chiasso — Milano: alle 2 Std.!),
Pünktlichkeit und relativ leere Züge. Hauptverbindungen (im Sommer):
Nur die Frequenz täglicher Verbindungen. Im Winterhalbjahr entfallen einige
Züge.

1. Über Basel SBB, 12-mal täglich, umsteigen meist in Milano C., sonst in
   Roma T. IC-Züge in der Schweiz zuschlagsfrei. Einige Züge kommen aus
   dem nördlichen Bereich der DB.

2. Über Schaffhausen. Züge kommen aus Stuttgart. 5 Zugpaare, darunter ein
   Direktzug nach Napoli C., sonst in Milano C. umsteigen.

3. Über München, 5 Züge täglich nach Roma T., einer davon mit Kurswagen
   nach Napoli C. und Lecce.

4. Über Wien Südbf., zwei tägliche Direktverbindungen nach Roma T.

Bei Fahrt über München—Brenner existiert seit Jahren eine "Spezialverbin-
dung", die kaum einer kennt, auch nicht die Leute von der Fahrplanauskunft:

Der D/EXPR. 281: startet gegen 21 Uhr in Hamburg Hbf, erreicht gegen
7.4o Uhr München und fährt weiter zum Brenner. Hier raus aus dem Express und umsteigen in den ca. 4o Min. später am Brenner abfahrenden
D 2787 nach Bologna, aber in den Kurswagen nach Siracusa/Sizilien, der
hier noch leer ist! Man hat reichlich Platz und erreicht ohne Umsteigen
am frühen Morgen Calabrien oder findet ab Salerno auf den Unterwegs-
Bahnhöfen günstige Anschlüsse zu anderen Strecken.

FAHRZEITEN und FAHRPREISE (für einfache Fahrt in DM)

München				Basel			
— Brenner	ca. 3 Std.	36,-		— Milano	ca. 4-5 Std.	69,-
— Foggia		87,-		— Foggia		114,-
— Bari	ca. 20 Std.	92,-		— Bari	ca. 20 Std.	121,-
— Brindisi	ca. 22 Std.	9 3,-		— Brindisi	ca. 22 Std.	124,-
— Crotone	ca. 25 Std.	95,-		— Crotone	ca. 25 Std.	126,-
— Reggio di C.	ca. 23 Std.	95,-		— Reggio d.C	ca. 23 Std.	127,-
— Siracusa	ca. 27 Std.	97,-.		— Siracusa	ca. 27 Std.	129,-

AUTOREISEZÜGE (nur im Sommer und nıcht täglich):
Düsseldorf — Köln — Neu Isenburg (bei Ffm) — Milano
Düsseldorf — Köln — Neu Isenburg — Bozen/Bolzano
Neu Isenburg — Kornwestheim (bei Stuttgart) — München — Rimini

Inneritalienisch (täglich):
Genova Brignole — Villa S. Giovanni (b.Reggio)
Torino (PN) — Villa S. Giovanni
Milano — Villa S. Giovanni
Roma Tiburtina — Villa S. Giovanni

Bei der DB gibts jährlich ein
Gratisheft mit den aktuellen
Abfahrtsdaten und Preisen.
Enthält auch die innerital.
Autoreisezüge.

©Flüge:

1.) International:günstige "flieg & spar"- Tarife bei der Lufthansa. Derzeit ab München nach Venedig (ca. 3oo DM), – Rom (ca. 5oo DM), – Neapel (ca. 55o DM), – sowie ab Frankfurt nach Venedig (ca. 5oo DM),– Neapel (ca. 72o DM), – Rom (ca. 63o DM). Ab Düsseldorf gibts diesen Tarif derzeit nur nach Rom (ca. 7oo DM). Wichtigste Bedingungen jeweils minimum 6 Tage, max. 3 Monate, Preise für Retour, Rückflug frühestens am Sonntag nach Reiseantritt. – Das inneritalienische Weiterflugticket in Italien kaufen (günstiger durch Wechselkurs).

Charterflüge fast ausschließlich nach Roma, Napoli und Catania/Sizilien.

2.) national: die Zeiten der günstigen Inneritalien- Flüge sind vorbei. Preise knapp unter denen deutscher Innlandsflüge. Mailand»→Reggio kostet beispielsweise per Flug ca. 25o DM gegenüber rund 55 DM/Zug. So bleibt als Hauptvorteil die Schnelligkeit.

3 GESELLSCHAFTEN: die "ATI" (Aero Trasporti Italiane, Tochter der Alitalia), – die "Alisardia" (hauptsächlich Strecken ab Sardinien) und die "Aermediterranea".

VERBINDUNGEN meist sternförmig von MAILAND und von ROM:
MAILAND: – Neapel (ca. 6 x, 2oo DM), – Catania (ca. 5 x, 25o DM),– Reggio (ca. 1 mal, 25o DM), – Palermo (ca. 3 x, 25o DM), – Bari (1 x, 24o DM), – Brindisi (ca. 1x, 25o DM)

ROM: – Neapel (ca. 5 x, 1oo DM), – Bari (ca. 4 x, 14o DM), – Brindisi (ca. 2 x, 17o DM), – Reggio (3 x, ca. 18o DM), – Catania (ca. 8 x, 18o DM), – Palermo (ca. 8 x, 17o DM), – Trapani (ca. 1 x , 17o DM), – Venedig (ca. 8 x, 17o DM), – Lamezia (bei Catanzaro nähe Tropea/Calabrien: ca. 1 x, 18o DM)

AB NEAPEL nach Palermo (ca. 1 x, 14o DM), – AB PALERMO: nach Pantelleria (ca. 2 x, 35 DM) und Lampedusa (ca. 1 x, 9o DM). Alle Flüge täglich.

Flugplätze in der Regel 5 - 10 km vom Stadtzentrum entfernt.

Lamezia Aeroporto:
Verkehr wieder aufgenommen. Wird von der Aer Mediterranea ab Milano und Roma angeflogen. Zubringer-busse nach Catanzaro und Cosenza. Dort Buchung bei Alitalia-Büros.

Cosenza: Piazza Fera 43, t. 0984/71890 u. 21221
Catanzaro: Corso Mazzini 74, t. 0961/ 27435, 27924 u. 42735

Eine Fülle von Gesellschaften in Italien, deren Fahrpläne wenig abgestimmt sind. In den Großstädten nicht einmal immer ein gemeinsamer Busterminal. Fahrplanauskunft bei der Tourist- Information, beim Buspersonal, – in kleineren Orten in der Bar, die an der Haltestelle ("fermata") liegt.

⒟ Busse:

Die große Abfahrtstafel in der Autostazione leider die Ausnahme. Wo Busse parallel zu Bahnstrecken fahren, sind sie oft bedeutend schneller.

Fahren sternförmig von den größeren Zentren in die Dörfer, aber auch

Stadt — Stadt- Verbindungen. Im tiefen Süden ist der Hauptvorteil des Busses gegenüber dem Zug (Nebenstrecken), daß der Bus nicht wie viele Züge an einsamem Bahnhof in der kahlen Halbwüste hält, sondern in die Dörfer reinfährt.

Auf den langen Busfahrten durchs Landesinnere kriegt man am meisten von Land— und Leuten mit, dort sind sie so richtig unter sich. Die Busse sind dort längst nicht nur Personenbeförderungsmittel. Es reisen Hühner, Marktkörbe, Säcke mir frischgemähtem Klee, Bündel mit Brennholz mit. Mir ist es oft passiert, als Rucksackreisender auf die Rückbank verwiesen, alten Frauen beim Verladen dieser Waren zu helfen — nicht aus germanischer Höflichkeit den Damen gegenüber, sondern sie erwarteten das als Selbstverständlichkeit.

Auf Überlandstraßen halten die Busse außer an Haltestellen auf deutliche Handzeichen (wenn man draußen ist), und sitzt man drinnen, auf Wunsch überall.

In den Ortschaften dort, wo "Fermata" steht. Fehlt das Schild, so auf dem zentralsten Platz. Häufig an einer Bar. Dort wartet man auch. Überlandbusse in Ortschaften per Handzeichen zu stoppen ist schwierig oder geht garnicht.

Sonntags fallen die meisten Kurse aus. Kleinere Ortschaften werden dann garnicht angefahren. Für Hin- und Rückfahrt am gleichen Tag gibt es oft ermäßigte Rückfahrscheine. Das Preisniveau bei Bussen liegt etwa entsprechend denen der FS, die selbst auch Busse einsetzt.

Busterminal und Bahnstation liegen häufig von einander entfernt.

Schnellbusse im Fernverkehr:

Von Roma, Napoli, Bari, Taranto und Reggio di Cal. Direktverkehr in die weiter entfernten Provinzhauptstädte und in ländliche Zielgebiete ohne Zwischenhalt, meist per Autostrada. Erheblich schneller als die Bahn, im Zielgebiet Anschluß an die Lokalbusse. Starten sehr früh morgens in der "Provinz" und am späten Nachmittag in den Großstädten. Fahren meist einmal täglich. Fahrpreis 30 % höher als Bahn oder normaler Bus.
Terminal auf den Bahnhofvorplätzen. Auskunft bei den EPT.

Streiks bei den Verkehrsmitteln:

Meist im Juni, September/Oktober und Januar. Sciopero kann über Tage dauern. Busse und Bahnen streiken meist zu verschiedenen Zeiten. Neben den Streiks der drei großen Gewerkschaften der Confederazione CGIL — CISL — UIL gibt es noch die unzähligen Nadelstiche kleiner "autonomer" Gewerkschaften, die oft auf Tage und Wochen den Betrieb ziemlich paralysieren, auch in den Hauptreisezeiten zu Weihnachten und in den Sommerferien, wo die Konföderation nie streikt. Am stärksten davon sind die Flug— und Schiffsverbindungen betroffen, bei der Bahn sind die Hauptgebiete Sizilien, Apulien und der Raum Verona.
Vor Überraschungen schützt nur Zeitungslesen.

✈ Öffentliche Verkehrsmittel:

Überall sehr billig, meist L. 200, Bus oder Straßenbahn dem Fahrziel entsprechend raussuchen, denn bei jedem Umsteigen wird ein neuer Fahrschein fällig. Fahrscheinautomaten machen immer mehr Schaffner brotlos. Schlucken meist nur Münzen zu 50 und 100 Lire, die neuen 200er verdauen die meisten noch nicht. Da Münzgeld knapp ist, können Mitreisende nicht immer wechseln.

In vielen Orten kann man an Kiosken und in Tabakläden Fahrscheinhefte zu 1 000 und 2 000 Lire kaufen, oft ist eine Gratisfahrt dabei. Die Scheine werden im Bus entwertet.

Bei den niedrigen Fahrpreisen wundert euch nicht, wenn die Busse übervoll sind. Körperliche Kontakte (Streicheln, Arschzwicken) kommen vor.

Nach 21 Uhr sehr eingeschränkter Fahrplan.

Etwas lästig die von Ort zu Ort verschiedenen Systeme, zum Fahrschein zu kommen.

Mal erwirbt man seinen Fahrschein beim Schaffner; wenn der wegrationalisiert ist, findet Ihr entweder einen Automaten im Bus oder nur einen Entwerter — die Fahrscheine gibt es dann einzeln oder in Blocks an Zeitungskiosken oder im Tabacchi.

Überlandbusse: Fahrschein meist beim Schaffner oder Fahrer.
Wo die Busgesellschaften ein Büro am Terminal haben, muß man dort gelegentlich Lösen. Sofern man nicht die Busgesellschaft wechselt, gibt es im Überlandverkehr auch Langstreckenfahrscheine mit Umsteigemöglichkeit, die preislich günstiger sind.

✈ Taxi:

In Großstädten recht günstig, aber nur Taxis mit Uhr nehmen — es sei denn, man kennt die Preise genau und vereinbart vorher, was gezahlt wird. In den Großstädten am Bahnhof meist Warteschlange. In den kleinen Orten dafür überreichlich vorhanden, aber fast immer ohne Uhr und mit freibeuterischen Preisideen. Preis vorher festmachen und nicht gleich auf die üblichen 5 000 für eine beliebig kurze Strecke eingehen.

✈ Autovermietung (autonoleggio):

Privaten Marktforschern sei gleich auf Grund eigener Erfahrungen gesagt, das Suchen auf Gelben Seiten des Telefonbuchs bringt nichts. Was dort unter "autonoleggio" verzeichnet ist, sind meist Busunternehmer.

Touristeninformationen und vor allem Reisebüros wissen mehr, bei vielen Reisebüros kann man bestellen.

Am besten aber gleich den direkten Kontakt zum Vermieter selbst. Telefonische Vorbestellung wird akzeptiert — und ist meist nötig. Wer in letzter Minute ganz spontan ankommt, kann sich glücklich preisen, wenn er was findet.

Man halte sich an die großen (internationalen) Firmen. Die kleinen örtlichen Anbieter sind nicht billiger, offerieren aber oft reichlich gebrauchtes
rollendes Material. Die Großen bieten neue Wagen, überwiegend Fiats.

Fiat 127: Schätze ich am meisten. Kostet am wenigsten. Da Italiens meist
gefahrenes Auto, angenehm unauffällig. Hat Platz (ich bin 1,93 m groß
und muß mich nicht drin zusammenfalten!), ist leicht (wichtig für steile
Pisten in den Bergen) und wendig. Der gleich teure Panda mag ja ein ori-
ginelles Autochen sein, und viel Platz bieten, so richtig der Ferienstimmung
entsprechen. Er ist laut und in der meist angebotenen schwächeren Motor-
vision auf Bergstrecken lästig zu fahren.

Die Modelle darüber meist Fiat Ritmo in verschiedenen Versionen, Fiat
131 und 132.

Grundmiete pro Tag: um 35 DM, dann je km ca. --,60 DM, dazu
kommt die IVA (Mehrwertsteuer von 20%) und die Kaskoversicherung von
8 bis 10 DM pro Tag. Wer keine Kreditkarte hat, muß Kaution von mindestens 200 DM stellen.

Wer gleich bei der Ankunft in Italien das Auto am Bahnhof oder Flug-
hafen besteigen will, kann bei der nächstgelegenen Filiale von AVIS,
Europcar, Hertz oder Interrent in der BRD reservieren lassen. Lediglich
MAGGIORE operiert nur in Italien (hat die meisten Stützpunkte).

Bei den Week-end-Mieten (Freitagabend bis Montagfrüh) aber interessante
Unterschiede: Die Preise um 85 DM, nur Hertz um 70 DM, bei Hertz un-
begrenzte Kilometerzahl, bei Maggiore 300 Kilometer frei, sonst weniger.
Für Langzeitmieten Interrent am vorteilhaftesten.

Die Büros an den Flugplätzen, sonst in den wichtigsten Städten. Es gibt
aber riesige unversorgte Gebiete (Abruzzen, nördliches inneres Campanien,
Lucanien, West- und Südsizilien). In den Ferienorten oft nichts.

Bereitstellenlassen über größere Distanzen kostspielig, innerhalb der Stadt
gratis, genauso wie man vom Bahnhof/Hotel/Aeroporto abgeholt wird und
und zurückgebracht wird.

Preise der kleineren lokalen Vermieter 30 bis 40 DM pro Tag, auf den
Inseln die Kilometer inklusiv, sonst um --,50 DM.

Generell drauf achten und drauf bestehen, daß bei der Abfahrt der Tank
voll ist, es gibt sonst bei der Rückgabe unerfreuliche Debatten.

Miete für Mopeds und Motorroller ("motorini") pro Tag 20 bis 30 DM
ohne Kilometer-Limit.

Mieten von Wohnmobilen: In Italien heißen sie "Camper" ✈

Preisgünstiger als in der BRD. Wegen des niedrigen Dieselpreises meist
Fiat oder Ford mit Dieselmotor. Die lange Anfahrt macht man mit den
konkurrenzlos billigen öffentlichen Verkehrsmitteln. Lange vorbestellen —
auch wegen der Mucken der Poste italiane. Telegrafisch bestätigen.

Camper Sud: Viale Lovri, Zona industriale, 70100 Bari, t. 080/454233.
Safariland, Corso Vittorio Emanuele 349, 00185 Roma, t. 06/6540696 u.

6544583. Bereitstellung in Mittel- und Süditalien in: Roma, Firenze, Perugia, Ancona Napoli, Bari und Catania.

Camper South, c/o Viaggio nel Sole, Complesso Costa Tiziana, I-88074 Crotone (CZ), t. 0962/24426, Bereitstellung auch in Bari, Roma, Catania.

✱ Mit dem eigenen Schiff:

Oder der gemieteten Yacht. Über die Bestimmungen im Allgemeinen bei ADAC, DSV oder DMYV nachfragen.

Buchtip: H.M. Denham Das Tyrrhenische Meer, Küsten, Inseln, Häfen, Delius & Klasing, Bielefeld 1974, 29 DM.

H.M. Denham, Das adriatische Meer, Delius & Klasing, Bielefeld, 1968.

Seekarten:

Deutsche Seekarten bei Geobuchhandlungen oder Deutsches Seekarten-Berichtigungs-Institut Bade und Hornig, Stubbenhuk 10, 2000 Hamburg 11, t. 040/364587.

Italienische Seekarten (1.230 000 und 1:100 000) beim Istituto Idrografico della Marina Militare, Ufficio Vendite "Nautica", Stazione Marittima — Ponte dei Mille, 16100 Genova.

Verkaufsstellen des Istituto Idrografico in Süditalien:

Via Cesario Console, 80133 Napoli, t. 081/236096.
Via di Palma 160, 74100 Taranto, t. 099/26941.
Difesa Marina Militare, 98100 Messina, t. 090/51901.

✱ Fahrrad mitnehmen:

Wers im Hochsommer macht, hat einen Knall oder bekommt ihn an Ort und Stelle. Sonst aber diskutabel — besonders fürs flache Apulien, wo es auch reichlich einheimische Radler gibt.

Der Rest Süditaliens ist bergig und mehr für Typen, die für den Giro D'Italia proben. In den Küstenebenen der lucanischen und calabrischen Ostseite kann ich mir das Rad für kleinere Touren auch gut vorstellen.

Den Fahrradtransport per Bahn wie bei der DB (billige Karte, Rad selbst verladen) gibt es bei der FS nicht. Aber Räder werden als Frachtgut im Gepäckwagen transportiert:

Preise:

1—200 km. 18 DM, 201—400 km. 20 DM, 401—600 km. 22 DM, 601—800 km. 24 DM, 801—1000 km: 25 DM, 1001—1200 km: 27 DM, 1201—1400 km. 29 DM, über 1400 km: 31 DM.

Vorher fragen, mit welchem Zug Euer BiCi auf Reisen geht, das muß nicht immer der nächste Zug sein, den Ihr vielleicht nehmt.

In Nicht-FS-Bahnen in der Regel kein Fahrradtransport, also selber strampeln. *Fahrrad -TIPS: siehe kapitel "SPORT"/Einleitung!*

✦ **Trampen:** Bei den niedrigen Bahnpreisen, Frage ob es lohnt. An den großen Straßen und Autobahnen viel Konkurrenz. In entlegeneren Gebieten kommt man oft sehr schlecht weg und muß damit rechnen, daß die Fahrt an einer einsamen Kreuzung (bivio) endet, wo die Straßen zu den Bergdörfern abzweigen. An Sonntagen sind die Autos voll — aussichtslos. Wo nur wenige Busse fahren, ist es aber sicher sinnvoll, statt stundenlang zu warten, auf dem Daumen zu reisen. Tramptouren für Mädchen allein oder zu zweit führen oft nicht in die nächste Stadt, sondern die nächste Feldwegeinfahrt. Italienische Männer aller Altersklassen und Gesellschaftsschichten sind über den Lebenswandel und die Bedürfnisse deutscher Frauen exzellent durch häufige Kinobesuche und die Lektüre von Zeitschriften unter dem Ladentisch informiert. Dazu kommt ein nicht gering zu veranschlagender "sportlicher" Ehrgeiz, auf der Piazza oder in der Bar mit einer "tedesca" oder "svedese" renomieren zu können.

Generelles Trampverbot auf Autobahnen, an den Einfahrten und Zubringern. Trotzdem steht man an den Mautstellen am besten! Häufiger Polizeibesuch mit anschließender Vertreibung. Nicht selten sehr scharfe Identitätskontrolle, in Italiens Tramperszene ist die Polizei in der Vergangenheit bei der Suche nach roten und schwarzen Brigadisten, Dealern, entwichenen Knackis und Untergetauchten fündig geworden.

✦ **Jugend- und Studentenreisen:**   (in Italien)

transalpino: Piazza Esquillino, 00185 ROMA, t. 06-4751064
Centro Turistico Studentesco e Giovanile - C.T.S., Via Nazionale 66, 00184 ROMA, t. 06 - 465 023.

Viaggi per la Gioventu, Via Nazionale 172, 00184 ROMA, t. 06-6795280

Centro Italiano Viaggio Istruzione Studenti CIVIS, Via M. Caetani, 32, 00186 ROMA, t. 06-651009 u. 650787

Europa Y.S.T.C. - Centro Relazioni e Scambi Culturali con l'Estero, Via Mezzocannone 119, 80134 NAPOLI, t. 081-324171 u. 321877

Auf Studentenausweis Ermäßigungen nur im internationalen Verkehr. Kein verbilligter Eintritt in Museen usw.

Allgemeine Tips:

✱ PAPIERE (documenti):

Personalausweis (carta d'identita), — Fahrzeugschein (libretto die circolazione) und Führerschein (patente) reichen für Italien und für die Durchreise durch Österreich und die Schweiz. Für Italien ist für den PKW die grüne Versicherungskarte nützlich. In der Schweiz obligatorisch.

Auslandsschutzbrief anzuraten.

Wessen Auto noch neu und glänzend ist, Vollkasko, denn die Deckungssummen der ital. Haftpflicht sind niedrig. Eventuell Diebstahlsicherung (Zündstrom oder Benzinleitung unterbrechen). Besonders in Apulien und Neapel herrschen lockere Ansichten über fremdes Eigentum. Nicht immer ist die Karre für immer weg oder auf dem Weg in den Orient. Jugendliche die mal Mercedesfahren hautnah erleben wollen, leihen sie bis der Tank leer ist. Das geht selten ohne Beulen ab, und das Wiederfinden ist oft nicht leicht.

✱ DEVISENVORSCHRIFTEN:

Einfuhr und Ausfuhr von 200 000 pro erwachsenen Kopf und nur in Scheinen bis L. 50 000. Der Kurs ist in Italien wesentlich günstiger, deshalb nicht zuviel Lire mitschleppen!

Andere Währung frei, aber bei großen Bargeldsummen, besser an der Grenze Devisenerklärung machen (dichiarazione di valuta estera). Reiseschecks, die in jedem Fall dem Baren vorzuziehen sind, und Postsparbücher fallen nicht darunter.

Kurs schwankt stark. Talfahrt der Lira. Mai '83 1000 L = 1,70 DM.

Wer Postsparer ist, kann in Italien abheben.

Pro Sparbuch DM 2000 monatlich, in der BRD 10 Tage vor der Abreise beim Postamt Rückzahlungskarten bestellen. Wie es mit dem Abheben funktioniert, steht dort auf deutsch und italienisch drauf. Eingetauscht wird nach dem Tageskurs der Bundespost am Bestellungstag, der dem Bankkurs entspricht.

— nur an irgendwelchen Spekulationen durch Kursschwankungen seid ihr nicht mehr beteiligt. Bleibt ein Rest, wird der zum ursprünglichen Kurs zurückgenommen. Gebühren verlangt die Post nicht.

✱ ZOLL:

Zwischen Italien und BRD und umgekehrt:

300 Zigaretten oder 400 gr. Tabak, 1,5 l stark alkoholische Getränke und drei Liter Wein. 750 gr. Kaffe, 75 gr. Parfüm.

Bei der Rückkehr in die BRD Waren bis 360 DM zollfrei.

Für hochwertige Kunstgegenstände und Antiquitäten braucht man für die Ausfuhr aus Italien die Genehmigung der Sovrintendenza delle Belle Arti der entsprechenden Region.

Dieseltreibstoff darf nicht in Kanistern aus Italien ausgeführt werden!

Häufige Kontrollen.

Einführen (auch Transit) von italienischen Fleisch- und Milchprodukten nach Österreich und der Schweiz ist amtlich nicht erlaubt. Ich habe allerdings noch nie Hudelei gehabt.

Wein in größeren Mengen: An der Grenze angeben. Der Zoll ist minimal, hat man die Rechnung, wird die fällige Mehrwertsteuer gezahlt, sonst 10 bis 20 Pfennig pro Liter.

✳ GELDÜBERWEISUNGEN VON ZU HAUSE:

Am schnellsten und sichersten telegrafisch per Post. Klappt in wenigen Stunden. Bank (auch telegrafisch) braucht länger.
Normal verschickt, versackt die Geldanweisung erst einmal für Wochen bei der staatlichen Devisenkontrolle! Als Adresse "fermo in posta". In Großstädten am Schalter mit Warterei rechnen. In kleinen Orten kann es schneller gehen, außer die Renten werden gerade ausgezahlt.

Den Lieben daheim unbedingt die Postleitzahl oder zumindest die Provinz mitteilen, und unbedingt vollständiger Ortsname.

Es gibt hunderte Santa Maria, San Pietro usw.

So liegt der nördlichste dem Heiligen Peter geweihte Ort nur wenige Kilometer von der österreichischen Grenze in Südtirol (S. Pietro Valle Aurina), der südlichste am Hang des Etna in Sizilien (S. Pietro Clarenza).

✳ Post

Auch kleinste Orte haben einPostamt. Offen 8.3o — 13.4o, in Großstädten und wichtigen Tourismuszentren auch 17.oo - 20.oo Uhr. Sonntags geschlossen.

Geldoperationen am Schalter "vaglia" — nur vormittags. Wegen Briefmarken muß man nicht unbedingt zur Post. Die gibt es auch im Tabakgeschäft.

Die "Poste italiane" sind langsam, aber inzwischen nach einigen Portoerhöhungen besser als ihr Ruf. Nur Pakete brauchen sehr lang. Wer auf Geschwindigkeit Wert legt, schickt die Briefe per Luftpost.

Postlagernde Sendungen ("fermo in Posta") gehen immer ans Hauptpostamt.

Post und Telefon haben nicht miteinander zu tun!

✳ TELEFONIEREN: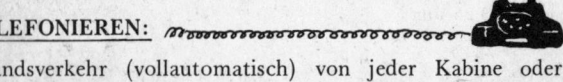

Inlandsverkehr (vollautomatisch) von jeder Kabine oder öffentlichen Fernsprechern in Bars, Läden Restaurants (gelbe Wählscheibe über der Tür). Zum Telefonieren braucht man "gettoni" (Telefonmünzen). Sie gelten 100 Lire, oft Kleingeldersatz.

Seit neuestem gibt es Apparate, die auch mit Münzen zu 100 und 200

Lire zu funktionieren vorgeben. Allein — sie verdauen bislang nur gettoni, und die sind kaum aufzutreiben, wenn man sie braucht (sonst aber kriegt man sie überall und reichlich). Mangelt es an ihnen, im "Tabacchi oder in den Bars nachfragen, auch Zeitungskioske sind zumeist überreich gesegnet.

In den Telefonzentralen der SIP und in Lokalitäten, die mit "Interurbano automatico" oder "Teleselezione" gekennzeichnet sind, kann man meist per Zähluhr telefonieren.

Von dort auch die Gespräche ins Ausland.

Die Vorwahlen sind neuerdings nicht mehr einheitlich; unbedingt nachfragen, sonst bleibt die Leitung tot!

BRD: 0049, dann nationale Vorwahl ohne die Null — oder
0490 und wieder die Vorwahl ohne Null.   1 Minute ca. 2,– DM

Österreich: 0043.

Schweiz: 0041 (aber lieber auch fragen).

Gesprächsqualität sehr verschieden. Wenn es gar nicht klappt, in der Nachbarprovinz versuchen. Keinerlei verbilligte Tarife im Auslandsverkehr.

✶ GELDTAUSCH AUF DER BANK:

Dort sitzen die Spezialisten, der Service ist allerdings der   Würde dieser Herren entsprechend langsam.

Euro-Schecks sind meist nur in Touristenzentren loszuwerden. Auch mit Traveller-Scheck manchmal Schwierigkeiten. In kleinen Orten oft die Aufforderung, sich in die Provinzhauptstadt zu begeben.

Kleinere Filialen in den Städten tauschen fast nie.

Wo Cambio steht, tauscht man. Private Geldwechsellokalitäten haben meist länger offen, aber zahlen schlecht. (Schalter auf Großstadtbahnhöfen und manche Reisebüros).
Wo in kleineren Orten Umtausch möglich, habe ich die Bank angegeben.

✈ ÖFFNUNGSZEITEN:

BARS: 7.oo — 24 Uhr, ein Tag in der Woche Ruhetag
LEBENSMITTELLÄDEN: 8.oo — 12.3o und 16.oo — 2o.oo Uhr.
      Bäcker öffnen vielfach schon um 7 Uhr, dafür aber auch abends oft zu
WARENHÄUSER: 9.oo — 13.oo und 16.oo — 19.3o Uhr
NICHTLEBENSMITTEL LÄDEN: spätestens 9.oo — 12.3o Uhr und 16.oo — 19.3o,
      teils auch bis 2o Uhr
POST: 8.3o bis meist 13.4o Uhr.
BANKEN: 8.4o bis 13.2o Uhr
MÄRKTE: 8.oo — 13.oo Uhr oder etwas später

Einen Nachmittag in der Woche haben die meisten Läden geschlossen. Am striktesten halten sich die "Alimentari" daran. Dieser Nachmittag ist einheitlich für das gesamte Gebiet der Provinz.

In Napoli gelten andere Regeln, oder besser gar keine. Hier entscheidet jeder in der Zeit zwischen 7.oo und 2o.oo Uhr, wann er offen hat. Viele halten sich hier auch nicht an die sonst absolut geheiligte Mittagspause.

Nur die Ämter, Banken und Post halten sich an allgemeinitalienische Bräuche.

✈ FEIERTAGE:

Noch vor fünf Jahren konnten die Italiener sich 17 gesetzlicher Feiertage erfreuen, dazu kamen noch lokale Ereignisse, die Feiertagsruhe geboten. Davon sind gerade 8 übrig geblieben, die lokalen und gestrichenen Feste finden einfach am nächsten Sonntag statt.

Lediglich die Bankbeamten wissen die entschwundenen Feiertage zu würdigen, indem an diesen Halbfeiertagen (semifestivi) die Schalter schon um 11.2o Uhr schließen.

Das ist geblieben:

1. Januar (capodanno), Ostermontag (!unedi in albis), 25. April (anniversario della liberazione), 1. Mai (primo maggio), 15. August (assunzione di Maria oder ferragosto), 1. November (ognisanti), 25. Dezember (natale), 26. Dezember (S. Stefano).

Die wichtigsten Festtage:

6. Januar — "Epifania", Dreikönig
17. Januar — "S. Antonio Abate", Segen für die Haustiere

Beweglich, weil von Ostern abhängig:

Carnevale, der überall sehr eifrig begangen wird, was von den anschließenden 40 Tagen Fastenzeit weniger gesagt werden kann.

Osterwoche: Büßerprozession zu Karfreitag (Venerdi Santo).

Ostersonntag: (Pasqua) und Montag (Lunedi in Albis) vielfach Feste an der Frühlingsluft.

Anfang Mai und /oder Pfingsten (pentecoste) die ersten großen Wallfahrten zu den einsamen Bergheiligtümern (werden fast nie per Plakat angekündigt und für die EPTs existieren sie anscheinend nicht). Pfarrer und meist die frommen Frauen wissen Bescheid — wer mitmacht, sollte nie vergessen, daß es sich hier um einen Ausdruck traditioneller und entsprechend tief empfundener Religiosität handelt und nicht um Darbietungen zur Anlage eines Fotoarchivs süditalienischer Folklore!

"Corpus Domini" (Fronleichnam): Prozessionen, oft mit Teppichen und Altären aus Feldblumen. Segnung der Haustiere und Felder.

13. Juni: "S. Antonio di Padova" (Patron sehr vieler Orte)

15. August: "Assunzione" (Mariä Himmelfahrt), der Festtag im Sommer, wird vielerorts zur Festwoche. Es gibt kaum einen Ort, an dem nicht gefeiert wird.

Anfang September: Marienfeste in den meisten einsam gelegenen Wallfahrtskirchen, meist größer und wichtiger als die Feste im Mai

4. Oktober: "S. Francesco d'Assisi" — als Heiliger im Süden nicht so

populär, aber er ist Schutzpatron Italiens und so spielt sein Tag auch im Süden eine große Rolle.

1. und 2. November: Allerheiligen und Allerseelen. Auf den Friedhöfen ist Hochbetrieb.

8. Dezember: Unbefleckte Empfängnis Mariä

und schließlich Weihnachten

✴ STROM:

Fast überall 220/250 V. Mancherorts soll es noch 110 V geben. Strom fällt oft aus. Schukostecker passen nicht. Flachstecker problemlos.

Mit dem (Auto) **in Italien:**

FAHRWEISE IN ITALIEN: Da kleine Autos das Straßenbild beherrschen, ist die Durchschnittsgeschwindigkeit deutlich niedriger, als bei uns. Wo es unübersichtlich ist: H U P E N !!. Kurven werden geschnitten.— Überholt wird oft ohne Rücksicht auf eventuellen Gegenverkehr, an Kreuzungen unbekümmert eingefahren. Entsprechende akustische Signale werden vom "Stärkeren" oder dem, der "das Recht hat", erwartet.

Im Dickicht des Großstadtverkehrs: nicht zu schüchtern, wenn ihr von einem Verkehrsstrom in den anderen wollt. Sonst bleibt ihr hängen und hinter euch ein höllisches Hupkonzert, obwohl in den Städten grundsätzlich Hupverbot ist. Vielleicht einen geeigneten Vordermann suchen, — vor sehr zerbeulten Autos haben auch Neapolitaner höllischen Respekt.

PARK- und HALTEVERBOTE werden überall mißachtet, aber es werden auch dicke Stapel von Strafzetteln ausgeschrieben, die keineswegs noch so preiswert wie früher sind. Abschleppen störender Autos ist in Großstädten praktizierte "Verkehrserziehung", wobei die Ordnungshüter mit dem fremden Blech keineswegs so schonend umgehen, wie bei uns.

BEIM PARKEN auf öffentlichen, kostenpflichtigen Parkplätzen läßt man den Wagen offen und den Schlüssel drinnen, damit der Wärter rangieren kann, um zur maximalen Platzausnutzung zu kommen. Das ist seine Aufgabe und nicht die Bewachung eurer Preziosen. Die Entscheidung über Abschließen und Schlüssel abgeben liegt beim Parkwächter!

Beim Parken gilt umgekehrter Mengenrabatt, die 1. und meist auch 2. Stunde ist noch erschwinglich, dann klettert der Preis jeder weiteren Stunde.

In Norditalien (Durchreise, falls fern der Autobahn) und Apulien viele Fahrräder, die hier ähnliche Rechte haben wie in Holland. Reichlich langsame Fahrzeuge wie Karren mit Pferd, Ochs oder Esel davor — aber im Rückgang, Mopeds, Roller, Dreiräder. Alles was langsam ist, benützt auch in der Dunkelheit die Straßen, ist aber oft völlig unbeleuchtet.

Bei Dunkelheit — also auch in Tunnel — Licht. Bei Straßenbeleuchtung

Standlicht vorgeschrieben.

Beim Überholen Blinker laufen lassen, bis man wieder auf der rechten Seite ist.

Beim Rechtsranfahren Blinker. Oft sehr spät, daß es fast zum Auffahren kommt.

Straßenbahnen (sind inzwischen selten) haben immer Vorfahrt. Es passiert ein-, zweimal im Jahr, daß bei der Bahn nur die Schrankenwärter streiken, dann hat auch die Bahn bei offenen Schranken Vorfahrt!

Und auch sonst im Schrittempo über Bahnübergänge. Federung und Stoß- dämpfer dankens euch.

Linienbusse haben Vorfahrt auf engen Straßen oder nehmen sie sich. Ihr müßt dann, auch am Abgrund entlang und mit mangelnder Rückwärts- fahrpraxis, Manöver machen, von denen noch eure Urenkel mit Schaudern zu berichten wissen. Auf Bergpoststraßen (rundes Posthörnchenschild) haben Busse absolute Vorfahrt (und die Straßen sind meist sehr schmal, Aus- weichstellen selten, der Abgrund tief). Stehen Zahlen unter dem Schild, sind das die Zeiten, an denen ihr mit Gegenverkehr zu rechnen habt.

Ansonsten hört ihr die Busse schon von weitem an ihrer charakteristischen Fanfare, die aber nicht nur an kritischen Stellen ertönt, sondern auch dem Sammeln der Fahrgäste dient ("jetzt Mütter und Liebende, heißt's Ab- schiednehmen"), der Begrüßung von Freunden und Kollegen.

✷ STRASSEN–KONTROLLEN:

Grund: Mafia, Terroristenszene, Menschen, die die Enge des Knastes mit der Freiheit getauscht haben, Suche nach geklauten Autos, "Entführer-AG", Schmuggel und Drogenhandel.

Unbedingt halten. Als Ausländer, es sei denn man sieht mediterran aus, darf man meist gleich wieder weiter.

Sonst Papiere bereithalten, manchmal stellt man euch auch recht sonder- bare Fragen, bei zu hoher Geschwindigkeit (man hat kurz vorher zwei Kabel auf der Fahrbahn überfahren) mit unmittelbarem Vollzug eines Zahlungsbefehls rechnen.

Die Polizei ist nervös, schießt rasch bei jeder Unsicherheit!

Wer am Straßenrand oder am Busen der Natur campiert und bei Dunkel- heit oder Morgengrauen das Nageln eines Diesels hört, hat mit den Cara- binieri zu tun. Kommen als Zweierstreife, einer will die Papiere sehen, und hat fast immer eine Taschenlampe mit leerer Batterie, ist also aufgeregt, und der andere gibt Feuerschutz.

✷ POLIZEI:

Die Sortenvielfalt ist verwirrend. Ausgesprochenes Uniformstyling.

Carabinieri: Im Sommer in Khaki, sonst schwarz mit roten Streifen, ge- hören zur Armee. Verhalten sich auch meist so. Da sie immer aus einer anderen Gegend stammen als wo sie Dienst tun, sind sie wenig beliebt, und halten ihren Dienstort für die schlechteste aller Welten! Machen alles von der Verkehrskontrolle bis zu Auflösung von Demonstrationen. Seid ihr bemaust worden, sind sie für euch zuständig, und sagen euch die tröstenden Worte, daß ihr nie wieder eure Sachen sehen werdet, geben euch das Protokoll (was L. 2000 kostet; carta bollata in Tabacchi besorgen), zeigen euch, solltet ihr im Dunkeln tappen bereitwillig und sachkundig, wie man euer Auto geknackt hat. In fast jedem Ort ist ihre (Kaserne (caserma), die meist ein ganz harmloses Wohnhaus ist.

Polizia Stradale (Polstrada): himmelblau mit roten Streifen an der Hose, kommen auf den Notruf 113.

Guardia di Finanza (G. di F.): oliv betucht, Zoll, aber auch weitab von den Grenzen (Schmuggel, Drogenfahndung, unerlaubtes Fischen in Binnengewässern etc.).

Corpo Forestale dello Stato (C.F.S.) Förster, aber mit Polizeibefugnissen. Reagieren bei Zigaretten und Feuerchen in Wald- und Aufforstungsgebieten polizeilich, sonst aber sehr hilfsbereit (auch beim freien Campieren).

Vigili Urbani (Polizia urbana): städtische Polizei: In vielen Städten haben diese durchweg freundlichen Herren Tropenhelme auf dem Kopf. Regeln den Verkehr, geben Auskünfte, haben oft auch Tips, wo man gut wohnen kann, geben Strafzettel an Verkehrssünder.

Verkehrsbestimmungen in Italien:

Höchstgeschwindigkeit geht nach Hubraumgröße. Es wird viel und scharf kontrolliert. Wer erwischt wird, zahlt mindestens 45 DM, die Grenzen nach oben liegen weit über 1.ooo DM!

bis 599 ccm.........8o/9o (Landstr./Autob.)
6oo - 9oo ccm......9o/11o "   "
9o1 - 1.3oo ccm....1oo/13o "   "
über 1.3o1 ccm.....11o/14o "   "

	Österreich	Schweiz
Landstr.	1oo km/h	1oo km/h
Autobahn	13o km/h	13o km/h
innerorts	5o km/h	6o km/h

In Ortschaften höchstens 50 km/h, oft aber weniger (Schild am Ortseingang). In größeren Orten läßt das Verkehrsgewühl meist nicht mehr als 30 zu. Unbedingte Rücksicht auf Fußgänger, die sind das gewöhnt. Wenn ihr einen vors Auto bekommt, kann das eure letzte Stunde gewesen sein.

Bislang keine Anschnall- und Helmpflicht. Keine Promillebestimmung, wer aber im Suff auffällt oder einen Unfall verursacht, wird sehr hart angepackt; zudem ist auf Grund eines alten Gesetzes Betrunkenheit in der Öffentlichkeit strafbar, also auch wenn einer seinen Rausch auf einer Parkbank ausschläft.

Promille- Grenze in Österreich und der Schweiz bei o,8 — Sicherheitsgurt und Helm in Österreich, bzw. nur Sicherheitsgurt in der Schweiz vorgeschrieben.

✳ ITALIENISCHE AUTOBAHNEN: (Autostrada)

Eines der längsten Autobahnnetze Europas. Weitgehend in den letzten 25 Jahren gebaut. Italienische Autobahnbauer scheuen keine Schwierigkeiten, die ihnen die sehr gebirgige Halbinsel macht — viele Tunnels und kühne Brücken. Ingenieurtechnisch und landschaftlich großartige Strecken entlang der Küsten und in den Bergen. Leider hat die Sache für den Autobahnfahrer ihren Preis:

Brennero—Bari via Pescara	57,—		Como—Bari via Pescara	51,—
—Roma	42,—		—Roma	35,—
—Napoli	53,—		—Napoli	42,—
—Bari via Napoli	67,—		—Bari via Napoli	56,—
—Salerno	55,—		—Salerno	47,—

Kleinere Mittelklassewagen bis zum Golf, Enten und Flöhe (Fiat 5oo) kosten weniger, — Cadillacs und Mercedesse etwa 3o % mehr.

Die Kosten pro Kilometer sind nicht fest, sie werden nach den Baukosten kalkuliert, für wenig entwickelte Gebiete, in die man Touristen locken will, gibt es einen Rabatt im Tarif. (Deshalb sind die Autobahnen —Reggio di Calabria, Catania—Palermo und alle Autobahnen westlich von Palermo gratis, an denen allen die Mafia so schön verdient hat, daß sie eigentlich die teuersten Autobahnen Italiens sein müßten.)

Eine Langstreckenermäßigung wie bei der Eisenbahn gibt es nicht.

Wohnwagen kostet nochmal extra.

Zur Zeit ist eine Revision der Gebührenberechnung im Gange: Bisher meist nach der Motorstärke taxiert, soll künftig der Achsabstand das Maß aller Dinge sein. Das werden für die Fahrer von um- und ausgebauten VW- und anderen Bussen gewiß harte Zeiten!

Inkassosysteme:

1. An der Einfahrt zur Autostrada bekommt man eine Karte, auf der die Auffahrtsstation vermerkt ist. Mal bekommt man sie zugesteckt, mal muß man sie aus einem Automaten ziehen — immer auf der Fahrerseite, also links (da LKWs in Italien meist Rechtssteuerung haben, muß wenn ohne Beifahrer, der Fahrer erst rausturnen und sich die Karte holen, das dauert — auch beim Bezahlen an der Ausfahrt).

Bezahlt wird dann an der Ausfahrt, immer in Lire, an Wechselgeld denken.

Die Karte nicht verschlampern, sonst muß man vom Beginn der Autostrada an zahlen.

Dieses System auf fast allen Autobahnen.

2. In Abständen (alle 2—4 Ausfahrten) Zahlstellen auf der Autobahn (stazione a barriera) — dort wird dann unabhängig von der zurückgelegten Entfernung gezahlt. Häufiges Vergnügen in der Schlange zu stehen. Nur einige kürzere Autobahnen in Nord- und Mittelitalien und auf dem Tangenziale von Napoli.

3. <u>Nur noch A3 Napoli—Pompei—Salerno:</u> An der Einfahrt wird das biglietto gelöst, Einheitspreis egal wie weit ca. 1,— DM, Ticket aufheben, wird an der Ausfahrt manchmal kontrolliert.

✱ BENZINGUTSCHEINE: ("Coupons")

Bringen eine deutliche Einsparung an Benzin- und Autobahnkosten. Ausgabe nur an die Halter von PKWs, Motorrädern und Wohnmobilen mit nichtitalienischem Nummernschild. Das Fahrzeug muß vom Halter persönlich benützt werden, die Ausstellung erfolgt auf seinen Namen und wird in den Kfz.-Schein eingestempelt. Ausgabe einmal pro Kalenderjahr — und zwar differenziert, ob die Reise nach Nord- oder Süditalien erfolgt.

<u>Ausstellung und Kauf</u> nur außerhalb Italiens bei den Automobilclubs (auch an Nichtmitglieder), bei einzelnen Banken und an einigen großen Grenzübergängen mit einem ENIT/ACI-Büro.

Bezahlt wird in <u>nicht-italienischer Währung!</u>

Es wird zwischen einem "Norditalien-Paket" und einem "Süditalien-Paket" unterschieden. Die Nord-Süd-Grenze verläuft entlang der Autobahn Roma—Pescara (A24, ab Autobahndreieck Torano A25).

Die zu den Paketen ausgestellte <u>Carta Carburante</u> muß mitgeführt, manchmal auch vorgelegt werden. Zudem berechtigt sie zur einmaligen Pannen- oder Abschlepphilfe des ACI, bei der dann nur evetuelle Ersatzteile berechnet werden.

Norditalien - Paket:
Gutscheine für 150 Liter Benzin (1o x 15l) und 5 Gutscheine im Wert von je 2.ooo L. (ca. 3.50 DM) für die Autobahngebühren in Norditalien. Die Benzincoupons des Norditalien - Paketes gelten in ganz Italien.

Süditalien - Paket:
Gibt es zusätzlich zum Nord - Paket. Man zahlt es sofort bei der Ausstellung, bekommt aber nur einen Bon, den man erst bei einer ACI - Geschäftsstelle südlich von Rom und Pescara einlösen kann. Anschriften sind beigelegt. Gutscheine für 200 l Benzin (10 x 20 l) und 8 Gutscheine im Wert von L. 2000 für die Autobahngebühren in Süditalien. Die Benzincoupons des Süd - Paketes gelten nur in Süditalien.

<u>Der ABGABEPREIS</u> des Paketes richtet sich nach dem gerade gültigen Benzinpreis. Auf den Coupons wird der Abgabepreis in Lire eingetragen. Bei späterer Preiserhöhung muß der Differenzbetrag nachbezahlt werden. Ermäßigung je Liter ca. -,3o DM.

<u>GELTUNGSDAUER:</u> 2 Kalenderjahre. Rückgabe nicht verbrauchter Coupons ist möglich jedoch nur an der Stelle, wo die Coupons ausgegeben wurden. Nicht verbrauchte Autobahngutscheine werden nicht vergütet!

★ <u>BENZIN:</u>   Benzin = benzina   Diesel = gasolio oder nafta
Landesweit einheitlicher Preis, wobei Diesel erheblich billiger ist. Achtung: Normalbenzin hat nur 84 - 86 Oktan. — Beim Tanken achten, daß die Benzinuhr der Zapfsäule wieder auf Null zurückgestellt wurde. Betrug aber ausgesprochen selten.

Reifendruckmesser an Tankstellen sind wenig verbreitet, Trinkgeld!

(L. 500, Münzgeld erzeugt verachtungsvolle Blicke).

<u>Nachts und in der Siesta-Zeit</u> (13-16 Uhr) sind die Tankstellen dicht. (Ausnahme Autobahn und ganz wenige Großtankstellen).

Wer Platz hat, <u>Reservekanister mitnehmen</u> (Blech, in Italien so vorgeschrieben).

<u>Zapfsäulen trocken.</u> In den letzten Jahren, mal für Tage, aber auch länger. Meist gebietsweise. Mal fehlt Diesel, mal Benzin. Mal völlig trocken, mal gibts nur geringe Mengen.

Gelegentlich nur die Autobahntankstellen trocken, während an den Landstraßen der Saft fließt.

Brennerautobahn und Südtirol, die Haupteinfallsschneisen der Germanen, sind besonders oft von dieser Dürre betroffen!

Die Gründe: Streik der Tankstellenpächter, Streik der Benzinfahrer, Spekulation der Erdölgesellschaften , die das Zeug zu höheren Preisen ins Ausland liefern oder "streiken", um von der Regierung einen höheren Spritpreis zu bekommen.

In solch trockenen Zeiten zum <u>"giornale"</u> greifen, eines der Lieblingsthemen der Redakteure!

✴ **PANNEN:**

| Notruf ADAC/Rom: o6 - 49.54.73o | Unfall: Tel. 113 |
| ACI: o6 - 4998 (beide 24 Std.-Service) | Panne: Tel. 116 |

Landesweit Notruf 116 (ACI-Automobile Club d'Italia). Abschleppwagen kommt. ACI-Büros in allen größeren Städten, zumindest aber in den Provinzhauptstädten.

Notrufsäulen nur an einigen Autobahnen, Abstand meist 1,5 km.

Eine Reihe von Autobahnen hat keinen Standstreifen, alle 300 bis 500 m eine Haltebucht. Autowerkstätten gibt es reichlich, kleinere Reparaturen sind in den nicht an eine Marke gebundenen Werkstätten erheblich billiger (Ersatzteile oft gebraucht).

Für Japanautos ist der ital. Markt bislang gesperrt, also auch keine Werkstätten.

✴ **KILOMETER—STEINE:**

Wichtige Orientierungshilfe im freien Land, insbesondere im Süden, wenn die Wegweiser weg sind. Funktioniert so:

Alle Staatsstraßen (S.S.) und viele Provinzstraßen (S.P.) haben eine durchlaufende Kilometrierung. Jeden Km ein Stein, der die Entfernung zum Beginn der Straße eingemeißelt trägt.

Bei den Konsularstraßen (S.S. 1 - 8) wird ab Rom gerechnet, sonst meist in Nord- Süd Richtung oder von West nach Ost, — oder von der größeren zur kleineren Stadt.

✴ Wo sie fehlen, auf die relativ häufigen Streifenfahrten von ACI, Polstrada und Carabinieri warten oder sich zur nächsten Ausfahrt/Tankstelle mitnehmen lassen.

Weiterhin trägt der Stein immer die Entfernung zum nächsten größeren Ort, — was ohne Zweifel bei der oft sehr unzureichenden Beschilderung eine nicht zu unterschätzende Orientierungshilfe sein kann, — vorausgesetzt, man hat eine gute Landkarte zur Hand (TCI 1 : 2oo.ooo als Minimum!).

Die häufige Situation an einer einsamen Kreuzung: Schilder nicht mehr da, erfolglose Jäger haben ihren Frust drauf abgeladen, sie sind verbogen oder witzige Zeitgenossen haben sie in eine andere Richtung ummontiert.

Man kann in Minutenschnelle mit der Distanzangabe des Steines zum nächst gelegenen Ort und der Landkarte seinen genauen Standort bestimmen. Zwischen den Kilometersteinen alle 1oo m kleine Steine mit römischen Ziffern, oft sehr nützlich, wenns um Feldwege zu Stränden, Kirchen und anderen Einsamkeiten geht.

Abkürzungen der Provinzen:

Nicht nur eine Angelegenheit der Auto—Nummernschilder.
Sie werden viel auf Verkehrsschildern verwendet, kommen in Fahrplänen vor!

SÜDITALIEN:

AV	— Avellino	IS	— Isernia
BA	— Bari	LE	— Lecce
BN	— Benevento	MT	— Matera
BR	— Brindisi	NA	— Napoli
CB	— Campobasso	PZ	— Potenza
CE	— Caserta	RC	— Reggio di Cal.
CS	— Cosenza	SA	— Salerno
CZ	— Catanzaro	TA	— Taranto
FG	— Foggia		

SIZILIEN:

AG	— Agrigento
CL	— Caltanissetta
CT	— Catania
EN	— Enna
ME	— Messina
PA	— Palermo
RG	— Ragusa
SR	— Siracusa
TP	— Trapani

---

* Verkehrsbedingungen im Winter — siehe S. 5o

Gesundheit

Die öffentlichen Klos, die "gabinetti" in den Eisenbahnen oft desolat. Papier sicherheitshalber selbst mitbringen. In Langstreckenzügen (Milano — Palermo usw.) kann der einfache Besuch eines W.C.'s einem schon den Magen umdrehen.

Reichlich Schwitzen bringt den Salzhaushalt des Körpers durcheinander. Entweder teure, nach den Erkenntnissen moderner Wissenschaft zusammengestellte Tabletten mit körpernaher Salzezusammenstellung oder immer gut Reibekäse auf die Nudeln.

Die häufigsten Leiden:

1. Der Sonnenbrand: Man kriegt ihn sogar im Schatten. Sand und Wasser reflektieren die Sonnenstrahlung — am Abend "gambero cotto" = gekochter Krebs. Die alten Frauen sitzen nicht nur aus Schamhaftigkeit schwarz verhüllt am Strand.

2. Der Sonnenstich: Zuviel Sonne aufs Hirn. Zum Arzt. Kopf bedecken bevor sich alles dreht.

3. Verstopfung: Weniger Zug—, Auto—Fahren; vom Roten auf Weißwein. Weniger Brot und Nudeln.

4. Das Gegenteil davon: Kohle oder andere stopfende Mittel. Reichlich Schwarztee. Nur trocken Brot. Wenn nach zwei Tagen nicht überstanden, zum Arzt. Dann ist es was Ernstes. Generell in der ersten Woche mehr oder weniger starke Klimaanpassungsschwierigkeiten.

Was tun, wenn richtig krank?

Wer in gesetzlicher Krankenkasse, Auslandskrankenschein mitnehmen, obwohl er meist nicht viel nützt, denn die staatliche Krankenkasse "INAM" ist seit Jahren pleite. Die meisten Ärzte behandeln nur gegen Bares. Genaue, detaillierte Rechnung geben lassen. Wird zu Hause rückerstattet.

Im Krankenhaus mit Mischung aus Mitteleuropa und Orient rechnen. Der medizinisch-technische Teil mitteleuropäisch.

Bei kleineren Sachen gehen die Italiener der Krankenkassen-Bürokratie aus dem Weg und zum Apotheker. Dort auch ohne Rezept Arzneimittel, auch rezeptpflichtige. Die Medizinen sind relativ billig.

Wenn es wirklich ernst ist (z.B. Unfall), unbedingt raus aus Süditalien (Konsulat, ADAC, Hausarzt verständigen).

Zahnbehandlung in Italien — au weia.

KLIMA

Generell: im Sommer ganz schön heiß und trocken, im Winter viel kälter, als man es erwartet und recht nass.

Am heißesten ist es auf der Ostseite des Stiefels, in der Ebene um Foggia werden Italiens Rekordtemperaturen gemessen. Die Westseite ist ausgeglichener, wesentlich feuchter, wo an der Küste hohe Berge aufsteigen, regnet es auch im Juli und August hin und wieder. Dagegen fällt auf der anderen Seite manchmal zwischen März und Oktober kein Tropen Regen.

In den Gipfelregionen der Gebirge müßt ihr immer mit Regentagen rechnen und dort kann es auch im Hochsommer kühl, ja sogar kalt werden. Wir haben schon einmal in der Sila (etwa bei 1.3oo m Höhe) am 1. September gefrorene Socken am Morgen von der Leine gepflückt, das Datum habe ich behalten, weil das die Geburtstagsüberraschung für meine Tochter war! Am Tag wurde es aber wieder bis 25 Grad Celsius warm.

Der Westen, wo er nicht total entwaldet und verkarstet ist, bleibt auch im Sommer grün, der Osten ist dann grau, gelb und staubig.

Im Winter ist in den Küstenregionen Frost sehr selten, ab 450 m Meereshöhe kann es aber schon dauerhaften Schnee geben. In den Gipfelregionen der Abruzzen und des Pollino bleibt er bis in den Mai und Juni an schattigen Stellen liegen.

Die Kälte wird — auch im Flachland — durch eisige Nord- und Ostwinde (oft bei strahlender Sonne) verschärft — und die Häuser sind leidlich oder gar nicht geheizt. Ältere Männer schwören ohnehin auf die innere Heizung mit einen "bel Litro".

Ein paar Luft- und Wassertemperaturen:

Luft:	Jan.	Mai	Juni	Juli	Aug.	Sept.	Okt.	Dez.
Napoli	5/12	14/23	16/27	2o/2o	19/3o	18/28	14/22	7/14
Ischia	8/12	15/21	18/24	2o/28	21/28	19/26	16/21	9/14
Reggio d.C.	7/14	15/23	19/27	23/3o	22/3o	2o/27	15/22	12/18
Bari	5/12	13/23	17/27	19/3o	19/29	17/27	13/22	7/14
Taranto	7/12	15/22	15/24	21/29	21/3o	19/28	16/22	8/13
Potenza	1/6	1o/18	13/22	15/25	16/25	13/21	1o/17	3/8

Wasser:	April	Mai	Juni	Juli	Aug.	Sept.	Okt.
Ischia	17	2o	22	24	27	23	18
Tropea	17	19	22	28	27	24	22
Reggio d.C.	17	18	23	24	24	23	18
Gargano	18	22	25	26	26	25	18
Bari	2o	22	25	27	28	25	19
Taranto	18	2o	23	26	26	26	2o
Metaponto	18	2o	24	27	27	26	2o

Das Süditalienbuch war kaum angekündigt, da gingen beim Verlag die Anfragen ein,wo und ob man im April schon, im November noch baden könne, ohne extrem abgehärtet zu sein.

Die naheliegende Erwartung — je weiter südlich, umso wärmer — trifft nur bedingt zu. Geschützte Lage, Windverhältnisse und Meeresströmungen sind entscheidender als der Breitengrad.

✱ Süditalienisches Festland:
Adria und fast die gesamte Westküste bleiben bis tief in den Mai kalt. Im Gebiet Capo Palinuro — Maratea durch geschützte Lage bis tief in den Oktober warm.

Baden ab Mai bis in den Oktober an der jonischen Küste Apuliens und am Mar Jonio in Calabrien zwischen Metaponto und Locri. Südlich davon die gleiche kühle Meeresströmung wie an der sizilianischen Ostküste!

✱ Sizilien:
Trotz hoher Lufttemperaturen nur wenige Stellen, denn die meisten Küsten Siziliens sind bis in den Mai und ab Ende September häufig starken Stürmen ausgesetzt.

Günstig eigentlich nur die Eolischen Inseln und die Nordküste westlich von Palermo mit ihren tiefen Buchten.

West- und Südküste sind ausgesprochene Sturmecken!

Reisezeiten

Die beste Reisezeit ist sicher zwischen April und Anfang Juli, die Vegetation ist auf ihrem Höhepunkt, die Strände noch leer, die Menschen dort hatten noch keine bitteren Erlebnisse mit einer gewissen Spezies Touristen, und das Unterkommen ist noch einfach — die ideale Zeit für spontanes Reisen. Später tötet die Mittagshitze alles Leben zwischen 12 und 16 Uhr.

Der Herbst ist auch schön, aber weniger bunt, die Strände oft reichlich abgekatert, aber dafür Feld- und Baumfrüchte in Hülle und Fülle. Und die Wälder voller Jäger, die sich und die verbliebenen Spatzen dezimieren.

Die Wassertemperaturen sind zwischen Mitte Mai und Oktober auch nicht abgehärteten Zeitgenossen zuträglich, obwohl die Einheimischen den Kopf schütteln werden bei Bädern, die nicht in den August fallen, aber sie baden zeitlebens nicht. Ihr Verhältnis zum Meer ist weniger sentimental. Es liefert Fische (inzwischen nicht mehr reichlich), seit Jahrtausenden diente es fremden Eroberern als Einfallsweg, neuerdings zieht es auch auf dem Landweg Fremde an, die ihrerseits die Bauindustrie ankurbeln, und damit den Meeresanrainern auf dem festen Land Brot und Arbeit geben.

Die Napoletaner, Amalfitaner und die Bewohner der apulischen Seestädte zwischen Brindisi und Barletta ausgenommen, waren die Süditaliener nie Seefahrer, oft nicht einmal Fischer.

Im Winter:

Zwischen Dezember und April sind die Orangen reif.

Touristen gibt es wenig, aber auch nicht viele Unterkunftsmöglichkeiten. Von November bis Februar regnet es viel, meist mehr als in den übrigen Monaten des Jahres zusammengenommen. Und auch an den Küsten kann es empfindlich kühl werden, Wind und hohe Luftfeuchtigkeit verschärfen das Kältegefühl. Heizung erst ab einem recht hohen Preisniveau und in ausgesprochenen Bergregionen.

In den Bergen ist es kalt, ab 450 bis 600 m länger anhaltender Schnee, besonders im Januar.

 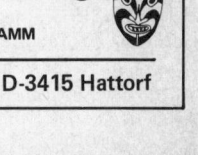

✱ Verkehrsbedingungen im Winter:

Es wird wenig gestreut, Salz überhaupt nicht, Sand selten. Auch auf den Autobahnen bei starkem Schneefall festgefahrene Schneedecke. Kleinere Straßen können unterbrochen sein, viele Ortschaften über 1 000 m Höhe sind tagelang von der Außenwelt abgeschnitten. Durch die Nähe des Meeres überall auf dem Stiefel sind die Schneefälle meist sehr ergiebig. Nacht-temperaturen in den Bergen unter - 20 Grad Celsius sind nicht selten.

Unbedingt Schneeketten mitnehmen! Bei reichlich Neuschnee sind sie vorgeschrieben (Gelbes Schild: "catene obligatorie") — Kontrollen!

Wenn Straßen gesperrt sind, ebenfalls gelbe Schilder (strada interrotta per neve).

Auf den Querstrecken bleiben manchmal auch die Züge stecken. Die Wölfe, die dann nachts um die Wagen herumheulen, sind aber Legende (so viele gibt es einfach nicht mehr in Italien).

✱ KLEIDUNG:

Hat jeder seinen eigenen Geschmack.

Es geht aber in heißen Zonen nichts über reine Baumwolle. Für abends und schlechtere Tage (die in der Vor- und Nachsaison gar nicht so selten sind) einen nicht zu dünnen Pullover oder Wolljacke (ohne Synthetik, sonst stinkt ihr in Stunden wie alte Schweißsocken). Halb Italien läuft in Jeans, weil sie für das Klima wie geschaffen sind.

Wer ins Gelände will, sollte auch etwas festeres Schuhwerk dabei haben als Sandalen. Schließlich gibt es dort Schlangen (selten) und Dornen (umso reichlicher). Die Einheimischen tragen den Kopf nicht zur Verschönerung bedeckt.

Gegen den Regen am besten einen robusten Schirm, denn Regen bedeutet in der Regel, daß der Himmel seine Schleusen öffnet. (Wanderer allerdings sollten auf ihren gewohnten Regenschutz zurückgreifen).

✱ SPARSCHWEINTIPS:

Juli — August meiden. Rest des Jahres 10 bis 25 % billiger in Hotels und Pensionen (aber nur in ausgesprochenen Feriengebieten).

Selbstverpfleger: In großen Ortschaften einkaufen. Je größer der Laden , desto niedriger der Preis.

Für die erschlossenen Feriengebiete eventuell Pauschalarrangements nützen. Gilt besonders für Sorrent, Ischia, Amalfi, Positano und Capri.

Vorher Kosten und Nutzen von Auto und Eisenbahn in Relation setzen. Rechnungen nachprüfen. Rechenfehler sind nicht immer bös gemeint, aber häufig.

Gas-Flaschen, Kartuschen:

Kartuschen in vielen Metallwarengeschäften ("Ferramenta") — erheblich billiger als in der BRD (unter 2 DM).

Blaue Camping-Gas-Flaschen auf vielen Campingplätzen und oft bei "Ferramenta").

Normale Propangas-Flaschen (5 kg) können bei den Füllstationen für Haushaltsgas und an Gastankstellen nachgefüllt werden — ebenfalls deutlich billiger als in der BRD.

Ganz streng verboten:

— feststehende Messer (Fahrtenmesser und ähnliches)

— Fotografieren, abzeichnen und abmalen (so stehts meist auf den Schildern) von Militärischem.

— Ganz nackt baden. Da die meisten Strände doch nicht so einsam sind, kommen meist zuerst fleischbeschaulustige Männer jeden Alters aus der weiteren Umgebung und dann die Carabinieri. Nach einem neuesten Gerichtsurteil ist hingegen "ein entblößter weiblicher Busen an Badestränden keine obzöne Handlung".

— Italiener ans Steuer eines Autos mit ausländischer Nummer zu lassen (saftige Strafe, Nachverzollung des Autos).

✴ WILDE TIERE:

In den Abruzzen gibt es noch Bären und Wölfe, in den Bergen des tiefen Südens leben Italiens letzte Wolfsrudel, die auch ohne Zutun von Naturschützern Überlebenschancen haben. Beide Großraubtiere stehen unter absolutem Schutz (werden aber trotzdem gewildert). Besonders für den "Bruder Wolf" Verständnis zu finden, war schwer. Beide werdet ihr nur mit sehr viel Glück sehen, den Bären eher als den Wolf.

Was euch dafür ständig über den Weg laufen wird, sind wilde, besser verwilderte Hunde jeden Kalibers, oft in großen Rudeln. Die Schafe, Kälber, Fohlen, die sie reißen, werden dann den Wölfen und Bären in die Pfoten geschoben — schon wegen der Entschädigung. Meist sind diese Hunde auf Distanz bedacht, können aber auch aggressiv werden. Nicht zu nah herankommen lassen. Steine werfen. Ein solider Knüppel tuts auch.

Wer nachts im Freien campiert, kann auch freundlicheren Besuch bekommen. Stachelschwein (istrice) und Dachs (tasso) gehen gern an Vorräte. Zu Gesicht bekommt man beide fast nie.

✴ SCHLANGEN — TARANTELN — SKORPIONE — SCHWARZE WITWEN:

Zu allererst eine Frage des Schuhwerks.

Das tatsächliche Angebot dieser giftigen Tiere ist weniger groß als euch es die Einheimischen glauben machen. Und sie sind weit weniger giftig als ihr Ruf.

All diese Tiere sind besonders häufig in den heißen und menschenleeren Landschaften im Osten der Halbinsel. Bezüglich Anreise: im Tessin, in Südtirol und in der südlichen Toscana sind Vipern auch nicht selten, Vorsicht vorallem im Juni und September.

Aber nicht jede Schlange ist eine Viper, die meisten erschlagenen Schlangen sind harmlose Nattern. Hasserfülltes Totschlagen mag den Bauern zustehen, die bei der Feldarbeit oft gebissen werden, aber sonst sind Schlangen, ob giftig oder nicht, grundsätzlich zur Flucht bereit. Sie greifen nur in ihnen ausweglosen Situationen an.

Zur Sicherheit ein Bereitschaftsset Schlangenserum mitnehmen wenn man viel in der Landschaft ist. Gibt es in fast allen Apotheken (siero antivipere), Preis ca. 12 DM. Besser aber schnell zum Arzt!

Gegen die Stiche von Hausskorpionen, Taranteln und schwarzen Witwen (eine ziemlich dicke schwarze Spinne) helfen die Salben gegen Insektenstiche. — Die Bisse der Spinnen sind sehr schmerzhaft, lebensgefährlich sind sie in den meisten Fällen nicht. Arzt aufsuchen!

Viel übler ist der Stich eines Fisches, des "Petermännchens" (pesce ragno), der vor allem an flachen warmen Sandstränden dort vorkommt, wo das Wasser knietief ist.

Die Reaktionen können sehr verschieden sein. Kreislaufschwache können innerhalb von Minuten kollabieren, schwere Allergiereaktionen, die einen Krankenhausaufenthalt nötig machen.

Es muß aber nicht so sein: Letztes Jahr bin ich selbst reingetreten. Etwa eine Stunde lang fast unerträglich, sich steigernder Schmerz und Angstgefühle, — und dann ging es ganz schnell vorbei. Den Fuß in heißes Wasser oder heißen Sand halten soll helfen.

✈ MÜCKEN — SÜMPFE:

Süditalien war bis 1950 ein Malarialand, fast alle Gemeinden bis 400/ 500 m waren betroffen. Die Sümpfe, stehenden Gewässer, Kanalgräben sind aber geblieben, und dort auch Myriaden von Mücken, die stechen und saugen.

Tagsüber hilft nur einschmieren, und möglichst viel vom Körper bedecken (Fliegen und Bremsen nerven aber genauso). Die "zanzare" (Schnaken, Moskitos) kommen lieber in der Nacht. Sie schwärmen in der Zeit zwischen Sonnenuntergang und völliger Dunkelheit aus. und lassen sich an Stellen nieder, wo sie euch später überfallen können.

Rat eines sardischen Bauern: In der Dämmerung den Ort eures Schlafes ganz dicht machen und dunkel lassen. Nachher in der Nacht fliegen sie nicht mehr so viel, aber dafür wieder in der Morgendämmerung.

Die Stiche der fetten Bremsen mit ihren grünleuchtenden Augen wiegen zehn andere auf. Aber sie sind langsam.

Zecken sind in Gestrüpp und Gebüsch nicht selten. Nicht rausziehen, dann reißt ihr den Kopf ab, eitert. Lieber sehr sorgfältig mit etwas Öl einschmieren (draufklecksen reicht nicht), dann ersticken sie und fallen ab.

Das Ungeziefer, das Calabriens und Apuliens Betten einst bewohnte, gibts nicht mehr. Franzosen bot sich das Wortspiel mit "Pouilles" (=Apulien) und "puilleux" (verlaust) an.

SÜD-ITALIEN
HOTELS

✱ Alle Übernachtungspreise, Privatunterkünfte und Ferienwohnungen ausgenommen, werden von denEPTs kontrolliert, sie vergeben auch die Kategorien. Stimmt irgendetwas nicht, dort vorsprechen, am besten noch vom Hotel aus. Dann braucht man gar nicht fertig gewählt haben und der Wirt, der gerade noch so hart war, nimmt einem den Hörer aus der Hand und erklärt alles für einen bedauerlichen Irrtum.

Der Preis muß im Zimmer angeschlagen sein. Nachträgliche Aufschläge sind verboten. Wird ein Bett zusätzlich ins Zimmer gestellt, darf sich der Preis maximal um 35 % erhöhen.

In Vor- und Nachsaison meist in den Feriengebieten erheblich billiger — aber nur dort! Die in den Hotelverzeichnissen angegebenen Preise dürfen am 1.6. jeden Jahres erhöht werden, ein neuer Zettel mit einem neuen Stempel des EPT ist dann fällig! Fehlt aber gelegentlich!

Preise: Auch innerhalb der Kategorie können bei Preis und Leistung erhebliche Unterschiede bestehen. Manche Hotels stapeln tief, — und sparen dadurch Steuern. So passiert es oft, daß Hotels in der einfachen III. Klasse und der IV. Klasse besser ausgestattet sind (und geführt!), als die der nächst höheren.

Am unbefriedigensten ist das Preis- Leistungsverhältnis dort, wo der Putz noch nicht ganz trocken ist, — in den neu entdeckten Ferienparadiesen, wo es pro Ort nur ein oder zwei Hotels gibt.

Besonders vor hochgestapelten II. Klass—Kategorien sei gewarnt! Die Einrichtung oft auf Schau, nach wenigen Jahren total konsumiert (Vorsicht, Bettenbruch!!). Die Preise orientieren sich oft an der Höhe der Hypotheken.

✱ Billige und teure Gebiete:

Im Binnenland, in den Dörfern, wo selten Fremde hinkommen, können die Preise ungewöhnlich niedrig sein. Am teuersten sind nicht unbedingt die bekanntesten und besuchtesten Feriengebiete am Meer, denn z. B. in Ischia und Gargano dauert die Saison viel länger als beispielsweise in Calabrien, und so sind die Preise günstiger kalkuliert. Dazu kommt dort vielfach eine funktionierende Konkurrenz und jahrelange Erfahrung im Tourismus. Alle größeren Städte sind teuer, die Hotels trotz hoher Preise meist nicht besonders. Ab 100 DM erst werden Überraschungen selten.

In den Ferienorten und einigen Großstädten kommt noch eine geringe Aufenthaltssteuer (unter 1 DM) hinzu.

In den Städten versuchen viele Wirte in den einfachen Etablissements die Übernachtungssummme dadurch aufzurunden, daß sie die Benutzung der Dusche berechnen."1.000 Lire und du bekommst die Wasserhähne ausgehändigt."

Wo ausschließlich oder überwiegend Italiener verkehren, ist Frühstück im Hotel nicht üblich, überwältigend ist es nie.

Aber besonders in Feriengebieten mit vielen nicht-italienischen Gästen hat sich das Frühstück im Hotel als gewinnbringende Fessel breit gemacht. Während man in der Bar um die Ecke für 2 bis 3 DM einen ordentlichen Cappuccino und ein süßes Stückchen im Stehen verzehren kann, schlägt im Hotel der meist dürftige Kaffee und das Marmeladebrötchen mit 4 bis 5 DM auf den Zimmerpreis.

In den Feriengebieten am Meer und auf den Inseln muß man zwischen Juli und Mitte September in der Regel mit der Verpflichtung wenigstens zu Halbpension rechnen. Nur in der Vor- und Nachsaison sind die Wirte auch zum Zimmer ohne weitere Leistungen bereit. Leider schließen dann aber schon viele Hotels.

Speziell in Apulien (Gargano ausgenommen) und in Calabrien ist dann zwar prächtiges Wetter, das Meer warm — aber vieles dicht.

✈ **Unterkommen:**

An den Küsten ist im Juli — August alles schon seit einem Jahr vorbestellt. Selbst die sprichwörtlichen Badewannen sind nicht mehr frei, denn darin hausen die Wirtsfamilien.

Im Landesinneren ist es unproblematisch, aber trotzdem lieber vorher telefonieren — wegen der geringen Hoteldichte.

Einzelreisende (am eigenen Leib durchgelitten). Auch wenn offiziell, also auf dem Papier Einzelzimmer da sind, an Ort und Stelle entpuppen sie sich oft als Doppelzimmer, auch im Preis. Wenn die Möglichkeit besteht, dann lieber auf die nächst höhere Kategorie umsteigen, wo es vielleicht wirklich ein Single gibt, die dort auch nicht mehr kostet als das zur Hälfte leere Bett.

Außerhalb der Saison ist in den Feriengebieten vieles dicht. Und wo es offen ist, rechnet man eigentlich nicht mit Besuch. Zimmer feucht, Betten klamm, Heizung vorhanden — oder besser Heizkörper, Service wird berechnet, aber ansonsten Self-service. Diesen Dingen entgeht ihr am ehesten in den wenigen alten Hotels.

✈ **Hotelsuche:**

Wenn nichts festes imAuge, zum EPT oder A.A.
Machen fast immer alles für euch klar. Aber an die Bürozeiten denken!

Wer sich ein Hotel/Pension etc. auf eigene Faust sucht, Folgendes:
① Hingehen und ansehen.
② Hotelverzeichnis des E.P.T. oder von ENIT konsultieren. In den größeren

Städten IV. Kategorie, P. 3 und Locanda oft primitiv, unsauber, unwohnlich und unmögliche Betten, außerdem steht oft der Preis in keinem Verhältnis zur Leistung. Die III. Kategorie kostet oft nicht viel mehr, Rein-
fälle sind hier seltener.

Am besten vorher telefonieren, ob überhaupt Platz da ist.

③ Hotelauswahl im "Guida rapida" des Touring Club Italiano. "Italia
Meridionale e Sicilia". Orte alphabetisch, gute Stadtpläne, das wichtigste
zum Anschauen komprimiert dargeboten. Handlich und robust. Hotelauswahl von der mittleren Preisklasse an aufwärts. Sind nur gute Hotels und
Restaurants drin, – beileibe längst nicht alles, was es in dieser Kategorie gibt .

④ Guide Michelin, erscheint jedes Jahr, ca. 32 DM. Ein Großteil der süditalienischen Hotels abseits der Städte und traditionellen Feriengebieten
erreicht nicht "Michelin–Niveau". So bleiben große weiße Flecken auf der
Landkarte. Die Karten und Stadtpläne lohnen nicht die Anschaffung des
Führers. Und Stadtpläne meist bei den EPT–Stellen gratis.

In aufwendigen Vor- Ort- Recherchen haben wir in mehr als 1/2 Jahr kreuz
und quer-Bereisen das "Hotel- Material" des Südens Italiens durchgecheckt.
(Und werden dies auch für zukünftige Ausgaben dieses Bandes fortsetzen;
über Tips und detaillierte Kritik- Zuschriften bezüglich Hotels freuen wir
uns sehr, bitte an den Verlag!) – Die derzeit besten in allen Preisklassen
sind in diesem Band mit Kurzbeschreibung aufgeführt.

ADAC- und TCI/TCS- Empfehlungsschilder werden übrigens nach unseren
Vor- Ort- Checkerfahrungen, – nachdem sie einmal angeschraubt sind, nur
ungern wieder entfernt und sind daher nicht unbedingt verlässlich.

✱ Hotels:

Es sind meist die in der III. Kategorie, auch in der IV. , wo ihr gerade in
der "toten" Zeit familiär aufgenommen werdet, und oft die Sachen zu
essen bekommt, die die Familie an dem Tag ißt.

(Und da die mit ihren Hypotheken schon längst im Reinen sind, überrascht der Preis oft – nach unten). Im Hochsommer habt ihr dort als spontane Ankömmlinge keinerlei Chancen – man macht dort das kommende
Jahr noch vor dem Abreisetag fest.

✱ Pensionen:

Nehmen meist nur Gäste, die länger als drei Tage bleiben.

✱ Locanda:

Sehr einfache Unterkunft, in ländlichen Gegenden oft die einzige Unterkunftsmöglichkeit. Besonders in Lukanien meist Ort herzlicher familiärer
Aufnahme. Meist sauber, nur in den Hafenstädten (Napoli, Salerno, Reggio C, Crotone, Taranto, Brindisi, Bari), im südlichen Calabrien und im
dichtbesiedelten Vesuvumland oft bestürzend dreckig.

Leider werden die Locande nicht in allen Hotelverzeichnissen aufgeführt,
auffallend dort stehen sie in den Verzeichnissen, wo sie generell am gast-

lichsten sind. (Apulien, Lucanien.)

Wer ohne jedes Risiko seinen Leib betten will und das Geld hat, kehre in der I. und II. Categoria ein und halte sich an Neubauten.

Wer Hotelarchäologie treiben will, unter den Spitzenhotels der alten großen Ferienzentren wie Sorrento und Napoli gibt es noch einige wenige perfekt im Stil der Belle Epoque erhaltene Häuser, die meisten haben als Zugeständnis an die großen Reiseveranstalter die Totalrenovierung hinter sich gebracht.

Privatzimmer:

Zwei Arten. Einmal in ländlichen Gebieten mit beginnenden Tourismus Aufnahme in leerstehenden Zimmer, Häusern oder Wohnungen. Einrichtung sehr einfach. Manchmal muß man auch kräftig aufräumen, bereit zum Improvisieren sein.

Man muß rumfragen. Bekommt Kontakt. Im Juli und August sind diese Zimmer dann von den Verwandten und Freunden belegt, die in Norditalien oder im Ausland arbeiten. Preis pro Bett um 6 bis 8 DM.

In den entwickelten Feriengebieten, ganz besonders auf den Inseln und in vielen Gargano-Orten vermieten viele Familien Zimmer, manchmal auch Häuser. Meist ganz gut ausgestattet. In der Hochsaison von jahrelangen Stammgästen besetzt. An Ort und Stelle nachfragen. Preise so unterschiedlich, daß mir jede Angabe unmöglich ist.

Wer Reisen als Abenteuer empfindet und auch die kleinen, ungefährlichen Abenteuer schätzt, der suche auf eigene Faust, egal ob Provinznest, Großstadt oder Ferienzentrum. Fast überall gibt es die Herbergen (nicht immer sind sie wohlfeil), über die man später — nach durchlittener Nacht oder heißer Diskussion mit dem Padrone über nur die Hälfte der Mißstände — den lieben Freunden als Abenteuer erzählt! Wie das Bett unter einem zusammengebrochen ist, das Waschbecken aus der Halterung fallen wollte, wie man erst einmal ein Großreinemachen angefangen hat. Wer erzählt schon über die perfekte Luxusbleibe?

Wer drauf besteht oder angewiesen ist, in einmal anvisierten kleinen Orten im meist einzigen Hotel die Nachtruhe zu finden und gewöhnt ist, mit sauberen Füßen ins Bett zu gehen (das dann in der Regel bei der geringsten Bewegung herzzerreißend quietscht, daß man nicht mehr zu atmen wagt — und außerdem durchhängt), der nehme einen Scheuerlappen mit, denn sonst hat er zwischen der Wasserzapfstelle und dem Bett die Fußsohlen wieder schwarz.

Das Waschbecken unterhalb des Zapfhahns läuft nicht ab, also Geduld! Wer den Platz im Auto hat, holt sich Eimer und Rohrzange aufs Zimmer, kippt die Sedimente aus dem Siphon — der Wirt wirds euch danken und den Kopf über die eigenartigen Deutschen schütteln. Wer Beharrlichkeit, Geduld und beste Sprachkenntnisse hat, wende sich mit dem Problem an den Wirt.

Die Dorflocanda mit Familienanschluß: das kann noch passieren, wenn es-

*auch selten wird, das Schlafen "a posto letto" im einzigen Raum der Lo-
canda zusammen mit Wildfremden (meist wird dann die Nacht durcher-
zählt, Sprachkenntnisse vorausgesetzt). Oder trotz aller anderen Mängel, der
unmittelbare Kontakt zu denen, die einen aufnehmen oder schlicht und einfach das Sich—wehren—müssen gegen Halsabschneider, oder mal als unbe-
darfter Reisender in eines jener Häuser, wo man normalerweise mehrmals
in der Nacht die Wäsche glattgezogen wird.*

✱ Nächtigen in Parkanlagen, Wartesälen:

Ist verboten und gefährlich. Die Wartesäle werden auch für Leute mit Fahrkarte fast überall spätestens um Mitternacht dichtgemacht.

CAMPING Eine Unzahl von Plätzen entlang der Meer-
esküsten. Viele darunter, die unsagbar primitiv eingerichtet
sind, — oder völlig kahl in der Sonne liegen, — oder wo einer
halt seinen Weizenacker in einen Zeltacker transformiert hat.
Es gibt aber auch brauchbare Plätze. Viele Details in den einzelnen Gebiets-
kapiteln.

FREI- (bzw. "wild") CAMPEN erlaubt und gleichzeitig verboten.In Italia
wird viel freicampiert. Weniger aus Liebe zur Einsamkeit und Natur, als
weil es vom Geld her die einzige Ferienmöglichkeit ist.

Wo es seit Jahren ungetrübte Zelt- und Wohnwagenidyllen gab, kann plötzlich der Provinzpräfekt die Vertreibung aus dem Paradies beschließen. Die
oft riesigen Wohnwagen—Kolonien stellen ohne Frage eine erhebliche Um-
weltbelastung dar, denn die großen und kleinen Geschäfte zwischen den
Pinien und Ginstersträuchern baut die Natur nicht so schnell ab, wie sie
hinten rauskommen. Und mit Plastiktüten hat die Natur noch mehr
Schwierigkeiten . . .

Als vage Richtschnur: In der Vor- und Nachsaison gibt es selten Ärger.
Kleinere Kolonien werden eher geduldet. In der Nähe von organisierten
Zeltplätzen gibt es garantiert uniformierten Besuch, besonders wenn die
"Wilden" dort auch noch Wasser, Hygiene und Sanitäres schnorren. Ab-
seits der Küste selten Probleme, aber unbedingt Rücksicht auf die Bauern,
den Wald. — "NO CAMPING" = strikt verboten.

Direkte gesetzliche Handhabe gegen Wildcampen gibts aber in Italien nicht.
Deshalb greift die Polizei gern auf ein altes Mussolini- Gesetz zurück: jeder,
der übernachtet, muß polizeilich registriert sein . . .

✱ Jugendherbergen:

Sind nicht viele, liegen oft nicht schön, teilweise schlecht erreichbar. Und ihr
schmort dort im eigenen Saft, fast nur Nicht-Italiener. Meist Kochge-
legenheit.

Übernachtung: 6 bis 10 DM (Bettwäsche eingeschlossen. Schlafsäle tagsüber geschlossen):

AGEROLA—S. LAZZARO (Napoli): oberhalb von Amalfi, schön gelegen, jedoch ohne eigenes Fahrzeug schwierig zu erreichen. Busverbindung mit Amalfi.

BARI—PALESE (=Industriegebiet Nord)

BRINDISI—CASALE (=Hafenrandgebiet). In beiden Herbergen überwiegend Aspiranten auf Griechenland- Fähren. Beide haben schlechten Ruf. Es wird geklaut. Vergewaltigungen auf dem Weg dorthin, liegen weit ab vom Stadtzentrum.

NAPOLI (laut, aber verkehrsgünstig, alle 1o Min. poltert die Metro oder ein Schnellzug von und nach Sizilien dran vorbei).

PAESTUM, familiär

PIZZO CALABRO (Catanzaro) und

SCILLA (kurz vor Reggio): beide Durchgangsherbergen auf dem Weg nach Sizilien in meterdicken alten Kasematten, wo Feuchtigkeit und Moder herrschen. Das Meer wohl in der Nähe, aber Baden . . .

SALERNO und SORRENTO in städtischer Umgebung

Internationaler Jugendherbergsausweis nötig. Wer zu zweit fährt: oft ein einfaches Hotel kaum teurer, — zumindest jedoch "übernachtungsfreundlicher" was die abendliche Öffnungzeit betrifft. Jugendherbergen schließen in Italien spätestens um 23 Uhr.

✈ Berghütten: (rifugi):

Nicht viel da. Viele Hütten in den süditalienischen Gebirgen, die auf dem Höhepunkt der Wander- und Bergsteigbewegung zwischen 1910 und 1930 gebaut wurden, existieren nur noch auf den Landkarten. Die intakten Hütten im Abruzzen—Nationalpark sind nach ständigen Akten von Vandalismus geschlossen.

Wer näheres wissen will, wendet sich an die Verwaltungen der Naturschutzgebiete, oder noch besser an den Alpenverein (Club Alpino Italiano — C.A.I.).

Sezione Romana, Via Ripetta 142, 00100 ROMA (umfassende Information),

Sezione dell'Aquila, c/o geom. N. Nanni, Via XX Settembre, 67100 L' AQUILA (Abruzzen)

Sezione Napoletana, Cortile Castel Nuovo, 80100 NAPOLI (für Süditalien)

✈ Ferienwohnungen: (appartamenti per Vacanze):

Sofern nicht in der BRD besorgt, an Ort und Stelle Sache eigenen Geschicks. EPTs geben in der Regel nur Tips, an wen man sich wenden kann. Eher hat man Glück bei "Azienda Autonoma" und "Pro Loco". Sonst Tabakladen oder Bar. Wo es Reisebüros gibt ("Ufficio Viaggi" manchmal auch "Ufficio Navigazione" — aus den alten Zeiten herrührend, wo die "Gastarbeiter" noch überwiegend nach Amerika gingen), dort zuerst fragen!

Monatsmiete für ein 4—Personen—Appartement 2 000 bis 3 000 DM. In Vor- und Nachsaison bedeutend billiger.

✈ Feriendörfer:

Von diesen perfekten Ferienghettos gibt es etwa 30 in Süditalien und Sizilien. Meist von internationalen und norditalienischen Touristenkonzernen geleitet.

Man ist an landschaftlich schöner Stelle perfekt unter sich, auch wenn jenseits der Mauern oft nur das Meereswasser in Ordnung ist. Lokales erscheint als Lokalkolorit, die Einheimischen haben natürlich keinerlei Zugang, es sei denn als Arbeitnehmer. Das geht oft so weit, daß man nicht einmal Freunde aus der näheren Umgebung reinnehmen darf.

Hauptbetreiber: "Club Mediterranee", "Valtur", "Robinson-Club".

Buchung über jedes Reisebüro. Trotz der sehr hohen Preise muß ein Teil des Sportprogramms meist gesondert bezahlt werden — in der Regel Reiten, Tauchen, Segeln.

✈ Agriturismo:

Nicht unbedingt zu übersetzen mit "Ferien auf dem Bauernhof", denn süditalienisches Leben auf dem Land hat vielfach ganz andere Traditionen als bei uns (oder auch in Nord- und Mittelitalien).

Die meisten der etwa 120 Bauernhöfe und lokalen Initiativen sind auf diesem Gebiet erst seit ein, zwei Jahren tätig — und so werdet ihr oft statt Perfektion — Herzlichkeit, Spontanität und gemeinsames Improvisieren finden. Basis- Italienischkenntnisse natürlich optimal!

Es gibt zwei Typen:

Einmal, das ist die überwiegende Mehrzahl, die kleinen von einer Familie bewirtschafteten Höfe, die eine sehr begrenzte Zahl von Gästen aufnehmen können. Gelegentlich auch zu örtlichen Cooperativen zusammengeschlossen. Der direkte Kontakt zu Land und Leuten ergibt sich Tag für Tag — eigentlich der idealste Weg, die Menschen im Süden kennenzulernen.

Meist erfolgt die Aufnahme in leerstehenden Bauernhäusern oder in freien Zimmern. Fast immer auch die Möglichkeit, Zelt oder Wohnmobil auf dem Grundstück aufzustellen. Daß Ihr die Dinge aus eigener Produktion zum Versuchen, täglichen Verzehr und zum Mitnehmen bekommt, ist nicht nur selbstverständlich, sondern auch Stolz der aufnehmenden Familien.

Zweitens: Eine Reihe von landwirtschaftlichen Großbetrieben hat auf den Gütern Ferienwohnungen bereitgestellt, die örtliche Agrarproduktion gibt es ebenfalls zu erwerben — natürlich geht es dort weniger familiär zu — dafür gelegentlich spezielle Angebote, wie etwa die Möglichkeit Pferde zu mieten.

Preise: In den kleineren Bauernhöfen: Übernachtung im Haus ca. 6 - 1o DM, — Zelt ca. 1 - 2 DM. Essen am Familientisch ca. 12 DM.

Auf den größeren Gütern: Ferienwohnungen je nach Reisezeit und Ausstattung sowie Extraangeboten zwischen 1.ooo und 1.8oo DM für ein 4- Personen- Appartement im Monat.

Die Preise für Landesprodukte liegen meist auf der Ebene der örtlichen Laden- und Wochenmarktpreisen. Manchmal auch geringfügig niedriger. Die Ware aber Spitzenqualität, wie man sie sonst selten findet.

Alle Details wie Adressen etc. in den jeweiligen Regionen- Kapiteln dieses Süditalien- Handbuches. Wer vorab Infos braucht:

- Agrisport, Viale Cassiodoro 28, 2o145 Milano
- Agrituristi, Corso Vittorio Emanuele 101, 00186 Roma
- Agriscambi", Foro Traiano 1 a, oo187 Roma

Rückporto in Form von "Internat. Antwortscheinen" (erhältlich beim Postamt) beilegen. Korrespondenz in italienisch, deutsch geht auch.

Essen und Trinken

Ist so verschieden wie die Landschaften. Basiert aber überall auf der einfachen Küche der Bauern, Hirten und Fischer, die in ihren Zutaten aber höchste Ansprüche auf Frische und Genuinität stellt.

"Genuino", — das ist ein Huhn, das sein ganzes Hühnerdasein lang Mistkratzer war, — das ist Wein, der aber absolut mit keinerlei Chemie versetzt ist (auch wenn er dadurch weniger haltbar und nicht transportfähig ist), — das ist Olivenöl aus Oliven, die von den Ästen gepflückt worden sind, auch wenn das viel länger dauert, als die überreifen Oliven unter den Bäumen aufzulesen, die dann auch mehr Öl geben, das aber kratzig schmeckt.

"Genuin" sind die Würste und Schinken vom eigenen Schwein, die sich an äußerer Schönheit mit den Fabrikschinken aus Norditalien nicht messen können, aber innere Werte haben.

Es gibt auch "Genuinitäten", die uns Fremden nicht so richtig runterwollen, wie der von einer kleinen eingeschworenen Liebhabergemeinde außerordentlich geschätzte "Würmchenkäse", den zehntausend Fliegenmaden "vorverdauen". Die Maden werden absichtlich in den Käse hineinpraktiziert.

Und hausgemachte Nudeln sind "genuin". Ihre Formenwelt ist vielgestaltig. Süditalien ist ein Schlaraffenland, in das man sich keineswegs durch einen Spaghettiberg hindurchfressen muß.

Die langen Nudeln gibt es dank der vielen Nudelfabriken überall, aber die meisten Süditaliener lieben gröbere Nudeln, Sachen die auf die Gabel gespießt werden können. Nur die Napoletaner lieben das Aufrollen (bei ihnen heißen die Spaghetti meist "Vermicelli" — Würmchen-Nudeln).

Die Spaghettis: In ihren Legenden wurde die NUDEL in Napoli erfunden. Zur Zeit der Könige lebte in der Stadt ein guter Zauberer, der dem Hungerleiden seiner Mitbürger ein Ende setzen wollte. Er laborierte jahrelang mit den billigsten Nahrungsgrundstoffen, dem Mehl und den damals noch neuen Tomaten ("pomodori"), an die sich niemand heranbaute. Seine Aufwartefrau war neugierig, was im Labor vor sich ging, – und dann noch der ständige Geruch.

Bei Gelegenheit spionierte die Frau mit Auge, Mund und Nase und gab das Geheimrezept ihrem Mann, der Unterkoch bei Hof war.

Dort drohte wegen des täglichen Kücheneinerlei der Rausschmiß aller Köche. Unter dem Gelächter aller Kollegen formte er nun aus Mehl und Wasser das, was man später Maccheroni nannte – ein Wort, das angeblich vom griechischen "makarios" – glücklich kommt. Dazu ein Sößchen aus Öl und Tomaten. Das Gericht kam gut an und wurde täglich in neuen Varianten bei Hof verlangt. Der Siegeszug in die Gassen dauerte nicht lang.

In Wirklichkeit sind die Erfinder der "Maccheroni" (so heißen im Süden nicht nur die Röhren, es ist dort die Bezeichnung für alle Nudeln) die Chinesen, durch den Fernosthandel brachte sie Marco Polo im 13. Jahrhundert nach Venedig, von dort kamen sie nach Neapel und Sizilien, wo sie sich mehr als in anderen Teilen Italiens zum Volksnahrungsmittel entwickelten.

Fehlte nur noch die Tomate – und die blieb erst einmal für Jahrhunderte Zierpflanze. Goethe, der gerade den Neapolitanern tief in die Teller geschaut hat, erwähnt sie auf seiner Italienischen Reise (1784–6) nicht, dafür die Nudeln. "Die Maccaroni, ein zarter, stark durchgearbeiteter, gekochter, in gewisse Gestalten gepresster Teig von feinem Mehle, sind von allen Sorten überall für ein Geringes zu haben. Sie werden meistens nur in Wasser abgekocht, und der geriebene Käse würzt und schmälzt zugleich die Schüssel."

Auch 20 Jahre später ist die Tomate noch nicht da. Johann Gottfried Seume macht in 90 Tagen einen "Spaziergang von Leipzig nachSykarus" und hat damals den Ruf der Deutschen als Kartoffeliebhaber gefestigt; von den Makkaronen glaubt er, daß sie "das Gedärme der armen Leute verkleistern", und von sich, daß er noch "manches grundehrliche deutsche Kartoffelgericht zu verspeisen gedenke".

Kurz danach aber der Durchbruch: Italiens Nudeln werden rot. Die meisten Tomaten wachsen im Süden und werden dort auch verspeist.

Länglich, viel Fleisch, wenig Saft. "San Marzano" und "Roma" zum Soßenkochen. Industrietomaten, zum Rohessen schmecken sie nur mäßig.

Rund, meist gerippt, oft bizarre Formen, die großen schmecken besser. Zum Rohessen.

Grundrezept: Die Tomaten sollten noch nicht voll reif sein, noch grüne Streifen haben, aufschneiden, etwas Salz, Öl und Basilikum.

Ganz klein und rund. Schmecken auch frisch gut. Werden meistens zu großen Trauben geflochten und halten so bis in die Weihnachtszeit. Soßengrundlage oder Brotaufstrich.

Auf dem Land und in Kleinstädten legen im September die meisten Familien ihren Jahresvorrat an Tomatenkonserven selbst an. Die zerteilten oder passierten Tomaten kommen ohne Schale in kleine Flaschen, die dann sterilisiert werden. Die ganze Operation findet im Freien statt,überall

Feuer und nahrhafter Geruch.

Die Bergzonen ausgenommen, gibt es das ganze Jahr Gemüse undSalate, im Sommer bunt in allen Farben, im Winter herrschen die Grüntöne vor, nur Orangen, Zitronen und Mandarinen geben Farbkontrast.

Geschätzt ist Vegetarisches mit bitteremBeigeschmack , Zichorie (cicoria) und manche Wildkräuter können arg bitter sein. Eine deutsche Kleinfamilie kann dann mit dem für apulische oder calabrische Sippenverbünde berechneten Bund Grünzeug schwer ins Kämpfen kommen.

Die Preise für Saisongemüse sind sehr niedrig. Wer jedoch im Winter Tomaten kauft (Treibhaus, schmecken auch so) muß mit Preisen wie nördlich der Alpen rechnen.

An Früchten vieles aus fremden Ländern heimisch gemacht:

Khaki-Frucht (wie Marmelade), Nespole (im Juni), Kaktusfeigen (dort wo sie wild wachsen, kann man sie selbst ernten. Die kleinen Stacheln gehen tagelang nicht aus den Fingern. Die Einheimischen haben eine Schälmethode, die ich nicht beherrsche. Besser Handschuhe an oder längs aufschneiden und auslöffeln.)

Orangen überwiegend an der Westküste und in Sizilien. An der Adria zu oft kalte Winde. Ganz im Süden Calabriens, zwischen Reggio und Brancaleone wächst die Bergamotte. Sieht aus wie eine gelbliche Apfelsine. Wer reinbeißt, glaubt Kölnisch Wasser zwischen den Zähnen zu haben. Dafür nimmt man sie auch. Wächst in Europa nur an dieser Stelle.

✱ Pasta:

"Ma caroni" — oh wie lieblich, sagte der Kardinal zu der neuen Erfindung. Maccheroni haben nichts mit jenen heimatlichen schwer bezwingbaren Röhren von 24 cm Länge und 0,5 cm Rohrdurchmesser zu tun. Nein, "maccheroni" konnen erst einmal Nudeln jeder Art sein, und sind sie Röhren, dann von erheblich größerer Rohrweite und schon auf Bissenlänge zurecht gestutzt.

Die Frage nach der Zahl der Nudelarten ist unbeantwortbar.

Die Phantasie am heimischen Nudelbrett und die Kreativität der Designer in den Nudelfabriken bescheren immer neue Modelle, längst nicht alle erfolgreich. Hier seien nur die wichtigsten klassischen Formen genannt:

① Um die Gabel zu wickeln:

> capellini = Härchen (ganz dünn), oft heißen sie auch Vermicelli (aber nicht in Napoli)
> spaghetti in Napoli "vermicelli"
> paglia e fieno = "Heu und Stroh", , handgemacht, grün und gelb, schmal geschnitten
> linguine (besonders in Napoli geliebt) — ganz schmale Bandnudel
> tagliatelle – schon breiter, gibts auch in grün
> pappardelle — breite Nudeln

Wer solche Nudeln zerschneidet oder in anderer Form zerteilt, wird mit strafenden Blicken betrachtet, mindestens bis er den Teller leer hat.

② auf die Gabel zu spießen:

orecchiette – Ohrchen, in Apulien heißen sie auch "strascinati"

maccheroni – ziemlich große Röhren, heißen auch "rigatoni"

penne – ("Federn" – Röhren, ca 5 cm lang und 1 cm stark, neben den Spaghetti die meist gegessenen Nudeln, besonders in Verbindung mit sehr scharfen Sößchen ("penne all'arrabbiata") nach Art der wütenden Hausfrau

gnocchi – kleine Klößchen, groß wie Murmeln, aus Kartoffeln gemacht – Italiener geraten hier hemmungslos ins Schwärmen, aus Gries "strangolapreti" = Priesterwürger

fusili – handgeformte Röhren, ähnlich wie penne, auch "troccoli"

③ gefüllte Nudeln:

agnellotti – kleine Teigtaschen mit Ricotta-Füllung

cappelletti – Hütchen, heißen oft auch "strascinati"

tortellini – Fabrikware, überall zu kriegen, Fülle meist aus Ricotta, Spinat und ein Hauch Muskat

ravioli – haben nichts mit den Finsteren Dingern aus der Dose zu tun. Meist mit Ricotta-Fülle, existieren auch in einer süßen Variante

lasagna – sorgfältig geschichteter Nudelauflauf, was zwischen den Nudelplatten liegt ist durch kein Rezept vorgeschrieben.

cannelloni – gefüllte Nudelrollen, sollten unbedingt aus frischem Nudelteig sein.(Tomatenragù, cremige besciamella aus Butter, Mehl und Milch, zarter Käse ...)

④ Eine Sonderstellung nehmen die "bucantini" ein, ganz kurze Röhrchen, die meist in sehr dicken Suppen landen:

pasta e fagioli (mit weißen Bohnen)

pasta e patate (mit Kartoffeln)

Italiener essen es recht gern, vielleicht weil es an die schönen Tage beim Militär erinnert. Ich mach mir so wenig daraus wie aus dem Militärischen.

⑤ Sicher, gibt es auch in Süditalien fast überall spaghetti

alla bolognese, aber die sollte man doch besser in Bologna essen.

al pomodoro oder alla napolitana – die klassische leichte Tomatensoße, die nach Tomate und sonst nichts schmeckt.

con aglio ed olio – nur Olivenöl und Knoblauch

alla puttanesca (nach Nuttenart) – Tomatensoße mit peperoncino, Kapern, schwarzen Oliven und Sardellen (nennt sich auch "alla marinara")

alle vongole – mit Sandmuscheln, gibt es 'in bianco" – ohne Tomate oder auch rot.

pasta e ricotta – Nudeln (penne oder fusili) mit frischem Quark

da es aber mindestens so viele Arten gibt Nudeln anzurichten, wie es Formen gibt, soll hier die Liste geschlossen werden. Die Speisekarte überflie-

gen, studieren, nicht an den bekannten Spaghetti alla bolognese hängen
bleiben, sondern zu neuen Horizonten aufbrechen.

✹ Brot:

Hauptnahrungsmittel der Vornudelzeit, deshalb aus den besten Materialien gemacht. Durch das (allerdings fein gemahlene) Hartweizenvollkorn-
mehl innen oft gelblich. Hält lange frisch. In abgelegenen Zonen oft noch
im Haus gebacken. Herrlich: sizil. Fladenbrot, mit Öl und Kräutern gegessen!

✹ Pizza:

Ursprünglich belegtes Brot "alla napoletana". In Neapel noch Volksspeise
geblieben, sonst vielfach ein Zug zum Höheren (Belag und Preis). Muß aus
dem Holzfeuerofen kommen; der Elektropizza fehlt das Aroma der glüh-
endheißen Steinplatten.

✹ Garküche:

Frittiertes aus Gemüse, Hefeteig, Reis, Nudeln macht für Pfennige satt,
man hat das Gefühl, als ob das Zeug noch im Magen aufquillt.

Aber auch die billigen Eßfreuden der Armen (im Stehen und Gehen zu genießen):Gekochtes Meeresgetier, Innereien — und immer viel Brot dazu.

✹ Fleisch:

Frisches Fleisch spielt in der Alltagsküche eine untergeordnete Rolle (weil
zu teuer, und weil der Fleischviehbestand im Süden immer relativ klein
war). Zu Festen dann ein Massensterben von Lämmern und Zicklein.
Schweinefleisch fast nur in Form von Wurst (mit rotem Pfeffer!), Schinken und Speck. Im Gebirge unbedingt versuchen! Rindfleisch meist von ge-
standenen Milchkühen oder östrogenverdächtiges Kalbfleisch.

Wichtiger in der traditionellen Küche sind Hühner und Karnickel, und die
schmecken immer besser als die schuhsohlenreifen "bistecche" und "cos-
tolette".

✹ Meeres- und Süßwassergetier:

Umweltverschmutzung und Überfischen, mit reichlich Dynamit und Mafia,
haben die Bestände reduziert. Es gibt noch von allem , aber teuer. Kilo-
preise auf den Märkten von 20 bis 30 DM für die gefragten Sorten sind die
Regel.

In den Gaststätten die Preise entsprechend hoch, oder die Mengen winzig.

In den Abruzzen und im Molise hoch oben im Quellbereich der Flüsse
Forellen und Flußkrebse, die den Salzwasserscampi in nichts nachstehen.

Am fischreichsten ist noch die Adria. Am Jonischen Meer fast nur Sardinen
— dort hat auch die Fischerei kaum Tradition.

✹ Milchprodukte: (latticini):

Seit Jahrtausenden Hauptzweck der Viehzucht, in der Ebene und im Gebirge. Die Käse aus der Ebene überwiegend zart, rasch zu essen, vielfach in der Molke schwimmend, aus Kuh- oder Büffelmilch. Mit der Urbarmachung vieler sumpfiger Flußebenen ist die Büffelzucht stark zurückgegangen.

Die urigen schwarzen Viecher, die wie aus dem Zoo entsprungen aussehen, waren im Gegensatz zu Milchkühen malariaresistent (die Hirten allerdings nicht). Sie geben weniger, aber fettere Milch und haben immer zwei Namen, die in der Einsamkeit der Hirten entstanden, dem Außenstehenden abstrus vorkommen. "Chi t'arrobbe ... chi t'arrobbe bene te vo" — wer dich beraubt, wer dich beraubt, will dir gutes.

<u>Große Büffelherden</u> noch in der Volturno—Ebene und zwischen Battipaglia und Paestum.

<u>Was Ziegen und Schafe</u>, im Süden Calabriens <u>auch Kühe,</u> in den Bergen liefern, ist umso härter — lagerfähig. Richtiger Bergkäse, der im Herbst in die Ebenen runtergebracht wird. Der Stolz der Hirten liegt darin, möglichst wenig Salz zu verwenden.

✻ pepperoncino:

Roter Pfeffer. Überall reichlich verwendet, im Osten mehr, in den Berggebieten noch mehr, am schärfsten in Lucanien. Mir ist immer wieder versichert worden, eine Familie verbrauchte von den getrockneten zu Zöpfen aufgereihten "Teufeln" 5 bis 6 m im Jahr. Lucanisches Bauernfrühstück (auch Mittagessen und Abendessen, wenn die wirtschaftlichen Verhältnisse nicht überdurchschnittlich sind): Brot, dick abgesäbelt, Zwiebel drauf, Pfefferschote dazu, Tomate, ein Stück Speck oder Käse.

✻ Essen kaufen:

Lebensmittelläden gibt es bald mehr als Kundschaft ; auch kleinste Häuseransammlungen sind fast nie unversorgt.Obwohl fast alle Läden alles führen, eine unwahrscheinliche Vielfalt von Benennungen, die einen hohen Grad von Spezialisierung vorgeben (drinnen dann überall der altvertraute Geruch von Stockfisch und Seifenpulver). Die alten Bezeichnungen weichen zusehends dem modernen "Supermercato" und "Minimarket". Beides sagt nichts über die Ladengröße aus.

TABACCHI	Tabak, Briefmarken, Zeitschriften, meist Schreibpapier, Andenken etc.
MACELLERIA	Schlachterei, — man unterscheidet dazu die
NORCINERIA	Schweineschlachterei (Wurst, Speck, Schinken), nur nördl. Napoli
POLLERIA	Hühner, Eier, Geflügel
PESCHERIA	Fisch
VINI E OLII	Wein & Öl, um Napoli beliebte Kombination
PANIFICIO	Bäckerei, — Brot, Pizza, Zwieback, einfachste Süßwaren
PASTICCERIA	Konditorei, — viel Creme, Lebensmittelfarbe und Zucker

LATTERIA (auch LATTICINI)	Milchgeschäft, plus Butter und Käse, aber auch Mortadella und der "Weiße Riese"
FRUTTA E VERDURA	Obst und Gemüse plus Stockfisch. Thunfisch in Dosen und Wein, je nach den Marktlücken in 5o m Umkreis

ALIMENTARI	Lebensmittelgeschäft (Heißt manchmal auch "Coloniali")
DROGHERIA	ist weder eine Drogerie, noch gibts hier Drogen. Ein Lebensmittelgeschäft mit sehr intensivem Seifengeruch

SALUMERIA	mehr Salami und Mortadella als gewöhnlich
PIZZICHERIA	hat mit "Pizza" nichts zu tun, vielfach etwas "besserer Laden"

BROT gibts vormittags in allen Lebensmittelläden, man muß also nicht unbedingt in die Bäckerei.

✱ Essen gehen:

Zeiten: 12.oo bis 14.3o, abends nur in Feriengebieten und größeren Orten, 20.oo bis 22.oo Uhr.

Wo es voll ist, in der Regel gut (außer ein Bus mit Neckermännern tafelt). Reichlich Camions vor der "Trattoria" an der Landstraße versprechen "genuine" Küche.

Gutes Essen hat seinen Preis. Fisch, Scampi, Lamm und Zicklein (agnello e capretto), Karnickel und Täubchen, Spargel und Pilze sind im Einkauf eher teurer als bei uns. Und handgemachte Nudeln kosten nicht nur das Mehl, aus dem sie gemacht sind, sondern reichlich Handarbeit.

Überraschen lassen! Die Absolventen von Hotelschulen haben zwar in den letzten zehn Jahren auch in entfernten Ecken "spaghetti bolognese" und "costoletta alla milanese" bekannt gemacht, aber die meisten süditalienischen Köche und ihre Mütter und Großmütter bekochen ihre Gäste dickschädelig napoletanisch, apulisch usw.

✱Achtung: Wo eine Speisestätte irgendeiner Aktiengesellschaft aus Mailand oder Rom gehört, gibt es diese Mütter und Großmütter nicht!

Außerhalb der Saison seid ihr manchmal die Überraschung – Speisekarte findet dann nicht statt. Gegessen wird, was der Garten hergibt, ein letztes allerletztes Hühnergackern ...   Hühnergackern   ...
... und es gibt vieles, was nur wie Distel, Hederich oder Gänseblümchen aussieht, was gut eßbar ist.

Nur Spaghetti bolognese, Rotwein und dann die Rechnung geht nicht (allenfalls in Rimini). In Hamburg verlangt ja auch niemand nur Salzkartoffeln mit Soße!

Antipasto (Vorspeise): Zum Appetitkriegen, mal wird es zusammengestellt, mal Schinken oder Salami mit Melone oder Feigen.

Muß nicht sein. Wer nudelmüde ist und seine Suppe nicht mehr mag, kann so den obligaten ersten Gang umgehen.

Primo Piatto: Nudeln, Suppe, auch mal Polenta (aber immer vom Holzteller, anders wird sie steif) oder winzige Knödel aus gekochten Kartoffeln (gnocchi) oder auch Pizza. Der Gang zum satt werden.

Dann "il secondo" (zweiter Gang): Fisch, Fleisch oder Eierspeise. Ist unumgänglich. Wer wirklich an dem Tag schwach auf dem Magen ist, kann Mozzarella (weißer, weicher Frischkäse) bestellen.

Dazu Salat oder Gemüse (contorni). Kartoffeln, sie gibts, gelten in Italien als Gemüse (ihr merkt das an der Menge).

Nachtisch: Frutta oder dolce (meist was Cremiges, likörgetränktes, was gut schmeckt und ziemlich dick macht). Eis seltener! Nachtisch braucht nicht. "Frutta" wird immer mit Messer und Gabel gegessen, sogar Äpfel, nur Trauben nicht.   — Statt der Süßspeise geht auch Käse.

Caffè zum Abschluß fördert die Verdauung und wirft den geschwächten Kreislauf wieder an.

Danach kommt die Rechnung (il conto). Früher war es üblich den Zettel zusammen mit Rechnungsbetrag und Trinkgeld auf dem Tellerchen liegen zu lassen.

> *Mit der Einführung der "ricevuta fiscale", die's ebenso für Übernachtung, Autowerkstatt etc. gibt, soll sich nach dem Willen von Gesetz und Fiskus folgendes ändern: Die Rechnung muß von einem Quittungsblock kommen, deren Durchschrift der Wirt dem Finanzamt vorlegen muß. Deren Steuermoral wird nun an den Gästen überprüft. In letzter Zeit häufen sich Berichte, daß vor der Tür die Rechnung verlangt wurde, wenn nicht vorhanden, dann Strafen bis ca. 100 DM (für den Gast).*

Trinkgeld (mancia) muß sein. Außer ihr habt mit dem "padrone" zu tun gehabt. Da wäre es beleidigend. Sonst rund 10 % der Rechnungssumme. Kein Metallgeld!

✱ Ristoranti – Trattorie:

Im Gegensatz zu den Hotels nicht in feste Kategorien gepackt. Ursprünglich war das "ristorante" das feinere und die "trattoria" fast immer familiär. Speisekarte und Preisliste hängen meist aus. Wo es ganz einfach aussieht, fragen! Nicht immer wird gekocht. In den alten "osterie" und "Cucine", wo es meist nur zu trinken, allenfalls sehr einfaches Essen gibt, haben nur Leute vom Ort das Recht, Selbstmitgebrachtes zu verzehren.

Für eilige Leute, denen eine Reiskugel oder ein Teigkrapfen auf die Hand nicht langt, sind die "Tavola Calda" und "Rosticceria" gemacht: Im heißen Tresen recht großes Angebot, aus dem man wählt. Preislich meist wie eine mittlere "Trattoria", wo das Essen und vor allem der Wein orgineller und ursprünglicher sind.

✱ Pizzeria:

sind, — außer in Napoli meist nur mittelmäßig geführte Ristoranti mit salzigen Preisen. "Pizza" ist "in". TIP: Pizza in Napoli auf Vorrat essen! Solltet ihr dennoch im Süden danach gelüsten: morgens bei einem Bäcker kaufen. Wird von einer quadratmetergroßen Riesenpizza nach Gewicht abgeschnitten.

✱ **Panini (belegte Brötchen)** macht man um die Mittagszeit in jedem Alimentari, dazu gibts gekühlte Getränke. Der Service ist gratis.

✱ **Rohes Meeresgetier:** Muscheln aller Art, winzig kleine Tintenfische, aber auch ganz kleine Fischchen, Seeigel.

Viele Italiener halten das für die "genuinste" Art, beim Kochen gehe der ganze Geschmack verloren. Stimmt — leider. Geht aber nur dort, wo das Meer bakteriologisch absolut in Ordnung ist. Hepatitis kann sonst das Mindeste sein. Über die Schuld und Unschuld der Muscheln und der Cholera 1972 wird heute noch leidenschaftlich gestritten. Fest steht aber, daß es die meisten Fälle dort gab, wo Muschelbänke in trüben Wasser standen (Neapel, Tarent, Bari, Salerno und Cagliari). Kochen macht die Erreger tot, aber gelegentlich an den ganzen Chemieschmutz denken. Gerade Muscheln gedeihen in extrem verschmutztem Wasser prächtig. — Während andere Fischarten aussterben, werden die Tintenfische immer 🐙 mehr.

✱ **Gelage im Freien:**
(italienisches Picknick)

An Wochenenden und im Freien, wenn es das Wetter erlaubt. Hat nichts mit belegten Broten, kaltem Huhn, Kaffee aus der Thermosflasche zu tun. — Unmengen an frischer Nahrung, Kanister mit Wein, Dreifuß, Kochkessel und Grillgerätschaften wandern mit ins Freie.

Dann wird stundenlang gekocht und gebrutzelt, ideal zum Austausch kulinarischer Erfahrungen (keineswegs nur Frauensache!). Solltet ihr eingeladen werden, verlangt man einen geräumigen Magen von euch.

Allerdings die offenen Feuerchen im Wald sind eine Sache für sich, und am Abend, wenn die Natur wieder geräumt ist, bleiben Berge von Plastiktellern, Bechern, Tüten, Dosen so liegen, wie sie gefallen sind — "für die Bären und Wölfe", denen man einen sehr robusten Magen zuschreibt und die an den Stränden rudelweise rumzulaufen scheinen.

Die Bauern gehen mit der Landschaft in der Regel pfleglicher um als Städter.

SELBSTBEDIENUNG: das Ernten in fremden Parzellen kann, — trotz aller verschwenderischer Fülle der Natur gefährlich sein. Oft bewachen Besitzer und Flurwärter ihre Kulturen, und die Landessitte will es so, daß dabei die Schrotflinte mit von der Partie ist. Außerdem wird viel gespritzt.

ANGELN in Binnengewässern nur mit Erlaubnis. Auf der Gemeindeverwaltung fragen. Im Meer frei, aber wenig ergiebig. Unterwasserjagd stellenweise verboten.

✱ **Einladungen:**

Geht man von der liebevollen Behandlung aus, die "Gastarbeiter" bei uns erfahren, versteht man es kaum, daß man gerade von ihnen immer wieder eingeladen wird. Einladung kann bedeuten ein Glas Wein (und dann ziehe weiter, Fremder!), aber auch eine magenweitende Esserei mit den besten Sachen aus den Vorräten.

Einladungen sind kein probates Mittel, die Urlaubskasse zu schonen. Die

meisten Familien auf dem Land haben im ganzen Jahr nicht mehr Bargeld
wie ihr mit auf die Reise nehmt. In der Regel werdet ihr euch nicht re-
vanchieren können. Fotos machen und dann hinschicken. Ihr werdet mit
Sicherheit viel Zustimmung für die germanische Tüchtigkeit, Fleiß, Pünktlichkeit hören, trotzdem runter vom hohen Teutonenroß! Debatten über
allzu konkrete Fragen der Zeitgeschichte, Politik, werden fast immer
schnell unerfreulich, weil meist oberflächlich. Patente Worte über Mafia,
Kirche, Korruption oder politische Parteien, Emanzipation der Frau geraten mit Sicherheit von Oben herab.

Wein

Süditaliener sind meist mäßig mit dem Wein, erzählen aber mit Wonne von
Saufgelagen und Vollräuschen. Sie haben ein paar Tausend Jahre Erfahrung
mit dem Kopfverdreher, und nicht wie ihr nur 4 bis 6 Wochen im Jahr.
Und sie müssen mit dem Wein in den Knochen arbeiten. Die beachtlichen
Mengen auf Festen sind kein Maßstab, auch nicht der oft kräftige Durst
alter Männer. Eine bestimmte Grenze wird immer eingehalten, wer sie über-
schreitet, verliert sein Gesicht.

Rotwein überwiegt, macht schwarzviolette Flecken auf's Tischtuch und
weiche Knie. 13 bis 14 Grad Stärke sind die Regel, in Apulien aber auch
bis 16 Grad. Ist immer herb. Süsses in kleinsten Mengen als Dessertwein.

Die Frauen (die süditalienischen) trinken in der Regel gar nichts oder
wenig. Daß Germanenweiber an Bier und Schnaps geschult sind, ist allgemein bekannt.

Heimtückisch sind die blaßrosa und weißen Weinchen, die sich ungebremst
trinken lassen, aber außer in der Farbe ihren schwärzlichen Vettern in
nichts nachstehen.

Die Weine der Bergregionen sind erheblich leichter.

Offenen Wein gibt es überall. Da "reine Natur", fast nie transportgeeignet,
manchmal reichen schon 20 km für die wunderbare Verwandlung in Essig.
Wers dennoch versuchen will: Gut verschlossene Flaschen, oben eine
Schicht Öl als Abschluß. Ohne viel Geschüttel und möglichst kühl transportieren (im Winter habe ich es meist geschafft, aber nie ohne kleine Quali-
tätseinbußen).

Es gibt auch Gegenden ohne eigene Weinproduktion. Was dort aus den Fässern kommt, ist höchstens für die trainierten Hälse alter Männer trinkbar,-
dort auf Flaschenweine der Nachbarregion umsteigen.

Ich persönlich ziehe den offenen aus dem Faß, dem Riesendemian oder dem steinernen Tank (vasca) vor. Einmal, weil es hier schon vom Preis nicht lohnt, Schweinereien zu machen und weil sich sonst die Stammkunden auf die Suche nach einem anderen Faß machen würden. Dann, weil ich hier wirklich den Geist der Landschaft im Glas habe und oft noch die kühle Umgebung des Kellers.

Dafür kann man Flaschenweine recht bedenkenlos transportieren. Bei einigen Spitzenweinen greife auch ich gerne zur verkorkten Flasche.

Die Kategorien beim abgefüllten Wein richten sich nach Anbauzone, Traubensorte, Kelterung und Lagerung. Mit Wohlgeschmack oder Bekömmlichkeit haben sie nichts zu tun.

VINO DA TAVOLA: nicht nur anspruchsloser Tischwein und Rachenputzer!
Meist sind es Massenweine der großen Cantine, die häufig alle erlaubten Mittel nutzen, um ihren Nektar haltbar zu machen. Oft wird pasteurisiert, — so eine Art "H- Liebfrauen- Milch", sonst Chemie. In der Regel in 1 - oder 2- Liter Pfandflaschen, liebevoll mit Kronkorken oder Drehverschluß zugestöpselt.

Wenn auf o,75 l Flaschen mit Naturkorken und Jahrgang "vino da Tavola" steht, ist es fast immer ein Spitzenwein, dem die Weinbürokratie nur die höheren Prädikatsweihen versagt, weil beispielsweise das Anbaugebiet sehr klein ist.

VINO DI DENOMINAZIONE DI ORIGINE CONTROLLATA D.O.C.: kontrollierte Herkunft, Traubenarten vorgeschrieben, Lagerungs- und Reifungsvorschriften. Jahrgangsangabe. Gibt es auch in 2 l- Flaschen, jedoch selten. Besser zur o,75 l Flasche greifen. Manches ist großartig, vieles Durchschnitt. Meist sind die Weine privater Kellereien besser, als die der Cantine sociali und Cooperative, weil dort kluge Bauern erst einmal die besten Trauben für den eigenen Wein aussortieren, dessen Qualität einen immer wieder Lob ohne jede Heuchelei aus Höflichkeit über die Lippen bringt.

VINO DI DENOMINAZIONE DI ORIGINE CONTROLLATA E GARANTITA: Spitzenklasse der D.O.C.- Weine. Ein alter Wein dieser Klasse kann gut und gerne 1o - 2o DM kosten.

Weitere Prädikate wie "RISERVA", — "VECCHIO", — "SUPERIORE." usw. beziehen sich meist auf eine längere Lagerung im Fass vor der Abfüllung.

Beim ital. Außenhandelsinstitut gibt es eine brauchbare Gratisbroschüre (in deutsch) über fast alle D.O.C. - Weine Italiens. ADRESSE: Ital. Institut für Außenhandel — I.C.E., Jahnstraße 3, 4ooo Düsseldorf, — Maysedergasse 2/23, 1o1o Wien, — Claidenstr. 34 in 8oo2 Zürich.

APULIEN: Hier werden Ströme und Meere von Wein erzeugt, zu über 2/3 "Industriewein", der zu Cognac, Spumante und Martini wird, oder etwas schwächliche Weine von weiter nördlich aufmuntert. In manchem Chianti steckt ein apulisches Herz.

Die meisten Apulier sind kräftig, je weiter man nach Süden kommt, umso mehr nimmt die rote Farbe die Oberhand ein.

Ob Bauernwein oder D.O.C. oder einfacher Tischwein aus der großen Flasche — eigentlich nie Enttäuschungen. Nur was südlich von Brindisi und Taranto wächst, und da wächst viel, ist meist sehr alkoholreich — und wenn diese Weine nicht mehrere Jahre gelagert sind, schmecken sie leicht spritig. Lagerung macht sie ausgesprochen fruchtig. Die Trulli—Region produziert Weißweine, für die man manches Jahr in der Hölle auf sich nehmen möchte.

CAMPANIEN: War den Römern der Antike ein Weinparadies. Diese versetzten allerdings das Getränk mit Gewürzen, Honig, Ochsenblut und allerlei Mittelchen, die dem erotischen Gefühlshaushalt auf die Sprünge verhelfen sollten.

Besonders die Fruchtebenen nördlich von Napoli sind noch immer das Gebiet der "uva maritata" — der verheirateten Rebe: zwischen Ulmen oder Maulbeerbäumen in mehreren Stockwerken die Ranken mit den Trauben. Gibt der Landschaft etwas Beschwingtes, Tanzendes. Die Früchte werden mit der Leiter geerntet, und weil das arbeitsintensiv ist, setzen sich immer mehr maschinengerechte Drahtanlagen mit Betonpfählen durch. In Campanien wächst relativ wenig Wein, besonders im Süden, wo es gebirgig wird, kaum mehr als zum Familienbedarf.

Einige Spitzenweine (aus der Gegend von Avellino, vom Vesuv und von den Inseln), und der Gragnano — prickelnd, erfrischend — und geht rasch in den Kopf. Gute Landweine gibt es, man muß sie aber suchen — und dann sind sie oft nicht käuflich.

LUCANIEN: In großen Teilen keine Weinproduktion. Dort wo das Land grün ist und kleinräumige Mischkultur das Land als Paradiesesgarten erscheinen läßt, kann man beachtliche (fast immer rote) Bauernweine finden (Maratea, Vulture, Pollino—Vorland).

CALABRIEN: Starkes Ost—West—Gefälle. Das beste kommt aus dem Hügelland oberhalb der jonischen Küste. Die meisten Anbaugebiete sind klein. Lediglich im Gebiet von Cirò und Melissa und im Neto—Tal wird reichlich produziert. Sehr starke, meist aus roten und weißen Trauben gemischte Weine, die erst nach langer Lagerung ihre Qualität entfalten. Keine Angst vor Bauernweinen, sofern es sie gibt. Aber immer probieren, denn mancher kluge Bauer verkauft das, was ihm daneben gegangen ist.

An der Westküste wächst wenig und ist zum Teil schrecklich. Die D.O.C. — Weine Calabriens, zu Unrecht kaum bekannt, können lang gelagert werden.

✱ Wasser:

In den Bergen ein Hochgenuß. Besonders frisch von der Quelle. Was dort aus dem Hahn fließt, kann meist bedenkenlos getrunken werden, außer es ist Zisternenwasser.

In Apulien und zum Teil in Napoli, wo eigene Wasservorkommen fehlen, kommt eine grauenvoll gechlorte Brühe aus dem Hahn (beißt in die Nase und Augen). Im Hochsommer ist in Apulien und im Gebiet um Matera das Wasser tagsüber oft abgestellt.

✱ **BIER:** eisig gekühlt löscht auch "Italobier" den Durst.

✱ **KRIBBELWASSER:** machen den Durst erst quälend, da stark gezuckert.

Die Bar: Ursprünglich ausschließlich Männertreff. In den Dörfern nur für landesfremde Frauen Zutritt. In den Großstädten und Ferienzentren sind die Sitten nicht mehr so streng, aber es gibt auch dort noch Rückzugswinkel für wahre Patriarchen. Es gilt als chic, sich die Post in die Bar schicken zu lassen. Der Brief fällt nie in falsche Hände und kann gleich herumgezeigt werden, besonders, wenn von zarter Hand geschrieben.

Die Bar ist zugleich Kommunikationszentrum; für Dauerkunden besteht kein Zwang zum Konsumieren.

"EXPRESSO" und "CAPPUCCINO" sind nicht teuer, — solang im Stehen eingenommen. Nur in kleinen, einfachen Bars in touristisch wenig beleckten Gebieten kann man sich sein Getränk eigenhändig an einen der Tische im Raum tragen, niemals jedoch nach draußen. Sonst kostet Bedienung am Tisch, besonders vor der Bar (der Preis verdreifacht sich etwa).

In größeren Bars muß man meist erst ein Bon (scontrino) an der Kasse holen. Außer in reinen Familienbetrieben an der Theke nicht einen Obolus von 50 oder 100 Lire für die Mannschaft an der Kaffeemaschine vergessen.

In Napoli, Caserta und Salerno der beste Espresso und Capuccino Italiens. Und wer ihn sehr stark mag, in der Gegend um Bari. In größeren Bars erst an der Kasse einen Bon holen. Außer in reinen Familienbetrieben einen Obolus von 50 oder 100 Lire nicht vergessen. Für die Mannschaft an der Espressomaschine.

Eine weitere wichtige Funktion der Bar: Hier findet das üppige italienische Frühstück statt:

Espresso oder Cappuccino plus süßes Stückchen, stehend eingenommen. Frühstückspuristen, die sich aufs Mittagessen freuen, bleiben beim Espresso pur.

In ländlichen Gegenden steht die Espressomaschine manchmal erst am späten Vormittag unter Dampf, dort dann das ital. "Bauernfrühstück": ein Glas Schnaps pur — sonst wird kaum harter Alkohol getrunken.

★ Nahrung von Feld und Flur:

Vieles was kreucht und fleucht, was in Wald und Flur wächst ist für den Großteil der Italiener vom Schöpfer dazu bestimmt worden, im Topf zu landen. Pilze— oder Schneckensammeln kann zu festen Freundschaften führen, beides ist übrigens ein ebenso männlicher Sport wie die Jagd, nur das Erlegen von Amsel, Drossel, Fink und Star ist unsrem Kulturkreis recht fremd.

Unbedingte Artenkenntnis bei Pilzen ist selbstverständlich. Bei Muscheln, Schnecken, Krebsen sollte man mit der Vor— und Zubereitung gründlich vertraut sein (nicht die Tierchen aus Dose und Kühltruhe!). Mancher Pilz, der nördlich der Alpen als eßbar gilt, steht im Süden in schlechtem Ruf und umgedreht.

Schnecken kommen nach warmen Regengüssen auf Ödland, Schuttflächen, an Eisenbahndämmen und Straßenrändern zum Vorschein, besonders gern sitzen sie auf Brennesseln und Disteln.

Schnecken müssen erst ihren Darm entleeren, das dauert Tage, Wochen — sie werden auf Sand gesetzt. Schneller gehts, wenn man sie auf Mehl setzt. Nach 2 bis 3 Tagen sind sie leer. Tiere in kochendes Wasser werfen. Schäumt stark. Nach 20 Min. rausholen, mit Essig und Salz den Schleim abreiben — weiter kochenlassen. Nach 2 bis 3 Stunden Schnecken mit Zahnstocher aus Häuschen holen, Darm abzwicken, danach zubereiten. Nicht zu viele essen. Liegen wie Wetzesteine im Magen. 50 bis 60 die richtige Menge.

Muscheln sind seltener leicht zu ernten, aber einfacher in der Zubereitung.

Krebse: Strandkrabben kann man nicht essen.

Alles, was Scampi- oder Hummergestalt (auch was nicht so groß ist) schmeckt gut. In sauberen kalkigen Bächen Flußkrebse.

Seeigel: Nur die Frauen schmecken. Sie sind weniger schwarz als die Männer. Laßt euch vormachen, wie man sie knackt, sonst habt ihr die Finger voller Stachel.

Walnußbäume, Mandelbäume, Feigenbäume haben auch in einsamen Lagen meist einen Eigentümer. Sonst ist aber alles, was nicht eingezäunt ist, frei. Kaktusfeigen (fichi d'India) sind die Seeigel des Festlandes. Nur mit Handschuhen anfassen, sonst ein unvergessliches Juckerlebnis.

Sammeln von Kräutern und Wildgemüse gilt als ausgesprochene Frauenarbeit (also auf Manneswürde achten!).

Thymian, Rosmarin, wilder Fenchel, Lavendel, Origano und noch vieles mehr. Besonders die trockenen Kalklandschaften duften aromatisch,–an Pizza und Lamm zu Hause denken.

✱ Märkte:

Am schönsten und reichsten in kleinen und mittleren Städten, wo die Gärten am Ortsrand beginnen. — Fischmärkte besonders an den Küsten Apuliens. Alle Details in den Regionen- Texten dieses Bandes!

✱ **BESCHISS:** — ist entgegen der Süditalien-Klischees die Ausnahme, aber wenn, dann steht ihr geübten Profis gegenüber. "Furbizia" - Schlauheit ist in Italien eine Tugend, wer drauf reinfällt, ist ein Ignorant. Wer es merkt, ist ebenfalls "furbo" — dann wird die Situation ohne lange Worte aus der Welt geschafft. Beide Seiten haben ihr Gesicht gewahrt.
Überreaktionen — z.B. die Drohung mit der Polizei sind das Eingeständnis, selbst mit der Sache nicht fertig zu werden. Man ist dann ein Waschlappen.

Aufbrausen und Geschrei helfen überhaupt nicht, man zeigt, daß einem Manieren und Intelligenz fehlen.

"Günstige Gelegenheiten" sind nur dann günstig, wenn euch Preis und Qualität bekannt sind. Lebensmittel weitgehend ausgenommen, wird auf den Märkten und in Niedrigpreisläden der Bahnhofs- und Hafenviertel von Neapel und Bari, aber auch anderswo viel Ware 2.Wahl oder unklarer Herkunft gehandelt.

Die Klamotten- und Schuhstände auf den Märkten, sind oft trotz langem Gefeilsche nicht billig, denn für Ausländer werden meist hohe Ausgangspreise gemacht.

Wird mal im Restaurant, im Hotel, in der Bar das Datum mit auf die Rechnung gesetzt, nachrechnen, auf den Fehler aufmerksam machen - und er wird diskret aus der Welt geschafft.. Sollte Euer Gegenüber hartnäckig sein — ist mir auf rund 30 Italienreisen gerade zweimal passiert — mit dem Ente Provinciale per el Turismo in Verbindung setzen. Am besten am Ort des Geschehens. Der - und nicht die Polizeit - ist dafür zuständig. Wirkt absolut, denn dort werden die Konzessionen gegeben und auch entzogen.

Bei Unstimmigkeiten über Minibeträge (bis 500 Lire etwa) keine langen Debatten - ist dann eben ein erhöhtes Trinkgeld.

✦ HANDELN: ebenfalls südländischer SPORT, der viel Spaß macht, wenn man die Know- How's kennt. In jedem Fall auf Klamotten-, Trödel- und Ramschmärkten, — allerdings mit dem Handicap, daß der Deutsche (Schweizer/Österreicher) mit seinem mitteleuropäischen Gesicht (Haare etc., Sprache sowieso) vorab gleichmal einen höheren Preis genannt bekommt, den er dann tapfer runterhandelt, unter'm Strich aber immer noch teurer einkauft, als der Italiano/die Italiana.

ZUR ILLUSTRATION ein kleines Erlebnis: mit Freunden ließen wir vor Jahren in einer süditalienischen Kleinstadt den Umsatz von Espressomaschinen ansteigen, und zwar von der Sorte, die einfach auf den Herd gestellt werden, — als diese noch nicht im Kaufhof erhältlich waren. Einzigste Einkaufsquelle war ein Metallwarengeschäft. Unsere Freunde renomierten tagtäglich mit ihren ausgehandelten Rabatten. Als wir dann schließlich unsere Maschine erstanden hatten, und nach dem Preis befragt einen wesentlich niedrigeren nannten, wollten sie unsere Methode des Feilschens wissen . . .

PRINZIPIELL: kein Handeln in normalen Geschäften und bei Lebensmittelkäufen in kleinen Mengen, — ebensowenig wie man in München oder Hamburg beim Kauf eines Fahrscheines feilscht. Wer den Eindruck hat, daß die gewünschte Tomate touristisch im Preis verfremdet ist, sollte auf sie verzichten!

Größere Einkäufe sollten Rabatt voraussetzen. Wer hier nicht handelt, wird für blöd gehalten. Was dabei rausspringen kann, entspricht eurem Verhandlungsgeschick und der Vorkenntnis, die man von kompetenten Einheimischen abguckt.

"Günstige Gelegenheiten" auf Märkten und in Niedrigpreisläden der Großstädte Napoli, Bari etc. (in Bahnhofs- und Hafennähe) nur dann wirklich günstig, wenn der reelle, für die Region spezifische Preis bekannt.

Die Klamotten- und Schuhstände auf den Märkten, sind oft trotz langem Gefeilsche nicht billig, denn für Ausländer werden meist hohe Ausgangspreise gemacht.

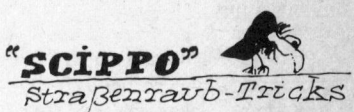

"SCIPPO" Straßenraub-Tricks

Eine andere Form von "Sport", — für den Touristen allerdings weniger erfreulich, da die Sache sehr flott von sich geht und der Räuber danach um die nächste Straßenecke verschwindet.

Taschenraub vom Fahrzeug aus. Mit Moped oder Motorroller, die in Italien keine Nummernschilder haben, gelegentlich auch mit gestohlenen Autos. Besonders verbreitet in Napoli, Bari, Taranto, Catania und Palermo — aber ebenso in Rom und Mailand — also nicht unbedingt eine Spezialität des Südens. In der Provinz, wo jeder jeden kennt, unbekannt.

Am leichtesten kann es Menschen voller Urlaubsstimmung packen, — und die ganz Verängstigten, die den hinter jeder Straßenecke lauernden Spitzbuben erwarten.

Geklaut wird aus dem Augenblick heraus, — ohne lange kriminelle Vorplanung und stundenlange Beobachtung des Opfers. Das geht blitzschnell und ohne jede Gewaltanwendung, — treu süditalienischer Tradition. Abhilfe: Kenntnis der Scippo- Techniken:

Die Haupttechniken:

① Klassischer Scippo: Moped oder Vespa, oder ein geklauter Kleinwagen kommt ganz langsam von hinten und der Beifahrer pflückt Tasche oder Fotoapparat von Eurer Schulter, und dann wird durchgestartet, ohne Rücksicht auf Passanten.

② Gedränge am Bahnhof, an Haltestellen, auf Märkten, Gepuffe und Geknuffe, die eigene Mobilität ist weitgehend blockiert. Ideal für den schnellen Griff nach Sichtbarem von Wert — Brieftasche, Geldbeutel, Taschen etc., auch die so sicheren Brustbeutel lassen sich angeln! Die Flucht geht blitzschnell. Die Jungens haben Kondition und kennen ihre Fluchtwege.

③ Bahnhof, Haltestelle, Hafen, Taxistand — wo eben viele Leute mit Gepäck sind. Man inszeniert schnell was — ganz echt, sehr dramatisch. Theatralische Begabungen haben in Süditalien Tradition.

Mal werdet ihr ins Schauspiel ganz direkt einbezogen, z.B. ein eiliger, bedauerlicher Anrempler mit vielen Entschuldigungen, und danach ist ein Koffer weniger da.

Oder zweie machen sich eine Szene mit Geschrei, Ohrfeigen, Tritten — man sieht nicht alle Tage so etwas. Resultat wie oben.

④ Im Umfeld der Jugendherberge und klassischer Sight-seeing-Stätten ein klassischer Trick, der immer noch zieht: Ein Typ kommt, fragt, woher Ihr kommt, und dann wird tiefste deutsch-italienische Freundschaft beschworen. Danach die Einladung zu einer Rundfahrt, Ihr werdet den Freunden in ein, zwei Bars vorgestellt, man zahlt Euch den Kaffee und schließlich gehts am Stadtrand in ein Ristorante. Blick auf Capri, viel Stimmung und Ihr seid Euch mit dem Gastgeber einig, daß Napoli die schönste Stadt der Welt sei. Dann muß der Freund ans Telefon und kommt mit Sorgenfalten und leicht verlegenem Blick zurück. "Ein ganz wichtiges Geschäft, eine Gelegenheit, die morgen schon vorbei ist". Die Bank habe heute leider schon zu, und er habe jetzt nicht genug Bares. Aber unter Freunden .... Morgen bringe er das Geld, als Sicherheit gebe er einen Scheck oder die Autoschlüssel. In zehn Minuten sei er wieder zurück, man solle es sich nur weiter schmecken lassen. Der Freund wird nie wieder auftauchen und die Rechnung fürs Ristorante hat er auch vergessen. Den Scheck hat er irgendwo her und das Auto hat er ohne lange Fragerei "ausgeliehen".

✈ BEMAUSEN VON PKW'S:

Der Verleger hat in seinen Jugendjahren (19, stolzer Besitzer eines Käfers mit Patina) diesen in gutsituiertem Viertel einer ital. Großstadt abgestellt. In Ermangelung eines Kofferraumes war die Rückbank runterkeklappt, wo unter einer Decke die Habseligkeiten "versteckt" waren. Pass und Wertsachen in Kenntnis süditalienischer Realitäten draußen. Unter'm Strich klar, was passieren kann. Freundlicher ADAC und ital. Carabinieri, aber die Unterhosen weg.

Fazit: a) PKW leer abstellen, Handschuhfach auch offenstehen lassen
      b) Gefahrenzonen: alle Küsten, wo sich Touristen tummeln, besonders arg: Gargano, zwischen Terracina und Napoli, denn dort arbeiten die römischen- und neapolitanischen Profis Seite an Seite, Bari, Brindisi, Napoli und gesamtes Vesuv- Umland bis Salerno. Sizilien: Großstädte und Touristenregionen.
        In ausgesprochen bäuerlichen Gegenden passiert kaum was; daß die Bauern vor 12o Jahren noch Briganten waren, ist eine andere Sache; das ging gegen die "vornehmen Herren" und die Büttel des Staates.
      c) Auf bewachten Parkplätzen wird nicht euer Auto bewacht, sondern die Zahlung der Parkgebühr. Auch Garagen sind in der Regel nicht unbedingt sicher. Gehaftet wird in der Regel nicht.
      d) Die Jungs, die ihr Geschäft professionell betreiben, sind Minuten-Spezialisten; optisch gefüllte PKW's sind daher auch nicht an belebten Stränden oder dicht befahrenen Hauptstraßen sicher. Eingefuchste Teamarbeit erledigt das Geschäft schnell, diskret und mit sicherem Griff. Und eventuelle Zuschauer stören sich nicht dran. Was weg ist: Schwamm drüber.

An Stränden, wo Dünen, Büsche und Bäume Deckung geben, sollten die Habseligkeiten in Auto, Zelt oder Wohnwagen nicht aus den Augen geraten. Der Touristenstrom in erst gestern erschlossene Gebiete hat dorthin auch einschlägige Spezialisten aus den nahen Großstädten gespült. Zudem hat das unvermittelte Aufeinanderprallen von traditioneller Armut und Touristenprotzerei einiges aus den Fugen geraten lassen.

Ärgerlich, wenn das komplette Auto verschwindet (vorwiegend Luxus-PKW). Werden dann via Brindisi/Bari und Griechenland nach dem nahen Osten verschifft. Abhilfe: ADAC- Superschutzbrief, der den dann fälligen Zoll übernimmt. Gleichzeitig empfehlenswert, sich vor der Reise bei der eigenen Versicherung zu erkundigen, wann diese einen gestohlenen Wagen erstattet, — wie auch eine Vollkaskoversicherung empfehlenswert ist wegen Unterversicherung italienischer PKW's, wenn's bumst.

UNTERM STRICH: wer die Risiken kennt und entsprechend vorbereitet ist, fährt auch in Süditalien nicht gefährlicher, als beispielsweise Stuttgart und Hamburg.

✷ Zwischendrin zu lesen:

Das waren negative Kapitel. Das nächste ist auch nicht erfreulich. Aber Süditalien ist nun mal kein Paradies. Schon gar nicht für seine Bewohner (Italiener meinen oft, "Italien ist ein Paradies, seine Bewohner aber sind Teufel"), sonst wären sie nicht zu Millionen seit runden hundert Jahren zuerst nach Amerika und Australien, dann in die Grubengebiete Belgiens, Lothringens, nach Milano, Stuttgart und München ausgewandert.

— Und kommen dann alt und verbraucht, heimwehkrank in ihre Geburtsorte zurück.

Ihr kommt in ein Land, wo seit fast 3.000 Jahren Kulturnationen überwiegend gehaust haben, die Toscana oder Norditalien sind wie auf einem anderen Stern.

Das ruinierte Land wurde dann weiter ruiniert, weil die Einheimischen aus dem Boden das letzte herausholten. Schließlich sind Ziegen und Schafe mit ihren scharfen Zähnen oft das Einzige, was noch geht, aber sie zerstören endgültig die Vegetationsdecke.

Die letzte Zerstörung wurde von den Italo- und Eurotechnokraten vor 20 bis 30 Jahren eingeleitet. Anstatt zu erkennen, daß Süditalien ein Agrarland mit Entwicklungsmöglichkeiten war, vielleicht auch noch ist, wurde die gesamte Entwicklungsplanung einseitig auf Industrie und Tourismus festgelegt.

In vielen Gebieten verkommt die Landwirtschaft, weil sie nie konsequent modernisiert wurde, und weil sich die Nachkriegsregierungen nie mit allen Konsequenzen an den Großgrundbesitz gewagt haben. Landschaftliche und menschliche Strukturen einer ohnehin durch Auswanderung und Armut geschwächten Gesellschaft und Umwelt werden durch gigantomanische Industriekomplexe und den Stahlbeton der Tourismusindustrie zerstört.

✳ Wasser- und Feuersbrünste:

Die bis zu einem Kilometer breiten Schotterbetten der "torrenti" und "fiumare" liegen meist trocken, können sich aber innerhalb von Stunden in reißende Flüsse verwandeln. Sie heißen dann auch nicht von ungefähr "Saraceno" (die Sarazenen waren hier nie beliebt, weil Seeräuber), "Dragone" (Drachen) und " Satanasso".

Drin zelten oder das Flußbett als Unterführung unter der Eisenbahn durch zum Strand nehmen, ist riskant. Oft regnet es in den Bergen,wenn am Meer die Sonne scheint.

Jährlich gehen in Italien durch Wald- und Macchiabrände über 100 000 Hektar in Flammen auf. Der Anteil des Südens hieran ist hoch. Die abgebrannten Flächen veröden oft — zudem spielt Brennholz überall noch eine wichtige Rolle, die vorhandenen Waldgebiete sind ohnehin meist übergenutzt.

Wegen der Feuergefahr ist Picknick und freies Campieren oft nicht gern gesehen, denn für Italiener ist es in der Regel mit Feuerchen machen verbunden.

Besonders im Gargano und im Cilento hat es in den letzten Jahren viel gebrannt.

Das Unterholz und die Macchia mit ihrem harzigen aromatischen Kräutern und Sträuchern brennen wie Zunder.

Bei Einheimischen ist die Forstpolizei eher nachsichtig als bei euch. An Stellen, wo Feuer ungefährlich ist, etwa im Strand oder in Höhlen hat niemand etwas einzuwenden.

✳ Frane:

"Frane" (Erdrutsche) und extreme Bodenerosion machen riesige Flächen steril. Bei Regen kommt die Mergelerde leicht ins Rutschen. Ganze Hänge, manchmal mit Straßen und Häusern drauf gehen talwärts. In Regenperioden oft Straßen unterbrochen. Die abgerutschten Stellen meist provisorisch gesichert (Abschrankung mit Schild "frana").

Bei Regen und bei sonnigem Frostwetter oft Steine und abgerutschte Erde auf den Straßen (Schilder mit "Caduta sassi" oder "Caduta massi" warnen). Bei Kälte bleiben die Steine oft lang liegen, denn die Straßenwärter bleiben dann lieber in der warmen "Cantoniera". (Das sind die dunkelroten Häuser am Straßenrand, soweit sie noch bewohnt sind, findet ihr dort den Straßenwärter).

✳ Vulkanismus:

Vulkane, die rauchen, gibt es derzeit nur auf Sizilien (Etna, Stromboli).

Der Vesuv ist seit 1944 ruhig, erloschen ist er aber mit Sicherheit nicht.

Die übrigen Vulkane sind erloschen (wie der Vulkanberg bei Roccamonfina im Norden Campaniens oder der " Monte Vulture" in Lucanien) oder sind dabei, ihr Feuer ausgehen zu lassen:

"Campi Flegrei" bei Napoli und "Pozzuoli", Ischia, Vulcano und Lipari .

Zahlreiche heiße Quellen auch in Gebieten erloschenen Vulkanismus und an den Bruchstellen in der Erdrinde.

In den entsprechenden Textstellen der Regionen- Kapitel:Tips und Details zu Vulkanbesteigungen (z.B. Etna/Sizilien, — Eolische Inseln/Stromboli)!

✸ **GARGANO/NORDWEST—KÜSTE:** sehr lange Flachsandstrände und Dünen. Wasserqualität überwiegend gut. — Optisch störend die stellenweise irrwitzige Bautätigkeit mit Charakter wie ein zweites Rimini.

✸ **GARGANO/FELSKÜSTE:**Rodi bis Manfredonia. Felsküste mit einzelnen Sandbuchten. Zum Teil schwer zugänglich, — zum Teil nur von Hotels und Campingplätzen zu erreichen. Viel privatisiert. Steil rein ins Meer. Die Wasserqualität: gut bis sehr gut.(Außer unmittelbar in der Nähe von Ortschaften und um Manfredonia, dort massiv Industrie).

✸ **APULIEN/ADRIA—KÜSTE BIS ZUM CAPO LEUCA:** überwiegend flache Felsküste. Einstieg ins Wasser oft auf messerscharf zerfressenen Steinen. Gelegentlich kleine Sandeinspülungen. Lange Sandareale zwischen Gargano und Barletta (landschaftlich sehr reizlos) und zwischen Brindisi und Otranto.

Sandstrände zwischen Brindisi und Otranto. Südl. von Otranto: Steilküste, die nur an wenigen Buchten zugänglich ist.

Wasserqualität: zwischen Barletta und Monopoli reiht sich eine Stadt an die andere, die alle ihren Dreck ins Wasser lassen. Außerdem viel Industrie. Starke Verschmutzung außerdem 2o km nördl. von Brindisi (Industrie und Hafen, sowie übliche Verschmutzung einer Großstadt). Sonst sauber.

✸ **IONISCHE KÜSTE/APULIEN:** Capo Leuca bis Taranto: Strandcharakter: teils Felsküste, teils Sand & Dünenlandschaft. Mit Flachstränden, wo die Äcker bis ans Meer gehen. Küste sehr dünn besiedelt. Wasserverschmutzung eigentlich nur im weiten Umkreis von Taranto (Stahlwerke, die die Luft beißend machen, wo nach den Bäumen nun auch langsam alle restliche Vegetation abstirbt; bis 3o km um Taranto starke Anschwemmungen!).

✸ **IONISCHE KÜSTE/ LUCANIEN UND CALABRIEN:** überwiegend unendliches Strandband mit sehr vegetationsarmem Hinterland. Feinsand, aber örtlich untermischt mit Schotter.— Reine Schotterstrände zwischen Nova Siri und Villapiana. Steilküsten im Marchesato, bei Soverato und an der Süd spitze von Calabrien.

Dieser Teil der Küste ist bisher noch wenig vom Tourismus entdeckt, bis auf

Einzelgebiete. Wo er bereits begonnen hat, oft Brutalarchitektur, Bauruinen und die Camping-Plätze oft so kahl wie ein Stück Sahara. Störend die Eisenbahn, sowie Fernstraße, die vielfach direkt am Strand entlang laufen.

Schmutz massiv um Crotone, wo nördlich der Stadt km- lange Müllhalden am Meer entlang gehen. Außerdem besonders im südlichen Calabrien in Ortsnähe offene Kanalisation, die über den Strand läuft. Wasser zwischen den Ortschaften in der Regel sauber. Von allen Küsten Süditaliens der wenigste Erdölschmutz von Tankern und Frachtern.

✱ **WESTLICHES CALABRIEN:**Reggio bis Maratea. Auch hier bis auf wenige Ausnahmen die Eisenbahn und Fernstraße ein Problem. Zudem vielfach stark und häßlich verbaute Küste durch Feriensiedlungen, unsensible Hotelkästen und Ansammlungen von sterilen Villen.

Strand meist relativ schmal, Sand oder Kies. Farbe meist grau. Die Vegetation zwischen Halbwüste und üppigen Orangenplantagen.

Ausnahmen: Steilküste des Aspromonte zwischen Reggio und Palmi mit nur wenigen Bademöglichkeiten und die Steilküste von Tropea mit zahlreichen, eingelagerten Badebuchten und üppiger Vegetation.

Wasserqualität: von kleineren, örtlichen Verschmutzungsherden abgesehen: sauber.

✱ **CILENTO:** Maratea bis Paestum. Eine der abwechslungsreichsten Küstenlandschaften des Südens. Sandstrände, Klippen, unzugängliche Steilküsten. Touristisch sehr erschlossen.

Wasserqualität: fast überall sehr gut. Eine der wenigen Strandregionen Süditaliens, wo es keine störende Eisenbahn in Strandnähe gibt.

✱ **GROSSRAUM NAPOLI – SALERNO:** eine der großartigsten Meereslandschaften im Mittelmeer - Raum, gleichzeitig eines der dichtbesiedelsten Gebiete Europas mit chaotischer Stadtentwicklung und viel Industrie.

Saubere Bereiche: Küste zwischen Amalfi, Positano bis gegenüber Capri und Bereich westlich von Sorrento, sowie Capri und Ischia. — Anschwemmungen sind leider überall möglich, sodaß es tageweise auch an sonst sauberen Stellen unappetitlich werden kann (Plastiktüten im Wasser, Spaghettireste etc.).

Badeverbote: größeres Gebiet um Salerno. Sowie gesamter innerer Golf von Napoli (ab Castellammare di Stabia bis Capo Miseno/westl. von Napoli). Daneben auf örtliche Badeverbote achten!

✱ **SIZILIEN/OSTKÜSTE:** Messina bis Taormina: schmale Sand—, meist aber Schotterstrände. Viele Ortschaften bis direkt ans Meer. Taormina: kein ausgesprochener Badeort.

Taormina bis Catania: Küste des Etna. Fast ausschließlich schroffe Lavafelsküste. — Catania bis Capo Passero: mal Steilküste, mal Sandstrände.

Wasserqualität: insgesamt nicht besonders erfreulich. Verschmutzt bei Taormina, Catania, Siracusa. Am schlimmsten jedoch im Industriegebiet von

Augusta mit einer Meeresverschmutzung, die zu dem Extremsten im Mittelmeer zählt.

✳ **SIZILIEN/NORDKÜSTE:** Steilabfall der nordsizilianischen Bergketten mit weiten, tiefen Sandbuchten, in denen die Ortschaften mit ihren Feldern liegen. Die Eisenbahn meist sehr dicht am Meer entlang, sofern nicht im Tunnel (bei stürmischem Meer die Fenster zu !!).

Wasserqualität: im großen ganzen gut, aber um Milazzo das Meer biologisch tot, und der Dreck von Palermo beginnt ab Termini Imerese.

✳ **WEST—SIZILIEN:** nordwestlich von Palermo Bergklötze, die bis steil ans Meer gehen. Einzelne Buchten. Stellenweise noch sehr naturnah, sonst aber stark zubetoniert. — Zwischen Trapani und Seliunte vielfach flache Sandstrände vor ebenso flacher Landschaft. Das Wasser o.k.

✳ **SÜDKÜSTE/SIZILIEN:** wird zur Zeit vom Tourismus entdeckt. Große Sandstrände. Nur zwischen Sciacca und Agrigento Steilküste mit Sand und Kiesbuchten. Insgesamt ist die Südküste Siziliens sehr kahl.

Wasserqualität: abseits der Industriecentren und großen Städte sehr sauber. Extrem verschmutzt dagegen um Agrigento — Porto Empedocle und Gela.

✳ **INSELN VOR DER SIZIL. KÜSTE:** ausschließlich Felsküste. Wasser überall extrem sauber. Das Meer häufig so stürmisch, daß Baden unmöglich.

Baden in der Vor-/Nachsaison: Das Süditalienbuch war kaum angekündigt, da gingen beim Verlag die Anfragen ein, wo und wann man im April schon, und im November noch baden könne, — ohne abgehärtet zu sein.

Die naheliegende Erwartung: je weiter südlich, um so wärmer, trifft nur bedingt zu. Geschützte Lage, Windverhältnisse und Meeresströmungen sind entscheidender als der Breitengrad.

SÜDITALIENISCHES FESTLAND: Adria und die gesamte Westküste bleiben bis tief in den Mai kalt. Im Gebiet Capo Palinuro- Maratea durch geschützte Lage bis tief in den Oktober warm.

Baden ab Mai bis in den Oktober an der Ionischen Küste Apuliens und am Mar Jonio in Calabrien zwischen Metaponto und Locri. Südlich davon die gleiche, kühle Meeresströmung wie an der sizilianischen Ostküste!

SIZILIEN: trotz hoher Lufttemperaturen nur wenige Stellen, denn die meisten Küsten Siziliens sind bis in den Mai und ab Ende September häufig starken Stürmen ausgesetzt. Günstig eigentlich nur die Eolischen Inseln und die Nordküste westlich von Palermo mit ihren tiefen Buchten. — West- und Südküste Siziliens sind ausgesprochene Sturmecken!

✳ **BADEN IN SÜSSWASSER:** wegen Kloaken- und Abwässer- Einleitung ab Dorf direkt in den Fluß, verlocken die Uferseen und Unterläufe der Flüsse wenig, abgesehen von Infektionsgefahr. — Größere, natürliche Seen gibt's in Süditalien nicht. Zum Baden eignen sich nur die Flüsse, wie auch Stauseen in den höheren Bergregionen (die anderen stauen schon reichlich verdreckte Flüsse auf!). — Die Ufer meist sehr schlammig. Die Stauseen der Sila werden nie besonders warm. — Sonst nur in den sehr frischen Gebirgsbächen. Lasst euch aber beim Untertauchen nicht beobachten. Die Einheimischen würden euch für verrückt halten! —

Tauchen:

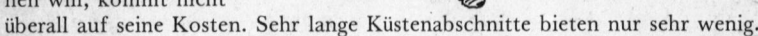

Wer mehr, als das klare
Wasser vor der Brille se-
hen will, kommt nicht
überall auf seine Kosten. Sehr lange Küstenabschnitte bieten nur sehr wenig.

An den Felsküsten und dort, wo das Wasser rasch tief wird, ist die Unterwasserwelt meist artenreicher und bunter als an langen, sanften Flachstränden, wo das Wasser oft auch außerhalb der eigentlichen Brandungszone
durch aufgewühlten Feinsand getrübt ist. — Lohnende Küstenabschnitte:

ADRIA: Felsküsten des Gargano, salentinische Küste zwischen Otranto und Capo
Leuca

JON. MEER : Capo Leuca bis vor Taranto.
Pollino — Küste zwischen Nova Siri und Villapiana Marchesato
(Crotone — Isola Capo Rizzuto — Le Castella).

TIRREN. MEER: Cilento—Maratea (siehe Golf von Neapel/Cilento) Örtlich die
calabrische Küste zwischen Praia a Mare und Paola, Tropea—Küste,
die Steilküsten der Nordeinfahrt in die Meerenge von Reggio und Messina.

SIZILIEN: Alle Inseln (fast nur Felsküste, sehr artenreich, stark auf Unterwassersportler eingestellt); Nordküste, wo nicht verschmutzt und steil, z.B.
um Tindari und Cefalu'; Nordwestspitze Siziliens zwischen Castellammare del Golfo und Trapani, Südostspitze Siziliens um Pachino.

Kaum lohnend:

ADRIA: Flachstrände nördl. des Gargano, apulische Küste zwischen Gargano und
Brindisi (mit wenigen örtlichen Ausnahmen) wegen massiver Wasserverschmutzung.

JON. MEER: Bis auf die oben genannten Ausnahmen und wenige Stellen zwischen
Locri und Südspitze des Stiefels bietet die Ostküste Lucaniens und
Calabriens wenig.

TIRREN. MEER: Flachküste zwischen Paola und Pizzo, Golf von Gioia Tauro.

SIZILIEN: Besonders wenig entlang der flachen West— und Südküste. Die früher
sehr fischreiche Ostküste durch Überfischen und zum Teil schwerste
Wasserverschmutzung stark beeinträchtigt.

Unterwasserarchäologie ist eine Wissenschaft, weshalb der Ital. Staat
privates Amphorenheben ebenso hart bestraft wie den Griff zum Spaten
in Pompei oder auf dem Forum Romanum.

Anschauen ist erlaubt. Vor der jonischen Küste Calabriens, in der Meerenge von Reggio und Messina, entlang der gesamten tirrenischen Küste
von Reggio bis Napoli, in der Antike reich an Städten und gleichzeitig
wichtige Schiffahrtwege, sowie an allen Küsten Siziliens wurden und
werden immer wieder Unterwasserfunde gemacht. Wer glaubt, etwas
Neues entdeckt zu haben, sollte zur zuständigen Gemeindeverwaltung
gehen. Bei großen und wertvollen Funden dankt der Ital. Staat mit Fin-
derlohn.

Besonders interessant in diesem Zusammenhang die Nationalmuseen in
Reggio di Calabria und Lipari.

Ausrüstung: Flossen, Schnorchel und Brille bekommt man überall, auch im kleinsten Küstenort — Qualität oft mies und Preise hoch. Hochwertige Ausrüstung eigent-

lich nur in den Großstädten, aber wegen hoher Handelsspannen und hoher Mehrwertsteuer in der BRD deutlich billiger!

Leihmöglichkeiten eigentlich nur in Ferienclubs und wenigen auf Unterwassersport eingestellten Campingplätzen.

Nachfüllen von Druckluftflaschen (ricarica di bombole sub) auf Campingplätzen in den
geeigneten Zonen; wo es sie gibt, bei Taucher— und Schiffsausrüstern, manchmal in
Auto—/Reifenwerkstätten. Auskunft durch Hotel, Campingplatzverwalter, Sportge-
schäft. Aber dran denken: immer noch sehr dünn gesät !
Unterwasserjagd ist stellenweise verboten.

Die wichtigsten Unterwasserschutzgebiete (z.T. gleichrangig mit Regio-
nalparks): Punta Licosa (Prov. Salerno, siehe Golf von Neapel/Cilento).
Küste von Maratea (siehe ebendort); Apulien (zum Teil noch im Auf-
baustadium): Insel S. Domino (Foggia), Marina di S. Cataldo (Lecce),
Insel S. Andrea di Gallipoli (Lecce), S. Caterina di Nardo' (Lecce), Isola
Grande di Porto Cesareo (Lecce), Isole Cheradi (Taranto). Calabrien (Pla-
nung): Capo Rizzuto (Catanzaro), Isola di Cirella und Isola di Dino
(Cosenza).

Sizilien (teilweise im Aufbau): um alle Inseln größere Schutzregionen,
Tonnara di Scopello (Trapani).

Auch in Süditalien dabei, Wassersport Nr. 1 zu
werden. Besonders die Feriendörfer und Campingplätze haben sich darauf eingestellt. Windsurf—Schulen, und stellenweise auch Brettverleih, fast ausschließlich in den beiden am meisten entwickelten
Feriengebieten: Gargano und Tropea—Küste. Wer
sein eigenes Brett benzinverschlingend auf dem
Autodach dabei hat, findet aber mit Ausnahme der reinen Felsküsten
überall Möglichkeiten — und oft noch sehr viel Platz.

Beeinträchtigungen, die zeitweilig das Vergnügen trüben können: Entlang
der gesamten tirrenischen Küste Calabriens und des Cilento, also von
Reggio di Cal. bis Paestum kann es nicht nur in Vor— und Nachsaison
sehr starke Brandung geben, Nordküste und Südostküste Siziliens relativ
sturmreich.

Wo unmittelbar hinter dem Meer die Berge auf 1500, 2000 und mehr
aufsteigen, kann es starke ablandige Winde geben. Häufig am tirrenischen
Meer zwischen Sapri und Paola und auf der calabrischen Seite der Meerenge von Reggio, an der jonischen Küste an den Stränden zwischen cala-
brisch—lucanischer Grenze und der Ebene von Sibari (die über 2000 m
hohen Berge des Pollino produzieren oft bei strahlendem Wetter heim-
tückische Böen. Sila und Serre verursachen weniger Fallwinde, an den
Stränden der Stiefelspitze bisweilen harte Fallwinde aus dem Aspromonte.

Wer die Fähren vom ital. Festland nach Sizilien benützt (ausgenommen
die Verbindungen über die Meerenge) muß beim Brett—Transport auf dem
Autodach mit ca. 50 DM extra rechnen!

Campingplätze mit Surfschulen: (genaue Angaben im Regionalteil)

GARGANO: Mattinata, Camping S. Lorenzo
  Peschici: Camping Internazionale Manacore del Gargano
  Rodi—Lido del Sole: Camping Siesta
  Vieste: Centro Vacanze Oriente, Camping Olivia, Camping Punta Lunga, Camping Spiaggia Lunga.

TROPEA—KÜSTE: Nicotera: Sayonara
  Ricadi: Camping Baia del Sole
  Vibo Valentia Marina: Camping Baia di Trainiti

JONISCHE KÜSTE: (Calabrien), Roseto Capo Spulico (CS): Camping La Grilla
  Trebisacce (CS): Camping Pignagrande
  Isola Capo Rizzuto (loc. Fratte): Camping Pizzo Greco.

ANGELN

Vom Meeresufer aus verbreitet, viel Geduld und und wenig Erfolg. Fischen im Meer ist frei.

Süditalienische Freizeitangler, die was mit nach Hause bringen wollen, halten sich deshalb ans Süßwasser und die küstennahen Brackwässer (Flußmündungen, Lagunen). Dort braucht man aber eine Genehmigung.

Wo und wie, erfährt man im nächstgelegenen Geschäft für Jagd und Fischfang ("armeria" oder "Caccia e Pesca") — wo es Ausrüstung und Tips und Anglerlatein gibt, nicht aber die Fischerei—Karten. Im Geschäft hat man dann die Adressen der FIPS (Federazione Italiana di Pesca Sportiva) und der Stelle bei der Provinzverwaltung, die eine generelle Genehmigung für 3 Monate gibt, meist für das Gebiet einer Provinz, manchmal auch für die Region. Gleichzeitig erfährt man auch, wo man angeln darf (in fast allen Flüssen, Seen und Stauseen in Staatsbesitz, die sie an die FIPS und ihr angeschlossene örtliche Anglerorganisationen verpachten). Die sehr fischreichen Lagunen sind fast ausnahmslos gesperrt, weil in Besitz/Pacht von Berufsfischercooperativen.

Die besten und saubersten Angelergebnisse holt man aus den kalten Oberläufen der Appenninbäche und -flüsse, hochgelegenen Seen und Stauseen: Lohnt vor allem in den Abruzzen und in Calabrien.

Angelausrüstung, Langschäfter, regenfeste Jacken, Segeltuchhosen sind in Italien wesentlich billiger. Aber nicht unbedingt im Fachgeschäft kaufen. Kleidermärkte, normale Schuhläden sind bei der Kleidung oft erheblich billiger.

FAHRRAD

Radsport — "Ciclismo" ist Nationalsport. Sonntags beleben die Amateure die Hauptstraßen Der alljährliche "Giro d' Italia" versetzt die Nation mehr in Aufregung als die alljährlich fälligen Regierungsum— und Neubildungen. Die Route ändert sich von Jahr zu Jahr. Etappenziel im "Giro" zu werden, kann Bürgermeisterwahlen entscheiden.

Längere Radtouren ohne Geschwindigkeitsrausch sind hingegen in Süditalien fast unbekannt. Allenfalls ist das Rad in flachen Gegenden (besonders Apulien) Nahverkehrsmittel von Alten und anderen, die sich das Auto nicht leisten können.

Planung:

In Italien kann das Rad nicht wie in der BRD beim Bahntransport direkt zum Gepäckwagen gebracht werden. Es muß als Reisegepäck aufgegeben werden und ist so von der BRD nach Süditalien 3—4 Tage unterwegs! Genaueres für den inneritalienischen Verkehr und die Tarife siehe Einleitung APULIEN, der wichtigsten Region für Radtouren.

Ausstattung/Ersatzteile:

Weil der Rücktritt beim Bremsen auf längeren Gefällstrecken rasch funktionsuntüchtig wird und sogar die Nabe zerstören kann, unbedingt Felgenbremsen hinten und vorn.

Dreigang—Nabenschaltungen sind in Italien unbekannt, deshalb unbedingt ein Schaltkettchen in Reserve mitnehmen!

Wer ein Rad mit Reifengröße 28x1.75 fährt, sollte wenigstens neue Mäntel aufziehen und Reserveschläuche mitführen — das Format ist in Italien kaum zu bekommen.

Sportliche Tourenräder und hochwertiges Zubehör sind in Italien preiswert. Gutsortierte Spezialgeschäfte sind allerdings im Süden auf die größeren Städte beschränkt.

Buchtip: Das Fahrrad—Reisebuch des Fahrrad—Büro Berlin, jetzt als Rororo—Taschenbuch ("Anders Reisen") erschienen. — Die dort suggerierten Süditalientouren taugen allerdings nichts, sind anscheinend auf dem Schreibtisch irgendwelcher italienischen Tourismusstrategen entstanden! Sonst aber viele sehr brauchbare Tips und Reiseerfahrungen!!!

Wie allerdings bekannt ist, geht in den deutschen Landen der Fahrradklau um. Heimische Ab- und Anschließmethoden in Süditalien beibehalten !!!

Was einige Feriendörfer, Campingplätze und professionelle Vermieter zu recht hohen Preisen (um 15 DM pro Tag) anbieten, sind meist die als Folterinstrumente bekannten Klappräder. Und viele Mietmöglichkeiten gibt es nicht.

Die Eisenbahn vermietet keine Räder!

Es gibt in Süditalien eine Reihe bedeutender Pferdezuchtgebiete (Abruzzen, Molise, Murge im apulischen Binnenland), Reiten als Ferienvergnügen ist noch wenig bekannt. Es tut sich aber einiges:

Wichtigste Gebiete:

Apulien — hier bieten eine Reihe von Campingplätzen und Agritourismus—Initiativen Möglichkeiten, ebenso in Calabrien (Jonische Küste) — Adressen im Regionalteil.

Preise sehr unterschiedlich, Mittelwert um 15 DM pro Stunde, wird aber vielfach weit überschritten!

Keinerlei Kleidungsetikette — Italiener sind da unkomplizierter, Jeans oder Militärdress gilt als normal

 Viele Hotels und Campingplätze haben Tennisflächen, meist Asfaltplätze. Öffentliche Plätze sind recht selten, eigentlich nur in den ganz großen Tourismuszentren wie Taormina, Capri, Ischia — und natürlich in den Großstädten — aber da fährt wohl kaum einer zum Spielen hin. Die hoteleigenen Plätze können vielfach auch von Nicht—Hotel—gästen gegen Bezahlung oder/und Trinkgeld benützt werden.

❶ ❷ ❸ Boccia:

der Italienische Nationalsport. Die aktiven Spieler stammen fast immer aus Nord— und Mittelitalien. Für dieses Publikum haben fast alle Campingplätze Bocciabahnen. Die in Norditalien verbreiteten öffentlichen Bocciabahnen, z.B. in katholischen Gemeindezentren, den " Case del Popolo" der Gewerkschaften und Linksparteien, sind in Süditalien extrem selten.

Tischfußball

Und Flipper. Ländliche Bars haben noch nicht auf die idiotischen Telespiele umgestellt. Eine Partie kostet immer noch 1oo Lire, der ganze Körper ist in Aktion, das Publikum geht mit. Handfestes Krachen und Knallen und Klingeln statt elektronischem Gepieps. Und körperliches Schwitzen, das einfach zum Sport dazugehört.

Wintersport

Trotz der beachtlichen Schneemengen sind die Gebirge Süditaliens wenig skigeeignet. Die Vorstellung "Oben Aetna — unten Orangen" ist mehr Werbespruch.

Einmal fehlen die Wintersporteinrichtungen (damit sind keineswegs die Lifts gemeint, sondern geräumte Straßen und vor allem Unterkünfte), und die Berge stecken oft wochenlang im Nebel.

Sonst eigentlich nur noch der Matese (Campitello), wenige Orte in der Sila (Camigliatello Silano und Lorica) und Gambarie im Aspromonte, wo unter euch die grünen Orangengärten sind und die Straße von Messina, in der Ferne der Aetna oder Wolken.

Ich kenne Leute, die im Pollino—Gebiet auf den Hochflächen in absolut unberührtem Schnee Langlauf machen — es ist dort völlig einsam. Große Kilometerleistungen, denn die wenigen Straßen werden zwischen November und April nicht geräumt.

Neben guter Kondition solltet ihr genaue Kenntnis des Gebiets vom Sommer her haben, irgendwelche Hilfe gibt es nicht.

Einzig mögliche Basis: "Campo Tenese" (Hotel) und "Mormanno" (Hotel).

Die menschenleren Bergzonen erlauben Wandererfahrungen, die unsere durchorganisierten Landschaften nicht mehr geben.

Einen ganzen Tag laufen ohne jemanden zu treffen, höchstens die Einsiedler dieser Gebirgszonen, Hirten, Waldarbeiter und Einödbauern, die sich meist über die seltenen Unterbrechungen ihrer Einsamkeit freuen. Wenn sie Zeit haben, zeigen und erzählen sie viel. Was sie über die Fernsicht, Wölfe, Bären und Stachelschweine erzählen, hat einen wahren Kern, aber...

Kleidung und Schuhe wie in den Alpen. Essen und Trinken für die Dauer der Exkursion. Die mittleren Lagen allgemein reich an Quellen. Weiter oben meist trocken.

Orientierung nach Sicht und nach Landkarte. Am besten Ortskundige, ist aber Zufall. Die Zeiten, wo man einen Führer für ein bißchen Essen und Trinken engagieren konnte, hat es nie gegeben. Die 5 Lire am Tag, die um 1900 ein sprach- und landeskundiger Engländer gegeben hat, entsprachen in Kaufkraft bestimmt 100 DM.

Unbedingt mit wechselhafterem Wetter als im Flachland rechnen.

Wer im Auto Gipfel stürmen will:

Die Fahrwege sind schlecht angelegt. Durch Regengüsse oft so aufgeweicht, daß sie nicht tragen. Mit Unterbrechungen rechnen. Kürzere Steilstrecken (bis 30 %). Ältere Holzbohlenbrücken erst einmal zu Fuß überqueren. Es kann passieren, daß der Weg ohne Wendemöglichkeit endet.

Auch bei kleinen einsamen Gebirgsstraßen (alles was auf den Touring—Karten (1 : 200 000) nicht gelb oder gar gestrichelt ist) vorher fragen! Erdrutsche oder unvorhergesehene Wasserläufe, oft Furten statt Brücken.

Verpflegung:
Bei mehrtägigen Wanderungen den Rucksack leicht halten, die Feldflasche mit Wasser wiegt schon genug!

Wer es sich leisten kann und wem es schmeckt (mir nicht), die überall aus dem wohlstandsgedüngten Boden der BRD wie Pilze geschossenen Survival— und Expeditions—Shops bieten gefriergetrocknete Menüs auf Erbsensuppenniveau zum Preis von kulinarischen Abenteuern, wahres Kraftfutter, das an Ort und Stelle nur noch mit Wasser angesetzt werden muß.

Oder auf das zurückgreifen, was Waldarbeiter und Hirten seit Jahrtausenden mit in die Einsamkeit der Berge nehmen. Nüsse, Mandeln, trockene Feigen — aus örtlicher Produktion weil einfach handwerklich hergestellt, frischer, wohlschmeckender; gut abgelagerter Schafskäse, harte scharfe

Wurst (1oo gr. pro Tag reichen!) — beides gleicht den Salzverlust des
Körpers aus; pane biscottato — Weißbrot, wie Zwieback noch einmal
aufgebacken, hat aber mehr Substanz, wird trocken oder eingeweicht
gegessen. Und als Belohnung Fleisch— oder Thunfischkonserven. Die aus
italienischer Produktion sind hochwertiger, aber auch teurer. Wer sich
in der Pflanzenwelt auskennt, findet Würzkräuter wie Origano, Thymian,
Pimpinelle, wilden Knoblauch....

Höhlen, Karsterscheinungen:

Die Kalkgebirge im Appennin, Gargano und die apulische Kalktafel sind reich an Höhlen, Grotten, senkrech-
ten Löchern, Schluchten und Karstquellen, unter ihnen einige der stärksten Quellen Europas. Die meisten
Höhlen für den Nicht—Speläologen ungeeignet.

Bei Castellana Grotte (Prov. Bari) Italiens schönste Tropfsteinhöhle. Ist
erschlossen. Meereshöhlen an der gesamten apulischen Küste, bei Amalfi,
auf Capri und am Cilento.

Besonders höhlenreich die Gebirge im Innneren des Cilento, wo auch
Flüsse in Höhlen verschwinden wie in einem Tunnel. Aber alles nichts
für den Sandalentouristen.

Prähistorische Kunst bei Papasidero und südlich von Otranto.

In Italien etwa 80 Speläologengruppen. Information und Koordination
über: Club Alpino Italiano — C.A.I., Via Ugo Foscolo, 20121 MILANO,
t. 02-802554.

★ **Fotografieren:**

Licht im Hochsommer (und auch an winterlichen Sonnentagen) extrem.
An Reflektion durch helles Gestein denken. Belichtungsmesser! Am Meer
und über 1 500 m Höhe starke UV—Strahlung. Den Licht—Schattenkon-
trast um 12 Uhr mittags im Juli—August verkraften Color-filme nicht unbedingt.

Filme möglichst schon von zu Hause mitbringen. Kühl lagern! Diafilme
werden in Italien kaum von Amateuren verwendet-Fotomaterial von Kodak
und Agfa ist längst nicht überall vorrätig, wo Kodak—Schilder sind. Die
italienischen 3M—Filme sind ziemlich mies. Und der Kram ist in Italien
teuer!

Menschen nicht einfach abknipsen. Mißstimmung, gelegentlich auch rabiate
Reaktionen. Fragen — die Antwort ist meist positiv. Alte Leute schämen
sich oft ihrer offenkundigen Armut und wollen die nicht auf euren Dia—
Abenden vorgeführt haben.

Im Landesinneren trotz aller Technik im Alltagsleben immer noch etwas
von der alten magischen Vorstellung, daß der Besitzer eines Bildes einer
Person Macht über sie hat.

Fotografieren mit Blitz gibt eine professionelle Aura, zerstört aber Spontaneität.

In Kirchen und Museen "No flash", manchmal generelles Fotoverbot. Mit Stativ im "Museo" immer Ärger. Bei Schwierigkeiten grundsätzlich gleich zum "Direttore", die Wärter nehmen zwar die Lire-Scheine, aber fotografieren dürft ihr nur mit direktoralem Segen. Stativ-Genehmigung meist sehr schwierig.

TIP: Wollt ihr in einem Ort mehr als Erinnerungsfotos machen, geht zu einem der vielen Berufsfotografen. Meist haben sie einen kleinen Laden, machen exzellente Bilder, und öffnen manche verschlossene Tür ...

Feste:

Am Kirchenkalender orientiert und am bäuerlichen Tagesablauf. Trotz Madonna und den Heiligen schauen oft unter der christlichen Kutte heidnische Elemente durch.

Wichtig: "S. Antonio Abate" (17. Januar): Beginn des Karneval, Segnung des Viehs.

Karneval in allen Arten zwischen archaisch und US—Show.

Osterwoche, besonders intensiv im Gebiet um Taranto, auf Procida, im südlichen Calabrien und bei der albanischen Minderheit.

Dann bis Ende September eine Fülle von örtlichen Festen, eine kleine Auswahl hier im Buch, sonst die Kalender der EPTs befragen. Feste, Ausstellungen, Vieh- und Jahrmärkte werden im Umkreis von 50 bis 100 km reichlich plakatiert.

Im Juli—August wird überall gefeiert. Politisch, touristisch, kirchlich, mit und ohne Trachten, meist mit viel Illumination und Feuerwerk (Spitzenklasse, auch ganz kleine Dörfer legen da ihren ganzen Stolz rein).

Die Polit-Feste der Parteien ("Festa dell'Unita" und "Festa della Amicizia") in Städten meist vielseitig (vom Fußballspiel bis zu Konzerten und Veranstaltungen sympatisierender Künstler. Unterhaltungsprogramm). In den Dörfern mal Fußball plus Redner der Partei, mal Mobilisierung aller örtlichen Initiativen.

Ähnlich die "Festa dell'Emigrante".

Aber auch reichlich Allroundprogramme mit Schlager, Disco und Ländler.

Die einsam gelegenen Marienheiligtümer, oft weitab im Gebirge, Treffpunkt von Tausenden, die hier zur Ehre der Madonna ein Riesen-Picknick im Grünen machen mit reichlich Opferrauch von gebratenen Lämmern und Zicklein. Viele dieser heiligen Orte waren schon vor Jahrtausenden hochverehrt.

Weihnachten: Neapel mit seinen Krippen, sonst ist es überwiegend ein Konsumfest im Familienkreis. Früher war das Dreikönigsfest wichtiger (Bescherung der Kinder), ist aber nicht mehr viel.

Sylvester/Neujahr: Feuerwerke ungeheuerlichen Ausmaßes, viele selbstgebastelte Sachen und Freudenschüsse aus Revolvern und Gewehren machen die Sache aber nicht ungefährlich.

Trachten, meist so arrangiert wie anderswo. Noch authentisch und sehr schön in vielen Albanierdörfern, weil sie hier noch ein Teil der nationalen Eigenheit sind.

Beliebt sind Feste, wo auf einem Platz irgendetwas in einer Riesenpfanne gebrutzelt wird, und dann verteilt wird (meist irgendein Gemüse oder Hefeteigkringel, ist aber nicht zum Sattessen gedacht!).

Tarantella:

Wer von der Tarantel gebissen ist, muß angeblich Tarantella tanzen bis er umfällt (dann ist das Gift draußen).

Im südlichen Apulien in sehr abgelegenen Dörfern manchmal noch zum Austoben von Nervenkrisen oder Hysterien, die im Frühjahr bei einem feuchtwarmen Südwestwind häufig auftreten.

Sonst aber der Tanz im Süden. Örtlich recht verschieden, gleich ist nur der Schritt und daß überall der "maestro di ballo" das absolute Sagen hat. Er kann welche bis zum Umfallen tanzen lassen, andere ausschließen. Geht auf Hochzeiten, Madonnenfesten oft die ganze Nacht durch. Musik früher meist vom Dudelsack, heute selten, dafür Quetschkommode und Tamburin (wird gelegentlich durch leere Weinflasche und einen soliden Haustürschlüssel ersetzt).

**Mitnahme von Hunden
und anderen Vierbeinern.**

Überlegt es Euch genau. Die Sache kann traumatisch sein! Klima, Strapaze der langen Reise, Bekanntschaft mit Euch und Eurem Freund bisher unbekannten Parasiten.

Viele Hotels und Restaurants, ein Drittel der Campingplätze sind für Hunde gesperrt.
In Museen, Ausgrabungsgelände, Banken, Postämter und andere öffentliche Gebäude dürfen sie nicht rein.

Generell besteht Leinen- und Maulkorbpflicht, mit der letzteren nimmt man es nicht so genau.

In den ASFD-Wäldern der staatlichen Forstverwaltung Hundeverbot, in Hirtenregionen nimmt man sie besser nicht mit, denn „ i pastori" schätzen fremde Hunde nicht, sie haben reichlich schlechte Erfahrungen mit wildernden Jagdhunden.

Papiere:

Internationaler Impfpaß mit Impfzeugnis für Tollwut, das nicht älter als 11 Monate sein darf. Weiter ein Gesundheitszeugnis, vom Amtstierarzt bestätigt und möglichst mit Übersetzung in italienisch oder französisch, das vom Tag der Ausstellung an 30 Tage gilt.

Beide Papiere beim Betreten der Fähre nach Sizilien bereithalten, weil auch für Hunde vom ital. Festland dieser Nachweis verlangt wird. Auf der Fähre darf das Tier nicht in Kabine oder Schlafsaal, einzig erlaubter Aufenthalt: dafür vorgesehene Käfige.

Wer mit öffentlichen Verkehrsmittel reist, hat nur einen minimalen Aktionsradius: die wenigen Züge der FS mit Gepäckwagen, wo es Hundekäfige gibt. Personenwagen, Busse, die Triebwagen der Kleinbahnen und der FS sind für Hunde gesperrt.

✱ Zuständig ist die "ENIT", das staatliche, italienische Fremdenverkehrsamt. Adressen in Deuschland/Schweiz und Österreich:

> Berliner Allee 26, 4ooo Düsseldorf — TEL.: 37.7o.35
> Kaiserstraße 65, 6ooo Frankfurt/M — TEL.: 231213
> Goethestraße 2o, 8ooo München 2, — TEL.: 53o369/533933
>
> Kärntner Ring 4, 1o1o Wien, — TEL.: 65437/651. 639
> Uraniastraße 32, 8oo1 Zürich, — TEL.: 273.633/34

Umfangreiches Prospektmaterial, Hotelpreislisten etc. Reichen das weiter, was aus Rom von der Zentrale bzw. von den regionalen EPT- Büros kommt.

✱ Adressen der regionalen EPT. - Büros siehe unsere Regional- Kapitel. Wer hierhin Anfragen schickt, sollte nach Möglichkeit in italienisch schreiben. Englisch ist in Italien ebensowenig verbreitet, wie Deutsch, — letzteres aber eher verständlich, da es viele Gastarbeiter gibt. Spezielle Anfragen, wie auch deutsch geschriebener Brief verlängern die Beantwortungszeiten, die in der Regel bei 4 - 6 Wochen liegen. — Was man in jedem Fall anfordern sollte, sind: eine Landkarte der Region (die mehrere Provinzen umfaßt), die Gratiskarten der Abruzzen, Apuliens und Calabriens sind übrigens aktuell, sehr genau (Maßstab 1:300 000 oder 1:350 000) und gut lesbar, und das Hotelverzeichnis der Provinz (elenco degli alberghi), in dem meist auch Campingplätze und viele nützliche Adressen enthalten sind.

Gelegentlich bekommt man ein dickes Packet mit Reiseführern, Sonderdrucken zur lokalen Kunstgeschichte, Kalender für die Feste, Ausstellungen, manchmal auch Kochrezepte, Fahrplanauszüge usw. Daneben fast immer ein Haufen buntes Papier. Einige EPTs schicken allerdings mit Mühe und Not das Hotelverzeichnis und irgendeinen Faltblattprospekt aus den sechziger Jahren.

Keine Enttäuschung, wenn garnichts kommt; die Portokosten sind zwischenzeitlich gewaltig gestiegen; — kann aber auch an der unzuverlässigen, italienischen Post liegen.

✱ **Touring Club Italiano (TCI):**

Teils Automobilclub, teils kulturelle Vereinigung, daneben Italiens wichtigster Verlag für Landkarten und Reiseführer. Wer Jahr für Jahr nach Italien will und richtig in das Land und seine Kultur einsteigen möchte, kommt um die Veröffentlichungen kaum herum, vorausgesetzt natürlich Italienischkenntisse.

Den jährlichen Mitgliedsbeitrag von ca. 80 DM für das erste Familienmitglied (alle anderen zahlen 10 DM) bekommt man während der jährlichen Reise ohne weiteres durch folgende Einsparungen wieder heraus:
— Jahresgabe (mit einer Buchveröffentlichung und kartografischen Werken, deren Ladenpreis etwa dem Beitrag entspricht).
— 40 % Preisnachlass auf alle Bücher und Karten des TCI
— ca. 10 % Preisnachlass in vielen Läden und einer Reihe von Spitzenhotels.
— 10 bis 15 % Skonto beim Automieten, aber nicht auf verbilligte Ange-

boote und nicht bei allen Vermietern.

— Rabattmarken auf Benzin an TOTAL—Tankstellen, nicht sehr viel, aber bei einer Süditalientour können 30 bis 40 DM zusammenkommen.

— Preisgünstige Feriendörfer mit großem Sport- und Freizeitangebot, in Süditalien auf den Tremiti-Inseln und in Camerota (Cilento).

— Reisetips, 14-tägige Mitgliederzeitschrift mit vielen konkreten Anregungen, das "andere" abgelegene Italien kennzulernen — gratis.

Den Auslandsschutzbrief ersetzt die TCI-Mitgliedschaft n i c h t !

Anschrift: Corso Italia 10, I-20122 MILANO

Zentrale für Süditalien: Via Melo 259, 70121 BARI,

ca. 100 Geschäftsstellen in Süditalien (im Norden viel mehr), meist Reisebüros und Buchhandlungen.

Literatur:

Ganze Regale voll. Schmökern in einer auf Reisen ausgerichteten Buchhandlung oder einer öffentlichen Bücherei lohnt.
(Die vielgelesenen Reisebücher von Eckhard Peterich werden mit ihrer rein kunstgeschichtlichen Ausrichtung und dem Vergeben von politischen Gütesiegeln dem Süden gewiß nicht gerecht. Als Reiseführer vertretbar für Neapel mit Umgebung und Apulien. Sonst kurz wie der Polyglott und 20 Jahre alt.

✴ **Zur Einstimmung zwei Lesevorschläge:**

Carlo Levi, Christus kam nur bis Eboli, Europa—Verlag, Zürich, DM 27,50 (1978 von Francesco Rosi verfilmt). Levi, Schriftsteller, Maler und Arzt war 1936/8 nach Lucanien verbannt. Dort lernt der Norditaliener ein ihm völlig fremdes, anderes Italien kennen. Bringt in sehr komprmierter, intensiv erlebter Form die ganze Südfrage zur Diskussion.

Norman Douglas, Reisen in Süditalien, München, Prestel—Verlag, DM 29,80. Witzig geschrieben und genau beobachtet. Reiseerfahrungen um 1900/1910 überwiegend abseits der Straßen und Eisenbahnlinien. Regt zum Nachmachen an.

✴ **Reiseführer, Kunstbücher:**

Pepi Merisio (Fotograph), Atlantis Zürich — je 68 DM
Apulien. Sizilien;
phantastisch fotografiert. Gerade, was abseits des gängigen Süditalienbildes liegt.

Dominique Fernandez, Süditalienische Reise, Insel — Verlag, Frankfurt (Main), vergriffen, aber Standardbestand von Bibliotheken. Reflektiert den historischen, sozialen und kulturellen Hintergrund des heutigen Südens (Sardinien und Sizilien eingeschlossen).

Ernst Kirsten, Süditalienkunde, 1. Band (Campanien und seine Nachbarlandschaften) Carl Winter Universitätsverlag, Heidelberg. DM 68, aber auch 650 Seiten. Ausführliche und genaueste kunsthistorische und archäologische Information. Wohin der Weg schwer zu finden ist, auch Wegbeschreibung. Nur Campanien, Napoli und Umgebung, nördlichstes Calabrien.

Reclams Kunstführer, Neapel und Umgebung (= Italien Band VI), Philip Reclam Jun., Stuttgart, DM 46,80. Sehr detaillierter kunstgeschichtlicher Führer für die Stadt, die Golf—Region, die Inseln und Caserta.

Calabrien, Lucanien ? —Bisher nichts in deutscher Sprache, was befriedigt.

Wer italienisch lesen kann: Die klassischen Italienführer.

Guida d'Italia (Süditalien 6 Bände) Neuausgaben zwischen 1968 und 1981. Touring Club Italiano, Mailand. Genau, absolut flächendeckend. Nicht ausschließlich kunstgeschichtlich ausgerichtet. Brauchbare Landkarten und hervorragende Stadtpläne. Nach Routen beschrieben. Dünndruckpapier.

✦ Guida TCI:

Abruzzo — Molise, 1979, 534 S., Preis ca. 42 DM

Campania (ohne Napoli und Umgebung, 1981, ca. 700 S., Preis ca. 60 DM

Napoli e dintorni (Napoli, Vesuv—Region, Capri, Ischia, Halbinsel von Amalfi und Sorrento), 1976, 640 S., guter seperater Stadtplan von Napoli, Preis ca. 49 DM

Puglia, 1980, ca. 520 S., Preis ca. 40 DM

Basilicata e Calabria, 714 S. 1980, Preis ca. 51DM

Sicilia, 1968, 791 S., Preis ca. 44 DM

Knapper, mit Hotelempfehlungen (treffen fast immer ins Schwarze) und vielen Stadtplänen! Guida Rapida, Bände Italia Centrale II (Rom, Latium, Abruzzen, Molise, Sardinien) und Italia Meridionale e Sicilia (Süden und Sizilien).

Alle 3 bis 4 Jahre Neuausgabe. Ortschaften in alphabetischer Reihenfolge. Solide gebunden (Plastikumschlag, hat mir schon oft zur Mückenjagd gedient).

Touring Club Italiano, Mailand, ca. 26 DM je Band

Gut bebilderte Naturführer, die auch mit wenig Italienischkenntnis verständlich sind. Erschienen bei Arnoldo Mondadori, Milano, Preis ca. 18 DM, Umfang 250 bis 300 Seiten.

Latium und Abruzzen: Franco Tassi und Fulco Pratesi, Guida alla natura del Lazio e dell'Abruzzo

Campanien und Molise: Renato und Bruno Massa, Guida alla natura della Campania e Molise

Apulien, Basilicata und Calabrien: Franco Tassi und Fulco Pratesi, Guida alla natura della Puglia, Basilicata e Calabria.

Es wird nach Einzelgebieten beschrieben, und dann besondere Naturerscheinungen im Detail. Zeigt das bestürzende Ausmaß von Umweltvernichtung, obwohl in Süditalien manches überlebt hat, was bei uns schon seit Jahrhunderten von der Erdoberfläche verschwunden ist.

Restaurant – Führer:

Am bekanntesten Michelin "Italia". Dessen Auswahl bringt nicht mehr als Name und Adresse, außerdem kommt der Süden mehr als knapp davon – und die süditalienische Regionalküche scheint den Michelin–Vorkostern nicht zuzusagen. Außerdem beginnen sie erst bei einem recht hohen Preisniveau. Erscheint jedes Jahr neu, auch in der BRD zu bekommen.

"I Ristoranti di Veronelli" – in Italien der bekannteste Restaurantführer. Beschreibt detailliert Ambiente und Küche, und berücksichtigt auch eine große Zahl ländlicher Trattorien. Daneben viele Tips zum Einkaufen genuiner Nahrungsmittel, Bars mit leckeren Eis und Süßigkeiten, Direkteinkauf von Wein usw. Erscheint jedes Jahr neu, ca. 350 Seiten in handlichem Format, Preis ca. 22,- DM – nur in Italien erhältlich.

Weitere Buchtitel mit regionalem Bezug in den Reiseteilen der Regionen, dort auch Literatur zu Sizilien.

Lesestoff für die ganz akurate Reisevorbereitung:

Die Bücher finden sich ausschließlich in wissenschaftlichen Bibliotheken (Universitäts–, Staats– und Landesbibliotheken), können aber über die meisten Stadt–, Gemeinde– und Kreisbüchereien besorgt werden. Das dauert 2 bis 6 Wochen, und kostet höchstens 1 DM pro Titel, oft ist es sogar gratis.

Die Monografienreihe "Le Regioni d'Italia", ab 1960 von führenden Geowissenschaftlern zum hundertjährigen Bestehen des italienischen Staats herausgegeben. Jeder Band (Großformat) um 400 Seiten, mit Fotos und Landkartenausschnitten. Verlag UTET, Torino.

Bd. 12, Mario Fondi, Abruzzo e Molise, 1970
Bd. 13, Domenico Ruocco, Campania, 1965
Bd. 14, Osvaldo Baldacci, Puglia, 1962
Bd. 15, Luigi Ranieri, Basilicata, 1961
Bd. 16, Lucio Gambi, Calabria, 1965
Bd. 17, Pecora, Sicilia, 1968

Wolfram Döpp, Die Altstadt Neapels, Marburger Geografische Schriften, Heft 37, Marburg 1968

Helmut Kanter, Kalabrien. Hamburgische Universität. Abhandlungen auf dem Gebiet der Auslandskunde, Band 33, Reihe C, Band 10, Hamburg 1930 (trotz des weit zurückliegenden Erscheinungsdatums immer noch hervorragend brauchbar).

Ernesto de Martino, Sud e Magia, Milano (Feltrinelli) 1959, (Volkskundliche Untersuchungen über Lucanien und den Salento – noch heute von den Interessierten als Reiseführer in die Inneren Regionen des Südens in Gebrauch).

Il Ponte (Zeitschrift), 6. Jahrgang, Heft 9 bis 10, 1950, S. 969 bis 1 344, Spezial–Nr. Calabrien. Geschrieben von Calabresen und Norditalienern unter dem Eindruck der blutigen Ereignisse bei den Landbesetzungen im Marchesato. Schockerlebnis der Unterentwicklung des Südens.

Henner Hess, Mafia. Zentrale Herrschaft und lokale Gegenmacht, Tübingen 1970

✳ Vulkanismus:

Hans Pichler, Italienische Vulkangebiete, bisher Band I bis III: Borntraeger Verlag, Stuttgart.

(Sammlung geologischer Führer). Ausgesprochen wissenschaftlich geschrieben, sehr genaue Angaben für geologische Exkursion.

Band I: Somma–Vesuv, Latium, Toscana (1970), 37,50 DM
Band II: Phlegräische Felder, Ischia, Ponza, Roccamonfina, (1970), 34 DM.
Band III: Lipari, Vulcano, Stromboli, (1981), 48 DM

Wem sein Wohnort die Gelegenheit gibt, der Besuch der Bibliotheken italienischen Kulturinstitute, lohnt – großer Bestand an Bildbänden.

Bonn, Karl–Finkelburgstr. 51, t. 0228/364 159
Hamburg, Hansastr. 6, t. 040/ 440 441
Köln, Universitätsstr. 5, t. 0221/402 923
München, Hermann–Schmidt–Str. 8, t. 089/764 563

Innsbruck, Maria Theresien Str. 38/c, t. 05222/23 373
Wien, Ungarstr. 3 III, t. 0222/733 454

Bern, Elfenstr. 10, t. 031/444 151
Zürich, Florastr. 7, t. 01/ 344 825

Bei den Kulturinstituten auch Sprachkurse und Auskünfte über Kurse in Italien.

✳ Landkarten:

Übersichtskarten: (es gibt noch mehr, aber ...) für ganz Italien jedes Jahr Neuausgaben. Datum ist bei allen empfohlenen Karten deutlich und unverschlüsselt zu lesen.

Hallwag 1:1 000 000, optisch sehr ansprechendes Kartenbild.
Ortsregister. Südcalabrien mit Sizilien leider auf Nebenkarte abgetrennt. DM ca. 9,80

Hallwag: 1:550 000 Italien, 2 Blätter (die Grenze Nord–Süd bei Roma–Pescara). Je 9,80 DM. Als Übersichtskarten phantastisch genau, besser als alle anderen Karten, die Detailkarten des TCI ausgenommen. Optisch ein Genuß. Wie fast alle Karten aber einige kleine Ungenauigkeiten. Ortsindex.

R + V, 1:800 000. zweiseitig. Genau und gutes Kartenbild. DM 10,80

Kümmerly + Frey, 1:800 000, Südapulien abgetrennt auf Seitenkarten, genau und gut lesbar. 10,80 DM

Große Shell–Karte: 1:750 000, genau, optisch sehr ansprechend, zweiseitig. DM 9,80

Touring Club Italiano (nur in Italien zu kriegen), 1:800 000, 2 Blätter. Nord und Süd, sehr genau und übersichtlich. Gebirgsrelief für Übersichtskarte ungewöhnlich plastisch. Leider fehlt die Straßennummerierung (Autostrada ausgenommen), DM 7.

✦ Detailkarten:

Touring Club Italiano: 1:200 000, sehr genaue Autokarte, optisch ein Hochgenuß. Ca. alle 2 Jahre Neuausgabe.

Süditalien Blätter 16 bis 23/24, Sizilien 25 – 27. Preis (BRD) 6,80, in Italien ca. 5 DM.

Auf der Basis dieser Karten Regionalkarten:

Da Napoli al Gargano e a Bari

Puglia e Basilicata   ⎫ Seit 1983 als

Calabria   ⎬ Lizenzausgabe von

    ⎪ Kümmerly + Frey

Sicilia   ⎭ je Blatt 1o,8o DM.

Preis in Italien ca. 10 DM. 1981/82 erschienen. (siehe Seite 99!)

Zusammengefaßt finden sich die Karten für den Süden und Sizilien im Autoatlas "Atlante Stradale d'Italia, Sud, Ausgabe 1980. Ortsregister und Kurzführer, ca. 27 DM.

Daneben noch die Karten des Istituto Geografico De Agostini, Novara und der Litografia Artisitica Cartografica, Firenze, Verschiedene Regional- und Provinzkarten, oft von den E.P.T.s gratis zu bekommen, aber weniger genau und übersichtlich. Berichtigungsstand oft Jahre zurück. Maßstäbe zwischen 1:150 000 und 1:350 000. De Agostini macht gute Stadtpläne, meist auch gratis beim E.P.T.

✦ Wanderkarten:

Istituto Geografico Militare, Topografische Karten 1:25.000 und 1:50.000 Internationaler Standard (was fürs Militär gemacht wird, ist meistens gut). Karte 1:25 000 liegt für ganz Italien vor. Berichtigungsstand (Süditalien) 1946 – 1958 (!), in den Bergregionen hat sich das Wegesystem recht wenig geändert. Meist dreifarbige (manche Blätter nur schwarz–weiß) Höhenlinienkarte. Angaben zu Quellen und anderen Wasserstellen im heißen Italien erfrischend genau (ganzjährige Wasserschüttung extra angezeigt). U.T.M. – Netz muß extra verlangt werden.

Karte 1:50 000, im Erscheinen begriffen. Bisher nur Teile Apuliens, der Basilicata und Siziliens. Siebenfarbdruck, Aktueller, aber weniger detailliert.

Wanderwege wie auf deutschen Karten gleichen Maßstabes gibt es so wenig wie die Wandermarkierungen in der Natur.

Karte 1:50 000 gelegentlich bei Geobuchhandlungen, 1:25 000 meines Wissens nie. Müssen dann auch in Italien bestellen, das könnt ihr auch (dauert 2 bis 3 Wochen, Karten kommen per Nachnahme, Preis ca. 6 DM je Blatt plus Versandkosten).

ADRESSEN:

Adresse: Istituto Geografico Militare, Sezione Vendite, Viale F. Strozzi, I–50129 FIRENZE. Ihr könnt dort auch direkt kaufen (Preis dann geringfügig teurer – wegen Mehrwertsteuer). Mo-Sa 8–12 Uhr, Nähe Bahnhof S. Maria Novella (Hbf), gute Parkmöglichkeit.

In Feriengebieten zum Teil fast gleichwertige preisgünstige Wanderkarten überall erhältlich. (Dort angegeben).

Touring Club Italiano   Touring Club Carten:

Corso Italia 10, 20121 MILANO
Via Carlo Alberto 57, 10100 TORINO
Via Ovidio 7/a, 00100 ROMA
Via Melo 259, 70100 BARI

Außerhalb Italiens bei Geobuchhandel, in Italien in großen Buchhandlungen (TCI–Plakette an der Tür), manchmal auch E.P.T.s oder Reisebüros.

Die in der BRD und der Schweiz gedruckten Übersichtskarten in jeder größeren Buchhandlung. Detailkarten über Geobuchhandlungen:
Kiepert, Hardenbergstr. 7, 1000 Berlin
Dr. Götze, Hermannstr. 7, 2000 Hamburg
Gleumkes & Co., Hohenstaufenring, 5000 Köln
Buchhandlung an der Katharinenkirche, 6000 Frankfurt (Main)
Geo–Buch Rainer Michels, Rosental 6, 8000 München 2

Freytag & Berndt, Kohlmarkt 9, 1010 Wien

Kümmerly + Frey, Hallerstr. 10, 3001 Bern
Barth + Co., Bahnhofstr. 94, 8000 Zürich

Medien:

Deutschsprachige Zeitungen und Illustrierte in den Großstädten (Bahnhof) und in der Saison in den Ferienorten.

Wer irgendwie mit der Landessprache zurechtkommt, sollte Einheimische wählen, allein weil er im Lokalen mehr weiß. Hier findet man auch die genauen Daten zu Streiks, naturbedingten Unterbrechungen der Verkehrswege usw.

Die großen überregionalen Blätter gibts fast überall.

Zeitungen mit ausführlicher Lokalchronik:

Paese Sera (Latium Abruzzen, Neapel, für weiter südlich nur das wichtigste, linksstehend, engagiert geschrieben, von Unten gegen Oben. Kaum Anzeigen.

Il Messagero (Latium, Abruzzen – hier die beste Chronik, Napoli) linksliberal

Il Mattino (Neapel, Campanien) sehr viel Lokales, dafür sehr konservativ und viel, viel Werbung

Gazetta del Mezzogiorno (Apulien, Basilicata). Viel Lokales, sehr viel "schwarze" Chronik, Politisch irgendwo . . . .

Gazetta del Sud (Calabrien, Ostsizilien): Erschöpfendes und ermüdendes Lokalblatt. Die einzige Alternative dazu leider eingegangen. Stockkonservativ.

Giornale die Sicilia (Sizilien). Auflagenstärkste Zeitung Siziliens.

L'Ora außerhalb von Palermo kaum zu kriegen. Abendzeitung. Eine der lebendigsten Zeitungen Italiens. Links. Einige ihrer Journalisten haben ihr Engagement gegen die Mafia mit dem Leben bezahlt. Am spektakulärsten der Fall Mauro de Mauro, der vor über zehn Jahren spurlos verschwand und dessen Augen (?) der Witwe im Einmachglas zugeschickt wurden.

Daneben örtlich kleine, meist wöchentliche Zeitungen.

Freie Radio und TV–Stationen (in Italien darf jeder senden).

Reichlich in den Ballungsgebieten in allen Schattierungen: Leben vom Geschäft mit Reklame oder von Spenden. Bei manchen Porno satt. Aber auch viel Information über Lokales.

Die Kanäle des Staatlichen Radio und TV interessieren fast nur für Fußballübertragungen.

Nachtrag/Autokarten:

Die Autokarten 1 : 2oo.ooo des Touring Clubs gibt es nicht mehr außerhalb Italiens. An ihre Stelle ist die im Kartenbild identische Lizenzausgabe des Verlags Kümmerly + Frey getreten, allerdings mit neuem Blattschnitt, der meiner Meinung dem Reisenden aber entgegenkommt.

Angenehm auch der Preis: 1o,8o DM/9,8o sfr. – Der Blattumfang der neuen Karten entspricht 2 - 3 TCI- Orginalkarten. – In Italien gibt es weiterhin die TCI- Karten.

SÜDITALIEN/SIZILIEN: Nr. 11 Apulien, Nr. 13 Calabrien, in beiden Karten jeweils eine Hälfte der Region Basilicata, Nr. 14 Sizilien. Die Nr. 12 Campanien- Basilicata in Vorbereitung.

Apulien

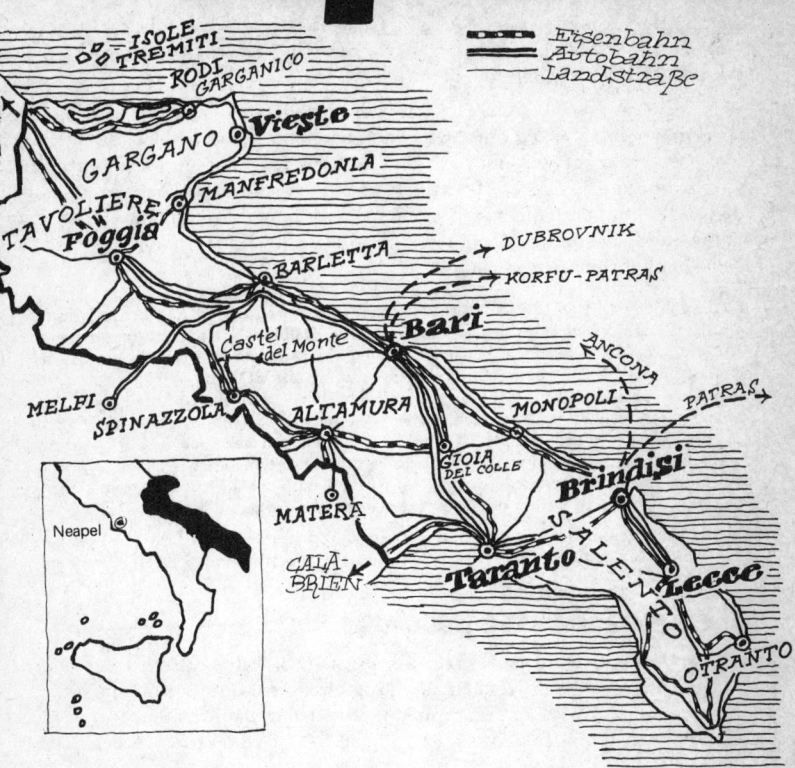

Eisenbahn
Autobahn
Landstraße

Der Stiefelabsatz. Langgestreckt und flach. Nur im Norden der isolierte Felsklotz des Gargano. Wer überwiegend baden will, findet hier die abwechslungsreichste Küstenlandschaft an der Adria.

Kleine Städte hoch über dem Meer. Felsküste mit weißen Klippen vielfach von dichten Kiefernwäldern bewachsen, kleine Sandbuchten, die nicht alle auf dem Landweg erreichbar sind. Das Innere eine urwüchsige Wald- und Weidelandschaft. Wandern kann Spaß bringen!

In der Hochsaison aber sehr voll!

Das eigentliche Apulien südlich des Gargano zum Badeurlaub stellenweise ungeeignet, weil die starke Industrialisierung für die Adria nicht folgenlos geblieben ist. Erst wieder südlich von Brindisi wird es besser.

Apulien ist die Region mittelalterlicher Städte, deren Substanz aus dem Mittelalter intakt geblieben ist: Barletta, Trani, Ruvo, Bitonto, Bari, Altamura, südlich schließt sich die Region der "trulli" an, runde Häuser mit Spitzkegeldächern, aus Trockenmauerwerk, eingebettet in riesige Ölgärten und Weinfelder.

Der Südteil Apulien, der SALENTO, weitgehend noch unbekannt, ist voll von bis ins Grotteske gehender Barockbauten, ganze Dörfer und Städte in diesem Stil: Lecce, Gallipoli, Nardo.

Wer genuine Küche kennenlernen will, für den ist Apulien ein Paradies. Nirgendwo im Mezzogiorno wird durchgehend so selbstbewußt und "altmodisch" gekocht wie hier. Da die apulischen Fischfangflotten groß sind, und Adria und jonisches Meer noch fischreich sind, dominiert an der Küste die Bereitung von Meeresgetier, im Landesinneren kommen dafür dann Lamm und Zicklein auf den Tisch. Und überall sehr viel Grünzeug und Nudeln (am liebsten handgemachte).

TIP: Luigi Sada, PUGLIE IN BOCCA, Palermo 1979, ca,2o DM. "Apulien im Mund"
— auf Packpapier gedruckt, dreisprachig (apulisch, italienisch, englisch) Sammlung alter Rezepte, dazu Lebenshilfe wie Flüssigkeitsmaße, Trinksprüche und eine umfangreiche Traumdeutung, die mit Essen und Trinken zusammenhängt, von "abbadessa ingorda" (gefräßige Äbtissin)= kleines Festchen demnächst, bis "vino bianco bere"(Weißwein trinken)=Fröhlichkeit und Freuden. Daneben immer (oh spielbesessenes Italien!) für jeden Traum die entsprechende Lottozahl. Allerdings muß man schon sehr apulisch vom Essen träumen, denn wer macht sonst schon Unterschiede zwischen
Lamm im Backofen (gerissene Feinde, Lotto 2), Lamm mit Kartoffeln (bevorstehende Hochzeit, Lotto 53), Lamm mit Erbsen (bittere Tränen vergießen, Lotto 76)?

Der Band ist geschmackvoll in Wellpapier eingebunden und in den besseren Buchhandlungen Apuliens zu finden und bei manchem jungen heimatliebenden Koch neben der Ölflasche.

Reisekonzeption

① Nur in Apulien bleiben. Hierzu lädt es mehr als alle anderen Regionen des Südens ein. Man kann wochenlang auf Achse sein, und hat dennoch nicht alles gesehen. Zwischendrin immer mal wieder hängen bleiben. Apuliens Städte, auch die kleineren, sind wirkliche Städte mit Leben in den Straßen, Läden, tollen Bars.

② Apulien als Sprungbrett nach Griechenland: Fährhafen sind Bari, Brindisi und Otranto. Details: s. Martin Velbinger, Griechenland.
Trotz der guten Straßen ein paar Tage einkalkulieren, die Städte erfordern etwas Zeit und bringen Spaß, die Straßen im Gargano und der Murgia dei Trulli sind keine Rennstrecken.

③ Apulien und dann in den tiefen Süden: Der sympatischere Einstieg. Apuliens weiße, saubere Städte und die noch weißer strahlenden Dörfer mit ihren originellen Häusern, die leuchtend rote Erde der Felder mit dem flirrenden Silbergrün der Ölbäume drüber vermitteln einem bestimmt in den ersten Reisetagen mehr Hochgefühl, dem rauhen Norden entflohen zu sein als die Gegend um Napoli, der man sofort ihre sozialen Probleme ansieht

④ Kurzreisen nach Apulien — etwa in den langen Bayerischen Pfingstferien. Südbayern - Gargano läßt sich in einem Tag schaffen. Hier ist dann schon fast Sommer, man kann schon baden und überall ist noch Platz!

⑤ Herbstreisen: Der Sommer dauert hier länger als an der Westküste. Apulien ist eine der regenärmsten Regionen Italiens. Im Winter und zeitigen Frühling kann es dafür saukalt sein, wenn kalte Winde über die Adria toben.

⑥ Apulien mit dem Fahrrad: Der Gargano ausgenommen, ist Apulien eine relativ flache Kalkplatte, weitgehend eben, bis auf die stellenweise steilhügelige Murgia dei Trulli.

⑦ Apulien mit öffentlichen Verkehrsmitteln: Besser möglich als in jedem anderen Teil des Südens. Die Hauptzentren liegen an den meist dicht befahrenen FS-Linien:
Norditalien - Foggia - Bari - Brindisi - Lecce, Bari - Taranto, Brindisi - Taranto, dazu kommen einige Nebenlinien.
Ergänzend häufig verkehrende Omnibusse und Sekundärbahnen verschiedener Gesellschaften:
FG — Ferrovie Garganiche: Gargano - Nordküste.
Bari Nord: Bari - Barletta durchs Landesinnere (über Bitonto)
FCL — Ferrovie Calabro Lucane: Bari - Altamura - Matera/Potenza
FSE — Ferrovie del Sud-Est: ausgedehntes Netz zwischen Bari und der Südspitze Apuliens.

HOTELS

Bei den EPTs die jährlich erscheinende Hotelliste von ganz Apulien besorgen. Die meisten Hotels am Gargano und den Küsten Südapuliens. In allen Landstädten meist einfache Hotels, deren Standard und Sauberkeit oft besser ist als sonst im Süden. In den Metropolen reichen die Hotels nicht immer aus (also vorbestellen!). In den Dörfern nicht selten grauenhafte Bleiben.

CAMPING

Entsprechend der touristischen Bedeutung mehr oder weniger Plätze. An den Küsten ist freies Campieren grundsätzlich verboten, wird aber im Frühjahr und Herbst stellenweise geduldet. Im Landesinneren auf Ödland erlaubt, aber in vielen Teilen der Region ist der Boden bis zum letzten Quadratmeter genutzt, um die Felder meist solide Mäuerchen. Wer sich zwischen Reben oder unter Ölzweigen breit macht, bekommt in der Regel rasch Besuch von knurrigen Bauern oder deren Hunden.

Wasser

"Siticosa Apulia" nannte der römische Dichter Horaz seine Heimat, obwohl es damals nicht so trocken und verkarstet war wie heute. Die Steppenlandschaften im Landesinneren und im Gargano, wo es mehr Steine als Gräser gibt, entstanden durch konsequentes Abholzen in den letzten tausend Jahren. Einige Wälder sind sozusagen als Museumsstücke übrig geblieben.

Quellen gibt es so gut wie keine. Das Regenwasser verschwindet durch den zerklüfteten Kalkstein in große Tiefen, sammelt sich in Gängen und Höhlen

zu unterirdischen Wasserläufen, die dann irgendwo in mehr oder weniger
großer Tiefe ins Meer fließen. Stellenweise kommt man durch Brunnenbau
an die Wasseradern heran, meist liegen sie aber zu tief. Man war auf Zisternenwasser angwiesen. Die Bauern nützen es heute noch zum Bewässern und
fürs Vieh.

Zwischen 1908 und 1939 wurde der Acquedotto Pugliese gebaut, eine der größten Fern-
wasserleitungen Europas, die starken Karstquellen im Appennin auf der regenreichen
tirrenischen Seite an die Adria umgeleitet. Obwohl immer weiter ausgebaut (inzwischen
in Richtung der Flüsse im südlichen Lucanien) reicht das Wasser längst nicht mehr aus.
Verstädterung und Insustrialisierung haben den Wasserbedarf so gesteigert, daß in der langen Trockenperiode zwischen April und Oktober das Wasser manchmal nur Stundenweise
fließt. Duschbäder auf die Nacht verlegen oder die früher Morgenstunden nutzen. Im Ho-
telzimmer oder Zelt einen kleinen Notvorrat des stark gechlorten Nasses anlegen. Viele
Campingplätze haben allerdings eigene Tiefbrunnen — mit fast immer leicht salzigem
Wasser und seperate Zapfstellen für Trinkwasser.

Karten und Bücher

Gratiskarte 1:35o ooo der EPTs sehr gut, nur wer noch mehr ins Detail
will TCI 1:2oo ooo, Bl. 18 (Molise - Gargano), 2o (mittleres Apulien -
nördliches Lucanien), Bl. 21 (Südapulien - jonische Küste bis etwa zur lucan-
isch-calabrischen Grenze).

Apulien · Ein Führer für Reise und Gastronomie (deutsch), Novara 198o
(Gratisausgabe der Region Apulien - wer bei den EPTs mit bohrendem
Interesse auftritt, bekommt ihn) — der kulinarische Teil ist hervorragend,
gute Bilder.

C. A. Willemsen, Apulien — Kathedralen und Kastelle, Du Mont, Köln, ca.
28 DM. Nicht besonders lesbar. Beschränkt sich kunsthistorisch auf das, was
der Titel verpricht.

TCI Puglia (siehe Einleitung!)

Herbert Nette, Friedrich II, rororo, 6,8o DM.

Pepi Merisio, Apulien, fotografisch leckerer Bildband, Atlantis Zürich, ca.
59 DM.

Tassi/Pratesi, Guida alla natura (siehe Einleitung), die Hälfte des Bandes
ist Apulien gewidmet.

Fototip: Grelle Sonne,die Lichtreflexion des weißen Steins und starke Hell-
dunkelkontraste überfordern die Automatik der Kamera. UV-Filter, starke
Gelbfilter (für schwarz-weiß) oder Graufilter (für color) — verstärken zudem Kontraste und Strukturen im Bild. Nicht so viel Farbe knipsen, sondem
mal wieder zum Bianco-Nero greifen. Die Farbkontraste Apuliens lassen sich
großartig in schwarz-weiß übersetzen und der s/w-Film verdaut mehr
Blendenschritte als sein farbiger Bruder.

Apulische Küche

Nudeln müssen keine Zwangsehe mit Tomaten eingehen. Man schätzt sie hier
in Kombination von grünen Blättern und Sprossen — zarte junge Brennesseln

(ortiche), Ruccola oder Rape (beide ein wenig bitter), die Ruccola wächst wild an jedem Wegesrand, wo man auch wilden Spargel und die so wichtigen Schnecken findet. Fadenförmige Pasta ist wenig gschätzt, findet aber durch die Nudelfabriken verstärkt Eingang. Apuliens typische Nudel ist handge formt und wird auf die Gabel gespießt, hat die Form einer kleinen Muschel und hat trotz der immer gleichen Form und Funktion (Soße aufnehmen zu können) unzählige Namen, die sich in drei Hauptgruppen einordnen lassen: Orcchiette (Öhrchen), die Dialektform "racchiatedde" oft auf Speisekarten oder 'Strascinati" (über den Finger Gezogene , weil das Teigklümpchen erst wie ein Fingerhut um den Finger gelegt wird und dann als Hütchen abgezogen wird).

Lambasciuni sind Wildzwiebeln aus der Familie der Hyazinthen, die mehr unter Öl eingelegt denn als Zierblume geschätzt werden. Ein anderen beliebtes Antipasto die "pomidori secchi" - halbierte Tomaten mittels Sonnenenergie getrocknet, dann mit Knoblauch und grober frischer Petersilie unter Öl gepackt. Die Tomaten müssen frisch und hellrot aussehen, sind sie bräunlich, hat man sie brutal im Ofen getrocknet. Über Oliven, Feigen und Mandeln keine langen Worte, es gibt sie überall.

Meeresgetier: An Apuliens Küsten immer auf den Tellern, wo üppige Fischmärkte, da auch Üppiges auf dem Teller: Hauptbestandteil immer Muscheln (cozze), Tintenfische (polipi, calamari, seppie), alici (Sardellen) und ein Gemisch, um die Zuppa di Pesce herzustellen.

Nur 5 km Entfernung von der Küste reichen, um den Thunfisch aus der Dose zum einzigen Fischgericht zu machen.

Neben Zicklein und Lamm ist Pferdefleisch besonders geschätzt. Die entsprechenden Metzgereien im Straßenbild besonders der Kleinstädte sind nicht zu übersehen ("Carni equine"). Keinesfalls so wohlfeil wie der Stand mit der Pferdewurst auf einem norddeutschen Jahrmarkt! Schlachtreife Esel verschmäht man und verkauft sie mit gutem Gewinn nach Norditalien, wo sie trotz bestimmter Gerüchte nicht Salami werden - man behandelt sie nach Wildrezepten.

Brot: Die Apulier sind sehr stolz auf ihr Hauptnahrungsmittel. Neben Kleinformen gibt es riesige dunkle Laibe, aus "grano duro", voller Duft.

Vino: Jeder Ort hat mindestens einen eigenen Wein. Offener Wein mitunter schwer zu bekommen. Direktverkauf der Produzenten wie er in Mittelitalien sehr verbreitet ist, selten, nur am Gargano sehr häufig.
Viele Rosato-Weine des südlichen Apulien haben einen etwas sprittigen Beigeschmack, der sich erst nach jahrelanger Lagerung verliert.

Der Gargano

> Der über 1ooo Meter hohe weiße Kalkklotz ragt als Halbinsel in die Adria.
> Das Meer leuchtend blau, die Felsen leuchtend weiß, auf ihnen Kiefern
> (keine Pinien!) von intensivstem Grün.

Von <u>Norden her bis Rodi Garganico</u> noch breite, flache Sandstrände hinter
ihnen auf den schmalen Landzungen, die Meer und Lagunenseen trennen,
dichte Uferwälder. Zwischen Peschici und Manfredonia wilde Felsenküste
mit vorgelagerten Klippen, kleinen Buchten, wenigen langen Stränden. Die
wenigen Ortschaften auf hohen Felsspornen über dem Meer, in Schutzpo-
sition vor Piraten, Eroberem und Türken, deren Flotte hier jahrhundertelang mehr präsent war als christliche Schiffe.

<u>Viele der Buchten</u> nur auf Pfaden erreichbar. Für die Mühe des Laufens dann
die Belohnung durchsichtigen Wassers, reich an Tierwelt und seltenen
Meerespflanzen. <u>Die Berge im Inneren</u> einsam, nur an den Rändern bewohnt,

das Reich der Hirten und ihrer Herden — deren einziger Kontakt mit der neuzeitlichen Touristenwelt der Verkauf von Käse, Pilzen und Holzschnitzereien ist.

Die Nordseite grün und fruchtbar, auf ·der Hochfläche Apuliens letzter großer Wald, die Foresta Umbra, nach Süden hin immer kahler. Hier oben soll in fernen Vorzeiten der Erzengel Michael gelandet sein. In Monte S. Angelo wird er heute noch hochverehrt.

Sauberkeit des Meeres: Bis auf einige kleine Schandflecke in Ortsnähe und den Schmutzfleck Manfredonia (eine herbe Stadt, aber mit Leben, Ambiente und Charakter) phantastisch sauber, nur bei ungünstigen Strömungsverhältnissen kleinere Schmutzanschwemmungen.

Geldwechsel Völlig unproblematisch, auch den kleineren lokalen Banken und Sparkassen sind Wechseloperationen vertraut.

Tourist INFO Information: Allgemein EPT Foggia (s. Foggia).
Sonst in fast allen Orten lokale Touristeninformation.

Verbindungen

Gutes Straßennetz. Die Küstenstraße zwischen Peschici und Manfredonia unbedingt in beide **Auto** Richtungen fahren! In der Superhochsaison Stoßstange an Stoßstange und, da alles die Hälse nach Panoramen reckt, ein Horror. Nach starken Regenfällen Steine und Schlamm auf den Straßen, Unterbrechungen möglich!

Von Norden kommend: A 14 Ausfahrt Poggio Imperiale, von Süden A 14 Ausfahrt Foggia, oder schon in Andria runter von der A 14, auf guten Landstraßen über Barletta und Margherita di Savoia immer am Meer entlang (das wenig verlockt, flach und langweilig, erst Salinen mit Salzgebirgen, dann nicht endenwollende Zwiebeläcker). Spart einen Haufen Kilometer!

Bahn u. Bus

Ziel Gargano Nord bis Vieste: Raus aus dem Express in S. Severo, dann mit der Ferrovia Gerganica (überhaupt nicht nostalgisch) bis Staz. di Peschici, von dort weiter der Bus der gleichen Gesellschaft. Ab S. Severo auch durchgehende Busse. Auch ab Foggia (Bahnhofsvorplatz) Busse.

Ziel Gargano Süd: Foggia (einer der wichtigsten Bahnknotenpunkte im Süden) Stichbahn nach Manfredonia (FS), häufig befahren. Von dort weiter per Bus (SITA). Oder direkt Bus ab Foggia (SITA).

Flugzeug

Bari - Palese, dann über Foggia oder S. Severo sich durchschlagen, was so zeitraubend ist, daß man besser gleich die Bahn nimmt.

("Adriatica") Manfredonia - dann um den Gargano rum (unbedingt machen, kostet nicht viel! Vom Meer sind die Felsen, Klippen und Buchten noch toller als von der Straße) , Strecke: Rodi — Isole Tremiti — Termoli.Zusätzlich im Sommer Aliscafi zu den Tremiti ab Rodi, Termoli, Vasto und Ortona.

Schiff

HOTELS

In der Hochsaison alles ausgebucht, auch die "Ausweichquartiere" im Landesinneren — die haben sich schon längst herumgesprochen.

CAMPING

Im Sommer krachend voll, Durchreisende kommen dann garantiert nicht auf die Plätze. Frei campieren ist nicht nur streng verboten, sondern auch riskant: Im Gargano wird stellenweise aggressiv geklaut. Die Dörfer im Hinterland und besonders deren Jugendliche haben nicht am Touristen-Boom partizipiert.

Karten

Karten (nur fürs gebirgige Innere zu empfehlen, man kann aber auch ganz gut schwer zugängliche Buchten entdecken!):
IGM 1:5o ooo (ganz frisch aus der Druckpresse!): 348 Vico del Gargano, 385 Vieste, 397 Manfredonia, 398 Mattinata.

NORDTEIL GARGANO

Die Strände nördlich der Fortore - Mündung sind triste. Die Lagunen Lago di Lesina und Lago di Varano und die Mündung des Fortore urwüchsige Naturparadiese mit Macchia, ausgedehnten Sümpfen und stellenweise urwaldartigen Uferwäldern. Die unermüdlichen Jäger haben auch hier die Tierwelt ziemlich dezimiert, aber Naturbeobachter kommen in den ausgedehnten Gebieten, die nur zu Fuß oder im Boot erreichbar sind, auf ihre Kosten: Wasservögel, Schildkröten, Schlangen, Fischotter ...

Die Lagunen selbst sind ausgesprochen reich an Fischen, Muscheln und Krebsen. Das Gebiet einschließlich der Lagunenstrände steht bisher zwar noch nicht unter Naturschutz, gilt aber als Aufforstungsgebiet, so daß wildes Campen verboten ist. Entlang der Straße auf der Landzunge von Varano sieht man zwar immer wieder Zelt- und Wohnwagenkolonien, es gibt aber Razzien!

Nur zu Fuß erwanderbar die Landzunge von Lesina, von mehreren Kanälen unterteilt, auf der Meerseite durchwaten oder durchschwimmen. Man läßt

Torre Fortore, einen Ausbund an Häßlichkeit und Spekulationen hinter sich, und schon nach einigen hundert Metern beginnt die völlige Einsamkeit. Nur wenige verfallene Häuser und Türme, Dünen mit Macchia und urwaldartiger Kiefernwald. Die Ruhe wird zunehmend durch Geländewagen gestört und von den Rändern der Landzunge her frißt sich die Bauspekulation vorwärts (natürlich ohne jede Baugenehmigung).

Die Strände hier und bei Varano sehr flach und feinsandig bieten hervorragende Chancen, sich ein Petermännchen in den Fuß zu bohren. An der Landzunge von Varano durch die Straße viel Badebetrieb, im Wald Italienersippen, die Gelage abhalten, leichtfertig mit dem Feuer umgehen und meist die nicht mehr verwertbaren Überreste im Wald liegen lassen. An der Straße, im Wald und am Strand wird viel geklaut.

Hotels und Camping
auf der Landzunge von Varano

Die drei Hoteltürme, wie aus einer Vorstadt geklaut, sind wohl das Phantasieloseste, mit was die Garganoküsten verunstaltet werden, obwohl es noch mehr Verirrungen in Beton gibt.

Pensione - Rist. "Isola Varano" (IV cat.)
9 einfache Zimmer, zum Teil für größere Familien. Von Agriturist - Cooperative betrieben. Ganzjährig außer Oktober offen. Für Juli/August mindestens 6 Monate Vorbestellung. Doppelzimmer ca. 35 DM, Vollpension ca. 38 DM. Küche: Lokal und handgemacht, Wein, Obst und Gemüse, Fleisch wird auf den 18 Hektar der Coop. erzeugt, die Fische kommen aus dem Lago di Varano. Tel. 0884/97 019.

Camping Rancho, an der Straße, 300 m vom Meer. Hohe Bäume.

Am Straßenrand Verkauf von Büffelkäse ("bufalini")

✱ FOCE VARANO

Das Fischerdorf hat einem Klein-Cattolica Platz gemacht, noch volle Bautätigkeit. Ähnlich in Lido di Sole, Schilder fordern einen auf, Villen und Appartements zu kaufen.

✱ RODI GARGANICO

Die Felsenküste des Gargano beginnt, noch flach und mit langen Stränden. Rodi eine anregende Kleinstadt mit bunten hohen Hauspalästen, der Himmel darüber voll von Dohlen und Mauerseglern. Vor Jahren war es der Ort im Gargano, der mir am besten gefallen hat, inzwischen sehr überlaufen, weil hier alle diejenigen hängenbleiben, denen der Weg in den entfernteren Gargano zu weit ist. Rodis Strände sind ramponiert und liegen meist direkt an Straße und Bahn. Hafen für die Isole Tremiti.

✱ S. MENAIO (3 850 Einw.)

Es beginnt die grüne, bergige, klippenreiche Küste, herrlich duftende Kiefernwälder, nur unterbrochen durch Ölgärten und kleine Felder, auf den Klippen am und im Meer die "Trabocchi", Holztürme ähnlich wie sehr ro-

buste Hochstände mit langen Holzbalken ins Meer hinaus, an denen Netze
ins Wasser gelassen werden. An den Klippen kann man stellenweise gut
Muscheln pflücken.

S. Menaio eine kleine Villensiedlung mit viel Grün. Ferienwohnungen und
Häuser von privat (rumfragen!).

"Sole" (II cat.)
Direkt am Strand, aber die Bahn vor der Nase; "maurische" Fassade, die der einfachen
Kastenarchitektur etwas von einem Palast geben soll,Doppelzimmer ca. 5o DM, Tel.
0884/98 o21.

"Nettuno" (II. cat.)
Im Ort, über dem Meer, mit Garten. Modern und solide eingerichtet. DieZimmer zum
Meer mit Terrasse. Doppelzimmer ca. 4o - 5o DM, Vollpension ca. 6o DM, gute lokale
Küche, Meer und Berge darin gleichberechtigt. Zuppa di pesce, wenn vorhanden auch
Languste und Scampi. Tel. o884/98 131.

Hotels

AGRITOURISMUS

Isola Varano: Podere "Isola Varano"Sig.Cos-
tantino Pacilli, Via Gelso 21, 71o15 Sanni-
candro Garg.,Tel. o882/67 1o 65. Unterbringung in Bauernhaus,Mög-
lichkeit zu Reiten, Tennis und Teilnahme an der Feldarbeit.
Verkauf von Gartenprodukten, Hühnern, Eiern, Obst, Fisch. 15o m vom
Meer. Übernachtung ca. 8 DM, Halbpension ca. 18 DM, Vollpension ca.
28 DM.

S. Menaio: Azienda Nardini, Sig. Francesco Bulzacchelli, Corso Umberto
58, 71o18 Vico del Gargano, Tel. o884/91 18o. Gutsbetrieb (Agrumen und
Oliven). Unterbringung im Gutshaus und einer Ferienvilla. Dicht am Meer.
Verkauf von Öl und Orangen. Appartement ca. 6oo - 1 ooo DM je Monat,
pro Kopf.

Peschici: Podere Valle Croci, 3 km vom Meer, nur Möglichkeit zum frei
Campen im Oliveto. Direktverkauf: Öl, Wein, Käse. Sig. Giuseppe Biscotti,
Via Manlio 7, 71o1o Peschici, Tel. o884/94 o81.

Vieste.Azienda Parco Cimaglia, Sig. Enzo Cimaglia, Via Cimaglia 9, 71o19
Vieste, Tel. o884/78 o5o. Großes Gut in einem weitläufigen Park, Campingplatz angeschlossen, sonst Unterbringung in Ferienhäusern. Mindestaufenthalt 3o Tage! Direktverkauf von Trauben, Wein, Öl, Oliven und Gemüse
unter Öl.

Mattinata: Azienda Giorgio, Sig. Lorenzo Bisceglia, Piazza Giordano 37,
711oo Foggia, Tel. o881/2o 384 (Foggia) und o884/44 92 (Mattinata).
Unterbringung in großem Bauernhaus, Mindestaufenthalt 15 Tage! Mai bis
September, Direktverkauf von Öl, Wein, Mandeln, Oliven. Liegt zwischen
Ölgärten 2 km vom Meer.

TREMITI-INSELN

Kleine Felseninseln etwa 2o km kördlich der Gargano-Küste, insgesamt gerade 3 qkm groß. Zerklüftete Küsten mit kleinsten Strandbuchten, Klippen, Meereshöhlen und tiefem klarem Wasser. Reich an Fischen, berühmt für seine Langusten.

Die Inseln S. Nicola und Capraia von flacher Macchia bedeckt, viele Kapernsträucher, auf S. Domino (der größten Insel) schöner Pinienwald. Die Inseln werden hauptsächlich von Unterwassersportlern besucht.

Autos müssen auf dem Festland bleiben.

TOURIST INFO : EPT Foggia und Pro Loco delle Isole Tremiti, Isola di S. Domino, 71o4o Tremiti (FG).

Per Schiff Schiffsverbindungen mit Dampfer und Aliscafi der 'Adriatica' (die Fahrpläne hängen stark vom Touristenansturm ab, Information: Adriatica s.p.A.N., Zattere 1411, 3o123 Venedig und die Schiffsagenturen rund um den Gargano.)

Schiffsverkehr zwischen Oktober und Ende Mai stark eingschränkt, Aliscafi nur von Juni bis Anfang Oktober:

Schiff (ganzjährig): Manfredonia - Vieste - Peschici - Rodi - Tremiti, im Sommer zusätzlich: Vasto - Termoli - Tremiti.

Alsicafi von: Ortona, Vasto, Termoli, Rodi, Peschici.

Fahrpreise: ab Termoli per Schiff ca. 7 DM, per Aliscafi ca. 1o DM/im Juli und August ca. 14 DM. Ab Rodi etwa gleich. Gepäckstücke extra.

WICHTIGE AGENTUREN für die Schiffsverbindungen zu den Tremiti (die Ostküste des Stiefels entlang von Nord nach Süd):

ORTONA: Luigi Pompillo, Via Porto 18 (Hafen), Tel. o85/ 91 26 5o. A 14 Ausfahrt Ortona. Staz. FS dicht am Hafen.

VASTO: Agenzia Massacesi, Piazza Diomede 3, Tel. o873/ 51 61 8o. A 14, Ausfahrt Vasto Nord. Staz. FS dicht am Hafen.

TERMOLI: Intercontinental Navigazione, Corso Umberto I 93, Tel. o875/ 24 29. A 14 Ausfahrt Termoli - Molise. Hafen ca. 2 km von Staz. FS.

RODI: F. lli Delle Fave de Manonghia, Via Trieste 1, Tel. o884/ 95 185

PESCHICI: Elvira + Lia Massa, Viale Liberta 27, Tel. o884/ 94 o47

VIESTE: Gargano Viaggi, Piazza Roma 7, Tel. o884/ 78 5o1

MANFREDONIA: Antonio Galli, Corso Manfredi 4, Tel. o884/ 22 888

TREMITI: Domenichelli Pierina, Via degli Abbati 38, Tel. o882/ 66 3o o8

Unterkunft: Auf S. Domino vermieten die Fischer Zimmer, 7 Hotels zwischen II. cat und Locanda, nur von Juni bis September offen.

Albergo Gabbiano (IV cat), ganzjährig.

Camping nach neuesten Informationen nicht mehr möglich. Frei Campieren kann strafrechtliche Folgen haben!

Zwei Feriendörfer mit einfachen Hütten und Bungalows; das des Touring Club für Mitglieder reserviert.

Essen

Da alles außer Fisch auf die Insel gebracht werden muß, ziemlich teuer. Trotz der Kosten für Gepäckstücke rentiert es sich, vom Festland so viel man schleppen kann mitzubringen.

<u>Wasser:</u> Rar, nur aus Zisternen oder per Schiff vom Festland.

<u>Wein:</u> Der leckere Inselwein wird nur in winzigen Mengen produziert.

<u>Fisch:</u> Nachdem die Unterwasserjagd in Inselnähe sehr viel zerstört hat, soll sie jetzt verboten werden. Trotzdem sieht man bei den Fischern seltene Dinge und Exemplare in Größen, die sonst selten sind. Preise (bei den Fischern und den Ristoranti) nicht niedrig. Langusten kosten soviel wie in Bari.

 Hauptinsel S.Domino:"MARECHIARO","PIRATA".
Insel S.Nicola:"AL TORRINE", "BELVEDERE","BEL-
LA IDA"..Allesamt nur in der Saison offen.

Der Verkehr zwischen den Inseln und um sie herum in Fischerbooten. Die Fischer nehmen einen auch mit, gegen Bezahlung. Preis vorher aushandeln.

<u>Auf S. Nicola</u> ein sehenswertes befestigtes Kloster aus der romanischen Periode, Reste eines Mosaikfußbodens.
Tips für Subs: S. Nicola verhältnismäßig uninteressant.

<u>S.Domino:</u> Cala Matania, Grotte del Sale, Punta Zio Cesare, Punta Secca, Punta Coccodrillo, Punta del Diamante, Scoglio del Cretaccio, Secca della Vecchia. Höhle: Grotta delle Viole.

<u>Isola Caprera:</u> (unbewohnt): Punta Straccione, Cala dei Turchi. Gesamte Ostküste. Meeresgrotten: Gr. del Cafone, Il Grottone.
Station für Druckluftflaschen: Franca Sport, S. Domino.

In mittelalterlichen Chroniken wurden die Inseln als "irdisches Paradies" bezeichnet, wohl wegen der bizzarren Natur und den Farbenspielen von Meer, Felsen und Vegetation. Landschaftlich erinnern sie an die östlichste Garganoküste, nur daß bisher alles viel weniger verbaut ist, zu Fuß besser erreichbar, und das Fehlen von Autos versetzt einen in vergangene Jahrhunderte zurück.

Im Juli/August sind die Inseln hoffnungslos überfüllt. Mit Wasser, aber auch Lebensmittel kann es dann Probleme geben. Einsame Stellen sind dann nicht einsam und da die Fischer in dieser Periode mehr am Tourismus als an der Fischerei verdienen, kann Fisch rar und sehr teuer sein.

GARGANO
FELSKÜSTE

RODI GARG. MENAIO PESCHICI MANACORE VIESTE

Hinter S. Menaio beginnen die 9o km (Straßen-Kilometer) wildester und ab-
wechslungsreichster Küste. Die Straße mal an langen (touristisch meist bis
zum letzten Meter genutzten) Buchten, dann schraubt sie sich immer wieder
hoch (bis über 3oo m), steigt in kleine Buchten ab, verschwindet auch mal
hinter Vorgebirgen. Bis zur Testa del Gargano, dem östlichsten Punkt der
Halbinsel meist dichte, innen lichtdurchflutete Kiefernwälder mit Unterholz aus Baumerika, Cistus, Rosmarin und stacheligen Büschen.

An der Endstation der Ferrovia Garganica (sehr einsam zwischen Wäldern
und Äckern - Busanschluß!) eine weite Bucht:

CAMPING   Calinella und Macchia del Mare, beide unter hohen
Pinien.Am Strand (feinsandig, kahl, Bäume nur am Rande
der Bucht, wo die Felsen wieder beginnen) freies Campen möglich(im
Sommer — ?)Kein Trinkwasser. Man muß zum öffentlichen Brunnen nach
Peschici. Die Eisenbahner reagieren auf ständige Wasserschnorrer sauer,
zumal wenn sie mit Kanistern kommen.

PESCHICI: (3 85o Einw.)

Auf einem Felssporn über dem Meer gelegen. Im alten Ort weiße Häuser
und enge Gassen. Gute Einkaufsmöglichkeiten. Der neuere Ortsteil etwas
langweilig. Insgesamt wirkt es bäuerlicher und auch weniger vom Tourismus
vereinnahmt als andere Gargano-Orte.

"Peschici"(III cat.)

Hotels

Tel 0884/94 195. Nur Vollpension. Mindestaufenthalt 3 Tage. Gut eingerichteter Neubau, auf dem Felsen hoch über dem Meer im Ort gelegen. Gut geführt und hervorragendes Essen in der lokalen Tradition. Vollpension je nach Jahreszeit zwischen 43 - 62 DM,
zwischen Mitte September und Juni auch Zimmer solo. Doppelzimmer ca. 37 DM.

"Calazurra" (IV cat.)

Tel. 0884/94 o26. Modern, einfach, aber zweckmäßig ausgestattet. Speziell für größere
Familien. Reines Wohnhotel, Doppelzimmer ca. 5o DM. Im Ort, einige Zimmer Sicht
aufs Meer.

"Locando al Castello" (loc.)

Sympatische altmodische Locanda in ehemaliger Burg im alten Ortsteil. Überall alte
Bilder, Fossilien. Herzliche Gastfreundschaft. Die Zimmer einfach, aber sauber und geräumig. Doppelzimmer ca. 3o DM, Vollpension ca. 5o DM.
Im Ristorante eine spezielle Küche, wo die Großmütter mit viel Zeit und einem Leben
an Kocherfahrungen das Regiment führen. Im Speisesaal die Atmosphäre eines Gast-
hauses aus der Zeit vor dem großen Boom. Der Familienvater ist Jäger (im Inneren des
Gargano bekommt man noch was vor die Flinte). Daß enge Beziehungen zu Fischern,
aber noch mehr zu Bauern und Hirten bestehen, sieht man auf den großen Tischen, wo
Antipasti, Käse und Schinken aufgebaut sind. Eigener Wein. Fast nur italienische Gäste,
denen das Essen mehr bedeutet als die Modernität der Zimmer. Langfristig vorbestellen. Tel. 0884/94 o38.

Rist. "FRA. STEFANO", in der Altstadt in einem dunklen Gewölbe, genuin, Meeresfrüchte, alle Arten Fisch direkt vom
Boot geholt (also wechselndes Angebot), — große Auswahl
an Antipasto, Fra Stefano hält persönlich nichts von Nudeln
und macht deshalb auch keine! Im Sommer Zicklein (capretto)
mit Kartoffeln, Wildzwiebeln, Tomaten aus dem Ofen. Wein aus eigener Produktion. Abiente schafft eine riesige Sammlung von Tongefäßen. Abends
voller, Mittags isst man besser! Ca. 2o DM.

In den kleinen Läden entlang der Hauptstraße kann man unter Öl konser-
viertes Gemüse lokaler Herstellung kaufen, sehr gutes, säurearmes Olivenöl,
Käse, Wein, Brot, dessen Duft einem das Wasser in den Mund schießen
läßt.

In der Altstadt Läden mit hochwertigem Kunstgewerbe (Keramik — meist
aus Südapulien, Holzschnitzereien).

In Peschici vermieten viele Familien Zimmer. Wer und wo:
Einen der vielen Verkehrspolizisten fragen, die sind nett und ersetzen die
bislang fehlende Touristeninformation.

Manacore

Küste mit kleinen Buchten, Wäldern und Klippen, abseits der Straße,
zwischen Peschici und Vieste. Früher bis auf wenige Bauernhäuser unbewohnt. Heute vielleicht schönster Küstenabschnitt des Gargano, moderne,
meist in die Landschaft gebaute Hotels und eine Reihe Campings, die zu
den Besten am Gargano zählen. Kürzere Sandbuchten zwischen hohen
weißen Felsen und dichten Wäldern. Stichstraßen führen hin. Die Zahl der
frei zugänglichen Strände nimmt ab, weil einige der wenigen noch freien
Buchten inzwischen zugebaut werden.

Außerhalb der Saison soll freies Campen möglich sein. Entlang der Straße
Verkauf von Landwirtschaftlichem, Eingemachtem, Pilzen und Wildgemüse. Die hier von alten Männern direkt am Straßenrand geschnitzten Holz-
sachen oft besser als in den Läden.

Baia di Manacore: War bislang noch eine der wenigen freien Buchten, die
leicht erreichbar ist. Derzeit eine riesige Baustelle. Der an sich schöne
Camping Baia di Manacore leidet darunter. Der Ferienkomplex, der jetzt
entsteht, soll auch Reiterferien bieten.

Von der Straße führen immer wieder Wege in kleine Buchten und die Felsküste; einige Fahrwege, deren Befahrbarkeit man vorher auskundschaften
sollte und auch reine Fußpfade. Italiener lieben das Auto in unmittelbarer
Nähe — also kann es sehr einsam sein. Bis zu 30 Min Wanderung durch
Wald und Macchia.

"Solemar" (II cat.)
Mehrere Bungalows im "Mittelmeerstil", Schwimmbecken, viele Blumen und ausgedehnter Park, zum Meer führen Treppen. Besitzer spricht sehr gut deutsch. Gute Küche
mit lokalen Akzenten. Nur HP und VP. VP ca. 75—85 DM. unbedingt vorbestellen!
Tel. 0884/94186/187/188.

Hotels

"Valle Scinni"
Bungalowkomplex, etwas höher gelegen, bisher noch nicht sehr eingegrünt, aber viele Blumen. Wie es drinnen aussieht, kann ich nicht sagen, denn Mitte Sept. war schon alles dicht.

Hotel "Paradiso" (II cat.)
oberhalb des Campings, sehr schön im Wald auf einer Klippe über dem Meer. Tel. 0884/94201, VP ca. 75—80 DM.

An der Straße: Hotel "Gusmay" (I cat.)
ein unsensibel gebauter Kasten mitten in der Landschaft. Eines der abstoßenden Beispiele der Tourismusspekulation großer norditalienischer Gesellschaften.

CAMPING

Camping Baia S.Nicola: An langer Bucht. Geschützt, gut eingerichtet, schattig, unter meist alten Bäumen. In der Saison oft belegt bis zum letzten Platz.

Centro Turistico S. Nicola: direkt daneben, einer der besteingerichteten Plätze. Gekonnt angelegt, großenteils unter Bäumen. Sanitäre Anlagen vorbildlich. Möglichkeit Bungalows zu mieten. Bar und Ristorante. Voranmeldung angeraten: Tel. 0884/94024/025.

Oasi dei Saraceni: Schöner Bungalowkomplex im Wald.

Camping la Chianca: In kleiner Bucht, Umgebung sehr kahl, der Platz auch. Bis Vieste bleibt die Küste nackt und felsig, auf den Felsen Kapersträucher und aromatische Kräuter. Zwischen den Klippen und um die vorgelagerten Inselchen ideale Taucherreviere. Weshalb die Campings in diesem Bereich reichlich Zuspruch finden, obwohl auf ihnen kaum Baum noch Strauch zu finden ist.

Küstenwachtürme und Trabocchi. — Camping: Manacore, Bucht.Im Wald.

Alles ganz neu, überwiegend für "gehobenes" Publikum, einige Campings machen die Ausnahme, aber auch sie teurer als sonst am Gargano, dafür wunderschön im Grünen gelegen, gepflegt, manche regelrecht zugewuchert. An den Felsenküsten ideale Reviere für Taucher.

Rist."LA MAGNORA":Eßbaracke an der Straße, von Bauernfamilien geführt, die ihre Produkte dem eiligen Reisenden zum Mitnehmen offeriert (getrocknete Tomaten unter Öl — ich kenne kaum bessere! Oliven, Pilze usw., immer unter Olivenöl selten guter Qualität). Die Gläser aufrecht stellen denn die Deckel schließen schlecht. Im Ristorante Fisch vom Rost aber auch Lamm und Zicklein. Herzliche Atmosphäre. Preis 15-25 DM.

Vieste

(12.ooo Einw.)

Unbestrittenes Zentrum des Gargano-Tourismus, dennoch hat der alte Ort seinen Charakter gewahrt. Auf einer Klippe ins Meer vorgeschoben. Die Häuser übereinander gebaut, weiß in weiß. Zum Teil vorbildlich unter Wahrung der alten Substanz rennoviert. In den Straßen Pizza-Duft (es gibt bessere als die von Vieste), Läden mit apulischem Kunstgewerbe. Vor dem großen Tourismus-Boom sind hier fast alle Männer ausgewandert und so sind viele Bäcker, Schuster, Wirte in deutschen Dialekten bewandert. Deutsche Ladenschilder, aber drinnen apulische Produkte. Der Felssporn zum Meer hin bröselt ziemlich, die großen Brocken im Meer sprechen dafür. Leider benützt man ihn nicht nur für wirkungsvolle Fotos, die in Prospekten und auf Postkarten die Schönheit des Gargano preisen, sondern zum Abkippen von Müll.

 A.A. Via Spina 6 (Centrum) Tel.o884/78755. Dort auch Verkauf von Broschüren und Vermittlung von Privatzimmern und Ferienwohnungen.

VERKEHRSVERBINDUNGEN:Bus FG ab S. Severo und Peschici Staz.FG. SITA ab Foggia und Manfredonia. Mit dem Auto schneller und weniger aufreibend an der Nordküste entlang, landschaftlich toller von Manfredonia aus

Sehenswertes: In der Altstadt schöne provinzielle Barockpaläste (Portale) und die Kirche: Symbiose alter angewitterter Säulen und dezenten Barocks. Holzdecke mit erzählender Malerei. Rohe Säulenkapitele mit Tierdarstellungen, eines darunter, wo sich zwei Hähne eine Geschichte erzählen.

Fast ausschließlich an den beiden Stränden von Vieste, wo die Claims eng nebeneinander liegen und im Sommer die Sonnenschirme beängstigend dicht stehen. Die Strände lang und sandig, gehen ganz flach ins Meer, dahinter, wo nicht Campings und Hotels, prosaische Gemüsegärten. Die eine Felsnadel im Meer südlich von Vieste ist als Fotomotiv absolutes Muß! Die Hotels meist in den letzten 10/20 Jahren entstanden, die älteren unter ihnen sehr nüchtern, neuerdings erste Ansätze, althergebrachtes in Bauformen und Einrichtung unterzubringen.

"Riviera" (IV cat.)
im Ort, sehr einfach, meist von Süditalienern besucht, Schlafstätte, sauber, Doppelzimmer ca. 36 DM, lange vorbestellen! Tel. 0884/78495.

Wer im Ort wohnen will, lieber Privatzimmer als Hotel!

"Pizzomunno" (II cat.)
nahe am Strand, der Kasten ist architektonisch brutal, innen und ringsherum perfekt gemacht, Tennis und Swimming Pool — obwohl es nicht weit zur Adria ist. Man gibt sich sehr weltoffen, der Prospekt dümmlich frauenverachtend (die Miezen haben hoffentlich nicht gratis posiert). Berühmt die Küche des Ristorante — apulisches auf die Perfektion des Nicht-Provinziellen gebracht, ab 40 DM ist man dabei. Tel. 0884/78741. Insgesamt 400 Betten.

Um ehrlich zu sein, die übrigen Hotels haben mir in ihrer kalten Art und auch von der Lage her nicht gefallen. Eigentlich schade, denn das alte Vieste hat Ambiente.

 Machen wett, was Besitzer und Architekten der Hotels angerichtet haben.
Pizzeria "BELLA NAPOLI": Ganz im Geist napoletanischer Pizzatradition, Eine der leckersten außerhalb der Sirenenstadt.

Rist."RUGANTINO":Speisekarte auch in deutsch. Junge Köche mit Phantasie und Lokalpatriotismus. Nudeln nur handgemacht. Langes Fachgespräch mit der Küchenbrigade.Neben der Fischküche vieles aus den Bergen.Für jedes Gebiet ein kochender Spezialist.DM 2o—25.

"DA TERESINA": Mit Gartenpergola, drinnen mitunter zuviel Pizzarauch. Zuppa di Pesce, Languste (üblicher Preis 12o—14o DM pro kg Lebendgewicht. Große Auswahl an bitterlichem Grünzeug.

"MAMMA MICHELINA": Die schwarzen Großmütter Spezialistinnen für Orecchiette.Küche mehr aufs Landesinnere orientiert. Geben ihren Gästen (auf Verlangen) ein kleines hektografiertes Heftchen mit Rezepten. Antipasto alles in Heimarbeit entstanden. Großartiger Familienwein. Ca. DM 20.

Ristorante Pizzeria "LA PENTOLA":In der Altstadt, Ambiente. Pizza mehr so nebenbei.Große Antipasto-Auswahl. Insalata di Pesce, Zuppa di Pesce. Um 15—20 DM. Das werbende Faltblatt hat ein Liebhaber der deutschen Sprache streng nach Wörterbuch übersetzt: "... Das Ganze wird mit unverfälscht Wein von Gargano begiessen ... ."

CAMPING Auf dem Gemeindegebiet fast die Hälfte aller Campeggi des Gargano — sie profitieren von den beiden langen Sandbuchten, sind alle ziemlich kahl, Sportangebot und Tauchmöglichkeiten meist bescheiden.

Wer seinen Wohnwagen aufstellen will, sollte sich umsehen. Wirklich schöne erst in Manacore und Mattinata.

Frei Campieren: Absolut, vollkommen und in jeder Hinsicht verboten. Wer Zelt oder Wohnmobil getarnt abstellt, bleibt vielleicht eine Nacht lang unentdeckt, dann rühren sich die Verwalter der nahegelegenen Campings.

Südlich von Vieste wird es kahler. Weniger Regen und mehr Waldbrände, auch künstliche (incendi dolosi). Denn wo die Natur geschützt ist, darf nicht gebaut werden. Ist der Wald weg, ist die Baugenehmigung leichter zu kriegen.

Die Küstenstraße über Pugnochiuso nehmen! Südlich von Pugnochiuso verläuft die Straße meist recht weit landeinwärts. Pisten und Fußwege ans Wasser, die immer die Mühe lohnen. Einsam, wilde Felsküste, durchsichtiges Wasser. Ohne Auto und trainierte Waden läuft hier nichts. Wer Fahrwege nimmt, die nicht zu Campings führen, sollte Stück für Stück die weitere Befahrbarkeit auskundschaften, einige enden ohne Wendemöglichkeit. An diesen einsamen Stellen freies Campieren möglich, denn die Carabinierie promenieren lieber mit ihren Alfettas auf der Staatsstraße. Reichlich Vorräte und Trinkwasser mitnehmen! Entlang der Küste Meereshöhlen — wer ein Boot hat, die Küste zwischen Torre Gattarella und Baia delle Zagare abfahren.

Cala di S. Felice: ein Arco Naturale (Torbogen aus Felsgestein, Produkt der Meereserosion — nicht der einzige am Gargano, schöner Campeggio (Strand etwas schlammig), Pineta. in Terrassen über dem Meer angelegt.

Testa del Gargano: Östlichster Punkt der Halbinsel. Sarazenenturm. Bude mit Getränken, Panini, Vino Moscato und Conservati sott'olio di produzione propria (Feldfrüchte unter Öl aus eigener Prod.). Abschüssiger Pfad in kleine Felsenbucht, mit Badelatschen Himmelfahrtskommando. Der Weg ist nicht zu verfehlen, immer den Cola-Büchsen nach.

Baia di Campi: Stichstraße. Camping direkt am Wasser, winzige Bucht, Olivenhain, vorgelagerte Klippen.

Cala Sanguinara, Fußweg, tiefeingeschnittene Felsbucht, etwas Sand, Meereshöhlen, schwimmend zu erreichen.

Bei Kilometerstein km 4, Weg zur Cala Torre dell'Aglio, beschränkte Parkmöglichkeit, ca. 1 km schmale Bucht mit vorgelagerten Felsbrocken.

★ **PUGNOCHIUSO**

(geschlossene Faust, wie am 1. Mai), touristisches Vorzeigeobjekt für Entwicklungshilfe aus Milano, das schlimmste am Gargano. Phantasieloser Beton, von der Außenwelt völlig abgeriegeltes Ghetto, Ausstattung dürftig, bis zur Spanplattenarchitektur. Spontan Interessierte kommen nicht rein. Grimmige und hochnäsige Torwärter, die mir versicherten, daß seitens der Direktion kein Interesse an der Veröffentlichung in diesem Reiseführer bestehe. Durch riesige Waldbrände vor einigen Jahren ist es ringsherum recht kahl.

Die Straße geht dann für 12 km recht weit von der Küste, die hier am wildesten ist. Zu den Meeresgrotten bei Testa del Gargano, zwischen Pugnochiuso und Baia delle Zagare kommt man nur mit dem Boot (sich an die Fischer in Vieste wenden, die machen im Sommer täglich Höhlentouren, natürlich lieber zu den nah am Ort gelegenen.

TOURIST INFO : Auskünfte durch A.A. Vieste und Reisebüro Gargano Viaggi, Piazza Roma, Vieste. Eine kleine Broschüre über die Grotten im Handel: Raffaele Penelli, Le Grotte Marine di Vieste e i suoi Personagge, 17 S. Fotos, ca.2 DM.)

Im Bereich der Kreuzung auf der Coppa S. Tecla und weiter südlich gekennzeichnete Wanderwege und Pisten zur Küste und in die Berge. Unendliche Macchialandschaft, Kapernbüsche, Rosmarin, im Frühling Teppiche mit Wildtulpen und Asfodelos (Totenblume der Antike)

CAMPING "Camping La Vignotica": Schotterstraße (eng, ringelig) zweigt am Ristorante "La Montagna" ab. Der Platz über der Felsküste in einsamer Lage, soweit das Auge blickt nur Macchia und Meer. Für Taucher paradiesisch. Wanderungen entlang der Steilküste.

Camping (mit Bungalows) Fontana delle Rose. Im Olivenhain unmittelbar über dem Meer. Tolle Felsenküste (per Treppe), Sandbucht. Viel von Tauchern besucht. Wer auf seinen deutschsprachigen Plausch nicht verzichten will, findet hier Kommunikation. Mehrere Meereshöhlen kann man schwimmend erreichen. Im Sommer vorbestellen! Tel. 0884/4028.

Trattoria "LA PINETA": Unter einer Pergola zu sitzen, Hühnergegacker im Hintergrund, Blick über die Küste. Die Bauernfamilie kocht, was hier bei den Familien auf den Tisch kommt: orecchiette con rucola (Wildgemüse), mit einem Klecks leichter Tomatensoße dran. Troccoli con ricotta forte (eine handgeformte Röhrennudel, dann eine Mischung aus Schafsquark und Pecorino und etwas Kochwasser, wer will ein Kleckschen Tomate). Fische und Frittura di Mare. Als Antipasti Oliven, getrocknete Tomaten, Kapern und Sopressate (gelagerte Wurst aus magerem Schweinefleisch, pikant gewürzt, unter Öl eingelegt). Käse aus den Bergen. In der Küche Mutter und Tochter. Essen ca. 15—2o DM.

"MATTINATELLA" (IV cat.), einfach, an der Straße. Zum Strand Fahrweg (2 km). Freundliche Wirtsfamilie. Küchenkunst der jungen Frau ganz im Stil der alten Frauen. Nudeln nicht aus der Tüte — aber das ist in Apulien ohnehin verpönt. Gute Antipasti, z.B. Lampiscioni, Sopressate und Käse. Reichliche Fischauswahl. Essen ca. 2o DM, Doppelzimmer ca. 4o DM.
Rist. "LA MONTAGNA": solide Gebirglerkost zu akzeptablen Preisen.

Macchia und Pinienwald werden allmählich von Olivenwäldern ersetzt, die Landschaft wirkt heißer, lichter, flirrender. Die Hänge terrassiert — die Arbeit von Jahrhunderten, die auch hier stellenweise durch die Auswanderung rasch zerfällt. In der EWG wird zuviel Olivenöl produziert, die besseren Qualitäten sind international schwer abzusetzen, weil sie mit den kratzigen Billigölen aus Spanien, Griechenland und Genua (eigentlich die zusammengekippten miesesten Sorten des Südens) nicht konkurrieren können: Verkaufsorganisationen fehlen und der Sachverstand der Käufer (der ist oft schon in süditalienischen Städten nicht sehr hoch) — und Öl allererster Qualität hat seinen Preis. Die Oliven müssen von Hand geerntet werden (die einfachere Ernte per Schwerkraft liefert minderwertiges Öl) und nur die erste Pressung wird verwendet, und bei der gibt die Olive 30% ihres Ölgehaltes ab.

Buchten zwischen Mattinatella und Mattinata nur vom Wasser aus erreichbar.

"Baia delle Zagare" (II cat.)

Über einer traumhaften Bucht gelegen. Gekonnt in den Kiefernwald auf einer Terrasse hineingebaut, der Steilküste zwei hellweiße Strände aus grobem Sand vorgelagert (Hotel hat Aufzug am Meer). Eine der Klippen im Wasser ist von der Erosion zum Torbogen geformt worden. Ideale Tauchgründe. Das Hotel besteht aus mehreren kleinen Häusern im "Mittelmeerstil", weniger verschnörkelt als sonst bei derartigen Ferienarchitekturen und an apulischen Bauformen orientiert. Mit Geschmack eingerichtet, alles sehr licht. Sportliche Aktivitäten: Segeln, Tauchen, Tennis. Küche italienisch mit lokalen Akzenten, spezielle Wünsche können realisiert werden. Transfer ab Foggia oder Manfredonia wird organisiert. Nur VP. Je nach Saison ca. 60–90 DM. Offen von Mitte Mai bis Ende Sept. Vorbestellen grundsätzlich empfohlen. Tel. 0884/4155, wenn Hotel geschlossen 0884/23643. Bootsfahrten zu den Meeresgrotten und anders unerreichbaren Buchten.

Hotels

Mattinata

Kleines Dorf zwischen Ölbäumen. Verwinkelte Straßenzüge. Im Ort Möglichkeit Privatzimmer zu mieten. Hotels und Campings außerhalb, meist in Strandnähe. Wenn man auf Mattinata zufährt, liegt es als weiße Märchenstadt in einer grünen Muschel, unter den Bäumen scheint die tiefrote Erde durch. Vom Klima her der heißeste Ort an der Gargano-Küste.

An der Straße Richtung Meer **Albergo "Apeneste"** .

ganz neu, äußerlich in wohltuend sachlichen Formen. Die Zimmer perfekt (etwas weniger Teppichboden wäre im bestimmt nicht fußbodenkalten Apulien sinnvoll gewesen). In einem Olivenpark gelegen. Küche arbeitet viel mit der freien Auswahl von Platten, viel Phantasie beim Antipasto. Der Enddreißiger mit den abgewetzten Jeans, ist der sehr kommunikative Besitzer Kleinbus zum Strand (2 km). Außer in der Hochsaison (15.7.–25.8.) auch Zimmer mit Frühstück, und Halbpension möglich:Doppelzimmer 52–72 DM, HP 60–80 DM, VP ca. 70–105 DM. Eines der wenigen Hotels, die ganzjährig offen sind. Tel. 0884/4743 und 4744.

Hotels

Die übrigen Hotels und die Campings in den Olivenhainen entlang des Strands, entlang einer zum Teil fürchterlichen Piste. Vom gleichen Besitzer, ländlicher und nahe am Meer: **"Torre del Porto"**

in einem zugewachsenen Garten — ganz andere Küchenphilosophie (ländlicher, man bekommt die Sachen auf den Teller und wählt nicht am Buffet), VP ca. 38–45 DM, Tel. 0884/4429.

"La Rotonda" (II und loc.)

Die Locanda war am Anfang, dicht am Wasser, zwischen Ölbäumen und Blumen — gut eingerichtet, ursprüngliche Gastlichkeit. Doppelzimmer in der Locanda ca. 40 DM, im neuen Trakt ca. 45 DM.

Davor der Parkplatz für den Hauptstrand von Mattinata, 2 DM. Der Strand ein langes Sandband, Zugänge, z.T. durch Flußtäler muß man suchen, aber leicht zu finden. In der Hauptsaison auf der Piste totales Verkehrschaos. Zeltplätze in den Feldern unter Ölbäumen und Orangen.

Im Ort Pizzeria "LA FATTORIA"(rustikal) und Pizzeria DAL SARACENO." Bei "BISCEGLIA"kann man im Kellergewölbe der Cantina Wein, Öl, und Käse direkt vom Produzenten kaufen.

"IL POZZO", bäuerlich improvisierte Freiluft-Trattoria.

"DALLE NONNE"Trattoria,Küche der 3oger Jahre, damals

waren die schwarzen Köchinnen junge Mädchen.

|| Den Ostteil der Bucht von Mattinata meiden, denn hier mündet die Kana-||
|| lisation ungeklärt ins Ferienparadies.

Richtung Manfredonia ausschließlich prächtige Oliveten, <u>Strand</u> von <u>Torre Varcaro</u>: Besuch gegen Eintritt, meist überfüllt, landschaftlich schön, Wasser wirkt noch klar, aber Manfredonia ist nahe und auch seine Umweltvergiftung durch Chemiewerke.

Fast hätte ich noch etwas vergessen. Die Straße zwischen Manfredonia und Vieste ist Bergpoststraße, Busse haben also absolute Vorfahrt, das kann im Juli/August schon mal dramatisch werden.

★ **MANFREDONIA:** (48 000 Einw.)

Alles andere als Ferienort. Nachdem vor einigen Jahren um Manfredonia die Luftverschmutzung zuerst die Bäume, dann aber auch Menschen sterben ließ, bekam die Industrie Auflagen. Heil ist die Umwelt aber trotzdem nicht. Das Meer sehr stark verschmutzt. Manfredonia hat in seiner Altstadt dennoch herben Charme, zudem lohnt es als Einkaufszentrum von den Wassermelonen bis zu Filmen.

Häufige Bahnverbindung nach Foggia (FS). Wer nicht unbedingt in die Stadt will, sollte mit dem Auto die Umgehungsstraße nehmen. Innen oft lange Staus.

Die Agrarprodukte kommen übrigens nicht aus Gegenden, wohin der Giftatem von ANIC reicht.

Sehenswert das <u>Museo Archeologico Nazionale</u> im Staufercastell. Eines der ganz jungen Provinzmuseen, die überall im Süden als Alternative zu den großen Zentralmuseen eingerichtet werden, in denen das meiste ohnehin in den Magazinen verschwindet. Fast ausschließlich den Dauniern gewidmet, einem Volk der italienischen Frühgeschichte, von dem man bisher nicht viel mehr als den Namen weiß. Sie machten eigenartige Stelen in Menschengestalt aus Steinplatten mit Ritzzeichnung, nur der Kopf ist plastisch gearbeitet.

★ **SIPONTO:** (unbewohnt)

Die Kirchen von Siponto, einer Stadt die zu Beginn des Mittelalters durch die Malaria entvölkert wurde: Die beiden romanischen Kirchen S. Maria di Siponto und S. Leonardo sind die einzigen Zeugen dieser Stadt, die damals zur Bauzeit der sehr eigenwilligen Kirchen schon fast völlig verlassen war. <u>S. Maria di Siponto</u>, fast quadratischer Bau, ein konsequent gegliederter Kubus, wirkt sehr orientalisch.

Es war Station der Kreuzritter auf ihrem Eroberungs- und Beutezug ins heilige Land. Manfredonia war zeitweilig Fährhafen für die frommen Raubritter und Strauchdiebe, die mit der Hoffnung auf die Vergebung ihrer Sünden und einem körperlangen Holzkoffer anreisten, worin ihre Habe Platz fanden oder sie selbst. Im Todesfall dienten sie als Sarg.

An der Straße nach Foggia in der kahlen flachen Steinlandschaft , "<u>S. Leonardo</u>", ein Anhalten wert. Einige Pinien, die Schatten geben. 1981 völlig verlassen, übers Mäuerchen turnen. Von weitem wirkt es wie eine Moschee. Portal mit reichem Reliefschmuck, in einer Arabeske der apulische Esel, der Harfe spielt (taucht als Symbol immer wieder in Apulien auf. Was er bedeutet, habe ich nicht rausfinden können. Wers weiß, solls mir schreiben

Monte S. Angelo   (18.5oo Einw.)

Landeplatz des Erzengels — Höhlenheiligtum. Aber wahrscheinlich ist der Geflügelte nie nach unten gegangen, auf der Treppe wären ihm die Schwingen im Wege gewesen. Es ist ein uraltes Fruchtbarkeitsheiligtum, das Wasser, das von der Decke tropft und die Votivbildersammlung sind eindeutig.

Der Ort liegt fast 800 m hoch auf einem der höchsten Punkte, nur wenige, Kilometer von der Küste entfernt. Die Lage muß die Phantasie früherer Jahrhunderte angeregt haben. Historisch kam die Verehrung des Erzengels übers Meer, aus der Ostkirche und Kontakte über die Adria hinweg waren bis vor 1945 viel häufiger und intensiver als Heute. Damals kamen Wallfahrer aus Dalmatien noch zu Tausenden. Bei klarem Wetter (Herbst und Winter) kann man von den höchsten Stellen bis nach Jugoslawien sehen.

Monte S. Angelo ist eine typische Landarbeiterstadt; die aus ein oder zwei Räumen bestehenden Häuser in langen Reihen gebaut, eins wie das andere. Trotzdem keine Monotonie.

DAS HÖHLENKLOSTER: Wer keine Kleidung anhat, die der "Würde des Orts" entspricht, wird an der Türe in schwarze steife Kutten gesteckt, die Ausschnitte und Stachelbeerbeine unsichtbar machen.

Sehenswert am Eingang die Bronzetüren, innen der marmorne Bischofstuhl mit Reliefschmuck. Das eigentliche Heiligtum ist eine flache, sehr geräumige Höhle,Respiration und Transspiration von Pilgern und Touristen plus dem Qualm der heiligen Öllämpchen produzieren eine Luft zum Ersticken.

Architektonisch und künstlerisch interessanter die Tomba dei Rotari (nicht weit vom Michaelsheiligtum), Kustode meist in der Nähe. Reicher Figurenschmuck der Romanik über den Portalen und an den Kapitellen. Innen hoher lichter Kuppelbau, der sich aus einem Quadrat entwickelt, das Stockwerk für Stockwerk immer runder wird. Direkt daneben die ebenfalls romanische Kirche S. Maria Maggiore, schönes Portal, innen reiche Kapitelle und guterhaltene Reste byzantinischer Malerei.

MUSEO DELLE ARTI E TRADIZIONI POPOLARI DEL GARGANO, Via Reale Basilica 1o/c.Soll in den Convento Francescano umziehen.9.3o—12.3o/15.3o—19.oo: Arbeitsgeräte und Gegenstände des täglichen Lebens,Musikinstrumente,Trachten, Dokumentation der Hirten- und Feldarbeit, wie sie früher war (und in der Einöde der Berge oft noch heute ist), Brauchtum, Religiosität und Aberglauben.

Fahrt zur Kirche S. Maria di Pulsano (9,2 km auf einer stellenweise schlechten Schotterstraße — durch einen der kahlsten und einsamsten Winkel der Halbinsel). Unterhalb der teilweise in den Felsen gehauenen Kirche aus dem 6. Jahrhundert ein tiefes Canyon-Tal. In das Tal kann man nur von unten, von Manfredonia aus, einsteigen; erst die Straße nach Monte S. Angelo und S. Giovanni über S. Salvatore, etwa 3 km. In der Nähe der Masseria Valente erst auf Feldwegen, dann durch das Trockental aufwärts. Wanderkarte erforderlich! (IGM 1:5o ooo, Bl. 397, Manfredonia).

"Moderno" (IV cat.)
Tel. o884/61 331, Doppelzimmer ca. 2o DM.

"S. Michele" (loc.)
Doppelzimmer ca. 13 DM, beide sehr klein, bescheiden eingerichtet. Die Pilger stellen keine hohen Ansprüche.

Rist."POGGIO DEL SOLE": Modernes etwas nüchternes, großes Provinzristorante, wo man gerne zu Hochzeiten hingeht. Die Küche basiert auf handgemachten Nudeln, Lamm und Zicklein, Wildkräutern und nach Regen Pilzen. Ca. 24 DM

DER INNERE
GARGANO

Der Ostteil abwechslungsreicher und reizvoller, der Westteil fast immer eine verbrannte Steppe und zernagte Felsgebirge. Nur um die Dörfer und am Nordhang ist es grün. In der Mitte die berühmte Foresta Umbra ("schattiger Wald"). Den Namen trägt sie zurecht. Meist ein ausgesprochen dunkler Laubwald, ein außerordentlich beliebtes Ausflugsziel, Sonntags tritt sich hier halb Apulien auf die Füße. Reichlich Wander- und Spazierwege, Picknickplätze, Tafeln mit dem Wegenetz.

Das eigentliche Schutzgebiet ist ca. 1oo qkm groß, zur Küste hin setzen sich dann Kiefernwälder (meist Aufforstung) und Macchia fort, in die einsame Pisten und Wege führen.

Die etwas abgelegenen Laubwaldzonen haben noch den Charakter eines naturwüchsigen Waldes, sehr reich an Arten, man kann hier vergessen im Süden zu sein, tiefgrüne Bäume, Efeu, die Luft angenehm mild, der typische Waldgeruch.

TOURIST INFO : Regione Puglia, Ufficio Amministazione Foreste Demaniali del Gargano, 71030 UMBRA (FG), Tel. 0884/91 104.
In der Kaserne der Forstbeamten im Sommer provisorisches Informationsbüro mit Verkauf von Schriften.

Beginn und Ende des eigentlichen Naturschutzgebiets sind an den Straßen deutlich durch Schilder gekennzeichnet. Innerhalb ist jedes offene Feuer, Rauchen, Picknicken außer an den eingerichteten Plätzen verboten. Parken nur entlang der Straßen auf gekennzeichneten Parkplätzen, wo auf Tafeln die

wichtigsten Informationen zusammengestellt sind. Frei Campieren nur
außerhalb der Schutzzone, wo es sehr gut geht, zwischen Wäldchen, Weideflächen und Macchia. Quellen gibt es keine, die verstreut liegenden Häuser
und Bauernhöfe sind aber an den Acquedotto pugliese angeschlossen.

ÜBERNACHTUNGSMÖGLICHKEITEN: im Zentrum des Parks ein sehr bescheidener
Campingplatz und ein "HOTEL": Rifugio (III cat.) mit 26 Betten, nicht gerade anhei-
melnd, die 3o DM fürs Doppelzimmer sind eine Unverschämtheit.

Karten

siehe Einleitungskap./"Gargano". — Bücher: am ausführlichsten ist der schon
mehrfach erwähnte "Guida alla Natura . . ." von Tassi und Pratesi. Wer nur
im Schatten des Waldes für einen Tag der Sonnenglut am Meer entgehen will,
braucht beides nicht. Straßennetz sehr weitmaschig, manchmal Engstellen,
aber sehr gut unterhalten. Die landschaftlich schönste Strecke von S. Menaio
über Vico nach Monte S. Angelo.

Wer Zeit und Lust hat, sollte südlich der Foresta Umbra mal in Schotter-
straßen und Pisten abbiegen und durch die Hirtenlandschaften fahren.
Plötzlich auftauchende Gefahrenstellen gibt es eigentlich kaum.

Wer hinter Pilzen, Beeren, Schnecken, wildem Spargel und Rucola her ist,macht das
außerhalb des Naturschutzgebietes.Reichlichste Ernten.Im Park ist es erlaubt, aber
da frönen so viele Menschen diesem elementaren menschlichen Sammlertrieb,daß kaum
noch etwas zu finden ist.

TIERWELT: Reh, Wildkatze, Stachelschwein, in der Vogelwelt einige Gemeinsamkei-
ten mit dem Balkan.

An der niederschlagsreichen Nordseite ausgedehnte Baumkulturen, in den
höheren Lagen Kastanien, weiter oben Buchenwälder. Südlich der Foresta
Umbra werden die Niederschläge spärlicher und auf die pastoralen Landschaften mit Hecken, kleinen Eichenhainen, Buschwald folgt im Süden
eine völlig verkarstete Steppe, Bäume nur in den Mulden der Trockentäler,
wo das Wasser nicht sofort im Untergrund verschwindet. Besonders in dem
weiten, langgestreckten Hochtal zwischen Monte S. Angelo und S. Marco
in Lamis ein paar richtig grüne Stellen. Für bescheidenen Ackerbau und
trockenheitsgewohnte Bäume, wie den Mandelbaum reicht es aus.

★ S. GIOVANNI ROTONDO: (2o ooo Einw.)

Pilgerort mit vielen Hotels für alle Pilgerklassen, von ganz billig bis arg teuer.
Nach dem Tode von Padre Pio, einem heilkräftigen Asketen, ist das Geschäft
stark rückläufig. Der Ort steckt in der Krise; über 85o Hotelbetten (soviel
wie Peschici) und das Meer ist weit.

Zur Hebung der Volksfrömmigkeit konnte die Kirche Padr Pio gut brauchen,
besonders bei den "teste dure" (Dickschädeln) im Gargano — hatte er doch
angeblich Stigmen.

Tavoliere

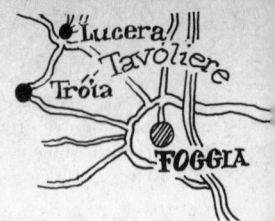

Die völlig platte Ebene um Foggia, die bis zum Gargano geht. Eine Landschaft zum Warten, Umsteigen oder Durchfahren.

Bis in dieses Jahrhundert eine fast unbesiedelte Steppe mit ausgedehnten Sümpfen und salzigen Seen, in denen sich die Flüsse verloren; die Mündungen zum Meer waren versandet. Im Winter weideten hier Millionen von Schafen die auf den bis 350 km langen Tratturi aus den Bergregionen der Abruzzen und der Irpinia im Oktober nach Apulien und im Mai in die Berge wanderten. Die Tratturi endeten am Stadtrand Foggias, dort wurden den Herden dann von der Dogana di Mena delle Pecore, einer königlichen Behörde, die Weidegründe zugewiesen, die Pacht kassiert, Salz zur Käseherstellung verkauft, Wolle und Käse aufgekauft und gelagert — kurz, ein perfektes Monopol, das dem napoletanischen Hof immense Einnahmen brachte.

Erst 1806 unter Napoleon wurde die MENA aufgehoben und das frühere Kronland des Tavoliere an Großgrundbesitzer verkauft. Diese wandelten es nach und nach in riesige Weizenfelder um, deren Stoppeln (und die Kräuter dazwischen) im Winter die Schafe abfraßen. Damals entstand die für diesen Teil und Apulien typische AGRARSTRUKTUR. Weit auseinanderliegende Gutshöfe (Massaria), deren Wohnverhältnisse aber so primitiv waren, daß ihre Besitzer fast nie auf ihnen lebten.

Sie hatten den Massaro, den Verwalter, der es bei genügend Tüchtigkeit, Unterschlagung und Brutalität gegen die Landarbeiter und Tagelöhner in der Regel rasch zum Großgrundbesitzer brachte und seine Söhne studieren ließ. Diese wurden dann zu der noch heute herschenden Schicht der Rechtsanwälte, Verwaltungsbeamten und Großhändlern mit Agrarprodukten, um damit aus ihren Ländereien zusätzlichen Nutzen zu ziehen.

Untereinander durch Interessen verbunden, verwandt, verschwägert. Zudem meist "COMPARE": Gevatter in einer Vereinigung zur Verehrung eines Heiligen oder einer bestimmten Madonna. Sie fungionieren als absolutes Machtsyndikat. Wenn man mit den Taglöhnern hat: der Arbeitsvermittler (="Caporale") ist Compare. Die Burchen streiken oder haben Land besetzt: man hat einen Freund, der in die Familie des Polizeipräfekten eingeheiratet hat und die Carabinieri können ohne langes Warten auf Befehl aus Rom in Marsch gesetzt werden. — Man will auf Bewässerungskultur umsteigen: zum Glück konnten gute Freunde den nach dem Studium arbeitslosen Sohn in den oberen Rängen des Bonifaca Consortiums unterbringen. — Man will in den Tourismus investieren: in dem Fall kann man darauf bauen, eine Baugenehmigung zu bekommen, bzw. auch ohne sie bauen.. — Vorrübergehende finanzielle Schwierigkeiten: in der Bank ist man "persona di rispetto".

TIP: mal in einer Bank all die abgestuften Formen von herablassender oder devoter Höflichkeit und Freundlichkeit, Schulterklopfen, Zuwinken, Umarmen mit Küßchen beobachten, die zwischen Kundschaft und den Banklern ausgetauscht werden. Deshalb sind die Schalter auch nicht hinter Panzerglas verschwunden, denn es stünde der Kommunikation im Wege.

Ebenso wichtig ist der ständige Umgang miteinander in der ganz bestimmten Bar, wo eben nur die "gute Gesellschaft" verkehrt. Wer nicht dazu gehört oder nicht in ihrer Gnade steht, geht da nicht rein, auch wenn der Kaffee keine Lira teurer ist und die Qualität stadtbekannt.

Mit den Bodenreformen und den Trockenlegungen der Sümpfe in diesem

Jahrhundert sind die großen Weizen- und Viehzuchtmasserie zurückgegangen. Wo es Bodengüte und Bewässerungsmöglichkeiten erlaubten, hat
man auf Tafeltrauben, Tomaten, Zuckerrüben, auf Obstplantagen umgestellt.
Gearbeitet wird wie immer mit Tagelöhnern, die aus den Riesendörfern des
Gargano und der Daunischen Berge (westlich von Foggia) in vollgestopften
Kleinbussen oder auch Reisebussen auf die Felder gefahren werden, bis zu
5o - 8o km weit.

Die Landbesetzungen von 192o und nach 1945 haben stellenweise Ent-
eignungen von Ödland gebracht, daß dann Landarbeitern und Kleinbauern
zugewiesen wurde, meist mit dem Wohnhaus auf der Parzelle. Vielfach
sind diese Neubauern der Ente Riforma-Dörfer aus Norditalien geholt
worden. Einmal, weil sie im Gegensatz zu den Einheimischen selbständiges
Wirtschaften nicht erst lernen mußten und jahrhundertelange Tradition
im Trockenlegen von Sümpfen hatten, und dann, weil die Faschisten in
der Anfangsphase des "Imperiums" hofften, dadurch den Aufständen in
der Po-Ebene den Wind aus den Segeln zu nehmen.

Äußerlich bieten diese Dörfer nichts, sie sind aber kleine Inseln des Wohl-
standes. Anbau, Verkauf und Verarbeitung erfolgt meist in Genossenschaf-
ten.

Foggia

(142 ooo Einw.)

Alles andere als eine Touristenstadt. Von Kaiser Friedrich II als Hauptstadt
des heiligen römischen Reiches deutscher Nation ins Auge gefaßt. Im Sommer Italiens heißeste Stadt. Die alte staufische Herrlichkeit ging vor 2oo
Jahren bei einem Erdbeben in Trümmer und der barocke Wiederaufbau im
letzten Krieg, denn die Militärflughäfen Foggias waren umkämpft. Hier
starteten 1944/45 die Bomberpulks, die Würzburg und Dresden in Trümmer
legten.

Foggia ist modern (ohne völlig abstoßend zu sein). In der Altstadt einige
Straßenzüge, die ländliches, herzliches, offenes Apulien sind. Keinerlei
Sehenswürdigkeiten.

TOURIST INFO : EPT, Via E. Perrone 17, Tel. 0881/23 141.

Cambio: Foggia, Lucera, S. Severo, Cernignola.

 (Wichtig für den Gargano): EUROPCAR' Hotel Palace Sarti,
Viale XXIV Maggio 48, Tel.0881/23 321.AVIS Viale Ofanto (Esso)
o 881/32 593 und 33 oo3.MAGGIORE, Viale XXIV Maggio
76/78, Tel.o 881/73 173

VERKEHRSVERBINDUNGEN:
Auto: Wer nicht in die Stadt will,auf der Autostrada bleiben oder die Umgehungsstraße
nehmen. Verkehr in der Stadt von Einbahnstraßen geprägt und chaotisch. Wer von
Napoli kommt, Autostrada in Candela verlassen!

Bahn und Bus: Einer der wichtigsten Knotenpunkte im Süden. Busverbindungen in die gesamte Provinz.

HOTELS

Mehr als genug vorhanden. Die einfacheren, gemessen an dem was sie bieten relativ teuer. Überwiegend im langweilig modernen Viertel zwischen Bahnhof und dem eigentlichen Zentrum.

Cicolella (I cat.)
Viale XXIV Maggio 6o, Tel 21 112. Traditionelles Hotel der oberen Klasse, Doppelzimmer 58 - 1o5 DM, sehr unterschiedlich in Standard und Größe.

Palace Hotel Sarti (I cat.)
Viale XXIV Maggio 48, Tel. 23 321, konsequent modern. Doppelzimmer 48 - 8o DM.

Asi (III cat.)
Via Monfalcone 1, Tel. 23 327. Gut ausgestattetes großes Hotel der oberen Mittelklasse, Doppelzimmer 42 - 44 DM.

Di Gioia (bisher IV)
Via Lustro 1 (ruhige Sackgasse), Tel. 74 oo9, in einem kleinen Palast der Jahrhundertwende, 1981 in Totalrenovierung, verspricht schön zu werden.

Nuova Italia (IV cat.)
Via Podgora 22, Tel. 2o 1o1, von außen romantisch, völlig mit Weinlaub zugewachsen, um die wahrhaft schrecklichen Zimmer dahinter zu verbergen, Doppelzimmer 14 DM.

Risorgimento (IV cat.)
Via Fiume 16, Tel. 22 724, einfach, aber sauber, nette Wirtsfamilie, sehr hilfsbereit. Die Zimmer zur Straße hin deutlich wohnlicher. Doppelzimmer 24 DM.

Venezia (IV cat.)
Mäßig, die Eingangshalle täuscht. Ziemlich schlaffe Besatzung. Via Piave 4o, Tel. 26 711, Doppelzimmer 32 DM.

Außerhalb an der Straße nach Ascoli Satriano (zur A 16), etwa 1,5 km vom Zentrum:

President (II cat.)
Modern und guter Standard wie alle Hotels dieser Kette. Tel. 79 648, Tennisplatz und Hallenbad, Doppelzimmer 75 DM.

MARKT

In einer Parallelstraße des Corso Roma, vormittags leicht zu finden, von der zentralen Piazza Cavour immer den Leuten mit aufgeblähten Einkaufstaschen entgegengehen!

Einer der üppigsten Lebensmittelmärkte Süditaliens und sicherlich der billigste. Was gerade Saison hat, wird nur in Mengen ab 3 - 5 kg abgegeben (um beim Bezahlen nicht in Metallgeldbereiche zu kommen). Die Mengen ohnehin auf Großfamilien und Vorratswirtschaft eingestellt. Meist verkaufen die Produzenten direkt. Großes Angebot an Käse und eingelegtem Gemüse, Oliven, Pfefferschoten.

Bars: Besonders entlang der Viale XXIV Maggio. Guter Kaffee und zarte, cremige Pasticceria. – Bei der Kathedrale eine gute GELATERIA.

★ LUCERA (31 000 Einw.)

18 km östlich von Foggia. Häufige Busverbindung der FS. Große Agrarstadt. Das <u>Kastell</u>, man sieht es von weitem, eine der <u>größten Festungsan-
lagen</u> Italiens. Kustode am Ort. Innen völlig leer, Mauerumfang 900 m. Die
heutigen Mauern stammen aus der Anjou-Zeit (13. Jahrh.). Ursprünglich war
es ein Schloß Friedrich II. der in Lucera seine sarazenische Leibgarde ange-
siedelt hatte.

Die Sarazenen waren die Überlebenden eines Moslemaufstands in Sizilien gegen den
Missionseifer der Kirche. Friedrich, der allem orientalischen stark zugeneigt war (s.
CASTEL DEL MONTE) deportierte sie aus Sizilien (wohl Sicherheitserwägungen, denn
im Westen und Süden Siziliens lebten damals noch starke, nur unter Druck christiani-
sierte Minderheiten). In Lucera durften sie Moscheen bauen, Koranschulen unterhalten
und ihre Sprache und Kultur beibehalten.

Nach dem Untergang der Staufer wurde die Kolonie weitgehend zerneben,
die Überlebenden zwangsgetauft. Das Kastell sollte sie in Schach halten.

Bauten, die an die Araberzeit erinnern existieren nicht. Das alte Lucera ist
überwiegend in gotisch-provenzalischen Formen gebaut, denn die neuen
Herrscher siedelten hier Provenzalen an.

Sehenswert der **Dom**, gotisch, in südfranzösischer Tradition gebaut. Ein-
drucksvolles Inneres in strengen Formen, hohe Spitzbögen, einfache Balken-
decke.

<u>Museo Civico</u>: Archäologische Funde der Vorgeschichte, aus Römer- und
Griechenzeit (Keramik, Münzen), großes römisches Mosaik und arabische
Keramiken. (9 - 13/17 - 19 Uhr. Nahe am Dom).

Hotel "Al Pasetto" (III cat.)
Einfaches Provinzhotel.Direkt am Rand der Altstadt an der Porta Troia, Doppelzimmer
28 - 36 DM. Tel. 0881/94 11 24.

★ TROIA (8 500 Einw.)

Kleinstadt auf einem Hügel über dem Tavoliere. Bauern- und Handwerkerstadt. 22 km südöstlich von Foggia, 18 km südlich von Lucera.

Cattedrale: Eine der schönsten und eigenwilligsten in Apulien. Fassade mit
unvorstellbar fein gearbeiteter Rosette, jedes einzelne Feld in einer anderen
Art. Wirkt wie Flechtarbeit und Stickerei. Über dem Portal Rankenschmuck,
der auf arabische Vorbilder zurückgeht. Schöne Bronzetür (1119).

Im Inneren eine reich geschmückte Kanzel, Relief mit Tierkampf, Kapitelle
mit Pflanzenmotiven und Weinranken.

Hotel "Alba d'Oro" (IV cat.)
Tel. 0881/97 01 32. Einfach, Doppelzimmer 28 DM.

Terra di Bari

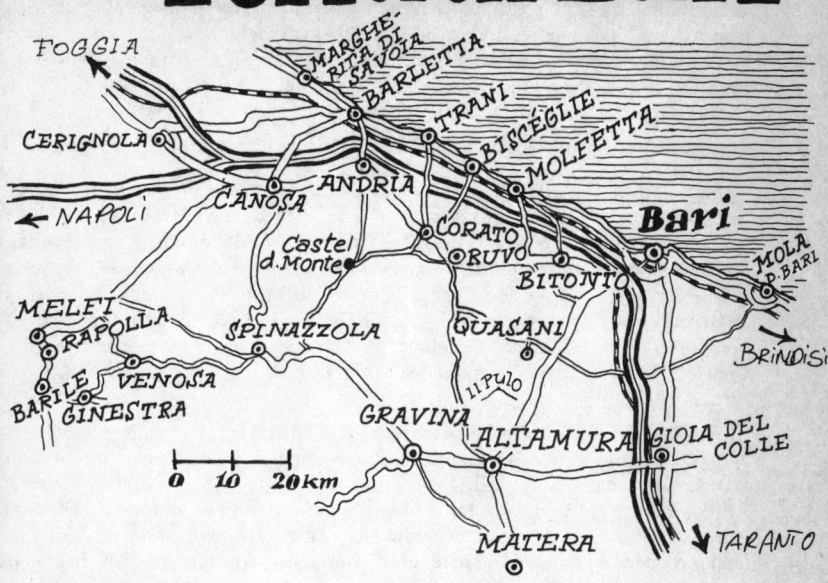

Die Welt der apulischen Seestädte mit ihrem agrarisch reichen Hinterland. Die Städte liegen wie Perlen auf drei parallel verlaufenden Schnüren.

(1.) Reihe: Die marittimen Küstenstädte, die im Handel mit Venedig, dem Balkan und Orient reich wurden. Die modernen Stadtteile sind um ein mehrfaches größer als die verwinkelten Altstädte am Meer. Direkt am Wasser die großen Kathedralen aus der Normannen- und Stauferzeit, die den Seefahrern schon von weitem ihr Ziel ankündigten. Eine der wenigen Zonen im Süden mit einer vielseitigen und entwickelten Industrie. In den letzten Jahren sind die Städte ungeheuer gewachsen, die neuen Quartiere meist ohne jede Phantasie gebaut. Da Hauptstraße und Eisenbahn die Altstädte nicht berühren, ist der erste Eindruck ziemlich ernüchternd. Die Adria ist ziemlich dreckig. Die Einheimischen baden zwar, der Fisch kommt zum Glück von weit außerhalb. Die Städte: Barletta, Trani, Molfetta, Bari.

(2.) Reihe: 8 - 15 km landeinwärts. Ausgesprochen binnenländische Agrarstädte (Oliven, Öl, Wein und Tafeltrauben). Längst nicht so stark gewachsen wie die Küstenstädte. Verglichen mit ihnen sehr ''rückständig' Man sieht viele Esel, Frauen in Schwarz.

Geht man durch die Gäßchen, stößt man auf neugierige Freundlichkeit. Trotz der künstlerisch bedeutenden Kirchen, trifft man hier seltener Fremde.

Touristenbusse mit Reisegesellschaften gibt es aber durchaus, meist ältere deutsche Bildungsreisende, die hier dem von apulischen und norditalienischen Baumeistern errichteten "staufischen Erbe" nachreisen. Wer Zweifel an der Originalität der apulischen Kirchen hat und sie für kunstgeschichtlichen Import aus deutschen Landen hält, mache vor dem Besuch Apuliens eine kurze Bildungsreise durchs Stammland der Staufer im östlichen Württemberg (Schwäbisch Gmünd, Lorch, Brenz an'der Brenz, Faurndau bei Göppingen) und er wird Unterschiede sehen.

Städte: Canosa, Andria, Ruvo, Bitonto. Abstecher nach Castel del Monte.

(3.) Reihe: Bald hinter den Städten der 2. Reihe hören die nicht enden wollenden Ölbaum- und Mandelwälder auf. Die kahle, steinige Mondlandschaft der Muge beginnt. Wasserarme Hochflächen von Mauern in riesige Weideareale eingeteilt, tiefe Schluchten, wenige verkrüppelte Bäume, die Masserie kilometerweit auseinandergelegen. Hinter den Murge, die nach Süden steil abfallen, eine flache kilometerbreite Grabenlandschaft, die auf der anderen Seite von den welligen Mergelhügeln Lucaniens begrenzt wird. Hier die wenigen Bauernstädte, die nicht weit über ihren alten Kern hinausgewachsen sind.

In den Gassen scheint die Zeit stehen geblieben zu sein. Der einzige mögliche Kontakt zur modernen Welt ist effektiv die Emigration, fast in allen Familien waren oder sind Männer, Brüder, Väter und Söhne ausgewandert. Häuser, Autos, Fernseher und Waschmaschinen sind fast immer mit dem Geld aus dem Norden oder Ausland bezahlt. Die Landwirtschaft ist meist veraltet, liegt in der Agonie. Mögliche Veränderungen werden aus Mutlosigkeit und Armut selten realisiert.

Die Städte: Venosa, Gravina, Altamura. Matera gehört wenigstens teilweise in diese Reihe, ebenso Melfi und das Vulture-Gebiet.

Verkehrsverbindungen:

1. Reihe: Die S. S. 16 und die Hauptbahnlinie Norditalien - Foggia - Bari führen durch alle Orte. Beide dicht befahren. Die Autostrada A 14 weit im Hinterland.

Sehr dichter Busverkehr zwischen Barletta und Bari, Busse aber sehr voll. Trotzdem besser als die Bahn, weil die von Norden kommenden Züge meist lange Verspätung haben.

2. Reihe: S. S. 98 (Cerignola - Bari), dient ab Foggia als stark befahrene Alternative zur Autostrada, um alle Ortschaften Umgehungsstraßen.

Bahn

Elektrische Nebenbahn Barletta - Andria - Bitonto - Bari (Ferrovia Bari - Nord), verkehrt häufig, extrem pünktlich, Bahnhöfe am Stadtrand.

Bus

Verkehren häufig (parallel zur Bahn), halten wie in den Städten der 1. Reihe im Zentrum und nicht am Bahnhof. Häufige Verbindungen zu den Städten der ersten Reihe, wobei Barletta, Trani, Bari, Bitonto und Andria Knotenpunkte sind.

3. Reihe: S. S. 93 (Barletta - Melfi - Potenza) und S. S. 96 (Bari - Altamura - Potenza) die Hauptverbindung zur Küste, wer von Foggia kommt, sollte die direkte Schnellstraße Foggia - Candela - Melfi - Potenza nehmen. Von Altamura direkte Straße ins Trulli-Gebiet.

Bahn und Bus

Einigermaßen zeitraubend, aber alle wichtigen Orte haben einen Bahnhof (manchmal weit vom Ort entfernt).

FS: Nebenlinie Rocchetta S. Antonio/Lacedonia (Umsteigestation nach Foggia, Potenza und Avellino) - Gravina di Puglia - Altamura - Gioia del Colle (dort Anschluß nach Taranto und Bari).

Nebenlinie Barletta–Canosa di Puglia - Spinazzola, dort Umsteigen auf die vorige Linie.

FCL: Bari - Altamura - Matera/Gravina - Potenza.

Busse:

Ähnliche Linienführung wie die Bahnen, aber ins Herz der Städte. Fahren nicht häufig. Verbindungen zu den Städten der 2. Reihe fehlen meist.

TOURIST INFO : EPT Bari. Örtliche Informationsbüros nur selten.

HOTELS

In den Städten der 1. Reihe relativ große Auswahl, meist neue, recht gut und konventionell ausgestattete Häuser, deren Hauptzweck nicht in der Beherbergung von Touristen liegt. Es dominieren Handelsreisende, Techniker, Manager. Preise entsprechend hoch. Die wenigen alten Hotels, die übrig geblieben sind, meist extrem einfach und gelegentlich arg heruntergekommen. In der Reisesaison oft sehr gefragt bei Nichtitalienern, die vor die Wahl gestellt 2o oder 6o DM fürs Doppelzimmer zu zahlen, sich gegen den Komfort entscheiden. In Trani und Barletta einige moderne Hotels an der Uferpromenade (oft Stützpunkt für Busreisegesellschaften).

In der 2. Reihe Quartierfinden in der Regel leicht, außer die Aufkäufer von Oliven und Mandeln blockieren alles — kann passieren. Im Nachbarort probieren! Die Entfernungen sind gering.
Meist neue Häuser oder modernisiert. Durchweg einfach, aber gut ausgestattet, mittleres Preisniveau.

In der 3. Reihe muß man nehmen, was es gibt. Unbedingt vorher anrufen. Der örtliche Schutzheilige könnte gerade sein Fest haben oder Hochzeitsgäste blockieren das oft einzige Hotel im Ort.

CAMPING Nur an der Küste einige Plätze, wo man angesichts der Eintrübung der von Weitem leuchtenden Adria auf trübe Gedanken kommen kann. Freies Campieren am Meer kann riskant sein, im Landesinneren eigentlich überall möglich, wo man unbebautes Land findet.

..Ideales Terrain. Weitgehend flach, nur
in der Murge starke Steigungen.Die gro-
ßen·Hauptstraßen lassen sich vermeiden.
Feldwege enden meist blind. Keinerlei Schatten
entlang der Straßen. Fahrradtransport auf den Nebenlinien selten
oder nie möglich, denn die Triebwagen haben kein Gepäckabteil.

Für's FAHRRAD..

Da im Landesinneren immer noch ein Teil des Güter- und Personenverkehrs
mit Eseln abgewickelt wird, mit Nägeln und Teilen von ihnen rechnen.
<u>Das Reifenformat 28 x 1.75 ist in Italien wenig verbreitet</u> — Ersatzschlauch
mitnehmen!

<u>Karte</u>: TCI 1:2oo ooo Blatt 2o.

<u>Tiere</u>: In den Murge sind Vipern, Taranteln und Schwarze Witwen nicht
selten.

<u>Trani</u>: Maggiore, Via Dalmazia 1o/A, Tel. o883/45 197, sonst
siehe Bari.
<u>Cambio</u>: In allen Städten.

Essen und Trinken

Wie in der Baresischen Küche Koexistenz von Nudeln, Grünem, Fisch, Muscheln (die sehr beliebt sind) und allem, was das Schaf liefert.Im Landesinneren gute Gelegenheit , auf den Märkten oder in den Molkereien Pecco-
rino oder Ricotta zu kaufen. Oliven (auch frische, völlig unbearbeitete, die
so aber völlig ungenießbar sind), Feigen und Mandeln.

Die frischen grobfleischigen Würste und die Sopressate mit wildem Fenchel
gewürzt. Interessante hausgemachte Liköre. Wein in Strömen. Offener Wein
ist eher in den Städten des Binnenlandes zu finden. Spitzensorten: Der
Castel del Monte aus der Gegend von Andria, der Rosato aus Corato, der
Bianco di Trani (in kleinen Flaschen, muß gelagert sein, hervorragend zu
Meerestieren), zum Vulture, ein starker Roter von Vulkanboden, der lagern
muß. Dann qualitativ wie guter Bordeaux. Eingemachtes unter Öl (im Ris-
torante und wenn es Bauern aus eigener Produktion anbieten — selten auf
Märkten, eher mal am Straßenrand): Getrocknete Tomaten, Artischoken,
Oliven.

<u>KLEINE GEFAHREN:</u> Je näher man auf Bari zukommt, desto größer ist die Gefahr
beklaut zu werden (wird zwar meist übertrieben, aber es ist etwas dran.) In den kleinen
Orten des Innenlandes aber keinerlei Gefahr. Der Straßenverkehr in den Städten
schneller und aggressiver als sonst in Süditalien.

Auch wer wenig Zeit hat, sollte als Minimalprogramm die <u>Dome</u> von <u>Trani</u>,
<u>Molfetta</u>, <u>Bitonto</u> und <u>Ruvo</u> besuchen, in Ruvo das Museo Jatta und <u>Cas-
tel del Monte</u>.

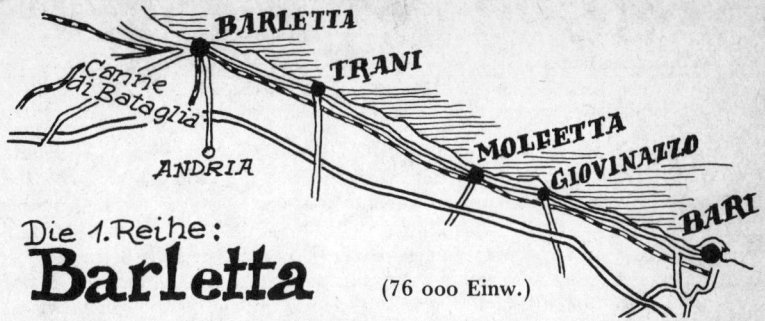

Die 1.Reihe:
Barletta (76 ooo Einw.)

Nach Bari die größte Stadt der Provinz, in den letzten 15 Jahren hat sich die Einwohnerzahl verdoppelt. Die neuen Stadtteile zwischen Bahnhof und Altstadt bieten nichts, verglichen mit anderen apulischen Städten wirkt es ungepflegt.

TOURIST INFO : A.A. Piazza Roma (Eingang in der Via Muro Spirito Santo), Tel. 0883/31373. Viel mehr als einen brauchbaren Stadtplan bekommt man nicht.

Das benachbarte Trani hat mehr Ambiente. Wer partout bleiben will:

Artu (II cat)
nahe an Meer, Duomo und Castello. Modern und komfortabel. Tel. 0883/31721, Doppelzimmer ca. 95 DM, Piazza Castello 67.

Vittoria (II cat.)
Modern und sehr gut eingerichtet, in einem Hochhaus nahe am Bahnhof, 1981 Baulärm, aber das kann ja aufhören. Tel. 0883/34247, Doppelzimmer ca. 55 DM. Via Brigata Barletta.

Centrale (III cat.)
Zentrum. In älterem Haus, aber modern ausgestattet, vorbestellen! Tel 0883/33295, Corso Garibaldi 35, Doppelzimmer ca. 31 DM.

Altstadt:

S. Sepolcro: Schwerer frühgotischer Bau, innen einfache Formen und freundlich hell. Vor der Kirche der Koloß von Barletta, bronzene Monumentalstatue eines byzantinischen Kaisers, 5,11m hoch, man kann ihm von unten reingucken und bekommt so Einblick ins Funktionieren der Statue (nicht schämen, machen alle). Das herorisch gehaltene Kreuz ist eine spätere Zutat.

Museo Comunale:(9—13 Uhr): eigentlich nur ein Heimatmuseum, die sogenannte Büste Kaiser Friedrichs II ist so zerklopft, daß man sich kein Bild des Herrschers machen kann, der bei den Frauen seiner Zeit so erfolgreich war — am besten vergißt man das zerschlagene Gesicht sofort wieder! Es wäre zu hoffen, daß die Stadt Gelder zur Einstellung weiterer Custoden lockermachen würde, damit die Sammlung De Nittis wieder zugänglich würde.

GUISEPPE DE NITTIS (1846—84) aus Barletta war einer der erfolgreichsten Maler des Pariser Impressionismus, 168 seiner Bilder sind in Barletta. Farblich und formal an den dunklen Tönen Edouard Manets geschult. Mit den krachend bunten Bildern diverser napoletanischer Barockrichtungen mögen sich dagegen darauf spezialisierte Kunstwissenschaftler abplagen.

Den Besuch der Cantina della Sfida (Pflichtprogramm italienischer Schulklassen) kann man sich ersparen. Dort in der Nähe zwei schöne Barockpaläste: Convento dei Gesuiti — Innenhof, Palazzo Marra — Portal. Kirche S. Andrea Apostolo, 10. Jahrhundert, steile Treppe rauf, Portal mit eindrucksvoller Figurengruppe. Wer hochgeht, wird von den Jugendlichen in der Straße gefragt, ob er was verbrockt hat, denn nebenan ist die Casa di Correzione (Besserungsanstalt für verwahrloste Jugendliche — von außen wirkt sie freundlich).

Duomo, spätromanischer Bau, meist verschlossen (8—11 Uhr und nochmal am Nachmittag offen). Innen und außen einfache klare Formen, die dem harten hellen Stein entsprechen.

"DELFINO VERDE". Einfaches Lokal mit einer Pergola davor, in der Altstadt: Zuppa di pesce, pasta con sozze (Miesmuscheln mit Nudeln), Frittura mista, guter lokaler Wein, ca. 20 DM. "HOSTERIA DEL PORTO" (dicht daneben): ein Keller wo die Einheimischen gerne etwas essen und die Mittagspause mit ein paar Gläsern überstehen. Einfaches und Frisches lecker zubereitet, wenig kostspielig (wer kein italienisch kann und touristisch gekleidet ist, wird mit Verwundern angesehen).

"BRIGANTINO", an der Uferstraße südlich des Castello. Modernes Strandristorante, wo das bessere Bürgertum seine Gäste hinführt. Gute Fischküche nach traditionellen Rezepten. Aber teuer!

In den Bäckereien von Barletta kleine, sehr wohlschmeckende Brötchen.

Ausflüge und Abstecher: Margherita di Savoia. Als Stadt absolut nichtssagend. Nördlich die "größten" Salinen Italiens, was auch Trapani/Sizilien und Cagliari/Sardinien von sich behaupten. Ich habe die Geschäftsberichte nicht gelesen. Man fährt an Salzgebirgen entlang und 15 km an den flachen Becken, worin das Meereswasser verdunstet.

Touristinformation: Piazza P. Amadeo 2, Tel. 0883/754012.

Verbindungen: An der Straße Barletta — Gargano.

Bahn: Stichbahn, die in S. Margherita—Ofantino von der Linie Foggia—Bari abzweigt.

★ **CANNE DI BATTAGLIA:** (unbewohnt)

Wahrscheinlich das Schlachtfeld, wo Hannibal 216 v. die Römer so vernichtend schlug, daß die Unterwerfung Roms unter Kathago unvermeidlich schien. Fast alle von Rom unterworfenen Griechenstädte Unteritaliens und die italienischen Völkerschaften Mittel- und Süditaliens schlugen sich auf die Seite des Siegers, der aber seine Kräfte verzettelte

indem er sich im Süden langwierig auf die Eroberung Roms mit Hilfe seiner Verbünde-
ten vorbereitete, statt gleich loszumarschieren.

Ausgrabungen einer römischen und frühmittelalterlichen Stadt, die wenig
bieten. 15 km von Barletta ins Landesinnere. Bahnstation an der Linie
(FS) Barletta—Spinazzola.

Trani

(41 ooo Einw.)

Eine der schönsten Städte Apuliens, von der meist nur der Dom besucht
wird. Auch die neueren Teile haben Charme, man sieht der Stadt eine gewisse Wohhabenheit an, die ist gepflegt, sehr sauber und voller Leben.
Schon die Ankunft auf dem Bahnhof verspricht, daß man es hier aushalten
wird. Durch seine sehr guten Busverbindungen in die Nachbarstädte am
Meer und im Landesinneren ideal als Basis.

TOURIST INFO : A.A., Via Cavour 83 (Innenhof), Tel. 0883/41126. Man bekommt dort einen brauchbaren Stadtplan mit einem Kurzfüh-
rer zu den Sehenswürdigkeiten, die jeweils abgebildet sind; alles auf einem
handlichen Faltprospekt.

Trani (II cat.)
Corso Imbriani 137, Tel. 0883/42340. Dicht am Bahnhof an einer Hauptdurchgangs-
straße. Modern und kühl eingerichtet, Doppelzimmer ca. 65 DM

Holiday (II cat.)
Via De Robertis 29, Tel. 0883/41306, Stadtzentrum nahe am Bahnhof, ebenfalls neu-
tral und modern, komfortabel. Doppelzimmer ca. 66 DM.

Italia (IV cat.)
Piazza Libertà, Tel. 0883/41133. War früher das einzige Hotel, mitten in der Altstadt,
seit der Jahrhundertwende bestimmt nicht mehr nennenswert renoviert, riesige Zimmer
bescheiden möbliert im Stil alter Familienschlafzimmer. Die heiße Gemeinschaftsdusche
funktioniert, wenn Wasser vorhanden ist. Doppelzimmer (o.B.) ca. 26 DM. Zum
Essen im angeschlossenen Ristorante wird man nicht aufgefordert, dem Geruch nach
sollte man es auch nicht tun.

Rivera (III cat.)
außerhalb am Meer nahe S. Maria di Colonna. Recht propperes Strandhotel. Lungomare Colombo, Tel. 0883/43222, Doppelzimmer ca. 6o DM, im Ristorante soll man gut
Fisch essen, 20—30 DM, je nach Fischsorte.

Hotels

Sehenswertes:

Lebenszentrum die Piazza Vittorio Emanuele, im Schatten vieler Bäume,
immer voll Leben außer zur Siesta-Zeit. Abends zur Corso-Stunde ist hier
ganz Trani auf den Beinen.Am oberen Ende(Via Robertis) Busabfahrt.

Duomo (Dom), steht auf einem weiten freien Platz, der in die Adria hi-
neinragt. Kontrast des leuchtend blauen Meeres und des strahlend weißen
Steins, der keine Spuren von Verwitterung zeigt. Perfekte Harmonie der

Formen, unabhängig vom Standort. Um die Kirche gehen und auf die weit ins Meer ragende Hafenmole.

> Die Bauformen, der schlanke Turm, die mit einfachen Mitteln gegliederte Fassade übertragen auf den Betrachter Ruhe und Gelöstheit. Die konsequente Einheitlichkeit des Baus verwundert bei einer Bauzeit von fast hundert Jahren (1o99—1185)), der Turm wurde noch später gebaut. Um das Eingangsportal und die Blindarkaden der Fassade reicher Reliefschmuck mit Heiligen, Geschichten aus der Bibel, wilden Tieren und Fabelwesen. Das darüberliegende Fenster und die Rosette von aus der Mauer tretenden Tieren (Elefanten, Löwen, Greifen) eingefaßt. Bronzetür des Barisano da Trani (um 11 8o), der auch die Türen in Ravello und Monreale geschaffen hat. Das Innere hell, von Säulenpaaren klar gegliedert, frei von späteren Zutaten. Im Altarraum die Reste eines Fußbodenmosaiks ähnlich dem von Otranto.
>
> Unter der Kirche eine zweite Kirche (Kripta di S.Nicola), ein Säulenwald, die Kapitelle alle verschieden.Darunter eine in den Felsen gearbeitete Höhlenkirche aus vorromanischer Zeit.
>
> Zur Stadt hin ist der Domplatz von sehr schlichten Barockpalästen gerahmt.

Weitere sehenswerte Bauwerke: Palazzo Caccetta, Chiesa Ognisanti (meist verschlossen), Chiesa di S. Giacomo (mit einer Fassade, in der jede Menge Fabeltiere und Köpfe stecken.), Chiesa di S. Francesco.

Villa Comunale: Schöner, gepflegter Park, Blick über den Hafen zum Dom und weit die Küste entlang.

S. Maria di Colonna (2 km nach Süden), auf Halbinsel, hier einer der wenigen Badestrände, wo das Wasser noch erträglich ist. Wegen der Stadtnähe voll und typischer italienischer Badebetrieb. In der Kirche ein wundertätiges Kreuz, der Bau in einfachen romanischen Formen.

Trattoria "DA EMILIO" am Hafen.Hafen- und Fischerathmosphäre, Zuppa di Pesce, Fritture di Mare, eigene Nudeln mit frischer Tomatensauce, mit viel Basilikum, guter Rotwein, ca.15 DM.

Schlecktip: Bar "S. GIORGIO" (in der gleichnamigen Straße) nahe der Piazza V. Emauele: Fantastische Pasticceria, schon ab 7 Uhr früh, der Cappuccino gereicht Trani zur Ehre.

In der Via S. Giorgio Richtung Hafen eine Werkstatt, wo man sehr feine Flechtarbeiten kaufen und bestellen kann.

★ MOLFETTA: (64 ooo Einw.)

Bisceglie kann man getrost auslassen. Molfetta wichtigster Fischereihafen der Provinz Bari. Außer dem Dom (Duomo Vecchio) und der Altstadt am Hafen bietet die Stadt wenig. Wie in Trani direkt am Hafen und auf Sicht vom Wasser und vom Festland gebaut. Mit seinen drei achteckigen Kuppeln hat er etwas von einem dreihöckerigen Kamel an sich. Das Innere recht dunkel, in der Kuppel über dem Altar interessante Schlußsteine.

Altstadt weiß, eng ineinander verschachtelt. Die äußere Häuserreihe trennt sie wie eine Stadtmauer von den neueren Quartieren ab. Verglichen mit der neuen Stadt winzig, auf einer Halbinsel ins Meer hineingebaut. Viele

Häuser verlassen, aber überall wird restauriert.

Fischmarkthalle (Mercato Ittico) am Hafen. Sie enttäuscht etwas, das Angebot ist nicht riesig, aber die meisten Meerestiere wandern sofort vom
Schiff auf die LKWs. In der Stadt viel Kleinhandwerk, mehr zu Schauen
als zum Kaufen.

Die Barockkirchen Molfettas wegen manierierter Merkwürdigkeiten einen
Abstecher wert: Cattedrale (Duomo Nuovo). Wuchtiger Bau im spanischen
Kolonialgeschmack. Zwei ziemlich grotteske Altäre. Putten tragen Weintrauben, an denen Vögel naschen. Kirche S. Bernardino mit graziösem Barock-
stuck. In der Seitenkapelle Altar mit quellendem Gips. Der großartig ge-
bauschte Vorhang hinter dem Altar auch aus Gips.

✱ **GIOVINAZZO:** (18 000 Einw.)

Mehr Industrie- und Arbeitervorort von Bari. Die Cattedrale von außen
noch in den alten romanischen Formen. Innen muffiger Barock.

Die 2. Reihe
Bitonto
43.000 Einw.

Dichtgedrängte Altstadt, vorwiegend weiß gekalkt, aber auch rosa und grü-
ne Farbtupfer. Enge Gassen, die man besser mit dem Auto meidet. Der
Esel mit seinen seitlichen Lasten war das Maß der früheren Baumeister.
Völlig unregelmäßiger Stadtplan. Zur Cattedrale findet man leicht, der
Rest ist ein Labyrinth, die Bewohner der Gäßchen freuen sich über Aus-
wärtige;

Auf den Straßen werden je nach Jahreszeit Mandeln, Feigen, Oliven zum
Trocknen ausgelegt – auf riesigen Planen, Passanten, Hunde, Katzen respek-
tieren das.

In der Stadt einige schöne Barockpaläste, die Chiesa del Purgatorio (Fege-
feuer) im spanisch inspirten Geschmack der Darstellung von Leibesfeind-
lichkeit und -abtötung elegant mit Knöchlein und Totenköpfen garniert,
über dem Portal mit Bändern geschmückte Sensenmänner.

Dom (Cattedrale): einer der ganz schönen Dome Apuliens. Fassade mit
großartiger Fensterrose, abgewetzte Löwen vor dem Hauptportal, worauf
die Kinder turnend auf ihre Opfer aus der internationalen Tourismusszene
warten. Absolut professionell, bis zur Kleidung aus brüchigen Fasern, was
das Abhauen von Wohltätern aus den reicheren Gebieten Europas betrifft,
man gebe nichts, Münzen werden ohnehin mit stolzer Entrüstung abgelehnt,
und hat einer einen 500-Lire-Schein in der Hand, kann man erstaunt sein,
wie kinderreich das Viertel um den Dom ist. Bei den Kindern ein ausge-
prägtes Gefühl für soziale Gleichbehandlung!

Für die preziösen Säulen und Kapitelle der Seitengalerie lohnt es, ein Fernglas mitzufüh-
ren, man kommt weder für Geld noch für gute Worte hinauf. Der Kirchendiener will
oder darf nicht, zudem fürchtet er um seinen Postkartenschrank, den sonst die bösen

Kinder von Bitonto plündern würden.

Schlimm genug, daß sie immer wieder versuchen, in der Kirche Fußball zu spielen. Wer wirklich rauf will, versuche es beim Arciprete (Erzpriester).

Die Cattedrale von Innen: Außer dem Eindruck des Raums auf die Kapitelle sehen (wie eigentlich immer in Apuliens Domen), Kanzel mit Reliefs und bunten Einlegearbeiten; große schöne Krypta.

Vormittags am Nordrand der Altstadt ein Lebensmittelmarkt, der zu den besten Apuliens zählt. Oliven!

Hotel, Essen und Trinken

Albergo Nuovo (III cat.)
Via E. Ferrara, t. 080/611178, in einer Seitenstraße des neuen Bitonto. Modern und zweckmäßig eingerichtetes Provinzhotel, auf große Familien eingestellt. Doppelzimmer ca. 40 DM. Im Ristorante ißt man gut, vorausgesetzt es ist viel los, dann kommen spezielle und handgemachte Dinge auf den Tisch (Anlässe sind örtliche Viehmärkte, Messen Feste): Lamm, Huhn mit Kartoffelfüllung (längst nicht so simpel wie es klingt), Zuppa di Pesce, Salsiccia di vitello (grobe Wurst vom Rost aus Kalbfleisch — ohne Östrogen, dafür sehr pikant.) Essen um 18—22 DM.

"CUCINA CASALINGA" (am Dom). Man wirbt mit deutschen und französischen Schildern. Einfache lokalpatriotische Küche, preisgünstig. um den Dom sonst noch einige bescheidene Tavole Calde und Pizzerie, wo man Fettiges von der Faust ißt. An der Piazza Marconi (Busstation), gleichzeitig Park; in der "CANTINA FERRARA" aromatischer offener Wein, Mineralwasser teurer, unbedingt Flasche mitbringen!

★ **RUVO DI PUGLIA:**   (23 ooo Einw.)

Geräumige Landstadt mit vielen Bäumen. Die Stadt sauber, ruhig und wohnlich. Als Standquartier zur Entdeckung der Terra di Bari und der Murge durch seine zentrale Lage brauchbar.

Zwei moderne, gut ausgestattete Hotels der oberen Mittelklasse:

Hotels

"Talos" (II cat.)
Via De Iodero (beim Bahnhof), Tel. 080/81 16 45. Doppelzimmer ca. 65 DM
"Pineta" (III cat.)
Corso Piave, am nördlichen Stadtrand, von Grün umgeben. Tel. 080/81 15 78, Doppelzimmer ca. 5o DM

Altstadt und Ambiente

Cattedrale: Die Kustodin auch in der heiligen Siesta-Zeit auf der Lauer, statt Trinkgeld ihr eine Broschüre (sogar mit deutschem Text) abnehmen (L. 2ooo reichen !). Fassade, die leicht assymetrisch ist, man muß genau hinsehen. Entlang der Dachtraufen Menschen- und Tierköpfe (Fernglas).

Portal von auf Menschen kauernden Greifen bewacht. Fensterrosette. An der rechten Längsseite am Dachtrauf Köpfe zum Teil mit Portraitqualität, die darunter liegenden Fenster mit Steinmetzarbeiten, die Flechtwerk imitieren. Innen klare Formen, die dem Stein entsprechen. Man sieht, wie hoch die

Kirche ist. Von außen wirkt sie flacher. Mustergültig restauriert.

Museo Jatta (1o - 12, 16 - 18 Uhr): Privatkollektion von ca. 1 7oo Vasen der Griechenzeit aus lokaler Produktion, man kopierte die hellenische Machart perfekt und kam dem einheimischen Geschmack entgegen. Im Palast der Familie Jatta, ein Museum der Museumsgeschichte: Vasensammlung, die alles ausstellt, was vorhanden ist (zumindest an guten Stücken). Bloß nicht im ersten Saal mit wissenschaftlicher Akribie anfangen, man kommt sonst nicht weit!

Dokument der Museumsphilosophie des XIX. Jahrhunderts.

Ristorante "OSTERIA CEMENER", in einem alten Gewölbe mit Tischen und Bänken, die so auf rustikal gemacht sind, daß man nicht unbedingt entspannt sitzt.Gegessen und getrunken wird von neuem aber authentischem Geschirr aus Terrakotta

★ANDRIA (77 ooo Einw.)

Bauernstadt, die ihren ursprünglichen Charakter gewahrt hat. Immerhin fast 8o ooo Einwohner und wenig Industrie.

Der Dom hat ein schönes Portal, ansonsten etwas ohne Ziel durch die Altstadt schlendern.

Ristorante "LA SIEPE", Via El Bonomo 97, großes Provinzrestaurant im "gehobenen"Stil, große Auswahl an handgemachten Nudeln, meist ohne Tomate statt dessen Grünzeug. Lammfleisch.DM 15. Süßigkeiten aus Mandeln und Honig.

Zweimal täglich von Andria Busverbindung nach Castel del Monte. (Mit Anschluß von und nach Bari/Barletta/Trani).

Castel del Monte (unbewohnt)

Die '·Krone" Apuliens. Jagdschloß Friedrichs II, zwischen 124o und 125o gebaut, vielleicht nie vollendet worden. Von der einstigen Pracht im Inneren des achteckigen Baus mit seinen acht Türmen ist wenig geblieben, wurde im 18. Jahrhundert als Steinbruch benützt.

Damals mitten in dichte Wälder gebaut, liegt es heute in der kahlen Grassteppe der Murge und beherrscht das flachwellige Hügelland von weitem.

Monumento Nazionale, offen 9 - 14/15.3o - 18 Uhr, an Feiertagen 9 - 13 Uhr, im Winter an Werktagen 9 - 14 Uhr, Montags zu.

TOURIST INFO : Wenn irgendwie möglich, meide man die Gesellschaft und oberflächlichen Bemerkungen des Custode (es sei denn, er hat gewechselt), zudem hat er einen rabiaten Hunger auf Trinkgelder, wahrscheinlich der Preis für Apuliens bekanntestes Kunstdenkmal.

Zum besseren Verständnis von Castel del Monte und der staufischen Vergangenheit Apuliens einen

Exkurs über Friedrich II.

1194 in Jesi (Ancona) geboren, 125o in Castel Fiorentino bei S. Severo (Foggia) gestorben. Deutscher Kaiser, der sich in fast 4o Jahren seiner Regierungszeit immerhin 1o in Deutschland aufhielt, wo er sich aber nicht sehr wohl fühlte.

Seine Eltern waren nicht gerade kerndeutsch, von der väterlichen Linie her war man mit Burgundern und Lothringern versippt und die mütterliche Linie kam aus Sizilien.

Mit Sicherheit war er der widerspruchsvollste Herrscher des Mittelalters, wahrscheinlich auch einer der intelligentesten. Jugend (in Palermo) als Tronanwärter, Marionette in de Hand von Hochadel und Papst und Gassenjunge, mit 14 Jahren Kaiser und Ehemann (seine Konstanze war 1o Jahre älter als er). Als Kaiser zwischen blutrünstig brutal und aufgeklärt mit deutlichem Gespür für die Notwendigkeit und den Nutzen einer funktionierenden Zivilverwaltung (die im heiligen römischen Reich deutscher Nation allerdings immer auf die süditalienischen Reichsteile beschränkt blieb).

Bewunderte die Kultur der Araber, sprach arabisch und nahm auch orientalische Bräuche in seine Hofhaltung auf: Wenn er auf Reisen war, begleitete ihn ein Troß von Elefanten, Löwen, Pardelkatzen, Bartgeiern, Falken, Eunuchen, Haremsdamen, sarazenischen Leibwächtern und die erstaunte Landbevölkerung irgendwo in Lucanien oder Apulien, aber auch in schwäbischen Landen durfte man am Wohlgeruch sarazenischer Spezereien schnuppern. Er liebte Frauen (sein Nachfolger Re Manfredi stammte aus keiner ehelichen Verbindung), die Poesie (er war einer der Ersten, die Verse in italienischer Sprache schrieben), die Jagd (er schrieb ein Buch über die Kunst mit Falken zu jagen und verlegte das Zentrum seines Reiches nach Foggia, denn das war damals eine ideale Jagdgegend). Er kümmerte sich um die Wissenschaften.

1224 gründete er in Napoli die erste nicht kirchliche Universität Italiens, er stand in regem Kontakt mit arabischen Wissenschaftlern (für einen christlichen Kaiser eine Todsünde, man war in der Zeit der Kreuzzüge). Und als er sich schließlich auf Druck des Papstes endlich zum Zug ins Land bequemte, verstand er sich mit dem Sultan prächtig. Man debattierte über Falkenjagd, die Philosophie des Platon, über die Vor- und Nachteile der Religionen, für die man sich eigentlich schlagen sollte.

Als es dann mit dem Heiligen Stuhl um Besitzansprüche in Norditalien ging, also um handfeste Dinge, flog Friedrich aus der Kirche. Dabei war er eigentlich ein treuer Sohn der Kirche gewesen: Bei den Ketzerverfolgungen, besonders in Norditalien war er so brutal, daß sogar den kirchlichen Gesinnungsverfolgern Zweifel kamen. Friedrich wurde zum Antichrist erklärt, propagandatüchtige Mönche setzten Geschichten über den Harem und "wissenschaftliche" Experimente des Kaisers in Umlauf:

Um hinter den Ursprung der Sprachen zu kommen, habe Friedrich zwei Neugeborene in völliger Isolierung gehalten, versorgt von Ammen, die unter totalem Schweigegebot standen..

Andere Experimente auf dem Gebiet naturwissenschaftlicher Forschung waren erfolgreicher. Aber was am wenigsten zeitgemäß war – der Imperator experimentierte. In einer Zeit, wo man naturwissenschaftliche Erkenntnisse aus der Interpretation des Aristoteles oder der Bibel gewann.

In die Periode der staufischen Kaiser fällt der Bau der meisten apulischen Cattedralen, auch wenn sie fast immer schon vorher begonnen und erst danach beendet wurden.

Die großen, äußerlich immer so schmucklosen Castelle stammen fast ausschließlich aus der Stauferzeit. Sie wurden wegen ihrer militärischen Brauchbarkeit von den nachfolgenden Anjou-Königen weiterverwendet, lediglich in Einzelfällen als Symbole der Stauferzeit bewußt demoliert, allen voran Castel del Monte, das keinerlei militärische Funktionen hatte.

Von seiner Pracht sind nur die kahlen Außenmauern geblieben. Wer die gekonnt schlichten aus der Geometrie entwickelten Formen sieht, kann sich kaum vorstellen, daß innen alles mit Marmor und Mosaiken ausgekleidet war, daß es raffinierte Bäder besaß und ausgedehnte Gärten.

Die Grundform das Achteck: Grundriß, Innenhof und auch die acht Türme an den Ecken wiederholen die Form.

Das heutige Castel del Monte ist nur die Krone, die auf einem viel größeren Gebäudekomplex stand, der rund um den Hügel ging. Auf plastische Details, wie Kapitelle und Schlußsteine im Inneren achten.

"Ostello di Federico" (III cat)

Nur 6 Zimmer. Tel. 0883/23 983, Doppelzimmer ca. 7o DM
Ristorante: recht groß, beliebtes Ziel gehobener Hochzeitsgesellschaften, genuine Küche des inneren Apulien mit handgemachten Nudeln, Wildkräutern, Lamm und auch mal Trüffeln (tartufi). Der Wein, der sich Castel del Monte nennt, stammt aus Ruvo, Corato und Andria, um Castel del Monte ist es zu trocken. Essen 2o DM.

"Parco Vecchia Masseria" (III cat.)

2 km entfernt, am Bivio S. S. 170. In einer alten Masseria, die aber als Zugeständnis an neue Zeiten über Schwimmbecken und Tennisplatz verfügt. Doppelzimmer ca. 65 DM

Hotels

CAMPING

Frei Campieren: Nicht vor dem Eingang! Ganz in der Nähe, entlang der Straße nach Andria gibt es ein paar verschwiegene, gut gedeckte Einfahrten, wo im Frühjahr reichlich wilder Spargel wächst (kurz abkochen, unter Rührei klopfen, so ißt man ihn in Süditalien — im Ristorante pro Mund mindestens L. 5000! um Castel del Monte eher mehr).

Die 3.Reihe:

Weniger sichtbare Kunstgeschichte. Der tiefe Süden, wo ausländische Reisende Pioniere waren und sind (Norditaliener machen einen Bogen darum). Übergang Apuliens ins wenig bekannte Lucanien — verwaltungsmäßig gehört das Gebiet schon teilweise zur lukanischen Provinz Potenza. Informationen über das Gebiet um Melfi und Venosa beim EPT Potenza.

Eines der Gebiete in Süditalien, wo man am wenigsten mit Fremden rechnet. Das Gebiet um den Monte Vulture, einen seit Jahrmillionen erloschenen Vulkan, beim Erdbeben von 1980 stellenweise stark in Mitleidenschaft gezogen. Quartierfinden ist schwierig, alle Hotels haben Einquartierung. Für die lucanischen Gebiete deshalb keine Hoteltips. Anhand des Verzeichnisses für die Provinz Potenza durchfragen, wo überhaupt Platz ist.

✶ VENOSA (11 ooo Einw.)

Die Heimat des römischen Dichters Horaz, der in seinen Oden gern die Tugenden des apulischen Landlebens besang, selbst aber die Hauptstadt vorzog. Eine kleine Landstadt, in deren Häusern allenthalben antikes Baumaterial wiederverwendet wurde.

Das Castello in der Stadt, die Miniaturnachbildung des napoletanischen Castel Nuovo, aber recht angenagt. Sehenswert etwas außerhalb der Stadt die Abbazia della Trinita (gelbes Schild), eine romantische Ruine mit hübschen architektonischen Details.

Rist."SAN BARBATO", an der S.S.93, km 56+3oo, kurz vor Lavello. Gute Antipasto-Auswahl aus Garten- und Wildgemüse. Fleisch nach traditionellen Rezepten gemacht. Eigener Wein. ca. 25 DM

✦ RAPOLLA (4 1oo Einw.)

In der Mauer der Cattedrale Basreliefs, darunter eines mit Adam, Eva, Schlange und Apfelbaum, rührend archaisch. Eva hat schon reichlich gegessen, für Adam bleibt nur noch der Griebsch. Adam steht zweifelnd da, den Finger im Mund.

✦ MELFI (15 000 Einw.)

Im Castello Museo Nazionale del Melfese, eines der neueingerichteten lokalen Museen. Schwergewicht auf Vorgeschichte, berühmt der römische Sarkophag von Rapolla, eine sehr repräsentative Arbeit aus Kleinasien — die Römer, wenigstens die Reichen, versenkten ihre Toten ja nicht in der Erde, sondern bauten an den Straßen Totenhäuser, in denen sich die Familien immer wieder trafen und dann das gute Stück bewundern konnten.

Duomo: Bis auf den romanischen Turm Provinzbarock (der sich beim letzten Erdbeben als wenig haltbar erwiesen hat).
In der Turmmauer Steineinlegearbeit (Fabeltiere).

✦ BARILE und GINESTRA

Albanierdörfer, die für ihren Wein bekannt sind. In Barile am Karfreitag Prozession der "Zingara", mit sehr schönen Trachten. Die Albanier, die sonst italienisch sprechen, parlieren während des Festes auf albanisch.

Auf den Vulture kann man von Rionero aus mit dem Auto fahren. Oben Wälder, schöne Aussicht über Apulien und eine NATO - Basis. Unterhalb zwei kleine Seen in einem lauschigen Wald. An Sonntagen von Picknickern umlagert.

✦ GRAVINA IN PUGLIA (32 ooo Einw.)

Am Rand einer tiefen Schlucht (Gravina) gelegen, verwinkelte Altstadt. Zwei Höhlenkirchen, S. Michele, fünfschiffig, gänzlich aus dem weichen Stein herausgegraben, die Pfeiler ließ man dann einfach stehen. In der Nähe die kleinere Grottenkirche, San Vito Vecchio, deren Fresken zum Teil abgenommen wurden (jetzt im Museum). Die Kirchen meist verschlossen — in der Nähe fragen oder zum Pfarrer der Kirche S. Agostino gehen.

Chiesa del Purgatorio mit einer Skelettgeschmückten Barockfassade. Museo Pomarici Santomasi (9 - 13/15.3o - 19 Uhr). Via del Museo 23. Hier sind die Fresken aus den Grottkirchen ausgestellt. Kleine archäologische

Sammlung und eine Sektion über die Kultur der Bauern und Hirten der Murge.

Am Bahnhof der FCL/FS Chiesa della Madonna, deren Fassade das Wappen ihres Erbauers in voller Größe einnimmt: Als Flachrelief ein riesiger Adler mit ausgebreiteten Schwingen, der über drei Türmen schwebt.

Rist.-Pizzeria"LA GROTTA", Corso G. di Vittorio. Eng und stimmungsvoll. Ländliche Küche, überwiegend auf der Basis von Nudeln, Fleisch , Wildgemüse. Ca 25 DM

Hotel" Peucezia" (II cat.)
An der Ausfahrt nach Bari. Tel. 080/85 15 48, modern, Doppelzimmer 4o DM.

An der Straße S. S. 378 am km 29 + 5oo der Pulicchio, ein Karstloch von 4oo m Durchmesser und 1oo m Tiefe, erst geht es senkrecht runter, dann eine sanftere Böschung. Entstanden ist es durch den Einbruch einer riesigen Höhle, die von einem unterirdischen Fluß geschaffen wurde. Im Winter bildet sich drinnen ein See. Ringsherum die kahlste Steinlandschaft, die man sich vorstellen kann. Viele aromatische Kräuter.

Altamura   45.000 Einw.

Die Hauptstadt der Murge. Man sieht die auf einem flachen Hügel gelegene weiße Stadt schon von weitem. Die weiße, saubere und verwinkelte Altstadt bietet viel an Spontanarchitektur, früher fast ausschließlich von Landarbeitern bewohnt.

Da die Stadt außer wenigen Weinkellereien, Ölmühlen und Käsereien bei über 45ooo Einwohnern als einzige „Industrie"den Häuserbau hat,extreme Auswanderung. Bekannt ist Altamura für seinen Kindermarkt, der am 15. August abgehalten wird. Man darf sich das nicht als einen Sklavenmarkt mit Ständen vorstellen, wo dann die Muskeln der bedauernswerten Kinder befühlt werden. Die werden zwar befühlt, aber diskret. Fakt ist, daß in und um Altamura, wie fast überall in Süditalien, Kinder unter 14 Jahren als Hütejungen, Bauarbeiter, Landarbeiter, in Werkstätten und Bars arbeiten.

Verboten ist das natürlich auch in Italien und die Schulpflicht wird dabei auch verletzt – aber: die Familien sind auf den zusätzlichen Verdienst der Kinder angewiesen, vor allem wo durch die immer mehr ausufernde Kinderarbeit die Erwachsenen arbeitslos werden.

Vor allem Landarbeiter und Kleinbauernfamilien bringen am 15. August ihre Kinder nach Altamura (es gibt auch ein Fest mit Lunapark, Jahrmarkt und Naschkram) und beim Durch-die-Straßen schlendern wird man mit den Arbeitgebern handelseinig.

Der KONTRAKT läuft über ein Jahr.Da der Vertrag illegal ist, werden natürlich weder Steuern noch soziale Abgaben gezahlt. Der Lohn und ein Handgeld gehen an die

Eltern, bei landwirtschaftlicher Arbeit wird ein Teil in Naturalien gezahlt.

Am schlimmsten sind die HÜTEJUNGEN (Pastorelli) dran, die oft tage- und wochen-lang bei den Herden in der Wildnis bleiben müssen, von den älteren Hirten, die meist ebenso angefangen haben, mit brutaler Verständnislosigkeit bis zum Umfallen zur Ar-beit angetrieben. Kinder von 8/9 Jahren müssen schon vollwertige Erwachsenenarbeit leisten. Jahr für Jahr kommt es zu Selbstmorden. Arbeitsunfälle in Werkstätten und auf Baustellen sind häufig, die Opfer auf Mildtätigkeit angewiesen. Wie hoch der Anteil der Kinderarbeit ist, zeigt sich daran, daß 1978/79 in der Gemeinde Altamura über 32 % der Schulpflichtigen dem Unterricht fernblieben — und zwar als ganzjähriges Schwänzen.

Der Analphabetismus in Süditalien nimmt seit etwa 196o wieder zu, nachdem er durch die großen Alphabetisierungskampagnen der Nachkriegszeit auf nahezu Null ge-drückt worden war. In den Provinzen mit den schwierigsten Lebensbedingungen liegt die Analphabetenquote teilweise schon über 2o %.

In der Stadtmitte die Cattedrale, romanisch-gotisch mit einigen barocken Zu-taten, die aber gut dazu passen. Schönes Portal mit den üblichen Löwen als Türhüter, darüber eine Rosette deren Strahlen durch verflochtene Stein-bänder untereinander verbunden sind. Innen weitgehend barockisiert. In einer Seitenkapelle eine vollplastische Krippendarstellung mit meterhohen Figuren, der Krippe im Dom von Matera sehr ähnlich: statische, schwere Figuren, die Ruhe ausstrahlen. (In die Kirche einen kleinen Geldschein mit-nehmen, denn es wartet dort immer irgendein Führer, manchmal auch mehrere,die dann untereinander die Kundschaft ausspannen).

"Autostello ACI" (III cat.)
Am Rand der Altstadt an der Straße nach Matera, Tel. 84 11 23. Recht einfach, etwas verwohnt. Vorbestellen sehr ratsam, da in Altamura viele Reisende in Sachen Agrar-produkte. Doppelzimmer ca. 5o DM, Essen nicht sehr aufregend.

"Mercadante" (IV cat.)
Corso Federico II 74, Tel. 080/84 24 92. Altmodisches einfaches Provinzhotel. Man kann sich gut vorstellen wie die Reisenden um die Jahrhundertwende im ländlichen Süden ab-gestiegen sind. Sauber und sympathisch, im Stadtzentrum. Auch hier vorbestellen! Dop-pelzimmer (o. B.) ca. 3o DM

Bar Trattoria "ROMA", Corso Federico II, dicht am Dom. Küche nach alten Familienrezepten (übrigens auch der hausge-machte Nußlikör — nach dem Essen unbedingt probieren).Der Padrone setzt sich gern zu einem Schwätzchen zu einem, wenn nicht zuviel zu tun ist. Ca 2o DM.

Rist. "DEL CORSO", Corso Federico II, klassisches Kleinstadtristorante, Cialedda (geröstetes Brot wird in eine Schüssel mit bestem Öl, etwas Wasser, Salz, Gurke, frische Tomate und milde Zwiebel getunkt - soll den Magen öffnen), für einen Ort im Binnenland großes Fischangebot, Nudeln (oriecchiette) wie überall. Essen um 3o DM, beim Wein den lokalen verlangen — ich finde es ein wenig sonderbar, im Weinland Apulien Flaschenweine aus der Toscana zu trinken.

In Altamura hervorragendes Brot, Schafskäse und Hartwurst, sollten irgend-wo "torcinelli" oder "gnummurieddi" (Lamminnereien vom Rost) ange-boten werden, sollte man die seltene Chance nützen!

Wo in den Bauernhöfen der Umgebung entlang der Straßen die Produzenten ihre Produkte verkaufen, besonders hinter Hartwürsten, Öl und Wein hinterher sein.

Umgebung von Altamura:

Il Pulo, die größte Doline Apuliens, 5oo m Durchmesser und 75 m Tiefe, die Wände fallen nicht überall senkrecht ab, man kann innen rein. Durch den Einsturz einer Höhle entstanden. Weg dahin mit gelben Schildern angezeigt. 7,5 km.

Quasani· Einsames Masseria-Dorf der Murge, Mitte Mai Prozession mit Karren zur dortigen Kirche und Segnung der Brotlaibe. Überwiegend ein Fest der Bauern und Landarbeiter aus den einsamen Masserie der Murgia; Hinkommen: Entweder auf dem Feldweg, der sich am Pulo nördlich fortsetzt, ca. noch 15 km außer wenigen Gütern keine Lebenszeichen, bis man auf die Asphaltstraße kommt, links halten, noch etwa 4 km bis Quasani. Ober ab Altamura auf der S. S. 96 Richtung Bari, 15,5 km, dann links.

Bahn: FCL bis Staz. di Mellitto, dann 6 km per pedes.

AGRITOURISMUS

Podere Maricello, Gravina di Puglia,Sig.Leonardo ;Terribile, Tel.o8o/25 62 22 in Bari. Kleines Bauernhaus außerhalb Gravinas. Möglichkeit zum Zelten.

Podere Maricello, Gravina di Puglia,Sig. Leonardo Terribile, Tel. 080/ 25 62 22 in Bari. Kleines Bauernhaus außerhalb Gravinas. Möglichkeit zum Zelten.

Masseria in Contrada Chianura Pescariello bei Altamura, Sig. Pasquale Berlocco, Via Roma, 70022 Altamura. Schönes Beispiel ländlicher Architektur des letzten Jahrhunderts, mitten zwischen Fruchtbäumen. Direktverkauf: Eier, Milch, Obst.

Cassano delle Murge: Podere Parco la Quercia, Sig. Michele Sylos-Labini, Via Dalmazia 191, 70121 Bari, Tel 080/33 77 80. Renoviertes großes Bauernhaus zwischen hohen Eichen, Direktverkauf: Milchprodukte, Fleisch, Wein. Möglichkeit zu Schwimmen und Tennis zu spielen.

✦ GIOIA DEL COLLE

Einer der Hauptverkehrsknotenpunkte im Inneren Apuliens.Am Weg zwischen Bari und Taranto und mit ihm kreuzend zwischen Murgia dei Trulli und dem nördlichen Lucanien.

Im Zentrum das mächtige Stauferkastell, einer der größten und besterhaltenen Festungsbauten Apuliens, schöner Innenhof.

In der Umgebung zahlreiche Gutshöfe (Masserie), schöne Beispiele für die ländliche Architektur Apuliens, Kontrast zwischen der roten Kalkerde, den hellen Steinmauern, dem Grün der Ölbäume und den strahlend weißen Häu-Häusern.

VERKEHRSVERBINDUNGEN:
Bahn:(FS) Hauptstrecke Bari-Taranto, Nebenlinie nach Altamura-Gravina -Rocchetta S.A. (dort Anschluß nach Foggia).

Bus: Bari, Taranto, ins Trulli-Gebiet (Alberobello).

Außerhalb an der S.S.1oo Ri.Bari:"DA NICO", ca.1,5 km vom Zentrum. Ländliche Trattoria mit viel Handgemachtem, Eigener Wein. Ca. 15 - 2o DM.
"CORTE DEI SANNACI" ca.4 km außerhalb. In einer perfekt restaurierten Masseria. Viel Ambiente, etwas hochgestochen. Küche aber gut lokal orientiert. Gut sortierter Antipastotisch. Ca.32 DM.

UNTERKUNFT:Loc."La Moderna":Tel. o8o/83 01 65, sehr einfach, DZ 15 DM.

Bari
346.000 Einw.

Apuliens Hauptstadt, mit fast 4oo ooo Einwohnern zweitgrößte Stadt des süditalienischen Festlandes. In den letzten Jahren chaotisches Wachstum in die Peripherie. Im Gegensatz zu anderen süditalienischen Großstädten fehlen die augenfälligen Anzeichen von Armut und Elend, die riesigen Trabantenviertel im Norden der Stadt und die Industrieviertel mögen kein malerischer Auftakt sein, aber dafür hat Bari deutlich sichtbar den höchsten Lebensstandard aller süditalienischen Städte.

Das Stadtzentrum besteht aus dem als Schachbrett angelegten neuen Zentrum der Gründerzeit und der auf einer Halbinsel liegenden kleinen Altstadt.

In der Altstadt hat man sofort das Gefühl, die Großstadt hinter sich gelassen zu haben, in einer Fischer- und Handwerkerstadt der Provinz zu sein.

In der Neustadt die Hotels, die Banken, viele Läden, halb Süditalien fährt zum Shopping nach Bari, das Angebot ist ausgesprochen großstädtisch, die Universität (eine der größten Italiens, neben der Napolis im Süden die Hauptbrutstätte kritischen Denkens) und es gibt Laterza, einen traditionsreichen, heute zum Großverlag herangewachsenen Herausgeber kritischen Denkens, in seiner Art eine Institution, weil hier viele süditalienische Intellektuelle ohne Rücksicht auf zu erwartende Auflagen gedruckt werden .

Die Bewohner Baris stehen im Rest Süditaliens in schlechtem Ruf: Geschäftstüchtig, ziemlich sachlich und kalt, skrupellos , auf kleinste Vorteile aus. Was den Ruf der Stadt noch mehr beeinträchtigt hat (für Reisende wichtig!) sind recht gewalttätige und verbreitete Techniken, die Mitmenschen ihrer Habe zu entledigen, eine Folge , sich entwickelnder sozialer Ungleichgewichte. Kein Wunder, die Einwohnerzahl der Stadt hat sich in den den letzten 8o Jahren fast verzehnfacht.

TOURIST INFO : EPT, Via Melo 253 (dicht an der Stazione Centrale), Tel. 080/22 53 27.

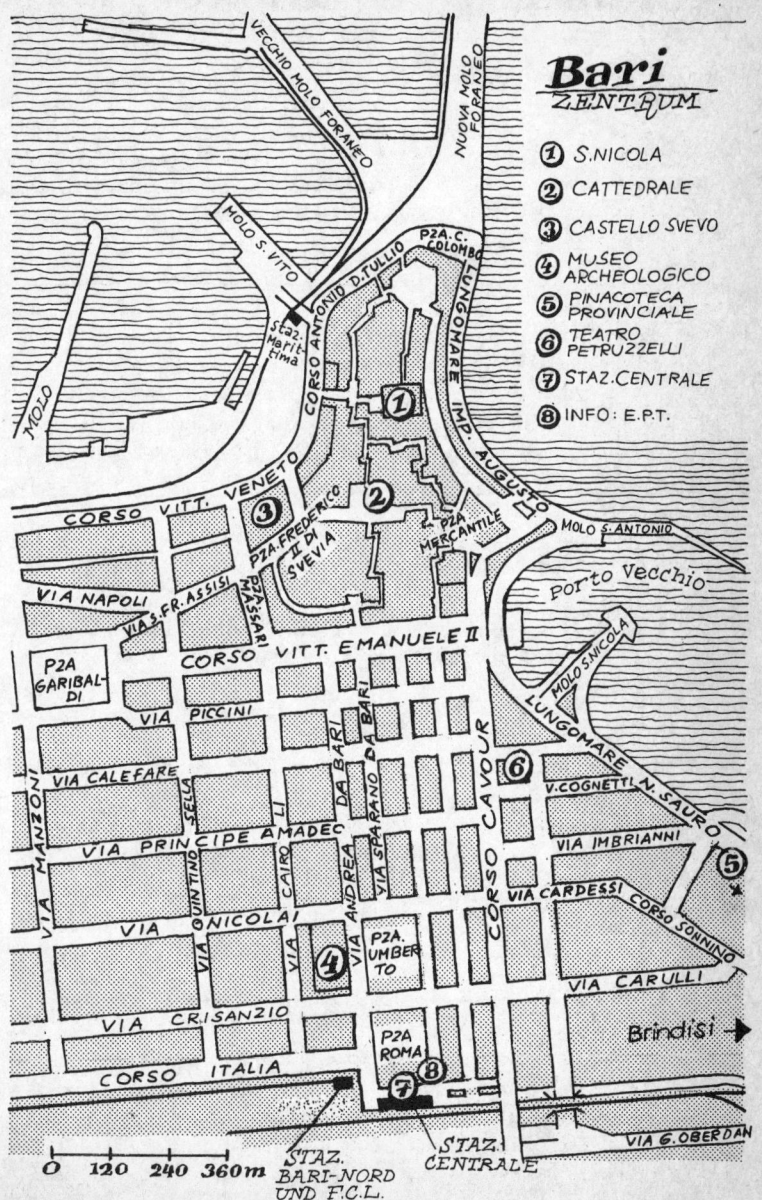

Bari
ZENTRUM

① S. NICOLA
② CATTEDRALE
③ CASTELLO SVEVO
④ MUSEO ARCHEOLOGICO
⑤ PINACOTECA PROVINCIALE
⑥ TEATRO PETRUZZELLI
⑦ STAZ. CENTRALE
⑧ INFO: E.P.T.

VECCHIO MOLO FORANEO
NUOVA MOLO FORANEO
MOLO S. VITO
MOLO
CORSO ANTONIO D. TULLIO
Staz. Marittima
PZA. C. COLOMBO
LUNGOMARE IMP. AUGUSTO
MOLO S. ANTONIO
CORSO VITT. VENETO
PZA. FREDERICO II DI SVEVIA
PZA. MERCANTILE
Porto Vecchio
VIA NAPOLI
VIA S. FR. ASSISI
VIA MASSARI
CORSO VITT. EMANUELE II
MOLO S. NICOLA
LUNGOMARE N. SAURO
P2A GARIBALDI
VIA PICCINI
VIA CALEFARE
VIA SELLA
VIA ANDREA DA BARI
VIA SPARANO DA BARI
CORSO CAVOUR
⑥
V. COGNETTI N. SAURO
VIA MANZONI
VIA PRINCIPE AMADEO
VIA CAIRO
VIA QUINTINO
VIA IMBRIANNI
⑤
VIA CARDESSI
CORSO SONNINO
VIA ON. NICOLAI
④
P2A. UMBERTO
VIA CARULLI
VIA CR. ISANZIO
P2A ROMA
⑧
Brindisi →
CORSO ITALIA
⑦
STAZ. CENTRALE
VIA G. OBERDAN

0 120 240 360m

STAZ. BARI-NORD UND F.C.L.

Verkehrsverbindungen:
ab BARI

Auto
Mit dem Auto problemlos aus allen Richtungen. Große, breite Einfallstraßen, die Straßen der Neustadt sind so breit, daß der Verkehr nicht ins Stocken kommt.

In die Altstadt nicht mit dem Auto rein. Teilweise gesperrt, viel Einbahn, man fährt immer im Kreis. Parkmöglichkeiten in Altstadtnähe entlang des gesamten Lungomare. Nur das perfekt leere Auto abstellen oder einen Aufpasser zurücklassen.
In der Neustadt sind Parklücken Mangelware.

Bahn:
Reichlich Direktverbindungen nach Norditalien, Napoli, Roma.-Apulischer Nahverkehr:mit vielen Zügen.

Abfahrt der Züge der FS und der FSE (Sud—Est) von der Stazione Centrale. Bari-Nord (nach Bitonto - Andria - Barletta) und FCL (Calabro - Lucane nach Altamura - Matera/Gravina - Potenza) haben eigene Bahnhöfe neben der Staz. Centrale.

Busse:
Überlandbusse: Abfahrt ringsum den Bahnhofsvorplatz. In alle Orte der Provinz; verkehren häufig.

Schnellbusse, die den Zügen teilweise an Schnelligkeit und Pünktlichkeit überlegen sind, täglich nach Roma, Foggia, Brindisi, Taranto, Matera, Cosenza (FS-Karten gültig, Platz reservieren) und Potenza, aber ca. 25 % teurer als Bahnbillet.

Stadtbusse: Die meisten Linien fahren über den Bahnhofsvorplatz. Für die Innenstadt braucht man den Bus selten — sie ist nicht so riesig. Vom Bahnhof bis zum äußersten Zipfel der Altstadt sind es gerade 1,5 km und Bari zu Fuß macht Spaß.

Flugzeug: Aeroporto Bari - Palese (9 km): Inlandsdirektflüge nach Brindisi, Genova, Milano, Roma. Agentur Morfini, Via Calefati 37, Tel. 080/21 66 09, dort auch Abfahrt des Flughafenbusses.

Taxi: Preise etwa wie in Napoli. Im "ordentlichen" Bari haben sie fast alle eine Uhr.

Schiffe: Dubrovnik-Bar (YU), Corfu-Igoumenitsa-Patras (GR).

AVIS: Via L.Zupetta 5/A, Tel.54 o8 99 und 54 o2 66 (Nähe Staz.FS)
Europcar: Piazza Moro 58, Tel. 218289 (Bahnhofsvorplatz)
Aeroporto: Tel. 371092
Maggiore: Via Carulli 12/22, Tel. 580392 (nahe Staz.F.S.)
Aeroporto: Tel. 374647
Hertz: Piazza Moro 47, Tel. 225616 und 227588 (Bahnhofsvorplatz)
Aeroporto: 373666

Adressen:

STADTPLAN: Gibts gratis beim EPT' Genau, enthält wichtige Adressen.
GELDWECHSEL zu außergewöhnlichen Zeiten: Staz. Centrale.
KONSULATE: BRD, Corso Cavour 4o, Tel.33 91 75. — Österreich, Via Dalmazia 179;
Tel.33 19 95.
POST: Via Nicolai/ Ecke Piazza Cesare Battisti.
AGRITURIST-Infomation: Via Giulio Petroni 23, Tel. 22 47 77.
BUCHHANDLUNGEN: Libreria Laterza (eine der bestsortierten in ganz Süditalien),
Via Sparano 134. Libreria Giacalone, Via Abbate Gimma 71. Libreria dell' Universita,
Via Andrea da Bari 121.
BIBLIOTHEKEN: Biblioteca Nazionale, Universität, Piazza Umberto I.
Bibliotheca Provinciale, Via De Rossi 226, wer Veröffentlichungen über Apulien
sucht, ist hier besser aufgehoben, zudem weniger voll.

HOTELS

In Bari ist immer recht viel los. Ein Teil der billigen Hotels und die meisten Locande dienen als Dauerquartiere für Studenten, Arbeiter, Ausländer (viele Jugoslawen). Zweimal im Jahr ist alles wochenlang vorbestellt: Zum Fest von S. Nicola (Woche um den 7. Mai) und zur Fiera del Levante (Industrie- und Handelsmesse), die Plakate dafür hängen überall in Italien, die Fiera blockiert dann für 14 Tage alles, sogar in der weiteren Umgebung der Stadt.

Die großen Hotels sind der Funktion der Stadt als Wirtschaftszentrum entsprechend durchmodernisiert, die Pensionen meist etwas altmodisch, aber brauchbarer als die Hotels der entsprechenden Kategorie, die Locanden um die Universität stehen nur in den Semesterferien zur Verfügung!

Die von mir angegebenen Preise nur als Anhalt nehmen, Bari ist auf dem Beherbergungssektor eine Stadt schneller Preissteigerungen!

"Jolly Hotel" (I cat.)
Via G. Petroni 15, Tel. 364366, Doppelzimmer ca. 95 - 18o DM, moderner perfekter Kasten mit Blick auf die Stazione Centrale.

"Palace" (I cat.)
Via Lombardi 13, Tel. 216551, Nähe Castello und Altstadt, aus der Gründerzeit, Doppelzimmer ca. 15o - 27o DM

"Boston" (II cat.)
Via Piccinni 155, Tel. 216633, Doppelzimmer ca. 9o - 13o DM

"Grand Hotel & d'Oriente (II cat.)
Corso Cavour 32, Tel. 331122, Großhotel aus der Gründerzeit an Baris Hauptstraße, Doppelzimmer ca. 125 DM

"Grand Hotel Moderno" (II cat.)
Via Crisanzio 60, Tel. 213313, modern, gemessen am Standard preiswert, Uni-Viertel, Doppelzimmer ca. 61 - 95 DM

"Costa" (III cat.)
Via Crisanzio 14, Tel. 210006, Bahnhofsnähe, Doppelzimmer ca. 65 DM, gut.

"Orchidea" (P.2)
Via G. Petroni 11/a, hinterm Bahnhof, Tel. 221937, Doppelzimmer ca. 6o DM.

"Del Corso" (P.3)
Corso Vitt. Emanuele 30, gegenüber der Altstadt, Tel. 216100, nur wenige Zimmer, sauber, unbedingt vorbestellen, in der unteren Preisgruppe mir am sympathischsten. Doppelzimmer ca. 35 DM

"Giulia" (P.3)
Via Crisanzio 12, Bahnhofsnähe, Tel. 216630, Doppelzimmer ca. 34—45 DM, vertretbar, könnte billiger sein.

"Patricia" (P.3)
Via Fiume 5, Tel. 235702, Neustadt, nicht weit zum Lungomare, Doppelzimmer ca. 26 DM.

"Romeo" (P.3)
Via Crisanzio 12, Tel. 237253, Bahnhofsnähe, recht bescheiden, verkapptes Studentenwohnheim, Doppelzimmer ca. 20 DM. (o.B.)

"Universo" (P.3)
Piazza Umberto I 19, Tel 218783, na ja — aber schöner Blick auf Platz und Universität, Doppelzimmer (o.B.) ca. 17 DM, Vierbettzimmer!

Die Locande der Via Crisanzio: (Preis immer o.B.)

Nr. 18: Robinson, Tel. 235788, Doppelzimmer ca. 14 DM. Sydney, Tel. und Preis das gleiche. Nr. 26: Maria, Tel. 232592, Doppelzimmer ca. 10 DM. Nr. 46: Loizzo, Tel. 211284, Doppelzimmer ca. 20 DM.

JUGENDHERBERGE: Im Vorort Palese (beim Aeroporto): Buslinie Nr.1, Tel.080/32 o2 82, von Juni bis September telefonisch vorbestellen, voll von Griechenlandreisenden. Gelegenheit zum Selbstkochen. Frauen sollten sich nicht per Autostop mitnehmen lassen.

Die Altstadt

Auf Hand- und Fototaschen aufpassen. Die Gassen bieten hervorragende Fluchtwege für Motorini-Fahrer, die diese kennen und nutzen. Trotzdem nicht mit verbissener Furchtsamkeit durchgehen. Die kunstgeschichtlichen Sehenswürdigkeiten lassen sich in aller Beschaulichkeit in wenigen Stunden schaffen. Wer vorher schon in Trani, Bitonto, Altamura oder Matera war, ist vielleicht sogar etwas enttäuscht — sie sind groß und großartig, aber keine Steigerung.

Am besten geht man erst einmal ganz nach Gefühl durch die Gassen, Höfe, Hinterhöfe, Durchgänge, muß immer wieder umdrehen, weil es doch nicht weitergeht. Mehr als in den apulischen Provinzstädten dominiert der Stein, für Grünes ist einfach kein Platz (außer für die Blecheimer, worin Basilico, Rosmarino und Prezzemolo wachsen). Um die Mittagszeit durchgehen ist ein Marthyrium, überall riecht es so, daß man sich mit zu Tisch setzen möchte, doch das Innere der Altstadt ist bar aller Trattorie.

Am Rand zwei ausgesprochene Fischristoranti, wo man eigentlich immer draußen ißt:"AL PESCATORE", Piazza Federico II di Svevia und la Taberna"CARBONARA" , Via Ospedale di Venere, beide von vermögenden Einheimischen außerordentlich geschätzt, allergrößte Auswahl an Meerestieren. Meist vom Rost — in Küchennähe beißender Qualm.Ca.3o DM

Cattedrale: Im 11. und 12. Jahrhundert erbaut. Kirche des Erzbischofs, die es an Größe und Pracht mit der Kirche von S. Nicola, wohin der Heilige

gebracht war, aufnehmen sollte. Dieser Konkurrenzsituation verdankt Bari
die zwei Riesenkirchen (die größten Apuliens), während andere damals
gleich große Stadte nur eine hatten. Man sollte sich die Zeit nehmen, rings-
herumgehen, es gibt ungeheuer viele Kleinigkeiten zu entdecken, innen wie
außen, für die Dachtraufe und die Fenstereinfassungen ist ein Fernglas nützlich.

S. Nicola: Bauzeit 110 Jahre (1087—1197), in der Krypta, einer geräumigen Unterkirche, die Gebeine des St. Nikolaus. Ursprünglich wie die Kirchen der anderen apulischen Adriastädte stand die Kirche direkt am Meer,
der Lungomare hat etwas Distanz geschaffen. Der Platz vor und seitlich
des Baus erlaubt die nötige Distanz zum Betrachten, diente aber ursprünglich als Wartesaal für die Pilgermassen, die dann an der Reliquie vorbeige-
schleust wurden.

> SANKT NIKOLAUS: Der Schutzpatron Baris. Der Heilige ist hier nicht für gefüllte
> Stiefel zuständig. Zwar ist auch hier nach dem offiziellen Kirchenkalender der 6. Dezem-
> ber sein Feiertag, aber in Bari feiert man am 7. Mai. In Bari ist dann kein Zimmer
> mehr frei, Pilger aus ganz Apulien und auch viele aus Jugoslawien. Am 7. Mai abends ein
> historischer Mummenschanz, der darstellt, wie die Gebeine des Heiligen in die
> Stadt gekommen sind, in durchaus veredelnder Form, denn was sich 1o87 in der klein-
> asiatischen Stadt Myra zutrug, wo bislang die Gebeine des Nikolaus Wunder taten,
> war Raub.
> Baresische Seefahrern gefielen die Eigenschaften der Reliquien so gut, daß sie den
> Schrein aufbrachen und ausräumten und sich dann auf die Schnelligkeit ihrer Schiffe
> verließen. Der Heilige nahms nicht übel, schwitzte dann bis zum Beginn rationalistisch-
> zweifelnder Zeiten duftende honigsüße und wundertätige Manna aus und übernahm die
> Funktion des Schutzpatrons der Seefahrer, Kaufleute, Bäcker und Schüler (Examensnö-
> te).
> Am Morgen des 8. Mai wird die Statue des Heiligen in einer Prozession zum Hafen ge-
> bracht, und fährt dann gefolgt von Hunderten von Booten aufs Meer, am Abend
> kehrt sie dann in einer Stunden dauernden nächtlichen Prozession durch die Stadt in
> die Kirche zurück. Die Festlichkeiten dauern bis zum 1o. Mai.

Piazza Mercantile: Umgeben von den Palästen der Kaufmannsvereinigungen,
auf dem Platz eine Säule mit einer Kugel drauf. Hier wurden Bankrotteure
dran angekettet. Der steinerne Löwe paßte auf.

Castello Svevo: Von Friedrich II in seine heutigen Formen gebracht. Mittelding zwischen Schloß und Zwingburg. Man kann rein, kostet Eintritt, innen das meiste nicht zugänglich (Restauratorenwerkstätten). Interessant die
Gipsoteca: Gipsabgüsse von Reliefschmuck apulischer Kirchen, den man
sonst kaum sieht, weil er irgendwo hoch oben ist.

Die Neustadt

Zum Schlendern, Bummeln, Einkaufen, mal einen Caffe naschen und auch
zum Essengehen. Die meisten Ristoranti sind hier, im lebendigen Bari —
die Altstadt entvölkert immer mehr, wobei massive Interessen von Speku-
lanten im Spiel sein sollen.
Hauptladenstraßen: Via Sparano da Bari: Fußgängerstraße, hier die meisten
Geschäfte. Corso Cavour: Straße der alten Hotelkästen und nostalgischer

Bars, leider infernalischer Auto und Busverkehr, man kommt kaum aus dem Husten raus. Die Fassaden zeugen vom Selbstwertgefühl des baresischen Bürgertums so um 1900 und etwas davor. Corso Vittorio Emanuele: scheidet Altstadt und Neustadt, ist so breit, daß sich niemand so recht wohl drauf fühlt. Die Touristen gehen lieber in der Altstadt parallel dazu und die Einheimischen nehmen die Parallelstraßen in der Neustadt, weil es dort mehr zu sehen gibt. Lungomare Nazario Sauro: östliche Uferstraße. Bloß nicht zu Fuß machen. Vom Auto aus der beste Blick auf die Altstadt.

Museen: Das **Museo archeologico** (Universität) und die **Pinacoteca Provinciale** lohnen eigentlich nur für besonders Interessierte. Bari war in der Antike keine besonders bedeutende Stadt und die wichtigsten Fundstücke aus Stadt und Provinz befinden sich im Nationalmuseum in Taranto.

In allen besitzt die apulische Küche absolutes Vorrecht. Besonders Mittags sind sie, sofern die Küche taugt, gut besetzt, man kann auch noch nach 14 Uhr kommen — abends ist wenig los, es fehlt dann die Atmossphäre. Wer die Auswahl der Speisen seiner Neugier und Verleckertheit überlassen will und nicht dem nach Ökonomie fordernden Portemonnaie, gibt pro Kopf mit Leichtigkeit 1o DM mehr aus als in der Provinz.

"PORTA D' ORO", Via Principe Amadeo 12: Der Speisesaal ist so nüchtern, daß man sich erst gar nicht reinwagt, an der Decke großer Propellerventilator. Apulische Küche, auch recht spezielle Dinge. Laßt Euch vom Padrone oder den Kellnern Apulisches anraten, die erklären Euch alles und freuen sich über jeden Ausländer, der sein Dasein nicht mit Spaghetti bolognese fristen will. Mit 20 DM (sogar bei Fisch) recht preiswert, das Essen mit Sorgfalt zubereitet. "AI DUE GHIOTTONI" (zu den zwei Leckerwänsten), Via Putignani 11/B. Viele Rezepte des alten Bari. Lange Speisenkarte, aber nicht immer alles vorhanden. Einrichtung hat Ambiente. Ca. 25 DM, spezielle Dinge 30 DM. "TRATTORIA MARIA", Via Crisanzio 26, einfach und preiswert — in Uninähe, meist von Studenten besucht. Man wird satt, kulinarische Abenteuer wird man nicht bestehen. Rist. "LA PIGNATA", Via Melo 9, modern gestyled. Traditionelle Küche: Risotto mit Meerestieren, in der Saison auch Lamm und Capretto, fave e ciccorie (dikke Bohnen und Zichorie) zu Brei gemacht, ein apulisches Leibgericht. 30 DM. Rist. "VECCHIA BARI", Via Dante 47, mit alten Einrichtungsstücken. Verschiedene handgemachte Nudeln, teils aus Mehl, teils aus Gries, Fleischgerichte dominieren. 30 DM. Rist. "LA PANCA DA NANNUCCIO", Piazza Massari 8. In alten Gewölben nahe am Castello Svevo. Ziemlich eng und zur Zeit sehr in Mode. Viel Keramik. Riesige Auswahl an Antipasti, erst gehen einem die Augen über, dann kommt Freßlust, am liebsten würde man bei den Antipasti bleiben. Gute Pizza — ganz anders als die napoletanische. Handgemachte Nudeln — es sind Typen darunter, die man sonst nur schwer findet. Wildgemüse. Fische und Fleisch in großer Auswahl, zum Magenschließen große Auswahl ländlicher Käse. 30 DM und mehr. Abends auf Pizzeria reduziert.

In der Periferie noch zwei Tips, die den Besuch lohnen: Bari—Palese (Bus

Nr. 1, ca. 10km auf der Küstenstraße): Rist. "DA TOMMASO", Lungomare N. Massaro, am Meer, großes und sehr beliebtes Fischrestaurant, große Auswahl an Muscheln, Fischen, Seppie und Scampi, Kombinationen von Meerestieren mit Nudeln oder Risotto. Sonntags gesteckt voll, aber dann die meiste Stimmung, Montags geschlossen, an belebten Werktagen die sorgfältigere Zubereitung, Auswahl kann aber kleiner sein. 30 DM und mehr, hängt von den Fischsorten ab. Carbonara di Bari, landeinwärts gelegener Vorort, dessen dörflicher Charakter immer mehr verloren geht, Stadt bus Nr. 4, "LA TABERNA", Via Ospedale di Venere: In den Gewölben einer alten Ölmühle. Forschungs- und Experimentierzentrum apulischer Küchenarchäologie. Eine der besten Gelegenheiten, die Vielseitigkeit apulischer Gerichte kennenzulernen. Die Eigentümer und Köche arbeiten mit Luigi Sada ("Puglia in Bocca") zusammen. Jedes Jahr wird ein Heft über die Küche der Region publiziert, mit alten Rezepten, Bildern, Faksimiles. 30 DM als Mittelwert. Das Restaurant ist im Juli und August geschlossen, und Montags.

Zu den klassischen Appetitmachern gehören roh verspeiste Meerestiere, was inzwischen wegen der Wasserverschmutzung nicht unbedingt ratsam ist. Wer drauf neugierig und verleckert ist, sollte nach **Mola di Bari** fahren, dem Fischereihafen von Bari, und direkt bei den Fischern sich eine Tüte "Stuzzicappetito" erstehen: Alici (Sardellen), winzig kleine Tintenfische (seppioline), Seeigel (ricci di mare), alle Arten von Muscheln, verschiedene Arten kleiner Fische — die Gräten und Köpfe entfernen, mit Zitronensaft und Pfeffer würzen. Wichtig ist, daß die Fische — wie in Mola — von weit draußen kommen. Was aus Ufernähe stammt, kann einem Hepatitis, Darminfektionen und Schlimmeres verpassen.

Mola ist 22 km küstenabwärts von Bari (S.S. 16, Bahnlinie nach Brindisi).

Murgia dei Trulli

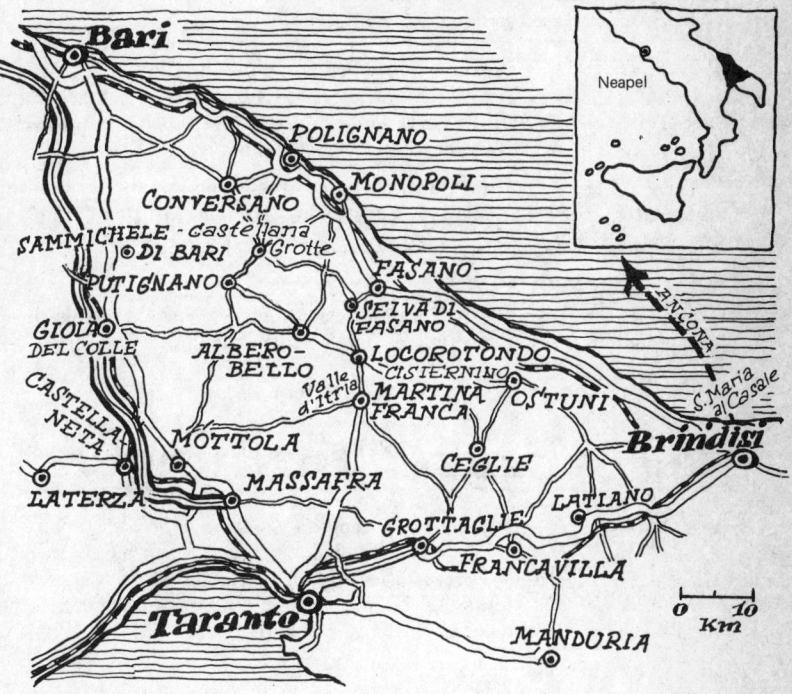

Die Trulli-Region im Dreieck Bari-Brindisi-Taranto gelegen. Ein grünes Hügelland, früher ein einziger Wald wärmeliebender Eichen mit Weideflächen.

In den letzten Jahrhunderten ist an die Stelle dieses Waldes, der hauptsächlich in Orts- und Gemarkungsnamen fortlebt, das hellere vielfältige Grün der Ölbäume, Mandelbäume, Weinstöcke, Fruchtbäume getreten, die Felder mit ihrer dunkelroten Erde durch helle ohne Mörtel aufgeschichtete Steinmauern abgetrennt. Und aus diesem grünen in der Sonne glitzernden Bäumemeer strecken die eigentümlichsten Häuser, die man sich vorstellen kann, ihre Kegelspitzen in den Himmel. Diese runden Häuser, die Trulli, sind ebenfalls aus Trockenmauerwerk gebaut, mal stehen sie einzeln, mal

werden mehrere Trulli zu einem Hauskomplex verbunden. Sie sind Wohn-
häuser, Ställe, Feldhütten, Magazine. Meist stehen sie verstreut in der Land
schaft, dort wo die Bauern ihre Felder haben. Nur in Alberobello ist ein
geschlossenes Korf aus Trulli gebaut, sie bilden Straßen.

Die anderen Dörfer und Kleinstädte sind alle in verschiedener Manier gebaut, und zählen zum Reizvollsten und Fantasiereichsten, was spontane
Architektur in Italien hervorgebracht hat.

TOURIST INFO : Die Murgia dei Trulli gehört zu den drei Provinzen Bari
Brindisi und Taranto, deren Grenzen hier sehr kraus und
verwickelt verlaufen. Da die EPTs immer nur für ihre Provinz informieren,
ist es gut, zu wissen in welcher Provinz man gerade ist.

EPT Bari: Gemeinden (nur die wichtigsten) Polignano, Monopoli, Conver-
sano, Putignano, Alberobello, Locorotondo, Castellana Grotte.

EPT Brindisi: Fasano, Ostuni, Cisternino, Ceglie Messapico.

EPT Taranto: Martina Franca.

In allen diesen Orten lokale Touristinformationen, nicht immer ganzjährig,
aber jedenfalls im Sommer und an den Wochenenden.

Cambio: In allen Städten und großen Dörfern.

Verkehrsverbindungen:

MURGIA DEI TRULLI

An der Adria entlang die vierspurige Schnellstraße
Bari - Brindisi, (bis Fasano S.S.16, dann S.S.379),wer
die Raserei leid ist, nimmt ab Fasano die alte, kaum
befahrene S.S.16, auf viele Kilometer eine schöne, schattige Baumallee, die durch Gärten und Ortschaften führt.

Im Trulli-Gebiet ein sehr engmaschiges Straßennetz, viele reizvolle Nebenstraßen und Feldwege. Mit dem Fahrrad sehr intensiv, aber stellenweise
reich an Steigungen, die Murgia ist eine zerklüftete Kalkplatte, die zur
Adria und zum Jonischen Meer recht steil und plötzlich abfällt, auf wenige Kilometer 400 m Höhenunterschied. Ist man einmal oben auf der Murgia, sind die Höhenunterschiede recht gering.

Bahn:

An der Küste die FS-Linie Bari—Brindisi, alle 1—2 Stunden ein Zug,
die Bahnhöfe südlich von Monopoli liegen von den Orten entfernt (2—5km)
Busverbindungen in die Orte so la la. Ins Innere des Trulli-Gebiets die
Ferrovia del Sud-Est (FSE), meist Dieseltriebwagen, 4 Strecken, Umsteige-
bahnhöfe zur FS Bari Centrale, Taranto Centrale, Francavilla Fontana (zur
FS-Linie Taranto—Brindisi) und Lecce. Umsteigestationen im FSE-Netz
Putignano und Martina Franca. Alle Ortschaften in der Murgia haben Bahn-
anschluß, die Stationen nie sehr weit vom Ortszentrum. Linien Bari—Con-

versano—Putignano—Alberobello—Martina Franca, etwa stündlich; Bari—Casamassima—Putignano, alle 1—2 Stunden; Martina Franca—Taranto, alle 1—2 Stunden; Martina—Francavilla—Lecce, 9—mal täglich. Die Anschlüsse der FSE—Züge untereinander gut, zur FS nicht immer.

Busse: Die Orte untereinander an Werktagen recht häufig verbunden, Abfahrt meist in der Ortsmitte und nicht am Bahnhof.

Mietauto: s. die Adressen in Bari, Brindisi und Taranto.

Landkarten: TCI 1:2oo ooo: Blatt Nr. 20, IGM 1:5o ooo. Nr. 456 Monopoli, 474 Noci, 475 Martina Franca, ziemlich aktuell (um 1978), für Wandern, Radfahren nützlich, man findet leichter Wege abseits der Straßen und weiß, welche Feldwege nicht bei irgendeinem weitabgelegenen Gehöft enden.

WANDERN

Als Landschaft großartig zum Wandern, man bekommt auch am Weg viel Kontakt — aber man muß recht viel auf befahrenen Straßen laufen und selbst auf "einsameren" Feldwegen wird man immer wieder durch Benzindunst dran erinnert, in welchem Jahrhundert man lebt. Daß es keine einsamen Trampelpfade gibt, dafür sorgen überall die Mäuerchen — und nicht selten die Hunde dahinter.

Am Wochenende sollte man die Trulli-Region meiden, besonders Alberobello und die Höhle von Castellana, es geht dort dann wie auf dem Jahrmarkt zu.

HOTELS

Verhältnismäßig wenige, weil überwiegend Wochenendtourismus. Eigentlich ausnahmslos schöne und ordentliche Häuser, einige sogar traumhaft, es gibt mehrfach die Möglichkeit, umgebaute Trulli zu bewohnen. Die Preise weit über dem apulischen Durchschnitt, aber man muß sich wenigstens nicht über entgangene Gegenleistungen ärgern.

CAMPING

Campings fast ausschließlich am Meer, relativ wenige Plätze, für die kommenden Jahre muß aber mit starker Entwicklung gerechnet werden. Frei Campieren stellenweise am Meer möglich und dort wo es einsam ist, auch geduldet, vor allem an den kahlen Stränden von Ostuni. Wer sich in die wenigen kleinen und kümmerlichen Aufforstungen in Strandnähe mit Zelt und Wohnmobil einnistet, bekommt spätestens nach zwei, drei Tagen Ärger. In der Murgia selbst ist freies Campieren kaum möglich. Zuviele Mäuerchen.

Bei Martina Franca eine Jugendherberge, die nicht dem italienischen JH - Verband angehört.

Agritourismo: Gut entwickelt.Sommers alles langfristig belegt. Mehrfach die Möglichkeit, sich in Trulli einzumieten. Ratsam, vorher in Bari beim regionalen Agriturist–Büro (dicht am Bahnhof) vorzusprechen. Einmal liegen fast alle Häuser, Trulli und Masserie mit Agriturismo irgendwo in der Landschaft und der Weg ist oft schwer zu finden, und einige Besitzer und Verwalter leben in Bari. Anschrift s. Bari!

 **BADEN**

Zwischen Polignano a Mare und Lido Specchiolla ist die Adria sauber, im Bereich von Egnazia, Torre Canne und Marina di Ostuni sogar sehr sauber. Leider hat dort die Bauspekulation stellenweise wüst zugeschlagen und einige besonders schöne Strandabschnitte sind nur für Bewohner von Campings und Feriendörfern zugänglich. Überwiegend flache Felsen küste mit messerscharf zerfressenen Felsen, die voll von Seeigeln sind, kleine oder auch nur winzige Sandbuchten. Schönes Revier für Taucher, mehr wegen der bizarren und bewachsenen Unterwasserfelsen. Die Fischwelt recht dezimiert. Auch dort, wo das Wasser klar und durchsichtig ist, immer wieder Anspülung von Plastikmüll und Ölklumpen.

Jonisches Meer: Von Martina Franca bis zu den sauberen Stränden am jonischen Meer südlich von Taranto etwas über 5o km, wer es ganz einsam haben will, legt nochmal 2o - 3o km dazu in Richtung Calabrien. Dort ist das Wasser phantastisch sauber.

Essen und Trinken

VINO: Aus der Murgia kommen Spitzenweine, man kauft sie entweder direkt beim Produzenten oder bei den Genossenschaftskellereien, aber in kleinen Flaschen. Locorotondo (weiß), Martina Franca (weiß), Ostuni (weiß und rot) — alle ausgesprochen herb, die weißen sehr hell, brauchen die Kühle des Kellers, das Glas muß beschlagen, sollten nicht zu lange gelagert werden! Außerdem werden gute Tischweine, meist rot, produziert, auch sie sollten recht kühl genossen werden.

EINKAUFEN: An erster Stelle Olivenöl, wo es von den Bauern angeboten wird, dann vor allem im Südteil frischen Käse aus Kuh- und Schafsmilch, gelagerten Pecorino, Soppressate.

Hauptbestandteile eines guten Essens: Grünzeug, handgemachte Nudeln, Lamm, Oliven und deren Öl, Käse und fetter Quark (Ricotta).

Im Süden der Murgia, wo es noch Wälder und Macchia gibt, kann man bei entsprechendem Wetter reiche Pilzernten erzielen. An den Mäuerchen im Frühjahr Wildspargel und fast überall Rucola. Schneckensammeln nach Regen lohnt!

SEHENSWERTES:

Keine großen Kunstdenkmäler. Spontanarchitektur wie die Trulli (zwischen Selva di Fasano und Alberobello und um Martina Franca) und die Kleinstädte Martina Franca, Cisternino und Locorotondo. Die Höhlen von Putignano und Castellana Grotte, das Museum der bäuerlichen Kultur von Sammichele di Bari.

BÄUERLICHE SPONTANARCHITEKTUR

Das mittlere und südliche Apulien ist voll davon. Die Trulli sind bestimmt die eigenwilligste Bauform, obwohl sie nur die zur Spitze getriebene Weiterentwicklung der einfachen runden Hirtenhütte (capanna) sind, wie man sie beispielsweise auch im Gargano und in den Abruzzen findet. Einfach zu bauen, viel einfacher als ein Haus mit vier Ecken, und was in den waldarmen, aber stein-reichen Landschaften wichtig ist, man kann das Dach ohne jedes Stück Holz aus Steinplatten aufschichten.

Im Inneren entsteht eine flache Kuppel — die übrigens auch bei den Trulli mit ihren hochgezogenen Kegelspitzen recht flach ist. Die Trulli sind in mörtellosem Trockenmauerwerk aus Bruchstein gebaut. Der örtliche Kalkstein läßt sich leicht in regelmäßige Platten spalten, die Wände der bewohnten Trulli werden dann in der Regel verputzt, häufig auch die Kegeldächer und weiß gekalkt. Die weiße Farbe sieht nicht nur schön aus (die apulischen Bauern haben in ihren Häusern schon immer einen ausgeprägten Schönheitssinn entwickelt), sie hält auch die Hitze ab und beim Anstrich mit Kalk wird alles Ungeziefer vernichtet. Das Dach bleibt oft ohne Anstrich und es werden Symbole, meist stilisierte Kreuze darauf gemalt. Je nach Platzbedarf werden mehrere Trulli zu einem Haus mit rechteckigem Grundriß zusammengebaut, spätere Anbauten lassen unregelmäßige Formen entstehen, besonders weil meist ein Nebeneinander von hohen und niedrigen Dachkegeln besteht.

Rundhäuser in Trulli-Form gibt es auch in anderen Teilen Apuliens, aber nie so zahlreich und nie zu mehrkegeligen Komplexen ausgebildet. Den Grund für das Wohnen in Rundhäusern, die anderswo nur als Feldhütten dienen, vermutet man darin, daß im 13. Jahrhundert der Graf von Acquaviva, dem das Gebiet der damals noch dünn besiedelten Murgia-Wälder als Lehen gehörte, Steuern an den napoletanischen Hof sparen wollte, die für festgebaute Städte und Dörfer zu entrichten waren. Den Siedlern wurde die Auflage gegeben, in Trulli zu leben. Mißtrauische Steuerbeamte konnten sich überzeugen, daß die Menschen nur in "Hütten" lebten, gleichzeitig erließ der Hof das Verbot, mit Mörtel zu bauen (andernfalls Heranziehung der Steuer !), das erst 1794 aufgehoben wurde.

Gleichzeitig bestand — mit der Ausnahme von Alberobello — das Gebot für die Siedler, auf den Parzellen ihr Haus zu bauen und nicht wie sonst meist in Süditalien fernab der Felder in stadtähnlichen Dörfern zu wohnen.

✶ VALENZANO

1o km südlich von Bari (Station der FSE). Außerhalb des Dorfs die romanische Kirche Ognisanti, eigenartiger schmuckloser Bau mit drei sehr eng hintereinander stehenden quadratischen Kuppeln.

★ SAMMICHELE DI BARI

(An der S. S. 1oo BA - TA, Station der FSE). Im Castell das Museo della Civilta Contadina, eines der größten Volkskundemuseen Apuliens. Angeschlossen eine original ausgestattete Bauernwohnung im Ort.

★ CONVERSANO (18 5oo Einw.)

(Station der FSE): Großes Landwirtschaftszentrum, berühmt für seine Kirschen, die in Alkohol eingelegt werden. In den Milchläden "Ricottelle"

— ganz zarter frischer Quarkkäse. Außerhalb und im Ort zwei mittelalterliche Kirchen:

S. Benedetto an der Straße nach Rutigliano zwischen häßlichen Neubauten,
schöner Kreuzgang mit Tier und Pflanzenmotiven an den Kapitellen.

1 km vor dem Ort (am Bahnhof vorbei) zwischen Olivenhainen die Kirche
S. Caterina, nach syrischem Vorbild Grundriß eines vierblättrigen Klee-
blatts, in der Mitte achteckige Kuppel mit Türmchen. Schöner Platz zum
Ausruhen.

Castellana

Grotte di Castellana: Bei Castellana (Staz. FSE) beginnt das eigentliche
Trulli-Gebiet. Die Grotten etwa 2 km vom Ort an der Straße nach Putignano. Die erst 1938 erforschten Höhlen gelten als die schönsten Tropfsteinhöhlen Italiens! Daß dort eine Höhle war, wußte man schon lange,
denn dort, wo der Eingang ist, öffnet sich ein 6o m tiefes Loch, in das
bis zur Erschließung der Höhle für touristische Zwecke die Kadaver ver-
endeter Tiere geworfen wurden.

Eingang am Besucherzentrum, das auch starkem Massenandrang gerüstet
ist. Es gibt zwei Führungen, die kürzere etwa 1 km, Dauer etwa 1 Stunde,
Start stündlich, bei Bedarf auch häufiger; die längere 3 km weit, Dauer
2 Stunden (5oo m führen durch einen engen Gang ohne Tropfsteine), wer
Zeit hat, sollte die längere Führung machen, weil der besonders schöne
Kuppelsaal der Caverna Bianca, mit weiß strahlenden Alabastertropfsteinen
am äußersten Ende liegt.

Fast im gesamten Verlauf der Höhle laufen mehrere Gänge nebeneinander,
so daß Hin- und Rückweg verschieden sind. Abwechselnd schmale, manchmal sehr niedrige Gänge, dann hohe Säle, voll von Tropfsteinen. Ausstieg
aus der Höhle mit Aufzug. Wenn viel los ist, besser zu Fuß über die
Treppe, die man hinunter gegangen ist.

Unbedingt Pullover mit runter nehmen !

Wer schon in Alberobello und Locorotondo war, sollte ab Castellana
Grotte auf der Straße nach Selva di Fasano durch einen der schönsten
Teile der Trulli-Region bummeln.

Vor allem ist auf dieser Straße nicht ganz so viel los, entlang der Straße
und noch mehr an Nebenstraßen und Feldwegen viele schattige Plätze zum
Picknicken und Ausruhen.

Immerhin 9; mir haben am ehesten zugesagt:

"Autostello ACI (III cat.)
Tel. o8o/73 54 95, Motel, Doppelzimmer ca. 6o DM

Dell 'Esploratore (III cat.)
Tel. o8o/73 55 o3, modernes Mittelklassehotel, Doppelzimmer ca. 6o DM

Auch die anderen Hotels in Ordnung, nichts negatives, Preise fürs Doppelzimmer zwischen 35 - 5o DM.

"TRATTORIA DEGLI ARTISTI":Kleine Ländliche Trattoria;
wo es Orechiette, andere handgemachte Nudeln, Spießchen
mit Lammfleisch und Involtini (Rouladen) gibt,ca. 18 DM.
In den Pasticcerie im Dorf Semifreddi.

✹ PUTIGNANO (22 ooo Einw.)

(Staz. FSE). Städtisch wirkendes Dorf, weißgekalkt mit viel Grün an den
Häusern und auf den Balkonen. Kleine Paläste in Natursteinquadern, malerische Balkone und schöne Bögen.

An der Straße nach Turi (1 km) Grotta di Putignano (8 – 12, 14 – Sonnenuntergang, Führung): 27 m in die Tiefe, rosenfarbene durchscheinende
Tropfsteine.

In Ortsnähe an der Straße nach Coversano Rist. "GORGO DI FUOCO",
bäuerliches Restaurant im Grünen, mit ca. 15 DM ausgesprochen preiswert.

✹ ALBEROBELLO ("schöner Baum", 9 4oo Einw.)

(Staz. FSE). Die alten Ortsteile Rione Monti und Rione Aja Piccola (gelbe
Schilder "zona monumentale dei trulli") eine Trullistadt (über 1 ooo
Trulli), vor Jahren noch bewohnt, heute überwiegend dem Verkauf von
Andenken zugeführt, in einige Trulli kann man unverbindlich eintreten
(natürlich alles vollgestellt mit Souvenierkram). Überall Ristoranti und
Pizzerie, die meist arg konventionelles zu unkonventionellen Preisen anbie-
ten.

Im Hochsommer und an Wochenenden zig Touristenbusse, man schiebt und
drängt sich durch die zum Glück breiten und autofreien Gassen. Der neue
Stadtteil, wo fast die gesamte Bevölkerung wohnt, bietet nichts. In den
Andenkenläden neben Plastikmist Kunstgewerbe aus ganz Apulien, viel
Keramik aus Grottaglie, zu Touristenpreisen.

Zwei sind viel besser, als der Touristenrummel erwarten
läßt: "IL POETA CONTADINO ("Der Bauerndichter"):
Rustikal, auch Tische im Garten. Handgemachte Nudeln,
auch die so seltenen aus schwarzem (gerösteten) Mehl,
Purea di fave e ciccorie, Gnummerieddi (Eingeweide) und
Fleischspieße vom Rost, junge Köche, denen die alten Rezepte eine
Mission sind. Ca.28 DM."CUCINA DEI TRULLI", neben Konventio
nellem ganz ausgezeichnete Provinzküche, Lamm und Zicklein ganz
jährig. 2o—25 DM.

Haben ein kleines Hotel(in Trulli). Im Ristorante fragen! Doppelzimmer
3o DM, Tel. o8o/72 11 79.

"Hotel dei Trulli" (I cat.)
In einem Park verstreute Trulli, die als sehr komfortables Hotel hergerichtet. Man hat immer ein Appartement in einem Trulli, der bis zu drei Räumen faßt. Mit alten Möbeln eingerichtet. Halbpension Bedingung, 95 DM. Im Ristorante große Antipastotisch, wie sonst die Küche ist, weiß ich nicht. Tel. 080/72 11 3o. Im Sommer und an Wochenenden lange vorbestellen.

✸ LOCOROTONDO (Runder Ort)

(Staz. FSE). Der alte Stadtkern tatsächlich rund, auf einem Hügel beherrschen über der Trulli-Landschaft gelegen. Der Ort weiß, die dreieckigen Giebel wie Zinnen. Berühmt für seinen Wein — es wird viel produziert. Der D.O.C. - Wein aus Flaschen zählt zum besten aus apulischer Produktion.

Einfach durch die Gassen und über die Plätze bummeln. Vom Park mit dem Belvedere großartiger Blick übers Valle d'Itria, wo die schönsten Trulli stehen. Wohltuend nach dem Trubel von Alberobello. Fast nur Einheimische.

 An der Straße nach Cisternino (2,5 km) Ristorante "CASA MIA", ländlich, in der Küche die Besitzerin und Bauersfrauen: Orecchiette mit Ragu oder Ricotta fresca (frischer, süßer Quark), Purea di Fave e Ciccorie (wer einmal auf den Geschmack gekommen ist...),geröstetes Lamm, ein recht spezielles Gericht aus Trippa (Kutteln).DM 22. Viele Bilder lokaler Künstler an den Wänden.

✸ SELVA DI FASANO

Bis auf einen kleinen Ortskern (meist die Villen der Reichen aus Bari) nur auseinanderliegende Trulli im Olivenwald. Noch recht bäuerlich. Ganz brauchbar zum Wandern und Spazierengehen, zum Picknick machen. Schönste Zufahrten von Castellana Grotte, Monopoli, Fasano und Locorotondo. Keine öffentlichen Verkehrsmittel — man braucht zudem die Beweglichkeit von Auto oder Fahrrad.

"Sierra Silvana"(II cat.)
Tel. 080/79 92 41, aus mehreren verschachtelten Kubenkomplexen in einem weitläufigen Park, wo die Bäume aber noch kräftig wachsen müssen. Häufig durch Kongresse blockiert. Swimming-Pool.Riesiges Ristorante wo Beton und T-Träger formal bestimmend sind (nüchtern, aber irgendwie gekonnt). Die Küche soll nicht besonders sein, viele der Dauergäste gehen fremd.

"La Silvana" (P. 2)
Tel. 080/79 91 61, in schöner Lage mit Blick über die Küstenebene und auf die Adria. Park. Vollpension um die 7o DM

"Villa dei Pini" (P. 3)
Mai - Oktober, einfach. Tel. 080/79 92 65, nur Voll- oder Halbpension. Vollpension ca. 35 DM.

Hotels generell vorbstellen, sind beliebt! Liegen zwar alle in der Trulli-Landschaft, haben aber architektonisch ihre baulichen Anregungen im internationalen Ferienhausstil bezogen.

"MONACELLE DI MONOPOLI", in einer alten Masseria, die aus Trulli besteht.Etwas kalt restauriert, aber man bekommt einen guten Eindruck, wie Trulli von Innen aussehen. Der Besitzer hatte jahrelang Italo-Restaurant in München, spricht gut deutsch und freut sich ,von dem Abschied zu nehmen, was man in deutschen Landen für italienische Küche hält. Im Winter Hasen und Drosseln. Ca.25 DM. Beim Ristorante in Baumhain Camping platz. Rist."IL FAGGIANO—DA GASTONE":Im klassischen Stil auch in der Küche ein Stück Norditalien (Emilia) im Süden, aber man hat einen "historischen" Kompromiß zwischen Bologna und Apulien geschlossen, besonders was die ländlichen apulischen Speisen im Gewand großer italienischer Küche angeht (der Norden braucht sich mit seinen Kochkünsten bestimmt nicht zu verstecken) und die Küchenchefin hat das Selbstbewußtsein, kreativ in der neuen Umgebung zu lernen. Auf die Teller kommt nur , was in der Umgebung produziert wird.

✱ Valle d'Itria: Zwischen Locorotondo und Martina Franca. Tausende von Trulli zwischen den Weingärten. Statt der befahrenen Hauptstraße den Feldweg nehmen, der westlich parallel zu ihr verläuft. Ebenfalls eindrucksvoll die Nebenstraßen Alberobello - Martina Franca und Martina - Cisternino. Man kann auch mal anhalten und der Ciclista kann angstfrei fahren.

Martina Franca

Barockstadt. Eines der schönsten Beispiele für spontanes und organisches Wachsen einer Stadt. An Wochenenden beliebtes Ausflugsziel für die Bewohner Tarantos, Baris und Brindisis, aber man sollte das genießen, denn dann haben die ristoranti jenen Hochbetrieb, der die Spezialitäten auf den Tisch zaubert und die Zuckerbäcker leisten ihr Bestes.

Auf der Via Mercadante, am Rande der Altstadt, dann Stände mit den gesammelten Naturprodukten der Murgia: Wildspargel, Lampisciuni, Pilze, Schnecken.

Der Barock der Stadt ist weiß und freundlich, in Maßen verschnörkelt, große Kunstwerke sind nicht dabei, man kann sich erholen. Besonderes Augenmerk auf die schmiedeeisernen Balkone, Torbögen und Fenster und auf den Weg, denn die Stadt ist verwinkelt, geradezu heimtückisch so angelegt, daß der arme Fremde dauernd im Kreis geht.

TOURIST INFO : A. A., Piazza Roma 35, dort (gratis) ein Kurzführer durch die Stadt mit Tourenvorschlägen durch die Altstadt.

"Dell 'Erba" (II cat.)
Tel. o8o/7o 1o 55 und 7o 1o 57, Via dei Cedri. Doppelzimmer ca. 85 DM

"Park Hotel S. Micliele" (II cat.)
Tel. 080/72 22 19, Viale Carella 9, Doppelzimmer ca. 85 DM

"Sameraro" (II cat.)
Tel. o8o/72 27 68, Piazzetta S. Antonio, Doppelzimmer ca. 63 DM

Alle drei sehr gut ausgestattet, in Parks in der Neustadt gelegen. Nach persönlichem Gusto vorgehen. Außer an sommerlichen Wochenenden sind sie eigentlich nie völlig ausgelastet. Billige Hotels gibt es keine.

Außerhalb von Martina Franca:

"Olimpia" (III cat.)
An der Straße Richtung Taranto. Tel. o8o/72 21 9o, Doppelzimmer 4o DM.

Jugendherberge (nicht zum IYHF gehörend) ca. 8 km entfernt an der Straße nach Taranto (S. S. 172), oft durch Jugendgruppen blockiert. Kein Telefon! Man kann in der Gegend frei campieren.

"TRATTORIA SAN MARTINO":Via Carmine 7, an der Villa Communale, reiche Antipasti-Auswahl: Pilze, Lampisciuni Artischocken und allerlei Gemüse; Nudeln,Orecchiette , Buccatini, bruschetta mit ricotta forte (geröstetes Brot und scharfer Quark), purea di fave e ciccorie, Innereien, Lamm, salsicia pugliese (grobe, frische Wurst vom Rost), Wein aus eigener Produktion, deshalb während der Weinlese zwei Wochen geschlossen, eigener Schinken und capocollo (Kotteletstück wie Schinken gesalzen und gelagert),Salami. 2o - 24 DM.

"LE TERRAZZE" (gleich in der Nähe), an der Villa Comunale, schöne Aussicht über das Valle d'Itria: Leckere Nudelgerichte, Leberchen (fegatini) aus dem Backofen, diverses gebackenes Fleisch, "turde 'n zulze" — übersetzt eine Art Drosselsülze — nur im Herbst, außer Drosseln braucht man Vino bianco secco und frische Lorbeerblätter dazu. ca. 25 DM

Rist. "DELL 'ERBA" (beim gleichnamigen Hotel): Mit modernem Kunsthandwerk geschickt auf ländlich getrimmt. Auch in diesem bestimmt recht noblen Restaurant (Nicht underdressed ankommen!) Fische und Krebse nach tarentiner Rezepten, Lamm und Capretto, "gnommerelli" (Eingeweide), im Herbst Wachteln (Quaglie). Ca. 3o DM.

> TIP: Wer werktags nach Martina kommt, sollte sich mit frischen Käsen und Mozzarelle versorgen — nicht zuviel, sie verderben schnell, bei heißem Wetter reichen wenige Stunden und sie sind bitter und sauer.
> PASTICCERIE: In die Pasticceria TRIPOLI und BAR ADUA (Cappucino!) reist man am Week-End extra von Bari und Taranto an. Früh die Leckereien aus leichtem Teig, Sahne, Ricotta einkaufen, denn bis zum Mittag ist alles ausgeplündert.

Sonntags wimmelt es hier von Eßwilligen. Die örtliche Küche ist gut, auch in den großen Ristoranti frühzeitig um einen Platz kümmern. Rückgrat der Küche Lammfleisch, das ausgezeichnete Fleisch der halbwild aufgewachsenen Kälber, Pilze und Wildgemüse, im Herbst gesottene und geröstete Amseln und immer hausgemachte Nudeln. Hervorragende Antipasti aus selbsteingelegten Gemüsen unter Öl.

Entlang der Straßen, die nach Martina Franca noch an die lo ländliche Ristoranti und Trattorie, die ich mit für die nächste Auflage vorgenommen haben.

✦ **Die Wälder südlich von Martina Franca:**

Locker bebäumte Waldweiden, die Trulli stehen nicht mehr so dicht, aber dafür keinerlei Touristenrummel. Dort, wo die Kalkplatte nach Süden (Grottaglie und Taranto) abbricht, Macchia in felsiger Landschaft.

Bosco di Pianelle (15 km auf der Straße nach Massafra): Einer der wenigen großen Eichenwälder der Murgia, unterbrochen von weiten duftenden Macchiaflächen. Als botanische Rarität die vom Balkan stammende Salvia triloba, ein rosa blühender Salbei, der wie die blaublütigen für die Küche taugt.

Frei Campieren möglich, geeignete Stellen lassen sich finden, aber kein offenes Feuer. Große Brandflächen zeigen, daß zum Flächenbrand nur ein Funke genügt. Viele Zwiebelgewächse und Alpenveilchen (natürlich nicht im Sommer).

FAHRRAD...

Trotz einiger Steigungen, die aber von Martina meist abwärts führen, mit vielen kleinen Straßen ein Paradies für Radfahrer.Wenig Verkehr, man kann gut Kontakte am Wegesrand bekommen, und wenn die Sonne allzusehr brennt, gibt es überall Schatten.

✦ **CISTERNINO und CEGLIE MESSAPICO**

Schöne kleinstädtische Spontanarchitektur. Verwinkelt, Torbögen.

Hotel und Rist. "Aia del Vento" (II cat.) bei Cisternino an der Straße nach Locorotondo, moderner Kasten, auf Anhieb hätte ich ihn für den Bahnhof gehalten, sehr großer Speisesaal, als Rahmen für gehobene Hochzeiten geschätzt. Der Beton läßt es nicht erwarten, aber man kocht ländlich, zaubert mit Ceci (Kichererbsen), Fave (diche Bohnen) und Innereien (gnummeriedd), 25 DM. Doppelzimmer 4o DM. Tel. o8o/71 83 88.

FEST: Anfang Juni: Sagra degli Gnummarieddi in Cisternino. Eine der Gelegenheiten diese Spezialität des Südens wirklich zu bekommen, in den Ristoranti ziert sie oft nur die Speisekarten, um vor allem italienische Kundschaft anzulocken.

Masseria de Bellis: Signora Carla de Bellis, Viale Dante 57, 7o o1 3 Castellana Grotte, **AGRITOURISMUS** Tel.o8o/73 63 39 und 80 3o 4o. Appartement im Gutshaus, von Mandelhainen umgeben. Mindestaufenthalt ca.3o Tage, ca.55o DM. Möglichkeit zu Tennis. Direktverkauf von Obst, Mandeln, Oliven, Milch und Eiern.

Aziende Agricola Villa Carla, localita Pusta di Cristo, Signora Irene Colavecchio, Anschrift wie vorher, Tel. o8o/73 5o 37 und 8o 3o 4o. Bauernhaus, das vom Landwirt bewohnt ist. Weiter Blick, Möglichkeit zu Tennis. Direktverkauf von Gemüse, Öl, Wein, Hühnern, Eiern, Obst und Mandeln; Mindestaufenthalt 3o Tage, ca. 55o DM.

Alberobello: Wohnen in Haus aus 3 Trulli mitten in der Landschaft.

Signora Maria Immacolata Lippolis, Via Vittorio Emanuele 2o, 70011 Alberobello; Mindestaufenthalt 3o Tage, ca. 3oo DM.

Locorotondo: Wohnen in Trulli im Valle d'Itria, Sig. Silvio Zanna, Via A. de Ferraris 65, 70100 Bari; Mindestaufenthalt 3o Tage, ca. 4oo DM.

Wohnen in Trulli in der Selva di Fasano (loc. Serralta), nur 12 km vom Meer, umgeben von Olivenhainen. Sig. Gino Dipaola und Signora Cecilia Ortolani, Via Carpi 1o, 70100 Bari, Tel. o8o/33 79 46. In den umliegenden Höfen Direktverkauf von Milch, Käse, Eiern, Obst, Gemüse und Wein; längerer Aufenthalt erwünscht.

Bauernhaus im Valle d'Itria, Sig. Domenico de Marinis, Via Giulio Petroni, 70124 Bari, Tel. o8o/41 o2 45.

Monopoli: Azienda San Vincenzo bei Monopoli, großes Gut im Hügelland 4 km vom Meer. Rinder- und Pferdezucht. Unterkunft im Gutshaus. Sig. Vincenco de Bellis, Viale Dante 57, 70013 Castellana Grotte, Tel. o8o/ 73 5o 37 und 73 63 39. Reitmöglichkeit und Tennis. Mindestaufenthalt 3o Tage, ca. 55o DM; Direktverkauf: Milch, Eier, Gartenprodukte, Hühner, Oliven, Mandeln.

Azienda Lisi, loc. La Mandia, in der Küstenebene 1 km vom Meer. Unterbringung im Gutshaus. Sig. Nicola Lisi, Via Lepanto II, trav. a mare N. 6, Tel. o8o/74 75 48. Tennis und Reiten. Mindestaufenthalt 3o Tage, je nach Appartement ca. 7oo - 1 ooo DM, in der Nachsaison weniger.

Martina Franca Kleines Bauernhaus in ausgedehntem Kiefernwald 4 km von Martina Franca, nachfragen beim Ristorante "Monticello", Sig. Franco Cardone, ober bei Signora Costanza Carmine, Piazza Magie 13, 74100 Taranto, Tel. 099/36 143. Montasmiete 2oo - 7oo DM, je nach Saison und Personenzahl. Feldarbeit möglich.

Trullo im Weingarten am Ortsrand von Martina Franca, nahe der Stazione FSE, Signora Maria Sivestri, Via Principe Amadeo 32, 74100 Taranto, Tel. o99/96 978. Direktverkauf: Tafeltrauben.

Ceglie Messapico: Podere Cotogno: Kleines früheres Pächterhaus, 2o km zum Meer. Mindestaufenthalt 3o Tage, ca. 24o DM, Sig. Giuseppe Urso, Via Brindisi 6/c, 72013 Ceglie Messapico. Direktverkauf: Feigen, Birnen, Kirschen, Maulbeeren, Mandeln.

Podere Bellanova: Zwei kleine Häuser im Hügelland, 2o km vom Meer, Signora Filomena Bellanova, Via Vittorio Veneto, 72013 Ceglie Messapico, Tel. o831/97 73 61. Feldarbeit möglich.

Azienda Ricci: Typisches Bauernhaus der Gegend, 16 km zum Meer, reichlich Platz zur Verfügung der Gäste. In der Nähe die Grotten von Montevicoli, keine Höhlen, sondern eine Sonderform der Trulli mit abgestumpfter Spitze und sich nach oben treppenförmig verjüngend. Sig. Francesco Ricci, Corso Garibaldi 2o, 72013 Ceglie Messapico. Direktverkauf: Obst, Der gleiche Besitzer vermietet Wohnmöglichkeiten in einer früheren Einsiedelei. Tel. o831/97 71 18.

Ostuni: Podere Foragno, Bauernhaus in Ortsnähe, 8 km zum Meer. Für einige Tage auch Möglichkeit zum Zelten. Sig. Antonio Viesti, Via Cattedrale 35, 72017 Ostuni, Für 3o Tage ca. 7oo DM.

<u>S.Vito dei Normanni:</u> Kleines Bauernhaus zwischen Reben, Mandeln und Obstbäumen. 8 km vom Meer. Sig. Luigi d'Agnano, Viale A. Salandra 2/G, 70100 Bari, Tel. o8o/47 1o 34.

<u>Mittelalterliche Masseria</u> in der Contrada S. Giacomo (mit ländlichem Ristorante), Sig. Antonio Argentieri, Via Pascoli 12, 72012 S. Vito dei Normanni, 12 km zum Meer.

<u>Azienda Reggia Incantalupi:</u> Großes Gut aus dem 17. Jahrhundert, 1o Gästezimmer (Doppelzimmer ca. 4o DM). Großer Viehzuchtbetrieb, Reitmöglichkeit. Tennis. Eigener Strand in der Nähe.

<u>Sig.Guiseppe Bruno</u> , Via Dante Alighieri 3o, 72012 S. Vito dei Normanni, Tel. o831/96 1o 48.

Die Küste zwischen Bari und Brindisi

Das Vor- oder Hinterland der Trulli-Gegend, je nach Auffassung. Wer in den hochgelegenen Orten der Murgia wohnt, bekommt mehr mit, denn fast alle Küstenorte sind Schöpfungen des noch recht jungen Tourismus.

Im Sommer ist es aber auch in der Murgia schwer, spontan Platz zu finden, denn es pendeln viele Einheimische zwischen Hügelland und Meer.

Die Küste ist stellenweise hohe Felsküste, meist aber recht flach, fast immer felsig mit kleinen Sand- und Schotterbuchten. Die meist in geringer Distanz vom Meer verlaufende Schnellstraße für Linksabbieger und Einfahrende aus den Seitenstraßen ausgesprochen gefährlich. Südlich von Marina di Ostuni das Hinterland der Strände, abgeerntete Äcker.

✱ POLIGNANO A MARE (13 5oo Einw.)

Weiße Kleinstadt auf einer Felstafel, die 25 m tief ins Meer abbricht, durch die Brandung von geräumigen Höhlen ausgefressen. In der Chiesa Matrice (Renaissance) Krippenfiguren aus Sandstein, denen von Matera und Altamura ähnlich.

Rist."TUCCHINO", Strada S.Catarina. Direkt über dem Meer mit überdachter und verglaster Terrasse.
Essen ist ausgezeichnet, hat aber seinen Preis. Ganz fantastische Muscheln und Fischsuppe, Nudeln mit Muscheln. Die Sachen sind unbedingt frisch. Ca.4o-45 DM.

"Grotta Palazzese"(Cat.I)

Tel. o8o/74 o2 61, direkt über dem Meer, das Ristorante auf einer Terrasse in einer der Meeresgrotten hineingebaut – bei starker Brandung feucht, unter einem 15 m tiefer schwappt das Wasser. Wenn es zu stürmisch ist, ißt man drüber im verglasten Speisesaal. Das Hotel ist äußerlich ein ziemlich brutaler Betonklotz, innen karg, aber mit Geschmack. Doppelzimmer 7o - 85 DM, im Sommer Vollpension Bedinung, 95 DM.
Ristorante: Maritime Spezialitäten. Die Köche stammen aus der Gegend, haben bei

ihren Müttern und auf der Hotelfachschule von Castellana Grotte gelernt, wo man stark auf regionale Tradition achtet. Essen ca. 3o DM, das kg Langusten ca. 8o DM.

"Sportelli" (P. 2)
Tel. o8o/74 00 31, im Ort in einer freundlichen Seitenstraße. Nutzt geschickt ein altes Haus, innen weiß und freundlich, familiär. Die Mutter kocht traditionelle bareser Küche. Doppelzimmer 3o DM, Vollpension (im Sommer Bedingung) 48 DM.

BOOTSFAHRTEN zu den Meereshöhlen mit Fischerbooten werden vom Hotel "Grotta Palazzese" organisiert.

Badestrände in tiefen Felsbuchten mit etwas Sand, 2 - 3 km nördlich und südlich von Polignano.

✹ MONOPOLI (4o 5oo Einw.)

Das bekannte Gesellschaftsspiel stammt nicht von hier. Wichtiger Fischereihafen, die Altstadt ganz nett, die sehr ausgedehnten neuen Stadtteil nichtssagend und teilweise verkommen.

Tratt."L'ASSUNTA"; an der S.S.16 südlich von Monopoli (km 851+5oo).Mit Terrasse zum Draußensitzen. Einfache aber leckere Küche, von allem ein wenig, ca.2o DM
Trattoria "GRECO", an der S.S. 16 südl. von Monopoli (km 846). Wird zu Recht viel von Fernfahrern angesteuert.
Nudeln wie meistens in Apulien handgeformt. Sonst Fisch und Fleisch - frisch und gut gewürzt.Ca.15-18 DM.
TAVOLA CALDA, Tankstelle TOTAL, an der S.S. 16 nördl. Monopoli (km 84o). Auch mit Terrasse.Schmackhaft und nicht teuer, ca.12 DM.

✦ FASANO

Unterhalb der Selva di Fasano, an der Stadt ist wenig. Information (auch für Selva und die Strandorte): A. A., Piazza Ciaia 9, Tel. o8o/71 3o 86.

Die größte Touristenattraktion der Zoo-Safari (bei uns gibts so etwas auch) man kann zwischen Zebras, Giraffen und Löwen mit dem Auto rumfahren die Olivensavanne nicht ganz stilecht. Vor Jahren verließ hier einmal ein Besucher seinen blechernen Schutzraum, um mehr Realismus ins Foto zu kriegen. Die Sache endete böse für ihn und den Löwen (der Löwe mußte als Man-eater erschossen werden).

In Fasano: Pasticceria Amati!

Egnazia: Archäologische Zone, Ausgrabungen einer vorrömischen Stadt, interessant die in den Felsen gegrabenen Grabkammern. Die Strände außerhalb der Hochsaison recht einsam, zum Teil flache Felsküste (beim Reingehen aufpassen, sehr scharfe Kanten), aber auch längere Sandstreifen.

Torre Canne: Thermalbad mit häßlichen Betonbauten, aber schöne Strände. Camping "Le Dune", Tennis, Boccia, für Taucher geeignet.

Ab Torre Canne die Schnellstraße dicht am Strand, trotzdem in Seitenwege fahren und nachsehen ob es einem gefällt, insgesamt recht kahl und viel Bautätigkeit.

✱ SAVELLETRI

Kleines Fischerdorf in einer flachen Bucht mit Stränden in kleinen Felsbuchten.

"DA RENZINA", eine Veranda am Meer, relativ klein, deshalb eventuell vorbestellen, man kann dann gleich besprechen, welche Meerestiere es gibt, oder welche bei den Fischern besorgt werden sollen. Denkwürdige Fischsuppen und Fritture, Langusten, triglie in cartoccio (im Backofen in Ölpapier verpackt — eine in Apulien geschätzte Zubereitungsform). Fische vom Holzkohlenrost 25 DM. Languste erheblich mehr.

Ostuni   (31 000 Einw.)

Am Rande der Murgia, weiß zwischen den silbergrünen Hügeln. Wirkt wie eine Stadt im Orient, und die Tourismuswerbung operiert auch eifrig mit solchen Assoziationen wie die "Kasbah" von Ostuni. Die Stadt ist verwinkelt, voller Treppenwege und auf dem nicht so reizvollen Hauptplatz gibt es auch Palmen.

Den Dom (Cattedrale) mit seiner preziösen Rosette (gotisch), vor die Fassadenmauer gesetzt, kein Fenster dahinter und seinem "chinesisch" geschwungenen Dach, der einzige dunkle Farbkontrast zur weißen Stadt. Innen reingehen lohnt nicht, muffiger und mieser Geschmack des 19. Jahrhunderts.

TOURIST INFORMATION: A.A. Piazza Liberta, Tel. 0831/971268.

"SPESSITE", auf antik getrimmt, keine Ecke in der Altstadt, wo nicht die geschäftstüchtigen Besitzer Hinweispfeile hingepinselt hätten. Aber in der weiteren Umgebung kann man besser essen!

Marina di Ostuni: Vor Beginn der intensiven Phase der Bauspekulation mit Ferien- und Zweitwohnungen einer der schönsten Strände an der Adria. Inzwischen reichlich versaut. Was an Landschaftlichem geblieben ist, liegt weitgehend innerhalb zweier großer Ferienkomplexe. Ich schätze die ja sonst nicht besonders, aber im Fall von Ostuni verdienen sie ein Lob.

BADEN

"Villaggio Valtur"
(Buchung über Club Mediterrannee), zwar etwas zuviel Beton und konventionelle Bauweise, aber schön eingegrünt. Baden an den vielen winzigen Badebuchten, die zwischen dem verkrusteten Kalkfelsen liegen.

"Centro Alberghiero Rosa Marina": (II cat.)
Musterbeispiel dafür, wie man auch ein Stück Strand erschließen kann. Kein Hotelkasten Wenn auch nicht alles architektonisch stimmen mag, es hat den örtlichen Bauformen

Entleihungen gemacht, einzelne Häuserzeilen mit überschaubar großen Häusern. Viel Blumen und Grün. Die Bäume müssen noch wachsen. Perfekt eingerichtet — wer im Ghetto bleiben will, kann es. Man kann Tennis spielen, Fahrräder mieten, Boote bekommen, für Taucher alles vorhanden. Reitmöglichkeiten werden vermittelt. Kein Zwang zu Halb-, Voll- oder auch nur Viertelpension. Doppelzimmer ca. 7o DM, es gibt Appartements für bis zu 6 Personen. Tel. 0831/970101/3/4/5. Langfristig vorbestellen!

In den kleinen Buchten gelegentlich starke Tanganschwemmungen, die gehören aber zur Natur des Meeres, auch wenn sie stören, mit Umweltverschmutzung haben sie nichts zu tun. An der Küste weiter südwärts immer wieder Stichstraßen ans Meer, stellenweise reine Felsküste, wo man nur mit Schuhen ins Wasser kann, aber auch kleine Sandbuchten. Einige Campings, die fast alle gut bebäumt sind. Freies Campieren an den noch nicht erschlossenen Strandpartien wird für wenige Tage geduldet, außerhalb der Hochsaison ist man großzügiger. Trinkwasser muß von weit her geholt werden. Die Strandorte deprimierend. Ab Torre Specchiolla immer spürbarer werdende Wasserverschmutzung durch Brindisi. Reizvolle Spontanarchitektur besonders in Carovigno (Bogengänge).

Dicht an der S.S.16 auf der Höhe der Stazione von San Vito dei Normanni die GROTTA DI S.BIAGIO, eine sehenswerte Höhlenkirche aus Byzantinischer Zeit: Am km 901+5oo Feldweg nach links (1,5 km).Sehr schöne und gut erhaltene Fresken, selten ist ein Bilderzyklus aus dem Christus-Leben so vollständig erhalten.
GROTTA di S.GIOVANNI, hinter km 9o4 Straße nach Mesagne ,nach knapp 2 km rechts. Schöne byzantinische Fresken: Maria Christus, Heilige und Johannes.

Brindisi

Hafen und Industriestadt. Fest in der Hand von Griechenlandreisenden, die sich hier bestätigt fühlen können, daß an Italien eh' nichts dran ist. Auf den Hauptstraßen viele Laden- und Kneipenschilder in griechischer Schrift. Überall Schiffsagenturen und griechische Kneipen, die teuer sind und Erbärmliches leisten; die hellenische Konkurrenz erst auf der anderen Seite der Adria. Die Hotels meist ziemlich erfreulich. Die Gepäckaufbewahrung in der Stazione FS im Hochsommer überlastet.

Die Stadt ziemlich farblos, ein wenig Atmosphäre links des Corso Umberto und Corso Garibaldi. An Monumenten die Romanische Rundkirche S. Giovanni al Sepolcro, der Kreuzgang von S. Benedetto und oberhalb des Hafens eine Säule, die das Ende der Via Appia markiert, stammt aus römischer Zeit. Waren ursprünglich zwei, aber eine hat man nach Lecce verkauft.

Die Via Appia (nach Rom 723 km) und der geschützte Naturhafen haben Brindisi zur Stadt gemacht.

Schon in der römischen Antike lief der Großteil des Griechenlandverkehrs über Brindisi übrigens ganz bewußt, um die alten Griechenstädte Taranto und Otranto wirtschaftlich und politisch auszuschalten. Zu Beginn unseres Jahrhunderts wichtige Zwischenstation auf dem Weg der Kolonialreisenden nach Indien: Es bestand eine funktionierende Schiff—Eisenbahnverbindung London—Paris—Brindisi—Suez—Bombay, einmal in der Woche.

TOURIST INFO: EPT:Piazza Dionisi, Tel. 0831/21944 (am Hafen), wer in Apulien bleiben will, geht besser zur Direzione des EPT, Via C. Colombo 88, beim Bahnhof, Tel. 0831/21813. Brauchbarer Stadtplan, gutes, ansprechend bebildertes Material über Stadt und Provinz.

Verkehrsverbindungen:
ab BRINDISI

Auto: Mit Nordeuropa Autostrada bis Bari, dann Superstrada. Mit Napoli: A3 (Richtung Reggio C.) bis Sicignano degli Alburni, dann Superstrada Basentana (über Potenza nach Metaponto), dann Schnellstraße über Taranto. Praktisch gebührenfrei. Man kann natürlich auch die Autostrada NA—BA nehmen, kostet aber und geht auch nicht schneller. Beide Wege sind gleich lang. Der Weg über Potenza ist weniger befahren und landschaftlich viel reizvoller.

Bahn: Direktverbindungen mit Norditalien, einmal täglich mit München, mit Rom und Napoli. Auf den Linien nach Lecce und Taranto Lokalverkehr.

Schiff: Nach Corfu, Igoumenitsa und Patras je nach Saison bis zu mehrmals täglich (Näheres s. M. Velbinger, Griechenland).

Busse: Abfahrt in der Via Mazzini und Via G. Bruno, in der Nähe vom Bahnhof.

Flugzeug: Aeroporto BR-Casale. Direktflüge nach Bari, Milano, Roma — nicht nach Griechenland!

Agentur: Alitalia/ATI, Corso Garibaldi 83, Tel. 0831/29091/2, Abfahrt des Flughafenbusses am Bahnhof.

Schiffsagenturen: Auf den Hauptstraßen Corso Umberto, Corso Roma, Corso Garibaldi, am Bahnhof und am Hafen.

Post: Piazza Vittoria

Telefon (SIP) Via XX Settembre 6.

MIETWAGEN: AVIS, Via del Mare 5o, Tel.o831/26 4o 7, Aeroporto:Tel. 0831/ 41 88 26.
EUROPCAR: Agenzia Italmar, Corso Garibaldi 96, Tel.o831/ 29 77 1/2, Aeroporto:Tel.0831/41 2o 61.
HERTZ: Piazza Cairoli 5, Tel.0831/26 51 5, Aeroporto: Tel.o831/42 1o 9.
MAGGIORE: Piazza F.Crispi 13, Tel.o831/25 83 8, Aeroporto:Tel. 0831/ 25 83 8

Hotels

"Bologna" (III cat.)
Via Cavour 41, Tel. 222883. Doppelzimmer ca. 41 DM. Sauber und gut geführt.

"Torino" (III cat.)
Largo Palumbo 6, Tel. 222587, Doppelzimmer ca. 4o DM, sauber, völlig modernisiert.

"Regina" (II cat.)
Via Cavour 5, Tel. 222001/2, gleiche Direktion, ruhig und gepflegt, Doppelzimmer ca.

ca. 5o DM

"Venezia" (IV cat.)
Via Pisanelli 6, einfach, sauber, ruhig, unbedingt vorbestellen, Doppelzimmer ca. 26 DM.

"La Rosetta" (IV cat.)
Via A. Dionisio, Tel. 23423, Doppelzimmer ca. 26 DM, einfach und sauber.

"Altair" (IV cat.)
Via Tunisi 2, Tel. 24911, Doppelzimmer ca. 3o DM, man spricht griechisch, extrem einfach.

In der I. und II. cat. noch vier Hotels, wo es keine Überraschungen gibt, sie entsprechen dem gehobenen internationalen Standard, Doppelzimmer zwischen 50 und 70 DM:
"Internationale" Tel. 23475, **"Majestic"** Tel. 222941, **"Corso"** Tel. 24128 und **"L'Approdo"** Tel. 29668.

Im Sommer unbedingt vorbestellen!

Wer auf die Fähre nach Griechenland mehrere Tage warten muß, sollte das außerhalb tun, in der Murgia dei Trulli oder in Lecce — oder trotz der Entfernung in Matera (137 km).

Pizzeria "BELLA NAPOLI": am Bahnhof, Pizza, relativ erträglich. Trattoria "ALLO SPIEDO": Griechen in der Küche (warum müssen sie — wie überall in Brindisi so reserviert sein? Die Griechen hier behandeln einen arg von oben herab — verglichen mit apulischer Provinzküche allenfalls zum Sattwerden Aber sie leben wahrscheinlich von der Vorfreude der Ausländer auf Griechenland und deren Sprachlosigkeit — man darf auf die wenigen ausgestellten Speisen mit dem Finger zeigen. Billiger als die Italiener sind sie nicht. Wer einen vorgebuchten Termin für die Fähre hat und noch einmal wie ein Christenmensch essen will, sollte das weit außerhalb von Brindisi tun, je nach Anreiseweg in Bari, Taranto oder der Murgia dei Trulli. "AKROPOLIS": Große Platten zum Aussuchen. Nudeln um 5 DM, Fisch ab 10 DM, Scampi 65 DM pro kg. "LA LANTERNA", im Zentrum, italienisch, viel Fisch, ca. 22 DM. Pizzeria "ALLO SPIEDO" (bei S. Sepolcro) nur abends: ausgesprochen fantasiereiche Küche, Pane Arabo, das ist eine gefüllte Pizza (Vater und Söhne sehen zwar wirklich arabisch aus, kommen aber aus dem Hinterland von Brindisi). "Monte Bianco": Pizza mit Schinken und Sahne. Pizza alla Zingara: Mozzarella, Schinken, Pilze, außerdem Muscheln, Lamm und Zicklein, mit ein wenig Glück auch Turcinjieddi. Preise niedrig.

Außerhalb Richtung Flughafen die JUGENDHERBERGE (Busse vom Bahnhof Nr. 4/3/5), Tel.0831/48 4o 2. Vorher anrufen!

In der Nähe die mittelalterliche Kirche S.Maria al Casale, Fassade in Einlegearbeit, wohl das einzige Bauwerk in Brindisi, das einen Abstecher verdient.

Salento

Der Absatz des Stiefels, im Inneren eine flache, undramatische Landschaft, und obwohl flach und von guten Straßen erschlossen, selbst für Italiener eine weitgehend unbekannte Landschaft. Die Adriaküste meist reizvoller, auch weniger zugänglich, am ionischen Meer einförmiger, aber inzwischen von den Einheimischen entdeckt.

Wer Lust und Geduld hat kann viel entdecken, eine ideale Gegend für spontanes Reisen. Im Juli - August aber sogar im Landesinneren große Schwierigkeiten, Platz zu finden, weil die Küste nie mehr als 30 km entfernt ist. In den Dörfern noch viele kleine und billige Locande. Möglichkeiten zum frei Campieren relativ begrenzt.

In den Dörfern hochinteressante und sehr verschiedenartige Spontanarchitektur. Zum Teil farbenprächtiger Verputz. Was außen um die Dörfer in den letzten Jahren mit dem Geld der Emigranten gebaut ist, kann einen leicht davon abhalten, reinzufahren. Überall in der Landschaft trulli-ähnliche Rundhäuser, manche mit mehreren Stockwerken, stumpfem Dachabschluß und fast immer schneeweiß gekalkt. Im Landesinneren und an der Adria häufiger als auf der Jonischen Seite.

TOURIST INFO : Gemeinsames Informationsbüro des EPT und der A.A. Lecce im Sedile, Piazza S. Oronzo, Tel. 0831/46458. Nur ein bißchen nachhaken und man bekommt viel und ausgezeichnetes Informationsmaterial. Stadtplan, Kalender der wichtigsten Feste in der Provinz (es sind über 250 im Jahr — nur die traditionellen!), einen Kurzführer für die Stadt Lecce und eine Broschüre mit brauchbaren Routenvorschlägen für die Provinz (auch in deutsch).

Agriturismo: AGRITURIST, Sezione Provinciale, Via Martiri d'Otranto 2, 73loo Lecce, Telefon o832/28 18 2. Wer beim Bauern
Ferien machen will, sollte dort vorher nachfragen. Dort auch Informationen über ländliche Feste. Information für die Gebiete nördlich von Lecce: EPT Brindisi und EPT Taranto.

Verkehrsverbindungen:

Auto Im Landesinneren auf der fast ebenen Kalkplatte des Salento meist schnurgerade Straßen, vielfach Umgehungsstraßen, meist winkelig und die Beschilderung oft unklar oder fehlend. Die Küstenstraße an der Steilküste der Adria südlich von Otranto kurvig rauf und runter.

Anreise: wie von Brindisi, wer von Napoli kommt, nimmt ab Taranto die S.S. 7 ter.

Umrundung des Stiefelabsatzes: Auf jeden Fall machen, es lohnt wegen der Vielfältigkeit der Küste und es gibt noch viele wenig entdeckte Strände und Badebuchten. Wenn man einen gewissen Abstand von Brindisi und Taranto hält, sehr sauberes Wasser. An der Abfahrt Squinzano/Trepuzzi die Schnellstraße S.S. 613 verlassen, an die Küste bei Torre Rinalda, bis zum Capo S. Maria di Leuca nach Süden (ab Brindisi 138 km), dann an der landschaftlich völlig anderen jonischen Küste nordwärts bis Campomarino, was näher an Taranto liegt. Ist zersiedelt, sehr voll und die Wasserqualität läßt sehr nach. Bis Campomarino 113 km, dann nach Lecce 62 km.

An zwei Dinge denken, besonders auf kleinen Straßen: Benzin, nicht alle Dörfer haben einen "Distributore" (Tankstelle), und auf dem Land sind sie mehr geschlossen als offen, und an die vielen Esel, die gerne einmal Nägel verlieren.

Bahn :

Lecce ist Endstation der FS: Direktzüge nach Norditalien und

Rom, einmal täglich nach München. Dank der FSE gehen die Schienen aber weiter südwärts und erreichen 5 km nördlich des Cap Leuca ihren südlichsten Punkt. <u>FSE-Linien im Salento</u>: Lecce—Zollino—Nardò—Gallipoli (9-mal), Lecce—Novoli—Nardo—Casarano—Gagliano/Leuca (9-mal), Gallipoli—Casarano (8-mal), Lecce—Zollino—Maglie—Gagliano/Leuca (11-mal), Maglie—Otranto (9-mal), Lecce—Francavilla—Martina Franca (9-mal). Die Züge sind pünktlich und haben untereinander fast immer Anschluß. Die meisten Bahnhöfe in Ortsnähe.

Busse :

<u>Abfahrt in Lecce</u>: Viale Duca d'Abruzzi (dort auch Fahrplanauskunft) — einige Linien auch ab Porta Napoli und Porta Rudiae. <u>Auskunft auch beim EPT/A.A.</u>. Verbindungen in alle Ortschaften der Provinz, teilweise mit Umsteigen, kleinere Dörfer werden nur 1—2-mal täglich angefahren. <u>Weitere Busknotenpunkte</u> Maglie, Gallipoli, Otranto, Manduria und Francavilla Fontana.

<u>Flugzeug</u>: Aeroporto Brindisi—Casale, von dort Flughafenbus nach Lecce (Agenzia Rudiae, Piazza Mazzini, Tel. 0832/21926, falls geschlossen Via Adua 58, Tel. 0832/22685.

 In Lecce:MAGGIORE, Viale Taranto, Tel. o832/ 2o 18 4. ROLLO, Via Stampacchia 69, Tel.0832/23 54 2. MIRAGLIA, Via G. Palmieri 74, Tel. 8o32/24 94 1.ZABINI, Via Manzoni 28 Tel.o832/21 96 6.

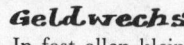 Geldwechsel

In fast allen kleineren Orten, egal ob an der Küste oder im Landesinneren, nicht möglich. Hier die Orte, wo es Banken gibt, die ganzjährig eintauschen: Lecce: nördlich von LE (Ostteil): Squinzano, Campi Salentina, Salice Salento, S. Pietro Vernotico; Westteil : S. Pancrazio Salentino, Latiano, Oria, Francavilla Fontana, Manduria, Sava. Südlich von Lecce: (Ostteil): Nur Maglie und Otranto. (Westteil): Gallipoli, Nardò, Galatone, Galatina, Tuglie, Alezio, Taviano, Casarano, Ugento.

Klimatisches:

Generell sehr heiß, besonders Lecce kann noch im Oktober Backofenqualitäten haben. Baden zwischen Mai und Oktober. Das Jonio erwärmt sich schneller, stärker und früher als die Adria; an der Adria kann es im Frühsommer und im Herbst eisig kalte Winde vom Balkan geben, am Jonio dafür einen lokalen feuchtwarmen Wind, der von Südosten übers Meer kommt, alles im Nebel verschwinden läßt (für den Wein soll es gut sein), und bei Mensch und Tier Mattigkeit, einen dicken Kopf, Aggressivität und Nervenkrisen verursacht. An die Adria oder ins Trulli-Gebiet fliehen! Dort ist die Luft klar.

Zwischen zwei Meeren gelegen ist die Halbinsel reich an Wind, am Jonio meist Westwind, an der Adria kommt er von Osten. Die Bäume an der

Küste wachsen wie Wetterfahnen. In der Mitte der Halbinsel, wo sich die Winde treffen, oft riesige Wolken. Regnen tut es trotzdem selten. Im Sommer Regenprozessionen der verzweifelten Bauern, die ohnehin nur anbauen, was tiefe Wurzeln hat und wenig Wasser bracht. Die Bewässerungskulturen in der Gegend um Otranto, Nardo und Francavilla Fontana werden mit dem Wasser unterirdischer Flüße versorgt.

Vegetation

Das Innere der Halbinsel ein großartiger Wald aus uralten Ölbäumen und Weinfelder soweit das Auge reicht. Macchia nur an der Küste, wo die Felser den Anbau unmöglich machen.

Die früher malariaerzeugenden Küstensümpfe sind bis auf geringe Reste trockengelegt. Sie stehen teilweise unter Naturschutz, werden aber von den Rändern her immer mehr durch illegal gebaute Ferienvillen angeknabbert.

HOTELS

In den Städten gerade ausreichend, an der Küste recht wenig. Die meist aus der weiteren Umgebung stammenden Italiener ziehen Ferienhäuser vor, die 1o Monate im Jahr leerstehen. Man kommt schwer an die Adressen heran, auch die örtlichen Touristeninformationen und Reisebüros können nur selten helfen.

Touristisch was los ist eigentlich nur um Otranto, Capo Leuca, Gallipoli und Porto Cesareo, sonst ist noch viel Platz, auch wenn es an den Stränden ziemlich zersiedelt ist.

Im Landesinneren relativ viele , meist einfache Hotels und Locande, nicht selten in einem Zustand, daß man das Reisen noch als Abenteuer erlebt, man kann aber auch für wenig Geld positive Erfahrungen machen.

CAMPING

Bisher noch nicht sehr viel. Frei Campieren wird immer weniger geduldet.. Der Präfekt der Provinz Lecce ist dafür bekannt, daß er im Sommer in etwa wöchentlichen Abständen die Nester freien Campierens durch ein Riesenaufgebot feldmarschmäßig ausgerüsteter Carabinieri ausnehmen läßt.

An der jonischen Küste zwischen Gallipoli und Taranto operieren organisierte Diebesbanden, die sich besonders Wohnmobile und Zelte vornehmen.

Agriturismo: Schwerpunkt um Otranto.

Landkarte: TCI Blatt 21, IGM - Karten völlig entbehrlich.

Einkaufen: In kleineren Dörfern meist schwierig, denn die Leute produzieren selbst alles, was sie zum Leben brauchen. Wo viele Touristen vorbeikommen, Direktverkauf am Straßenrand oder an Bauernhöfen, auf Schilder achten.

Lecce

Hauptstadt des Salento. Die Barockstadt gibt sich gern kulturell als
das "Athen Apuliens"oder das "Florenz des Südens"— sicher hat es eine
Universität, eine der ruhigsten Italiens, so daß besorgte Eltern, die es in
den Provinzen Lucaniens und Apuliens zu Ansehen und dörflichem Wohlstand gebracht haben, hier ihre Söhne und Töchter hinschicken. Die Unterbringung erfolgt meist in religiösen Instituten.

Die Stadt, so der erste Eindruck, ist altmodisch, sehr konservativ und strahlt
Wohlhabenheit aus — höheres Beamtentum, Gutsbesitzer, Leute, die vom
Vermögen leben, dann diejenigen, deren Tätigkeit sich nicht fest umreißen
läßt, meist haben sie einen Advokaten- oder Adelstitel, und sorgen dafür,
daß alles so läuft, wie es immer gelaufen ist, daß jeder gemäß seines Standes
sein ihm zugemessenes Glück und Wohlergehen habe. Sie empfehlen, vermitteln, sind meist in den eleganten Bars um die Piazza S. Oronzo anzutreffen, sind mit allen bekannt, und wer von ihnen gegrüßt wird (in den
Abstufungen zwischen leichtem Kopfnicken bis zum Küssen auf beide
Backen) darf sich glücklich schätzen — man wird seine Interessen wahren,
und eine solche Freundschaft bewahrt man mit kleinen Geschenken.

Mafia? Nein. In Lecce versteckt man sich weder hinter einer Sonnenbrille
noch schießt man wegen Differenzen einen Mitmenschen über den Haufen.
Man löst das elegant, so elegant wie die Bars und Läden der Stadt.

Man entzieht dem Außenseiter seine Huld, und so bekommt etwa ein Bauer,
der wie alle seine Nachbarn um Zeit und Lauferleien zu sparen, einen Stall
ohne Baugenehmigung vor 5, 1o Jahren errichtet hat, auf einmal höllischen
Ärger mit dem Gericht. Warum die Anderen nicht? Auch in Italien ist die
Justiz unabhängig.

Der Lecceser Barock:

Mit der spanischen Oberhoheit nach Süditalien gekommen, ohne sich allgemein durch-
zusetzen, fand er in Lecce ideale Bedingungen um über die Fassaden zu wuchern, es
quellen und schwellen zu lassen:

den KALKTUFF VON LECCE und zahlungsfähige Geldgeber. Esterer ist weich und
extrem leicht bearbeitbar, solange er frisch aus dem Boden kommt, später härtet er an
der Luft aus, bekommt eine schöne goldgelbe Farbe, ist sogar recht widerstandsfähig
gegen Regen und Wind. Erst neuerdings bröselt es dort, wo die Autos hinblasen. Den
Zersetzungsspuren nach zu schließen, unmittelbar dort wo Hausmauer und Straßenpflaster zusammenstoßen, müssen aber auch Hunde-und Esels-Pipi genagt haben.

Man formte aus dem Stein, was aus ihm herauszuholen war und was die Phantasie her-
gab, ohne jede Rücksicht auf die Kunsthistoriker späterer Generationen, die es mehr
klassisch und archaisch lieben. Nun, Ebenmaß und Proportion sind sicher keine Vor-
würfe, die man den lecceser Barockbaumeistern machen kann.

Die Geldgeber für diese Bautätigkeit waren der Erzbischof und die Adelsfamilien; im
17. Jahrhundert wurde Lecce Hauptstadt Apuliens.

Da das Priesterseminar dem aufkommenden "Kulturanspruch" der frischgebackenen Hauptstadt nicht mehr genügte, gründete man gelehrte AKADEMIEN mit so bezeichnenden Namen wie "Accademia degli Speculatori" oder "degli Spioni" worin nach intensivster Auslegung antiker Autoren festgestellt wurde, daß Lecce die älteste Stadt der Welt sei, einen Ruf, den sich Lecce allerdings unter anderem mit Rossano und Morano Calabro (beide Prov. Cosenza) teilen muß.

DIE WILDESTEN BAROCKFASSADEN:

Das absolute Meisterwerk wird augenblicklich restauriert, es ist hinter grünen Nylonplanen verschwunden: Kirche S. CROCE, die Fassade übrigens viel höher als die Kirche dahinter — die Heiligen in den Nischen mit dem deutlichen Ausdruck religiösen Wahnsinns in Gebärde und Gesicht.

PIAZZA DEL DUOMO (leider als Parkplatz mißbraucht) in der Domfassade auch alles voller Verzückungen und Zuckungen, aber wenn dann abends keine Autos mehr auf dem Platz stehen, ist er ein harmonisches Ganzes, ein perfektes Stück Repräsentation. Tagsüber ist der Innenhof des erzbischöflichen Seminars offen, auch formal ein Ort der Ruhe mit einem allerliebsten Schnörkelding in der Mitte, woraus man früher ganz profan das Wasser holte. Der Turm des Duomo hoch wie alle Kirchtürme in der Gegend. Der Reisende konnte sich im flachen Salento auch ohne Verkehrsschilder zurecht finden, wenn er wußte, wie der Turm seines Zielortes aussah.

S. CHIARA, Prachtentfaltung nur durch Säulen.

S. MATTEO, in der Fassade ein abrupter Wechsel zwischen konvex und konkav, es muß damals ein regelrechter Wettbewerb unter den Auftraggebern und Erbauern geherrscht haben, etwas Einmaliges zu bauen.

CHIESA DEL CARMINE und besonders noch die CHIESA DEL ROSARIO. Innen sind die Kirchen zwar nicht einfach und schlicht, aber eine Steigerung der Fassade findet nicht statt. Sie sind meist hell, und an Stuck und Figurenschmuck (hier aus der Nähe zu betrachten) sieht man die Rohheit und Unbeholfenheit der lecceser Barockbildhauer.

Die WELTLICHEN PALÄSTE stehen kaum in ihren Fassaden nach: die Paläste an der Piazza del Duomo, in der Via Palmieri und der Palazzo del Governo.

Und unbedingt durch die kleinen Seitenstraßen gehen, wo sich immer wieder kleine Plätze öffnen.

Das Zentrum der Stadt: die PIAZZA S. ORONZO, mit dem SEDILE, einer hohen Loggia, von der man sich kaum vorstellen kann, daß hier früher das Rathaus drin war. Das zur Hälfte sichtbare AMPHITHEATER ist römischen Ursprungs und ebenso die Säule mit dem S. Oronzo, die ursprünglich in Brindisi das Ende der VIA APPIA markierte.

Von den BAROCKEN STADTTOREN nur noch die PORTA DI NAPOLI in voller Pracht erhalten. Von der Porta di Napoli etwa 1 km zum Friedhof, dort die äußerlich überbarockisierte Normannenkirche S. NICOLO E CATALDO, innen noch weitgehend in den alten romanischen Formen erhalten. Aber auch hier hat der weiche Stein in Formen schwelgen lassen.

Buchhandlungen:

Über Lecce und besonders den Salento ist viel Literatur erschienen, besonders zu den Festen, archaischer Religiosität, Aberglauben, zur Spontanarchitektur.

Libreria Millela, Via Palmieri 3o.

Libreria Monaco Oronzo, eine Baracke vor dem Castello, Viale Marconi. Oronzo Monaco ist ein Vollblutbuchhändler, sein Sortiment eigenwillig zwischen markgängig und dem was ihm gefällt. Wer Spezialveröffentlichungen zu Apulien und Süditalien sucht , findet hier mehr als in den meisten ver glasten und teppichbodenausgeschlagenen Bildungstempeln. Und er hat Ahnung (und das meiste gelesen, etwa auch die schwer lesbaren Veröffentlichungen von Gerhard Rohlfs über die süditalienischen Dialekte oder die griechischen und albanischen Minderheiten in Apulien, Lucanien und Calabrien — mit wissenschaftlich interessierten und beschlagenen Kunden duzt er sich).

Biblioteca Provinciale "Nicola Bernardini", Viale Gallipoli, (8.3o - 13.3o/ 16 - 18 Uhr): Lokalgeschichte, Volkskunde, Landkarten.

"Patria - Touring" (II cat.)
Piazza G. Riccardi 13, Tel. 29 431. Einige Räume noch im provinziellen Jugendstil, der Rest langweilig gediegen, originale Details, etwa die Lampen. Doppelzimmer 5o DM.

"Cappello" (III cat.)
Via Monte Grappa 4, nahe am Bahnhof, Tel. 28 881, modern und vernünftig eingerichtet, vorbestellen! Doppelzimmer 4o DM.

"Grand Hotel" (III cat.)
Via O. Quarta, Tel. 29 42o, nahe am Bahnhof, Museum eines Provinzhotels aus der Gründerzeit, einfachster Jugendstil, die Zimmer recht karg, aber es stimmt alles. Doppelzimmer ca. 5o DM.

"Carmen" (loc.)
Via. V. Morelli mitten in der Altstadt, in der Nähe Parkmöglichkeit, unten Pizzeria (die zu empfehlen ist), alter Innenhof. Wer abends ankommt, muß warten bis die Padrona aus der Messe zurück ist. Zimmer vorher besichtigen gibt es nicht! Einige sind modernisiert, die anderen nicht seit Jahren auch nicht mehr geputzt worden (bis auf eines, wo Signora Angela Bausenhardt persönlich zu Eimer und Scheuerlappen gegriffen hat). Betten erträglich. Immer zwei Zimmer teilen sich ein Bad (riesig), man sperrt eventuelle Mitbenutzer aus. Tel. 46 4o8, Doppelzimmer 18 DM. Während des Semesters fest in studentischer Hand.

Hotels

(Nur Innenstadt, was außerhalb ist, den Staatssekräteren und Handlungsreisenden überlassen.)

"TRATTORIA LA GROTTA", Via Libertini 64, von Einheimischen gut besuchte Pizzeria. "DA TOTO", Viale Lo Re 7, modern, etwas amerikanisch, gute Antipasti, das andere auch nicht übel, aber unpersönlich, 15 - 2o DM. "DA GUIDO E FIGLI" Via 25 Luglio, in einem Gewölbe dessen Alter sich schlecht überprüfen läßt, wahrscheinlich alt. Speisekarte im Dialekt (übersetzen lassen).
Keinerlei Zugeständnisse an die Küche von außerhalb.Bitterliches Grünzeug, Hülsenfrüchte (ceci und Fave), Lamm und Eingeweide die Basis der Kochkunst, Fischsuppe. Semifreddi und am Anfang die Antipasti. Man kann sich zeigen lassen, was auf den Teller kommt. 16 - 2o DM. Zu Ostern und Weihnachten ganz spezielle Süßspeisen. "LU TURCINIEDDHU", Via Duca degli Abruzzi. Große Auswahl an Antipasti. Turcinieddhu (Innereien), handgemachte Nudeln, Grünzeug, Gemüse aus dem Backofen, große Auswahl an Nudeln. 15 - 18 DM.

Von der **Markthalle** (Mercato coperto) 1981 nur noch die gußeisernen Säulen vorhanden, Totalristauro im Gang. War einmal der schönste Markt unter einem Dach in Süditalien, soll aber in alter Pracht wieder erstehen.

Ristoranti am Stadtrand: In Le-Borgo Pace (S.S.16 Ri.Brindisi):Ristorante des "MOTEL COLITTA", wahrlich nicht schön gelegen. Aber gute Lecceser Küche, darunter auch "Recchiatedde nere" — Nudeln aus dunklem Vollkornmehl. Ca.25 DM.
Auf der Straße nach Torre Chianca:"GINO E GIANNI"(4 km), auf Meeresgetier spezialisiert, ca.28 DM."SATIRELLO"(9km), apulische Küche, manchmal beim Fisch etwas zuviel Verfremdung, beim Fleisch (Ferkel, Lamm) sind die Experimente gelungen raffiniert. Ambiente: In einer alten Masseria. Ca.3o DM.

Handwerk und Märkte:

Montags und Freitags am Torre di Parco (Neustadt) großer Markt mit handwerklichen Produkten (Keramik, Körbe, Textil).
Mostra Permanente dell' Artigianato Salentino: Via F. Rubichi, im Zentrum, täglich: wenig lokales Handwerk, zeigt was akademisch gebildete "Kunsthandwerker" aus den handwerklichen Traditionen machen.

In der Umgebung von Lecce:

S. MARIA A CERRATE: 15 km nördlich, früheres Kloster aus dem 12. und 13. Jahrhundert, schöner einfacher Kreuzgang, in den Klostergebäuden das Museo delle Arti e delle Tradizioni Popolari del Salento (9 - 13/16.3o - 2o.3o Uhr): Arbeitsgeräte, Lebensbedingungen und Brauchtum der Bauern der Region. Unter anderem eine originale Ölmühle, Wohnräume.

ACAIA 15 km südöstlich. Befestigter Adelsitz, heute kleines Dorf.

✱ **COPERTINO** (19 ooo Einw.)

Herkunftsort eines bekannten Heiligen und guter Weine (an Ort und Stelle etwas schwer zu bekommen, wer aber in einer Weinhandlung einen echten Copertino bekommen kann, sollte zugreifen). Gibt es als Rosso und Rosato, beide sollten wie die meisten Weine des Salento zwei, drei Jahre gelagert sein, damit der Alkoholdunst verfliegt. Danach ausgesprochen fruchtig, für einen süditalienischen Wein recht säurehaltig (machen die vielen Nebel im Herbst).

Der Heilige stammt aus der Zeit der Gegenreformation und ist heute Schutzpatron der NATO und der Fallschirmspringer. Er selbst soll ein tüchtiger Flieger gewesen sein, was damals unter Heiligen recht verbreitet war. Geriet er in Ekstase konnte er sich lange in der Luft halten, Flüge um Altäre und auch auf Bäume sind belegt.

Sehenswert das große Castello, in den Hof kommt man meist nicht rein — bleibt das Triumphtor, ein preziöses Stück Renaissance.

Die Strände von Lecce:

Bis an die Adria nach S. Cataldo sind es gerade 12 km. S. Cataldo ist ein typischer italienischer Ferienort mit Villen, Uferpromenade, dicht gedrängtem Badeleben, Bars und Diskos (Hotels gibt es übrigens keine), im Juli und

August ist es krachend voll (die Stadtbusse aus Lecce karren Heerscharen an und die Straße nach S. Cataldo ist nicht grundlos vierspurig!) In. S. Cataldo ein vom EPT ordentlich geführter Camping im Pinienwald (S. Cataldo, ganzjährig offen), Jugendherberge Adriatico (mit Campingplatz), ebenfalls zwischen Pinien. Tel. o832/65 oo 26. Mai - September. Freicampieren überall verboten!

Wer es einsamer liebt, fährt an die Strände nördlich und südlich von S. Cataldo. Straße fast immer dicht am Strand, auf lange Strecken durch Ferienhäuser ziemlich zersiedelt.

NORDEN: Casal' Abate, Torre Rinalda, Torre Chianca, Frigole, anfangs flache Felsküste, dann breiter Sandstrand (sehr flach mit Dünen) das Hinterland flache kahle Äcker und einige Sümpfe (Mückenmittel !). In Frigole Camping Pinimar (Pinienwald), Tennis.

SÜDEN (was hinter Torre dell'Orso kommt, s. Otranto!): Die reizvolleren und interessanteren Strände, größere Waldgebiete. 3 km südlich von S. Cataldo beginnt das noch ursprüngliche Sumpf- und Lagunengebiet von Cesine, Macchia, Sumpfwälder, Wassertiere, darunter auch Schildkröten, vor den Lagunen recht einsame Strände, weil man zu Fuß hingehen muß. Naturschutzgebiet .

Nach ca. 7 km Cesine wird es wieder kahl, die Küste wird felsig, zum Teil starke Tanganschwemmung. Kann einen Meter hoch werden und stinkt.

Torre dell'Orso: Der einzige Ferienort, der eine gewisse Freundlichkeit ausstrahlt. Einkaufsgelegenheiten. Unterhalb des Ortes eine längere Bucht mit weißem groben Sand, es wird rasch tief, Wasser sehr klar, dahinter Dünen mit Macchia. Bisher noch wenig los, aber auch hier an Wochenenden und im August die Hölle.

Drei ansprechende Pensionen:

"Belvedere" (P. 2)
Tel. o832/84 1o 53, Doppelzimmer 25 - 3o DM, Vollpension 5o DM.

"Casa del Turista" (P. 3)
Tel. o832/84 1o o6, Doppelzimmer 16 DM, Vollpension 42 DM.

"Como" (P. 3)
Tel o832/84 1o 85, Doppelzimmer 14 DM, Vollpension 35 DM.

Unterkunft:

Otranto   (42 ooo Einw.)

Italiens am weitesten nach Osten vorgeschobene Stadt, nur 7o km von der albanischen Küste entfernt. Von Juni - September Fährhafen nach Griechenland — ich kann es mir als den schönsten und ruhigsten Abschied von Italien vorstellen oder umgekehrt als den am meisten zu Herzen gehenden Einstieg, ganz anders als in den Großstädten Bari und Brindisi.

Aber die Kleinstadt ist weit mehr als Fährhafen. Seit einigen Jahren eines der besuchtesten Touristenzentren Apuliens, wo man fast alle Fehler der Fremdenverkehrsplanung und -entwicklung vermieden hat. Otranto hat nichts von seiner Substanz hergegeben.

Die Strände und Meereslandschaften sind weitgehend intakt geblieben, vor allem hat es nicht die Landschaftszersiedelung gegeben wie fast überall. Und die Festlegung auf einen ganz bestimmten Typ von Tourismus gibt es nicht. Neben sehr teuren und hochgestochenen Feriendörfern mit meist ausländischen und norditalienischen Besuchern eine Reihe von kleinen Hotels, daneben Privatzimmer und viel Agriturismus. Es gibt originelle Ristoranti, einen Fischmarkt und viel Genuines zu kaufen — in der Stadt und bei den Bauern. Für Kunstliebhaber einige Leckerbissen, die nicht ihresgleichen haben.

TOURIST INFO : A. A., Corso Garibaldi, 73o28 Otranto, Tel. o836/81 436. Hat überhaupt nichts mit jenen so häufigen Ruheposten zu tun, wo bis zur Erreichung der Altersgrenze der Tourismus verwaltet wird. Eine Gruppe junger Leute mit Gefühl für kommende Entwicklungen, besonders außerhalb des herkömmlichen Ferienbetriebes und der Phantasie, für jeden etwas zu finden.

Wer speziell nach Otranto will, sollte deshalb zur Reisevorbereitung nicht nur an den EPT Lecce schreiben. Das Prospektmaterial auch für kleine Entdeckungsreisen in der Umgebung vorzüglich — und endlich einmal Fotos in einem Werbeprospekt, die nicht nur Hotels, Strände und Plattitüden abbilden.

ZWISCHENINFORMATION FÜR GRIECHENLAND-REISENDE:

Mit dem Auto am schnellsten von Lecce auf der S.S.16 über Maglie, wer sich schon akklimatisieren will, macht einen Abstecher durch die Griechendörfer südlich von Lecce.

Mit der Bahn die letzte mögliche Verbindung ab Lecce um 18.43. In Maglie umsteigen. Vom Bahnhof zum Hafen 2o Minuten zu Fuß. Anschrift der Reederei: R-Linie, Staz.Marittima, 73o28 Otranto, Tel.o836/81 oo 5. Vorbestellen. Italienische Griechenlandreisende schätzen diese billige Linie.

Hotels

"Miramare" (II cat.)
Am Lungomare, moderner Betonkasten, Zimmer geräumig, Doppelzimmer 52 DM, Vollpension 65 DM. Tel. o836/81 o23.

Pensione "il Gabbiano" (P. 3)
Etwas außerhalb, Neubau, Zimmer einfach und sauber. Tel. o836/81 251, gute Küche und man kann schön unter einer Pergola sitzen (Blick auf die Straße), Risotto alla marinara, Timballo (Auflauf aus Reis, Kartoffeln, Muscheln und Tintenfisch), Doppelzimmer 27 DM, Vollpension 41 DM, Essen um 16 - 3o DM, hängt von den Fischsorten ab.

Pensione "La Plancia" (P. 3)
Neubau, Umgebung kahl, einfach, familiär. Tel. o836/81 217, lokale Küche: "Penne alla disperata" (Nudeln nach der Art der Verzweifelten = gelber Paprika, Kapern, Oliven und Sardellen;), Risotto alla marinara. Doppelzimmer 25 DM, Vollpension 4o DM, Essen maximal 2o DM.

"Bellavista" (P. 2)
Am Lungomare, Tel. o836/81 o35, wenn alle anderen Stricke gerissen sind. Doppelzimmer 25 DM.

"Ester" (IV cat.)
Modernes Hotel ohne Ristorante, oberhalb des Hafens. Tel. o836/81 7o6, Doppelzimmer 27 DM. Sauber, gut eingerichtet, nur in der Saison offen.

In Otranto nur 5 Hotels, alle den Preisen entsprechend brauchbar, im Juli/ August durch Stammkunden blockiert, aber auch sonst vorbestellen. Regelrechter Hotelbetrieb nur zwischen Mai und September.

Die Altstadt:

Trotz Touristenströmen und Durchgangsreisenden intakt, von der Haupt-straße (Via Garibaldi, dort die meisten Geschäfte) zweigen verwinkelte Gassen ab. Platz, um sich zu verirren und zu entdecken. Bogengänge, einzelne Portale, die in Innenhöfe führen. In den Läden ist man so ganz nebenher auf die Fremden eingestellt und läßt sie es nicht spüren — aller-dings nur in der Altstadt, wo die Häuser neuer sind, rechnet man mit ihnen.

Sehenswertes: Die Cattedrale, S. Pietro, das Castello

CATTEDRALE:

Die 1o88 geweihte Kirche, eine der größten Apuliens, beherrscht das Stadtbild. Außen einfach, nur glattes Mauerwerk, einziger Schmuck ein Barockportal im lecceser Stil und drüber eine gotische Rosette, dessen Filigranwerk arabische Einflüsse vermuten läßt.

Das Innere zuerst ein weiter, heller, klargegliederter Raum, man weiß nicht, wohin blicken: die vergoldete Holzkasettendecke, deren Unruhe durch die strengen Formen der Raumarchitektur aufgehoben werden, die Säulen mit den romanischen Kapitellen, deren Nähe zu antiken Vorbildern gut ersichtlich ist, oder auf den Fußboden, ein den Innenraum völlig ausfüllender Mosaikteppich (leider zum Teil durch Kirchenbänke zugestellt). Die Steinchen größer als bei römischen Mosaiken und nicht quadratisch, sondern in scheinbar zufälligen unregelmäßigen Formen. Die Farben sind die natürlichen der Steine — weißer und rosa Kalk überwiegen.

In der Mitte des Hauptschiffes der Stamm eines Lebensbaums, von dem Zweige ent-springen, entlang der Zweige Geschichten und Gestalten aus der antiken Geschichte und Mythologie, aus dem alten und neuen Testament, Tiere und Fabelwesen neben Heiligenfiguren, im oberen Teil des Baumes allegorische Darstellung des bäuerlichen Jahreszyklus mit den Bildern der 12 Monate; In den Seitenschiffen Nebenbäume (rechts Tiere der Apokalypse, links Inferno und Paradies). In der Kapelle der Märtyrer, ein Atlas, der die Welt trägt).

In den 7 Schreinen die Gebeine der mehr als 8oo Bürger von Otranto, die 148o bei der Eroberung der Stadt durch die Türken aus Glaubensgründen abgeschlachtet wurden und deren Gebeine bis zur Befreiung der Stadt über ein Jahr lang unbestattet blieben.

KIRCHE S. PIETRO:

Byzantinischer Bau in Form eines griechischen Kreuzes, mit Zentralkuppel, im Inneren byzantinische Malerei, war über Jahrhunderte die Kirche der griechischen Bevölkerung. In einigen Dörfern zwischen Otranto und Lecce haben noch griechische Dialekte über-lebt.

KIRCHE S. FRANCESCO DI PAOLA:

Einfacher und heller Barockbau mit verspielten Altären. Steht an der Stelle, wo die Mär-tyrer enthauptet wurden. Nach der Wiedereroberung wurde die Stadt zum Meer hin stark gefestigt (stellenweise kann man auf den Mauern entlang gehen) und im Ort ein Castell gebaut, in dem die gesamte Bevölkerung Platz finden konnte.

Der Hafen: Einer der lebhaftesten Fischereihäfen Süditaliens, die Küste, besonders südlich von Otranto ,ist fischreich und es gibt viele gesuchte Arten, die anderswo selten geworden sind.

Essen und Trinken: Natürlich Fische, dann hervorragendes Brot in riesi-gen Laiben, deren leuchtend gelber Teig unter der braunen Kruste durch-scheint (aus Grano Duro gebacken — hält sich tagelang frisch und behält seinen Wohlgeschmack); Gemüse aus den urbar gemachten Niederungen der Alimini-Seen und viel wildwachsende Ciccoria (bitter).

WEIN: Die örtliche Produktion reicht nur zum Selbstkonsum der Bauern. Die Weine vom Capo Leuca genießen. Nicht die ganz billigen Sorten kaufen, die sind nur stark.

Die Stadt ist voll davon. Speisen aus Meerestieren überwiegen, aber wie überall in Apulien in Kombination mit den Produkten von Bauern und Hirten. "VECCHIA OTRAN-TO" mit Phantasie in den Gewölben eines Palastes der Altstadt, der junge Koch sammelt alte Rezepte und realisiert sie, kauft direkt bei Fischern, Bauern, und Hirten ein. Große Auswahl an Antipasti, Bauernschinken, Salami, Orecchiette alla Contadina (mit scharfem Ricotta, Pecorino, Tomatenkonserve nicht aus der Dose, selbst eingemacht in Flaschen) und viel frischem Basilikum.

Tiedda a Cozze (Muschelauflauf aus dem Ofen mit Kartoffeln) grigliata mista di pesce alla gallipolina (das Gericht ist ein Gemisch aus kleinen, eigentlich minderwertigen Fischen, die für die Fischer übrig bleiben, denn gentlich minderwertigen Fischen, die für die Fischer übrig bleiben, denn das Beste ihres Fanges verkaufen sie.) Essen ca. 20–40 DM. "DA GIGI " und "DA MARIO", am Hafen, zwei Fischtrattorie, wo man preiswert Fisch und Muscheln essen kann. In beiden reichlich Fisch- und Gemüseantipasti und Pizza. "AI BASTIONI", dicht am Hafen, eine Betonbaracke, wo man gut Fisch und Muscheln essen soll (als ich da war, geschlossen), allgemein gelobt.

Feste und Veranstaltungen:

Erste Augusthälfte: Mostra dell'Artigianato di Terra d'Otranto: Kunsthandwerk besonders Spitzenarbeiten, Keramik, handgewebte Decken. Gute Gelegenheit zum Einkaufen.

12.-14.August: Fest zur Erinnerung der Märtyrer. Die Straßen und Plätze werden mit Lichtarchitekturen dekoriert. Reichlich Musikbanden mit italienischer Blechmusik (sie ist weniger martialisch-militärisch als deren deutsche Variante), Feuerwerk.

6.September: Feste della Madonna d'Altomare, nächtliche Prozession mit illuminierten Barken aufs Meer. Traditionelles Fest der Fischer. Natürlich auch mit Musikbanden und Feuerwerk.

CAMPING
"Hydrusa", direkt am Hafen in einem kleinen Wäldchen, wer auf wirklich sauberes Meer Wert legt muß aber fahren. "Frassanito", 12 km nördlich von Otranto, in Pineta am Rand der Dünen. Das Meer recht flach. In der Nähe Agriturismo (dort auch Campingmöglichkeiten.)

Laghi Alimini: Zwei Seen im Hinterland der Küste nördlich von Otranto. Keine sumpfigen Lagunenseen wie sonst an der Küste. Karstbecken mit meist felsigem Ufer. Macchia und Wälder um die Alimini durch den Bau von

Ferienhäusern und Straßen ziemlich gerupft, die am Land lebende Tierwelt ist durch exzessive Jagd reduziert, dafür sind die Seen reich an Fischen. Alimini Grande ist durch einen Kanal mit dem Meer verbunden und reich an Brackwasserfischen, <u>Alimini piccolo</u> wird von starken unterirdischen Süßwasserquellen gespeist und ist reich an Süßwasserfischen — man muß sie hier bei den Fischern kaufen, in Otranto auf dem Markt gibt es nur Meeresfische. Süßwasserfisch ist in Süditalien ohnehin wenig geschätzt, nur die ihn fangen, kennen seine Qualität. Sonst kommen selbst in den Bergen wo Forellen nicht selten sind, eher tiefgefrorene Schollenfilets aus Dänemark auf den Tisch.

<u>Feriendörfer</u>: Liegen alle in den Pinienwäldern bei den Laghi Alimini Club Mediterranee, zu einem "Dorf" angeordnete Betonkuben an einer kleinen tiefen Bucht. Großes Sport und Freizeitangebot. Man ist perfekt unter sich. Buchung über Reisebüros. "<u>Valtur</u>" (Buchung über Club Mediterranee), großes perfektes Ferienhotel dicht am Strand und mitten in den Pinien. Sport und Freizeitangebot wie beim Club. Überwiegend von Italienern frequentiert. "<u>Villaggio Serra degli Alimini</u>". Villendorf — im Stil der beiden vorigen. Tel. 0836/85203 und 25206; "<u>Villaggio Conca Specchiulla</u>". 15 km nördlich von Otranto, am Leuchtturm von S. Andrea, ähnlich wie die anderen. Tel. 0836/85111.

Die Strände zwischen Torre dell'Orso meist flach und sandig, dahinter Dünen, Macchia und kleine Pinienwälder.

Bis jetzt <u>neun kleinere Höfe</u>, wo Gäste aufgenommen werden.Im Gebiet um die Laghi Alimini 1—2 km vom Meer entfernt. Bis zu 10 Personen können in Zimmern aufgenommen werden, fast überall die Möglichkeit, Zelte aufzustellen. Sanitäres vorhanden, aber einfach. Sehr herzliche Gastfreundschaft. Was auf dem Hof produziert wird kann man kaufen, was es dort nicht gibt, hat der Nachbar: Gemüse (Paprika, Tomaten, Melonen, Auberginen usw. Geflügel, Käse, Wein). Preis für die Übernachtung ca. 8 DM. Vorher zu Agriturist in Lecce gehen!

<u>Anschriften</u>: Gebiet von Frassanito (Podere N., loc. Frassanito, 73028 Otranto) Pod. N. 4 (Antonio Greco), Pod. N. 15 (Silvio Trove), Pod. N. 16 bis /Gabriele Caggese), Pod. 18 (Salvatore Parata), Pod. N. 20 (Otello Merico), Pod. 38 (Antonio Nuzzo), Podere di Silvio della Tommasa. Azienda Padulicchia, Sig. Umberto D'Alba, 2 km vom Meer. Azienda Montelauro, Sig. Francesco Fonte, 1 km vom Meer. Direktverkauf von Käse, Wein, Gemüse, Fisch aus den Alimini.

Südlich von Otranto:

Die Küste ändert völlig ihren Charakter. Die salentinische Kalkplatte fällt steil ins Meer ab, die Küste ist meist unzugänglich, in den wenigen kleinen

Buchten Naturhäfen mit kleinen Küstendörfern. Sandbuchten gibt es kaum.
Für Taucher, die den Abstieg von den Klippen machen ein ideales Revier.
Zwischen den Felsen reiche Unterwasserpflanzenwelt und eine farbenpräch-
tige Tierwelt, Meeres- und Unterwasserhöhlen, die nur deshalb nicht bekannt ist, weil hier der Tourismus noch in den Kinderschuhen steckt
und man auch nicht rankommt. Erforscht sind sie noch nicht alle.

Der Steilabfall ist um 1oo m tief, an schroffen Stellen nur die allergenügsamste Vegetation wie Agaven und Opuntien, wo es etwas sanfter ist, sind aus Steinen Terrassen
aufgeschichtet, auf denen die genügsamen Ölbäume, Feigen und Carubbi (Johannisbrotbäume) wachsen — die Carubbi überwiegend als Viehfutter. In den Kronen der bis zu
1o m hohen Bäume sieht man oft Ziegen stehen und fressen (die Viecher können
unwahrscheinlich klettern). Die Schafe können das nicht, sie machen lange Hälse nach
den Blättern, bauen Männchen — doch die meisten Carubbi lassen ihre Blätter dort
beginnen, wo die Schafe nicht mehr hinkommen, sie sind von unten regelrecht abrasiert.

Porto Badisco. Tief eingeschnittene Bucht, die Straße geht auf Meereshöhe.
Beliebter Ort für Taucher, sehr kleiner Sandstrand. Einige Fischerboote —
die Fischer bringen einen an die unzugängliche Küste mit vielen Höhlen und
tief eingeschnittenen Fjorden. Südlich die Grotta dei Cervi, 1970 entdeckt,
mit stark abstrahierenden Felsmalereien der mittleren Steinzeit. Die Höhle
ist für Besucher geschlossen und soll es auch für alle Zeiten bleiben.

Capo d'Otranto: Italiens östlichster Punkt — von hier aus oft Sicht auf die
Berge Albaniens. Leuchtturm und Nato-Basis. Die Küstenstraße läuft hier
auf der Höhe — ins Landesinnere kahle endlose Weiden, nur von Mäuerchen
unterbrochen. Blick an der Küste entlang bis zum Capo Leuca, man bekommt einen guten Eindruck von der Geografie des Stiefelabsatzes.

Südlich des Capo d'Otranto Fahrweg zum Torre S. Emiliano, in eine kahle,
steinige Bucht. Außer gelegentlichen Hirten und Tauchern ist es hier einsam. Frei Campieren? Direkt verboten ist es nicht. Keinerlei Schatten. Wegen der Nähe zu den Militärgebieten am Cap mit Besuch rechnen.

★ **S. CESAREA TERME**   (3 1oo Einw.)

A.A. Via Roma, Tel. 0836/94043. Empfängt mit kräftigem Schwefelge-
ruch. In den Meereshöhlen unterhalb des Ortes entspringen fangoreiche
warme Quellen (27° C), die in den oberhalb liegenden Bädern genützt werden. Von den Thermalkomplexen Treppen in die Höhlen. In deren Nähe
auch natürliche Schwimmbecken. Als Kurort fast ausschließlich von Einheimischen frequentiert. Villa im "maurischen Stil".

Grotta Zinzulusa (Stichstraße, Besucherzentrum), der vordere Teil der Höhle, einer früheren Flußmündung ins Meer kann besichtigt werden, lohnt aber
nur bedingt. In den nahe gelegenen Romanelli-Grotten sind noch die For-
scher tätig, man kommt nicht rein.

Bis zum Capo Leuca ist die Küste dünn besiedelt, in den neuentstehenden
Küstenorten einige wenige Hotels, gerade zwei Campings, recht viele Ferienhäuser, die Küste fast immer vom Land her völlig unzugänglich, extrem
schroffe und kahle Felsküste.

✱ CAPO S. MARIA DI LEUCA   (650 Einw.)

Der südlichste Punkt Apuliens. Flach ins Meer laufende Felszungen. Über dem Cap das Wallfahrtskloster der Maria di Leuca, für die Bewohner des Salento eine Art Mekka, denn angeblich wartet nur auf die das Himmelreich, die wenigstens einmal zur Madonna Finis Terrae gepilgert sind. Die Wallfahrt in eine der Trattorie unterhalb zu einem Teller Fische oder Krebse ist nur zeitliches Himmelreich. Wer oben auf Mariens Aussichtsplattform steht, sieht den Kontinent enden, nach drei Seiten nur Meer. In dem kleinen Park gegenüber dem Kloster sehr aufdringliche Katzen, die von den Pilgern kleine Gaben ermiauen.

 Trattoria-Pensione"AL GAMBERO DA DOLORES": Einfach und familiär, guter eigener Wein, man hat das Kochen im Blut. An Fisch gibts, was der Padrone bei den Fischern bekommt...War von allem nur etwas da, gibt es Fischsuppe. Sommerliche Wochenenden meiden, dann ist es hoffnungslos überfüllt. Nach hinten raus einige wenige Pensionszimmer.Essen um 2o DM.

Die geografisch exponierte Lage des Caps hat leider viele Bauwillige angelockt. Ich kann es mir nicht vorstellen, es hier länger als 2,3 Tage auszuhalten, einfach zu kahl, in den Küstenorten außer den paar Trattorie und Bars kein Leben, die Häuser der Orte im Hinterland widerspiegeln die schwierigen Lebensbedingungen.

Die Bademöglichkeiten an den zerklüfteten Klippen, von Wind und Wellen messerscharf geschliffen, sind beschränkt (ein falscher Tritt und der Seeigel hat keine Haare mehr.) Allerdings verlockend für diejenigen, welche unter Wasser gehen wollen. Die ersten 1o km der jonischen Küste völlig kahl, ab Torre Vado beginnende Sandstrände, immer wieder von Klippen unterbrochen, sehr flach. Entlang der Küste viele Sarazenentürme, keine Ortschaften, die liegen 5–1o km landeinwärts.

Patù (5,5 km nördlich von S. Maria di Leuca), am Dorfrand der Centopietre (Weg dahin perfekt beschildert), eine sehr sauber gebaute viereckige Steinhütte, über deren Alter die Wissenschaftler streiten — wahrscheinlich einige tausend Jahre alt.

Die Küste bis Gallipoli zur Zeit im (unerfreulichen) Prozeß touristischer Erschließung, die Claims sind schon abgesteckt, lustig rattern die Betonmischmaschinen, aber noch viel Macchia dazwischen und ganz einsame Strände. Wer sich hier einrichten kann (Zelt oder Wohnmobil), Kontakt mit den wenigen Bauern und die wichtige Information darüber, wann der Präfekt von Lecce hier mit freien Campern umspringt, der kann hier improvisierend Einsamkeit und viel Platz finden. — Aber nur ganz wenig Schatten. Einkaufen in den Dörfern des Landesinneren.

Um Torre Mozza noch große naturnahe Feuchtgebiete mit Lagunen. Zwischen Marina di S. Giovanni und Torre del Pizzo überwiegt wieder flache Felsküste.

✱ CASARANO (im Inneren)

Große Bauernstadt, moderne aber gute Markthalle, im Ortsteil Casaranello eine frühchristliche Kapelle mit Mosaiken noch in antiker Tradition.

Entlang der ganzen jonischen Küste von Capo Leuca bis Taranto ist die Saison fast nur auf Juni/August beschränkt – außerhalb dieser Zeit ist fast alles dicht oder auf Sparflamme. Tourismus gibt es noch nicht lange und das, was bisher von ihm lebt, muß in den nächsten Jahren die Investitionen reinholen – eines der ganz negativen Beispiele:

GALLIPOLI (17 ooo Einw.)

("kalys polis" der Griechen = "schönste Stadt"). Vor Jahren noch eine verschlafene Stadt auf einer Insel im Meer, den Damm zur Stadt haben schon die Griechen gebaut. Die neue Stadt auf dem Festland mit Wohnmaschinen, die Taranto imitieren, und vor der Stadt sehr leistungsfähige Touristenkomplexe in Beton gegossen, die Strände mit Müll verziert. Wer italienischen Strandbadbetrieb mit den Badehütten und Sonnenschirmen in mehreren Reihen mag oder studieren will, ist hier richtig aufgehoben. Die Wassergüte schon in geringer Entfernung von der Stadt gut.

S. Maria al Bagno: Auf einer kleinen Halbinsel vier Türme mit Palmen dazwischen, die wie Säulen in den Himmel ragen. Zwischen den Türmen ein Ristorante, das die malerische Szenerie für Hochzeiten darstellt. Man kann schön im Freien unter den Palmen und Pergolen sitzen, von der Küche her akzeptabel, aber nicht sehr speziell, mit ca. 20 DM nicht überteuert, man kann breite Auswahl unter Antipasti treffen, reichlich Meerestiere.

NARDÒ (29 ooo Einw.)

Barocke Bauernstadt zum Durchschlendern. Lecce im Kleinen. Schöne auf Szenerie angelegte Plätze.

AGRITOURISMUS:

Villa S.Barbara: Bei Galatina, Pächterhaus auf auf einem alten Gut, 11 km vom Meer. Sig. Lorenzo Lore, Via Palermo 5 73o48 Nardo, Monatsmiete 6oo DM.

Masseria Pisano: Bei Galatina, 15 km vom Meer. Gut zwischen Pinien und Eichen, man kann sich auch bekochen lassen. Sig. Giafranco Pisano, Via della Constituzione 1, 73o13 Galatina, Tel.o836/61 76 8. Direktverkauf: Obst, Gemüse, Hühner, Karnickel, Käse und Milch.

Azienda Samenta: Via de Pandi 6, 73o48 Nardo, Tel.o833/81 17 o2. Unterbringung im alten Gutshaus, Reitmöglichkeit.

Azienda La Masseria: Torre Sabea nördlich von Gallipoli, Unterbringung in einfachen Hütten. Sigg.F.lli Coppola, 73011 Alezio, Tel.o833/48 1o 14 und 47 13 87. Bettplatz ca. 7 DM. Mit Weingärten, Olivenkulturen, Gärten und Wald. Viehzuchtbetrieb (Pferde, Rinder, Schafe,und Schweine),Reitmöglichkeit auf Pferden und Eseln.

Zum Agriturismo gehört auch eine Trattoria (im Gebäude der alten Masseria Masseria). Genuines von den Feldern und aus dem Meer. Sehr zu empfehlen "coniglio"(Kaninchen) und als Nachtisch die getrockneten Feigen (mit Mandeln gefüllt). Ca.17 DM.

✱ **PORTO CESAREO** (3 1oo Einw.)

Fischereihafen, an sommerlichen Wochenenden ist halb Lecce hier (die verleckerten, denn in S. Cataldo an der Adria ist es weniger nahrhaft) — die Einheimischen sagen, daß es dann in Porto Cesaro weder Brot noch Wasser gibt. Noch sehr naturnahe Strände nördlich von Porto Cesaro, aber auch immer wieder wilde Bautätigkeit. Die Strände selbst hinter oft bewaldeten Dünen, teils feiner Sand, teils zu Sand vermahlene Muschelschalen.

In S. Cesarea am Hafen Fischmarkt in den Gewölben am Hafen. Auf die vorgelagerte Insel kommt man über einen Damm trockenen Fußes. In der Pineta der Isola Lo Scoglio das Albergo "Lo Scoglio" (II cat.), Doppelzimmer 3o - 55 DM, Tel. o833/84 6o 79.

Ristorante:"IL VELIERO DI ORONZINO", alles, was das Meer bietet auch Langusten, Scampi (heißen hier "Gamberoni") und Lamm. 25 - 3o DM.

Die Strände von Porto Cesareo auf Taranto zu flach, meist sandig, die Straße vielfach direkt durch die Dünen, ab Campomarino die Verschmutzung durch Taranto beginnend. Landschaftlich schön, recht einsam.

Die dicht bei Taranto liegenden Strandorte Marina di Pulsano, Lido Silvana, Marina di Leporano sind stadtnahe Erholungsgebiete, die Sauberkeit des Meeres spielt da nicht mehr die entscheidende Rolle, ziemlich zersiedelt, häufige Busverbindungen mit Taranto.

Das Landesinnere
DES SALENTO

Der Absatz südlich von Lecce ist eine der dichtest besiedelten Agrarlandschaften Italiens, die Dörfer liegen meist nur wenige km auseinander, nur zur jonischen Küste hin wird es einsam, wegen der Malaria bis vor 3o Jahren. Die Dörfer ähneln einander: Geräumig angelegt mit etwas winkeligen Straßen, die Häuser in Zeile gebaute weiße Kuben, nach außen oft keine Fenster, das Leben findet hinter den Häusern im Garten statt.

Keinerlei Industrie außer den Ölmühlen und Weinkellereien. Überall ist die starke Abwanderung spürbar, und trotz der Fruchtbarkeit der Landschaft sehen die meisten keine Perspektive mehr in der Landwirtschaft (Bodenzersplitterung, recht viel Großgrundbesitz und die beiden Hauptprodukte, Öl und Wein sind trotz guter Qualität in der Krise). Das Einzige, was wirklich Geld bringt, ist der Tabak, doch dessen Anbau muß genehmigt sein und die konzessionierten Flächen sind klein.

In den Feldern zwischen den Ölbäumen viele den Trulli ähnliche stumpf-kegelige Turmbauten, früher oft bewohnt, heute nur noch als Stall oder Feldhütte. Die Ölbäume sind uralt, und durch ständiges Beschneiden sind sie zu "Skulpturen" geworden.

Trotz des ebenen Terrains und der schnurgeraden Straßen sind die Dörfer untereinander stark isoliert und auch der Kontakt mit der Außen-welt ist minimal: er beschränkt sich auf die Auswanderung und Saison-arbeiten auf den großen Gütern nördlich von Lecce und im Gebiet von Taranto und Metaponto.

Mehr als in jeder anderen Zone Apuliens hat sich hier Archaisches er-halten. Im täglichen Leben äußert es sich darin, daß fast alles von den Familien selbst produziert wird, daß man auf Bauernmärkten in den größeren Orten noch viel handwerklich hergestellte Fleisch- und Milch-waren findet. Lohnend sind die Feste — auch wenn hier die bunten Trachten schon längst verschwunden sind — aber archaische Elemente wie die Incubatio haben sich gehalten (wer ein Anliegen an den Heiligen oder die Madonna hat, liegt die ganze Nacht auf dem Kirchenboden, um an ihren Segen zu kommen). An vielen Häusern Symbole gegen den Bösen Blick.

Neben dem mehr "industriellen" Handwerk der Töpferei, noch die klei-ne Hausproduktion wie Weberei, Spitzenherstellung, Korbflechterei.

KERAMIK: Cutrofiano, Lequile, Ruffano, Trepuzzi, Lizzanello.

TEXTIL: Maglie, Cutrofiano.

SCHMIEDEARBEITEN: Ruffano, Soleto.

NATURKÄSE besonders in Maglie, Nardo, Soleto, Solicara, Frigule, Pisciaconchie, Castri.

WEIN: Zwei Hauptanbaugebiete — einmal die Dörfer rings um Lecce, dann im Hügelland des Inneren südlich von Gallipoli und Maglie. Aus Matino, Parabita, Casarano und vom Capo Leuca kommen ausge-sprochene Spitzenweine, deren Schicksal es bisher ist, per Tankwagen nach Norditalien als Brennwein oder zum Panschen wandern. Im Ge-biet um Lecce die besten Weine aus Copertino, Salice Salentino, Novoli und Squinzanao.

Die Griechendörfer:

Der Absatz war seit der Antike bis ins tiefe Mittelalter hinein griechisches Sprachgebiet — die meisten Ortsnamen sind griechischen Ursprungs, die unterirdischen Grottenkirchen wurden von orthodoxen Mönchen gegraben, und in einigen Dörfern hat sich das Grie-chische als Umgangssprache gehalten, bis vor wenigen Jahren schien es noch mit den Alten auszusterben, inzwischen hat die Minderheit wieder zu ihrem Selbstbewußtsein zurückgefunden — es ist die Sprache für Feste und Volkspoesie, im Alltag spricht man italienisch, viele grüßen aber ganz bewußt mit "Kalimera".

Die Griechendörfer liegen südlich von Lecce auf beiden Seiten der Straße nach Maglie: Calimera, Sternatia, Soleto, Martigano, Martano, Castrigani dei Greci, Corigliano d'Otranto.

DIE TARANTA:

Der Tanz ist auch griechisches Erbe, der Tarantella Calabriens und Lucaniens ähnlich. Man sagt, daß von der Tarantel Gebissene bis zum Umfallen tanzen müssen. Was beißt ist nicht die schwarze Spinne, sondern es sind die Nerven. Besonders bei Scirocco-Wetter mit seiner unerträglichen feuchten Hitze geraten die Menschen in einen Erregungszustand, der sie tanzen läßt. Man holt dann zwei Musikanten ins Haus (mit Tamburello und Organetto), die Musiker müssen oft ausgetauscht werden, denn die Taranta kann die ganze Nacht dauern.

Das Tanzen ist gleichzeitig die Vertreibung von unsauberen Geistern und Teufeln aus dem Körper. Die Taranta ist im Gegensatz zur Tarantella fast immer eine Privatangelegenheit, findet im Haus statt, gelegentlich auch auf Marienfesten bei den Wallfahrtskirchen. Meist in der Zeit um Pfingsten.

★GALATINA

Agrostadt mit etwas angegammelten lecceser Barockfassaden. Die Franziskanerkirche S.Maria di Alessandria eines der Hauptmonumente des Mittelalters in Südapulien. Außen alle möglichen Stile, wirkt zusammengeflickt. Dafür im Inneren großartiger Raumeindruck. Vollständig mit Fresken ausgemalt, wahrscheinlich von Norditalienischen Künstlern des 15. Jahrhunderts.

Locanda"**Cavallino Bianco**" ,Tel.0836/65 ol 6. Extrem einfache, alte Locanda. Gibt eine Vorstellung, wie noch vor 25 Jahren Apulienreisende nächtigten. Preis je Bett ca. 3 DM.

Rist."LA CAPANNA", Via Turati. Dorfristorante, gutes Antipasto aus Meeresfrüchten, sonst die üblichen apulischen Sachen aus Nudelteig und Fleisch. Ca.18 DM.

Sehenswertes:

Viel aus der Kunst und Archäologie bietet das Innere des Salento nicht. Dank der guten Straßen und der Kleinräumigkeit der Halbinsel kann man aber das wenige mit einer Fahrt an der Küste verbinden.

Carpignano Salentino (15 km von Otranto): Im Ort die Cripta di SS. Cristina e Marina, eine unregelmäßig gebaute Grotte, in den Absiden die ältesten Fresken Apuliens. Bei den Anwohnern der Piazza Madonna delle Grazie nach dem Schlüssel fragen!

Soleto: (in der Mitte der Halbinsel, je 26 km von Otranto und Gallipoli): Mit 45 m Höhe Apuliens höchster Kirchturm, sehr schlank, reich dekoriert.

★MAGLIE (13 5oo Einw.)

Hauptzentrum des südlichen Salento. Bauernstadt im lecceser Barock, wuchtige Portale und Balkone, was der Stein hergibt.

Museo Comunale di Paleontologia, Via Umberta 3 (9 - 13/16 - 19 Uhr).

Urgeschichtliches Museum, in dem die meisten Knochenfunde aus den Höhlen des Salento ausgestellt sind, Versteinerungen.

Giurdignano (7 km von Otranto): Grottenkirche S. Salvatore, nahe am Ort, völlig mit allen Säulen, Bögen und Kuppeln aus dem Tuff gegraben.

In der Umgebung sieben Dolmen und einige Menhire aus vorgeschichtlicher Zeit; an der Straße Minervino di Lecce-Uggiano Chiesa der Dolmen di Scusi, besser erhalten als die von Giurdignano. In diesem Gebiet besonders viele Turmhäuser in den Feldern.

Dolmen und Menhire sind im Mittelmeergebiet überall dort zu finden, wo aus vorgeschichtlicher Zeit turmartige Rundbauten mit Kuppeldächern stehen, oder wo man noch heute in dieser Tradition baut: Apulien — besonders das Trulli-Gebiet und der Salento, Sardinien und die Insel Pantelleria, um die italienischen Gebiete zu nennen.

Poggiardo: (8 km nach S. Cesarea Terme) im Ort die Cripta S. Maria mit vielen Absiden. Die Fresken wurden vor Jahren abgelöst. Sie sind im nahen Museo delle Cripte, Piazza Pasquale Episcopo, ausgestellt.

Im Nachbardort **Vaste** (1 km) bei der Masseria S. Stefano di Cripta S. Stefano, sehr unregelmäßig in den Fels gegraben, mit Fresken aus dem 12. und 14. Jahrhundert.

Der Tavoliere di Lecce:

Eine flache, eintönige Ackerbau- und Weidelandschaft, ausgesprochen dünn besiedelt, im Norden durch die deutlich aufsteigende Murgia dei Trulli begrenzt.

Wird von den Hauptstraßen Taranto — Brindisi und Taranto — Lecce durchquert.

Die wenigen Orte sind große Bauernstädte, auf den ersten Blick recht langweilig. Wer etwas Zeit hat, sollte in die alten Ortszentren fahren, sie bieten alle ein interessantes Nebeneinander von Palastarchitektur und spontanem Bauen. Oria und Grottaglie sind an einen Berghang gebaut, dort die Altstadt ein Inferno von Gäßchen, in das man sich besser nicht mit dem Auto rein wagt, sonst Schwitzen und Milimeterarbeit, gekonntes Rückwärtsrangieren und viele begeisterte Zuschauer, die Wetten abschließen, ob es der Ausländer ohne Beulen und Schrammen schafft.

Latiano (Prov. Brindisi): Museo delle arti e tradizioni pugliesi, Via G. Verdi 1o/12, Museum der bäuerlichen Kultur.

✦ **ORIA** (Prov. Brindisi, 15 ooo Einw.)

Die Altstadt reich an ungewöhnlichen Fassaden der Barockzeit, über dem Ort das mächtige Normannenkastell, im Hof die Grottenkrichte SS. Crisante e Daria, mit fünf Kuppeln (als griechisches Kreuz angeordnet), im Gegensatz zu anderen Grottenkirchen aus Mauerwerk gebaut.

✶ **MANDURIA** (Prov. Taranto, 27 000 Einw.)

Vor der Stadt, entlang der Umgehungsstraße, bei der Chiesa dei Cappuccini die Reste von Megalithmauern, die einzelnen Steinblöcke 2 m lang. In der Stadt schöne Barockfassaden und der Dom (Fassade).

✶ **GROTTAGLIE** (Prov. Taranto, 25 Einw.)

Apuliens Keramikzentrum, die meisten Werkstätten am Rand der Altstadt. Vor den Häusern und auf deren Flachdächern trocknen die Krüge, Amphoren, Teller, Schüsseln und vor allem die zylindrischen Töpfe, bei uns als Blumentöpfe für Hydrokultur mißverstanden. In Süditalien bewahrt man in ihnen das unter Öl eingemachte auf (nicht für Saures verwenden, das greift die helle Glasur an — eigene Erfahrung). Bei Gebrauchskeramik auf deren Gebrauchswert sehen, denn seitdem die Grottaglie-Keramik immer mehr als Dekorationsgegenstand hergestellt wird, ist auch Pfusch darunter (vor allem Risse im Boden und Fehler an der Innenglasur), die sie als Gebrauchsgegenstand unbrauchbar machen, weil die Flüssigkeit durchsickert — und man versucht das, an die Fremden loszuwerden.

Glasurfarben: cremeweiß, oft mit kleinen blauen Mustern (ähnliches kommt auch aus den lucanischen Keramikzentren wie Matera und Pisticci), braunrot in der natürlichen Farbe des gebrannten Tons (meist die Amphoren, Flaschen und Krüge) und grün. Neben diesem groben Geschirr feine Majolika nach Barockvorbildern (gelegentlich verkitscht) und die so marktgängigen Imitationen griechischer Vasen, was fürs Vertiko. Diesen vom Absatz her absolut krisensicheren Krempel bekommen die Nachwuchstöpfer in der staatlichen Keramikfachschule von Grottaglie beigebracht, wenn dort Betrieb ist, neugierig reingehen. Wer sich vorsichtig bewegt, kann sich auch die Werkstätten ansehen.

> **"Garden" (II cat.)**
> Via Martiri d'Ungheria, Tel. 099/66 10 60, Doppelzimmer ca. 65 DM.
> **"Akropoli" (IV cat.)**
> Via Platone 1, Tel. 099/66 14 64, einfach, Doppelzimmer ca. 35 DM   *Hotels*

In der Stadt lohnt es eigentlich nur durch die engen Gassen der Altstadt zu gehen, sonst der Kreuzgang der Kirche S. Francesco di Paola und die Krippe aus Steinfiguren von Stefano da Putignano (s. auch Matera, Altamura und Polignano) in der Chiesa del Carmine.

Feste im Salento:

Die Feste bäuerlichen Ursprungs stehen in Beziehung zum Jahreszyklus. In den Jahreszeiten, die für Wachstum, Ernte und Fruchtbarkeit entscheidend sind, die meisten Feste. Und zu den hohen kirchlichen Feiertagen, besonders die Osterwoche und der 15. August (Mariae Himmelfahrt).

Bei den EPTs Lecce, Brindisi und Taranto gibt es jedes Jahr einen recht vollständigen Kalender.

Provinz Lecce:

Eine winzige Auswahl aus über 25o Festen!

Die Fiere, die örtlichen Vieh- und Hausratsmärkte, bieten fast immer ein großes Angebot an Keramik, Kupferkesseln, landwirtschaftlichen Produkten.

Novoli: S. Antonio Abate (17.o1.). In der Nacht das Abbrennen eines Falo (Scheiterhaufen), der 1o - 12 m hoch ist.

Calimera: Ostermontag. In der Capella S. Vito am Ortsrand bemühen sich Männer und Frauen durch einen hohlen Stein zu kriechen, was je nach Leibesumfang gelingt oder auch nicht, allen Spaß bringt, außerdem gut für die Gesundheit sein soll und die Geburt erleichtert.

Gallipoli: S. Caterina, 24.o7. − die Ortspatronin. Ihr zu Ehren in den Straßen der Altstadt auf langen Tischen große Tongefäße mit "scapece", einem lokalen Fischgericht. Wird allen angeboten, wers ablehnt, beleidigt die Heilige.

Galatina: 29.o6. bei der Cappella S. Paolo Taranta. Die Leute tanzen für sich, wenn sie im Rhytmus versunken sind, achten sie ohnehin nicht auf Fremde.

Torre Paduli: (am jonischen Meer bei Ruffano): S. Rocco (hier für schwer heilende Wunden an den Beinen zuständig, in Tolve, Prov. Potenza nimmt er sich der Augenkrankheiten an), 16.o8. "Danza delle Spade" − Schwerttanz im Taranta-Rhytmus.

Lecce: 26.o8. S. Oronzo (der Stadtpatron). Riesenspektakel mit Prozession, Erzbischof, den hohen Tieren von Stadt und Provinz, Feuerwerk und Illumination. Vormittags Pferdemarkt, wo sehr schönes Zaumzeug zu sehen (und zu kaufen) ist.

Carpignano Salentino: 1. September Sonntag. Festa te lu mieru − Weinfest. Wein für alle, kommt aus großen Amphoren. Dazu "focacce", eine Art Pizza mit Wildgemüse und unter Öl Eingemachtem. Spende!

Castro Marina: 2. Augusthälfte, Sagra della Taranta und Prozession zum Meer.

S. Foca, nach dem 15.o8: Prozession mit Barken aufs Meer.

Parabita, am Santuario Madonna della Coltura, bäuerliches Fest mit Essen und Trinken, Taranta, das die Felder fruchtbar macht. 28. - 29.5.

S.Maria Di Leuca, Madonna di Finibus Terrae: Höhepunkt der Wallfahrten im Juli.

Provinz Brindisi:

Erchie: In der Osterwoche Passonsspiel.

Mesagne: Anfang Juni Trofeo dei Castelli, auf Mittelalter getrimmtes Reiterspiel mit Aus-dem-Sattel-Stechen, Konkurrenz der Stadtteile untereinander.

Oria: Anfang August, das Gleiche wie in Mesagne.

Latiano: 4. Oktober, <u>Fiera del Bestiame</u> — einer der wichtigsten Viehmärkte im Salento.

S.Pancrazio Salentino: <u>S. Pancrazio Martire</u> 1o. - 15.o5. Viehmarkt,
Folklore.

<u>Provinz Taranto</u>:

Montemesola: Im August seit 2o Jahren "<u>Festival dei Baffi</u>" Nationaler
Wettbewerb der Schnurrbärte.

Taranto
(227 ooo Einw.)

<u>Industriestadt</u>. Wer von Reggio, Matera oder Bari kommt, fährt kilome-
terlang an den <u>Stahlwerken</u> entlang, den größten Italiens. Nach dem
Willen von Entwicklungspolitikern gebaut.

Die Rohstoffe aus Übersee, lediglich der zum Stahlschmelzen nötige
Kalk ist apulischer Herkunft. Die Arbeiter pendeln bis zu 1oo km (einfacher Weg) — Busse bis Potenza und vor und nach Schichtwechsel in
den Zügen aus Lucanien und Calabrien die Männer, die zur Arbeitszeit
noch 4 - 5 Stunden täglich Anfahrt rechnen.

Die <u>Neustadt</u> öde, nichtssagend, die <u>Altstadt</u> so verkommen, daß sie
nicht mehr malerisch ist, daß man sogar Schwierigkeiten hat, zur alten
Bausubstanz ein Gefühl zu bekommen. Daß Taranto einmal vor mehr
als 2 Jahrtausenden die reichste und mächtigste Stadt des griechischen
Süditaliens war, kann man sich kaum vorstellen — man muß schon ins
Nationalmuseum gehen.

Noch sichtbarer als in Napoli kann man an den Uferstraßen die
Sättigungsfähigkeit des Meeres für Schmutz beobachten.

Diverse Ratschläge

(1) Die Stadt nicht umgehen. Sie ist ein Musterbeispiel für das, was Ent-
wicklungs- und Industrialisierungspolitik aus dem Süden machen kann
und soll.

(2) Nach Napoli das schönste archäologische Museum in Süditalien, auch
wenn es nicht immer gut arrangiert ist.

(3) Am Hafen entlang der Altstadt kann man bemerkenswert gut Fisch und
andere Meerestiere essen, was auf den Teller kommt, stammt aus Meeren,
die weit von Tarantos Schmutz liegen (die Boote fischen meist vor den
Küsten Calabriens, an den Ufern des Pollino und von Sibari hört man
ihr Tuckern).

(4) Die Hotels sind teuer, es wird aggressiv geklaut und die Verbindungen
von Bahn und Bus sind so gut (und billig), daß man ohne Auto aus-

kommen sollte — bedeutet allerdings frühes Aufstehen, denn das Nationalmuseum schließt um 13 Uhr.

Man braucht hinterher den Ausgleich provinziellen Süditaliens. Taranto als Ausflugsziel von Matera, Martina Franca, von der calabrisch-lucanischen Küste ab Sibari.

TOURIST INFO : EPT: Corso Umberto 113, Tel. 099/21 233, guter Stadtplan, einführender Faltprospekt für Museo Nazionale, Fahrplanauskünfte.

Verkehrsverbindungen: ab TARANTO

Zentraler Punkt zwischen Apulien und dem tiefen Süden.   Für Lucanien und das nördliche Calabrien seit dem Altertum und noch heute die heimliche Hauptstadt. Wen diese Regionen interessieren, besonders den Glanz der Griechenstädte an der jonischen Küste, sollte das Nationalmuseum in Taranto besuchen, die meisten antiken Städte bis Kroton waren irgendwie von antiken Taras beeinflußt. Heute stattdessen Ausstrahlung der Stahlwerke und der höheren Bildungsanstalten (Montagfrüh sind die Busse aus Lucanien voll von Mädchen, die in die Internate Tarantos zurückstreben).

Auto:

Nach Bari: Die Autobahngebühr kann man sich sparen, stattdessen die S. S. 1oo.

Neuralgischer Punkt innerhalb der Stadt, die beiden Brücken, die die Insel der Altstadt mit dem Festland verbinden. Wer nicht in die Stadt will, die Umgehungsstraßen nehmen.

Schnellste Verbindung mit Napoli: über Salerno und Potenza.

Bahn:

Bahnhof ca. 1 km vom Zentrum, der Fußweg dahin deprimierend, Busse alle 5 - 1o Minuten.

Wichtiger Knotenpunkt für den Verkehr nach Calabrien und Lucanien. Direkte Fernverbindungen nach Napoli - Roma (über Potenza), Reggio di Cal. (der Nachtzug mit Direktanschluß nach Sizilien), und nach Norditalien.

Busse:

Drei Busterminals, die 5 - 1o Minuten Fußweg voneinander entfernt sind:

Piazza Castello: hier starten alle Linien nach Norden und Westen: SITA nach Laterza - Matera, Policoro - Senise (mit Anschlüssen ins innere Lucanien).

FSE: Mottola - Bari, Martina Franca.

SAT: Massafra, Palagiano. Busse lokaler Gesellschaften in das Hinterland der jonischen Küste Apuliens und Lucaniens.

Via Pitagora (nahe dem Museo Nazionale): FSE: Manduria, Ostuni, Lecce.

Lungomare/Piazza Ebalia: SAT die jonische Küste entlang bis Maruggio, Grottaglie.

Flugzeug:

Über die Flughäfen Bari und Brindisi, nach Brindisi Bus, Abafahrt: Agenzia Ausiello, Corso Umberto 51, Tel. o99/22 o51 und 23 o41.

 AVIS: Corso Umberto 61, Tel. o99/26 o71.

Europcar, Panauto, Corso Umberto.143, Tel. o99/27 415.

Hertz: Via Pupino 19, Tel. o99/91 943.

Interrent: Viale Virgilio 51/c, Tel. o99/37 o9 66.

Maggiore: Via Tommaso d'Aquino 52, Tel. o99/24 811.

PARKMÖGLICHKEIT: Wer früh kommt, findet beim Nationalmuseum oft Platz. Sonst entlang des Hafens.

Cambio: In allen Gemeinden, nicht in den Feriensieldungen an der jonischen Küste.

Ausgesprochene Großstadthotels, zum Teil mit Dauermietern. Eher auf Kundschaft aus Industrie und Handel zugeschnitten als auf Urlauber (wer würde auch schon mehr als ein oder zwei Nächte bleiben ?).

"Delfino" (I cat.)
Viale Virgilio 66, Tel. o99/33 99 81. Mit Blick aufs Meer, Großhotel der Spitzenklasse. Doppelzimmer ca. 9o - 16o DM

"Plaza" (II cat.)
Via D'Aquino 46, Tel. o99/91 925. Gegenüber dem Nationalmuseum. Modern, sehr gut eingerichtet, groß, Doppelzimmer ca. 7o - 11o DM

"Imperiale" (III cat.)
Via Pitagora 94, an der Villa Communale, ruhig gelegen. Tel. o99/23 o19. Gut eingerichtetes modernes Großhotel. Doppelzimmer ca. 8o DM. Vorbestellen!

"Miramare" (III cat.)
Via Roma 4, Tel. o99/22 854, älteres Mittelklassehotel am Canale Navigibile. Doppelzimmer ca. 8o DM

"Aquila d'Oro" (III cat.)
Via Margherita 8 (Seitenstraße beim Nationalmuseum), Tel. o99/2o 472, älteres Mittelklassehotel. Doppelzimmer ca. 55 DM

"Pisani" (III cat.)
Via Cavour 43, Tel. o99/24 o87, ruhig, in einem Innenhof, ansprechend renoviert, vorbestellen! Doppelzimmer ca. 7o DM

Die billigeren Hotels am Westrand der Altstadt (Piazza Fontana) weniger zu empfehlen, häßlich gelegen, sehr laut, die ganze Nacht Schwerverkehr. Wegen der Kurven und einer kleinen Steigung schalten hier die Camionisti. Außerdem arge Absteigen. Dafür sind 22 - 25 DM (Doppelzimmer ohne Bad) reichlich bemessen.

Hotels

Das antike Taras:

Wurde der Überlieferung nach 7o6 v. Chr. von spartanischen Kolonisten auf der Insel zwischen Mare Grande und Mare Piccolo gegründet (dort, wo heute die Altstadt steht).

Die spartanische Herkunft und Lebensführung war rasch vergessen — die ideale Lage an großen Straßen, einem reichen und fruchtbaren Hinterland, der Fischreichtum der Lagune und vor allem die Purpurschnecke ließen heimatliche Blutsuppen vergessen. Tarentiner Köche widmeten sich seitdem besonders den schwarzen Mießmuscheln (Cozze oder Mitili).

Es dauerte nicht lang und Taras war die reichste und einflußreichste Stadt Großgriechenlands, nie von ihren Konkurrentinnen besiegt, bis im Jahr 272 v. Chr. die Römer das "molle Tarentum", das wollüstige Tarent, eroberten. Zu der Zeit hatte es 3oo ooo Einwohner (mehr als heute), die Stadtmauern hatten 15 km Umfang. Vom alten Taras ist kein Stein geblieben, man hat immer wieder über das Alte gebaut, aber den Reichtum der Stadt kann man im Museo Nazionale bestaunen — alles sehr fein, ohne jede Protzerei. Man trug nicht dick auf, legte vielmehr Wert auf Details und äußerste Kunstfertigkeit. Tarentiner Goldschmuck wiegt nur wenige Gramm und man muß ihn unter der Lupe betrachten.

Die römische Besatzungsmacht sorgte für den raschen Niedergang der Stadt. Der Hafen verlor mit dem Bau der Via Appia nach Brundisium seine Bedeutung für den Verkehr in Griechenland. Einzig Tarentiner Köche besaßen in Rom hohen Marktwert.

Im Mittelalter schrumpfte die Stadt auf die Citta Vecchia auf der Insel zusammen und blieb bis 186o ein wenig bedeutendes Fischernest mit Erzbischof. Nach der italienischen Einigung wurde es der zweitgrößte Kriegshafen, die Stadt wuchs aufs Festland und die Ausschachtungsarbeiten für die Neubauten füllten die Magazine und Vitrinen des Nationalmuseums.

Die Altstadt:

Handtaschen gut festhalten. Die Fassaden zerfressen und im Zerfall, düstere Innenhöfe und Gäßchen, deren romantische Patina vom Schmutz erstickt ist. Wabernder Dunst von Benzin, alten Fischkisten, Ölschmier und Hundescheiße in der glühenden Sonne.

DUOMO: Stark mit Barock überkleistert, die Säulen im Inneren meist aus antiken Tempeln zusammengeklaubt, interessante romanische Kapitelle, aber im Ganzen eher enttäuschend.

In der Via Duomo eine Reihe von Trödlerläden, aber wenn Ausländer eintreten, wird der Trödler zum Antiquario — speziell bei den Preisen.

MUSEO NAZIONALE (die üblichen Öffnungszeiten), mit Busgesellschaften rechnen, aber in deren Schutz kann man recht frei Fotos machen, was sonst in Nationalmuseen auf Schwierigkeiten stößt.

Neben Napoli und Reggio Cal. das reichste Museum der unteritalienischen griechischen Antike. Das Schwergewicht auf der Keramik. Vasen von einmaliger Schönheit, aus Korinth, Attika und Apulien — unbedingt Stück für Stück ansehen, sich Zeit nehmen, zwischendrin ausruhen, auch mal zurückgehen. Der Goldschmuck perfekt ausgestellt, mit Lupen in den Vitrinen, man sieht die milimeterkleinen Details. Große Sammlung von Votivfiguren aus Terrakotta.

"DA EMILIO - LA SIRENETTA", Via Madonna della Pace 5, nach dem Essen zarte Semifreddi und Dolci. "GAMBERO ROSSO", Via Cariati 22, und "PESCE FRITTO", Via Cariati 46, beides Fischlokale direkt am Hafen mit großer Auswahl. Mit der Nase prüfen, was einem mehr zusagt. Preise in allen drei ungefähr gleich, je nach Fischart 20-25 DM.

Rist."AL GAMBERO" , Via del Ponte, bestimmt nicht besonders schön gelegen, und der Betonpavillon ist auch nicht ansprechend, aber eine Institution.

Das Fischristorante mit der größten Auswahl wahrscheinlich im gesamten Süden, alles von der Sardine bis zur Languste. Die große Auswahl kann realisiert werden, weil der Gambero fast immer voll ist. Durchschnittspreis 35 - 4o DM (aber ohne Languste !). **_UND:_**

Natürlich Meerestiere, am besten entlang des Hafens, der gleichzeitig Fischgroßmarkt ist. Der Fischgeruch auf dem Pflaster und die Boote sind der einzige Ambiente. Hauptsache man findet einen Tisch. Das Angebot ist fast immer gleich: Zuppa di Pesce, Muscheln in unzähligen Zubereitungsarten, Fisch vom Rost, aber besser behält er seinen Eigengeschmack "in umido" — im eigenen Saft, mit sparsam Kräutern, Öl und Zitrone oder weißem Essig (oder auch Weißwein). Die Antipasti fast immer auf der Basis von Meerestieren — hierfür müssen die diversen Tintenfische ihre Tentakeln herhalten, ebenfalls sparsam in ihrem eigenen Saft zubereitet, allenfalls Zitrone und Petersilie.

In den Bars der Neustadt leckere Pasticceria, besonders in der Via D' Aquino. Statt des vielleicht zur Gewohnheit gewordenen "bicchiere di vino" lieber die "tazza di caffe".

FEST: Passionsprozession am Venerdi Santo(Karfreitag): Tarantos besseres Bürgertum kommt daher wie der Ku-Klux-Klan, weiß gekleidet, spitze Kapuzen über dem Kopf, nur mit Sehschlitzen und barfuß. Der Brauch ist spanischen Ursprungs. Am Karfreitag zwölfstündige Prozession durch die Stadt.

Zwischen Taranto und Lucanien:

Am Jonischen Meer zwischen Castellaneta Marina und Metaponto weite Sandstrände mit üppigen Pinienwäldern, stellenweise durch Waldbrände zerstört. Ab Castellaneta Marina läßt die Wasserverschmutzung schnell nach, aber wie auch an den lucanischen Stränden wirkt das Wasser durch aufgewühlten Sand immer etwas trübe. Im Sommer sehr viel Betrieb. Für Taucher uninteressant. Wer die 5o - 1oo km südwärts investiert, hat mahr Platz, Ruhe und Ursprünglichkeit und eine Wassergüte, die über jeden Verdacht erhaben ist. (s. POLLINO).

Riva dei Tessali: Inmitten von Pinienwäldern perfekte Freizeitstimmung mit 18 - Löcher - Golfplatz, Pool, Tennis, Reiten, aber nichts für Taucher.

"Residence Club Hotel" (I cat.)
Rina dei Tessali, Mai - September. Tel. o99/64 o71, Vollpension 13o DM, perfekt.

Freicampieren in den Pineten verboten und seit den Flächenbränden der letzten Jahre wird kontrolliert.

Camping: Castellaneta Marina: in der Pineta gelegen, etwas im Hinterland, riesiger Platz, mittelprächtig ausgestattet.
Ginosa Marina: Internazionale, in Pineta am Meer, relativ gut ausgestattet, Tennis.

✱ MASSAFRA (23 ooo Einw.)

Neben Matera die meisten und interessantesten Höhlenkirchen. Liegen in der Gravina im Stadtgebiet. Nicht frei zugänglich. 2o Grottenkirchen. Wegen des Besuchs aufs Rathaus (Municipio) gehen (vormittags), dort ein Führer. Die Grottenkirchen liegen dicht beieinander. Das großartige Landschaftserlebnis wie in Matera fehlt.

✱ MOTTOLA

Die Höhlenkirchen in der Nähe der Stazione Palagiano:
Am Bivio S. S. 7/1oo ca. 1 km Richtung Mottola auf der alten Straße (parallel zur Schnellstraße), dann westlich auf einer asphaltierten Nebenstraße (Ri. Palagianello ca. 3 km bis zur Masseria Casarotto, dort die Cripta S. Angelo), nur noch Architektur, S. Margherita mit Fresken, S. Nicola ebenfalls mit stark verdorbenen Fresken.

✱ CASTELLANETA

ist die Heimat von Rodolfo Valentino, dem schönsten Star der Stummfilmära -- er hat sein Denkmal — errichtet von den dankbaren Mitbürgern. Am Bahnübergang Schrittempo. Eine der wüstesten Sprungschanzen auf Italiens Straßen.

✱ LATERZA

Im Ristorante Peppe da Roma genuines auf der Basis von Lammfleisch und Gnemerijedde. DM 15.

GRAVINA di LATERZA: Eine der Karstschluchten der Murge, bis 15o m tief, relativ leicht zu begehen (Abstieg im alten Ortsteil von Laterza), etwa 1o km lang, Erlebnis völliger Einsamkeit, die Einheimischen halten einen für verrückt, der Ausstieg in einer einsamen Gegend südlich von Ginosa, man geht besser retour. Reichlich Wasser mitnehmen und einen ganzen Tag rechnen. Karte (nicht unbedingt nötig) IGM 2o1-I-NO Laterza.

AGRITOURISMUS in Apulien

— Neue Adressen — letzte Nachträge —

Wenn ihr einen längeren Aufenthalt (ab 2 Wochen) plant, wendet Euch am besten an

AGRISCAMPI, Foro Traiano 1/A, I - 00187 Roma, t.o6/6795917 + 6798694

Neue Adressen:

★ GARGANO:

Valle Vittoria bei Vieste. 3 km vom Meer, Appartments im Gartenland (3—7 Plätze), Direktverkauf: Öl, Eier, Geflügel, Gartenbauprodukte, Adresse: Pierino Troia, Via Cappuccini 7, Vieste (FG). t. 0884/7734o und 78o4o.

★ TERRA DI BARI:

Caste del Monte: Azienda "Al Murgiano" Viehzuchtmasseria, Unterbringung in der Masseria. Direktverkauf: Wein, Käse, Lammfleisch, Campingmöglichkeit.
Preis je Bett 14 DM, Fahrradverleih.
Adresse: Nicola Lo Musso, S.S. 170, km 20+820, Castel del Monte-Andria (BA), t. 0883/ 82849.

Trattoria Il Fagiano: Poggiorsini (BA), Località Lorusso, agritouristische Trattoria mit typischer Küche des apulischen Binnenlandes. An der S.S.97 zwischen Spinazzola und Poggiorsini Scalo (km 42+800).

★ MURGIA DEI TRULLI:

Valle d'Itria (Cisternino, Prov. BR), Azienda Semeraro — großer Viehzuchtbetrieb, Unterkunft in Trulli (mit je 4—10 Plätzen), Übernachtung je Person 20 DM. Direktverkauf: Wein, Käse, Gartenbauprodukte. Reitmöglichkeit. Adresse: Pietro Blanco, Via Verdi 1/A, Fasano (BR), t. 080/ 173668

Valle d'Itria (Locorotondo, Prov. BA), Azienda Vitamara, Gemarkung S. Marco — Mittelgroßer Betrieb mit Baumkulturen und Viehzucht.Unterkunft im Bauernhof (2—4 Plätze je Wohneinheit), Monatsmiete 700—1300 DM. Direktverkauf: Wein, hausgebackenes Brot, Käse, Fleisch aus eigener Produktion.
Adresse: Francesco Pinto, im Haus, t. 080/ 712359.

★ SALENTO:

Azienda Scalilla bei Melendugno (LE), großes Gut (Viehzucht), Unterkunft in ausgebauten Räumen einer alten Fattoria oder Camping. Appartement (4—6 Betten) pro Tag 46—51 DM. Schwimmbad, Tennisplatz, Reiten. Direktverkauf: Öl, Geflügel, Schafskäse.
Adresse: Crocifisso De Pascalis, an Ort und Stelle, t. o832/ 831124.

Azienda Notarpaolo, S. Vittoria bei Surbo (LE), Apartments in altem Gebäude der Masseria, Übernachtung je Person ca. 17 DM.   Direktverkauf.
hausgebackenes Brot, Öl, Wildgeflügel, Milchprodukte.
Adresse: Marcello Galli, Via delle Moline 12,'Surbo (LE), t.)832/ 661479.

Masseria Galeasi bei Grottaglie (TA). Unterkunft in der Masseria.- Mindestaufenthalt 1 Woche, Übernachtung je Person und Tag ca. 17 DM. Schwimmbecken, Fahrradverleih. Reitmöglichkeit in der Region wird vermittelt
Direktverkauf: Wein, Käse und Ricotta, Obst und Gemüse.
Adresse: Loretta Vallone Borghese, am Ort, t. 099/ 662485.

Agritourismus und Reiten in Apulien:
(genaue Angaben oben und in den Regionalteilen!)

Azienda S. Vincenco, S. Vincenco bei Monopoli, c/o. Vincenco De Bellis,
Viale Dante 57, Castellana Grotte (BA), t. 080/ 8o3o4o und 735o37.

Azienda Incantalupi, bei S. Vito dei Normanni (BR) c/o Giuseppe Bruno,
Via dante Alighieri 3o, S. Vito (BR), t. 0831/ 961o48.

Azienda Uria (mit Camping), Isola Varano bei Ischitella (FG) — Gargano,
c/o Constantino Pacilli, via Gelso 21, Sannicandro Garganico (FG), t.0882/
671o65 oder)884/ 97o17.

Azienda Lo Prieno (mit Camping), Campi Latini bei Galatone (LE), c/o
Maria Grazia Castriota, Via Corsieri 1o, Galatone (LE), t.0833/ 865443.

La‾Masseria, Torre Sabea bei Gallipoli (LE), c/0 Niccolò Coppola, Alezio
(LE), t. o833/ 281o14, 22295, 473169.

Außerdem die hier im Nachtrag genannten Aziende Scalilla (Melendugno)
und Semeraro (Cisternino).

Lucanien

(*Lucania, daneben die derzeit offizielle Benennung "Basilicata"*):

*Bis auf zwei kurze Küstenabschnitte (um Metaponto am Jonio, bei Mara-
tea am Tirreno) Binnenland. Der unbekannteste Teil des Südens. Eines der
am dünnsten besiedelten Gebiete Südeuropas. Auch wenn die moderne
Welt der Kühlschränke, Fernseher und Autos Eingang gefunden hat, ist hier
die Zeit stehen geblieben.*

Weiße Dörfer, die weit auseinander liegen, auf den Hügelspitzen, die Frauen in Schwarz, in vielen Orten kann man noch Trachten und deren Reste als die Alltagskleidung der Frauen sehen.

Die Jungen und die Männer vielfach ausgewandert, denn der Boden ist geizig, das Klima hart: im Sommer heiß und trocken, im Winter kalt, denn über die Hälfte aller Orte liegt über 600 m hoch. Fast alle Ortschaften sind mehr oder weniger durch "Frane" (Erdrutsche) bedroht, die im Herbst und Winter nach langen Regenfällen ganze Berghänge abrutschen lassen.

MATERA eine der beiden Provinzhauptstädte, Stadt, deren Bewohner noch vor 30 Jahren überwiegend in Höhlen hausten. Südlich von Matera, die weite kahle Hügellandschaft Innerlucaniens, in den meisten Dörfern interessante Feste, die auf archaischem Brauchtum basieren.

Im Süden der Region, an der Grenze zu Calabrien, der POLLINO, der derzeit in einen Nationalpark umgewandelt wird. Für Wanderer, Liebhaber des einfachen Lebens, für an der Hirtenkultur Interessierte.

Im Norden, Richtung Apulien , das MELFESE, rings um den erloschenen Vulkankegel des Vulture. Kulturgeschichtlich interessant: Kirchen und Kaste Kastelle aus der Staufer- und Normannenzeit (siehe Terra di Bari).

Das Küstengebiet im Westen von Maratea ist einer der abwechslungsreichsten und intaktesten Meeresabschnitte an den Ufern Süditaliens.(Beschreibung siehe Cilento).

ZENTRALLUCANIEN ist ein Hügel- und Bergland mit wenig sichtbaren Anziehungspunkten. Eine Welt stummer Dörfer, wo neben den wenigen Errungenschaften der technischen Zivilisation die Neuzeit seit Jahrhunderten nicht angekommen ist. Jedes dieser weißleuchtenden Dörfer, auf Berg- oder Hügelspitzen gelegen, eine Welt für sich.

Verkehrsverbindungen:

Auto

Die Autostrada streift nur am Rand. Die schnellen Straßen verlaufen in Ost-West-Richtung in den großen Flußtälern und verbinden die Jonische Straße (S.S.1o6) mit der A3. In Nord-Süd-Richtung keine modernen Straßen, sondern nur Straßen, die den alten Wegen auf den Bergrücken oder auf halber Höhe folgen. Ringelkurven über Ringelkurven. Über Berg und Tal. Fahren über lange Strecken kann nervend sein. Der Straßenzustand dem geologischen Untergrund entsprechend.

Die Ton- und Mergelböden rutschen überall und von den Straßen rutscht dann meist was mit, Brücken stürzen ein, nach langen Regengüssen mit Streckenunterbrechungen rechnen. Noch mehr als die alten Straßen, deren Verlauf in Jahrhunderten auf seine Brauchbarkeit überprüft werden konnte, gehen immer wieder die neuen Schnellstraßen zu Bruch.

Bahn:

Für Bahnreisende ist das Gebiet völlig unterversorgt. Auf den wenigen Linien dünne Zugfolge und lange Fahrzeiten. Das museale rollende Material wird zunehmend von modernen Triebwagen ersetzt.

FS: Linie (Napoli) — Battipaglia — Potenza — Metaponto — (Taranto), hier noch gute Chancen, museal zu reisen. Linie Foggia — Melfi — Potenza.

FCL: (Schmalspur): Potenza — Altamura — Bari (mit Stichbahn nach Avigliano Citta).

Busse:

Die meisten Ortschaften erreicht man von Potenza aus, zwei, drei Fahrten am Tag sind die Regel, manchmal auch nur eine. Außerdem noch relativ viele Verbindungen von Lagonegro (für die Orte im Sinni- und Agri- Tal und im Pollino. Von Potenza mehrmals täglich Schnellbusse nach Napoli (teurer, aber viel schneller als die FS).

Flugzeug und Mietwagen gibt es nicht.

Cambio: Potenza, Genzano di Lucania, Moliterno, Muro Lucano. Viggiano.

TOURIST INFO: EPT Potenza, Via Alianelli 4 (im Zentrum der Altstadt), Tel. 0971/21812.

Obwohl im Herzen Süditaliens, liegt Lucanien trotzdem abseits der großen Verkehrswege. Außer für ausgesprochene Lucanien- Liebhaber (ich bin einer) mehr ein Gebiet zum Durchfahren und wer es langsam tut, kann den ursprünglichen Süden hautnah erleben, mit viel Freundlichkeit und Herzlichkeit, die ihm entgegen gebracht wird. Ängste vor Dieben und vor Betrug vergessen!

HOTELS

Wegen der geringen Besucherzahl bislang wenig Hotels, aber doch mehr als man so einer abgelegenen Gegend zutrauen würde. Verteilung sehr unterschiedlich. Hotelliste der EPTs zu Rate ziehen. In der Regel bescheiden ausgestattet, Preise weit unter dem italienischen Durchschnittsniveau. In den Küstenorten im Hochsommer die übliche Überbelegung. Wo es nichts anderes gibt, nach privaten Zimmervermietern fragen (affittacamere).

Meist sind sie vor 1o - 2o Jahren mit der Hoffnung auf die Touristen gebaut worden, die nie gekommen sind. Meist karge, aber saubere Zimmer, keine großen Worte. In der Regel III. und IV. Categorie, aber auch die Locande sind brauchbar, auch wenn das Mobiliar manchmal sichtbar macht, daß es einige Stürme und Jahrzehnte hinter sich hat. In den Dörfern kann das DZ, natürlich ohne Bad, auch noch unter 10 DM kosten.

CAMPING Nur wenige organisierte Plätze an der jonischen Küste, um Maratea gar nichts. Frei Campieren überall möglich und erlaubt. Anstoß nimmt niemand daran. Mir ist es einige Male passiert, daß irgendwer vorbeikam und mir einen besseren Platz zeigte, zum Beispiel

mit Quelle, dann wegging und nach einer kurzen Zeit mit einer Tüte
Tomaten, einer Schüssel Ricotta und einer Handvoll Feigen zurückkam.

Essenstips für diese Region

Die Bauern erzeugen guten Käse, leckere Schinken und die
Soppressate sind berühmt und gesucht — nur: Im Laden bekommt
man all das nicht. Dort die dritte Wahl norditalienischer Mortadella, Käse
aus der Fabrik und scheußliche Flaschenweine, meist aus dem Norden.
Die Familien produzieren selten über den Bedarf der Sippe hinaus. Die extreme Landflucht verstärkt das. Die Großeltern machen den Rücken
krumm, damit die Kinder und Enkel in den Ferien sich zu Hause fühlen
und danach noch etwas mitnehmen können.

Wer das Glück hat, eingeladen zu werden, bekommt von allem angeboten,
fast immer kommt ein weißes Tuch auf den Tisch — was eine außerge-
wöhnliche Ehrung ist — und beim Abschied muß man sich wehren, nicht
zuviel mitzubekommen.

Essengehen ist kaum verbreitet. Die Region ist einfach zu arm. Um diejenigen, die unterwegs ihren Hunger stillen müssen, sind meist nicht sehr anspruchsvoll. Ristoranti, wo man was vom Kochen versteht und Genuines
auftischt, gibt es kaum.

Feste und Traditionelles:

Nicht farbenprächtig. Lucaniens Farben sind schwarz und dunkelbraun — die Kleider-
farben der Lucanierinnen. In vielen Dörfern sieht man noch die älteren Frauen mit
ihren weiten, gefältelten Röcken und den großen Tüchern, die weit mehr als den
Kopf bedecken. Die Männer, soweit sie nicht in unmodischer Konfektionstecken, in
robusten Anzügen aus Cordsamt oder aus Samt, die Bauern meist mit Hut, die Landarbeiter und Hirten mit Mütze.

Die Hauptfeste Lucaniens sind die Wallfahrten zu den meist einsam gelegenen Madonnen-
heiligtümern. Für die Bauern eine der wenigen Fluchtmöglichkeiten aus dem harten
tagtäglichen Einerlei.

Die Madonna wird in der ihr gebührenden Form verehrt. Man hat auch allen Grund
dazu, denn Dürre, Krankheiten, Viehseuchen nehmen immer so dramatische Formen
an, daß nur noch Wunder helfen können. Ist der erste Hauptzweck der Wallfahrt
erfüllt kommt der Zweite: Das Fest — Essen, Musik, Tanz dauert auch mal Tage
— die Heiligtümer sind meist von heiligen Hainen umgeben, man kann hier gut lagern.

DIE WICHTIGSTEN MADONNEN FÜR LUCANIEN: Madonna di Viaggino, überhaupt
die am meisten verehrte; Madonna di Pierno, für das Gebiet nördlich von Potenza;
Madonna di Picciano, für das Gebiet um Matera, sofern man nicht Bindungen zu den
Madonnen von Viggiano oder Pierno hat; Madonna di Pollino für das Sinni-Tal und
den Pollino. Neben den Gläubigen Treffpunkte der an Volkskultur Interessierten.

✸ POTENZA (57.000 Einw.)

Hauptstadt der Region. Der größte Teil der Stadt ist modern, die kleine
Altstadt ist beim letzten Erdbeben stark mitgenommen worden. Eine Art
Verbannungsort für Beamte, die Schwierigkeiten hatten oder machten.
Potenza liegt über 800 m hoch und zeichnet sich durch harte Winter und

das Fehlen jeden gesellschaftlichen Lebens aus. Nur für Aufsteiger aus der Provinz ist Potenza erstrebenswert, wobei sie für ihre Kinder Napoli oder Rom fest im Auge haben.

Wer trotzdem in die Stadt will: In der auf dem Berg gelegenen Altstadt sind Parkplätze rar. Der Hauptbahnhof (PZ Inferiore, FS und FCL) liegt weit ab. (Busverbindung).

 In der Altstadt zwei Eßtips, wo man sehr gut, sehr lucanisch und preiswert ißt."TRATTORIA DA PEPE", Largo S.Michele. Statt Nudeln hier zu den gehaltvollen Suppen greifen (fast immer sind Kartoffeln und Hülsenfrüchte dabei) Stockfisch und Innereien. Ca.2o DM

Rist."DA MIMI", Via Rosica, handgemachte Nudeln, Innereien, wenn Saison ist auch Lamm und Zicklein. Ca.18 DM.

Nördlich von Potenza:

✦ AVIGLIANO (11.000 Einw.)

(16 km von PZ, zuerst auf der S.S. 7 Ri. Avellino), Handwerkerstädtchen. Keramik, Schmiedearbeiten und Holzbearbeitung, darunter die Herstellung von Fässern.

Hotel al Fusillo
(III.Cat.), Via Villa Borghese,Tel.o971/81 04 8. Vorher anrufen. Einfaches, modernes Hotel. DZ 24 DM.

Hotel.

 Rist."GROTTINO DELL'ARCO", Via S.Maria del Carmine 12. Kleine,, alte Trattoria im historischen Zentrum, nur wenige Tische, deshalb an Wochenenden vorbestellen (o971/81 35 5). Lucanische Küche mit handgemachten Nudeln (orecchiette strascinati, fusilli), Lamm und Zicklein, Fleisch von Schweinen, die in der Halbfreiheit des Waldes aufgewachsen sind. Die Trattoria besteht schon seit Generationen. Essen ca. 2o DM.

✦ CASTEL DI LAGOPESOLE

(an der S.S.93 PZ-Melfi, Bahnstation, aber weit weg): Eine der Festungen Friedrichs des Zweiten an der Grenze Lucaniens zu Apulien. Viel mehr als sauberes Quadratmauerwerk gibt es nicht zu bestaunen, nach Anhaltspunkten früherer kaiserlicher Pracht muß man sehr suchen. Landschaftlich ein kahles Hügelland, Blick auf den Vulkankegel des Vulture. Noch viele ältere Frauen in der dunklen Alltagstracht.

Im nahegelegenen Filiano bei der Molkerei Gelegenheit, Schafskäse in sehr guter Qualität zu kaufen.

An der S.S. 03 bei der Masseria Iscalunga eine sehr einfache Pension: Valle d'Alba (P.3), nur vier Zimmer, Tel. 0971/88006, DZ um 6 - 7 DM. Zimmer ohne eigene Waschgelegenheit.

Hotel.

Madonna di Pierno,fast 1ooo m hoch in quellenreicher Waldlandschaft,die Kirche romanisch mit späteren Zutaten, zu den Marienfesten und an Wochenenden Massen von Wallfahrern, im Wald ringsherum kocht und brutzelt es. Einfachste Zufahrt von Atella (an der S.S. 93 PZ- Barletta)

✳ ACERENZA (3.600 Einw.)

Nordöstlich von Potenza. Von weitem erscheint der Ort wie befestigt, beim Näherkommen sind es dann Stützmauern, die verhindern sollten, daß durch Erdrutsche immer mehr Häuser den Hang hinuntergehen.

In der Via Umberto I kleine Barockpaläste mit dekorierten Portalbögen. Die große Cattedrale erinnert an die Zeiten, als Acerenza Hauptstadt Lucaniens war; stammt aus der Zeit zwischen Romanik und Gotik. Während die Fassade im Lauf der Zeit verändert und verbaut wurde, ist das Langhaus und besonders der Chor mit seinem Absidenkranz weitgehend unverändert.

Das Innere restauriert, die alten Formen wieder sichtbar. Die Cripta (Renaissance) von einem lokalen Feudalherren in Auftrag gegeben, der die Cripta di S. Gennaro im Dom von Napoli nachbauen ließ.

Die Briganten:

Zwischen Acerenza , Forenza und Lagopesole ausgedehnte Wald- und Macchiagebiete, durch Ausholzung und Waldweide ziemlich schütter geworden.

Vor etwas mehr als einem Jahrhundert waren diese Wälder noch so dicht und unwegsam, daß sie Hauptschlupfwinkel und strategische Basis der zeitweilig tausende umfassende BRIGANTENBANDEN im Brigantaggio 1860 — 68 umfaßten. Der Anschluß des Südens an Italien hatte nicht die erhoffte Änderung, vor allem auf sozialem Gebiet, gebracht.

Die enttäuschten Bauern rechneten dann auf eigene Faust mit den Besitzenden ab (die es weitgehend mit dem neuen Staat hielten). Waffen, ideologische Hilfe und geistlichen Zuspruch erhielten sie den Gegnern des geeinigten Italiens : den Baronen, die der alten Dynastie schon durch Vorrechte, wie die weitgehende Abgabenfreiheit, verbunden waren, der Kirche vom Heiligen Vater bis zum Priester, denen der Freidenker Garibaldi wenig schmeckte und die hofften, durch den Krieg der Briganten gegen die turiner Dynastie das Überleben des Kirchenstaates, damals noch Latium und Teile Umbriens, zu erreichen; und diverse ausländische Mächte, die territoriale und machtpolitische Interessen in Italien hatten (speziell Frankreich und Österreich). Sie machten die Enttäuschung und den Landhunger der Bauern zu ihrem Vehikel.

Bauernrebellionen "krimineller" Natur gab es immer wieder im Süden. Fatalismus und das Fehlen jeder Tradition in solidarischem Handeln, verbunden mit geistiger Unterdrückung durch Kirche und weltliche Herrscher, ließen für die Intelligentesten und Mutigsten immer nur den Weg des persönlichen Aufbegehrens, und weil das brutal bestraft wurde, den Weg in die Berge und Wälder. Am Anfang einer Brigantenkarriere stand oft der Raub aus wirtschaftlicher Not, Viehdiebstähle der Hirten untereinander, um die eigene Lage zu verbessern, was oft blutige Folgen hatte, Blutrache oder auch nur falsche Anschuldigungen.

Erfolgreiche Briganten wurden bei den Bauern nicht nur gefürchtet, sie genossen Achtung — wie noch heute oft die Mafiosi in Calabrien und Sizilien. Meist ging es den Besitzenden ans Fell, vor allem denen, die erst kürzlich zu Reichtum gekommen waren.

Der desolate Zustand des Straßen- und Wegenetzes im Süden begünstigte den Brigantaggio, die Bauern hielten dicht, aus Angst, und war der Staat mit seinen Steuereintreibern und dem gehaßten Militärdienst nicht der schlimmere Wolf?

Die Briganten hatten Erfolg und damit auch Zulauf. Die Bandenführer waren fast immer Persönlichkeiten, die Intelligenz, Mut und den Sinn für eindrucksvolle Gesten (mal brutal, mal großzügig) in sich vereinigten. Mit dem Tod oder ihrer Gefangennahme zerfielen die Banden rasch, ihre Mitglieder schlossen sich fast immer bestehenden Banden an.

Das Gebiet zwischen Potenza, Avellino und Foggia war die wichtigste Rückzugsregion der Banden, von hier aus operierten sie weit nach Apulien hinein und bis ins Vesuvgebiet. Hier waren die Lebensbedingungen so elend, daß die Rekrutierung keine Schwierigkeiten machte — in Notzeiten waren Viehdiebstähle an der Tagesordnung, und junge Männer, die einen Steuereinnehmer oder Gutsverwalter im Affekt erschlagen hatten, entschieden sich eher für das Leben in den Bergen als hinter Gefängnismauern. Zudem hatte die Auflösung des napoletansichen Heeres (1860) zehntausende brotlos gemacht und in ihre Heimatregionen zurückkehren lassen. Der Anschluß an eine Bande war meist nur die Frage einer Gelegenheit.

Die herausragende Gestalt des lucanischen Brigantaggio war CARMINE DONATELLO CROCCO, 1829 in Rionero in Vulture geboren, Landarbeiter, dann Soldat. 1858 bittet er um die Entlassung aus dem Militärdienst, um die Familie über Wasser zu halten.

"Erst schickte ich ein Gesuch an FERDINAND II. und erhielt keine Antwort. Dann schickte ich ein zweites, wieder nichts. Also sagte ich eines Tages zum König, da ich als Soldat oft die Möglichkeit hatte, ihm zu begegnen: "Entweder Du sorgst für diese armen Menschenseelen oder Du kriegst es mit mir zu tun. Wegen dieser Beleidigung bekam ich einen Monat Gefängnis. Als ich wieder herauskam, desertierte ich, tötete zwei Gendarmen und ging in die Berge".

1860 schließt er sich den Truppen Garibaldis an. Als er nach deren Sieg erfährt, daß die Strafverfolgung gegen ihn nicht eingestellt wird, flieht er mit Ziel Griechenland, unterwegs wenden sich an ihn Parteigänger des alten Regimes, die ihm Straffreiheit und alle Hilfe beim Aufbau einer Bande versprechen.

Zeitweilig befehligte er über 2500 Mann, die den piemontesischen Truppen aber durch ihre Ausrüstung weit unterlegen waren, zudem gab es immer eine starke Fluktuation, weil die aus dem bäuerlichen Milieu stammenden Briganten nur ungern ihr Herkunftsgebiet verließen. Die Truppe lebte von Plünderungen und erpreßten Tribute der Reichen in den eroberten Städten.

Der Kampf wurde auf beiden Seiten mit äußester Brutalität geführt, Gefangene nicht gemacht, gefangene Briganten kamen vors Standgericht, ihre Leichen wurden ausgestellt.

1864, als sich immer deutlicher die Schwäche der Briganten zeigte, floh er und wurde 1867 in Marseille verhaftet, als er Europa verlassen wollte. An Italien ausgeliefert, wurde er 1872 zum Tode verurteilt, aber begnadigt. 1905 starb er im Gefängnis, wo er seine Memoiren diktiert hatte. Die Gesamtzahl der Opfer des Brigantaggio konnte nie ermittelt werden. Wahrscheinlich wurden um 10 000 Briganten standrechtlich erschossen, die Zahl der Opfer der Briganten ist unbekannt, ebenso die der im Kampf gefallenen. (Literaturtip: Peter O. Chotjewitz und Aldo De Jaco, die Briganten, Wagenbach Tb. 7,50 DM).

Das Gebiet südlich von Potenza

Gebirgiger und waldiger. Statt der kahlen Getreidefelder des lucanischen Nordens auf den Pollino hin zunehmend kleine Felder und Weiden, die von Eichenhainen unterbrochen sind, unter denen Orchideen und wilde Gladiolen wachsen und Schweine weiden.

Die Landschaft wird vielgestaltiger und freundlicher, in den Dörfern die Bauweise einfacher, die großen barocken Rundportale, seltener, dafür mehr Blumentöpfe vor den Türen, die Außentreppen zum bewohnten Obergeschoß lassen die Straßen noch verwinkelter erscheinen. Berge von Brennholz hinter den Häusern zeigen kalte Winter an.

PICCOLI DOLOMITI LUCANE: Aus weicherem Gestein herausgewitterte Sandsteinklippen, die von Weitem wie in den Himmel gestreckte Finger

wirken. Bei den Dörfern **CASTELMEZZANO** (11oo Einw.) und **PIETRAPE**
PIETRAPERTOSA (19oo Einw.) — 75om und 1o88m über d.M. — gelegen.
Anfahrt: S.S.4o7 Basetana bis Bivio Campomaggio/Pietrapertosa, dann
auf steiler Ringelstraße aufwärts. Bus ab Potenza.

Hotel in Castelmezzano:

Hotel

Dolomiti
(III cat.), Tel. 0971/76075, Via Volini 7, Neubau, man hofft, daß mit der Einrichtung
des Regionalparks die Touristen ankommen, DZ 20 DM.

Beide Orte am Rande der Klippen in einer fast völlig sterilen Landschaft,
Pietrapertosa ist regelrecht in die Felsen hineingebaut. Erosion von Wind und
Wasser formen die Felsnadeln und Türme von Jahr zu Jahr neu. Wer drin
rumkraxeln will, kann, aber die Angelegenheit ist extrem bröselig.

Südlich der beiden Dörfer beginnen die ausgedehnten, lichtdurchfluteten
Eichenhochwälder von Accettura und Stigliano, in denen große Herden
weißer lucanischer Rinder in Halbfreiheit leben. Ein Eldorado für Botaniker.
Ab Pietrapertosa Fahrweg zur S.S. 277 Stigliano - Accetura. Im Wald viele
einsame Masserie, die den Hirten als Sommerlager dienen und reichlich
Quellen.

Karten:

IGM 1: 25000 Nr. 200 — IV — SO Trivigno (für die Dolomiti), Nr. 200 — III — NE
Accettura (für die Waldgebiete), nicht unbedingt erforderlich.

Madonna di Viggiano

1725 m hoch, der meist besuchte heilige Berg Lucaniens, bis vor wenigen
Jahren machten viele Dorfgemeinschaften die 4o - 5o km lange Pilger-
fahrt zu Fuß (in einer Nacht, Decken, Kochgerät und Eßbares auf dem
Esel) inzwischen fast ausschließlich mit dem Auto, wobei der Cinquecento
gnadenlos bepackt wird, im ersten Gang geht's dann rauf auf den Berg
und wenn er es schafft, bekommt er eine Marienplakette auf die Scheibe
geklebt.

Den ganzen Sommer über ein gewisser Pilgerzustrom, die Hauptfeste am
ersten Wochenende im Mai und am ersten im September, das im September inzwischen das wichtigere und besser besuchte.

Verbindung: S.S. 598 (Valle d'Agri), von der A3 Abfahrt Atena Lucana,
bis Bivio Marsico Vetere, dann noch ca. 20 km, fast gänzlich asphaltiert,
aber steil, eng und Serpentinenstrecke. Von der S.S. 106 bis Bivio Grumento — Viggiano, nach Viggiano, dann Schotterstraße.

Öffentliche Verkehrsmittel: Bus bis Viggiano (ab Policoro), dann die
Füße.

UNTERKUNFT: Hotels — karge Provinzhotels, für Pilger und Hand-
lungsreisende. Während des Madonnenfestes rappelvoll.

Viggiano: Dell'Arpa
(II cat.), Via Marconi, Tel. 0975/61091, DZ 35 DM

Hotels

Marsico Vetere (Villa d'Agri) an der S.S.598, <u>Tosca</u>
(IV cat.) Tel. 0975/62017, DZ 10 DM (o.B.) Fernfahrerbleibe.

Grumento Nova: <u>Grumentum</u>
(III cat.), Corso Vittorio Emanuele, Tel. 0975/65029, DZ 10 DM.

Auf dem Berg, ca. 1 km vom Gipfel:<u>Rifugio Acqua dei Pastori</u>
Massenquartiere.

Wers hat, nimmt sich das <u>Zelt</u> mit rauf, macht unabhängig, die meisten Einheimischen machen das genauso. Da es im Mai und im September auch in Süditalien auf 1700 m Höhe erbärmlich kalt wird, sollte man vor dem Rauffahren in tieferen Lagen reichlich <u>Holz sammeln</u> — auch zum Fleischbrutzeln. Mit gutem Beispiel vorangehen und nur Leseholz verwenden (aber nicht von den Holzstiegen am Straßenrand, das ist geklaut).

Wegen den genauen Informationen frühzeitig an die Gemeinde schreiben: Egr. Sig. Sindaco, I-85059 Viggiano (PZ). Im Mai wird die Madonnenstatue aus der Kirche S. Maria del Deposito (bezeichnender Name) in Viggiano in einer mehrstündigen Prozession auf den Berg gebracht. Oben dann Messe, Lagerfeuer, Verzehren des Mitgebrachten, Tarantelle. Im September wird die Madonna wieder abwärts in schneesichere Lagen gebracht.

Matera

(45 ooo Einw.)

Der erste Eindruck: langweilig, nur moderne Wohnblocks. Dahinter Süditaliens ungewöhnlichste Stadt. <u>Die Sassi von Matera</u> — eine Höhlenstadt — in den weichen Kalktuff gegraben, vor den Höhlen gemauerte Fassaden.

<u>Die Altstadt</u>, die "sassi", mit ihren Höhlenwohnungen und übereinandergetürmten Häusern wurden zwischen <u>1952 und 1965 geräumt</u>, wobei es nicht ohne Probleme abging, denn die Bewohner der Sassi konnten ihre Hühner, Ziegen und Esel schlecht in den sozialen Wohnungsbau mitnehmen. Inzwischen findet eine <u>Wiederbesiedelung</u> statt: Wohnungsnot, und dann haben viele junge Materaner den hohen Wohnwert dieses Gewirrs aus Gassen, Plätzen, Treppen, ineinander verschachtelten Häusern erkannt — und da die Stadt nach der Logik von Fußgängern und Eseln gewachsen ist, gibt es nur eine Autostraße.

Verkehrsverbindungen:

<u>Kein Anschluß</u> an die <u>FS</u> aber dafür eine <u>Schmalspurbahn</u> nach Bari, die Calabro - Lucana, und Busverbindungen zu den Bahnhöfen Ferradina und Pisticci an der Linie Napoli - Potenza - Taranto.

Die "<u>CALABRO — LUCANA</u>": Auf 8 Linien mit noch 446 km Schmalspur fährt sie — innig geliebt, wenig genützt und von Legenden umwoben. Äußerlich besticht sie nicht, völlig unromantische Schienenbusse, das Innere ist karg und in Plastik und Resopal — aber das Fahrgefühl: Wie über den aufgewühlten Ozean, am aufgewühltesten im Anhänger. Und sicherlich ist sie die einzige Eisenbahn Europas, die erst vor wenigen Jahren von berittenen Räubern angehalten und ausgemaust wurde — allerdings nicht zwischen Bari und Matera, sondern in Calabrien, aber für die Materaner ists, als sei es bei ihnen geschehen. Hoffen wir, daß sie nicht allzu schnell von Omnibussen ersetzt wird.

TOURIST INFO : EPT, Via de Marco De Viti 9, Tel.0835/21 24 88. Viel bekommt man dort nicht. Hotelverzeichnis, Stadtplan, der einem wenig nützt und eine genau erscheinende Straßenkarte der Basilicata, die aber nicht stimmt.

Karten und Bücher

Buchhandlung Ciffarelli, Piazza Vittorio Veneto mit reichem Sortiment; Biblioteca Provinciale, Via S.Rocco 3, großer Buchbestand zur lokalen Archäologie, Kunstgeschichte, Volkskunde, Landkarten. Lesesaal. Ausweis oder Paß nicht vergessen. Fotokopiermöglichkeit.

Karten: TCI 1:200 000, Blatt 20, ca. 5,20 DM (L. 2.500), IGM 1:25 000, Blatt 189 − III − SE (Matera Nord) und 201 − IV − NE (Matera) − für Höhlenkirchen, Schluchten etc. unerläßlich, in Matera nicht zu kaufen (Einleitung!).

Bücher: Rota/Tommaselli/Conese, Matera, Storia di una citta, Verlag BMG Matera, ca. 21 DM, viele Fotos, Kartenausschnitte: Stadtgeschichte, Archäologie, Höhlenkirchen; R. Giura Longo, Sassi e secoli, Geschichte der Sassi

De Nicola
(II cat.) gut geführt, aber häßlich in neuer Vorstadt gelegen. DZ m. Bad DM 55, Tel. 0835/214821

President
(II cat.) modern, zentral, passieren aber gelegentlich Dinge, die bei DM 65 (DZ mit Bad) nicht vorkommen sollten. Tel. 0835/214075

Italia
(III cat.) dürftig eingerichtet bei einem Preis von DM 46 (DZ mit Bad), aber von einem Teil der Zimmer wunderschöner Blick über Sassi und Gravina. Tel. 0835/211195.

Roma
(IV cat.) sehr einfach, etwas abgewohnt, aber dafür nur DM 15 fürs DZ. Tel. 0835/212701

Hotels

Matera hat Wasserprobleme, besonders im Sommer und Herbst. Oft tagsüber und nachts Wasser spärlich oder ganz weg · oder Wasser aus dem Hoteleigenen Reservoir, das man nicht trinken kann.

Post, Telefon (SIP − dort internat. Gespräche), Banken und die meisten Geschäfte in der zentralen Via del Corso

Stadtbusse: etwa alle 30 bis 60 Minuten, je nach Linie, Preis L 200 (-.40 DM), Linie 1 und 2 Rione Cappuccini, 5 Richtung Belvedere. Kleingeld! Fahrscheinautomat.

Die Höhlenstadt (Sassi)

Zwanzig Jahre nach der großen Aussiedelung sind sie in weiten Teilen verfallen, aber inzwischen hat man erkannt, daß sie zu mehr als einer gelegentlichen Filmkulisse taugen (Pasolini, Matthäusevangelium). Wiederbesiedelung, teils in besetzten Häusern, und Restauration retten buchstäblich in letzter Minute eines der wichtigsten Zeugnisse bäuerlicher Kultur im Süden.

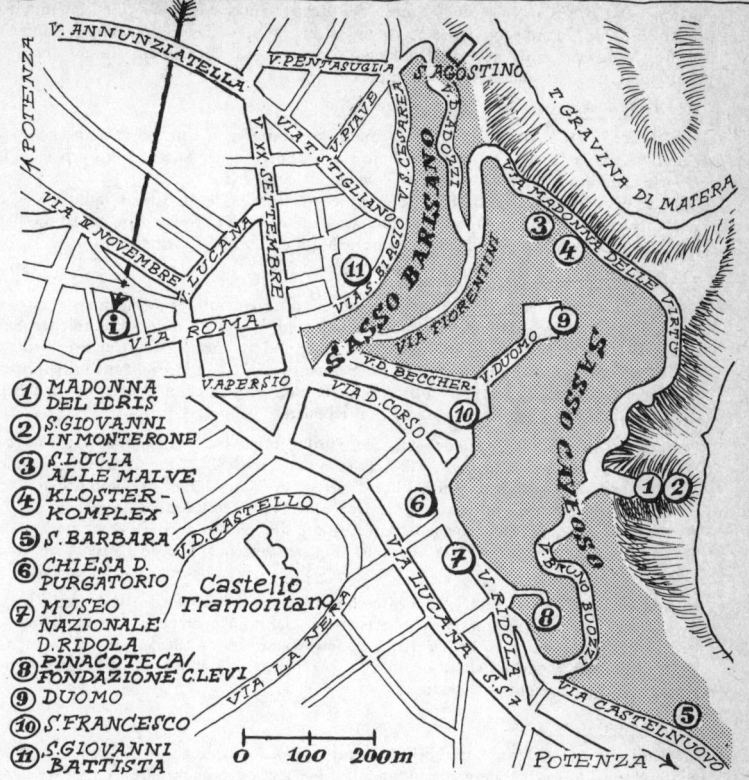

1. MADONNA DEL IDRIS
2. S. GIOVANNI IN MONTERONE
3. S. LUCIA ALLE MALVE
4. KLOSTER-KOMPLEX
5. S. BARBARA
6. CHIESA D. PURGATORIO
7. MUSEO NAZIONALE D. RIDOLA
8. PINACOTECA/FONDAZIONE C. LEVI
9. DUOMO
10. S. FRANCESCO
11. S. GIOVANNI BATTISTA

Castello Tramontano

0   100   200m

Trotz Zerstörung und Verschmutzung vieler Häuser und Wohnhöhlen kann man sich beklemmend vorstellen, wie die Menschen hier gelebt haben, oft mit den Haustieren in ein und dem selben Raum. Das Dach ist oft gleichzeitig Vorplatz oder Straße der nächsten Etage. Unter den vielen kleinen Details die lohnen, sind es besonders die Schornsteine, von denen keiner wie der andere ist (bei einigen Tausend gar nicht so einfach). In den Höhlenwohnungen konnte nur so weiterer Wohnraum geschaffen werden, indem man Seitenhöhlen in den sehr weichen Stein grub, gelegentlich landete man dabei in der Nachbarwohnung.

Die Großartigkeit der Szenerie sollte aber nicht über die Lebensbedingungen hinwegtäuschen. Wasser nur an öffentlichen Brunnen, keine Kanalisation, die Wände auch im Sommer feucht, der sumpfige Bach in der Gravina, eine Brutstätte für Malaria. Die meisten waren Kleinbauern und Landarbeiter, die kilometerweit auf die Felder mußten, vier, fünf Stunden neben dem Esel her. In der Stadt kein Schutz vor Sonne und vor Wind.

Besiedelt ist das Gebiet um Matera entlang der Schluchten mit den unzähligen Löchern und Höhlen schon seit der Urgeschichte. Es genügt, das Straßenpflaster aufzureißen und Steinwerkzeuge aus der Urgeschichte liegen neben mittelalterlichen Gräbern, darunter Weinkeller aus der jüngsten Zeit, oder, wie an der Piazza S. Francesco, die Gewölbe mit den Tresoren einer Sparkasse.

Die Lebensverhältnisse waren von Oben nach Unten gegliedert: am Rand der beiden Sassi- Bezirke (Sasso Barisano — früher der wohlhabendere, heute am stärksten verlassen — und Sasso Caveoso — die eigentliche Bauernstadt) die Kirchen und Paläste, darunter die gemauerten Häuser, darunter die in den Fels gegrabenen Häuser, dann Ställe, Magazine, aufgegebene Höhlenwohnungen und überall am Rande der Schlucht die großen unterirdischen Klosterkomplexe.

|| Taschenlampe mitnehmen. Rutschfeste Schuhe! ||

MADONNA DEL IDRIS, volksnah auch "del litro" genannt, da man in Matera immer einen "schönen Liter" schätzt, ist heute das Zentrum der Sassi. Hier auch zwei improvisierte Bars mit ein wenig Eßbarem, Postkarten, Souvenirs.

ARTE PASTORALE zum Teil Holzschnitzereien, wie sie die Hirten in ihrer Einsamkeit schon immer machten, daneben reichlich Andenken, Kunstgewerbe, traditionelle Keramit, die auch den Stürmen des Alltags ohne Macken und Risse widersteht.

FELSENKIRCHEN UND KLÖSTER:

Zuerst ein wenig Geschichte. Mit der islamischen Expansion im 8. Jahrhundert in Vorderasien flüchteten viele Mönche nach Süditalien und fanden in den höhlenreichen Schluchtenlandschaften zwischen Taranto und Matera und im nördlichen Calabrien eine ideale Bleibe für ihr Eremitenleben. Neben ihrer orthodoxen Glaubensrichtung brachten sie ihre Vorliebe für Höhlen, Ikonen und Wandmalereien im strengen byzantinischen Stil mit, der sich hier bis ins 17. Jahrhundert gehalten hat.

Danach verödeten die Einsiedeleien. Sie wurden im besten Fall Kirchen, oft aber Weinkeller (weil tief, geräumig und kühl) oder auch Viehställe. Um diese Einsiedeleien am Rande der Gravine (in Apulien heißen diese Schluchten "lame") siedelten sich rasch Hirten und Bauern an, die hier durch die Unwegsamkeit der Landschaft geschützter lebten, als an den ehemals dicht besiedelten Küsten, die jetzt durch Piraten, und später die Türken gefährlich wurden. Wer diese Raubzüge überlebte, wurde meist in die Sklaverei verkauft.

In den weichen Stein konnten die Mönche mit Leichtigkeit ganze Kirchenschiffe graben, die Säulen sparten sie einfach aus, plastischer Schmuck wurde aus dem lebenden Stein herausgearbeitet, genauso ließen sich Treppen, Wasserrinnen, Becken und Zisternen in das Gestein graben, vieles ist allerdings durch Regen, Eis und Wind zernagt, eingestürzt oder einfach in die Schluchten abgestürzt.

Kustoden und Führer:

Sie sind alle selbsternannt und arbeiten auf eigene Rechnung. Dieser Zustand ist ein Segen und wird so auch abgesegnet, denn auf diese Weise sind zumindest einige wenige Grottenkirchen vor weiterer Zerstörung und Beraubung geschützt.

Wieviel ihr gebt, hängt von Euch ab. Ich habe mir den mittleren Museumseintritt zur Regel gemacht (750 — 1000 L. pro Kopf, bei steigender Kopfzahl aber einen steigenden Mengenrabatt). Jeder, der sich der Sassi nähert, muß an ihnen vorbei: den 6,8 Jahre alten Knirpsen, die sich als Fremdenführer ein oder mehrere Portionen Eis (aber bitte Barzahlung!) verdienen wollen.

Ihr Schlachtruf: "i sassi, i sassi". Lästiger, weil sie sich nicht so leicht abschütteln lassen, eine Kategorie von Halbwüchsigen, die schon an fürstlichere Honorare denken und deren Erklärungen immer darin bestehen "è molto antico", "è molto bello".

Wer wirklich die Stadt erfassen will, ersteht für 10000 Lire das grüne und unhandliche Buch über Matera und beißt sich durch das (sehr verständlich geschriebene) Italienisch — die vielen Zeichnungen, Fotos, Karten und Grundrisse geben auch ohne den Text schon eine gute Idee.

(1) 1. MADONNA DEL IDRIS:

Kustode unterhalb an der Piazza S. Pietro Caveoso. Ein ziemliches Labyrinth, steht mit der Kirche S. Giovanni in Monterrone in Verbindung. Die Fresken der Idris sind aus der Barockzeit und durch Nässe, aber noch mehr durch Kritzeleien von Zeitgenossen zerstört, die Angst haben, sonst ewigem Vergessen anheimzufallen.

② 2. S. GIOVANNI IN MONTERRONE (Zugang über Idris).

Reich an Fresken aus der Blütezeit der byzantin. Kunst, streng blickende Heilige und eine ebenso strenge Maria. Beide Kirchen werden zur Zeit restauriert, aber mit etwas Geduld und Nachfragen kann man reinkommen.

③ 3. S. LUCIA ALLE MALVE

ist ganz in der Nähe, abgesperrt. Kustode — leider oft weg, da er auch Führungen durch die Stadt macht — weiß gut Bescheid, spricht aber nur italienisch, vorher Preis und Umfang der Führung abmachen! S. Lucia alle Malve ist sicherlich die schönste Grottenkirche in der Stadt, die Fresken sind gut erhalten und sehr malerisch, mit sprechenden Gesichtern und lebendigen Augen.

④ 4. Klosterkomplex S. ANTONIO, S. DONATO, S. ELIGIO und TEMPE CADUTE

etwas weiter südlich gelegen, frei zugänglich. Die Fresken bis auf Reste zerstört, dafür architektonisch interessant. Im 17. Jahrhundert in eine Lagerstatt für Wein umfunktioniert, die großen Becken, in denen die Trauben getreten wurden und der Saft vergoren ist, beeindrucken. Der fertige Wein wurde dann in den unteren Gemächern in Fässern zur Reife gebracht.

5. Kirchen MADONNA DELLA VIRTU und S' NICOLA DEI GRECI

Im Sasso Barisano. Kustode, schwer greifbar, am ehesten Sonntag nachmittag. Ist stumm und schwer hörbehindert, hat dafür eine Riesentaschenlampe und Zeit. Hier sieht man besonders gut, wie sich ein Gebäude über das andere türmt, wie Fels und Gemauertes ineinander übergehen und sich harmonisch ergänzen. Sehr schöne Fresken aus der Frühzeit.

Gleichzeitig hier das Beispiel für eine gekonnte Restaurierung. Nicht etwa vom Staat, sondern mit dem Geld und der Arbeit des Kulturzirkels "La Scaletta" (darüber später).

⑤ 6. S. BARBARA

außerhalb der Sassi- Zone (Rione Cappuccini). Im Privatbesitz eines Bauern, der Besuchern einigermaßen reserviert gegenübersteht, oft nicht da ist (was sein Beruf mit sich bringt) und die Kirche mit einem soliden Gitter gesichert hat (man kann aber gut durchgucken). Giacinto Capolupo, Via Casalnuovo 211, kein Telefon. In jedem Fall bei ihm fragen oder bei den Nachbarn (falls die Hunde nicht angekettet sind).

Die Kirche dann hinter dem Haus, gute Schuhe, weil recht steil abwärts und wer über die Kirche hinausrutscht, macht das Erlebnis des freien Falls (über 50 m). Schöne Renaissance- Fresken auf dem Ikonostas, der die Kirche teilt.

Die Stadt Matera (dort wo in den Palästen Bischöfe, Prälaten, Präfekt und Barone wohnten):

. . und auf die Sassi schauten, daß deren Bewohner nie nach oben strebten. In den alten Teilen ornamental- gefälliger Barock, nicht ganz ohne den Biß des Zahns der Zeit, sonst reichlich unsolide gebaute Brutalitäten aus der Ära Mussolini (und danach hat man anders, aber auch nicht schöner gebaut)

Die Via del Corso, ein Beispiel dafür. Zwischen 19.00 und 21.00 Uhr schwarz vor Menschen, die auf dem Corso den Corso machen. Hier trifft man sich, geht die Arme untergehakt (die Männer, die Liebespaare treffen sich wo anders) und plaudert.

Was man sich ansehen kann:

⑥ Die CHIESA DEL PURGATORIO (Fegefeuerkirche) — "un po'macabretto" = ein wenig makaberlich. Auf der Fassade allerliebst gemeißelte Schädelchen und Knöchlein — oh wie vergänglich ... innen drinnen ist der Atem des Todes nicht mehr ganz so spürbar. (liegt gegenüber dem Albergo

Italia in der Via Ridola).

⑦ Ein paar Schritte weiter: das <u>MUSEO NAZIONALE D. RIDOLA</u> (gratis). Im alten Kloster. Exzellentes Muster moderner Museumsdidaktik. Schwergewichte: Vorgeschichte und griechisch beeinflußte Keramik der italiotischen Völker im Hinterland, Volkskundeabteilung im Aufbau. In einem Raum Museum im Museum: so wie mans früher ausgestellt hat.

⑧ Im ehemaligen Kapuzinerkloster Einwohnermeldeamt, <u>Pinacoteca</u> (meist napoletanische Gemälde der Barockzeit und eine Reihe echter (???) großer Meister , Rubens & Co.) ... und ein Gemälde — für mich geht im Süden weniges so an meine Emotion wie das:

<u>CARLO LEVI</u> (1902 — 1975) Arzt, Schriftsteller, Maler und Politiker aus Turin. Wurde 1936 wegen seiner antifaschistischen Gesinnung nach Lukanien verbannt. Seine Erfahrung der archaischen, völlig fremden Welt des Südens in seinem biografischen Roman "Christus kam nur bis Eboli" (1977 von Francesco Rosi verfilmt). Über das Buch möchte ich hier in zwei Sätzen nichts weiter sagen: 1. Für mich eine ganz wesentliche Erfahrung der Menschen und ihrer Verhältnisse im Süden. 2. Lesen! (- oder in den Film gehen!) Levi wurde dann nach der Befreiung vom Faschismus einer der wichtigsten Entdecker, Gesprächspartner und Förderer junger Kulturproduzenten im Süden. Jahrelang hat er als parteiloser Abgeordneter der Kommunistischen Partei für einen radikalen Wandel in Süditalien gekämpft. Und er ist als einer der Ihren im Materano lebendig.

In der <u>Fondazione</u> wechselnde kulturelle Aktivitäten. Tagsüber Übungsterrain des Konservatoriums. Eine ständige Ausstellung der Bilder Levis im Aufbau. Zentral sein Wandbild (12,50 m x 3,80 m) LUCANIA 1961 — so sehr Realität wie das Buch. Außerdem auf die Wirklichkeit bezogene Werke neuer süditalienischer Künstler — alles ohne den sauren Beigeschmack von "Folklore".

<u>Zurück ins alte Matera:</u>

⑨ Der DOM: Innen eine <u>Krippe</u>, ganz anders als die in Napoli, robuster, viel viel weniger verspielt — sehr lieb. Ansonsten mit offenen Augen durchgehen auch zur Decke schauen und zu den Kapitellen. Vom Messner (sehr am Portkartenverkauf interessiert) den Turm aufschließen lassen — Panorama.

⑩ S. FRANCESCO: Barockfassade — innen muffig.

⑪ S. GIOVANNI BATTISTA, strenger, dunkler Innenraum — apulische Romanik, daß die Deckengewölbe so schwarz sind, liegt nicht am Stein, der ist hier überall strahlend weiß, sondern an 800 Jahren flackender aber frommer Kerzen und Öllampen. Vielleicht tragen deshalb die Priester und Betschwestern schwarz.

<u>CIRCOLO LA SCALETTA</u>: Via delle Sette Dolori, in den Sassi, unterhalb des Doms. Hier das intellektuelle Herz von Matera. Zwischen 17 und 2o Uhr. Ausstellungen, Workshops mit Künstlern aus aller Welt, Umweltaktivitäten ("energia nucleare — no grazie"). Überleben der Sassi und Kampf gegen die Spekulanten, die weitsichtig genug sind, hier das Kapital ihres Lebens herauszuschlagen. Eigene künstlerische Tätigkeit (Grafik, Foto, Skulptur . . .) Einfach hingehen!

<u>FEST</u>: La Bruna, am 2. Juli, was ein gedunkeltes Marienbild ist, das durch die Stadt getragen wird — ganz Matera verkleidet, hoch zu Roß und Esel —

und gar nicht wegen der Touristen, die um die Zeit kaum in der Stadt sind
— zudem: die Übernachtungsmöglichkeiten sind ja auch begrenzt genug! S.

Essen und Trinken

VINO: Er kommt aus Apulien (meist nicht die besten Qualitäten). Quellen in Läden und Supermärkten. In Materano wird Weizen produziert! Und die Einheimischen haben ihren eigenen Nektar.

PANE: (Brot) Aus eben diesem Weizen. Innen goldgelb, lange haltbar, daß es zum Hauptnahrungsmittel geworden ist, erklärt der Geschmack. Beste Quelle: Casa del Pane, an der Piazza V. Veneto. Dort vormittags ' panzerotti" = Hefeteigkrapfen mit Tomate drinnen und etwas ricotta — heiß.

Nebenan im Gran Caffe ein Cappuccino, der einen den hiesigenorts käuflichen Wein verschmerzen läßt, außer man hat persönliche Quellen (für den vino).

"TRATTORIA SORANGELO"', Via Lucana, bodenständig. Hier essen Fernfahrer und Vertreter — die sind meist sehr anspruchsvoll, weil ihnen das Leben sonst große Genüsse vorenthält.Guter Wein. Um 12 DM. "BOCCONCINO", der Happen, am Rande des Sasso Barisano, in einem alten Gewölbe. Die ganze Familie in der Küche, Genuines aus Nudelteig, Lammfleisch, reiche Auswahl an Antipasti, ca. 16 DM, Vico Lombardi (Nahe am Dom)

DA MARIO, Via Settembre, in ehemaligen Getreidemagazinen. Handgemachte Nudeln, Begegnung zwischen der scharfen, tomatengeröteten Küche Lucaniens und den mit Grünzeug unterlegten Nudeln Apuliens. Lamm und Zicklein. Eigener Wein, DM 20

TAVERNA DEI SASSI (weder in den Sassi noch Taverne — ein recht elegantes Ristorante), in einem Betonkasten an der Via Roma, traditionelle lucanische Küche, Wein nicht so arg überzeugend, eine Riesensammlung von Flaschen aus ganz Italien. DM 25. VENUSUO, 4 km an der Straße nach Altamura, Fisch. Um 15 - 20 DM.

Wer sparen muß oder will:

Der Markt (vormittags) in der Via A. Persio. Bestimmt nicht einer der ganz pittoresken, aber frisch und genuin ist er — und auch sehr niedrig in den Preisen — außer es gelüstet einen im Januar nach Tomaten. Außer Grünzeug viel frisches Meeresgetier. Nahe bei Caseificio Leccese: Käse aller Art, aber speziell die "burrata" — das ist ein frischer weicher Käse, gefüllt mit Sahne und Mozzarella — sofort zu verspeisen, absolut nicht haltbar.

Wer ganz wirklich und ernsthaft Ökonomie treiben muß, der mache es wie die Bauern von Matera in schlechten Zeiten:

BRUSCHETTA: Brotscheiben ans Feuer gehalten, zerdrückte Tomaten drauf, Knoblauch, Salz, Basilico oder Origano, etwas Öl (aus der Olive). LUMACHE (Schnecken):

vorkochen (dauert Stunden) und mit Salz und Essig reinigen.Die Tiere sind ausgepuhlt, die Arbeit ist getan. Die Tiere kommen nun in ein leichtes, nicht zu festes Tomaten- sößchen, Knoblauch dran, peperoncino, daß es Flammen schlägt (die ärgsten am ande- ren Tag auf dem Klo), Öl und das Kraut von wildem Fenchel (finoccio selvatico), der wie die Schnecken überall auf verwildertem Land gedeiht — in der Pfanne vereint. Da einmal die Schnecken hier kleiner sind und auch zahlreicher, nicht an die französi- sche Restaurantarithmetik von einem Dutzend halten, davon wird keiner satt. Dazu die Menge Nudeln (längliche) oder Brot, die der Magen braucht.

Höhlenkirchen und Steinzeit
um Matera rum

Ohne Auto schwierig, aber erreichbar (selbst ausgestanden). Ganz ohne fußgängerische Betätigung gehts in keinem Fall. Und deshalb: Landkarte (1/25000 oder das grüne Buch), solide Schuhe mit noch solideren Sohlen (grobe Steine, die Blasen machen, Abgründe, Dornen, Schlangen), Feld- flasche (die Murgia ist heiß und wasserarm wie die Sahara) — und früh aus den Federn.

Nördliche Stadtausfahrt: (Richtung Taranto und Altamura).

(1) VILLAGGI TRINCERATI — vorgeschichtliche Brunnenheiligtümer — Kreise in den Stein gegraben, mehrere hundert Meter Durchmesser, in der Mitte eine Zisterne, in den Gemarkungen Murgeccia und Murgia Timone, beide in der Nähe vom "Belvedere" auf der anderen Seite der Gravina. Wer versessen ist auf Vorgeschichte, suche in der Nähe der TV- Reflektoren, die wie große Korbballtore aussehen, leicht zu finden sind die Gräben in der Erde nur vom Flugzeug aus.

Höhlenkirchen:

(2) S. MARIA DELLA VALLE ("La Vaglia")
an der Straße nach Taranto, hinter Bahnunterführung ca. 500 m, gelbes Schild nach links. Durch verunkrautetes Grundstück frei zugänglich. Größte Höhlenkirche um Matera, derzeit als Magazin genützt.

Entschuldigt, ich weiß den Namen nicht (nicht im "grünen Buch" und auf der Karte). Nicht weit von der Vaglia (Richtung Taranto) hinter einer Brücke, rechts, zwischen den Steinbrüchen. Ist gut abgesperrt (solide Git- ter), aber man kann über die Mauer turnen und muß aufpassen, daß man nicht 10 m tief in den Abgrund fällt. — Das wißt ihr nicht von mir — ver- standen!!! — An der Decke eine ganz naive Sonne mit freundlichem Gesicht als Relief.

(3) MADONNA DELLE TRE PORTE
etwas unterhalb des Belvedere, viel ist nicht übrig geblieben. Hier hat sich ein deutscher Professor vor Jahren mit Kunst früherer Jahrhunderte einge- deckt, indem er einfach mit Hammer und Meißel die Privatisierung einiger besonders kunstgeschichtlich wichtiger Fresken betrieben hat. Weil in der Nähe der Parkplatz (auch für Busse geeignet), die meist besuchte Höhlen- kirche in und um Matera.

(4) MADONNA DELLE CROCI
bis zum Belvedere Straße, dann zu Fuß auf Ziegenpfaden erst Seitental

der Gravina umgehen und dann dem Gravinarand folgen (15 Min. insgesamt). Wegen dieser kleinen Unbequemlichkeit wenig Besucher und gut erhalten. Decke mit griechischen Kreuzen verziert, ziemlich intaktes Absisfresko.

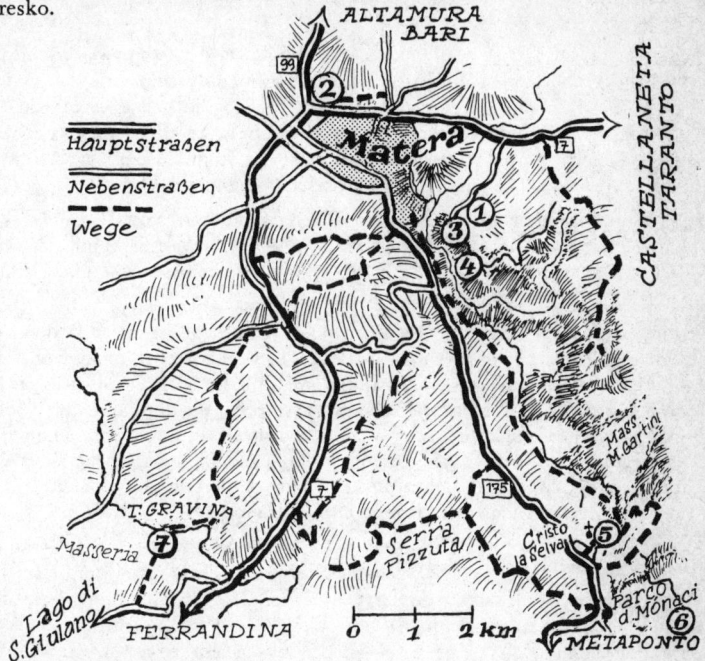

Die Grottenkirchen und Gravine
außerhalb von Matera

Ohne zum Teil längere Fußmärsche nicht zu erreichen. Wegsam ist das Gelände nirgends. Wo es lang geht, könnt ihr in der Regel nicht fragen, denn Menschen sind hier selten. Wasser auch. Dafür scharfkantige Steine, Dornen und sengende Hitze umso reichlicher. Schlangen gibts auch.

Schon im April und Mai staut sich in der Gravina die Hitze. Im Sommer sollte man schon vor Sonnenaufgang unterwegs sein. Die Belohnung ist doppelt: Die Morgenkühle und das Erlebnis der aufgehenden Sonne über der zerfressenen und zerklüfteten Landschaft. Landkarte oder besser das grüne Matera- Buch, weil dort auf der Kartenkopie die Kirchen genau eingezeichnet sind. Da seit der Kartenaufnahme über 20 Jahre vergangen sind, unbedingt auf der alten S.S. 175 nach Montescaglioso bleiben (ist auch am nächsten dran!).

Busverbindungen: Alle Busse nach Montescaglioso (FCL) und Metaponto (SITA), bis Parco dei Monaci bzw. Ex- Stazione di Montescaglioso, dort stellt man auch das Auto ab.

Macchialandschaft, durch Überweidung oft zur steinigen Halbwüste abgekahlt. Im Frühling reich an Orchideen, Lilien, Hyazinthen (auch den eßbaren "lampisciuni"), im Sommer aromatische Kräuter wie Thymian und Origano.

Start bei Parco dei Monaci: Distanz vom Bauernhof, die Hunde sind aggressiv und bissig.

⑤ CRISTO LA SELVA :Auf den toten Bahngleisen Richtung Matera bis hinter die Brücke (100 m), dann in die Macchia zum Rand der Gravina. Hat man ein großes Eisenkreuz erreicht, liegt die Kirche unterhalb, am Rand der Gravina. Noch funktionierende Kirchen, mehrere übereinander. Interessanter Leuchter mit Öllämpchen. Wer Lust hat, kann an der Gravina entlang nach Matera zurückwandern, ist aber sehr anstrengend.

Die Höhlenkirchen auf der anderen Seite sieht man von Cristo La Selva, manche sind schon halb abgestürzt. Außer Architektur wenig zu sehen, aber großartige Landschaft und ein schweißtreibender Anmarsch, erst auf einer Feldstraße, dann an der Gravina entlang.

Start an der Ex- Stazione von Montescaglioso: Straße zum Fluß, dort Auto abstellen, sofern man hat und hoffen, daß der Torrente nicht zuviel Wasser führt. Rüber über die Trittsteine und links an den Gebüschen entlang, die am Rand des Wassers wachsen, anfangs ohne Weg und aufwärts. Später, oben über die Gravina ein schmaler Weg, zum Teil mit verwaschenen Treppen. Endlich, etwa nach insgesamt 2 km sieht man das große Eisenkreuz oberhalb der Madonna della Murgia (oder della Loe), noch heute für die Hirten und Bauern aus der Gegend ein Wallfahrtsziel.

Von hier aus kann man den sehr schwierigen Weg fortsetzen zur
⑥ CHIESA DI S.EUSTACHIO   erst über die Hochfläche auf undeutlichem Weg, dann führen Treppen abwärts. Eine der Grottenkirchen, von der schon ein großer Teil in die Schlucht gebröckelt ist. Der Eustachio (auf Fresko) war der Heilige, dem ein Hirsch mit leuchtendem Kreuz im Geweih über den Weg lief. Damals noch nicht Werbung für einen Kräuterlikör, sondern Anlaß, in sich zu gehen und ein heiligmäßiges Leben zu beginnen.

Im Mittelalter war dieses heute menschenleere Gebiet dicht besiedelt, die vielen Rinnen im Stein sammelten das Regenwasser und führten es in Becken und Zisternen, oft durch das Dach der Grottenbehausungen hindurch.

⑦ CRIPTA DEL PECCATO ORIGINALE:
(unbedingt lohnend und − mit Auto - leicht erreichbar). Von Matera auf S.S. 7 Richtung Ferrandina bis zur Brücke über den tief eingeschnittenen Torrente Gravina, nach rechts auf Asphaltstraße bis auf der rechten Seite ein Schild zur Azienda Vinicola Dragone zeigt, schmaler Feldweg, am Gut aussteigen und dort fragen, wenn jemand da ist, sonst gleich zu Fuß geradeaus weiter bis an Gravina, dem Rand rechts folgen (150 m), dann führt eine ziemlich zugewucherte Betontreppe abwärts und man steht vor der Höhle (Gitter, aber offen). Innen lieb und naiv gemalte Fresken von Adam und Eva mit Apfel und Schlange, einer hübschen Maria mit Kind, Heiligen und Erzengeln.

Wer sich noch eingehender mit den Grottenkirchen beschäftigen will, kann mit ein wenig Glück Tips bekommen beim <u>Museo Ridola</u> oder beim <u>Circolo La Scaletta</u>. Dort trifft man Leute, die in ihrer Freizeit in die Murge wandern, gelegentlich entdecken sie eine neue Höhlenkirche.

Das Materano

Hinein in eine Welt blendendweißer Hügel, die wie Gerippe in der Landschaft liegen, dazwischen gleißend graue gewellte Hügel, auf den höchsten Rücken riesige weiße Dörfer — und kein Baum kein Strauch.

Nur kurze Zeit im Frühjahr sind die Felder grün und voller bunter Blumen — Acker(un)kräuter, die bei uns die Chemie nachhaltig ausgemerzt hat. Roter Mohn, purpurfarbene Gladiolen, gelbe Chrysantemen, Lilien auf dem Felde... Die Farbenpracht besteht für die Bauern nicht — für sie gibt es nur bianco, das ist der Himmel, die weißen Erosionsflächen, später der reife Weizen — und nero, das Gras, das Laub der Ölbäume. Im Juni, kurz vor der Ernte, ein Meer mit gelben Weizenwogen und weißer Erosionsbrandung.

Praktisches:

Information: EPT, Matera.
Karten: TCI 20, 22
Eisenbahn: (FS) Taranto — Metaponto — Sibari — Reggio Cal. und Taranto — Metaponto — Potenza — Napoli.
Busse: Sternförmig von Matera, Pisticci Scalo, Policoro, Stigliano.
Straßen: Vielfach Zerstörungen durch Erdrutsche (frane), wo das Schild 'frana' auftaucht, sehr langsam! Im Winter Straßen oberhalb 800 m oft tagelang durch Schnee unterbrochen! Rechtzeitig nachtanken.
Unterkunft: Wenige Hotels! Vielfach nach wenigen Jahren hoffnungslos verwahrlost. In fast allen Orten Locande, aber sehr bescheiden und klein — nicht immer Platz.
Cambio: Matera, Bernalda, Ferradina, Grassano, Montalbano Jon., Montescaglioso, Pisticci, Policoro, Stigliano, Tricarico.
Heiße Musik: Radio Elektra Pisticci, in 60 - 70 km Umkreis.

Buchtips: Am Cornelisen, Frauen im Schatten, Fischer Taschenbuch DM 8,80, Amerikanerin, die jahrelang in lukanischen Dörfern lebte. Carlo Levi, Christus kam nur bis Eboli, Europa- Verlag, DM 27,50, näheres siehe Matera und Aliano.

★ MONTESCAGLIOSO (9.500 Einw.)

Auf dem Weg nach Metaponto. Riesendorf auf einem Bergrücken! Im Zentrum die frühere Abtei S. Angelo, Fassade, Inneres baufällig, schöner spätmittelalterlicher Kreuzgang — Ort zum Ausruhen, schattig. Die Altstadt zeigt die alten Herrschaftsstrukturen: Neben den Palästen die niedrigen, meist nur aus einem Raum bestehenden Landarbeiterhäuser. Kontrast zwischen den weißen Wänden und den schwarz gekleideten Frauen.

Fest: S. Rocco: 20. August, dauert mehrere Tage. Religiöses, Kulturelles, Luna- Park und großer Markt.

Hotels:

Holiday
DZ 40 DM, mit Tennisplatz und Schwimmbecken, Panoramalage am Ortsrand. Etwa 10 km von den Höhlenkirchen Cristo La Selva und Madonna della Murgia entfernt und 25 km vom Meer, eine Alternative zu Matera als Quartier.

Venezia
einfacher, DZ 30 DM.

Wie fast überall in Apulien und im Materano ist das Land Großgrundbesitz, das von Tagelöhnern bearbeitet wird, deren Lebenssituation schon immer verzweifelt war. Ihr "Krieg" gegen die Landbesitzer und noch mehr gegen die gehaßten Verwalter dauert seit Jahrhunderten. Mal waren die "Bauern" Briganten, dann kamen die Landbesetzungen.

Montescaglioso ist ein altes Rebellenzentrum. Das Land der großen Grundeigentümer war in der Regel schlecht bestellt, bot wenig Arbeitsmöglichkeiten — denn investiert wurde fast nie, und die Herren konnten auch so ganz gut leben, am liebsten in Napoli, wenn dafür die Grundrente nicht reichte, in der nächsten Provinzhauptstadt, gelegentlich besuchte man auch die Dörfer, wo dann ein geräumiger Palast standesgemäße, wenn auch etwas klämmlich- feuchte Unterkunft für einige Wochen bot. Die Jagdsaison durch konnte man das schon aushalten.

Die Bodenreform von 1948 — 50 hat eigentlich wenig geändert. Zwar wurde Land enteignet und an Landarbeiter und Kleinbauern zugeteilt, aber den frischgebackenen Siedlern auf der eigenen Parzelle fehlte alles: Erfahrung in selbständigem Arbeiten und Wirtschaften, Geld für Anschaffungen, beim Verkauf seiner Ware zieht er meist den Kürzeren — und da auch wegen der Riesenzahl von Anspruchsberechtigten die Parzellen viel zu klein ausfielen, mußten die Hoffnungen auf ein Leben ohne die schlimmste Armut mit der Auswanderung der Männer nach Norditalien, über die Alpen und über den Ozean erfüllt werden. Frauen und Kinder blieben meist zurück und bestellten allenfalls den Garten zum tagtäglichen Gebrauch.

✱ BERNALDA

Eines der Riesendörfer, deren einfache Architektur mit den blendend-weißen Häusern in der völlig verbrannten Hügelland-schaft oberhalb der grünen Fruchtebene von Metaponto den Abstecher lohnt.

Trattoria "DA FIFINA", Corso Umberto 63 (im Dorfzen-trum): Bäuerliche Küche, die hier zum Erlebnis wird.

Wie überall in Lucanien handgemachte Nudeln, auch mit Grünzeug statt der sonst obligatorischen Tomatensauce. Ca.22 DM.

✱ METAPONTO

Häusergruppe um Umsteigebahnhof mit großer geschichtlicher Vergangenheit. An S.S. 106 Richtung Raranto "Tavole Palatine", zwei Säulenreihen eines griechischen Tempels sind das, was von der Stadt sichtbar geblieben ist. Als Metaponto im Malariasumpf versunken war, glaubten die Bauern, daß an diesen Riesentischen die Ritter Karls des Großen säßen und dort fortwährend tafelten. Um nicht zum Braten nach der Art von "ich rieche rieche Menschenfleisch" zu werden, mied man den Ort.

Bei den Tavole Palatine kleines Museum, das weniger durch die Fundstücke besticht, als es ein gutes Bild einer antiken Agrarstadt gibt (gratis wie alle Museen in der Provinz Matera).

In der Nähe des Bahnhofs zwischen Tomaten und Artischocken die Grundmauern des antiken Stadtzentrums. Manchmal ganz hübsche ("wertlose") Scherben als Andenken. Vor dem caffe und cappuccino in der Bahnhofsbar kann nicht oft genug gewarnt werden.

MAGNA GRECIA

Großgriechenland — beim Klang des Wortes bekamen deutsche Gymnasialprofessoren glänzende Äuglein, schwelgten in Geistesgrößen, erhabenen Tempeln und dem edlen Wettstreit der Kultur.

Gut — es gab in Metaponto Pythagoras ($a^2 + b^2 = c^2$). Der große Meister war aber nicht nur ein Rechenmeister, sondern gründete auch eine recht spirituelle Lebensgemeinschaft junger Männer, denen das gemeinsame Schlaflager geboten und — wie verständlich — der Genuß von Bohnen und anderem Blähenden verboten war.

Ansonsten haben die griechischen Kolonisten eifrig die Wälder abgeholzt, um Schiffe zu bauen, um Weizen anzubauen und, um damit jene versumpften Torrenti voll von Fiebermücken dafür sorgen zu lassen, daß die Überlebenden aus den fruchtbaren Ebenen flüchteten.

Süditalien ist dort heute am meisten verarmt, wo es in der Antike am reichsten war. Erst eine systematische Urbarmachung mit Entwässerungs- und Bewässerungssystemen in den letzten 30 Jahren hat den ehemals so reichen und dann so armen Küstenregionen am Jonischen Meer wieder zu Lebensmöglichkeiten verholfen.

Nur an die Stelle des Weizens ist dort die Erdbeere, die Tomate und die Wassermelone getreten — und der Kleinbus mit dem Arbeitsvermittler (caporale), der frühmorgens in den Dörfern die Frauen aufsammelt und auf die Felder bringt und dabei pro Kopf mehr einsackt, als die Frauen am Abend in der Tasche haben.

Und die selbständigen Kleinbauern kämpfen mit den Preisen der Großhändler: (1981) 1 kg Erdbeeren ab Feld, sortiert und in die blauen Plastikschalen verpackt 1,30 DM, 1 kg Tomaten für die Konservenindustrie DM 0,12 – 0,15.

Die Straßensperren aus Tomaten meterhoch, jedes Jahr auf der Jonischen Straße (S.S. 106) bei Metaponto, Policoro und Crotone sind nicht Jux und Tollerei, für die vernichteten Tomaten gibts aus Steuergeldern mehr als die Aufkäufer zahlen. Tomate läßt sich durch Blumenkohl, Pfirsich, Melone... ersetzen.

Nur noch ein Detail: Zwischen Taranto und Crotone, wo 1/4 aller italienischen Industrietomaten wächst, gibt es keine einzige Konservenfabrik.

✱ METAPONTO LIDO

Reichlich touristische Werbung. Besser großen Bogen drum machen. Die "Gartenstadt" am Meer ist kein Garten, das Wasser ist nicht so sehr sauber und im Juli/August lagert halb Taranto und Matera auf dem dortigen Sand, und viel Plastik.

Die Strände südlich davon:

Zwischen Metaponto und Sibari Süditaliens sauberste Strände. Landschaftlich sicher nicht sehr dramatisch — aber man kann sich in die Einsamkeit hineinsehen. Die Uferwälder sind reich an Tieren: Stechfliegen, Reiher, Wasserschildkröten, viele Schlangenarten, im Meer, wo es flach und sandig ist, das Petermännchen (pesce ragno), wo Flußmündungen sind, kann man m mit viel Glück die Schale der Argonauta (ein Tintenfisch) finden — ein Glücksbringer für die Seeleute schon in der Antike, leicht wie Papier und so leicht schwimmt sie auch an der Wasseroberfläche — und noch recht wenige Touristen.

Dafür im Frühsommer oft große Rinderherden, die das Hinterland der Strände abweiden und am Meer langsam ins heimatliche Calabrien südwärts ziehen, die Flußmündungen durchschwimmen.

Hotels, Camping, Essen zwischen Metaponto und Nova Siri, ganz wenig und das wenige im Sommer krachend voll — wer Zelt oder Wohnmobil hat, ist unabhängig und kann die Fülle der fruchtbaren Felder im Hintergrund des Meeres nützen. Direktverkauf.

Hotel Magna Grecia, Policoro
(DZ mit Bad 45 DM), modern wie alles in Policoro.

Hier gehen nur Vertreter essen, aber gute, genuine Dinge gibt es trotzdem — auf dem Markt, ganz frisch von den Feldern und aus den nahegelegenen Bergzonen des Pollino.

Strände von Scanzano: Lido della 3 a Madonna, einsam, und Lido della

Torre, etwas belebter, dort auch organisierter Camping mit Duschen — aber auch kein Schatten. Hinter dem Strand Küstenpineta.

Die Flußmündungen sind reich an Fischen (allerdings, wer hier angelt, ist meist Schwarzfischer).

MUSEO DELLA SIRITIDE in Policaro (gratis), besonders prächtige griechische Riesenvasen, lohnt den Abstecher. War ländliches, aber reiches Landstädtchen und wurde deshalb auch mehrfach erobert. Mit den Sarazenen und Piraten dann Rückzug ins Hinterland, auf einen Bergrücken, wo — von der Stadt ist nur noch die Kirche S. Maria D'Anglona geblieben — einsam, nur noch der Pfarrer wohnt dort und gelegentlich lucanienbegeisterte Landschaftsfreunde mit Zelt oder Wohnmobil — Sonnenaufgang nicht verschlafen, der Wein der Gegend ist so durchschnittlich, daß er weder einen schweren Kopf noch einen langen Schlaf lohnt.

Man kann aber auch in Tursi (10 km) nächtigen, Albergo **Pipino**, einfachst, DZ DM 16,-. Weißes lukanisches Dorf mit vielen schwarzgekleideten Frauen

✈ PISTICCI (17.000 Einw.)

Berühmt für seine Keramik (nicht nur die antike), die alten Frauen, die trotz aller Mopedjüngelchen immer noch in ihrer schwarzen Tracht gehen und für zanzare (Stechfliegen), die auf dem Gebiet der Verformung menschlicher Gesichter im Lauf einer einzigen Nacht außergewöhnliches leisten.

Im Ort kann man nicht unterkommen, nur unten im Tal (Motel AGIP, DZ mit Bad DM 72,-, als wärs ein Stück Milano — begleitet vom tiefen Sound der LKWs auf der Superstrada Basentana).

Pisticci hat keine Trulli, ist aber als bäuerliche Spontanarchitektur ebenso begeisternd wie Alberobello, nur fehlen die Touristen. An den Rändern bröckelt der Ort ab, alle paar Jahre rutscht ein Straßenzug in die Tiefe.

✈ STIGLIANO (7.500 Einw.)

Vor der Trockenlegung der Sümpfe und DDT der einzige malariafreie Ort der Provinz Matera.

Albergo **Turistico** (DZ mit Bad DM 18).

Weiter landeinwärts die letzten lucanischen Eichenwälder, die eine Idee vom früheren Süditalien geben. Zur Zeit von Julius Caesar kamen von hier die Bären und Wölfe für die Arenen in Rom. Heute allenfalls die in Rudeln ziehenden verwilderten Hunde.

Außer seiner Aussicht und recht viel Regen hat Stigliano wenig zu bieten.

In den Nachbarorten kann man gut essen: In Cirigliano Bar "ROSTICCERIA VILLONE"(genuines Fleisch von Lamm, Ziege oder Schwein — Eichelmast!). "IL CERRO", an der Straße nach Acettura: Essen, was im Haus ist, der Koch hat Phantasie, wenn man sich mit ihm ein, zwei Tage vorher bespricht auch Wunschkost (sogar Fisch), etwa 2o DM. Aber sein Weinangebot enttäuscht (nur Flaschen aus dem Norden, nichts aus der Gegend).

✱ACCETTURA (3.000 Einw.)

Hier werden im späten Frühjahr, wenn der Saft steigt, die Bäume miteinander verheiratet, regelrecht kopuliert.

Der Mann ist der "maggio", ein 25 m langer Kerl, der 10 Tage davor gefällt und völlig glatt geschält wurde. Die Frau, die "cima" stammt aus einem anderen Wald, ist nur 5 m lang und ist eine buschig grüne Baumspitze. Am Sonntag des Festes werden beide ins Dorf transportiert. Der Maggio von weißen Ochsen, die sich recht schinden müssen, die Cima wird von Männern getragen, die wie die begleitende Menge, unter ständigem Durst leiden, der auch unverzüglich gestillt wird.

Unterwegs, auf dem 6 — 10 km Weg, Picknick, Musikkapelle, Tarantella. Am Montag kommt die Frau oben auf den Mann, ganz solide mit Holzzapfen, und das riesige Symbol wird im Dorf aufgerichtet (alles mit Menschenkraft). Dienstag, Prozession des Heiligen durch den Ort, der mit Geldscheinen behängt wird, im Gefolge Frauen mit Bauten aus hunderten von geschmückten Kerzen auf dem Kopf.

Dann wird der Baum beklettert, bis oben schaffen es einer oder zwei. Am Abend überall von den Häusern Roste, wo man Fleisch kauft, das man in der nächsten Osteria mit Wein, Brot, Schinken, Käse, Oliven ... vervollständigt.

"LOCANDA PEZZOLA", man kann dort lokale Küche probieren.

Fest: meist Samstag vor Pfingsten bis Dienstag danach. Auskunft: Comune di Accettura, 75011 Accettura (MT).

S. Mauro Forte: Berühmt für Öl und Wein, deshalb reichlich Osterien.

✱ ALIANO (1.800 Einw.)

In wilder Erosionslandschaft gelegen, auf einem ganz schmalen Grat wird der Ort immer kleiner, er bröckelt ab und schon manches Haus ist in einer der 150 m tiefen Schluchten gelandet. Zum Glück kündigt sich das schon vorher an.

1936 war hier der Schriftsteller Carlo Levi in Verbannung, sein Buch "Christus kam nur bis Eboli" spiel überwiegend hier.

Ort und Friedhof, wo Carlo Levi begraben ist, heute Ziel von Bustouren (meist Schulklassen). Levi ist durch sein Engagement für den Süden einer der bekanntesten Nachkriegsschriftsteller, das Buch für viele Süditaliener ein Anstoß zum Nachdenken und Tätigwerden.

WANDERN

Durch die Erosionshügel, Schluchten und Abgründe (calanche) zur Gemarkung Pantano (am Agri), zurück nach Aliano oder näher am Fluß nach Alianello (dort am Abend Bus).

Karte: IGM 211 — I — NO Aliano. Eine Wanderung, auf der man viel von den Lebensbedingungen sieht, und die extremste Erosion, an deren Anfang das Abholzen der Wälder stand Als deren Wurzeln fehlten, wurde immer mehr Humus von den Steilhängen abgespült oder rutschte abwärts.

Die Wanderung ist nur bei trockenem Wetter möglich, bei Nässe wiegen die Schuhe nach wenigen Metern Zentner. Bei extremer Sonne mörderisch, nirgends Schatten, das Licht und der helle Mergel martern das Auge. Wasser mitnehmen und an den wenigen einsamen Höfen auffüllen.

DIE LUCANISCHEN HEXENMEISTERINNEN

Die schwarz gekleideten Frauen in den Dörfern können zaubern, nicht nur am Kochtopf. Sie können hexen, sich Männer gefügig machen oder vertrocknen lassen, sie glauben fest an die Wirkung der Magie, ihrer Zaubertränke (meist auf der Basis von Wein und Blut), die Madonnen von Picciano, von Pierno, von Viggiano, zu denen sie auf den jährlichen Wallfahrten eifrig beten, während sich die Männer den Magen vollhauen und das Feuer des Pepperoncino reichlich löschen, sind ihre Gefährtinnen in Zwiesprache mit der schwarzen Madonna, die ja kraft ihrer magischen Fähigkeiten für Nachwuchssegen bei Mensch und Vieh sorgt, für den Regen zur rechten Zeit oder auch für einen schönen Unglücksfall für den untreuen Geliebten, wenn die eigenen Zauberkünste nicht gereicht haben.

Die Schwarzen Madonnen liefern auch die Amulette, die vor dem Bösen Blick schützen, der überall lauert, das Vieh kümmern läßt, die Milch in den Brüsten versiegen läßt...

Kontakte der Lebenden mit den Toten sind selbstverständlich. Geht man auf die Dorffriedhöfe, kann man oft sehen, wie sich die Frauen am Grab sitzend mit ihren Toten unterhalten — aber dann keinen Fotoapparat! (Böser Blick)

Religiösität und Leben in einer von magischen Kräften bestimmten Welt sind die Lebenssphäre der Frauen, denn während ihre Männer als Emigranten die halbe Welt kennen gelernt haben, kommen sie nur aus ihren Dörfern raus, um eine der Schwarzen Madonnen zu besuchen. Erst bei der jungen Generation kommt hier einiges in Gang, aber keineswegs überall.

Pollino

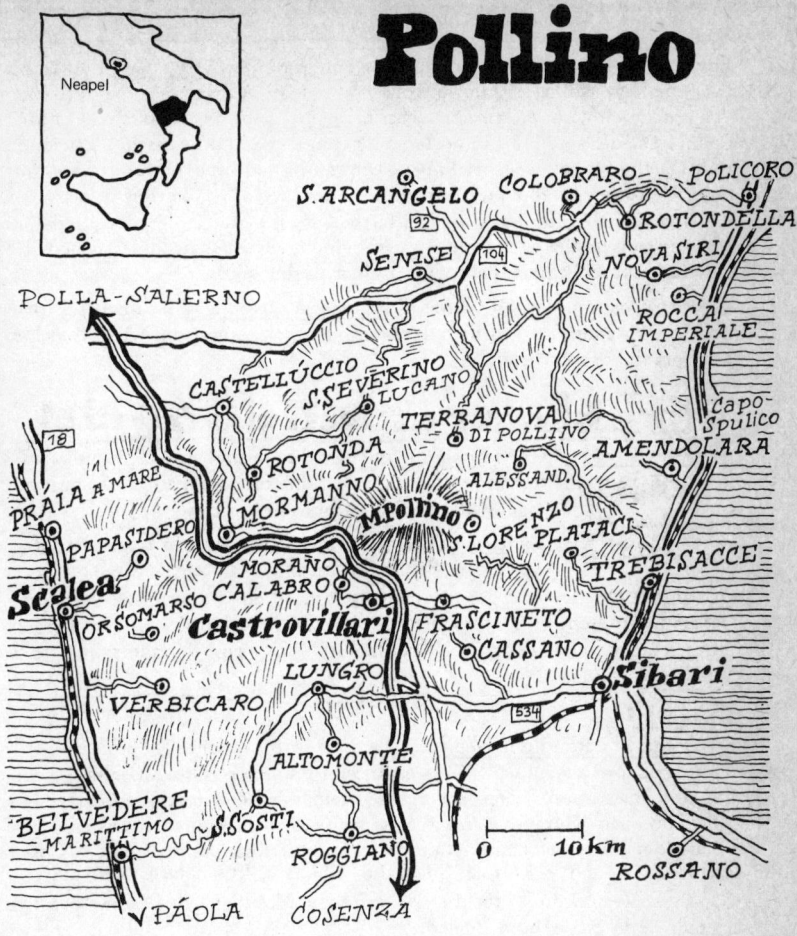

Neapel

S. ARCANGELO · COLOBRARO · POLICORO
92
SENISE · 104 · ROTONDELLA
NOVA SIRI
POLLA-SALERNO · ROCCA IMPERIALE
CASTELLÚCCIO · S. SEVERINO LUCANO
Capo Spulico
18 · TERRANOVA DI POLLINO · AMENDOLARA
PRÁIA A MARE · ROTONDA · ALESSAND.
PAPASIDERO · MORMANNO · M.Pollino · S. LORENZO · PLATACI
Scalea · MORANO CALABRO · TREBISACCE
ORSOMARSO · Castrovillari · FRASCINETO · CASSANO
VERBICARO · LUNGRO · Sibari
534
ALTOMONTE
BELVEDERE MARITTIMO · S. SOSTI · 0 · 10 km
ROGGIANO · ROSSANO
PÁOLA · COSENZA

> Mit 2.267 m Höhe (nur 25 km vom Meer) Süditaliens höchstes Gebirge und zusammen mit der angrenzenden Montagna di Orsomarso das ausgedehnteste Berggebiet für Wanderer, die die Einsamkeit lieben und sich in ihr zurechtfinden.

Etwas für Entdecker, die sich für archaische Lebensformen und nationale und kulturelle Minderheiten begeistern, für das einsame Leben der Berghirten, die gerne aus eiskalten Quellen trinken und die die Begegnung mit dem "bösen Wolf" nicht fürchten, obwohl sich der mehr vor dem Menschen fürchtet. — Hören kann man ihn gelegentlich, aber zu Gesicht bekommt ihn kaum einer.

Für den Verkehr <u>auf Rädern</u> ist das Gebirge extrem <u>unwegsam</u>, es gibt nur den einzigen Paß von Campo Tenese, wo man auf Straße oder Autobahn von Lucanien nach Calabrien kommt. <u>Zu Fuß</u> gibt es erheblich mehr Möglichkeiten, die seit Jahrhunderten einen engen Kontakt zwischen Lucaniern und Calabresen ermöglicht haben. Die meisten älteren Leute erzählen mit einer Selbstverständlichkeit von ihren Märschen über die Berge, als ob sie nicht 6 bis 10 Stunden gedauert hätten. Heute sind einige der alten Fußwege in miserable Autopisten umgewandelt, die aber nach fast jedem Regen und erst recht nach dem Winter unpassierbar sind.

Die sich westlich anschließende <u>Montagna di Orsomarso</u> ist noch schroffer und unwegsamer, so daß hier das Gebirge schon immer die Küste vom Landesinneren abgeschnitten hat.

Verkehrsverbindungen:

Straßen: Sehr kurvig. Gefahr von Frane und im Kamikazestil fahrenden Gebirglern. Kühe auf der Fahrbahn, mitunter eigenwillig und selbstbewußt.

Auto

Fahrwege: Oft sogar für Geländewagen unpassierbar bodenloser Schlamm, nicht nur durch Regen, sondern auch durch Quellen und Bäche. Erdrutsche und eingestürzte Brücken. Tiefe Spülfurchen, kurze Steigungen mit über 3o%. Wo der Boden mergelig (grau) ist, schon bei geringer Nässe die Griffigkeit von Schmierseife einkalkulieren.

Bahn:

(FS): Nur am Rand der Gebirge. Taranto — Metaponto — Sibari.
Von Policoro nachmittags Bus nach Senise und Terranova (Bahnhof und Busstation liegen fast 2 km auseinander!), von Amendolara um 7. 7.3o bus nach Terranova von Trebisacce mehrmals Bus nach Castrovillari, der alle Dörfer am Südrand des Pollino abklappert. Sibari — Cosenza mehrmals täglich in Staz. di Spezzano Albanese, Bus nach Castrovillari Napoli — Reggio di C., für die Dörfer in die Montagna di Orsomaro Busanschlüsse in Scalea und Belvedere.

Busse:

Schnellbusse von Taranto (Piazza Castello) nach Senise, dort Anschluß nach Terranova, von Napoli (Piazza Garibaldi) zum Bivio Terranova bei S. Arcangelo (Bus nach Montalbano — Policoro), dort Anschluß nach Terranova: von Cosenza nach Castrovillari. Regionalbusse in den lucanischen Teil des Pollino von Potenza, Lagonegro, Policoro, in den calabrischen Teil von Trebisacce und Castrovillari.

Bereich Lagonegro — Lauria — Mormanno — Morano Cal. — Castrovillari: Täglicher Schnellbus von Napoli (nachmittags) nach Castrovillari, erster Halt in Mormanno. Gesellschaft SIMET (Zwischenhalt in Salerno), wer den richtigen Fahrer erwischt, hört die ganze Strecke Lucio Dalla. Mehrmals täglich Bus von FCL von Lagonegro nach Castrovillari, der alle Dörfer an der S.S. 19 abfährt. Döfer am Ostrand der Montagna di Orsomarso: Busse von Cosenza und Castrovillari.

Mietwagen: In Cosenza, Paola, Taranto oder Salerno.

Unterkunft:

An der Tirrenischen Küste in den Ferienorten reichliche Möglichkeiten, an der jonischen Küste ziemlich knapp. Im Sinni-Tal und an der calabrischen Südseite des Pollino in Castrovillari mehrere Hotels, sonst in den Dörfern gelegentlich eines und bescheiden.

In den Gebirgsdörfern selbst gibt es bisher außer sehr beschränkten Unterkommensmöglichkeiten bei den Familien nichts. An der tirrenischen Küste Campingplätze und auch noch die Möglichkeit zum Freicampen, wird aber zunehmend eingeschränkt. An der jonischen Küste Freicampen noch die Regel, nur wenige Campingplätze.

In den Bergregionen Freicampen die beste Möglichkeit.

Schutzhütten: Fast alles, was auf den Karten eingezeichnet ist, existiert nicht mehr! Die beiden Rifugi auf dem Piano di Ruggio, die jahrelang vernachlässigt waren, sollen wieder hergestellt werden. In den Sommerlagern der Hirten und Waldarbeiter kann man unterkriechen. Leichtes Zelt unbedingt zu empfehlen.

Agriturismo: Im Gebiet Morano — Campo Tenese seit 1981 in Entwicklung, in Papasidero sollen ebenfalls Initiativen bestehen, Genaue Details s. Morano Calabro.

Cambio: Senise, S. Arcangelo, Trebisacce, Castrovillari, S. Marco Argentano, Praia a Mare.

TOURIST INFO : EPT Potenza, Via Alianelli 4, Tel. o971/12 81 2 (für den lucanischen Teil), EPT Cosenza, Via Tagliamento 15, Tel.0984/27 82 1 und dessen Außenstellen (nur Juli bis September): Castrovillari, Corso Calabria 43, und Trebisacce, Via Lutri 363, für die in Calabrien gelegenen Gebiete.

KLIMA

An der jonischen Küste und in der Ebene von Sibari überdurchschnittlich heiß und trocken, an der Westküste, wo die hohen Berge die feuchten Westwinde melken, relativ feucht, auch im Sommer Regentage, Gebirge: zwischen Mai und Oktober meist schneefrei. Ab 1000 m Höhe auch dann, wenn an der Küste kein Wölkchen zu sehen ist, immer Möglichkeit rascher Wetterumschwünge. Gipfel oft in Nebel und Wolken.

Wandern: Schuhe so robust wie bei Hirten und Bauern. Gekennzeichnete Wanderwege bisher selten und nur stellenweise unterhalb der Gipfelregion auf der lucanischen Seite. Farbige Kringel oder Striche auf Steinen und Bäumen. Dort, wo man dann trotz Karte ratlos dasteht, ist gerade der Baum gefällt!

Das Wetter muß in jedem Fall so sein, daß man nach Sicht wandern kann.

Auf die Gipfel in jedem Fall wegelos über die Wiesen. Bei Wanderungen im heißen Süden des Pollino Schlangenserum mitnehmen (einsam und recht viele Vipern).

Wintersport: Zwischen November und April meterhoher Schnee, die Hochlagen aber nicht per Fahrzeug zu erreichen. So bleiben die wenigen Langläufer und Wölfe noch unter sich. Genaue Geländekenntnis, möglichst vom Sommer her, wichtig, viel Nebel!

Wasser: Auf der lucan. Seite und den Hochflächen reichlich Quellen, der Steilabfall der calabrischen Seite fast völlig trocken, dafür dort viele Höhlen; Montagna di Orsomarso in den Tälern bis hoch rauf reichlich Wasser, eines der quellenreichsten Gebiete ganz Italiens, die oberen Bergregionen bis auf kleine Sümpfe trocken.

Karten und Bücher:

TCI 22, IGM 221 – I – NO Terranova di Pollino, 221 – I – SO Frascineto, 221 – IV –NE Viggianello, 221 – IV – SE Morano Calabro für das Pollino-Gebiet. 22o – I – SE Papasidero, 220 – II – NE Verbicaro, 221 – III – NO Monte Pladuna, 221 III – SO S.Donato di Ninea, 221 – IV – SE Mormanno für das Gebiet der Montagna di Orsomarso.

V. Perrone, Escursioni sul Pollino, Wanderführer, aber nur für den calabrischen Teil und die Gipfelzone des Pollino, gute Routenbeschreibung, Kartenskizze recht unbrauchbar. Erhältlich beim Informationsbüro des EPT in Castrovillari, Corso Calabria 43, etwa DM 4. Norman Douglas, Reisen in Süditalien (siehe Einleitung: Karten und Bücher). Seine Beschreibung rt vom Juni/Juli 191o animiert zum Nachvollziehen!

Pollino-Nationalpark:

Noch nicht Realität, wird zur Zeit auf der lucanischen Seite schrittweise geschaffen. Die traditionellen Lebensformen sollen danach in eine Tourismuskonzeption eingebettet werden, die es ihnen erlaubt, weiter zu bestehen, aber aus der extremen Armut herauszukommen.

Kleine Gasthöfe auf Familienbasis, wo der Fremde wie am Familientisch ißt, der Vertrieb von Käse, Ricotta (süßer Quark), Schinken und Wurst und das Kunsthandwerk, das bisher noch keinerlei Konzessionen an einen gewissen Publikumsgeschmack gemacht hat oder die mangelnde eigene Produktion mit Massenware aus Jugoslawien auffüllt. Die Hochgebirgszone soll für Autos gesperrt bleiben, bis in mittlere Lagen werden die Zufahrtswege zur Zeit verbessert.

Auf der calabrischen Seite sind bislang die Park-Projekte blockiert, dort träumen gewisse Kreise noch von gigantischen Wintersportzentren unmittelbar unter den Gipfeln.

Tierwelt: Wölfe (etwa 20 Stück), wenige Adler und Lämmergeier, Falken – alle in schwer zugänglichen Gebieten. In tieferen Lagen: Stachelschwein, Schlangen (auch giftige) und Schildkröten, Wildschweine. Die exzessive Jagd in den letzten 100 Jahren hat aber den reichen Wildbestand stark dezimiert.

Überall: Schafe, Ziegen, Rinder, Esel, wildernde Hunde. Würmchen: Im Käse. Ist kein Betriebsunfall, sondern eine lokale Spezialität.

Pflanzenwelt: Umfaßt in außerordentlichem Reichtum alle Klimastufen zwischen der Ufervegetation und der hochalpinen Flora oberhalb der Baumgrenze. Eine der arten-reichsten im gesamten Mittelmeerraum, da hier Vertreter der italienischen und Balkan-flora wachsen. Berauschend zwischen Mai und Juli die Teppiche von Anemonen, Orchi-deen und Zwiebelgewächsen in Lagen über 1500 m. In heißen Lagen aromatische Kräu-ter wie Salbei, Lavendel, Rosmarin und Origano.

In feuchten Hochlagen riesige Buchenwälder, der Boden bedeckt von wildwachsenden kleinen Alpenveilchen. In den Kammlagen eine Kiefer, die es nur hier und an wenigen Stellen Griechenlands und Albaniens gibt, den Pino loricato, riesige, zerwehte Bäume, oft ganz oder teilweise abgestorben. In den bizarr geformten Buchen sitzen oft Ziegen in der Krone und weiden dort.

Tier- und Pflanzenwelt sind auch in den anderen Gebirgen Süditaliens ähnlich, aber nirgends so reich.

JONISCHE Pollino-Küste

Die 45 Küstenkilometer zwischen Nova Siri und Sibari sind touristisch noch 'untererschlossen'', haben eine Wassergüte wie nur noch selten (aber für Schnorchler wenig ergiebig!) — und nur wenig Sandstrand. Wo der Pollino in Hügeln zum Meer ausläuft im besten Fall faustgroßer Schotter, meist aber kürbisgroß. Die auf lange Strecken direkt am Strand verlaufende Eisenbahn macht zwischen den Ortschaften den Zugang zum Meer schwie-rig. Zwischen Bahn und Schotter vielfach Felder, sonst flache Macchia. Die Orte sind nicht gerade malerisch, aber sauber und freundlich.

Da hier der Tourismus noch nicht das große Geschäft ist, überwiegt freund-liche Neugier, man ist mitteilsam, hilfsbereit.

Wie die ganze jonische Küste ist auch dieses Stück weniger dramatisch als die Westküste, aber dafür die Vielzahl der Hügel, die in flachen Küstenbögen zum Meer hin auslaufen, das weiche Abendlicht, wenn hinter dem Pollino die Sonne verschwindet und die mit Orleander zugewachsenen Torrenti sich wie rote Flüsse in die Berge ziehen.

✴ NOVA SIRI (5.200 Einw.)

Nördlich noch breite Sandstrände mit hohem Uferwald. An der Mündung des Sinni die bescheidenen Reste eines früher riesigen Urwaldes, Bosco Pantano Sotto, der eine Idee gibt, wie vor 30 - 40 Jahren vor der Urbarma-chung der ganze Küstenabschnitt zwischen Taranto und Nova Siri aussah.

Baumriesen, Lianen, Steckmücken jeder Menge und jeden Kalibers und ein schwüler, fauliger Dschungelgeruch. In den Tümpeln und Flußarmen Frösche, Schlangen und Schildkröten.

Ringsum ist die Neuzeit eingezogen: Tomaten und Erdbeeräcker, im Hin-tergrund ein ungeliebtes Atomkraftwerk, wo in Zukunft abgebrannte Stäbe gelagert werden sollen. Wenn der Süden mal was an Industrie bekommt, dann schon das modernste – und wenn dafür die Arbeitskräfte aus Norditalien mitgebracht werden müssen!

Hotel Siris
DZ 60 DM, dient meist den Atomaren als Quartier, Camping Jonio, bebäumt, Bocciabahn.

✱ ROTONDELLA (4.200 Einw.)

(15 km) Rund um Bergspitze gebautes Dorf mit Kastell, Landmarke.

✱ COLOBRARO (2.300 Einw.)

malerisch über dem Sìnni;Tal: Im Ristorante "ZANGARO" lucanische Schinken und Soppressate, scharf (!), als antipasto, überdurchschnittlicher Landwein.

✱ ROCCA IMPERIALE (3.500 Einw.)

Strand wird schmal und steinig, der alte stark verlassene Ort malerisch auf einem Hügel, der – vergeblich – vor den Sarazenen schützen sollte. Camping Karavan Market, wenn die Eisenbahn im Rücken nicht wäre, an schönem Strand mit Klippen.

✱ MONTEGIORDANO MARINA (2.500 Einw.)

Simpler, aber gefälliger Ort, der Schotter am Strand etwas feiner als sonst. Etwas Fischerei. Camping S. Maria schön und ruhig am südlichen Ortsrand in Pineta.

✱ ROSETO CAPO SPULICO (1.800 Einw.)

Ort und Kastell werden in allen Calabrienbüchern abgebildet, trotzdem noch "unentdeckt". Südlich von Roseto bis über Sibari hinaus reichlich Möglichkeit für freies Campen.

✱ MARINA DI AMENDOLARA (3.200 Einw.)

Stellenweise schöne Ufermacchia. Von hier Bus nach Terranova di Pollino, Straße hinter Oriolo abenteuerlich. Bergdörfer Castroregio, Farneta und Alessandria del Carretto bewahren alban. Sprache und Tradition.

Trebisacce: Orangengärten, Fischereihafen, guter Weißwein in der Cantine in den Seitenstraßen.

Agriturismo: Marina di Albidona, Bauernhaus 500 m vom Meer. Wein, Käse, Fisch eigener Produktion. Carlo Rivolta, Via Papiniano 22, 00136 Roma, Te. 06 / 343182.

VILLAPIANA LIDO (Feriensiedlung). Der Strand wird breiter, sandig, das Gebirge entfernt sich. Weite einsame Strände bis Rossano mit sumpfigem Hinterland und mehreren Flußmündungen, zwischen Raganello- und Cratimündung "amphibisch".

La Pineta
strandnah im Pinienwald, Ferienhotel, Tennis. 48 – 50 DM, kleiner "Rose" 35 DM, jeweils fürs DZ. Außer in der "toten" Zeit hier Vollpension Bedingung.

Villapiana ist einer der ganz wenigen gelungenen Strandorte an der jonischen Küste. Wenig Monströses, bislang der Strandwald noch unverbaut,
aber eine Asphaltpiste (Uferpromenade) ist begonnen, die wohl immer
mehr die wertvollen <u>Feuchtbiotope</u> unter sich begraben wird.

★ PLATACI

20 km vom Meer und 900 m hoch. <u>Albanierdorf</u>. Patronalfest am 19.
August mit sehr schönen Trachten. Wanderung westwärts zur Punta Spar-
viere 1713 m, dort weiter Blick über die jonische Küste und ins Innere des
Pollino. Nur das letzte Stück zum Gipfel ohne Weg, von dort durch den
Wald Bosco di Lagoforano in Richtung des Falconara- Gipfels bis zum Fahr-
weg S. Lorenzo Bellizzi — Terranova di Pollino.

Sibari
(2.500 Einw.)

Ein langer Sandstrand, drei lange Bahnsteige, wo die Züge immer verspätet
ankommen, eine Straßenkreuzung und etwa 20 Häuser — und ein historischer Name, der schon im Altertum ein Märchen war: Sybaris.

<u>Die Stadt bestand gerade 200 Jahre</u>, dann wurde sie so mit Stumpf und Stiel ausra-
diert, daß die Archäologen trotz immensen Fleißes nur wenige, ärmliche und höchst
fragwürdige Spuren gefunden haben. Nur die Märchen vom Reichtum, dem Luxus und
der Perversität der Sybariten haben die Jahrtausende überdauert.

Die Stadt lebte, wie die meisten Griechenkolonien in Süditalien, vom Fernhandel, einmal
mit den Landesprodukten wie Holz, Weizen, Wolle und Schafskäse (was aber höchstens
wie bei den anderen Städten der Region zu solidem Wohlstand geführt hätte).

Der Trick der Sybariten bestand nun darin, einen <u>Kanal für die Handelsschiffahrt</u> vom
jonischen zum tirrenischen Meer zu schaffen, für den Umschlag von Luxuswaren aus
Griechenland und Kleinasien zu den Etruskern — und so den langen und vor allem mit
den damaligen Nußschalen gefährlichen Weg um die calabrische Halbinsel zu vermeiden.
<u>Der Kanal waren Eselrücken</u>, die im Hafen von Sybaris beladen wurden, wahrscheinlich
dann über den Paß von Campotenese und das Lao- Tal zum Meer, dann per Schiff zur
sybaritischen Kolonie Poseidonia (Paestum), das nach der Zerstörung der Mutterstadt
teilweise dessen Reichtum erbte.

Von einer anderen Quelle sybaritischen Reichtums wurde in der Antike weniger gesprochen, weil es alle so handhaben: Die einheimischen Völker des Landesinneren,
die Lucanier und Bruttier, waren teils zu Sklaven degradiert, teils standen sie in sehr
ungleichen Handelsbeziehungen.

Und Sybaris war eifrig damit beschäftigt, die griechischen Nachbarstädte als Konkurren-
ten auszuschalten. Dann wurde es selbst ausgeschaltet. Angeblich siegten die Croto-
niaten, weil die Pferde der sybaritischen Reiterei mit Tanzmusik kommandiert wurden
und sich der Gegner in den Besitz der Melodien gebracht hatte. Die Stadt wurde zerstört, die Bevölkerung floh zum Teil nach Poseidonia, zum Teil ging sie auf die Skla-
venmärkte. Über das was übrig blieb, wurde der Crati geleitet und so finden die Archäologen immer nur Schotter.

<u>Strände</u>: Nördlich der Crati- Mündung, breit, sandig, mit schönen Uferwäl-
dern.

<u>Camping</u>, zwei große und gutausgestattete Plätze: beide mit Bungalows
oder Hütten im Südseestil.

PINETA DI SIBARI, Tennis, Bocciabahn, Pinienwald.

SIBARI, auch im Pinienwald, Tennis und Bocciabahn, dazu ein Brackwasser, in dem reichlich Fische und reichlich Stechmücken leben.

Hotels

Bagamoyo
modernes Hotelzentrum, Tennis, DZ DM 50, in pseudomaurischer Brutalbauweise, aber gut ausgestattet.

Atena   (DM 45,-)

Schwefelquelle ANTRO DELLE NINFE bei Cerchiara di Calabria. Aus einer Höhle (kann man reingehen, aber nicht drin baden) fließt lauwarmes Schwefelwasser, Schwimmbecken. In einem improvisierten Freiluftristorante Pollino-Nahrung und lokaler Familienwein. Über den Padrone kann man auch in der Nähe Ferienwohnungen mieten (zu überlegen: Tolle Aussicht auf Ebenen, Meer und Sila, nur neun Kilometer zu den Salzfluten des Jonio. Adresse: Guiseppe Carlomagno, Cerchiara di Cal.(CS)' Tel.0981/99 11 o9. Wie hinkommen? : In Villapiana Scalo S.S.92 nach Cerchiara bis km 12 (an der ANAS Cantoniera kleine Straße rechts abwärts).

Podere Porfit: Früheres Bauernhaus in der Ebene nahe der Straße Villapiana — Cerchiara. Adresse: Olga Greco, Via Nazionale 87o1o San Sosti (CS), Tel.0981/61 17 9.

AGRITOURISMUS

Die selbe Besitzerin hat im gleichen Gebiet ein weiteres Haus, inmitten Oliven. Azienda Greco, 6 km vom Meer entfernt. Kleines bewirtschaftetes Bauernhaus.

Azienda Volta del Ponte, nahe den Ausgrabungen von Sibari. Appartements auf einem großen Gut. Kutschfahrten in der Ebene. Milch, Käse, Wurst und Schinken, Wein, Öl, Früchte und Gemüse.

Im Besitz eines der größten Grundbesitzer Nordcalabriens — der allerdings im Gegensatz zu vielen seiner Standesgenossen nicht das Land verkommen läßt. Adresse: Maria Luisa Toscano und Osvaldo Bruno, 87011 Cassano allo Ionio (CS), Tel. 0981/72012

Azienda Caccianova, dicht am Ort Sibari, Großer Viehzuchtbetrieb (Rinder und Pferde), in großem Olivenhain, Appartements. Orangen, Gemüse, Hühner und Eier, Lämmer, Käse. Adresse: Giuseppe Percacciante. Tel. 0981/71160 und 26407

In den Pollino hinein:

Lucanische Seite, die wegen der geringen Höhenunterschiede dem Wandersmann manchen Schweißtropfen und Zweifel am Sinn, in Mittelmeerländern zu wandern erspart.

Letzte Chance, harte DM, öS, Sfr in Bündel papierener Lire zu verwandeln: Banca di Napoli in Senise!

Dort die meisten Frauen über 4o/5o mit riesigen schwarzen Kopftüchern (scialle) , es geht landeinwärts und die Welt wird fremdartiger,tiefer im

Pollino sind die Tücher dann blau oder weiß – und viele Frauen klassisch-schön, zerbrechlich grazil und selbstbewußt, gleichberechtigte und geachtete Produzenten. Lassen sich nicht unterbuttern.

Im Land der Skipetaren:

In Süditalien, zwischen den Abruzzen und Sizilien knapp 5o noch intakte albanesische Dörfer, 3/4 davon in den Provinzen Potenza und Cosenza, rund um den Pollino, das größte ist allerdings Piano degli Albanesi bei Palermo/Sizilien.

Um 155o eroberten die heidnischen Türken Westgriechenland und Albanien. Nach der militärischen Niederlage flohen tausende "Adlersöhne" über die Adria, in den wenig besiedelten Bergregionen des Südens bekamen sie neue Wohnsitze zugewiesen, die ohnehin niemand wollte.

Abgelegenheit in Berggebieten oder am Rande versumpfter Ebenen, die völlig fremde Sprache, besonders aber der griechisch-orthodoxe Ritus in einer katholischen Umwelt isolierte sie von ihren italienischen Nachbarn und schufen ein sehr starkes Zusammengehörigkeitsgefühl der Albanier untereinander, obwohl sie aus weit auseinander liegenden Gebieten des Balkans kamen und schon dort deutlich unterschiedene Dialekte sprachen.

Sprachliche und kulturelle Klammer war immer an erster Stelle die Kirche, die meisten albanischen Intellektuellen waren Priester (papàs), neuerdings nachdem albanisch als Minderheitensprache staatlich respektiert ist, auch die Lehrer. Die albanischen Papàs sind von ihren katholischen Kollegen leicht zu unterscheiden. In der Regel haben sie prächtige Bärte, sie grüßen freundlicher, vielleicht weil sie unter bestimmten Umständen verheiratet sein dürfen.

Die prächtigen albanischen Trachten werden an den Feiertagen selbstverständlich und mit Stolz getragen. Wer sie sehen will, kommt in der Osterwoche und zu den Festen des Ortspatrons am meisten auf seine Kosten.

Intellektuelle Zentren der Arbresh sind Frascineto, Lungro und S. Demetrio Corone (alle Provinzen Cosenza)

Adressen: Papàs Antonio Bellusci, 87o1o Frascineto (CS), Centro di Documentazione e Ricerca Arbereshe, Amm.ne Comunale 87o69 S. Demetrio Corone (CS), Zjarri – Rivista di Cultura Albanese, Prof. Giuseppe Faraco, 87o69 S. Demetrio Corone (CS).

Direkte, meist wissenschaftliche Beziehungen zu den Albaniern in Albanien, Jugoslawien und Griechenland.

Bus nach Terranova, S. Costantino Albanese, S. Paolo Albanese, Cersosimo – Albanierdörfer mit sogar im Alltagsleben intaktem Nationalbewußtsein: Es zeigt sich den Außenstehenden am stärksten auf den Festen:

S. Costantino Alb.: In der Osterwoche Verbrennung der "nusarit" – Trachtenpuppen, die auf dem Dorfplatz in Flammen aufgehen. Dient der Austreibung des Winters. Die Frauen tragen auch, wie anderswo in Lucanien, große Kerzenarchitekturen auf dem Kopf.

S. Paolo Alb.: 15./16. August, S. Costantino Alb., Osterwoche und Cersosimo (Mitte Mai) – überall aber die Osterwoche, die im albanischen Jahreskalender die zentrale Rolle spielt. Sehr schöne Trachten, die zum Teil, Cersosimo und S. Costantino, von den älteren Frauen auch im Alltrag getragen werden. Kontaktpersonen für die kulturelle Identität die 'Papàs', die orthodoxen Prieser.

★ TERRANOVA DI POLLINO (2.100 Einw.)

Hier hören die Straßen auf. Nur Privatquartiere, nachdem die letzte Locanda mit 4 Betten in einem Zimmer kürzlich den Betrieb eingestellt hat.

Informationen: Trastan Bar oder die Pizzeria von Federico. Im Regen hat hier noch niemals jemand schlafen müssen!

Wanderer (mit Auto) Richtung Pollino noch ca. 8 km auf guter Naturstraße über Casa del Conte hinaus bis zum Lago di Duglia. Danach ist die Straße von der Natur wieder zu Natur gemacht.

Orientierung: Ohne Landkarte wird man viele Sackgassen ausgehen. Auch mit Karte ist es oft schwierig, die richtige Spur zu halten, denn die neuen "Straßen" sind meist nicht eingezeichnet (letzte Berichtigung von 1958), die alten Wege sind aber meistens als Abkürzungen vorhanden und werden von Ziegen, Eseln und deren Personal eifrig weiter begangen.

Am schwierigsten ist es in den Wäldern, weil dort im Dickicht von den Rindern auf der Suche nach besonders leckeren Blättern ständig neue Wege angelegt werden. Die Tiere sind scheu und friedlich — auch die Stiere.

Ich habe mich meist an Quellen, einzelnen Häusern der Richtigkeit meiner Schritte versichert. Zum Glück hat man außerhalb des Waldes einen weiten Überblick und die Fuß-und Eselswege laufen relativ geradlinig. Trifft man auf Waldmenschen, helfen die einem weiter, nur mit der Landkarte können die nichts anfangen, denn sie sind meist Analphabeten.

Rückweg, wenn man das Gebirge überquert hat. Wer's eilig hat, zu Fuß. Die Busse umfahren das ganze Gebirge und das sind rund 13o - 18o km.

Wanderungen:

1. Von Terranova in die Garavigna: Ins Tal runter, dann dem Fluß nach. Eine kurze, aber sehr tiefe Schlucht, früher Schlupfwinkel der Briganten, heute trifft man dort die Liebhaber von Forellen. Durchquerung nur bei anhaltender Trockenheit möglich. Am Eingang der Schlucht eine Quelle, die direkt in dickem Strahl aus dem Felsen kommt, als hätte Moses hier seinen Stab angesetzt. (2. Mose, 17,3). Bis Casa del Conte 2 Stunden.

2. Terranova — S. Lorenzo Belizzi (5 h). Im Sommer bei anhaltender Trockenheit befahrbar. Führt durch kahles Weideland und ärmliche Felder, an der Paßhöhe westwärts zur Falconara, oder zur Timpa S. Lorenzo, gigantische Kalkplatten, die schräg in den Himmel ragen. Dort die Chance Adler, Falken und ganz selten mal den Lämmergeier zu sehen. Zugang ins Raganello- Tal und seine Schluchten.

3. Terranova — Pollino — Gipfel (am besten als Zweitagestour, sonst einfacher Weg 6 - 7 h reine Gehzeit). Bis Lago di Duglia (kein See, ein kleiner Sumpf) Fahrweg, dann kräftig aufwärts auf die Grande Porta del Pollino zu (diesen tiefen eingeschnittenen Paß sieht man schon von Terranova aus). Im letzten Stück vereinzelt Wegemarkierung.

Nächtigungsmöglichkeit im Casino Toscano (Hirtenhütte), unterhalb des

In dieser Größe kann die Karte lediglich Überblick bringen. Wanderkarte unabdinglich!

Passes, 15 Minuten abseits. Im Casino weder Roulette noch Poker, dafür Hirten und Strohsäcke. Und <u>Käseproduktion</u>:

<u>Ziegen- und Schafsmilch</u> wird gemischt, Kuhmilch für sich verarbeitet. Milch wird in einem großen recipiente auf 60 Grad erhitzt, dann Lab (hier wirklich noch Lab vom Kalbsmagen) eingegeben und kräftig gerührt, während die Flüssigkeit (siero) aufgefangen wird und noch einmal mit frischer Milch vermischt — das gibt Quark (ricotta), der frisch und süß, am besten lauwarm, schmeckt. Der Ricotta kommt in kleinere Körbchen. Was nicht frisch verbraucht wird, läßt man — eingesalzen — trocknen und zu einem strengen Käse werden.

Die frischen weichen Käselaibe werden zum trocknen auf Bretter gelegt und eingesalzen. Die Höhenluft tut ihnen gut. Im Herbst sind sie dann fest und durchgereift.

Eine kleine Menge erfährt vorher noch eine Spezialbehandlung, die Calabresen höherer Altersklassen das Wasser in den Mund schießen läßt — mir weniger, aber ich bin da etwas Ignorant: Besonders harter Käse (mit viel Zickenmilch) wird in der Mitte angebohrt und an einen luftigen Platz gelegt, so dann von dicken Fliegen angelandet, die dort die Kinderstube künftiger Fliegengenerationen anlegen. Ist der Käse dann nach Tagen voller Leben, hat die Delikatesse den vollen Reifezustand erreicht — "e predigerito" — ist vorverdaut.

Die Herstellung dieses Genußmittels ist keinesfalls nur auf den Pollino beschränkt — abgesehen von kleinen Zubereitungsunterschieden, auf die aber jede Region große Stücke hält, erweckt man überall in den Bergen Calabriens, der Abruzzen, Sardiniens und Korsikas alten Käse zu jugendlicher Lebensfülle — buon apetito, wers angeboten bekommt, lange wacker zu — es ist eine besondere Ehrung. Das Entfernen der Einwohner gilt als unschicklich und ist zudem unmöglich.

Wanderungen in der Hochregion des Pollino

Grande Porte del Pollino und Piano di Pollino: Im Reich der Pini loricati und der Wölfe. Die riesigen Kiefern, deren abgestorbene Gerippe verwittern, ausbleichen, aber nicht zerfallen wollen, sind ein Relikt aus der Eiszeit, bedroht, weil seit etwa 500 Jahren die Ziegen mit ihren scharfen und leckerhaften Mäulern eine Verjüngung fast völlig verhindert haben.

Die Pollino - Ebene ist reich an Quellen. Von hier ohne Wege nur nach Sicht Aufstieg auf alle Gipfel: Serra di Crispo, Serra delle Ciavole (mit besonders schöner Sicht aufs Meer), Serra di Dolcedorme (höchster Punkt mit 2267 Gefühl wie Schweben), Monte Pollino (2248 m hier ist mehr der Name der zum Aufstieg verpflichtet) und Serra del Prete, dem undramatischen rundlichen Riesenberg. Die Wälder meiden, ihr bleibt drin stecken. Nach Süden, nach Calabrien, lotrechter Abfall, hier bleiben nur die Wege.

Oben auf den Bergrücken trefft ihr dann oft muntere Ziegen, und der Hirte wird froh sein, einen Partner gefunden zu haben, dem er alles erklären kann — so schnell läßt der einen nicht mehr los. Unter euch, handlich wie eine Landkarte, die Ebene von Sibari, dahinter die Sila und das Meer, nordwärts die Berge Lucaniens, und wenn ihr einem ganz bestimmten Hirten aus Lauropoli vor die Ziegen geratet, wird er von den ganz klaren Tagen schwärmen, wo man bis zur Piazza San Carlo in Napoli sieht — vorausgesetzt, die Berge unterwegs werden durchsichtig.

★ S. SEVERINO LUCANO (2.700 Einw.)

Ausgangsort für den Nordwesten des Pollino: Zwei kleine Locande. 8,5 km (asphaltiert) nach Mezzano Frido, dem künftigen Zentrum des Nationalparks, bisher dort nur freies Campieren. Über Madonna del Pollino (Fest am 1. Wochenende des Juli — der Festplatz inzwischen auf mieser Piste mit Auto erreichbar, alle schwärmen aber von der Vor- Auto- Zeit.

Das Marienbild wird aber noch in Prozession von S. Severino unter Tarantellaklängen und von getanzter Tarantella zum Heiligtum getragen (dauert 7 bis 8 Stunden), unterbrochen von Picknicks, Tänzchen und Ausruhen. Treffpunkt für den ganzen Pollino. Man kann beim Heiligtum Zicken- und Schaffleisch kaufen, andere Nahrungsmittel und Getränke mitbringen.

Zur Madonna di Pollino kommt man auch von Terranova, Fahrweg, den man besser nicht fährt, zweigt 1 km unterhalb des Lago di Duglia ab (Wegweiser, er zeigt nicht immer in die richtige Richtung, rechts!) Zu Fuß ca. 5 Stunden, leicht zu gehen.

✱ ROTONDA (4.100 Einw.)

Albergo Bianco DZ 10 DM. Mit Auto noch brauchbare Basis für Pollino
und Lao- Tal, sonst zu abgelegen. Mitte Juni Baumfest.

Als Opfer an S. Antonio, der sich hier genauso wie anderswo die Madonna
zum christlichen Vollstrecker guter naturnaher heidnischer Tradition gemacht hat, werden im Dorf mal ein Baum, mal ein ganzer Wald aufgestellt
und darunter wird gefeiert.

Rifugio di Piano Ruggio,

Mittelding aus Berghütte und Einfachhotel. Nur im Sommer offen. Weil hier eine Straße
hinführt (vom lucanischen Süden her passabel, von Calabrien bislang ein Horror für
Fahrer und rollendes Material) kommen hier kaum weniger als 100 % aller Pollino-
Touristen an.

Man kommt aber schnell und ohne große Klettereien und Irrwege zum Piano di Pollino und damit zu den Gipfeln.

✱ MORANO CALABRO (5.000 Einw.)

Eines der schönst gelegenen und gebauten Dörfer Calabriens, zieht sich an
einem Bergkegel hoch und gegenüber liegt der Pollino. Durch die Gassen
aufwärts steigen.

Altertümliche Palastarchitekturen, Treppenwege. Von der Ruine des
Castello weiter Blick die ganze Kette des Pollino entlang. Im Rathaus
(Municipio) — früherer Convent — kleines Museum, das Handwerk, Bauern-
und Hirtenarbeit dokumentiert. Kirche S. Bernardino (nach dem Schlüssel im Rathaus fragen): Eine der wenigen Renaissancekirchen Calabriens,
schöner Kreuzgang. Der venezianische Renaissance- Altar von Vivarini
bleibt bis zum Einbau einer Warnanlage im Convento S. Francesco in
Cosenza.

Agriturismo in Morano: Cooperativa Agricola
"Conserve Ecologiche",Contrada Terrarossa,
Signora Fausta Ferrari, 87o16 Morano,
Calabro (CS).

AGRITOURISMUS

25 selbstbewußte Frauen, denen Unterordnung und Arbeitslosigkeit an der Wiege gesungen wurde, äußerlich alles andere als Kämpferinnen, aber neben der Feldarbeit inzwischen damit vertraut, in Rom und Catanzaro im Ministerium ihre Forderungen zu
vertreten. Um allen Mißverständnissen vorzubeugen. Kein Amazonenkampftrupp!
In den Bergregionen Calabriens und Lucaniens hat es schon seit Jahrhunderten ein
gleichberechtigtes Verhältnis von Mann und Frau gegeben, und die Emigration hat
die Frauen in selbständiges Handeln wachsen lassen. Vor der Emigration war es die
Wanderarbeit der Männer als Landarbeiter und Hirten, wo die Frauen monatelang allein
zurechtkommen mußten.

Die Cooperative hat vor Jahren begonnen, Tomaten, Artischoken, Pilze, Zucchini,
Oliven, Trauben; und Orangenmarmelade in traditioneller Weise einzumachen und sie
haben sich ihren Markt (inzwischen auch außerhalb Calabriens) erkämpft, konnten neue
arbeitserleichternde Geräte anschaffen (zum Sterilisieren), aber Handarbeit und beste
Materialien sind Basis geblieben.

Unterbringung auf mehreren Bauernhöfen am Hang des Pollino, Zeltmöglichkeit und seit 1981 Zusammenarbeit mit den Hirten auf dem Campo Tenese. Dort allerdings kein Wasser in den Häusern — Wasserstellen meist 200 bis 400 m entfernt.

Direktverkauf bei der Cooperativa und bei Bauern und Hirten. Im Gebäude der Coop kann man essen und frühstücken. Außerdem Möglichkeit in einem riesigen früheren Baronalpalast im Ort zu wohnen (von dessen Pracht nichts mehr geblieben ist). Preise für den Bettplatz ca. 8 bis 10 DM. Die Coop und die Bauern, bei denen man aufgenommen ist, sorgen auch für Kontakte, die bei Ausflügen in den Pollino weiter helfen.

WANDERN
Von Morano aus...
Über den Passo di Gaudolino zum Piano di Pollino: Je nach Temperament die ersten 4 km auf dem Autobahnzubringer oder parallel dazu auf Feldwegen, einem engen Tal nach (am Paß ist noch lange nicht der höchste Punkt erreicht). Die berühmte Quelle sorgente spezzavummula (Quelle, die Krüge spaltet — sie ist wirklich kalt) liegt etwas verborgen, zwischen den beiden Wegen, die am Paß auseinandergehen. Da oben steht ihr wieder Gipfeln gegenüber, oder setzt den Weg nach Terranova fort, oder spendiert der Madonna von Pollino für die überstandene Gefahr an Ort und Stelle eine dicke Kerze.

★ CASTROVILLARI (19.000 Einw.)

Täglich, vormittags auf der Hauptstraße einer der schönsten Lebensmittelmärkte Italiens, und die Sachen, die es anzusehen gibt, lohnen auch das Essen. Bunte Fülle an Vegetarischem, Schafskäse vom Pollino und an der Sila. Wer die offenen Weine von Castrovillari unversucht läßt, versäumt einen der besten Weine Calabriens.

Altstadt mit einem Aragonesenkastell, vielen Kirchen, in denen einer der wenigen Reisenden des 18. Jahrhunderts, die sich nach Calabrien gewagt hatten, eine Unzahl "schmutziger Mönche" sah.

Rist."ALIA", Via Roma 116. Kleine, familiäre Trattoria, möglichst Platz vorbestellen — man kann sich bei der Gelegenheit auch über Eßwünsche verständigen. Antipasti auf der Basis von Soppressate, Schinken und Käse vom Pollino, Brot aus bäuerlicher Herstellung, Spaghetti und Sardellen und geriebenem Brot (eine der hauptsächlichsten Spezialitäten Calabriens, die man aber nur selten bekommt), Linguine nere (Nudeln aus dunklem Mehl), Lamm, Huhn in Wein gekocht. Gute Dolci. DM 25.

Motel A.S.T.J.
DZ 55 DM, modern, besonders vom Durchgangsverkehr (Autobahn) frequentiert, am nördlichen Stadtrand an der S.S. 19.
Unione
DZ 25, eines der wenigen alten Hotels Süditaliens, die ihren (einfachen) Standard ge-

halten haben und in Ehren gealtert sind. Ansprechend geräumiger Bau am langgestreckten Hauptplatz, dort vormittags Marktgewoge und abends Corso.

Vor der Busstazione als Erinnerung an die Calabro- Lucana ein aufge-
bocktes Zahnraddampfroß.

FESTE: Carnevale del Pollino (dauert 4 Tage, bis Fastnachtdienstag).
Neben reichlich Mumenschatz ein "internationales" Folk- Festival, dessen
Internationalität in der Teilnahme albanischer Trachtengruppen aus der
Umgebung besteht. — Die von Jahr zu Jahr an andere Orte wechselnden
Trachtenfeste der Albanier, in der Osterwoche ausgenommen, meiner
Kenntnis nach das farbigste Fest dieser Art. Noch nicht Touristen- Schau-
geschäft.

S. Maria del Castelle, am südlichen Stadtrand bei der gleichnamigen Wallfahrtskirche: Anfang Mai. Große Marienprozession (die Frauen bei weitem
in der Überzahl). Für weltliches Vergnügen sorgen Mitgebrachtes an Essen
und Trinken, Musik von Kapelle und Kassette.

"I MAROCCHINI" — Die orientalischen Herren, die einsam mit ihren fast nie gekauften
Teppichen und Decken durch die Straßen süditalienischer Orte wandern, sind mir hier
das erste Mal aufgefallen: Sie sind Zigeuner nordafrikanischer Herkunft, oft inzwischen
im südlichsten Teil Calabriens ansässig und ihre Ware stammt meist aus norditalienischen
Textilfabriken.

Auch von Castrovillari kann man auf den Pollino, das erste Stück ist anstrengend, sengend und frustrierend, über eine kräftig geneigte, kahle,
schiefe Ebene (La Petrosa — die Steinige), der daran anschließende Aufstieg zum Passo del Vascello nur noch kahl und steil, hinter dem fernen
Paß wirds waldig (und Quellen).

✸ FRASCINETO (2.500 Einw.) und EIANINA

Der Ort mit dem Namen wie ein Gutenachtlied hieß mal Porcile = Sau-
stall). Beides aktive Albanierdörfer, in der Osterwoche Eierverteilen an
alle (Spende) und die Vallje, bunte Trachten, rote Fahnen mit schwarzen
Adlern und schwarze Pfarrer mit roten Herzen — "Miresena erdhit frasnite
— Benvenuto a Frascineto".

Hotel:

Skanderbeg,
DZ 4o DM, italo- alban. Küche, Neubau, der wohl noch bezahlt werden muß, deshalb
Preise leicht überzogen, sonst aber nicht übel.

In die Berge eine ganze Reihe Wege (Landkarte), führen alle während des
Aufstiegs durch kahles Gelände, keine Quellen, dafür Höhlen. Alle Wege
stoßen auf den Fahrweg Civita — La Fagosa — Piano di Pollino, der von
Civita aus ein gutes Stück befahrbar ist, wenn er nicht inzwischen zum
wer weiß wie vielten Mal zerstört wurde.

Fagosa und Raganello-Schlucht

La Fagosa, ein riesiger Buchenwald, reich an Quellen, die mal nach Prin-

zen, mal nach Briganten heißen. In den heißen Felswänden reiche
Trockenkräutervegetation, was fürs Gewürzkästchen. In den tieferen
Buschweiden im Frühling reichlich wilder Spargel, die jungen Triebe
abknacken und bald essen:

Werden kurz gekocht und wandern dann, gut abgetropft, in Rührei. Aber auch andere
Spargelrezepte gehen. Schmecken intensiver als kultivierter Spargel. Wachsen nach
Regen und reichlich (April — Juni).

Von Civita aus (albanisch) Kann man entweder einen Fahrweg zur Fagosa
benützen oder: Eine Kletter-, Spring-, Schwitz-, Bade-, und Schwimmtour
durch die Schluchten des Raganello machen. Anstrengend und aufregend
insgeamt etwa 15 km. 2 km pro Stunde kann man schaffen, an drei Stellen
kann man unterwegs auch ohne alpinistisches Können aussteigen.

Höhenunterschied: Bei 193 m über dem Meer verläßt der Raganello sein
Felsental, und bei etwa 9oo m fängt er an, sich durch den Felsen durch-
zunagen.

Trotz der Steigung macht man die Tour besser von unten nach oben:
Es ist eindrucksvoller und man rutscht nicht leichtfertig in auswegslose
Situationen. Im Winter ist der Fluß reißend und so verändert sich die
Schlucht und ihre Begehbarkeit dauernd.

Auch bei langer Trockenheit wird es Stellen geben, die nur durchschwom-
men werden können — das erfrischt, obwohl es auf lange Strecken kühl
ist, weil dort nie die Sonne ankommt. Die Wände sind bis 500 m hoch,
im ersten Teil auf beiden Seiten, im mittleren und oberen Teil nur noch
einseitig. Ausstiegsmöglichkeiten: nach etwa 6 km Ponte d'Ilice, dort
kreuzt der Weg Civita — S. Lorenzo Belizzi.

Nach weiteren 3 km (Reste eines vergeblichen Versuchs, dem Fluß mit
Beton beizukommen, Aufstieg nördlich in Nebental, Torrente Maddalena,
dann Wege nach S. Lorenzo. Wer dann den oberen, sehr wilden Teil unterhalb der Timpa di S. Lorenzo weitermacht, legt sich für weitere 5 km
fest. Dann führt westlich ein steiler und ringeliger Aufstieg zur Fagosa
und östlich ein noch steilerer Weg durch die Wand der Timpa di S. Lorenzo, vorbei an den Höhlen, Grotte di Tozze.

Der Weg führt in der Wand weiter und schließlich kommt man an den
Fahrweg S. Lorenzo — Terranova. Dieser Weg aus der Schlucht ist stellen-
weise ausgesprochen gefährlich, setzt absolute Schwindelfreiheit voraus,
aber man hat dafür die Chance, Adler und Geier von ganz nahe zu sehen.
Ist man einmal oben, kann man (ohne Weg und Steg) auf die Spitze der
Timpa.

Einheimische behaupten, in der Gola wimmle es nur so von Stachelschweinen (istrici)
— Stacheln findet man auf jeden Fall. Das Tier aber, das als Delikatesse gilt, geht nur
nachts auf Wanderschaft.

Kurz hinter dem Aufstieg zu den Grotte di Tozze wird das Tal weit, der
Torrente gabelt sich in viele (meist trockene) Wasserläufe, die unterhalb
der Falconara oder dem Casino Toscano enden.

Montagna di Orsomarso

Einsamer und wilder als der Pollino. Wer nicht nur spazierengehen mag, muß in der Regel mit Zweitagestouren rechnen und seine Nahrung auf dem Rücken mitschleppen. Die Berge sind zwar niedriger, dafür sind die Ränder des Gebirges, besonders zum Meer hin, extrem zerklüftet.

Was für Freunde bizarrer Felsen, Höhlen und Schluchten. Neben riesigen vegetationslosen Karstflächen Urwälder, be- ders in den Flußtälern – und irgendwo war hier <u>MERCOURION</u> (Höhlenkloster ein Berg Athos vor 800 Jahren – bis heute nicht genau lokalisiert, weil die Felsen überall die Löchrigkeit Schweizer Käse haben.

<u>Die Anachoreten</u> damals waren schmutzige Kerle, die im Geruch der Heiligkeit standen, in Felsenlöchern hausten und ihren sündigen Leib kasteiten, gelegentlich den Besuch des Versuchers empfingen und ansonsten von den Hirten dieser einsamen Weidestriche mit Brot und Käse versorgt wurden, wodurch den Hirten, die ja auch nicht ganz frei von Sünde waren, der Weg ins Paradies (nicht das auf Erden) geebnet wurde.

Eine der Hauptsünden war und ist in allen käseproduzierenden Landstrichen Italiens eine kleine Manipulation bei der Entrichtung der "Kirchensteuer", die von den Männern Gottes gern auch in Naturalien entgegengenommen wurde. Anfangs eher eine freiwillige Spende, wurde die Käseabgabe zur belastenden Pflicht.

Der Produzent kannte allerdings ein Mittel, die eigenen Verluste zu mindern: Er konnte darauf vertrauen, daß der Mann Gottes unfehlbar den schwersten Laib herauswog — und so ummantelte man einen soliden Felsstein mit Käsemasse und hatte dazu noch reichlich Gesprächsstoff. Wird heute noch gern gemacht.

Bis zu 5000 Eremiten sollen im 12. Jahrhundert in den Höhlen des Lao-Tals gehaust haben, danach verödete das Gebiet rasch, man sieht nicht mehr als die Löcher im Fels, und zwischen den Fachgelehrten tobt eine mit Fußnoten und Anmerkungen geführte wissenschaftliche Fehde über die Lage des großen Hauptklosters.

Die Küste zwischen Praia a Mare und Diamante

An den Flußmündungen breite, graue Strände, teils Sand, teils Schotter, sonst felsig und schmal (Eisenbahn und Straße). Diese 35 km sind noch nicht so stark verbaut, wie die weiter südlich anschließenden Strände, aber es ist schon schlimm genug. Am meisten unverbauter Strand noch zwischen Scalea und Cirella. Landschaftlich beeindruckend durch die hoch aufsteigenden Berge und die tief eingeschnittenen Flußtäler. An Felsenküste und Klippen für Schnorchler relativ lohnend. Ober- und Mittellauf der Flüsse Forellen und Flußkrebse. Wasserqualität in Meer und Süßwasser gut.

★ PRAIA A MARE (5.200 Einw.)

Strände südlich des Orts gegenüber der Isola di Dino (Meereshöhlen, Insel Privatbesitz, Feriendorf aus Plastikcontainern, die 300 m vom Festland kann man auch schwimmen). Für die Meeresgrotten Boot: Grotta azzurra mit Lichtreflexen im Norden, Grotta del Leone mit Tropfsteinen im Süden der Insel). Von S. Nicola Arcella Fußweg zum Capo Scalea (Turm) mit riesigem Weitblick über den Golfo di Policastro bis Capo Palinuro.

Höhlenkirche Madonna della Grotta, nahe am Bahnhof von Praia, Treppe, vielbesuchtes Wallfahrtsziel, Fest am 15. August, Frauen tragen geschmückte Kerzenpyramiden auf dem Kpf. Sackpfeifen und Tarantella. Am Abend Prozession in illuminierten Booten aufs Meer.

★ AIETA (1.300 Einw.)

Dorf mit engen Gassen, Treppen, kein Haus wie das andere, und — regenreichster Ort Calabriens. Der Baronalpalast, bewohnt von Eulen und Fledermäusen, gilt als der schönste Calabriens.

Wer Lust hat, kann von hier nach Laino und zum Pollino wandern, am Monte Ciagola entlang — hier kann man seine Fähigkeiten im Umsetzen von Kartenlesen in praktische Geografie testen.

★ SCALEA (5.500 Einw.)

Mehr Treppen als Straßen, der Ort heißt danach. Bis Cirella ausgedehnter Strand, dahinter Gemüseäcker und Agrumenpflanzungen, viele "cedri", das sind große Zitronen, die wenig sauer sind, kann man wie Orangen essen, werden aber überwiegend zu Zitronat gemacht.

DIAMANTE und südlich: Der Strand wird jetzt bis Lamezia so schmal, daß er eigentlich nur noch dazu dient, die Cola-Dosen, die aus den Eisenbahnfenstern fliegen, davor zu bewahren, gleich im Meer zu landen. Wo er etwas breiter ist, stehen entweder ungemein geschmackvolle Ferienvillen, immer 50 bis zum letzten Lichtschalter völlig identisch, der Rest Bauruine. Und wo der Strand nicht mit Bauten aufgefüllt ist, ist er es mit Bauschutt. Unmittelbar neben der Bahn die exzellent ausgebaute Staatsstraße Nr. 18.

Meerrauschen hört man hier, wenn Eisenbahner und LKW- Kapitäne gleichzeitig streiken, denn zwischen Praia und Lamezia fahren viele Camions die ebene Küstenstraße statt der steigungsreichen Autostrada Die Küste war mal schön — und den Ruf hat sie noch heute. Wer hier dennoch entlangfährt, kann auf seine Kosten kommen, wenn er (oder sie) rauf zu den alten Dörfern in sarazenen- und touristensicherer Lage fährt.

Ökologisch weitgehend in Ordnung, aber zum Arbeiten nach Milano, Francoforte oder Nova York. Nur noch Kinder und alte Frauen. Die Fremden machen nicht einmal die 5 — 10 km und 500 m Höhenunterschied. Und die Dörfer noch tiefer im Land sind noch mehr fremde Welt — und jeder Fremde eine kleine Sensation. Der frühere Reichtum der Kastanienpflanzungen und Maulbeerbaumgärten für die Seidenproduktion ist von Brombeeren überwuchert, die Paläste der führenden napolitanischen Adelsfamilien verfallen.

★PAPASIDERO (1.400 Einw.)

Bivio S.S. 18/S.S. 504 bei Scatea (24 km). Papasidero ist bekannt wegen der Grotta del Romito mit einer naturalistischen Felsgravierung eines Stieres. Wem der Weg dorthin zu anstrengend ist, kann einen Gipsabdruck im Museo Nazionale von Reggio di Calabria bewundern. Von Papasidero S.S. 504 Richtung Mormanno bis km 27+800, dort in Spitzkurve nordwärts, erst Fahrweg, dann Fußweg zum Laotal, oberhalb dessen die Grotte frei zugänglich ist.

Wanderungen für Karstfreunde nach Mormanno (und zum Pollino) oberhalb des Canale del Molino (4 h) und nach Orsomarso entlang der Lao- Schluchten (3 1/2 h) — reich an Hölhen und Quellen.

WANDERN von Orsomarso aus....

Basis für Wanderungen, keine Unterkunft. Wanderungen ins Bergland, vor allem in den Bereich des Monte Palanuda. Aufwärts durchs Tal des Torrente Argentino, Lange Zeit auf einer Forststraße. Bizarres aus Kalkstein und Kühles aus reichen Quellen. Der Aufstieg zur Palanuda nach etwa einer Stunde nordwärts in ein erst mit Fahrweg ausgestattetes Seitental, dann steiler Aufstieg, an den kaum noch sichtbaren Resten einer Befestigung vorbei (Castello Brancato), oberhalb Quellen, dann noch 1 h bis zum Rifugio Conte Orlando (gesamter Weg 4 h), das nicht für Wandersleute errichtet wurde, sondern für die Jäger, die erst den Bären ausgerottet haben (schon vor Generationen), danach den Wolf fast auf Zero reduziert haben — inzwischen ist er zumindest auf dem Papier geschützt und fast eine endemische Rehart ins Naturkundemuseum (oder in den Kochtopf) hätten verschwinden lassen.

Im Herbst wimmelt es hier von Jägern, die auf alles anlegen, was sich bewegt; grellbunte Kleidung ist dann angebracht, will man nicht für einen kapitalen Bock gehalten werden.

Ein anderer Weg bleibt noch im Argentino - Tal und steigt an dessen Ende direkt zum Monte Palanuda auf. Das Rifugio 1/2 h nordwestlich. Während die Täler zerklüftet sind, bieten die hügeligen Hochregionen gleichförmige Buchenwälder, soweit das Auge blickt, dazwischen weidende Rinder und Ziegen. Vom Rifugio kann man weiter nach Mormanno, Saracena, Acquaformosa und S. Donato di Ninea, jeweils 5 - 7 h, ohne besondere Schwierigkeiten.

Trotz rabiater Aufstiege ist die Montagna di Orsomarso schon wegen der geringeren Höhenunterschiede wegsamer als der Pollino, außerdem gibt es weniger Wege, die aber deutlicher in der Landschaft sichtbar sind — dafür ist sie, abgesehen von den grandiosen Flußlandschaften, auf den Hochflächen einförmiger, waldiger und viel einsamer.

Wandern ist hier Pionierarbeit. Hirten und Waldarbeiter kommen über freiwilliges Zu- Fuß- Gehen nicht aus dem mitleidigen Wundern heraus. Fahrwege von Mormanno, Campo Tenese und S. Donato Ninea. Die ursprünglichen Planungen des Pollino — Nationalparks hatten auch die Montagna di Orsomarso miteinbezogen. Mit dem "nein" aus Catanzaro sind auch die Überlegungen gestoppt worden, in diesem Riesengebiet, das nur an seinen Rändern von Straßen berührt wird, ausgestorbene Tierarten wieder anzusiedeln. An erster Stelle war an den Appenninen-Braunbär und den Hirsch gedacht und die Aufstockung der Reh- und Wolfsbestände, eventuell auch an Luchs und Gemse.

✺ VERBICARO (5.200 Einw.)

Keine Unterkunft. Sehr starker Wein, Ausgangspunkt für Wanderungen ins Abatemarcotal und zu den höchsten Gipfeln — M. Alto, La Mula, Serra Paratizzi und Cozzo Pellegrino, alle wenig unter 2000 m, mitRiesenblick, bei Idealwetter bis zu den Eolischen Inseln.

In den Tälern reichlich Quellen, die Hochlagen aber sehr trocken. Waldig. Verbicaro — Acquaformosa oder S. Donato di Ninea ist ohne Abstecher auf die Berggipfel eine Tagestour. Vom zentralen Wegekreuz bei der Fontana Tavolara (von dort kommt man zu allen Orten am Rand der Berge (Mormanno, Campo Tenese, Morano Cal.,Saracena, Lungro, Acquaformosa (von dort auf Fahrweg) S. Donato di Ninea, Grisolia (Fahrweg im Tal bis zum Steilabfall der Mula), Verbicaro und Orsomarso).

✺ BELVEDERE MARITTIMO (8.500 Einw.)

Als Strand ziemlich kaputtspekuliert. Der obere Ort sehr reizvoll. Eines der Hauptzentren der Keramikproduktion (heller Ton mit milchig- weißer Glasur, gute harte Gebrauchsware). Im Gebiet werden "cedri" angebaut.

Straße Belvedere Marittimo — Castrovillari (S.S. 105):

✺ S. SOSTI (2.500 Einw.)

[Wanderung zur Mula, Hotel Santa Croce DZ 25 DM   ]

Santuario Madonna di Pettoruto (4 km von S. Sosti — Fahrstraße):
Ausgangsbasis für Wanderungen in die Montea. Fest Anfang September,
beginnend mit einer Prozession von S. Sosti, begleitet von Tarantella
- Klängen, Dudelsack, Tamburin, Ziehharmonika. Die Pilger werfen
Steine ins Tal, die ihre Sünden symbolisieren — auf die Größe und Menge
der Steine achten!

Von S. Sosti Abstecher nach Süden:

Fagnano Castello (Albanierdorf): Schreiner- und Möbelhandwerk. Intar-
sienarbeiten. Im Juli Verkaufsmesse für das Kunsthandwerk aller Dörfer
im Esaro- und Follonetal.

S. Marco Argentano: In 5 km Entfernung die Reste der Zisterzienserab-
tei — schöne frühgotische Gewölbe und Säulen (die aus einem Bündel
dünner Säulen bestehen, aus denen dann die Gewölberippen herauswach-
sen).

★ ROGGIANO GRAVINA (7.300 Einw.)

Hotel **Lyon** Tel. 0984/907160, IV Cat., einfach, DZ 25 DM.

Im oberen Ortsteil das Kultur- und Bildungszentrum UNLA, ursprünglich Zentrum zur Alphabetisierung, heute Berufsschule, Fortbildungs-
zentrum und Dokumentation calabrischer Sozialgeschichte und Volkskunde, Bibliothek. In den Sommerferien (Anfang Juli — Ende September)
geschlossen. Wer sich für Alternativen zur Unterentwicklung des Südens,
über das wie und was interessiert, kann hier diskutieren, Bibliothek und
Dokumentation benutzen. Vorher anmelden!

Weiter S.S. 105.

San Donato di Ninea: Im Südteil der Montagna brauchbarste Basis für
Wanderungen. Toll über Schlucht, früher Bergwerkszentrum (Kupfer und
Quecksilber). Auf dem Weg in die Berge Piani di Pulledro mit Hochwäl-
dern.

★ LUNGRO (3.300 Einw.)

Eines der intellektuellen Zentren der Italo- Albanier. Sitz des orthodoxen
Bischofs. Zu Ostern, Weihnachten und Epifania feierliche hl. Messen.
Trachten. Besonders farbiger Carnevale.

★ ALTOMONTE (4.100 Einw.)

Kirche und Museum S. Maria della Consolazione — eines der wenigen loh-
nenden Ziele in Calabrien für Freunde von Architektur und Kunst: Der
Bau wurde von einem reichlich mit Sünden beladenen Feudalherren finan-
ziert, damit sich darin Zisterziensermönche für sein Seelenheil einsetzen
würden. Kürzlich restauriert und in Museum umgewandelt. Tafelbilder
von Simone Martini und Bernardo Daddi (toscanische Meister des 14.
Jahrhunderts) und Bilder verschiedener süditalienischer Schulen, gotischer
Kreuzgang, im Ort interessante Portale.

✈CAMPO TENESE und MORMANNO (5.000 Einw.)

An der Paßstraße gelegen, die Pollino und Montagna voneinander trennt, und seit dem Autobahnbau auch die Wölfe beider Gebirge (Autobahnen sind in Italien eingezäunt).

Beide Orte können als Basis für beide Bergregionen dienen, Straßen und Fahrwege bis weit hinein, verfügen über Hotels mit gutem Essen, die im Herbst von vielen Jägern frequentiert werden. Noch weit bis ins letzte Jahrhundert hinein war der Paß von Campotenese bei den Reisenden gefürchtet, da hier Briganten und Straßenräuber sie um Geld und Leben erleichterten.

Campotenese: Hotel **Pollino**;
DZ 27 DM, die Küche nützt Käse, Fleisch und Pilze der Berge. Ein weiteres Hotel im Bau.

Agriturismo: Auskunft und Vermittlung in Morano Conserve Ecologiche

Mormanno: Hotel Sant'Elena
DZ 40 DM, reichliche, authentische calabrisch- lucanische Küche, sopressate, Bergschinken, fürs Antipasto unter Öl eingelegte Pilze und anderes Vegetarisches, Lamm (agnello), Zicklein (capretto) oder Wild (selvagione), vorsicht mit den rosigen Gebirgsweinchen, die stärker wirken, als man denkt.

✈LAINO BORGO (3.100 Einw.) und LAINO CASTELLO (1.800 Einw.)

Unterhalb Italiens mächtigster Brücke, dem Viadotto Italia. Die Autobahnbrücke ist 1.161 m lang und 145 m hoch. An der Autostrade Parkplätze zum Runterschauen.

Die beiden übereinanderliegenden Dörfer, heute zur Hälfte verlassen, vermitteln in ihren Häusern, die mit geschmückten Portalbögen und Fensternischen wie kleine Paläste wirken, etwas vom früheren Reichtum. Karfreitag in L. Borgo "La Giudaica", Passionsspiel im Freien mit über 200 Akteuren.

Centro Studi "Enrichetta Caterini" — lokales Forschungs- und Dokumentationszentrum zur Volkskunde. Laino Castello war früher eine wichtige Festung zum Schutz der calabrischen Straße und zur Abwehr von Sarazenen und Seeräubern, die das Lao- Tal hinaufkamen. 2 km nordöstlich von L. Borg (Schotterstraße) das langsam zerfallende Heiligtum Sanuario delle cappelle, Kirche und 15 Kapellen, von einem Palästina-Pilger vor 400 Jahren gebaut und mit einigen Bildern ausgemalt. Die naiven Darstellungen der Passion werden, wenn nicht bald etwas geschieht, vollends ausbleichen.

Baumfest in Laino Borgo: 12./13. Juni (S. Antonio di Padova), Transport eines großen Baumstamms mit 20 Ochsenpaaren in den Ort, wo er dann aufgerichtet wird — ähnliche Feste etwa zur gleichen Zeit in Accettura (MT) und Rotonda (PZ).

Calabrien

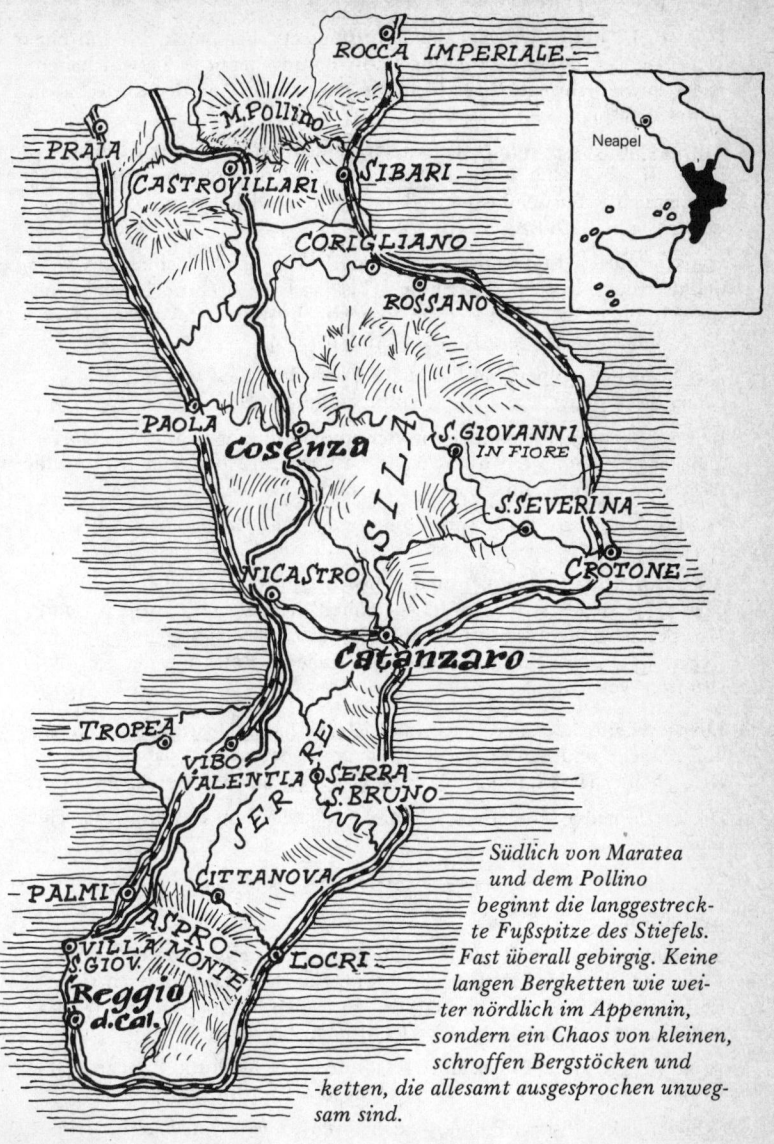

Neapel

ROCCA IMPERIALE

M. POLLINO

PRAIA

CASTROVILLARI

SIBARI

CORIGLIANO

ROSSANO

PAOLA

Cosenza

S. GIOVANNI
IN FIORE

S I L A

S. SEVERINA

NICASTRO

CROTONE

Catanzaro

TROPEA

VIBO
VALENTIA

SERRA
S. BRUNO

S E R R E

CITTANOVA

PALMI

ASPRO-
MONTE

VILLA
S. GIOV.

LOCRI

Reggio
d. Cal.

Südlich von Maratea
und dem Pollino
beginnt die langgestreck-
te Fußspitze des Stiefels.
Fast überall gebirgig. Keine
langen Bergketten wie weiter nördlich im Appennin,
sondern ein Chaos von kleinen,
schroffen Bergstöcken und
-ketten, die allesamt ausgesprochen unwegsam sind.

Die Küsten sind lang, aber bis auf wenige Abschnitte von außergewöhnlichem Reiz, weniger einladend , als ihr Ruf ist.

Vor 1o, 15 Jahren hat hier der Tourismus erst begonnen, wie mit einem Paukenschlag. Bodenspekulation und eine ungehemmte Bauwut haben vieles unwiederbringlich zerstört. Die meisten Orte an der Küste haben außer dem Meer nichts zu bieten.

Tirrenische Küste: Wenige Kilometer landeinwärts sind die Küstengebirge oft schon über 1 ooo m hoch, als Szenerie großartig. Als Feriengebiet eindeutig am schönsten und auch am entwickeltsten das Gebiet südlich von TROPEA.

Jonische Küste: Einförmiger, das Hinterland vielfach flachhügelig, weit dahinter dann hohe Berge. Einsam. Bislang touristisch noch wenig entwickelt, aber das ändert sich im Augenblick. Wichtigstes Feriengebiet die Halbinsel Isola Capo Rizzuto (Marchesato).

Das calabrische Innenland bietet für Entdecker alles, was mit dem Klang des Wortes "Calabria" verbunden wird.

Einsame, nahezu vollständig von der Außenwelt abgeschnittene Dörfer, unbegangene Gebirge, wo das Wandern noch ein Abenteuer ist, und die Wege nicht immer einfach zu finden sind.

Pollino, Sila, Serre und Aspromonte, jedes mit seinen ganz eigenen Charakteristiken.

An historischen Bauwerken und Kunstdenkmälern ist Calabrien ausgesprochen arm. Zuviel ist in der Vergangenheit durch fremde Eroberer und Naturkatastrophen zerstört worden. Lediglich das Nationalmuseum in Reggio di Calabria gibt eine Idee vom früheren Reichtum der Region (Bronzen von Riace)

Ebenso wie in Lucanien leben in Calabrien nationale Minderheiten, die ihre Sprache und Kultur noch in hohem Maße bewahrt haben: ר:
Die Albanier (Pollino und Sila), die Griechen im südlichen Aspromonte.

Die Feste beider Minderheiten lohnen — auch wenn es weite Abstecher sind.

Die drei großen Städte Cosenza, Catanzaro und Reggio lohnen kaum.

Agriturismo:

Seit kurzem von der Regione Calabria als Alternative zum üblichen Ferienbetrieb gefördert. Gibt Bauernfamilien und Cooperativen Hilfestellung und hilft Interessierten, das zu finden, was sie suchen. Wird als ein Mittel gegen die sehr starke Landflucht begriffen.

Anschrift: Regione Calabria, Assessorato all'Agricoltura, Palazzo della Regione, I - 88100 CATANZARO, oggetto: Agriturismo.

Schwerpunkte bisher: Pollino (calabr. Teil), Ebene von Sibari, Aspromonte. Antwort auf Anfragen (ital. oder franz.) dauert ca. 4 Wochen.

Buchtip: Domenico Laruffa, Incontro con la Calabria — Begegnung mit

Calabrien, Reggio di Cal.,1981, DM 18. Zweisprachig. Handbuch für
alle, die in den hintersten Winkel Calabriens wollen. Nur für das nördliche Calabrien etwas lückenhaft, sonst sind fast alle Gemeinden
berücksichtigt, genaue Angaben zu Festen, Handwerk, Wallfahrten, genuinen Landesprodukten. Die deutsche Übersetzung immer wieder am
italienischen Original überprüfen, denn   da sind einige schwere Böcke
geschossen worden!

Die Sila

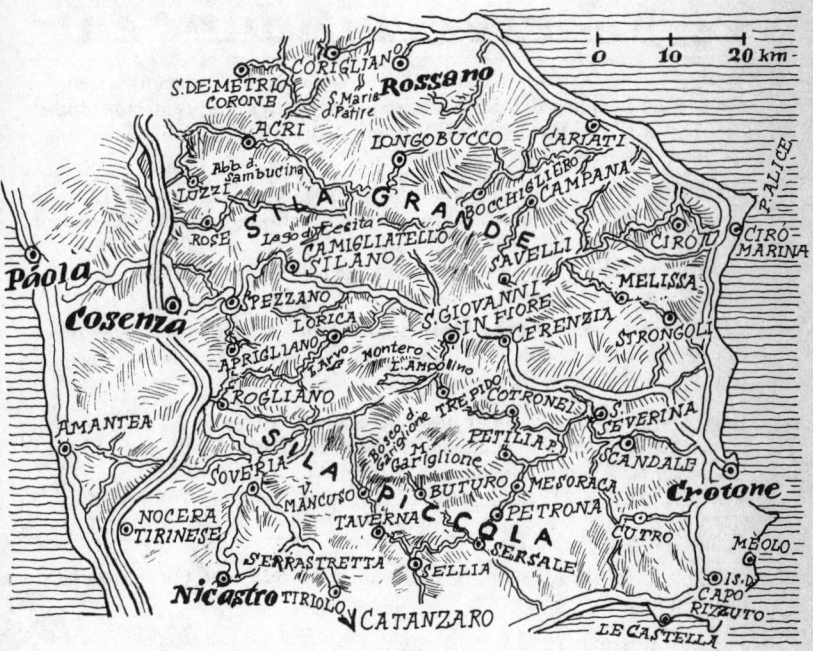

Für die Römer und Griechen der "große Wald Italiens", von dem nicht
viel geblieben ist. Die perfekt geraden Stämme der Calabrischen Kiefer
waren gesuchtes Schiffbauholz und die ausgedehnten Buchenwälder
wurden zu Holzkohle. In welchem Maß das geschah, verdeutlicht, daß
man im übrigen Italien die Calabresen für Köhler und Briganten hielt.

Nachgepflanzt wurde nicht. Auf den Kahlflächen machte sich Adlerfarn
breit, das jedes Nachwachsen des Waldes verhinderte. Die lichten Eichenwälder an den Rändern der Sila, über Jahrtausende als Waldweide genützt, verschwanden im letzten Jahrhundert fast völlig, als man aus
ihnen Eisenbahnschwellen machte.

Das Ganze wurde als Pionierwerk gefeiert: Auf den nun baumlosen Hochflächen sollten Äcker und Weiden geschaffen werden. Nur: Auf dem Altopiano bleibt der Schnee solange liegen, daß selbst anspruchslose Getreide- und Kartoffelarten nie richtig zur Reife kommen und die sommerlichen Niederschläge sind so gering, daß das Gras kaum höher wird als auf einem englischen Zierrasen. Die Grundlagen der früheren Waldwirtschaft waren zerstört: Holzgewinnung und Verarbeitung, Köhlerei, Sammeln und Konservieren von Pilzen und Wildfrüchten, früher ein ökonomischer Faktor, sind bedeutungslos.

TOURIST INFO : EPT Cosenza, Via Tagliamento 15, 87100 Cosenza, Tel. o984/27 82 1. Informationsbüros: Autobahnabfahrt Cosenza Sud, Camigliatello Silano und Paola. EPT Catanzaro, Via Francesco Spasari, Tel o961/29 82 3 und 21 27 4.

Verkehrsverbindungen:

Straßen: unproblematisch, aber sehr kurvig, dadurch Riesendistanzen. Forstwege: ziemlich dichtes Netz, stellenweise steil und schlechte Boden·haftung (lockerer Untergrund), aber zum Ausgleich setzt die Karre umso leichter auf (Wurzeln und Steine).

Eisenbahn: Napoli—Sicilia, Taranto—Crotone—Reggio C., Sibari—Cosenza Cosenza—Paola, dazu die Calabro Lucano von Cosenza nach S. Giovanni in Fiore (über die Silahochfläche) und nach Catanzaro mit hunderten von Kurven, immer an der Sila entlang, genau 99 km, die fast genau 3 Stunden dauern — ein Eisenbahnerlebnis.

Busse: zentral von Cosenza, Rossano, Crotone und Catanzaro, außerdem von den meisten Eisenbahnstationen, die wie überall fast immer weit von den zugehörigen Orten abliegen.

Flugverkehr: In Crotone nur noch für Schmetterlinge und Vögel. Nach längerer Pleite der Fluggesellschaft wieder Flüge von Roma und Milano nach Lamezia Terme. Buchung: Cosenza: Alitalia, Piazza Fera 43, Tel o984/21221. Catanzaro: Alitalia, Corso Mazzini 74, Tel. o961/ 27435.

Cambio: Cosenza, Rossano, S. Giovanni in Fiore, Paola, Catanzaro, Ciro, Ciro Marina.

Cosenza:
Europcar, Sud Travel, Via Isonzo, 43—45, Tel. o948/21995. Maggiore' Via Alimena 31/H, Tel. o984/71249.

Paola: Maggiore, Via del Porto 18, Tel. o982/23 21

Catanzaro: AVIS, Piazza Monte Grappa, Tel. 0961/41 32 2.

Europcar, Galleria Mancuso, Tel. o961/28139 (Agenzia Sudtravel).

Maggiore, Via A. Turco 2, Tel. o961/21357.

Unterkunft: Weniger problematisch als anderswo in Calabrien, im Inneren der Sila im August aber sehr voll.

Freies Camping: Problemlos außer im Gebiet des Parco Nazionale della Calabria. Die Einheimischen dürfens, bei uns Nicht-Calabresen kann, aber muß es nicht, Ärger geben, wenn man länger als eine Nacht am gleichen Platz bleibt.

> Mir bringt die Sila keinen rechten Spaß, die Autos kommen fast überall hin. Aber — für Pilzesucher das Land Eldorado. Das ist k e i n Geheimtip! Überall ganze Sippen mit Körben und Taschenmessern und vielbedeutenden Blicken. Man ißt sie nicht nur gern, spricht noch lieber darüber, die Formate neigen ähnlich wie bei Anglern zur Vergrößerung je länger der Fang zurückliegt.

ANGELN Scheint zu lohnen , denn ich sah häufig Forellen über dem Lagerfeuer. Genehmigung holen! Die Genehmigungen gelten jeweils für das Gebiet einer Provinz, deren Grenzen beachten! In Cosenza und Catanzaro in einem einschlägigen Geschäft (Caccia e Pesca) nach der Adresse der F.I.P.S. fragen, die Angelkarte gilt drei Monate, soll nicht die Welt kosten, Mitgliedschaft im heimatlichen Angelverein soll nützlich sein.

Karten und Bücher: TCI 23/24, IGM entbehrlich.

Wintersport: Reich an Schnee, wie bei uns im Mittelgebirge. Auf Wintersport sind eingestellt Camigliatello und Lorica. Lifts. Die meisten Nebenstraßen der Sila sind im Winter nicht geräumt.

Die Calabresen:

Keine "fröhlichen" Südländer. Calabrien hat etwas von einer Insel an sich. Ähnlich den Sarden haben sie etwas wie ein eigenes Nationalbewußtsein, sicherlich bedingt durch die jahrhunderte lange Abgeschnittenheit vom Rest der Halbinsel.

Die soziale und wirtschaftliche Rückständigkeit in diesem Jahrhundert nahm im Vergleich zum übrigen Italien sogar noch zu, ; Waschmaschinen und Fernseher in den Häusern dürfen nicht zu falschen Schlüssen führen, sie sind fast immer mit dem Geld der Ausgewanderten gekauft. Wieviele Calabresen zuerst den Weg über die Ozeane, später über die Alpen und nach Norditalien wählen mußten, wird sichtbar daraus, daß die Bevölkerungszahl zwischen 1860 und 1970 kaum gestiegen ist, und das in einer Region, wo noch heute Familien mit mehr wie 4 Kindern die Regel und 8 Kinder gar nicht selten sind.

Über 70 % der Region sind Gebirge mit steiniger Erde und rutschungsgefährdeten Hängen, die für den Anbau eigentlich günstigere Ostseite leidet unter Wassermangel.—

Im Sommer regnet es oft 6 Monate lang nicht und schließlich herrschen mittelalterliche Besitzverhältnisse. Der Großteil des Ackerlandes, der Baumkulturen und der Weideflächen ist nicht im Besitz derer die es bebauen — die meisten "Bauern" sind Tagelöhner und Kleinpächter, die vielfach Jahr für Jahr die Verträge neu abschließen müssen. Pachtverhältnisse, wonach der Grundbesitzer die Hälfte der Ernte kassiert, sind in Italien zwar seit 30 Jahren verboten, hier aber noch allgemein üblich.

Arbeitsmöglichkeiten in den Städten sind rar, die meisten Industrieansiedlungen kränkeln vor sich hin — man braucht nur an die Riesenentfernungen zu den Märkten in Norditalien und Mitteleuropa denken, und Kleinbetriebe, die Landesprodukte verarbeiten, sind noch nie gefördert worden. Der italienische Staat bevorzugt Großobjekte — da hat er was Sichtbares zum Vorzeigen.

Wen wundert es da, daß die Calabresen schon immer Räuber, Briganten, Rebellen waren, Geheimgesellschaften gegründet haben, versucht haben, dem auswärtigen Adel das Land wieder abzunehmen, das der König im fernen Napoli so großzügig an verdiente Barone und Kriegshelden verteilte, damit deren Lebensunterhalt bei Hof gesichert war. Das Eindringen von Industrieerzeugnissen hat im letzten Jahrhundert innerhalb weniger Jahre die handwerkliche Metallverarbeitung und Textilproduktion Calabriens verschwinden lassen. — Sie war einmal berühmt. In abgelegenen Zonen ist noch etwas Teppich- und Deckenweberei geblieben.

192o besetzten die Bauern am Ostrand der Sila die Felder, Polizei, Militär und faschistische Miliz sorgten für die Bewahrung der alten Besitzverhältnisse (einige der großen Landbesitzer leben sogar im fernen Spanien, dessen Provinz Calabrien über Jahrhunderte war). 1946 gab es wieder Landbesetzungen, wieder floß Blut, doch aus Angst vor einem linken Wahlsieg in Calabrien wurde zuerst für das am meisten in Unruhe befindliche Sila-Gebiet, dann für weitere Gebiete Süditaliens eine "Landreform" in Szene gesetzt, die zwar den Großgrundbesitz zurechtstutzte, aber effektiv wenig änderte.

Die neuen Bauernstellen waren in der Regel zu klein. Die Ruinen der Betonhütten, in denen die Bauernfamilien ein neues Leben anfangen sollten, kann man überall im Hügelland bewundern. Einsam stehen sie da, kilometerweit vom nächsten Dorf, Wasser nur aus Zisternen.

Die Sache lief dann meist so: Die Großgrundbesitzer hatten sich in der Regel von ihrem schlechtesten Land gegen ordentliche Entschädigung getrennt. Zum Teil bekamen die Neubauern Land, auf dem noch nie etwas angebaut worden war und wo sie auch nach einigen Jahren Mißerfolg einsehen mußten, daß es nur zur Brachweide taugte. Da das Land abbezahlt werden mußte, nicht verkauft werden durfte, Geld für wirkungsvolle Bodenverbesserung und den Kauf von Maschinen nicht vorhanden war, wanderten die Männer wie eh und je aus, oder arbeiteten bei ihren Baronen wie schon immer als Tagelöhner und die Frauen quälten sich mit Esel und Hacke auf den Feldern.

Die Entschädigungen setzten die Barone in die Lage, Handel und Verarbeitung in die Hand zu bekommen und die inzwischen malariafreien Flußniederungen, wo es Wasser und fruchtbaren ebenen Boden gab, urbar zu machen.

Zwar hatten hier die staatlichen Bonifica-Konsorzien auch Land für Kleinbauern erschlossen, aber heute ist der Großteil des besten Landes in der Hand von Baronen, reichen Städtern, früheren Gutsverwaltern, Arbeitsvermittlern, Unterverpächtern, die inzwischen fast nur noch mit weiblichen Tagelöhnern arbeiten lassen, da diese billiger und williger sind.

Die Expresszüge Crotone—Milano, Lamezia—Milano, die in Calabrien noch an jeder Station halten, sind Tag für Tag voll mit Männern im arbeitsfähigen Alter, die Habe in dem typischen "Calabresen—Koffer" aus grüner Pappe, die es in fast jedem Dorfladen zu kaufen gibt. Während die Fahrkarte in den Nachbarort auf dem Bahnhof oft von Hand ausgeschrieben werden muß, sind die nach Milano, Torino oder Genova stapelweise gedruckt vorhanden.

Bücher: Von Calabresen über Calabrien ist viel erschienen. Die Region von Kleinverlagen und Zeitschriften auf hohem Niveau mit begrenzter Verbreitung. Wer stöbern möchte, die interessantesten Buchhandlungen in Cosenza, Vibo Valentia und Reggio di Calabria. Adressen siehe Text!

Cosenza

(1o3 ooo Einw.)

Hat wie die anderen Städte Calabriens wenig an Sehenswertem. Die Altstadt ist ganz "charakteristisch", mit vielen Treppen und steilen Gassen und in den früheren Adelspalästen mit ihren dunklen Innenhöfen sind kleine Werkstätten und wohnen diejenigen, denen die Neustadt zu teuer ist. Architekturbesessene werden im Dom, dem Kloster S. Francesco und im Castello Zeugen der großartigen Vergangenheit der Staufer- und Anjou-Zeit erblicken, wer höher steigt, kommt auf einen neoklassizistischen Platz mit Theater und Provinzverwaltung, dahinter die Villa Comunale (städt. Grünanlagen), gut zum Verschnaufen.

Convento S. Francesco: Magazin für Kunstwerke aus ganz Calabrien. Zum Teil Sachen, die hier restauriert werden, sonst meist aus Kirchen, wo Sicherheitsanlagen fehlen. Nicht allgemein zugänglich. Nach Anfrage bei den im Convento arbeitenden Restauratoren kommt man aber vormittags in der Regel rein.

Verkehrsverbindungen ab COSENZA

Auto: A3 Ausfahrt Cosenza Sud. Schnellstraße S.S. 1o7 Paolo—Cosenza —Silahochfläche—Crotone.

Die S.S. 19 nach Catanzaro mit Abzweigung nach Nicastro — Lamezia landschaftlich großartig durchs unbekannte Calabrien am Silarand entlang, aber sehr kurvig, viele Steigungen und zeitraubend. Im Spätsommer reiche Ausbeute an Brombeeren und Pilzen.

Bahn: CS-Paola, zusätzlich zu den 14 Zügen etwa die gleiche Zahl von Schnellbussen, für die auch die Bahnbillets gelten. CS-Sibari, von dort Anschlüsse nach Taranto. FCL: Nach S. Giovanni in Fiore über das Altopiano Silano und nach Catanzaro.

Busse: Schnellbusse nach Catanzaro, Bari und Roma (nicht täglich). Überlandbusse in fast alle Dörfer der Provinz, ausgenommen die Gegenden nördlich von Sibari und Castrovillari und die meisten Orte oberhalb der tirrenischen und jonischen Küste. Dort Verkehr von den wichtigen Zentren (Castrovillari, Trebisacce, Rossano, die größeren Bahnhöfe). Busstation, 1,5 km nördl. der Staz. FS.

Hotels, Post, Banken, Bahnhöfe (F.S. und FCL), Warenhäuser, EPT alle in der Neustadt.

Buchhandlungen: am Corso Telesio beim Duomo; Mondadori, Corso Mazzini 156/c (dort TCI-Karten und Bücher). Biblioteca Civica (Stadtbücherei) Piazza XV Marzo.

Cambio: Fast alle Banken, außerhalb deren Öffnungszeit auch einige Reisebüros, aber geringerer Kurs!

"Alexander" — Hotel
Via Monte S. Michele 3, Doppelzimmer ca. 35 DM, Tel. o984/27836.

Hotels

Hotel "San Francesco"
Doppelzimmer ca. 62 DM, mit Swimming Pool.

Motel "Agip"
Doppelzimmer ca. 60 DM, Tel. o984/39101.

"Principe"
Via Monte S. Michele 30, Doppelzimmer ca. 38 DM, Tel. o984/27544.

"Nuovo Hotel Exelsior"
Piazza Stazione, Doppelzimmer ca. 35 DM, Tel. o984/74383.

Alle drei ziemlich gleich, einfach bis mittel, sauber und nicht zu weit vom Schuß, sonst im Vorort RENDE zwei moderne Riesenkästen mit viel Drum und Dran, aber nicht besonders reizvoll gelegen.

Sachen zum Futtern: Markt (wenig malerisch, aber gute Sachen), wenns gibt, getrocknete Feigen probieren. Von überragender Qualität Pfirsiche und Uva fragola (kleine Weintrauben mit Erdbeeraroma). Da das Crati-Tal heiß wie ein Backofen ist, sind hier die Sachen 3 – 4 Wochen früher reif als anderswo! Käse, Schinken, Soppressate und andere Silaprodukte im Käseladen am Corso Mazzini und in dem zwischen Bahnhof und Crati Brücke. Sehr gutes Brot (das mit dem Loch in der Mitte) und guter offener Wein. Nahe beim Markt, in der Via Montella sind einige ziemlich finstere Spelunken, die man trotzdem mit Kaufvorsatz betreten sollte.

In der Nähe am Lungocrati <u>Trödel- und Sachenmarkt</u>:

Auf diesem Markt werden zwar Dinge aus Plaste und Elaste häufiger, aber auch noch <u>viel gute Handwerksware</u> (Eisen, große Kupferkessel und Dreifüße fürs Picknick im Walde oder für die Nudeln beim Hochzeitsmahl – in die größten kann man bedenkenlos bis 10 kg Pasta packen, Bergschuhe, Armeeklamotten und Handgesticktes. Wurst und Käse meist Fabrikware oder 2. Wahl.

Cosenza–Paola: Den richtigen Reiz hat es mit der Bahn und zwar vor und bei Sonnenuntergang von Paola nach CS, 59 km – davon 39 als Zahnradstrecke, die zwischen Paola und dem höchsten Punkt 5oo m Höhenunterschied raufklettert. (Normaltarif der FS, Dieseltriebwagen, 13 Züge täglich, Fahrdauer 1 h 3o). Im Schneckentempo wie auf einer Rolltreppe aufwärts. Riesenpanorama, das immer weiter wird. Die Abfahrt nach CS ziemlich langweilig.

✦ PAOLA   (15 ooo Einw.)

Heimat eines der erfolgreichsten Asketen, der schon zu Lebzeiten den Geruch der Heiligkeit ausströmte (?), nein, verbreitete. <u>S. Franscesco di Paola</u>. Seine Eremitenklause ist von einem großen Kloster umgeben (Kreuzgang mit allerlei exotischen Sträuchern), und ganz hinten in der Grotte tun sich noch allerlei Wunder, die vielen Votivgaben und Bilder vom Eingreifen des Heiligen in ausweglosen Situationen künden davon. Reiche Sammlung von Krücken, Protesen, Bruchbändern etc.

Hotel Alhambra,
an der S.S. 18 in der Nähe vom Kloster, "Neuspanische " Geschmacksverirrung.
Wird von Franziskanern des Klosters betrieben. Zimmer im gleichen ",spanischen" Stil
aber eine gute, preiswerte Bleibe. DZ um 45 DM.
Essen einfach zubereitet, aber sehr schmackhaft. Die mönche verstehen sich auf den
Einkauf hervorragender Grundsubstanzen.
Der Wein aus klostereigener Produktion. Essen um 2o DM.

Die Küste um Paola

Auch dort, wo Straße und Bahn in einem erträglichen Abstand vom
Meer verlaufen, weitgehend kaputtspekuliert. In den grünen üppigen Gärten der Uferregion ist fast überall der Beton bestens gediehen.

Landschaftlich aber immer noch eine der schönsten Küstenstrecken, schon
wegen der steil aufsteigenden Berge und den auf Bergspornen gelegenen
über dem Meer gelegenen Dörfern, dem weiten Blick die Küste entlang.

Die Orte an der Küste bieten wenig, mal Paola und Amantea ausgenommen,
dafür bei aller Einfachheit, lohnt es immer wieder, Abstecher in die hoch
gelegenen Dörfer zu machen. Weiter innen, wo nicht mehr die ausdörren-
den Meereswinde hinkommen, dichte Kastanienwälder.

An der als Schnellstraße ausgebauten Küstenstraße einige Ristoranti, die
eine Rast lohnen. Vielfach die fest eingeplante Rast von LKW-Fahrern
und Vertretern. Architektonisch fast immer grausame Architektur mit
Zinnen und mexikanischen Fassaden, die Ferienstimmung erzeugen soll.

Grand Hotel San Michele,
In Certraro, an der S.S.18, in einer restaurierten Villa, als Hotel recht nobel, mit alten
Möbeln gekonnt ausgestattet, reichlich Grün außen herum. DZ um 8o DM.
Neben einigen weniger gelungenen Eskapaden auf dem Gebiet "internationaler Küche"
Leckeres aus lokaler Tradition, aber man muß hartnäckig darauf bestehen.
Teuer, ca. 4o DM.

La Scogliera,
an der S.S.18 in Amantea. Gleichzeitig ein etwas nüchternes Ferienhotel. DZ um 4oDM.
Sehr gute Fischküche. Was die Fischer bringen, gibt es. Fischsuppe, Nudeln mit
Meeresgetier, aber auch Fleisch, mal vom Holzkohlenrost, mal in pikanten Saucen.
Um 18 DM.

★ **GIZZERIA LIDO**

Als Küstenort reichlich ernüchternd, breiter, sehr kahler grauer Strand
(Schotter und grober Sand), der in die Ebene von Lamezia
immer weitläufiger wird. Wasser sauber, die Stimmung eher trist.
Rist. "AL PESCE FRESCO", an der S.S.18, mit Hotel (III.Cat.)
DZ 35 DM. Riesenspeisesaal, der wenig Stimmung aufkommen
läßt, aber sehr gute Fischküche zu zivilen Preisen, ca.18 - 2oDM.

Die Sila Greca

"Griechisch" heißt sie nach den Albanerkolonien am Nordrand, denn ihres
griechischen Glaubens wegen wurden die Skipetaren oft zu "Greci". Der
stark entwaldete, verarmte Nordteil der Sila.

San Demetrio Corone: Geistiges Zentrum der Italo-Albanier, slbanisches Gymnasium und Priesterseminar. Im Dom S. Adriano die oft abgebildeten Reste eines Marmorfußbodenmosaiks mit eigentümlichen Schlangenbildern.

Im Nachbarort S.SOFIA D'EPIRO im Mai "PRIMAVERA DEGLI ITALO-ALBANESI" — eines der schönsten und größten Feste der Albanier mit Teilnehmern auch aus weit entfernten Arbresh-Dörfern.

Jonische Küste zwischen Sibari und Crotone: Schon von der Natur verunstaltet, daß ich mich frage, wie es jemand aushalten kann, inmitten dieser Armut, Schmutz und offenkundigster Verelendung Ferien zu machen. Die entsprechenden Hotels, Campings und schlecht gebauten Villen sind da. Wo nicht Straße und Eisenbahn von den Hügeln unmittelbar ans Meer gepreßt sind, in den Schwemmebenen der meist ausgedörrten Flüsse Sand- und Schotterstrände — kahl und meist sehr einsam. Oft enden die Straßen und Wege zum Strand meist schon vorher auf den Höfen. Dort Empfang durch knurrige und bissige Hunde. Unwahrscheinlich viele und große blutsaugende Insekten. Stellenweise trösten Orangen- und Olivenhaine das Auge in dieser graugelb gleißenden Halbwüste. Griechische Dorfnamen.

Rossano (25 000 Einw.)

Kleinstadt auf einem Bergrücken wie ein Balkon über dem Jonischen Meer. In der verwinkelten Altstadt alte Adelspaläste und eine Reihe winziger Kirchen im mittelalterlichen griechischen Stil. Rossano war im 12. Jahrhundert Hauptstadt des byzantinischen Calabrien. Vom modernen Stadtteil unten an der Hauptstraße führt eine enge Serpentinenstraße durch Olivenhaine 27o m rauf.

Daß es sich heute in Rossano besser lebt als in S. Severina (ebenfalls kurzzeitig calabrische Hauptstadt)liegt hauptsächlich daran, daß in Rossano ein Heer von Verwaltungsangestellten und Lehrern für den Umsatz in Läden und Bars sorgt, während in S. Severina allein Bauern und Esel versuchen, etwas Reichtum zum Überleben aus dem Boden zu pflügen.

Die bäuerlichen Viertel von Rossano gleichen denen von S. Severina aufs Haar. Nimmt man dann die Berichte der Historiker vom Glanz des byzantinischen Calabrien und nimmt die verbliebenen Bauwerke, so kommt man immer wieder zu dem zweifelnden Schluß, daß dieser Glanz doch recht bescheiden war. Vermutlich hat er sich schon damals im selben Rahmen calabrischer Lebensbedingungen gehalten, wie wir sie heute noch vorfinden.

S. Marco/Altstadt: Besuch der byzantinischen Kapelle, die mit ihren fünf Kuppeln auch in Griechenland oder Armenien stehen könnte, lohnt eigentlich nur von außen,— es sei denn, man interessiere sich für perfekte Putzarbeit. Löblicherweise wurde die Kirche kürzlich restauriert, aber die Wände so glatt, als seien sie mit Rigipsplatten verkleidet.

Museo Diocesano beim Dom: wegen einem 1600 Jahre alten Buch lohnt sich die Serpentinenfahrt nach Rossano: der "CODEX PURPURAEUS ROSSANENSIS", ein Evangelienbuch, das vor dem Islam fliehende Mönche aus Palästina nach Calabrien brachten. Goldene und silberne Schrift auf purpurgefärbtem Pergament und 12 ganzseitige Miniaturen aus dem

Christusleben. Zwei im Original unter Panzerglas, der Rest als Kopie zu sehen. Die Lebendigkeit der Figuren, besonders der Gesichter, ist frappierend, und alles wie unter der Lupe gemalt. Für die Künstler in der Kutte waren oft nur wenige Seiten ein Lebenswerk, das Malen ein Ausdruck des Lobes des Herrn und ein Stück Askese.

GEÖFFNET: täglich 10.30 — 12 Uhr und nach der Siesta—Zeit. Wenn nicht Reisegeschaften da sind, hat der Custode viel Zeit. Er ist stolz, daß es ein ähnliches Opus nur noch in Wien und Paris gibt.

Duomo/Altstadt: barocker, recht muffiger Bau mit einem dunklen, also alten und wundertätigen Marienbild: die "Madonna Acheropita" (= nicht von Menschenhand gemalt). An den Wänden Fresken des letzten Jahrhunderts von der Süßlichkeit der Bilder, die im Schlafzimmer kirchlicher Familien über dem Bett hängen — aber ganz gekonnt. Macht richtig Spaß, mal was anderes als "hohe" Kunst zu betrachten. Erzählend wie ein Comic.

ROSSANO/NEUSTADT: (Scalo) an der SS 1o6/Bahnhof, Entfernung zum Meer: 3 km, Lido S. Angelo, kleines Fischernest, was von riesigen Hafenbauten und Industriekomplexen erdrückt wird.

Hotels: mehrere für Fernfahrer und Vertreter.

Stadtbus: alle 3o Minuten zwischen Staz. FS und Altstadt.

Ausflug: lohnend nach S. MARIA DEL PATIRE, 13,5 km von Rossano über die alte S.S. 1o6 (6 km Richtung Corigliano), dann grauenvolle Schotterstraße 61o m rauf. Nur mit eigenem Auto oder Taxi möglich, — kein Bus und keine Trampmöglichkeit.

Von dem einst großen Kloster S. Maria del Patire steht noch die Kirche. Sie ist berühmt für ihren Mosaikfußboden mit allegorischen Tierdarstellungen — auch das Einhorn fehlt nicht, das Römer und Griechen in den Wäldern der Sila vermuteten.

In der Tiefe Ebene und Bucht von Sibari wie auf einer Landkarte ausgebreitet, in der Ferne die Zweitausender des Pollino.

✹ CIRÒ (5 1oo Einw.)

Über dem Jonio auf halbem Weg zwischen Sibari und Crotone. Calabriens berühmtester Wein. Viele Keller, wo man ihn offen kaufen kann. Mindestlagerung 5 Jahre, was jünger ist, schmeckt unangenehm alkoholisch! DOC-Flachenweine aus dem Produktionsgebiet (Cirò, Melissa, Strongoli) überall in Calabrien zu bekommen.

Cirò Marina ein deprimierender Ort mit deprimierendem Strand in Ortsnähe. Fahrweg bis zum Leuchtturm and er Punta Alice, dort ein gestrandeter Frachter. Dann zu Fuß weiter in eine schöne einsame Dünenwildnis. Bahn und Straße verschwinden hinter den Dünen und Aufforstungen.

Melissa:

Historischer Ort auf dem Leidensweg süditalienischer Bauern. — "Wir haben die Erde denen weggenommen, die sie unbebaut ließen und in der Stadt waren. Wir waren müde müde, zu hacken, zu sähen und nichts zu ernten. Wir haben einen Akt der Gerechtigkeit vollbracht, denn der Boden war Gemeindeland und unseres, der arbeitenden Bauern. Wir haben das alles für unsere Söhne getan, weil wir hofften, daß sie nicht mehr Hunger leiden müßten und daß es die Emigration nicht mehr gäbe." 1949 besetzten die Bauern das Land, begannen es zu kultivieren. Am 29. Oktober 1949 schoß die Polizei auf die Bauern, die das Feudalland "Fragala" in der Nähe des Orts besetzt hatten. Drei starben.

Mauerinschrift an der Zufahrtsstraße von Melissa (1979): "Melissa attende ancora — Melissa wartet noch immer".

<u>Sila Grande</u>: Von den furchterregenden Wäldern voller wilder Tiere und Menschen ist wenig übrig, von den Wölfen vielleicht noch 3o — und die Geschichten über sie.

Sie sollen namenlose Hirten, Reisende Waldarbeiter und Untergetauchte ("latitanti") auf dem Gewissen haben und einen Weltberühmten, Milon von Croton, den Superathleten aus dem 6. Jahrhundert (vor!), der bei mehr Olympischen Spielen und in mehr Disziplinen gewann, als je einer zuvor und nachher.

Schon als Knabe fühlte er seine Berufung und trainierte, indem er jeden Tag das gleiche Kalb stemmte. Aus dem Kalb wurde ein Stier und aus dem kleinen Milon auch. Noch mit über 4o voll in Form und auf neue olympische Ölzweige aus, übte er sich im Bäumespalten, natürlich mit bloßer Hand und dort wo die Silakiefern am kräftigsten wachsen. Bis sich eines Tages der Wald nicht mehr schänden ließ, die Kiefer schnappte zu, Milon saß fest und wurde lebend von den Wölfen erst in den Magen, dann in den Hades befördert.

Parco Nazionale
della Calabria

Eigenes Auto Bedingung! Ein Nationalpark, der bisher mehr auf dem Papier steht. Drei weit auseinander liegende Teile: Sila Grande, Sila Piccola Aspromonte. Bisher keinerlei Besucherzentren. Besondere Naturschutzbestimmungen bestehen nicht, nur längeres Freicampen an einem Platz mobilisiert manchmal die Forestali.

<u>Landschaftlich</u> unseren Mittelgebirgen ähnlich, auf Straßen und Forstwegen stark für den Autoverkehr erschlossen, als Wandergebiet wenig verlokkend. Zur Erntezeit voll von Pilz- und Beerensammlern, die sich sonderbarerweise nichts aus den überreichlich wachsenden Brombeeren machen.

<u>Die Großen Stauseen</u> Lago di Cecita, Lago Arvo und Lago Ampollino zum Baden meist zu kalt — sauberes, frisches Gebirgswasser; von Straßen umgeben.

<u>La Fossiata</u>, der letzte zusammenhängende Wald mit calabrischen Kiefern, die bis zu 4o m hoch werden. Sie werden zur Harzgewinnung angezapft.

Zufahrt: Schnellstraße S.S. 1o7 Cosenza—Crotone bis Camigliatello, bzw. S. Giovanni in Fiore, dort Schilder La Fossiata.

<u>Bosco di Gariglione</u>, in der Sila Piccola, von den übrig gebliebenen Sila-Wäldern der interessanteste, aber für Mitteleuropäer nicht unbedingt aufregend: ein schöner lockerer Buchenwald mit riesigen verwitterten Bäumen. Im Inneren wegen der schlechten Straßen noch einsam.

Zufahrt:

1.Bei perfekt trockenem Wetter und guter Fahrpraxis auf miserablen Pisten: S.S.1o7 bis S.Giovanni, dann Lago Ampollino, an der Kreuzung mit der S.S. 179 beginnt die Piste. Landschaftlich ein Leckerbissen.

2. Auf Asphalt bis zur Stazione Forestale del Gariglione, dicht unter dem Gipfel des Monte Gariglione (1765 m). Dann passable Schotterstraße (nach

Petelia Policastro).

Vom Altopiano Silano, wie bei 1., S.S.179 am Lago Ampollino entlang, S. S. 179 dir (Richtung Taverna), nach 4,4 km (Paßhöhe) Nebenstraße nach Tirivolo (9 km), dort noch 5 km zur Stazione Forestale.

✦ CAMIGLIATELLO SILANO   (1 6oo Einw.)

Zufahrt: S.S. 1o7 Cosenza–Crotone, Bahn (FCL) Cosenza–S. Giovanni.

Größter Ferienort auf der Silahochfläche, zwischen großen Wäldern gelegen und als Basis für die sehr siedlungsarme Hochregion am ehesten geeignet, der einzige Ort mit nennenswerten Geschäften. Gute Einkaufsmöglichkeit für Landesprodukte: Käse, luftgetrocknete Würste und Schinken, unter Öl eingemachte Pilze, "Funghi Sott'Olio": (Pilze unter Öl).

In ganz Italien die übliche Methode der Konservierung — halten so jahrelang und werden immer besser. Alle festen Pilze sind geeignet, nur große werden grob zerteilt. In kochendem Wasser gebrüht, abgetropft, kommen sie in heiße Marinade (1/2 Essig (1/2 Essig, 1/2 Pilzwasser), Salz, die klassischen Gewürze sind rote Pfefferschoten, wilder Fenchel und Knoblauch, experimentieren schadet nicht). Kochen darin 5 Min dann sehr gut abtropfen lassen (die Marinade läßt sich weiter verwenden), in Gläser packen mit gutem Öl auffüllen (Olive oder Sonnenblume) und 1h sterilisieren (Weckglas).— Sehen toll aus und schmecken toll, aber italienische Sammler scheinen sich wenig an den Würmern zu stören — die Esser auch nicht.

An den Ständen am Straßenrand kauft man besser und billiger als in den Läden.

Außerdem eine Reihe von Geschäften mit calabrischem Kunsthandwerk (so auch Teppiche aus den Randgemeinden der Sila), aber es ist auch viel grausames Zeug dabei. Schöne solide Körbe, Holzschnitzereien, Keramik — Preisniveau verhältnismäßig niedrig. Die verzierten Holzlöffel und Hirtenstöcke aus Ahornholz werden von den Hirten meist in besserer Qualität direkt am Straßenrand verkauft, Preise wie in den Läden. Es gibt wunderschöne Stücke. In einem reich verzierten Löffel stecken 8 - 2o Stunden Arbeit.

Architektonisch bieten Camigliatello und die kleineren Siedlungen auf dem Altopiano Silano wenig: Einfache Holzhäuser mit Wellblechdächern. Die alten Dächer aus Holzschwarten, die in den Sägewerken als Abfall anfallen, verschwinden.

✦ SAN GIOVANNI IN FIORE (18 ooo Einw.)

Interessant neben den Trachten der Frauen und der seltsamen Haartracht der ganz Alten, die Teppich- und Deckenweberei mit ihren orientalischen Mustern.

✦ TAVERNA (3 3oo Einw.)

Für calabrische Verhältnisse eine gefällig aussehende Stadt, deren frühere große Bedeutung man an den palastartigen Häusern sieht. Die sehenswerten Gemälde von Mattia Preti, einem zu seiner Zeit sehr gesuchten Barockmaler, der viel mit Helldunkeleffekten arbeitete, sind derzeit nicht in Taverna (Cosenza, Ex-Convento dei Cappuccini) sollen aber in absehbarer Zeit wieder zurückkommen.

Hotel "La Ginestra" Doppelzimmer 32 - 4o DM.

TIRIOLO (4 2oo Einw.)

Früher wurde in der Gegend um Catanzaro Seide gewoben, von dieser blühenden Produktion sind bescheidene Reste in Tiriolo geblieben — die schönsten Seidentücher sieht man allerdings auf den Köpfen älterer Frauen.

Hotel In der Contrada Vaccariti das Gasthaus "AL CONIGLIO D'ORO" (Doppelzimmer 2o DM). In diesem goldenen Kaninchen gibt es natürlich auch Karnikelbraten.

In Tiriolo Blick auf beide Meere.

✸ NOCERA TERINESE

Wenige Kilometer vom Meer entfernt, schon außerhalb der Sila. Jeden Karfreitag hier der Vattienti, eine Prozession, bei der sich die Büsser blutig schlagen. A 3 Ausfahrt Falerna, Bahnstation (locale) Linie Napoli - Reggio.

Catanzaro (95 000 Einw.)

Eine häßliche Stadt, die einst schöne Lage durch Hochhäuser rings um die Stadt zerstört.

TOURIST INFO : EPT, Via Francesco Spasari — Centro Mancuso, 88100 Catanzaro, Tel. 0961/29 823 und 21 724.

Verbindungen

Auto: A 3 bis Lamezia Terme, dann S. S. 28o (Strada Due Mari), S. S. 1o6 Ionica: von Norden bis zum Bivio S. S. 19, von Süden bis CZ-Lido, dann S. S. 19.

Schon bei der steilen Auffahrt zur Stadt chaotischer Verkehr, der in der Stadt zum Inferno wird. Im Zentrum kaum Parkplätze.

Bahn: (FS) Linie Lamezia Terme - Catanzaro Lido bis Catanzaro, dann Stadtbus. Wer auf der Jonischen Bahn ankommt, gleich in CZ-Lido den Stadtbus nehmen.

FCL (zwei Bahnhöfe): Stazione FS und brauchbarer für den Besuch der Stadt Catanzaro Città. Von CZ-Città alle 3o - 6o Minuten Züge nach CZ-Lido und 8 x täglich nach Cosenza.

Busse: Autostazione an der Piazza Matteotti. Schnellbusse nach Crotone Cosenza und Reggio di Calabria
Überlandbusse in die meisten Gemeinden der Provinz.

Überraschungen, über die man später, nicht aber am Ort des Geschehens lächelt, sind das einzig Bemerkenswerte der Stadt. An einem schönen Maiabend mit eisigem Nieselregen angekommen und mit dem Hotelverzeichnis des EPT losgezogen. Die erste angesteuerte Adresse war der Puff (müßt ihr selber suchen, Adresse verrate ich nicht), das zweite Hotel war in den Tagen des "Senator Mussolini) bestimmt einmal schön, seitdem nur noch die Preise modernisiert, und daß ich im dritten "ja" gesagt habe, reut mich noch heute. Allerdings hatte ich dort eine angeregte Konversation über die Stadt im allgemeinen, die hohen Löhne im Hotelgewerbe und über eine zwar bezahlte, aber nicht funktionierende Dusche.

"Gugliemo" (I cat.)
- Das Vorzeigestück einer Kaffegroßrösterei, Doppelzimmer 95 DM.

"Motel Agip"
Doppelzimmer 65 - 9o DM, wie alle Hotels dieser Kette.

"Casalbergo"
Riesending, fast immer voll, Doppelzimmer 3o DM.

Wer nicht viel Geld ausgeben will, meide den Ort — man ist in Calabriens Hauptstadt. Die mittleren und unteren Preislagen sind unwahrscheinlich verkommen (und die einzige akzeptable Bleibe mit mäßigen Preisen ständig voll, weil sie bei der ungeheuren Wohnungsnot in der Stadt auch als Studentenwohnheim dient).

Rist. "LA GRIGLIA", Via Poerio 26 (eine der schmalen Hauptstraßen der Altstadt). Mit Holzvertäfelung und Schmiedeeisen auf rustikal nach Sila-Art gemacht. Calabrische Küche ohne jedes Zugeständnis. Käse und Fleischwaren fürs Antipasto kommen aus der Sila. Eine der seltenen Lokalitäten wo es eine Wirtsfamilie wagt, den berühmten "Murseddu" anzubieten. Schmeckt so großartig, daß man nicht ahnt, daß er aus so simplen Sachen wie Lunge, Milz und anderen Innereien besteht. Ca.25 DM.
Oder dorthin fahren, wo die Bewohner Catanzaros ihre Feste feiern: nach S. Maria (an der Straße nach CZ-Lido): Rist. "LA FATTORIA", Via Magna Grecia 196. In einer alten Ölmühle: "NEONATA" — ganz winzige junge Fische, die mit viel rotem Pfeffer angemacht werden, genuines Ziegen- und Schweinefleisch, 22 DM.

Oder in CZ-Lido, als Ort zwar fürchterlich, ins Ristorante "LA BRACE", Via Melito Porto Salvo, modernes Fischrestaurant. Spaghetti mit Frutti di Mare, schwarze Nudeln mit Sepia, überbackene Muscheln (mehrere Arten in der Casserole), Sepia und Krebse mal im eigenen Saft, mal überbacken, mal gegrillt. Das Fischangebot entspricht dem Mar Jonio an der calabrischen Küste: Viel Tintenfisch und relativ reichlich kleine Krebse, aber von Sardellen und Sardinen abgesehen wenig Fische.

Kunsthandwerk der Sila
(CS = Provinz Cosenza, CZ = Provinz Catanzaro)

Bisignano (CS): Jahrhunderte alte Tradition in der Herstellung von Saiteninstrumenten (Lauten, Mandolinen, auch Gitarren - die heute den Großteil ausmachen). Töpferei.

In vielen Orten am Ostrand der Sila werden noch Teppiche und Decken nach traditionellen Mustern von Hand gewebt — die Muster sollen orientalischen Ursprungs sein und von Frauen aus dem Orient mitgebracht worden sein, die von Türken und Sarazenen in die Sklaverei verschleppt wurden, aber durch Freikauf wieder in die Heimat kamen. Hauptzentren sind heute:

Longobucco (CS), wo die meisten Webstühle stehen, S. Giovanni in Fiore (CS), Cariati (CS), Caccuri (CZ), Umbriatico (CZ).

Handwerkliche Herstellung von Seidentüchern (Scialle): Serrastetta und Tiriolo.

Natürlich findet man auch vieles in Cosenza, Catanzaro, Camigliatello in den Kunstgewerbeläden — in die Küstenorte kommt fast nur Ausschuß. Speziell für Keramik, Eisen- und Kupferschmiedearbeiten lohnen die Stände und Läden am Lungocrati in Cosenza und entlang der Altstadtstraßen von Catanzaro (Via Italia, Via Giannoni).

Der Marchesato

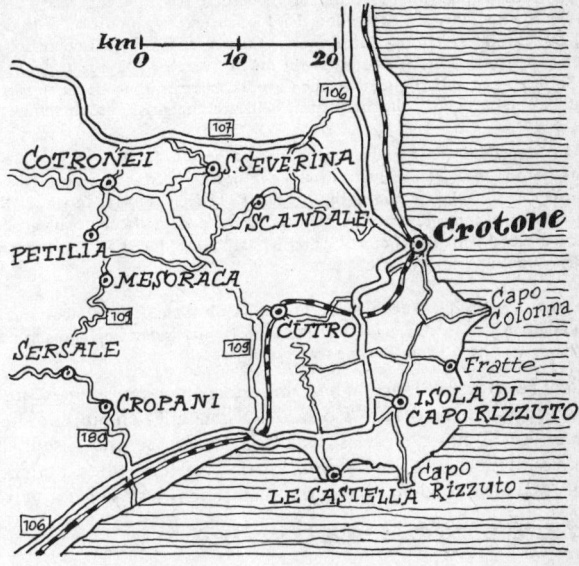

Südlich von Crotone beginnt eine hügelige Halbwüste, eine Landschaft ohne Strauch und Baum. Die höchsten Gewächse sind Agaven und Opuntien, deren stachelige Früchte das einzig saftige an der Gegend sind.

Zum Meer hin, auf der Halbinsel um Capo Rizzuto, eine flache Kalkplatte — man glaubt durch eine amerikanische Pionierlandschaft zu fahren — Siedlerhäuser (zum Teil verlassen), Felder und Weiden von Stachelgewächsen eingerahmt, gelegentlich eine Reihe Eukalyptusbäume, wo bewässert wird Fruchtgärten, sonst kahles steiniges Ackerland und Weideflächen. Die wenigen Orte (Isola Capo Rizzuto, S. Anna, Capo Rizzuto, Le Castella) wirken wie mexikanische Landarbeiterdörfer wie man sie im Film sieht. Die berittenen Viehhirten unterstreichen den Eindruck.

Zum Meer hin bricht die Kalkplatte ab, eine 1o - 2o m hohe Steilküste, unten dicke Wackersteine und einige kleine Sandbuchten, vielfach von Campingplätzen blockiert, aber es führen so viele Feldwege ans Kliff, daß man irgendwo schon eine freie Stelle mit einem Pfad nach unten findet.

Da öffentliche Verkehrsmittel fast völlig fehlen und man wegen Divertimento und Einkauf in die weit auseinander liegenden Dörfer muß, ist die Gegend nur etwas mit dem Auto — oder wer die Hitze nicht scheut, mit dem Fahrrad, viele Steigungen gibt es nicht.

Gian Dionigi Galeni Occhiali:

Das Marchesato ist die Gegend des Großgrundbesitzers und der gescheiterten Bodenreform, der enttäuschten Hoffnungen. Nirgendwo in Süditalien, der Westen Siziliens mal ausgenommen, haben die Barone ihren Anspruch auf Besitzerhaltung und uneingeschränkte Machtausübung so brutal durchgesetzt wie hier. Es verwundert dann nicht, daß alle 2o—3o Jahre die Rebellion der Landarbeiter explodiert, Tage der Rache kommen. Die einzige Hoffnung auf ein einigermaßen anständiges Leben ist seit Ewigkeiten die Abwanderung. Einer der ersten von ihnen war Gian Dionigi Galeni Occhiali (15o7-87), Sohn eines Landarbeiters aus Le Castella. Wäre er in der Heimat geblieben, er hätte es nie zu einem Mann gebracht, der zu Lebzeiten im gesamten Mittelmeerraum bekannt war.

Bei einer der zahllosen Plünderungen des Marchesato durch Sarazenische Piraten wurde er verschleppt und Dank seiner Intelligenz und dem Übertritt zum Islam war ihm der Weg offen vom Sklaven zum Admiral der türkischen Flotte. In dieser Eigenschaft besuche er noch einige Male seine Heimat, die ihn deshalb nicht als großen Sohn Calabriens der Geschichte überliefert. Sicher ist, daß seine Rache an den Baronen meist von den Bauern bezahlt wurde.

Später operierte er mit einer eigenen Flotte im westlichen Mittelmeer und brachte es zum Pascha in Le Castella, das lange Jahre Flottenbasis der Ungläubigen und der Schrecken der christlichen Barone war.

Findige Tourismus-Planer haben ihm ein Andenken gesetzt, indem sie die Küste des Marchesato zur "Costa dei Saraceni" benannten. Die Sarazenenküste ist im Sommer ein riesiges Zeltlager. Straße und Eisenbahn sind weit ab und südlich des Capo Colonna ist das Wasser sauber, zudem fischreich, so daß es Leute anzieht, die gerne nachsehen, was sich unter Wasser tut.

Unterkunft/Praktisches:

Fast ausschließlich Campingplätze, zum Teil nicht mehr als ein kahler eingezäunter Acker. Nur wenige landschaftlich ansprechende und gut ausgestattete Plätze. Im Sommer extrem voll. Fast keine Hotels, nur wenige Privatzimmer. Außerhalb der kurzen Saison (Juni - September) ist fast alles dicht.

TOURIST INFO: EPT Catanzaro; Azienda Autonoma, Via Firenze 43, 88074 Crotone (CZ), Tel. 0962/23 185.
Karte: TCI 23/24.

Wie hinkommen: S. S. 106 Ionica. Dann Stichstraßen und Feldwege.
(FS) Crotone. Von hier, und nur von hier Busse, die nicht gerade häufig verkehren.

Autovermietung: Maggiore, Via Bologna 42, Crotone, Tel. o962/24 9o4.

Cambio: Nur in Crotone.

KLIMA und UMWELT: Trocken und monatelang unerträglich heiß. Extremer Trinkwassermangel. Das Meer zwischen Cirò Marina im Norden und Crotone ist ungeheuer verschmutzt, die Strände dort stellenweise auf Kilometer eine Mülldeponie. Weiter südlich das Meer sauberer.

★CROTONE

Solche, die "das Land der Griechen mit der Seele suchen", schließen besser

Nase und Augen. Das "säulenreiche" Kroton ist Industriestadt, eine der ganz wenigen wirklichen Industriestädte im Süden. In der Antike Stadt berühmter erlesener Geister.

Daß der zentrale Platz "Piazza Pitagora" heißt, ist die übliche pflichtbewußte Verbeugung vor der großen Vergangenheit - heute gibt hier die Mafia den Ton an, die hier sehr italo - american auftritt. Wer die Paten sehen will, wer Goldzähne und Goldrahmenbrillen mit nicht entspiegelten Gläsern blitzen sehen will, der gehe in eine der feinen Bars der Piazza Vittoria, wo sich beleibte Herren mit den aus Hollywood-Filmen vertrauten Hutmodellen der 5o-iger Jahre ihr Stelldichein geben. Die gestiegenen Benzinpreise haben allerdings die US-Kreuzer aus dem Straßenbild Crotones verdrängt — neues Kastensymbol sind die sparsameren Reiselimousinen eines bekannten deutschen Herstellers. Ganz sparsame Mafiosi fahren sie in der Dieselversion.

Markt in der Via Vittoria, neben buntem Angebot an Obst und Gemüse sehr große Auswahl an Käse aus Sila und Marchesato, die "mustica" — Soße aus neugeborenen Sardellen mit Öl und rotem Pfeffer auf noch warmes Brot probieren — sehr scharf!

In der Neustadt und um die Piazza Vittorio gute Bars — der Kaffe so, daß man sich hinterher stärker fühlt, gute Pasticceria.

Die Altstadt lohnt kaum der Besichtigung, einige Barockfassaden, die bröckeln und die in Calabrien in fast jedem Dorf ähnlich aussehen. Im Castello das Nationalmuseum — wenig lohnend.

★LE CASTELLA (8oo Einw.)

Einzige Wasserburg im tiefen Süden. Nur wenige Meter vom Strand entfernt. Diente erst den spanischen Aragonesen gegen die Sarazenen, dann den Sarazenen gegen die Aragonesen. Und allen Burgherren als Zwingburg gegen die Bauern.

Der Ort besteht aus flachen langgestreckten, ärmlichen Häusern. Wie das ganze Marchesato wirkt alles unwahrscheinlich verlassen.

Ferienkomplex "Le Castella", Tennis, Pool, in der kahlen Landschaft eine grüne Oase. Doppelzimmer 9o DM. In der Hochsaison aber nur "alles inbegriffen", dann pro Kopf 13o DM.

> Bescheiden in Ausstattung und Preis: **"Pensione Da Annibale"**, Doppelzimmer 25 DM.

CAPO COLONNA: Eine Säule steht noch am Meer. Das ist alles, was von dem Heiligtum der Hera Lacina geblieben ist, dem größten Heiligtum der jonischen Küste. Die Säulen des Tempels sollen vergoldet gewesen sein. Man hatte der Überlieferung nach im alten Kroton überhaupt nicht gespart an allem, was gut und teuer war.

> Später plünderte erst einmal Hannibal, dann die Römer, viel später die Goten und im 16. Jahrhundert wurden dann die Säulen abgebaut als Material für den Hafenbau, und schließlich langte noch der Erzbischof von Crotone mit dem bezeichnenden Namen Lucifero zu, er benutzte den "Steinbruch" um den Dom zu verschönern, der hundert Jahre später durch ein Erdbeben wieder zu Baumaterial wurde.

Robuster als die Heiligtümer war die Heiligkeit des Ortes, die Hera Lacina änderte ihren Namen in <u>Madonna di Capo Colonna</u>, und die Herden blieben fruchtbar, und das Jahrtausende alte <u>Fest</u> am Meeresstrand mit Strömen von Wein, dem Geruch von Gebratenem und den Klängen der Tarantella blieb — sogar seine Eminenz feiert da gerne mit. Am zweiten Sonntag im Mai bittet Maria zum Tanz.

"<u>La Fattoria</u>", bei Isola Capo di Rizzuto, 9oo m vom Meer, Tennis, Boccia, Möglichkeit Pferde zu mieten. Schönster Platz im Marchesato. "<u>La Comune</u>", politischer Camp ("energia nucleare - no grazie"), ganz in Sack und Asche ausgestattet, aber sehr kahl, Steilküste. "<u>Cavallucci</u>", in Fratte am Meer, Tennis und Pferde. "<u>Il Frutteto</u>", Le Castella, speziell für Unterwassermenschen. "<u>Il Subacqueo</u>", Marinella, auch für Unterwassermenschen, Steilküste. Wenn auf den Plätzen überhaupt Schatten, dann spenden ihn Eukalyptusbäume, also kein richtiger Schatten.

"<u>Marinella</u>", in Marinella: ebenso. "<u>Massimiliano</u>", Capo Bianco, Pferde. "<u>Oasi</u>", Fondo Fratte, Tennis und Pferde, aber 3oo m vom Meer.

<u>Feriendorf</u>: Villaggio Valtur (Buchung über Club Mediterranee). Neben Animatori und Pool, Tennis, Pferde, Segeln und Surfen.

<u>Derzeit 35 Campings</u>, vom eingezäunten Acker mit Einfahrt und Kasse zu Plätzen, wo es reichlich mehr gibt. — Die Gesetze des Marktes und die Kürze der Saison wollen es, daß die Preise auf ziemlich gleichen Niveau liegen. Die Leistungen nicht!

<u>Isola di Capo Rizzuto</u>: Podere S.Costantino, 1km vom Ort und 5 km vom Meer. Wohnung 7oo DM pro Monat. Man kann bei der Tomaten- und Orangenernte mitmachen. Hühner, Eier, Wassermelonen, Orangen, Feigen, Tomaten und diverses Gemüse frisch von Hof und Feld. Antonio Martino, Via Allori 2, 88076 Isola di Capo Rizzuto (CZ),Tel. 0962/91 07 3.

<u>Die Küste weiter südlich</u> entbehrt noch eines Markennamens, passend wäre der "indischen Feigen" oder falls das schon vergeben sein sollte, der "Stechmücken". Noch recht einsam, obwohl nicht mehr ganz unschuldig. Eisenbahn und Straße immer in erfreulichem Abstand vom Strand. Nicht alle Stichstraßen führen ans Meer, einige enden bei den bissigen Hunden auf Bauernhöfen oder Verbotsschildern der NATO.

Breite lange Sandstrände, Wasser sauber, aber viel Plastikmüll, Petermännchen (pesce ragno) ziemlich häufig. Für Schnorchler absolut uninteressant (das Petermännchen gräbt sich ein).

Was für Touristen geschaffen wurde, hat noch den "Charme" und alle Unzulänglichkeiten der Pionierzeit; die überall entstandenen Pizzerie meist auf dem Niveau von Bockwurstbuden.

1o km von Catanzaro Lido beginnende Wasserverschmutzung die rasch und stark zunimmt.

TOMATEN: Auf den Feldern um Crotone und Isola Capo Rizzuto Tomaten, soweit das Auge reicht. Jedes Jahr zur Erntezeit stehen sie in der Zeitung, beflügeln die Phantasie der Redakteure zwischen Milano und Sizilien, mal wieder was zur sozialen Frage des Südens zu schreiben:

Die Tomaten des Marchesato sind hervorragend, Klima und Boden sind ideal für den Anbau. Auch kleinere Anbauflächen bringen ausreichend Geld.

In weitem Umkreis keine Fabrik, die Tomaten verarbeitet.

Die Tomatenspekulanten aus Napoli und Salerno wollen möglichst wenig zahlen. Sie warten also, bis die roten Früchte anfangen zu faulen und der Bauer zu jedem Preis bereit ist.

Im August/September damit rechnen, daß die verzweifelten Bauern die jonische Straße mit meterhohen Tomaten-Barrikaden tagelang blockieren.

Warenkunde und soziale Frage: Zwei Dosen Mark, eine aus dem Süden, die andere aus Norditalien oder der Toscana, öffnen und vergleichen: die aus dem Süden in der Regel mit einem deutlichenStich ins bräunliche, leicht flüssig, Geschmack süßlich bis faulig; die aus dem Norden lebhaft rot, die Masse steht, der Geschmack fruchtig und leicht säuerlich.

Im Norden steht jede Tomate schon bei der Aussaat "unter Vertrag", im Süden lauert der Großhändler, bis die Tomate und dann der Produzent überreif sind.

Tip: Für eine gute "Bolognese" immer Concentrato di Pomodoro aus dem Norden!

Hügelland zwischen Küste und Sila
(nur mit dem Auto zuschaffen)

Unvorstellbar öde, im Sommer gleißend grau, viel Bodenerosion, auf den Stoppelfeldern riesige Ziegen- und Rinderherden. Die Dörfer ein Stück Dritte Welt im Mezzogiorno.

In den Kirchen von Cutro (einem besonders deprimierenden Landarbeiternest mit elenden Häusern, die in Reiseführern gern als malerisch bezeichnet werden) und Mesoraca zwei Kruzifixe des Mönchs Fra Umile aus Petralia (Prov. Palermo), der zur Zeit der Heiligen Inquisition lebte: — der Körper unwahrscheinlich zerschunden, blutüberströmt, zerschlagen — bis hin zum Abstoßenden. Der Gesichtsausdruck mit seiner Ruhe in seltsamen Kontrast dazu — was für Gemüter, die ihr Christentum in frommer Geißelung verstehen. — Wahrscheinlich sollte den Landarbeitern ihre damit verglichene rosige Lage vor Augen geführt werden.

In Cropani in der Chiesa S. Lucia eine Kniescheibe des Heiligen Markus, dessen Rest im Markusdom zu Venedig aufbewahrt wird.

Die Küste um Tropea

Calabriens schönste Küste. Felsklippen, Steilküste mit kleinen Sandbuchten, klares Wasser, die üppigste Vegetation bis ans Meer, die man sich vorstellen kann. So fruchtbar, daß hier niemand auf den Gedanken kommt "Tourismus oder Landwirtschaft".

Die Orangenplantagen und die Olivengärten, die im Sommer Campings sind, werden, wenn der letzte Fremde weg ist, umgepflügt, damit die Wurzeln Luft und Wasser bekommen. Die Touristen haben dann keine verdorrten Bäume über ihren Zelten, sondern ein dichtes grünes Dach mit großen — im Sommer noch grünen — Orangen.

Kein Wunder, daß Tropea vom Tourismus entdeckt ist. Die ersten Deutschen kommen schon im Mai, im Juli/August dann Gewimmel, die Straßen total überlastet, im Oktober wird es dann wieder einsam. Idealste Monate: Juni und September. Im Oktober ist dieser Küstenabschnitt schon sehr stürmisch. Die Küste in ihrer ganzen Länge wird von einer kühlen Meeresströmung berührt, die gelegentlich auch Zeug anschwemmt, das anderswo ins Meer gekippt wird. Starke Brandung häufig.

TOURIST INFO : EPT Catanzaro; Pro Loco, 88038 Tropea, Juni - September. Informationsbüro an der Straße zur Stazione FS, dort vor allem Tips, wie man im gesamten Gebiet Vermittler für Zimmer und Ferienhäuser findet.

Reisebüro Foderaro, Corso Vittoria Emanuele 50.

Verkehrsverbindungen:

Auto

Von Süden: A 3 bis Rosarno, dann über Nicotera auf die Küstenstraße, die fast nie direkt am Meer verläuft, sondern hoch oben. Stichstraßen und zum Teil üble Feldwege führen ans Wasser.

Die oft sehr steilen Abfahrtsrampen in die Buchten (im Winter Wildbäche, man sieht's ihnen an) nicht immer für Caravans oder große Wohnmobile befahrbar. Die letzten paar hundert Meter lieber zu Fuß ergründen, bevor der eigene Wagenpark ins Rutschen kommt oder festsitzt.

Ausschilderung gelegentlich verwirrend, was die Fülle der Hinweisschilder zu Hotels und Campings angeht, aber zuverlässig.

Straßenbreite: Die S. S. 522 Pizzo - Tropea ausgenommen, oft so schmal, daß man mit Vorsicht aneinander vorbei muß. Feldwege vielfach im Einschnitt und kaum mehr als 2,5 m breit, wenig Ausweichen.

Von Norden A3 bis Pizzo, dann Küstenstraße.

Bahn

Linie Lamezia Terme - Tropea - Rosarno - Reggio C.; insgesamt 15 Züge am Tag, darunter einige Fernzüge (Roma T., Milano, Torino), die diesen Umweg fahren. Nicht alle Züge halten an allen Stationen , immer gehalten wird in Pizzo, Vibo Mar., Tropea, Ricadi, Nicotera. Verspätungen fast die Regel! Die Bummler museal, oft die alte 1. Klassen noch im Originalplüsch, als 2. Klasse zugelassen!

Von der Schönheit der Küste bekommt man im Zug nicht so viel mit, weil viel im Einschnitt und in Tunnels gefahren wird.

Eine der wenigen, landschaftlich schönen Badeküsten im Süden, wo man auch ohne Auto gut zurecht kommt. Viele Campingplätze in Ricadi und Joppolo liegen nicht mehr als 1 - 2 km von den Bahnhöfen entfernt, ebenso Ferienhäuser und Hotels. Zu den Ortschaften zum Einkaufen meist 2 - 4 km, durch Felder und Gärten, allerdings meist Straße. Kurzstreckentrampen günstig.

Busse

Ausgesprochen rar, viele der kleinen Dörfer werden nur 1 - 2 mal täglich angefahren. Zielort meist Vibo Valentia im Landesinneren.

Flugzeug

Aeroporto Lamezia Terme. Direktverbindungen nach Milano und Roma, soll verstärkt für den Charterverkehr benützt werden. Mit Bus oder Taxi zur Stazione Lamezia T., dann weiter mit der Bahn.

Aliscafi: Im Sommer Vibo Marina - Stromboli - Lipari.

Cambio: Tropea, Vibo Valentina, Pizzo, Mileto, Lamezia Terme.

Tropea, Corso Vittorio Emanuele 5o, Tel. 0963/61 274.
Vibo Valentia: Maggiore, Viale Kennedy 13/23, Tel. 0963/42 165.

Lamezia T.: Hertz, Aeroporto, Tel. 0968/51 533, AVIS, Aeroporto, Tel. 0968/51 508, Interrent, Aeroporto, Tel. 0968/51 332, Maggiore, Piazza Staz. FS (Garage OTAC), Tel. 0968/51 028.

Reisebüro: Foderaro, Fahrkarten, Flugscheine, Tickets für die Eolischen Inseln, Mietwagen.

Hotels und Pensionen

Relativ viele, keines älter als 15 Jahre. Die meisten in Tropea und der Gemeinde Ricadi, zu der fast die gesamte Küste südlich von Tropea gehört. Für die Sommermonate lang vorbestellen. Nicht einmal die sprichwörtliche Badewanne ist frei! Eines der teuersten Reisegebiete Süditaliens.

Ferienwohnungen und Privatzimmer

Großes Angebot. Man muß rumfragen. Tip: Pro Loco in Tropea, Reisebüros (Tropea), in Bars, Läden und im Ristorante nachfragen, die wissen oft günstige Sachen. Oder auch bei den Vigili urbani (den Gemeindepolizisten). Hauptsächlich südlich von Tropea und um die Stadt herum.

 **CAMPING** Frei Campieren nicht direkt verboten, aber fast nirgendwo möglich. Auf Feldern oder in Baumkulturen gibt es Ärger. Mit der Zunahme der Fremden hat sich auch die Zahl großer und Eindruck erweckender Wachhunde vergrößert. Zwischen Pizzo und Nicotera (1981) 67 kleine Plätze. Über die Hälfte südlich von Tropea. Fast immer im Grünen, nahe an kleinen Strandbuchten. Sanitär gut ausgestattet — die Gegend ist wasserreich. Die Preise werden dem Gebotenen gerecht. Im Sommer ohne Anmeldung schwer Platz zu kriegen.

Agritourismus

Im Entstehen, nach den ersten erfolgreichen Ansätzen werden wohl noch mehr Bauernfamilien, besonders in der Gemeinde Ricadi Zimmer oder Zeltmöglichkeit anbieten. Vor allem bisher Direktverkauf ihrer Produkte: Zwiebeln, Paprika, Melanzane, Tomaten, Grünzeug, aber verhältnismäßig wenig Obst und Wein, Eier, Kaninchen etc. ... Die Orangen werden außerhalb der Saison reif. Feigen gibt es viel.

Strände und Wasserqualität

Großartig zwischen Zambrone und Ioppolo, ein Pardies um das Capo Vaticano. Wasser sehr klar. Leider Erdölteeranspülung.

Grober weißer Sand zwischen malerischen Felsklippen, kleine Felsenriffe. Nördlich Zambrone bis Pizzo: Wasser wird trüber, langgezogene schmale Sandstrände mit hohem Felskliff hinter den Buchten. Landschaft kahler. Um Vibo Marina Industrieschmutz. Südlich: Ioppolo: Ein Paradiesgarten.

Strand aus Steinen, deren kleinste das Format von Wassermelonen haben. Gelegentlich starke Schmutzanspülung, sonst Wasser klar.

<u>Nicotera Marina</u>: Breiter, heller, feiner Sandstrand hinter reichen Fruchtgärten, der sich kilometerweit bis hinter Gioia Tauro hinzieht. Könnt einer der schönsten Strände sein, wenn er nicht als Müllkippe verwendet würde, die Strandorte nicht deprimierend und unsagbar schmutzig wären, und wenn der Hafenbau in Gioia T. nicht riesige Küstengebiete verwüsten würde.

Starke Schmutzanspülung. Wenn man dann nach einem Abstecher an die Marina wieder oben Nicotera steht und das weiße Sandband mit den grünen Gärten dahinter sieht, in der Ferne die Berge Siziliens und die Bergmassen der Serre und des Aspromonte, stimmt das traurig.

<u>Landkarten</u>: TCI 1:2oo ooo Blatt 23/24 — enthält die kleinsten Straßen und Feldwege nicht (wäre kartentechnisch auch nicht möglich). Alle IGM-Karten durch die völlige Veränderung des Straßen- und Wegenetzes völlig unbrauchbar.

Künstlerische und architektonishe Sehenswürdigkeiten

Wenig. Tropea, allenfalls noch Pizzo, Vibo Valentia, Nicotera. Ausflüge, die bei längerem Aufenthalt das Strandeinerlei bereichern und aus dem touristischen Calabrien in das unerschlossene, archaische führen: (km-Angaben immer ab Tropea, einfach): In die Serre mit ihren Tannen- und Buchenwäldern. Serra S. Bruno 67 km, Stilo 1o3 km, ans Jonische Meer (erheblich wärmer!) 118 km (Monasterace Marina).

Palmi (Volkskunstmuseum) 57 km, Reggio C. (Nationalmuseum, Bronzen von Riace) 1o6 km.

Mit dem Aliscafo von Vibo Marina nach Stromboli (1. 3o Stunden) und Lipari (2. 3o Stunden).

<u>Telefonvorwahl</u> für das gesamte Gebiet der Tropea-Küste mit Hinterland: 0963/.

Tropea (6 800 Einw.)

Malerisch, auf 6o m hohem Felsenklotz direkt über dem Meer, weiter Blick über die Küstengebirge und die Sila, bei völliger Klarheit (die Regen befürchten läßt) bis zur Cilento-Küste mit Capo Palinuro und fern im Meer Stromboli. Den nächtlichen glühenden Stromboli halte ich für ein werbewirksames Gerücht, so stark sind seine Eruptionen nicht.

Das Innere der Kleinstadt ein verwinkeltes Gassengewirr mit alten Palazzi, großen Torbögen, Innenhöfen, kleinen Plätzen, wo man Pizza gabeln kann.

Einer der ganz wenigen Orte im tiefen Süden, wo man shoppen kann. Modische Sommerkleidchen, Schmuck, Kunstgewerbe, echte und täuschend echte Antiquitäten und eine breite, haarscharf getroffene Auswähl gängigen Kitschs, der die Herzen von Italienern und Fremden gleichermaßen befriedigt.

Nach den brökeligen, schwarzen Fassaden der Altstadt ist die Neustadt (dort alle Hotels und die meisten Ferienwohnungen) ernüchternd, auch wenn man Bäume gepflanzt hat.

Alles moderne Ferienhotels, in der Saison Zwang zu Halb- oder Vollpension bei ihrer simplen Küche eine Last:

"Virgilio" (II cat.)
Viale Tondo, Tel. 61 201, Doppelzimmer 5o - 65 DM.

"Sacro Cuore" (III cat.)
Viale Tondo, Tel. 61 924, Doppelzimmer 26 DM. Auch familiengerechte Miniappartements. Den Nachstellungen der sehr von ihren Künsten eingenommenen und mit netten Zeichnungen werbenden Küchenbrigade entziehe man sich. Eine Pfefferschote an der Sugo di pomodoro mehr als üblich, halten sie für original "calabro" und den Fisch mußten wir erst einmal von tiefen schwarzen Brandwunden befreien. Kostenpunkt um 25 DM.

"La Pineta" (II cat.)
Am Strand, wie der Name erwarten läßt von Pinien umgeben, Fußballplatznähe, Übungsterrain für den jugendlichen Motorrad-Nachwuchs. Tel. 61 700, Doppelzimmer 6o - 8o DM.

Hotels

Essen und Schlecken:

Recht teuer. Mich hats nicht sehr glücklich gemacht. Nur Juli - September. In Tropea reiches Angebot an frischem Fisch.

MARKT: (jeden Vormittag); schön, bunt frisch, aller Reichtum der Felder, Gärten, Kleintierställe und Fischgründe rings um Tropea. Zumindest außerhalb der Saison keine Touristenpreise. In der Neustadt nahe der Post. Berge von Pfefferschoten!

 "Tratt. VECCHIO CASTELLO": Hier kocht eine alte Mutter für die Frauen- und Mutterlosen ihre Lieblingsspeisen: was so bei einfachen Familien auf den Tisch kommt. Viel Nudeln, viel Knoblauch und Peperoncino, keinen Fisch (weil der so teuer ist). Guter Wein in diesem Kellergewölbe, was in Tropea nicht unbedingt die Regel ist. Einfaches Essen um 1o DM. "PIMM'S RESTAURANT":Phantastisch in einem alten Palast über dem Meer. Man steigt in ein Gewölbe ab. Hochgestochen. Languste und Edelfische. Streben nach Michelin-Stern (trotz der edlen Zutaten noch nicht von Erfolg). Rabiate Preise. Daneben und dazugehörig eine Bar/Gelateria mit beachtlichem Fruchteis.
Gelateria "ITALIA": Semifreddi, die Beachtung verdienen.

Rist. "VECCHIO GRANAIO", alter Palazzo mit Innenhof. Cucina calabrese. Diskutable Preise. Trattoria + Pizzeria "LA TAVERNA", an kleinem Platz, man kann draußen sitzen, nett, Ambiente. Um 2o - 25 DM, also vertretbar, Pizza erschwinglicher.

Monumente:

DUOMO: Eine der wenigen erhaltenen romanischen Kirchen aus der Normannenzeit. Klare, einfache Formen. Interessantes Grabsteinrelief der

Renaissance.

Insel mit früherem Kloster im Zuckerbäckerstil nicht zugänglich.

Strände: Nördlich und südlich der Stadt, Treppen führen runter. Wasser
sauber, außer unmittelbar unter der Stadt, wo der "Canale grande" mündet.

Grober Sand mit Steinen dazwischen. Auch mit dem Auto erreichbar. Die
Strände außerhalb Tropeas reizvoller und von weniger Rückständen der
Plastikära bedeckt.

Camping: In Stadtnähe vier Plätze, bis auf einen sehr elementar ausgestattet.
"Marina dell' Isola", mit 26 Hütten. Druckluftflaschenstation, etwas kahl.
"Paradise", reichlich Sportmöglichkeiten: Boccia Wasserski, Surf.
Feriendorf "Club Aldiana" In der BRD buchen! Jedes Reisebüro.

Die Küste zwischen Tropea
und Lamezia Terme

Der kargere Teil. Stark dem Nordwestwind ausgesetzt, der oft Strände
und Felsen in Salzdunst hüllt. Zwiebelfelder, Schilfdickichte und Gras-
steppen. Die wenigen Ortschaften ärmlich. Das bißchen Tourismus
wirkt aufgesetzt.

✈ ZAMBRONE   (1 9oo Einw.)

In langer Bucht eine Reihe von Campings, mit lockerem Grün, meist
Ölbäume und Eukalyptus — also ziemlich lichtdurchlässig. Grober heller Sand, sauber.

"Pago-Pago" (IV cat.)
Bungalowsiedlung, die Südseevorstellungen wecken soll. Doppelzimmer ca. 30 DM,
kein Telefon.

In PARGHELIA (2 ooo Einw.) zwei recht perfekte Hoteldörfer, schön
gelegen, aber mit Ghetto-Charakter:

"Baia Paraelios" (II cat.)
Doppelzimmer ca. 7o DM, Swimming Pool, Tel. 6145o.

"Sabbie Bianche" (III cat.)
Doppelzimmer ca. 5o DM, Tennis, Pool, Tel. 615o5.

Hotels

✈ PIZZO   (9 5oo Einw.)

Malerische Kleinstadt. Zentraler Platz mit Ambiente, hübsche weiße
Stuckfassade einer Kirche, mit gefälligen, fast kitschigen Außenrelief
im Geschmack des letzten Jahrhunderts. Jugendherberge im Castell.
Wenig erfreuliche Strände. Camping.

Ebene von S. Eufemia: Man könnte hier breite, einsame Sandstrände
erwarten. Sie sind es, aber grauenvoll vermüllt und die Einsamkeit hat
etwas Unheimliches an sich. Einige brutal reingesetzte Fabriken. Hin-
richtungsgelände der Mafia.

✈ VIBO VALENTIA   (31 ooo Einw.)

Überwiegend moderne Handelsstadt mit einiger Industrie. Mittelalterlicher Ortkern. Archäologisches Museum mit Funden aus dem alten Hipponion, dessen solide Steinmauern außerhalb der Stadt in der idyllischen Umgebung einer Kaserne.

Information: A.A., Piazza Diaz (Oberstadt).

Die Küste südlich von Tropea

Ein von Menschenhand geschaffenes Paradies voll von Blüten, sogar im Sommer, wenn anderswo der Süden staubig und verbrannt ist. Die vielen exotischen Bäume und Büsche lenken erst von der einheimischen Blütenpracht ab (die allerdings hauptsächlich im Frühling und im Herbst): Lilien, Narzissen, Alpenveilchen mit viel kleineren Blüten als die bekannte Topfblume – in riesigen Teppichen in den Wäldern und unter Büschen am Wegesrand. Majestätische Eichen und Ölbäume. Aus fremden Ländern Orangen und Zitronen, Palmen und Yucca, Bananen, Bougainvillea und natürlich wie überall Agave und Fico d'India. Geranien, die in Meterhöhe längst dem Blumentopfdasein entwachsen sind. Weihnachtssterne, die als Hecken und Bäume wachsen. Im Sommer kahle Stöcke.

Unter den Büschen, an Wegerändern und in feuchten Schluchten im Frühsommer die Calla, die wie echte Wachsblumen aussehen, Mäusedorn (aus dem wenig haltbare Besen geflochten werden und die miserabel fegen – deshalb meist von bunter Syntetik ersetzt.)

★ RICADI

Das Hauptdorf liegt im Landesinneren und bietet wenig. Gemeinde-Fraktionen entlang der Küste von Nord nach Süd: (wichtig zum Finden von Hotels, Campings und Stränden) S. Domenica, Torre Ruffa, Capo Vaticano, Coccorinello. Ideal für Campingferien und für Schnorchler.

Selbstversorger finden verblüffend gut sortierte Läden in den landeinwärts gelegenen Minidörfern S. Domenica, S. Nicolo, Orsigliaci, Brivadi, Ricadi. Die meisten Campings haben keinen Laden oder einen, der dieses Prädikat nicht verdient.

Campings meist unmittelbar am Strand, die Hotels auf dem Plateau über dem Meer, zum Wasser dann 5 Min. Ristorante – nicht so viele, wie man erwarten könnte, denn die Camper haben oft den eigenen Herd in die Budget-planung einkalkuliert.

Meist die Küche, an die sich Italienurlauber gerne erinnern, einfach, sehr konventionell, in einer Pergola mit Freundlichkeit auf den Tisch gebracht. Man mag nachher "seinen" Calabresen. Preis um 2o DM eingependelt – und dafür weder aufregend noch bemerkenswert. Aufpassen – es wird viel tiefgefrorener Fisch verwendet! In der Vergangenheit ist viel mit Dynamit gefischt worden, so daß heuer nur noch der Gang zur Kühltruhe bleibt.

Wer im Sommer fährt, sollte daran denken, daß die Sandbuchten nicht riesig sind, dazwischen völlig unzugängliche wunderschöne Felsszenerie liegt, die Hotels und Campings bis auf den letzten Platz voll sind, und viele von außerhalb hier ihr Bad nehmen wollen. Auf den einspurigen Feldwegen ein horrender Verkehr, unten in den Buchten kaum Stellplätze für Autos und mancher, der ahnungslos runterfährt, findet nicht einmal den Platz zum Wenden. Die Rampen mit ihren 2o - 25 % und den tiefen Rinnen und eventuellem Gegenverkehr sind zum Rückwärtsfahren alles andere als gemütlich.

 Die schönsten Buchten südlich des Capo Vaticano, ganz im Süden S.Maria, reizvolles kleines Fischerdorf, Fischertrattoria "DA PEPPINO". Die Boote fahren täglich aus. — Garantie für Fisch nicht aus der Kühltruhe.

✦ IOPPOLO und COCCORINO

Beide Dörfer ganz klein, in großartiger Lage hoch über dem Meer, Blick auf Sizilien und die Eolischen Inseln, wenn es klar ist. Ringsherum reiche Vegetation, viele Quellen. Steinstrand. Die Bucht von Coccorinello nur für allerkleinste Fahrzeuge erreichbar (Campingplatz). Straße nicht ganz ohne Nervenzittern, Asphalt, aber einspurig.

Ioppolo: 4 Campings am Ufer in Gärten, 3 Hotels. Strand nicht sehr badefreundlich. Außer in der Hochsaison Freicampen möglich, südwärts bei einem Sarazenenturm (Autopiste), aber kein Trinkwasser.

✦ NICOTERA

Daß die Marina nicht lohnt, schon beschrieben. Der alte Ort reizvoll. Häufige Märkte (für Kleider, Werkzeug, Haushaltskeramik).

Das dem Meer abgewandte Hinterland:

Viele kleinste Dörfer dicht beieinander, dazwischen verstreute Bauernhäuser. Man glaubt eher in der Toscana oder Umbien zu sein. Gar nicht wie sonst in Süditalien, wo die Dörfer groß wie Kleinstädte sind und 1o, 2o, 3o km auseinander liegen. So reich und vielfältig die Landschaft erscheint, so karg sind die Dörfer.

MONTE PORO   (Zufahrt von der Küste von Ioppolo)

71o m hoch, mit dem Auto fast bis zur Spitze. Beliebter Ort fürs Essen unter freiem Himmel, und wer sich nicht selbst bekochen mag, halte sich in der Trattoria "CALABRESE" zuerst an handgemachte Nudeln, dann an andere pastorale Gerichte. Oben auf der Hochebene des Poro große Herden und an der Straße Verkaufsbuden für Schafskäse (pecorino). Großer Blick über die Küste bis nach Sizilien und zu den Eolischen Inseln, wenns Wetter mitmacht.

Hotels und Campingplätze
Südlich von Tropea (Gem. Ricadi)

Einmal die kleineren der früheren "Gast"-arbeiter, die im Baukastensystem erst mit den langjährigen Ersparnissen entstanden sind, dann jährliche Hinzufügungen je nach Erfolg der Saison. Die ganze Familie in den Betrieb eingespannt. Der Bauer, der die Artischocken, Melanzane und Tomaten frisch vom Feld holt, die Großmutter oder junge Frau, die daraus etwas Denkwürdiges auf den Teller zaubern. und das Mädchen, das den Besen kommandiert. Anders wären Anzeichen eines gewissen Wohlstands und vertretbare Preise bei aller Gastfreundschaft nicht zu realisieren.

Dann die großen Komplexe made in Milano, wo neben einem gewissen calabrischen

Schludrian in der Regel jene eisige Kälte nebeliger lombardischer Winter in den fast afrikanischen Sommer verbracht wird.

Viel Rücksicht auf die Gewohnheiten norditalienischer Kundschaft, die sich im Süden ignorant benimmt wie die unangenehmsten deutschen Pauschaltouristen (wie die unangenehmsten!). Die Kommandos im an 'ö'- und 'ü'-Vokalen so reichen lombardischen Singsang. Die Herrenrasse inspiziert ihre südliche Provinz und besteht auf Buttergebratenem. Kein Wunder, daß die in Calabrien geborenen Kellner, die ein paar Jahre Milano hinter sich haben, nur in perfektem Milanese parlieren, mit der Rasse (razza) dunkelhaariger Lockenköpfe nichts mehr zu tun haben wollen, und von ihrer Menschwerdung in Sesto S.Giovanni, Gallerate und Seveso (überwiegend von Süditalienern bewohnte Industrievororte von Milano) schwärmen.

Ausstattung und Sporteinrichtungen dieser Ghettos eigentlich immer perfekt, auch die Grünanlagen.

(1.) Contrada (Gemarkung) Baia di Riaci (1,5 km südl. Tropea) Camping "Baia di Riaci", 5oo m vom Ort S. Domenica, unter Bäumen, Sandstrand mit Klippen. Möglichkeit Boote zu mieten. Bungalows (Steinhäuser).

(2.) Contr. Biluscia (1 km südl. S. Domenica) — unter einer Eisenbahnbrücke durchfahren, schöne Bucht — von Felsen eingerahmt. Campeggio "Formicoli". Ohne Bäume, Schatten nur durch Schilfmatten.

(3.) Contr. Torre Serena (2 km südl. S. Domenica): Campeggio "Torre Serena", kleiner Platz unter Bäumen, überwiegend Klippenküste.

Campeggio-Villaggio "Stromboli", unter Bäumen, Sand- und Felsküste, Bootsverleih, Basis für Taucher (Luftflaschen), Appartments, Steinhütten.

(4.) Contr. Torre Ruffa (bei S. Nicolo) schlechte Zufahrt. Als Strand nicht so sehr ansprechend, etwas ungepflegt und ziemlich vollgebaut. Sandig mit eingelagerten Klippen. Campeggio-Villagio "Torre Ruffa Robinson": Gut ausgestattet. Bis auf kahle Teile unter dichten Bäumen. Bootsverleih, Tennis, Boccia, Surfing, Taucherbasis (Luftflaschen), Plastikhütten und Appartements.

Hotel "Villaggio Linoneto" (III cat.)
Bungalows in Zitronenhain und Tropenvegetation. Teils Hotel, teils Feriendorf (Appartements mit Küche) Hotel: Doppelzimmer ca. 36—48 DM. Tel. o963/63133. *Hotel*

Camping-Villaggio "Baia del Sole", mit angeschlossenem Hotel (P.3) (Doppelzimmer ca. 36—44 DM), Appartments, Tennis, Wasserski, Windsurf mit Schule.

"Torre Ruffa", Camping: Unter Bäumen, mit Steinhütten, Taucherbasis (Luftflaschen).

(5.) Contr. Tonicello, zwischen Torre Ruffa und Capo Vaticano, landschaftlich sehr vielgestaltig, schönes agrarisches Hinterland, lange Sandstrände unterhalb des Felskliffs. Agrumengärten bis unmittelbar ans Meer. Zufahrt: von Tropea her vor der Schranke von S. Nicolo breiter Feldweg (mit Schildern zu den Campingplätzen), sonst kurz vor der Stazione Ricadi ein weiterer Feldweg. Bahnreisende: die aufgeführten Plätze sind 1—3 km von der Staz. FS Ricadi.

In der Contrada Tonicello die größte Konzentration von Plätzen, aber das Gebiet ist groß und die Küste lang und gegliedert. Von dem breiten

Feldweg, der etwa parallel zur Bahn läuft, verschiedene Stichstraßen zu den Buchten.

Campeggio-Hotel "La Conchiglia" (III cat.)
Doppelzimmer ca. 4o -45 DM, Tel.08963/ 63 25 6, Hotel auf der Klippe, Camping unterhalb zwischen Orangenbäumen.

Campeggio "Il Gabbiano", zwischen Agrumen, Bootsverleih, Tennis, Surf, Wasserski, Taucherbasis (mit Luftflaschen), Boccia.

Campeggio "Athragon", im Agrumenhain, Bootsverleih, Boccia, Ferienwohnungen in Bungalows.

Campeggio "Agrumeto", ein Orangenhain, wie der Name sagt. Kleiner, sehr gut ausgestatteter Platz, mit Bungalows. Boccia. Sehr schöner Strand.

"Costa Verde", Camping, in Orangenhain, mit Bungalows.

Campeggio "La Scogliera", recht dürftiges Grün, aber schön gelegen.

"Rocca di Vadaro", Camping, zwischen dürftigen Agrumeten.

6. Contr. Grotticelle (Capo Vaticano). Stichstraße, die sich zu einzelnen Buchten verzweigt. Hier fast alle Hotels und Pensionen der südlichen Tropea-Küste. Kleine Sandstrände zwischen Kaps, Klippen und Riffen — meist klares Wasser, aber bei ungünstigen Strömungen auch mal wenig appetitliche Anspülung aus der Gegend um Gioia Tauro und von Erdöltankern.

Hotels

Pensione "Costa Azzurra" (P.3)
Doppelzimmer ca. 2o—32 DM, ca. 1 km zum Meer, Tel. o963/631o9.

"Punta Faro" (III cat.)
Doppelzimmer ca. 4o—5o DM, Tel. o963/63139.

Pensione "Grotticelle" (P.3)
Doppelzimmer ca. 25—32 DM, Tel. o963/63157.

Pensione "Marinella" (P.3)
Doppelzimmer ca. 28—36 DM, Tel. o963/63197.

"Incoronato" (IV cat.)
sehr einfach, Doppelzimmer ca. 15—2o DM.

"Caronte" (IV cat.)
Öde gelegen, aber Blick bis zum Stretto und den Eolischen Inseln, Doppelzimmer ca. 2o DM, Tel. o963/631o5.

CAMPING

"Uliveto", riesig, ziemlich struppig und arm an Schatten. "Grotticello", kleiner Platz in altem Olivenhain. "Quattro Scogli", schöner Strand (zwei kleine Buchten zwischen Klippen, Blick zu den Riffen des Capo Vaticano), steile aber bequeme Zufahrt, hat lange offen, schön eingegrünt. Landschaftlich einer der schönsten Plätze der Tropea-Küste.

7. Contr. S. Maria: Frühere Fischersiedlung. Die Fischer sind geblieben, aber inzwischen ist es mehr eine Hotel- und Ferienhaussiedlung, aber mit dem Ansatz, landschaftsschonend zu verfahren. Lange Sandbucht.

"Baia del Capo" (II cat.)
Tennis, Park, Zugang zum Strand. Doppelzimmer ca. 41—6o DM, Tel o963/6317o.

"Park Hotel" (II cat.)
Tennis, Park. Doppelzimmer ca. 5o—8o DM, Tel. o963/63121;

"Sciaron" (III cat.)
Noch sehr neu und recht kahl, Doppelzimmer ca. 35—45 DM.

Hotels

<u>Campings</u>:

"Baia d'Ercole", noch sehr kahl, mit Bungalows.

"S. Maria", unter Bäumen, Tennis, Boccia. Bungalows.

Die Serre

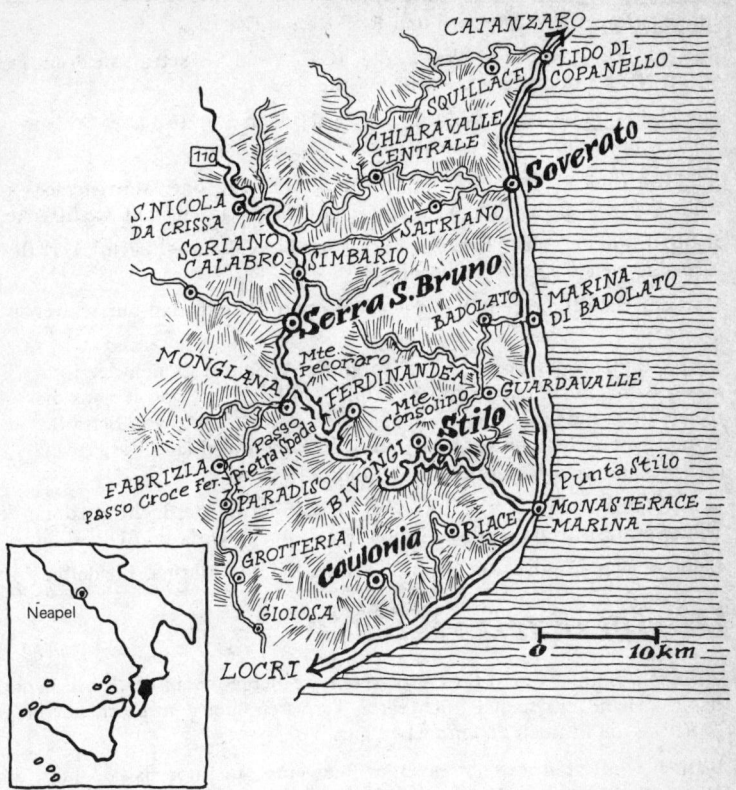

Hier an seiner Südspitze bekam Italien seinen Namen. Das erste, was die Griechen von dem neuen Land mitbekamen, war der Wein, in ihrer altphilologischen Sprache "oinos" und so nannten sie das Land "Oinotria".

Es dauerte nicht lange, da machten sie die Erfahrung, daß hinter den Rebenhügeln der Küste schroffe Berge kamen, voll großer Rinderherden und zu zur Freude künftiger Generationen von Sprachwissenschaftlern wurde aus Oinotria das Rinderland Vitalia (auf gut modern Italienisch heißt das Tier auf Speisekarten noch immer "Vitello"), aber Schlamperei in der Aussprache (oder sind es nur Eigenwilligkeiten?) machten Italia daraus und der Name blieb hängen. An "Calabria"dachte damals noch niemand.

So hieß der südlichste Teil Apuliens und erst im Mittelalter nahmen die die heimatvertriebenen Byzantiner den Namen mit in ihren letzten Schlupfwinkel.

Praktisches:

Information: EPT Catanzaro und EPT Reggio Cal.

Karten: TCI 1:2oo ooo, Blatt 23/24, IGM: 246-I-SE Serra San Bruno, 246-II-NE Nardodipace, 247-III-NO Stilo.

Wie hinkommen: Autostrada A3 bis Serre, dann S.S. 182 über Soriano calabro nach Serra S. Bruno.

S.S. 1o6 Ionica: Soverato—Serra S. Bruno S.S. 182 oder Monasterace—Stilo—Serra S. Bruno S.S. 11o, landschaftlich die interessanteste Strecke

Bahn: Jonische Bahn (Taranto—Catanzaro Lido—Locri—Reggio), verhältnismäßig viele Züge, meist Locali.

Von der Hauptlinie Napoli—Lamezia—Reggio kommt man nur schwer in die Serre.

Busse: Rauf in die Dörfer von allen größeren Bahnstationen der Jonischen Bahn. Busse nach Serra S. Bruno von Soverato, von wo aus die meisten Gegenden der Serre erreichbar sind. Das Innere von Serra S. Bruno. Der Süden von Gioiosa Jonica. Verbindungen über die Provinzgrenze Catanzaro-Reggio Cal. gibt es nicht!

Von Westen einzige Verbindung von Pizzo (Stadtmitte, nicht Stazione FS!) nach Serra S. Bruno. Südwestregion von Vibo Valentia und Gioia Tauro.

Cambio: Nur in Soverato, Serra S. Bruno, Siderno Marina, Filadelfia.

Die jonische Küste

Zwischen Squillace und Soverato treten die Berge bis an die Küste heran, das Hügelland mit seinen fruchtbaren Terrassen über dem Meer, mit kleinen Dörfern, die es noch zu entdecken gilt.

Südlich von Catanzaro gibt es kaum Bauwerke, die älter als 2oo Jahre sind. Das Erdbeben von 1783, eines der stärksten in der Geschichte Europas, hat nur weniges verschont. Die Orte sind damals recht schnell wieder aufgebaut worden, und in ihrer architektonischen Einheitlichkeit liegt ihr Reiz. Squillace mit Sila und Serre im Hintergrund.

Übernachtungsmöglichkeiten bisher in geringem Maß nur bei Privaten, an Ort und Stelle nachfragen!

In den Dörfern ein guter offener Rotwein, der den Weg bis an die Küste fast nie runterschafft.

La Roccelletta: Die Trümmer dieser Riesenkirche in einem gut abgeschlossenen Olivenhain. Ich selbst bin noch nie reingekommen, die Größe der Mauern beeindruckt aber auch von Außen.

Lido del Golfo, Lido di Squillace, Copanello: Erträgliche Strände, zwischen Orangen und Pinien — allerdings meist recht voll. Das Wasser erwärmt sich hier sehr früh. Baden ab Mitte Mai. Weiter südlich bessere Wasserqualität.

<u>**Camping**</u>: Montepiano Lido "Nausicaa". Baumbestand, Boccia. "Calabri-
sella", in einem Wäldchen. Gut ausgestattet, Boccia.
Freies Campieren kann hier bis südlich Soverato Ärger geben!

<u>**Lido di Caminia**</u>: Schöne Bucht, aber vollgebaut. Ferienhäuser. Stehen
außer im Hochsommer meist leer. Telefonnummer des Vermieters oft
angeschlagen. Bahn im Hintergrund stört.

Hotel | <u>Pensione"La Giara"</u>
| über dem Meer, Doppelzimmer ca. 4o - 6o DM.

Zwischen Montepaone Lido und Soverato Sandstrand, aber wie oft erweist
sich die Bahn als unüberwindliche Sperre ans Meer zu kommen. Kurz vor
Soverato Weg ans Meer.

Soverato (12 000 Einw.)

Ausgesprochener Ferienort, hat aber durch seine Betonarchitektur wenig
Atmosphäre. Aber so recht nach italienischem Geschmack. Uferpromenade,
die dem heimatlichen Corso entspricht, breiter Strand mit Badehäuschen,
Sonnenschirmen, wo man den ganzen Tag verbringt, sofern nicht Essens-
oder Siestazeit ist.

Das Meer für die Kinder zum Plantschen, ansonsten mehr Szenerie — was
in Soverato die Wasserqualität auch nahelegt. Shopping nicht arg ansprechend. Handwerkliches ist in den Dörfern des Hinterlandes besser und
preisgünstiger, Modisches findet man in viel größerer Auswahl in Catanzaro. Die Hauptstraße ist gleichzeitig Durchgangsstraße für den Fernverkehr—
Dieselqualm zum Schneiden dick.

Hier machen fast nur "Einheimische" Ferien, der "internationale" Tourismus findet an der Westküste um Tropea statt, die insgesamt reizvoller ist,
erheblich mehr Aktrvurlaubsmöglichkeiten bietet — allerdings preislich um
runde 3o% höher liegt.

TOURIST INFO : Azienda Autonoma, Via Lungomare 1, 88068 Soverato(CZ)
Tel. 0967/ 24 65

<u>Die jonische Seite</u> ist etwas für Entdecker, denen das Meer nicht das Ein-
und Alles darstellt. Ihr Hinterland ist vielschichtiger, archaischer. Die Menschen sind selbstbewußter, ohne die geschäftige Unterwürfigkeit, die einen
um Tropea gelegentlich sauer aufstoßen läßt.

<u>"IL PESCATORE"</u> — gute Frittura di Mare.

Soverato   <u>Südlich bis vor Roccella Ionica</u> wird es einsam, aber auch kahl,
die Berge sind eine ferne Kulisse, der Ferienbetrieb steckt
noch in den Kinderschuhen, ist aber schon sichtbar vertreten.
Das Meer ist sauber, aber nach Süden zunehmend Teeranspülung, die
Schiffahrtswege rücken näher ans Land.

Und Bahn und Straße näher ans Wasser. Südlich von Marina di Badolato
bis Reggio bleibt höchstens noch ein schmales Feld oder Stück Ödland da-

zwischen. Ein endloses Sandband, nur unterbrochen von den schotterigen breiten Mündungen der Fiumare. Um die kleinen Ortschaften Bäume und Gärten, ansonsten kahl. Die Hügel durch Erosion bizarr zerfressen. Die Küstenorte sind erst mit dem Bau der Eisenbahn entstanden und sehen immer gleich aus: Um den Bahnhof entlang der jonischen Straße ein oder zwei kurze Häuserzeilen, ein Weg zum Meer, vielleicht ein Hotel oder eine bescheidene Trattoria mit meist noch bescheideneren Kochkünsten.

An der ganzen südlichen jonischen Küste spielt die Fischerei so gut wie keine Rolle.

> Die alten Dörfer waren immer zu weit vom Meer, das Meer gehaßt und gefürchtet, wenn Segel am Horizont auftauchten, begann die Angst. Die alten Küstenwachtürme stehen dichter, sind meist klein und rund im Gegensatz zu den großen quadratischen Türmen an den dicht besiedelten Küsten im Westen, in die sich die Menschen aus der Umgebung flüchten konnten.

Für Schnorchler ist wenig los.

✦ MONASTERACE MARINA   (1 3oo Einw.)

Von hier Straße in die Bergregionen der Serre, zu Italiens abgeschiedensten Dörfern und nach Stilo. Das Stilaroflußbett ein grüner Garten, bemerkenswerter Wein, Direktverkauf an vielen Bauernhöfen. 1 km nördlich die Reste des antiken Caulonia, direkt über dem Strand das Fundament eines Tempels — mehr ist nicht geblieben.

Camping "Punta Stilo", schöner Platz mit Bäumen, Boccia und Tennis.

Stilo   (3 3oo Einw.)

Wichtigstes Zeugnis des byzantinisch-griechischen Calabrien die Cattolica — ein Stück geducktes Griechenland, beherrscht und bedroht von fremden Mächten. Allein ihre Maße zeigen, daß das hier keine Kultur der Herren war: 12 X 11 m. In quadratischer Bauweise mit fünf ziegelgedeckten Kuppeln entspricht sie der in Griechenland und Anatolien üblichen Bauweise. Da jeder einzelne Besucher schon riesengroß im Raum steht, sollte man den Zeitpunkt abwarten, wenn keine Reisegesellschaften das Gebäude ausfüllen, denn neuerdings wird die Cattolica sogar von deutschen Bus-Veranstaltern angesteuert. Die Schlüsselgewalt über die Kirche hat in letzter Zeit oft gewechselt, unten im Ort fragen.

Ansonsten ist Stilo eine typische calabrische Kleinstadt, die von bescheidener Landwirtschaft zur Sebstversorgung und von den Geldsendungen der Emigranten lebt.

Hotel

> "San Giorgio"
> Mit Schwimmbecken, angenehm als Aufenthalt, auch für Pendler zwischen Meer und Bergland.

Wer sich für die Lebensbedingungen frommer Eremiten interessiert. Ein Maultierweg führt auf den Monte Consolino oberhalb der Cattolica, dort noch einige Grotten mit Resten byzantinischer Fresken. Die Ruine des byzantinischen Klosters S. Giovanni Vecchio wurde vor 3 Jahren durch einen Macchiabrand endgültig zerstört.

FEST: Ostern Prozession der Frauen mit Brot und Nudeln durch die Straßen.

Riace: Hier wurden 1971 nur wenig von der Küste von Amateurtauchern die"Giganti di Riace", zwei große vollständig erhaltene griechische Monumentalplastiken (über 2 m hoch) gefunden. Vielleicht das schönste an Plastik aus der frühen Klassik. Nach jahrelangen Restaurierungsarbeiten in Florenz und einem erbitterten Streit im ihren endgültigen Ausstellungsort (Florenz, Rom, Riace, Locri und Reggio wollten sie haben) sind sie jetzt im Museo Nazionale in Reggio.

✷ CAULONIA

Das eigentliche Dorf Caulonia 7 km landeinwärts. Solide hellglasierte Gebrauchskeramik in Amphorenform. Karsamstag "Festa del Caracolo". Die Heiligenfiguren der Kirchen dürfen mal frische Luft schnappen und die örtlichen Tarantellameisterschaften begutachten.

Erklärte sich während der Landbesetzungen 1945 zur selbstständigen Republik. Hätte etwa die Größe San Marinos gehabt, wenn nicht nach 6 Monaten die Carabinieri einmarschiert wären.

Hotel "Castelvetere"
Am Meer, einfach, Doppelzimmer ca. 30 DM.

Hinter dem flachen Sandstrand Orangenhaine, aber auch einige Baustellen.

Frischer Fisch ist hier rar. Hauptgrundlage für "Fischgerichte" sind eingesalzene Sardellen (asciughe). Pasta ammuddicata: In bestem Olivenöl (1/2 Glas voll) bei leichtem Feuer werden 5 entgrätete asciughe zerkocht. In einer zweiten Pfanne werden geriebenes Brot und Stückchen von rotem Pfeffer angeröstet. Erst das Fischöl, dann das Brot über beliebige Nudeln.

Bergland der Serre

Nur an den höchsten Stellen knapp über 1ooo m hoch. Soweit nicht abgeholzt an der Westseite Buchen- und Weißtannenwälder mit zum Teil kolossalen Bäumen. In den Wäldern kleine Bäche, die man eigentlich so weit im Süden gar nicht erwartet.

In den Serre waren bis ins letzte Jahrhundert eine Reihe kleiner Eisenhütten, Waffenmanufakturen und Gießereien, die als königliche Manufakturen direkt unter Staatsregie arbeiteten. Reste der Manufakturgebäude in Ferdinandea und Mongiana. Ihr Bedarf an Holzkohle war immens, große Kahlflächen, die nur von Ginster und mannshohem Adlerfarn bewachsen, den früheren Raubbau verraten. Die Aufforstungen mit Schwarzkiefern wollen wie auch anderswo im Süden nicht so richtig gedeihen.

An der jonischen Seite meist Eichenmischwälder, die die Trockenheit besser vertragen. Stellenweise bis auf 1ooo m Höhe auch hitzeliebende Mittelmeervegetation. In tieferen Lagen Eßkastanienhaine.

✷ BIVONGI   (2 2oo Einw.)

In der Bourbonenzeit Bergbaudorf, eng und verschachtelt gebaut, mit Bogendurchgängen, Treppenwegen. Herstellung von "Pezzare" — Teppiche aus Stoffresten.

Guter Wein, der aber nur schwer zu bekommen ist.

Essenstip:

Von calabrischen Freunden weiß ich, daß man in den Trattorie gut essen soll, besonders im Herbst, wenn die Jagd Drosseln, Haselmäuse und Siebenschläfer beschert, die dann mit Oliven gefüllt geröstet werden. Man soll fragen, wo es das gibt, und möglichst am Wochenende einkehren — in der Woche rechnet hier niemand mit Gästen!

★ **CHIRAVALLE CENTRALE** (7 3oo Einw.)

Wirtschaftliches Zentrum der Serre, ein auf den ersten Blick herber Ort.

 Schöne <u>Granitfassaden</u> einiger Kirchen und Paläste. Molkereien, die wohlschmeckende weiche Käse herstellen und eine ganz exzellente Butter.
Trattoria "ZIA ANTONIETTA", genuines aus den Wäldern.
Im nahegelegenen S. Vito Jonio in der Molkerei (caseificio) leckere weiche Käse.

Serra S.Bruno   (7 ooo Einw.)

Kleinstadt mit fünf grazilen <u>Rokoko-Kirchen</u>. Außen Granitfassaden, dem harten Material entsprechende sparsame Formen, innen liebenswerte Stuckarbeiten, ohne jeden Pomp, mit dem einen sonst italienischer Barock erdrückt.

Hotels

"<u>Certosa</u>"
Brauchbarer Durchschnitt, Doppelzimmer 45 - 5o DM.

"<u>La Foresta</u>"
Doppelzimmer (ohne Bad) 12 DM, bei dem Preis kein Traumhotel, die dazu gehörige Trattoria tischt gutes und einheimisches auf.

 Ristorante "<u>KURSAAL</u>" — ein in Italien beliebter Name! Im Spätsommer und Herbst, aber nur bei feuchter Witterung, große Auswahl an Pilzgerichten. An Wochenenden voll, aber nur dann die Köche in Hochform!
In den Bäckereien "<u>nzuddi</u>" — steinharte Kuchen mit figürlichen Darstellungen in Flachrelieftechnik mit Fabelwesen, Tieren, Menschen und Heiligen.

Ohne einen frommen Jüngling aus "gutem" Hause in Köln würde es den Ort wohl nicht geben. Lebte im 11. Jahrhundert, und da ihm die Askese der vorhandenen Orden nicht streng genug war, gründete er einen eigenen Orden, <u>die Kartäuser</u>, die sich in späteren Jahrhunderten um die Herstellung von Kräuterlikören so verdient machten! <u>Bruno</u> führte erst sein Büßerleben in der Grande Chartreuse bei Grenoble in den französischen Alpen, bis ihm durch reichlichen Zulauf von Ordensmännern und Wallfahrern das Leben dort zu trubelig wurde.

Gute Beziehungen zu Papst und zum Normannenhof in Palermo verhalfen ihm zu einer neuen, wirklich einsamen Klause, den Wäldern der Serre. Ihre erste Niederlassung war nicht am Platz der heutigen Certosa, sondern bei der Kirche <u>S. Maria del Bosco</u> (worin sich die Nachbildung seiner Grotte befindet) nahe einer Quelle.

Wenn die Quelle damals schon so matt geflossen ist, war der Wasserbedarf der frommen Männer nicht hoch. Sie spendet in vier Minuten einen Liter. Nahebei ist ein Teich, in dessen Mitte ein marmorner Mönch steht — eine barocke Darstellung des heiligen Bruno bei seiner Lieblingsart zu büßen. Er soll oft tagelang den Teich nicht verlassen haben. Heute beliebter Picknick Platz.

Die Certosa, ein Neubau der Jahrhundertwende, kann besichtigt werden, aber nur von Männern!

Zu Pfingsten die "Prozession der Besessenen", wo die Statue des Heiligen vom Kloster in den Wald getragen wird. Geistig Behinderte und Nervenkranke werden in das von S. Bruno gesegnete Wasser getaucht, und man hofft so den Bösen aus ihnen auszutreiben.

CERTOSA: Kartäuserklöster sind anders als die Konvente anderer Orden. Sie bestehen aus von einander abgeschlossenen Mönchswohnungen, die die Mönche nur zur Messe verlassen. Ansonsten gibt es weder gemeinsame Mahlzeiten, gemeinsames Gebet und gemeinsame Arbeit. Die völlige Abschließung von der Außenwelt ist das Ziel, alles Streben ist auf den Tod hingerichtet — dekorative Elemente aus Knochen und Totenköpfen, Sensenmännern und anderen Symbolen der Vergänglichkeit sind meist der Hauptschmuck von Kartäuserklöstern.

An den Wohntrakt jedes Bruders schließt sich ein kleiner Garten an, wo Grünzeug und Arzneimittelpflanzen gezogen werden. In der Zeit nach der Reformation ist der Orden wie kein anderer verweltlicht. Riesige und prunkvolle Klöster. Die Dekoration blieb der einmal eingeschlagenen düsteren Richtung treu, die Ausführung oblag den besten Künstlern der Zeit, und man wählte edelste, möglichst unvergängliche Materialien zur Darstellung der Vergänglichkeit.

Der Orden, der sich schon früh mit Heilkunst befaßt hatte, kam durch die ständige Beschäftigung mit duftenden Kräutern und Essenzen auf Abwege der Likör- und Plätzchenherstellung, das völlige Verbot von Fleischspeisen führte zu weltlichen Triumphen der Fischzubereitung, und der Zwang, nie den Klosterbezirk zu verlassen, ließ Orte mit weiten Panoramen geeignet erscheinen, wo wenigstens das Auge kilometerweite Ausflüge machen kann.

Am jonischen Abhang über den Fiumare Allaro und Precariti liegen Italiens einsamste Dörfer, die nur teilweise mit dem Fahrzeug erreichbar sind. Wären nicht die schwierigen Wegeverhältnisse und die extreme Besitzzersplitterung, könnte man sie für Paradiese halten, reich an Wasser, fruchtbare Terrassenfelder, an denen Generationen gearbeitet haben, ein überwältigender Reichtum an Trauben, Nüssen, Obstbäumen — aber es reicht nicht zum Leben aus, und so entvölkern sich die Dörfer immer mehr. Die Orte liegen meist in kühner Lage über zwei Tälern, und sind stark von Bodenrutschungen bedroht.

★ **SORIANO CALABRO** (4 000 Einw.)

Großes Dorf auf der tirrenischen Seite, das sich steil an einen Berghang hochzieht. Berühmt für seine Oliven und noch mehr für die 'nzuddi, große harte Gewürzkuchen in der Form von Menschen, Tieren und Fabelwesen. Werden in ganz Südcalabrien auf den Festen verkauft. Handwerk: Keramik und Körbe.

Der Aspromonte

Das Ende des Stiefels – das ferne Afrika hat die Berge bis fast 2ooo m hoch gedrückt. In erdgeschichtlich nicht weit zurückliegender Zeit hat dieser Druck den Graben zwischen Calabrien und Sizilien entstehen lassen, heute macht er den Aspromonte zu einem der bebenreichsten Gebiete der Welt.

Etwa alle 1oo – 15o Jahre ein verheerendes Erdbeben, leichte Beben im Abstand von wenigen Jahren und zahllose Beben, die nur von empfindlichen wissenschaftlichen Geräten erfaßt werden.

Das Gebirge ist ein Chaos von Tälern, Felsbarrieren, die wie Sägen, wie Nadeln, wie Hände in den Himmel ragen, dessen wilde Wolken der Wildheit der Berge darunter entsprechen.

An den Rändern dicht besiedelt, im Inneren fast völlig menschenleer, zumindest, was die polizeilich gemeldete Bevölkerung angeht. Dagegen polizeilich Gesuchte reichlich, die Zahlen gehen bis 2 ooo – der Aspromonte ist das Reich der 'ndrangheta, der calabrischen Mafia, deren Grausamkeit in den letzten Jahren sogar die ehrenwerte Gesellschaft Westsiziliens übertrifft.

Auffällig in den Orten am Rande ein Polizeiaufgebot, was an Zahl und Ausrüstung eher an Spezialtruppen in Ländern der 3. Welt erinnert. Und die lokale Zeitung ist jeden Tag voll von Mord, Entführung, Erpressung, "Verwarnungen", mysteriösen Vorfällen . . .

An den Küsten wird geklaut.

Die Mafia interessiert sich für Euch mit Sicherheit nicht, außer

Ihr habt so viel Vermögen, daß Lösegelder ab 2oo ooo DM im Bereich Eurer Möglichkeiten liegen,

Ihr zeigt Hartnäckigkeit in Gebiete zu gehen, von deren "Gefährlichkeit" Euch vorher wohlmeinende Menschen zu überzeugen versucht haben — diese wohlmeinenden Warner sind in der Regel keine Mafiosi — solange Ihr nur sie trefft, habt Ihr zu Hause kein Erlebnis zum Vorzeigen!

TOURIST INFO : EPT Reggio Cal., Via Demetrio Tripepi 72, 89100 Reggio di Calabria, Tel. 0965/98 496/7. Außenstellen (nur Saison) in Locri, Bova Marina und Gambarie.

Karten und Bücher

TCI 23/24 (wen überwiegend Calabrien interessiert), 26 (wer mehr auf Ostsizilien steht).

IGM 1:25 ooo (für Wanderungen unerläßlich).

Nordteil: 254-I-SO Calanna, 254-II-SE Delianuova, 255-IV-SO Plàti, 254-II-NO Cardeto, 254-II-NE Montalto, 255-III-NO S. Luca.

Südteil: 254-II-SO Bagaladi, 254-II-SE S. Lorenzo, 255-III-SO Africo, 263-I-NO Melito di Porto Salvo, 263-I-NE Bova Marina, 264-IV-NO Palizzi.

Norman Douglas, die Kapitel über seine Wanderung von Delianuova nach Bova Marina, wenn es auch über 7o Jahre her ist.

Sharo Gambino, La Mafia in Calabria, Reggio C., Edizioni Parallelo 38, 8,5o DM.

Corrado Stajano, Africo, Torino, Einaudi, 6 DM — um das Buch laufen Prozesse   vielleicht nicht mehr im Handel!

Verkehrsverbindungen:

Bei allen Straßen, die auf den TCI-Karten in weiß eingetragen sind, vorher nach Befahrbarkeit fragen! Sonst im Gebirge in der Regel sehr kurvig, eng und in schlechtem Zustand. Im Winter oberhalb 8oo m nur S. S. 111, 112, 183, 184 geräumt — für den Rest besteht keine Nachfrage.

Busse: Für den Westteil von Reggio C., Palmi und Gioia Tauro, an der jonischen Seite von allen wichtigen Bahnstationen, meist 2 - 4 Kurse täglich.

Bahn: Jonische Bahn an der Küste. Im Nahverkehr die Fernzüge aus dem Norden, die hier meist als Bummler fahren, aus den Planungen streichen, sie sind hoffnungslos verspätet.

Nächtliche Fahrten mit dem Auto über die Berge auch auf den Hauptstraßen unterlassen: 1. Wolken und Nebel, Leiteinrichtungen miserabel, 2. nervöse Polizeikontrollen, 3. böse Menschen, die es auf Euer Auto abgesehen haben, und im Schutz des fremden Nummernschildes pressereife Schandtaten begehen.

Cambio: Ardore Marina, Bova Marina, Bovalino Marina, Brancaleone, Caulonia, Gioisa Jonica, Locri, Melito di Porto Salvo, Saline Joniche.

HOTELS: Auch an der Küste nur in größeren Orten. In den Bergen nur Gambarie. Keine Privatquartiere außer zufällige persönliche Gastfreundschaft schaft, der fast immer die Wohnverhältnisse einen Riegel vorschieben.

Camping: Die Mehrzahl der Plätze ein Martyrium. Freies Campieren an der jonischen Küste fast überall möglich, aber ans Klauen denken! Im Landesinneren Dorfnähe!

Essen und Trinken:

Die genuinen Landesprodukte erreichen nur selten den Handel. Selbstverpfleger halten sich am besten an die großen Läden in den Küstenorten, sonst fast nur Industrieware aus Norditalien, ältlich und teuer.

WEIN: Geringe Produktion, Qualität zwischen Spitze und Nicht-runter-Würgen. Preise immer hoch.

RISRORANTI: Deprimierend. Die Einheimischen gehen nicht essen und den Auswärtigen glaubt man alles vorsetzen zu können.

Die jonische Küste

Die Wasserqualität: Sauber, aber deutlich schlechter als weiter nördlich: Abwassereinleitungen der recht großen Orte, Teerverschmutzung macht sich bemerkbar. In einer ganzen Reihe von Orten scheinen Bevölkerung und Kommunalverwaltung keinen Widerspruch zwischen dem Strand als Ferienparadies und Mülldeponie zu empfinden. Überhaupt besteht stellenweise ein sehr familiäres Verhältnis zum Unrat. Positiv: Je höher die Dörfer liegen desto reinlicher.

✱ GIOIOSA IONICA (7 ooo Einw.)

Agrostadt mit ummauertem mittelalterlichen Kern. Zentrum des Oliven- und Orangenhandels und der Mafia, die auf diesem Sektor arbeitet. Gioiosa ist einer der wenigen Orte, wo Bevölkerung und Bürgermeister offen gegen die Ehrenwerte Gesellschaft kämpfen, trotz Einschüchterung und Morddrohungen. Stadtverwaltung und die christliche Basisgemeinde um den exkommunizierten Arbeiterpriester Don Natale Bianchi organisieren seit Jahren im September einen Anti-Mafia-Kongreß.

<u>Hotel "Reale"</u>, Doppelzimmer 25 - 35 DM.

Azienda "Femia" in den Giardini di Gioio-
sa nahe am Ort. Adresse: Vincenzo Femia,   *AGRITOURISMUS*
Via Settembrini 19, 89042 Gioiosa Jonica (RC),   Tel. 0964/51 48 6 und
51 03 9.

✦ MAMMOLA   (6 3oo Einw.)

Malerisches mittelalterliches Dorf mit engen Gassen. So steil, daß die
Häuser übereinander gebaut wirken. <u>Herstellung von Dudelsäcken</u>.
Werke des lokalen Bauernmalers <u>Spatari</u> in der Kirche S. Nicodemo
(1o km) und dem Kloster S. Barbara (2 km), wo er ein <u>Museum moderner calabrischer Malerei</u> eingerichtet hat. (Vorher im Rathaus fragen !). <u>Piano di Limina</u> — eine Sumpfebene mit ausgedehnten Weiden,
pastorale Landschaft mit rieseigen Herden, erfüllt vom Blöken und
Glockengeläut der Tiere, dazwischen der Klang von Hirtenflöten und
Dudelsack. Blick über beide Meere.

Locri   (12 ooo Einw.)

Wichtigster Ort des jonischen Teils der Provinz Reggio. Reichlich Geschäfte, weniger zum Shopping als den Einkaufsbedürfnissen der ländlichen Bevölkerung dienend. Strand und Promenade wenig einladend,
ebenso die Hotels, die äußerlich einander an Häßlichkeit zu übertrumpf-
en suchen.

Locri ist <u>Schaltzentrale der Mafia</u> des jonischen Ufers. An den Bank-
schaltern der Stadt tauchten in der Vergangenheit immer wieder Geldscheine aus Lösegeldern auf.

<u>Information</u>: Informationsbüro des EPT (nur Sommer) Via Fiume 1.

<u>Das antike Locri</u> lag 3 km weiter südlich. Ausgrabungsgelände mit nicht
mehr als Grundmauern und den bescheidenen Resten eines griechisch-
römischen Theaters. Antiquarium, die meisten Funde aus Locri aber
im Museo Nazionale in Reggio, aber unter alten Ölbäumen ganz romantisch.

<u>Locri</u> war eine der reichsten Griechenstädte der Magna Graecia, war berühmt für seine
Olivenhaine und seine Pferdezucht. Oberhalb der antiken Stadt das Heiligtum der Persephone, das die Stadt zu einem frequentierten Wallfahrtsziel machte.

<u>Persephone</u>, die Tochter der Ackerbaugöttin Demeter, zog meist singend durch Blumen-
wiesen, woran sich die Natur durch eifriges Sprießen und Wachsen, durch die Mehrung der
Herden freute. Nun begehrte Hades, der Gott der Unterwelt, Persephone zum Weibe.
Ihn hatten schon andere Göttinen abgelehnt und die Persephone wollte ebenso wenig.
Nach langer Hartnäckigkeit erlaubten die Götter des Olymp die Entführung. Allein Deme-
ter, die von dem Komplott nichts wußte, trauerte und suchte überall, die Natur trauerte
mit. Aus war es mit der Blütenpracht und auch die Tierwelt ließ die Köpfe hängen. Die
Götter erbarmten sich. Ein Vertrag zwischen Hades und Demeter kam zustande, wonach
Persephone ein halbes Jahr über der Erde, ein halbes Jahr unter ihr blieb. Kam sie aus der
Unterwelt, blühte auf, mußte sie runter, wurde es Winter.

Beim Heiligtum ganze Magazine voll Pinakes, kleine, in Modeln gepreßte Tontafeln mit der Darstellung von Vieh- und Getreideopfern an Persephone und ihren Gemahl. Die Pinakes wurden an Bäumen aufgehängt und im Herbst sehr zum Ärger heutiger Archäologen — zerschlagen.

Irgendwie reizt es, den gedanklichen Sprung zu den "mostaccioli" oder "'nzuddi", den in Formen gepreßten Riesenkeksen zu machen, die auf keinem Marienfest fehlen.

Und hier hat die Madonna viel mit dem heiligen Tier der Alt-Italiker zu tun. Dem Stier: Dort, wo auf der Stelle antiker Quellheiligtümer die modernen Wallfahrtskirchen stehen, sind Stiere betend in die Knie gefallen, haben Marienbilder aus dem Boden gepflügt. Sie nehmen blumenbekränzt an der Prozession teil, manchmal dürfen sie sogar mit in die Kirche, ein Recht, das anderen nützlichen Tieren wie Esel, Ziege, Schaf oder Huhn nicht zusteht.

✈ GERACE (3 4oo Einw.)

Gegründet als das unter den Römern schon bedeutungslose Locri seit dem 7. Jahrhundert immer wieder von den Sarazenen überfallen wurde und die Malaria in den Küstenebenen überhand nahm.

Kleinstadt mit viel Atmosphäre, wie ein Balkon über dem Meer: Lichter, geräumiger Normannendom, die Säulen stammen aus dem verlassenen Locri.

Gerace ist kein reiches Mittelalter, alles ist Miniatur, der Dom ausgenommen. Aber preziös, Portale, Fenster, Innenhöfe. Bis auf die zwei Sommermonate, wenn die Klügeren hier ihren Aufenthalt wählen anstatt im heißen Locri, ist die Stadt leer, fast nur alte Menschen.

Hotel (mit Ristorante) "La Rupe"

Die Lage ist großartig, von den Balkonen vor den Zimmern und von einer Gartenterrasse ein Blick, der erst dort endet, wo Italien unwiederbringlich aufhört. Zweckmäßig und bewohnbar eingerichtet, Stühle und Tische auf den Zimmern wackeln nicht — und das will was heißen. Der junge Koch hat Phantasie und Heimatliebe. Doppelzimmer 3o DM, Essen ca. 15 DM. Tel.0964/ 35 60 57.

Hotel

Ganz speziell: Involtini alla calabrese: So eine Art kleiner Rouladen aus Kalbfleisch, das im Süden mehr Substanz hat und rosiger ist als das von der deutschen Hausfrau gewünscht wird. Gefüllt sind sie mit einer feingewiegten Masse aus Semmelbröseln, rohem Schinken und fettem Speck (beides luftgetrocknet) je einen Hauch Salbei, Petersilie, Pecorino und Muskat. Gekocht entweder in leichter Tomatensoße oder in Weißwein mit einem Zweig Rosmarin.

✈ ARDORE MARINA (5 2oo Einw.)

Ortsbild mit einer gewissen Freundlichkeit, inmitten von Orangengärten. Die Strände Richtung Locri haben teilweise schattenspendende Pinien.

✈ BOVALINO MARINA (4 7oo Einw.)

Geringe Spuren von Charme, auf Reggio zu werden die Ortschaften immer herber, man kann auch sagen verkommener. Der Strand in Ortsnähe eine Müllhalde, von stinkenden Rinnsalen durchflossen.

Hotel (mit Ristorante) "Tourist"

Modern, mit der üblichen Marmorhalle am Eingang die mehr erwarten läßt als die Zimmer nachher bieten. Aber funktionell und sauber. Doppelzimmer 3o DM.

Beim Essen Anklänge an die Calabresische Küche. Bei Fisch und Meeresgetier wird der Koch sogar mutig (vielleicht aber Tiefgefrorenes).

★ BOVALINO SUPERIORE

Altertümliches Dorf, dessen Bevölkerung immer mehr in die moderne Marina abwandert. Über dem Dorf in Verteidigungsanlage Castell. Weiter Blick in den Aspromonte und die weiten Schotterflächen der Fiumare Careri und Bonamico.

Ein Chaos von Klippen und Felsnadeln, Bergspitzen, die wie Ritterburgen aussehen — in der Ferne als ganz ruhige Linie der Monalto, der kaum höher ist als die ihn umgebenden Berge.

Hat "Expeditionscharakter". Eine der wildesten, unwegsamsten und unberührtesten Landschaften. Alles andere als ein klassisches Wandergebiet, aber wer das Abenteuer auf sich nimmt, erlebt sich und seine Fähigkeiten im Gelände, gewaltige und gewalttätige Natur, trifft Menschen, die mit ihren Herden oft wochenlang außerhalb der "Zivilisation" leben, kommt in winzige Dörfer, zu Häuseransammlungen, wo bisher Fremde nicht hingekommen sind, meist begegnen einem die Bergbauern in stummer Verwunderung. Man erlebt Stille. Höchstens die Glokken der Ziegen und Rinder, Hirtenflöten. Viele Ansiedlungen, die die Militärkarten verzeichnen, sind brombeerüberwachsene Trümmer.

Voraussetzungen:

Gutes Wetter, sonst wegen Frane, Hochwasser und schlüpfrigem Boden gefährlich.

Wandererfahrung und gutes Orientierungsvermögen. Die Wegeverläufe ändern sich ständig. Die Karten sind 1956 (!) aufgenommen worden, überall ein Gewirr von Wegen, Wegchen, Pisten und Pfaden, die oft plötzlich enden, gerne nachdem man in der Hitze 3oo - 4oo m abgestiegen ist, unter einem ein tiefer Schlund. Praktische Erfahrung im Gebrauch von Karte und Kompaß (in einigen Gebieten wegen erdmagnetischen Annomalien Abweichung der Kompaßnadel — auf den IGM-Karten mit UTM-Netz am Kartenrand angegeben).

Nicht drauflosstürmen. Erst zweifelsfrei zwei, drei Punkte in der Landschaft lokalisieren, die einem Richtungsorientierung geben.

Italienisch sollte man einigermaßen können und sich auch schon in den schwierigen Dialekt eingehört haben. Wann immer in unwegsamen Gelände man einen trifft, über Standort und Ziel sprechen. Abseits der Straßen und Pisten verirrt man sich ständig.

Körperliche Ausdauer, Motivation (allein schon weil es landschaftliche Durststrecken gibt, wo man sich fragt, was einen in diese Einöde getrieben hat), und eine Ausrüstung, die man schon länger erprobt hat.

Ausrüstung:

Rucksack, der auch bei größerem Gewicht keine unerträgliche Last ist. Da das Innere des Gebirges fast menschenleer ist, muß man eine ganze Menge mitschleppen — auch an Nahrung. Unbedingt Regenschutz, und bei Wanderungen über mehr als 24 Stunden das Minimum an Reisekleidung.

Wasservorrat nicht unter 1,5 l. Schlangenserum und elastische Binde. Schlafsack (auch im Sommer niedrige Nachttemperaturen — schon in relativ niedrigen Lagen — tagsüber dafür heiß und oft schattenlos). Leichtzelt oder Biwacksack. Mückenmittel.

Kleidung: Das beste sind italienische Militärhosen und -jacken, die es bei uns oft gebraucht für wenig Geld in Jeansläden gibt. Der Stoff leichter und widerstandsfähiger als Bundeswehrware. Was auf italienischem Klamottenmärkten auftaucht, ist oft Imitation mit viel Synthetik drin.

Trinkwasser: Nur wenige Quellen, deren Wasser manchmal recht erdig ist. Dafür kann man das Wasser aus den stark fließenden Flüssen bedenkenlos trinken. Wie kalt es ist, wird man spätestens merken, wenn man zum ersten mal durch einen dieser reißenden Fiumare oder Torrenti waten muß. Dabei aufpassen, daß man nicht tiefer als zum Schritt eintauchen muß, weil es einen dann wegreißt. Brücken gibt es nur selten.

Saison:

April - Juni, September — im Hochsommer mörderisch, da gehen nur Spaziergänge auf den waldigen Hochflächen um den Montalto. Die anderen Monate zu regnerisch. Oberhalb 1 5oo m zwischen November und Ende März in der Regel Schnee.

Stützpunkte:

Wer das Gebirge wirklich kennenlernen will, sollte von einem Stützpunkt im Inneren Touren durchführen, bei denen nicht die gesamte Last des Gepäcks geschleppt werden muß.

① Dafür sind geeignet: Gambarie mit einigen und den einzigen Hotels im
② Gebiet, mehr mitten drin ist man aber in Santuario di Polsi, ein ein-
③ sames Kloster unterhalb des Montalto, mit San Luca, Piani di Zervò und Gambarie durch abenteuerliche, enge, stellenweise gefährliche Autopisten verbunden (nicht durch die ersten km in Asphalt zu optimistisch werden !) — unbedingt nach deren Befahrbarkeit bei Carabinieri oder Forstverwaltung (CFS - Corpo Forestale dello Stato) fragen. Möglichst leichtes Auto. Dicke, schwere und untermotorisierte Fahrzeuge (2 CV, Wohnmobile . . .) denkbar ungeeignet: Es gibt Steigungen von über 25 %, auf der Naturpiste herrlich rollende, faustgroße Brocken.

Wenn der Pilgerzustrom nicht zu groß ist, kann man in den Besucher-
zellen des Klosters wohnen, sonst halt das Zelt. Zwischen Mai und September auch einige sehr bescheidene Läden und Osterien. Wers Auto
hat, bringt aber besser seinen Kram mit.

④ PIANI DI ZERVO – die Ruine eines Sanatoriums. Zelt und Auto
zwischen den Gebäuden unauffällig verschwinden lassen (die Straße
ist gefahrlos, fast überall Asphalt).

Dran denken:

Das Gerede über die Mafia ist kein Gerede, deshalb Standlager an den
genannten drei Stützpunkten aufschlagen (wobei Piani di Zervò schon
etwas unheimlich ist). Rings um den Aspromonte werden ständig
Menschen entführt und auch millionenschwere Beuteobjekte aus Norditalien sind in dieser Einsamkeit untergebracht worden. Wenn man euch
klarmacht, daß es hier besser nicht weitergeht, hört drauf, es geschieht,
um euch und anderen unangenehme Situationen zu ersparen. Wenn
Carabinieri (sie sind zahlreich und treten militärisch gekleidet und be-
waffnet auf) oder die Forestali Euch den Weiterweg abschneiden, hat
es seine Gründe.

Übernachtungen in der freien Landschaft nur bei Bauernhäusern (mehr
in den Randzonen), bei den Baracken von Hirten und Waldarbeitern —
aber nicht stumm das Zelt aufschlagen, sondern einen kleinen Schwatz
beginnen: die freuen sich, Ihr werdet mit Sicherheit die ursprünglichste
Gastfreundschaft erleben, die man sich vorstellen kann, und redet über
euer Wanderziel!

Wenn sie ganz hartnäckig darauf bestehen, daß ihr am Abend runter
ins Dorf kommen sollt, wird es in der Regel sein, weil sie euch Haus
und Familie zeigen wollen, euch bewirten wollen — es kann aber auch
wegen eurer Unversehrtheit geschehen.

Das Fest von Santuario di Polsi

(Madonna di Polsi – die Einheimischen sagen meist "Porsi" oder "Popsi",
Madonna della Montagna):

Anfang September Tausende Pilger aus ganz Südcalabrien. Man ißt,
trinkt und tanzt Tarantella bis zur Erschöpfung. Der Madonna zur Ehre
werden Hekatomben von Ziegen geschlachtet (so nannten die antiken
Griechen Tieropfer von ganzen Herden - das Wort bedeutet Hundert-
zahl). Das Blut fließt in den Fluß (der Teil, den die Madonna kriegt),
der Rest landet in den Mägen der Pilger. Bratenduft als Opferrauch
steigt sich kringelnd zum Himmel. Statt Nachtruhe der Takt der Tarantella von Organetto (kleine Ziehharmonika), Tamburello (Tamburin)
und Zampogna (Dudelsack – hier im griechischen Süden Calabriens
riesengroß – aus dem Balg einer Ziege).

Überall Ziegenfelle, die trocknen. Die "Opferung" geht blitzschnell, die

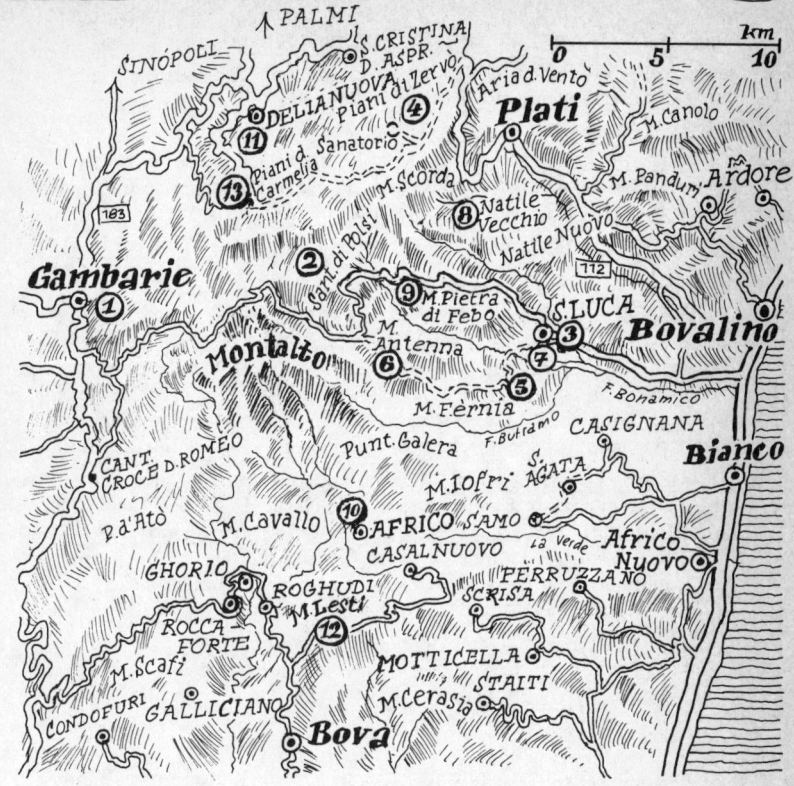

schreiende Ziege, die an den Hörnern geführt, ihr Schicksal zu ahnen scheint, liegt kaum auf dem Bock, dann ist sie schon abgestochen, ohne jeden Laut. Dann an einem Hinterbein ein kleiner Einschnitt und das Tier wird aufgeblasen, damit sich der Balg ohne jede Beschädigung vom Fleisch trennt.

Angeblich soll das Kloster gegründet worden sein, weil hier ein Stier auf die Knie fiel, man grub an der Stelle nach — man ahnte ein Wunder — und ein Madonnenbild kam aus der Erde.

Großartige Szenerie am Ende zweier Täler unter dem Montalto, mit seinen kahlen Mergelhängen. Riesige verwitterte Kastanien und Wasserrauschen.

①Anreise: Piste von Gambarie ("Montalto"), ca. 3o km, für die man 2 Stunden als Minimum rechnen muß.

③Piste von S. Luca, 12 km landeinwärts von der jonischen Küste bei
⑤⑥Bovalino, dann die südliche Piste (am Monte Fernia und Monte Antenna vorbei), ca. 25 km, eine Belastung für Fahrer und Fahrzeug. Die nörd-

liche Piste ab S. Luca ist unterbrochen. Unterhalb von S. Luca, beim früheren Ort Stranges auf 1 km langer Furt durch den Bonamico.

Piste von Piani di Zervo, kleines Schild vor dem Sanatorio, nur für leichtes Auto, stellenweise sehr gefährlich, Befahrbarkeit unbedingt vorher erfragen!

Busse 4 x täglich von Staz. FS Bovalino nach S. Luca. Zum Fest der Madonna am 1. September LKWs, die Pilger und Neugierige nach Polsi fahren (ca. 1o DM). Dann den Bus um 5.2o Uhr ab Bovalino nehmen!

zu Fuß ab S. Luca

Ins Flußtal des Bonamico und darin bleiben. Keinerlei Weg in der Schotterwildnis, stellenweise 1km breit, immer wieder schmal, Springpartien übers reißende Wasser und klettern über meterhohe Blöcke. Auf halbem Weg hat eine riesige Frana das Tal abgesperrt, dahinter ein See. Am südlichen Seeufer ein miserabler Pfad, dann wieder im Flußbett. Wo sich die Flüsse gabeln, den südlichen , größeren nehmen. Kletterpartien über die Brocken und endlich ist man da. (4 - 5 Stunden).

⑧ Ab Natile Vecchio:Täglicher Bus nach/von Bovalino. Wegdauer 7 - 8 Stunden. Durch einsamste Landschaft, wo die Natur die früher kahlen Felsen
⑨ überwuchert. Führt an den völlig nackten Felstürmen Pietra di Febo und Pietra Kappa vorbei. In ihnen frühere Eremitenhöhlen, nach einem Tal, das durchquert werden muß, erreicht man den Bonamico, weiter wie von S. Luca (Pietra di Febo und Pietra Kappa sind auch von S. Luca aus erreichbar.)

⑩ Wanderungen von Polsi: Montalto, Piani di Zervo, und auf dem uralten Pilgerweg nach Africo und Bova.

✱ GAMBARIE

(4 Hotels) Sommerausflugsort für Reggio und im Winter etwas Wintersport. In der Saison und am Wochenende Busverbindung mit Reggio Cal. Im Sommer an den Wochenenden Gewimmel, überall Picknick, man sucht Pilze (ca. 1 km links und rechts der Straßen total übersammelt). Oben, besonders entlang der Straßen die nach G. führen, Verkaufsbuden für Käse, Schinken und Salami — in der üblichen gebirglerischen Spitzenqualität.

Trattoria"DONNA JOLANDA"" Imbiß mit eigenem Wein und Schinken, selbstgebackenes Brot, Pilze unter Öl.

Ausgangspunkt für den Montalto — man kommt mit dem Auto hin, asfaltato, wo andere Autos parken, gehts die letzten 1o Minuten a piedi. Oben ein Christus der segnend seine Hände nach Reggio ausbreitet und bei klarem Wetter die Sicht über Südcalabrien, Etna und Eolische Inseln.

Um den Montalto ausgedehnte Buchenwälder, die stellenweise Urwaldcharakter haben. Zur jonischen Seite hin immer mehr von Wacholdermacchia und zerzausten Kiefern durchsetzt und zerbröckelndes Gebirge. Unter einem ein Chaos von Tälern und Schluchten.

<u>Wanderungen</u> nach: Piani di Zervò, in die Griechendörfer des südlichen
Aspromonte (was einen Tagesmarsch — nur Hinweg — bedeutet) in die
westlich gelegenen Piani, Hochebenen mit mageren Viehweiden, mannshohem Adlerfarn und eindrucksvollen Baumgestalten.

Die Jasminküste
Bovalino -Brancaleone

Die weißen, unfruchtbaren Gipsmergelhügel treten immer näher an die
Küste. Das einzige was zu gedeihen scheint, sind die aus Mexiko einge-
schleppten Agaven und Feigenkaktusse. Öde, verelendete Straßendör-
fer. Helle kahle Strände (oft vermüllt), das Wasser sauber. Aber man
glaubt sich am Rande einer großen Wüste — im Sommer verschwinden
die Berge des Aspromonte im flirrenden Dunst. Fast jeder Ort hat inzwischen ein, zwei Hotels mit karger Ausstattung, relativ hohen Preisen
und dem baulichen Ambiente einer Mailänder Vorstadt. Lästig, daß die
Eisenbahn überall am Strand entlang führt.

Italiens Südspitze:

Die Küste zwischen Capo Spartivento bei Brancaleone und Capo dell'
Armi am Eingang zur Meerenge zwischen Calabrien und Sizilien. Der
Aspromonte endet steil und kahl am Meer. Felsküste mit einzelnen
Sandbuchten, an die man wegen der immer dicht am Ufer verlaufenden
Eisenbahn meist nur schlecht herankommt. Der südlichste Punkt des
italienischen Festlandes etwas westlich von Melito Porto Salvo (Punta
di Melito). In der Sprache der Tourismusstrategen heißt dieser Küsten-
abschnitt "Jasminküste" — Costa dei Gelsomini.

Wer seit Taranto immer nur an den staubigen flachen Hügeln der jonischen Halbwüste entlang gefahren ist, freut siah schon erwartungsvoll
auf dieses grüne Paradies, wo die Parfümpflanze besser gedeiht, als
sonstwo in Europa.

Wer die Jasmin-pflückerinnen bie ihrer romatisch-duftenden Tätigkeit
beobachten will, die im Akkord bezahlt wird, mache seine Beobach-
tungen noch vor Sonnenaufgang im Juni — September, dann haben die
Blüten den meisten Duft und danach wartet auf die Frauen die Arbeit
auf der eigenen Parzelle mit Spinat, Broccoli und Tomaten. Und es
sind winzige, von Schilf eingefaßte Parzellen oder zugestaubte Gewächshäuser, worin der Jasmin wächst — als Busch gegenüber dem allgegen-
wärtigen Oleander reichlich ernüchternd. Mit seinen grauen Blättern
und den winzigen weißen Blüten paßt er bestens in diese Landschaft ab-
gedeckter Farben.

★ **PALIZZI**   (3 3oo Einw.)

Der im Gebirge (1o km) gelegene Ort ein ursprüngliches Stück selbstbe-
wußtes Calabrien, wo die Menschen das Rebellentum in den Adern haben — auch die Frauen in den schwarzen Kleidern. In seiner Bausubstanz eines der schönsten Aspromonte-Dörfer. Wie alle Dörfer im Inner-
en des Gebiets, keinerlei Hotels, Locande.

Es gibt einige Campingplätze an der Küste, freies Campen ist möglich, im Landesinneren ohnehin die einzige Übernachtungsart.

Von Palizzi aus eine schlechte Straße in die Dörfer Pietrapennata und Iermanata, weitgehend verlassen, fast ohne Kontakt zur Außenwelt. Hirtendörfer. Die Frauen stellen aus eingefärbten Ginsterfasern Decken und Teppiche her.

✳ BOVA MARINA

Häßlich. Strand in Ortsnähe mehr eine Müllkippe. In Condofuri Marina besser, Camping "Boschetto" unter Pappeln, in diesem Küstenabschnitt der einzige akzeptable Platz, Strand dort sauber und feinsandig.

Italo-Griechische Dörfer

Bova Marina und Condofuri Marina die Ausgangspunkte für Exkursionen in die Welt der Italo-Griechen ("Grecani"), einer nationalen Minderheit, die bis vor kurzem vor dem Erlöschen stand. Inzwischen haben die Grecani ihre sprachliche und kulturelle Identität wiederentdeckt. Alltagssprache ist italienisch, Sprache ihrer Poesien ist ihr archaisches Griechisch, dessen Wurzeln in der antiken Kolonisation der Magna Graecia liegen.

In den Dörfern des Aspromonte hielt sich das Griechische, weil sie abgelegen waren und sich nicht einmal die Steuereintreiber für sie interessierten, so arm waren (und sind) sie. Noch im Mittelalter wurde im gesamten Aspromontegebiet griechisch gesprochen (fast alle geografischen Namen sind griechisch), aber griechische Sprache und griechische Riten in der Kirche verschwanden mit dem Kontakt zur Außenwelt — ein starkes Selbstbewußtsein als Minderheit wie bei den Albanern gab es nie.

Auffällig im Gebiet zwischen Locri und Reggio ist der Menschentyp mit oft "klassischen" Gesichtszügen, die an Antikes erinnern — auch wenn er unterhalb des Kopfes stark zur Korpulenz neigt.

In den Dörfern wird man nicht selten auf Gerhard Rohlfs angesprochen, einen Sprachwissenschaftler, der als junger Mann in den 20er Jahren sein Verhältnis zu dieser Region bekam, nachwies, durch das Vergleichen mit anderen griechischen Dialekten, daß es sich hier um ein direktes sprachliches Erbe des Altgriechischen handelt und nicht wie bis dahin angenommen, um byzantinisches Griechisch. Aber nicht nur die Sprache ist als Tradition übrig geblieben:

Ursprüngliche Gastfreundschaft, der nur die extrem schwierigen Lebensverhältnisse einen Riegel vorschieben — aber es sind die kleinen Gesten, die Bedeutung haben. Liebe zur Poesie, in fast jeder Familie einer, der Lieder verfaßt und bei den Festen werden sie im Sprechgesang vorgetragen. Und die Lust, sich im Tanz auszudrücken, sich zu befreien.

✳ BOVA SUPERIORE   (8oo Einw.)

(griech. Vua): Zentrum der Griechen im Aspromonte. Die anderen Dörfer, wo noch griechisch gesprochen wird (alle am Rande des Aussterbens): Rahudi (Roghudi), Chorio, Roccaforte del Greco, Ghorio, Condofuri, Amendolea und Galliciano (wo das reinste Griechisch gesprochen wird).

Erst seit 15, 2o Jahren auf Straßen erreichbar, oft durch Erdrutsche unterbrochen. Alle Dörfer, außer Bova, zur Zeit nur über Condofuri Marina erreichbar, auch wenn neue Karten eine Straße von Bova nach Roccaforte über Rahudi versprechen — die ist verschüttet.

Bova liegt großartig, auf 82o m Höhe in mitten einer von Tälern zerfurchten kahlen Landschaft, unterhalb von Felsklötzen. Man sieht so richtig, wie Italien zu Ende geht, wie sich der Stiefel mit leichter Krümmung ins Meer schiebt. Bei klarem Wetter sieht man in der Ferne den Etna rauchen. Für Fernsichten am besten zu Fuß aufs Kastell, 1o Min. Oder per Auto (4 km) zur Grande Porta di Bova 1 o43 m (Straße nach Casalnuovo).

Das Gemeindewappen von Bova ist ein Rückgriff auf Antikes:

Bekanntlich entführte Zeus, der griechische Obergott, eine Frau namens Europa, indem er sich in einen hübschen Stier verwandelte und sie auf seinen Rücken nahm — auf griechischen Vasen oft dargestellt. In Bova sitzt nun die Mutter von Nostro Signore Gesu, Maria, oben auf dem Stier.

Teste:

Für die Frauen am wichtigsten <u>S. Leo</u>, Anfang Mai, der örtliche Heilige, den sie in jedem Gebet 3o ooo-mal um seine Gnade bitten. Litaneien — einige Frauen haben schöne Stimmen. Für die Männer (und die Gemeindeverwaltung, die einen gewissen Anfang im Fremdenverkehr erhofft):

<u>Festa della Italo-Grecanita</u>, bisher Mitte Mai, soll aber in den August verlegt werden.

<u>Anfragen</u> an: Comune di Bova Sup.re, I-89o33 Bova (RC). Lokale Poesie aus den griechischen Dörfern, Wettbewerb in zampogna, organetto und tamburo, Tarantella und Bauern als Kulturproduzenten.

DieTarantella:

Der Tanz des griechischen Süditalien zwischen Napoli (dort nur noch Folk-Darbietung) Lucanien und Calabrien. Kein romantischer Bouzouki-Sirtaki. Keine Musik zum Nebenher-Hören. Tarantella ist ähnlich wie Soul — tiefempfunden, ganz fremd, lebt aus Rhytmus und Lebensgefühl, durcherlebte Lust, sich bewegen zu können (der Schritt sieht einfach aus, hat aber irgendwelchem Gehopse 3ooo Jahre Vergangenheit voraus — nicht mitmachen!) Die Kinder im jonischen Calabrien und Lucanien lernen es in der Schule, und wenn sie nicht in die Schule gehen, in der Familie.

Keine großen Schritte, dafür viele rasend schnelle, der Oberkörper steif, ohne verkrampft zu sein. Selbst gewichtige Brocken scheinen leicht wie Federn zu schweben — scheinbar ohne jede Anstrengung. Wer in den Ring darf, bestimmt der Tanzmeister, der mit diktatorischen Befugnissen ausgestattet ist und er stellt die Paare so zusammen, daß aus den für sich Tanzenden eine Harmonie wird. Überwiegend tanzen Männer, aber auch Frauen dürfen. Weil immer nur einer aus der Tarantella ausscheidet, der andere weitertanzt und ein Neuer in den "Ring" kommt, ist es stundenlang fortwährende Bewegung.

Die Tarantella ist uralten Ursprungs. In Pompei gibt es Darstellungen mit fast den gleichen Instrumenten. Die Kirche hat sie in ihre Marienfeste klug eingebaut, den Bauern nicht die vergnügliche Seite der Religion genommen, wie es so ganz nach dem Geschmack puritanischer Reisender der letzten Jahrhunderte gewesen wäre, die befanden, daß die Tarantella ein "zuhöchst sittenverderbliches Vergnügen der unteren Klassen" sei, "dazu angethan die ungebildeten Schichten im schwärzesten Aberglauben zu belassen" und unter "der Herrschaft ebenso ungebildeter Pfaffen".

 Nach Bova Marina durch eine wüstenartige Erosionslandschaft immer auf dem Bergrücken über dem Tal der Fiumara Amendolea. 4Stunden. Früh starten, damit man in Bova Marina den Bus retour (13.3o) bekommt.

In die Nachbardörfer Amendolea und Galliciano und zur Fiumara Amendolea auf uraltem zum Teil halbüberwucherten Hirtenwegen aus sauber gemeißelten Granitplatten durch die Macchia. Weg zweigt oberhalb von Bova an einer Kurve bei Häusern ab. Amendolea, der alte Ort, eine zerfallende Burg mit Hütten ringsum.

✦ GALLICIANO   (3oo Einw.)

Das isolierteste der Griechendörfer, Weg im Bereich der Fiumara durch Abspülungen stellenweise zerstört. Man muß etwas suchen.

Von Amendolea die Fiumara aufwärts bis Rahundi (Roghudi):

In der Schotterwüste der Fiumara kommt man nur langsam vorwärts. Weil der Fluß zwischen den Talrändern mäandert, muß man immer wieder aufs andere Ufer. Von Amendolea bis Rahudi 6—8 Stunden. Menschen wird man wenige treffen. Eher an zerfallenden Wassermühlen Rinder und Ziegen, die hier oft wie Korkenzieher gewundene Hörner haben. Stellenweise muß man den Fluß im bis zu 1 km breiten Tal suchen, dann schmale Stellen, daß man mit Mühe zwischen steilen Wänden und reißendem Wasser vorankommt. Als Zweitagestour anlegen! (Bis Rahudi 7—8 Stunden).

Rahudi ist nach einem Erdrutsch 1971 fast vollständig verlassen — nur noch wenige, meist alte Leute halten ihrem Dorf die Treue — das Dorf ist abgeschrieben. Bewohner des früheren Rahudi, die heute in Bova leben, leiden darunter, wie ihre Häuser verfallen, ihre Terrassenfelder von Macchia überwachsen werden — aber 4o—5o km, um nur einige Hektar Oliveto zu pflegen und zu ernten, sind zuviel.

Aspromonte-Durchquerung:

Die seit Norman Douglas klassische Aspromonte-Durchquerung von Bova Marina nach Delianuova (Douglas hat sie in der Gegenrichtung gemacht und will 17 Stunden gebraucht haben) läßt sich heute bei gutem Wetter auch mit einem leichten Auto machen — braucht kein Geländewagen zu sein. Der legendäre Fiat 5oo schafft es spielend, aber nur mit maximal zwei Insassen. Bis Monte Lesti Asfalt, dann per Naturpiste auf den Montalto zu. Montalto - Delianuova per Straße, der Douglas'sche Weg über Piani di Carmelia nur zu Fuß.

Zu Fuß Bova—Montalto oder Gambarie etwa 12 Stunden, immer auf den größeren Pisten bleiben, deren Verlauf den alten Wegen auf der Landkarte in etwa entspricht.

Africo

Das entlegenste Dorf im Aspromonte. 1951 zerstört. In den Ruinen leben noch wenige Familien (Hirten und Waldarbeiter). Seit den Zwanziger Jahren eines der Dörfer im Süden, die Symbol für Veränderung und die Notwendigkeit hierzu sind: Cerignola (Apulien), Aliano (Lucanien), Melissa (Calabrien), Partinico (Sizilien), Buggeru (Sardinien).

Um 192o rief im Zusammenhang mit Africo der Archäologe Umberto Zanotti-Bianco (bekannt als Ausgräber von Paestum) eine Stiftung gegen den Analphabetismus ins Leben, von den örtlichen Inhabern der Macht mit Mißtrauen beäugt. Die

Africoten waren schon immer Analphabeten gewesen, galten als die besten Hirten der Provinz Reggio und hatten zuletzt im Krieg 1915—18 bewiesen, daß sie sogar noch die Pacht zahlen konnten, wenn sie ihr Brot zur Hälfte mit Eicheln und Sägespänen streckten.

Negativ war über den Ort zu berichten, daß man nur zu Fuß hinkam und die Bewohner in der Provinz als gewalttätige Messerhelden mit einem Hang zur 'ndrangheta' bekannt waren.

Mit Spendengeldern aus Norditalien wurde eine Schule gebaut, die erste Leistung der modernen Zeit für den Aspromonte nach der Errichtung einer Telegrafenlinie, mit deren Hilfe man um 1880 mit den Briganten fertig werden wollte. Die Schule in Africo brachte Schwierigkeiten, weil die alfabetisierten Junghirten die soziale Demagogie des Faschismus (erste Lesefrüchte nimmt man gern für bare Münze) glaubten, und Faschisten wurden, was klugerweise auch die Landbesitzer gemacht hatten. Die Jungfaschisten wurden nach Landbesetzungen auf unwirtliche Inseln verbannt und lernten dort Antifaschisten kennen. Mit diesem Wissen kehrten sie nach dem Zusammenbruch der Mussolini-Herrlichkeit zurück.

Africo erkämpfte sich die Straße, die Stromleitung, war verrufen, weil man mit den Grundbesitzern, die sich inzwischen in überzeugte Demokraten geläutert hatten, hart umgesprungen war. Und die Mafia lavierte geschickt zwischen beiden Gruppen, so daß der Ort als Hochburg der 'ndrangheta verschrieen war — was insofern stimmte als die Ehrenwerte Gesellschaft – die Interessen der Hirten gegen die Grundbesitzer vertrat, und gegen Respekt und bare Münze die Interessen der Grundbesitzer gegen die Hirten. Wenn nötig, wurde die Harmonie mit Pulver und Blei voll zogen, wobei die Hirten wegen ihrer Dickschädeligkeit, besonders aber ihrer größeren Zahl halber öfter den Kopf hinhalten mußten.

Im Oktober 1951 rutschte Africo nach wochenlangen Regenfällen zu Tal und was nicht die fast 2oo m tiefe Reise in den Torrente gemacht hatte, stürzte in sich zusammen, wurde unbewohnbar. (wer's sehen will: Asfalt bis Casalnuovo, dann zu Fuß, außer die Piste nach Africo ist wieder hergestellt.)

Mit der Überschwemmung ging der 2. Teil des Dramas los:

Der Ort sollte wiederhergestellt werden, man sprach in Rom in Parlament und Regierung häufig wie selten über den Ort von weniger als 1ooo Einwohnern – ohne alle Kunstwerke und Monumente.

Zanotte-Bianco und andere kämpften um den Wiederaufbau in der Nähe des alten Dorfes, um die wirtschaftlichen Grundlagen zu bewahren, denn der andere Plan, von Mafia und Technokraten sah vor, das Dorf ans Meer zu verlegen, weil es dort eine Reihe von Grundstücken profitabel zu verkaufen gab. Der Plan wurde Realität.

Africo Nuovo ist ein Dorf am Meer, aus Fertigbauelementen, ohne Lebensmöglichkeiten für die hier Angesiedelten, pro Familie etwas mehr als 1 Hektar Land, die Wälder und Weiden des alten Africo sind über 5o km entfernt. Aber Africo Nuovo hat einen eigenen Bahnhof, wo man in den Express nach Norden steigen kann – und die meisten Jüngeren haben das inzwischen gemacht.

Die Küste Bova-Reggio :

Die Strandqualität läßt ab Melito di Porto Salvo stark nach. In den Dörfern ist "der Hund begraben". Die Hotels sind spärlich, ärmlich und nicht billig. — Essen gehen vermeiden !

Essen kaufen: Brot, Konserven und Schmelzkäse und plastikverschweißte Wurst aus Norditalien überall zu bekommen.

Ab Condofuri bis nördlich von RC das Reich des <u>Bergamotto</u> — sieht wie eine große gelbe Orange aus, die Schale liefert das Grundaroma für Kölnisch Wasser, die Frucht schmeckt auch so.

<u>Straße Melito P.S. — Gambarie (S.S. 183)</u>, ausgebaut. Reizvoller der Weg von Gambarie abwärts. Blick auf den endenden Kontinent. Eine der großartigsten Gebirgsstraßen Italiens. Zwischen Gambarie und Bagaladi seit Jahren "gesperrt". Es so machen wie die Einheimischen: an den abgerutschten Stellen vorsichtig fahren.

✳ **PENTEDATTILO**

(bei Melito di P.S.) Das Dorf unter den Fünffingerfelsen wohl Calabriens meist fotografiertes Motiv. Der Fels steht wie eine Hand in der Landschaft. Das alte Dorf fast völlig verlassen, und dazu bestimmt, nach und nach ins Tal zu rutschen. Alles bröckelt.

<u>Die Strände zwischen Melito P.S. und Reggio</u> zunehmend unerfreulich. Müll, Auswüchse der Bodenspekulation, Bahn sehr dicht am Wasser. Siedlungsdichte nimmt zu, und damit die Zahl der Einleitungen ins Meer.

Saline Joniche

Eine Riesenfabrik, die uninteressant wäre, würde man nicht überall im Süden über sie als perfektes Beispiel von Staatlicher Industrialisierung und Mafiainteressen sprechen. Das Werk sollte auf Erdölbasis Eiweißkraftfutter für die Viehzucht produzieren. Schon während der Planungsarbeiten wurde bekannt, daß das Retortenprodukt mit Sicherheit krebserregend ist. Man baute aber weiter. Die örtlichen Honoratioren und Rom brauchten etwas zum Vorzeigen, die Mafia hatte nicht nur grünes Licht für den Bau gegeben, sondern alles von der Auftragsvergabe bis zum letzten Sack Zement organisiert, für Einstellung und Nichteinstellung zuerst von Bauarbeitern und nachher von Fabrikarbeitern gesorgt. Ein Tiefseehafen und Verschiebebahnhof wurden gebaut, es gab Einweihungsfeierlichkeiten, die Arbeiter bekamen unkündbare Fünfjahreverträge und produziert wird nichts.

Reggio di Calabria

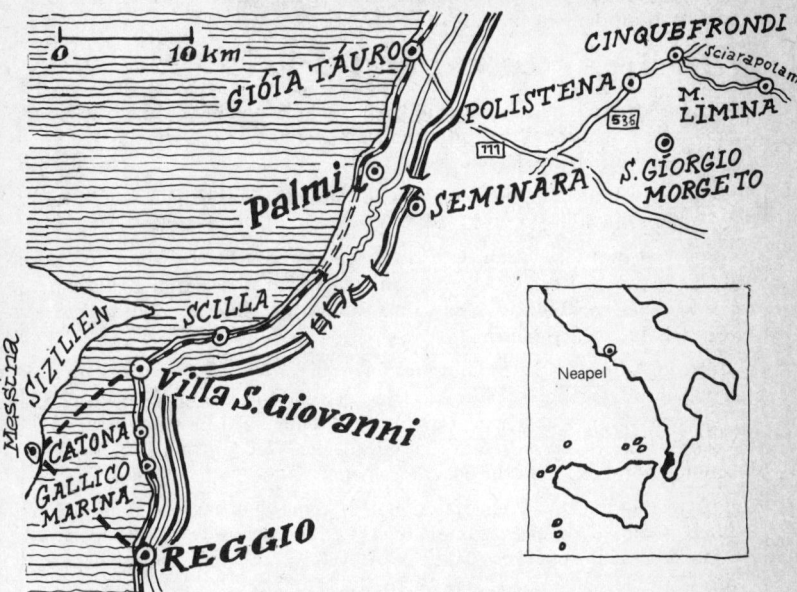

<u>Die eigentliche Hauptstadt Calabriens</u>, obwohl Ämter und Ministerien sich nach dem Willen der Politiker in Catanzaro befinden. "Lo Stretto" — die Meerenge von Messina und bei guter Sicht im Süden der rauchende Etna, die Fruchtgärten in der schmalen Küstenebene zwischen Villa San Giovanni und Reggio, voll von exotischen Pflanzen wie riesighohen Weihnachtssternen, Bananen, die reif werden, Gummibäume, die wirklich Bäume sind.

<u>Wo man auf eine Uferpromenade hofft</u>, sind Eisenbahngleise und eine Baustelle, die auf Ewigkeit eingerichtet scheint. Reggio ist eine Stadt aus einem Guß, denn das Erdbeben von 1908 hat hier keinen Stein auf dem anderen stehen lassen, noch weniger als im gegenüberliegenden Messina. Danach wurde die Stadt "erdbebensicher" wieder aufgebaut: breite Straßen, Häuser selten höher als zwei Stockwerke. Die Fassaden in einem Stil zwischen nachempfundenem Barock, und faschistischem Monumentalstil, dank der verwendeten Baumaterialien alles schon sehr bröckelig und patiniert.

Die <u>Geschäfte</u> gar nicht hauptstädtisch. Man sieht ihnen schon von außen an, daß hier ein reger Handel mit Ladenhütern betrieben wird. Und weil kaum jemand kauft, sind die Preise entsprechend hoch.

Das einzige was wirklich den Besuch lohnt, das <u>Museo Nazionale</u> mit den Bronzen von Riace.

TOURIST INFO : EPT: Via Domenico Tripepi 72, Tel. o965/98496, Informationsbüros: Autostrada A3 Area di servizio Rosarno Ovest (Corsia Sud) AGIP. Aeroporto Tito Minniti. A.A.: Informationsbüros: Corso Garibaldi (Teatro Comunale) Tel. 92o12, am zentralsten Platz der Stadt und an der Stazione Centrale FF.SS.

Verkehrsverbindungen:

A3 und S.S. 1o6 sind durch eine Umgehungsautobahn verbunden. Die geräumige Innenstadt fürs Auto nicht schwierig, Corso Garibaldi gesperrt. Viele Einbahnstraßen.

Eisenbahn: Linien Napoli—Villa S. Giovanni—Reggio/Sizilien und Taranto—Metaponto—Catanzaro Lido—Reggio.

Reggio hat drei Bahnhöfe: Reggio C. Centrale, der Hauptbahnhof, wo alle Züge enden. Reggio C. Lido, nahe am Hafen und Nationalmuseum, alle Züge halten. Reggio C. Marittima, direkt am Anleger, Zubringerzüge zu den Fähren nach Messina.

Busverbindungen: Villa S. Giovanni (stündlich), alle Dörfer in der unmittelbaren Umgebung, Direktbusse zu den Orten an und oberhalb der jonischen Küste (vor dem Zielort ohne Zwischenhalt) bis Monasterace; meist einmal täglich (gegen Mittag oder früher Nachmittag). Abfahrt: Bahnhofsvorplatz, teilweise Piazza Castello.

Schiffsverbindungen: (Zum Hafen gibt es keine Stadtbusverbindung. Am Museo Nazionale oder Stazione Reggio C. Lido aussteigen — noch 75om) n. Messina: Fähre der FS: Dauer der Überfahrt 5o Min., Fahrpreis -,8o. Abf. 6.55, 8.oo, 1o.45, 12.55, 14.2o, 15.15, 17.2o, 19.3o, 21.55.

(Autotransport von Villa S. Giovanni).

Aliscafi: alle 3o—6o Min. Überfahrt 15 Min. Preis 3,6o DM — größere Gepäckstücke gehen extra. Nur Juni-Sept: Aliscafo Reggio—Messina—Vulcano—Lipari—Salina, Abf. 7.3o und 15.3o.

Fähre nach Malta (mit langem Zwischenhalt in Catania und Siracusa): Tirrenia, 3-mal wöchentlich.

Stadtbus: Zwischen Museo Nazionale und Stazione Centrale fahren alle Linien über den Corso Garibaldi oder Parallelstraßen. Die fast 2 km lange Innenstadt lohnt nicht den Fußmarsch. Im Bus keine Fahrkarten. Vor her an Kiosk ·kaufen und innen abstempeln.

Flugzeug: Flughafen "Tito Minniti" in RC-Ravagnese (3 km südl.): Direktflüge nach Catania (1x), Roma (3x) und Milano (1x). Buchung: Agenzia Simonetta, Corso Garibaldi 521, Tel. o965/331444. Dort auch Abfahrt des Flughafenbusses.

AVIS: Aeroporto, Tel. o965/21444

HERTZ: Aeroporto, Tel. o965/2783o und Via Vincenzo Florio (am Hafen). Tel. o965/332223.

MAGGIORE: Aeroporto, Tel. o965/9o798 und Corso Garibaldi 32o, Tel. o965/9498o.

Buchhandlungen: "Casa del Libro", Corso Garibaldi 168. Hervorragend sortiert für Bücher und Zeitschriften zu Calabrien und den Mezzogierno. Eigener Verlag. "Libreria Gangemi", Corso Garibaldi 473. "Bilioteca Comunale", Via D. Tripepi 9 (Nähe Museo Nazionale), 8.3o–12.45 und 16–18 Uhr.

"Grand Hotel Excelsior" (I cat.)
Via Vittorio Veneto 66, modern – und sonst nichts. Nähe Museo Nazionale, Doppelzimmer ca. 9o–11o DM, Tel. o965/258o1.

"Palace Hotel Masoanri" (II cat.)
dicht beim vorigen, modern, ähnlicher Standard, Doppelzimmer ca. 56–75 DM, Via Vittorio Veneto 95, Tel. o965/26433.

"Lido" (II cat.)
Dicht bei den beiden vorigen, gleicher Art, Doppelzimmer 4o–75 DM, Via III Settembre 6, Tel. o965/25oo1.

"Eremo" (III cat.)
Oberhalb der Stadt in Panorama-Lage, ca. 2 km von der Innenstadt. Einfach. Doppelzimmer ca. 36 DM, Via Eremo Botte, Tel. o965/22433.

"Esperia" (III cat.)
Innenstadt, nachts recht laut. Altmodisch, ganz nett, aber nicht aufregend, Doppelzimmer ca. 35 DM, via Palamolla 14, Tel. o965/21451.

"Metropol" (III cat.)
Innenstadt, verhältnismäßig ruhig, Doppelzimmer ca. 43 DM, Via Palamolla 43, Tel. o965/99443.

"Noel" (IV cat.)
Hafennähe, Durchgangsstraße, kürzlich modernisiert, Doppelzimmer ca. 32 DM, Via le Genoese Zerbi, 13, Tel. o965/33oo44.

Nahe am Bahnhof noch zwei bescheidene Bleiben, die im gleichen Haus liegen (Eingänge einander gegenüber). Das Haus verkommen, die Hotels nicht ganz so schlimm, hatten schon bessere Tage, Zimmer winzig. Dafür Doppelzimmer nur 2o–24 DM, was für Reggio wenig ist. Zuerst im Saturnia fragen, dort lassen sie einen eher wieder gehen, dann im Abruzzo. Sind oft voll belegt.

"Abruzzo"
Dusche hart am Bett.) Tel. 23862.

"Saturnia"
Via Caprera 5, I. Stock. Tel. 21o12.

Ungeachtet der Preisklasse, allesamt Stadthotels ohne besondere Ausstrahlung. Reggio ist keine Touristenstadt. Relativ teuer!

Camping:

"Degli Ulivi", Via Eremo Botte. Schöne Lage. Zwischen Oliven und anderen Bäumen. 2 km oberhalb der Stadt gelegen (Richtung Eremo).

Essen und Trinken:

Reggio ist nicht besonders nahrhaft. Der Markt ist ärmlich, die Pizzerie und Tavole Calde (überwiegend Corso Garibaldi und Piazza Duomo) wenig ansprechend, und selbst die Lebensmittelläden viel weniger verlockend als in jeder anderen Stadt des Südens. Einzig verlockend das Angebot der Pasticcerie: Bunt, sehr süß, dauerhaft. Schon ganz in der von Arabern geprägten Art Siziliens. Die beste Zuckerbäckerei in der Pasti-

cceria "CONTI", Corso Garibaldi zwischen Piazza Duomo und Museo
Nazionale.

In der Stadt selbst wenig Nachfrage nach Ristoranti und Trattorie.
Meist die Speisesäle der großen Hotels, zu denen nicht unbedingt zuzu-
raten ist. Die Bewohner Reggios gehen höchstens am Week-end essen,
und dann außerhalb.

 Rist."LO SCOIATTOLO", Via Torrione 77, (im Zentrum,
bergaufwärts gelegene Paralellstraße zum Corso Garibaldi),
kleineres Stadtrestaurant mit dem üblichen zweckmäßig nüch-
ternen Speisesaal. Für Ausstrahlung sorgt die Küche. Gute
Gelegenheit, um Schwertfisch (pescespeda) kennenzulernen.
Fleisch wie überall. Gute Nudelgerichte. Ca.25 DM.

Rist. "CONTI", Via Giulia 2 (Zentrum). Im klassischen italienischen
Restaurant-Stil (allzu legere Ferienkleidung paßt nicht rein), eine der
besten Restaurantküchen im Süden — basiert streng auf der lokalen Eß-
tradition: Schwertfisch, Stockfisch, Fantasievolles aus Innereien — alles
in der Hand einer Köchebrigade mit der Erfahrung großer italienischer
Küche auch außerhalb der Stiefelspitze. ca. 3o DM, excellente Auswahl
der besten calabrischen Flaschenweine.

Tip für Selbstverpfleger: Verkaufsstelle der Opera Sila. Käse, Fleischwaren, Wein, Oliven, im Winter auch getrocknete gewürzte Feigen, Corso
Garibaldi (in der Mitte), Höhe UPIM.

Sehenswertes:

Corso Garibaldi: Die Hauptstraße, für den privaten Verkehr gesperrt.
Der Treffpunkt in der Stadt. Reichlich Bars und Geschäfte. In den Par-
fümerien gibt es Parfümessenzen lokaler Produktion: Bergamotte, Jasmin (gelsomino) und Orangenblüte (zagara), die von hier in großer Menge nach Frankreich exportiert werden. Die aus ihnen zusammengemisch-
ten Duftwässer ("Calabrisella") sind stark und geruchlich allzu simpel,
wenn nicht ordinär.

Die wenigen Attraktionen der Stadt liegen links und rechts des Corso
(von Staz. Centrale angefangen): Villa Comunale — Grünfläche mit botanischen Raritäten und zwei bedauernswerten Löwen in einem engen
Käfig. Die Bäume überwiegend aus den Tropen.

Duomo: Nach dem Erdbeben vom 19o8 in gleißendem neugotischen
Stil erbaut.

Um das Castello Aragonese Hausratsmarkt mit großer Auswahl an Gebrauchskeramik.

Museo Nazionale: Definitiver Aufenthaltsort der Bronzen vom Riace.

Wer von Reggio sonst nichts sehen will: A3 Ausfahrt RC-Corso Portano-
va, Parkmöglichkeit an der Uferpromenade.

Bahn: Stazione RC-Lido.

Das "Museo Nazionale" (Bronzen v. Riace)

Öffnungszeit: täglich außer Montag 9—14 Uhr, abendliche Öffnung in der Diskussion. Eintritt gratis. Mit Schlangestehen rechnen!

Eine archäologische Sensation, die sich auch schon im örtlichen Gewebe bemerkbar macht: Postkarten, Poster, die Bronzen aus Plastik fürs traute Heim. Griechische Bronze-Originale aus der Zeit, als die Klassik ihren Höhepunkt erreicht hatte, sind so gut wie keine erhalten — und hier gleich zwei Figuren, die bis auf Kleinigkeiten vollständig erhalten sind — und das in perfektem Zustand. 1971 aus dem Jonischen Meer gefischt, dann in zehnjähriger Arbeit in Reggio und Florenz von den Muschel- und Salzkrusten befreit, die sich in 2500 Jahren auf ihnen abgelagert hatten.

Die beiden Krieger, perfekte, natürlich unbekleidete Athletenkörper, über 2 Meter groß, ruhen in sich — sie könnten auch ohne Verankerungen auf dem Sand stehen. Sie sind Individuen voller Leben und Bewegung, nichts Erstarrtes und Stilisiertes ist an ihnen. Die kleinen Details sieht man besser auf der Fotodokumentation in einem Seitenraum: Kleinste Details wie die Wimpern sind plastisch herausgearbeitet, Brustwarzen, Zähne und Augen sind in anderen Materialien (Kupfer, Silber, Elfenbein) eingelegt. Über die Herkunft und ihren Bestimmungsort weiß man nichts. Wahrscheinlich stammen sie aus Griechenland, denn Künstlerwerkstätten, die auf einem derart hohen Niveau gearbeitet haben, gab es im süditalienischen Süditalien nach heutigen Erkenntnissen der Forschung nicht.

Dafür waren diese Städte reich, reicher als die meisten Stadtrepubliken des griechischen Mutterlandes und waren potente Käufer auf dem dortigen Kunstmarkt. Für welche Stadt die beiden Krieger bestimmt waren, weiß man nicht. Die Jonische Küste war ein wichtiger Seefahrtsweg — Touren über das offene Meer vermied man damals, wenn es nur möglich war und nahm lieber lange Umwege in Kauf.

Ebenfalls im Untergeschoß des Museums eine neue Abteilung über Unterwasserarchäologie im südlichen Calabrien. Der Stretto mit den beiden Seeungeheuern Scylla und Carybdis, den Personifizierungen der gefährlichen Strudel, Strömungen und Untiefen, ist ein riesiger Schiffsfriedhof. Anker, Amphoren, aufgestapelte Handelsware, Bruchstücke von Bronzestatuen füllen die Vitrinen. Darunter auch der bescheidene Rest einer Bronzestatue, ein männliches Geschlechtsteil, das wie absichtlich herausgebrochen aussieht — italienische Schulmädchen finden diese "Zufälligkeit" mächtig zum Kichern — bei den Bronzen, wo alles am Platz ist, achten sie nicht mehr auf anatomische Details — oder kichern nicht.

Erdgeschoß: Überwiegend Funde aus den Städten Großgriechenlands etwa bis zum Crati — was nördlich gefunden wurde, ist meist im Museo Nazionale von Taranto oder in den neugeschaffenen örtlichen Museen (Metaponto, Policoro, Paestum).

Saal I—V: Vor- und Frühgeschichte. Kopie der altsteinzeitlichen Ritzzeichnung eines Stieres von Papasidero.

Saal VI—XV: Locri. Die Kunst Großgriechenlands bestand zum großen Teil aus Terrakotta. Viele Pinakes (Persephone-Kult). Votivfiguren und Grabbeigaben.

In den folgenden Sälen Funde aus den kleineren Griechenstädten Calabriens.

2. Stock: Mittelalter und Neuzeit. Wenig Sehenswertes, aber lohnend

zwei kleine Bilder von Antonello da Messina. Daneben thematisch
wechselnde Sonderausstellungen zur Geschichte Calabriens.

Die nördliche Umgebung
von Reggio di Calabria

VERKEHRSVERBINDUNGEN:
Auto: S.S. 18 und von ihr abzweigende Stichstraßen.
Bahn: Linie Reggio — Villa S. Giovanni — Tropea — Lamezia Terme.
Bus: Bis Catona Stadtbusse.

✦ GALLICO MARINA und CATONA

Die Badestrände Reggios. Dichte Besiedlung und starker Schiffsverkehr
haben im Wasser ihre Spuren hinterlassen.

Camping:

"Internazionale Agrisport". Schöner Platz mit Vegetation und Bäumen,
Sandstrand. Bungalows. Wasserski. Tel. o965/371264.

"Paradiso". Sandstrand, Bäume, Tennis. Tel. o965/371866.

 Rist. "FATA MORGANA", Via Lungomare, Gallico Marina. Direkt am Meer, Meeresküche: Schwertfische (pesce
spada), frittura di mare, ca. 24 DM. Rist. "DA MIMMO",
Via Marina 16, Gallico Marina. Am Meer gelegen mit Panorama nach Sizilien rüber. Großartige antipasti aus Gemüse und Meeresgetier, fritture di mare. ca. 18 DM.

Fata Morgana: Bei sehr heißem und ruhigem Wetter gibt es auf dem
Stretto Luftspiegelungen. Auf dem Wasser stehen weiße Häuser.
Der Sage nach soll die Fee (Fata) Morgana auf dem Grund des Stretto in einem
gläsernen Palast wohnen und von Zeit zu Zeit mit ihren Gefährtinnen an die Oberfläche kommen, um dann die Seefahrer zu narren.

✦ VILLA SAN GIOVANNI   (12 ooo Einw.)

Hauptüberfahrtsort für Sizilienfahrer. Hier ist der Stretto am schmalsten.
Der Ort selbst hat absolut nichts zu bieten. Die Eisenbahnzüge werden
hier in mehrere Wagenblöcke zerlegt und aufs Schiff geschoben. Das gesamte Manöver von der Ankunft in Villa S.G. bis zur Ankunft in Messina Centrale dauert 1 1/2 Stunden. Eine Brücke wäre bestimmt bequemer. Baureife Pläne gibt es schon in den Schubladen und die Mafia hat
auch schon "ja" gesagt. Bisher scheitert die Sache nicht nur an den Baukosten und am Widerstand der Reedereien, die am Fährverkehr verdienen. Die etwa 4,5 km lange Brücke würde an einer der erdbebenreichsten Stellen Europas gebaut, zudem würde die einzigartige Landschaft
des Stretto verbaut. Aber selbst für den Fall, daß in den nächsten Jahren mit dem Bau begonnen würde, es dauerte über das Jahr 2ooo hinaus, bis der erste Zug und das erste Auto drüber fahren könnten.

Fährverbindungen:

Eisenbahn und Fußgänger: Man bleibt im Zug oder geht vom Bahnhof
(dort Billet lösen, wenn man keine durchgehende Fahrkarte nach Sizili-

en hat) über eine Brücke aufs Schiff.

<u>Auto</u>: Man hat die Wahl zwischen den Fähren der FS und denen der privaten Gesellschaften Caronte und Tourist Ferry Boats. Rechtzeitig auf dem Zubringer in die gewünschte Fahrspur einordnen — die Schilder der FS muß man etwas suchen!

<u>FS</u>: Abfahrt nach dem Fahrplan der Züge, die über den Stretto sollen, etwa jede Stunde. Durch verspätete Züge kann es Verzögerungen geben. Merklich billiger als die privaten Linien! Bei starkem Seegang erheblich ruhigere Überfahrt.

<u>Caronte und Tourist Ferry Boats</u>: Alle 15 Min., in Messina liegt ihr Anleger nicht an der Stazione Marittima der FS, sondern im nördlichen Teil des Hafens, wo auch die Aliscafi starten.

<u>Dauer der Überfahrt</u>: 3o Min. Selbst bei starkem Andrang sind längere Wartezeiten selten.

<u>Fahrpreis (FS)</u>: Je Person o,8o DM, Auto bis 4,5o Länge: einfache Fahrt: 16 DM, Hin und zurück (innerhalb von 3o Tagen) 26 DM, innerhalb von 3 Tagen 23 DM. Die anderen um ca. 25 % teurer. Für Fahrten über den Stretto gibt die Regione Sicilia keine Fahrgeldrückerstattungen wie für die Verbindungen mit Napoli, Livorno und Genova.

Scilla (7200 Einw.)

Idyllisch unter großem Felsklotz gelegenes Fischerdorf, die alten Häuser drängen sich eine Gasse breit zwischen Meer und Berg. Hauptzentrum des Schwertfischfanges, der mit speziellen Booten betrieben wird: Hoher Mast als Ausguck nach der Rückenflosse und eine meterlange Brücke für den Harpunierer. Hauptfangsaison April bis August. Chance ihn auf den Teller zu bekommen in ufernahen Trattorie in Scilla, Bagnara und Palmi.

<u>Jugendherberge</u>: im Castello.

⌐ **"Le Sirene" (P.3)** ⌐
Einfach, Viele Stammgäste. Je nach Saison Verpflichtung zu Voll- oder Halbpension. Doppelzimmer ca. 32 DM, Tel. 0965/754o19.

 Ristorante "<u>LA VERTIGINE</u>"
Badestrand im südlichen Ortsteil, sandig, der moderne Ortsteil im Rücken. Oder nördlich, dicht an Straße und Eisenbahn schmale Strandstücke.

Der Burgfelsen galt früher als Sitz der gefährlichen Skylla, einem Ungeheuer mit sechs Köpfen an überlangen Hälsen, fürchterlichen Zähnen und 2o Füßen. Der weitgereiste Odysseus mußte an ihr vorbei. Auf der anderen Seite des Stretto lauerte die die nicht minder gefährliche Karybdis, ein riesiges Maul, das das Meer in Abständen einsaugte, Schiffe und Seefahrer wurden dabei einfach verschluckt.

An dem "Märchen" Homers ist was dran. Die Durchfahrt zwischen Scilla und Cariddi ist für kleine Schiffe gefährlich. Es gibt Strudel und starke ständig wechselnde Strömungen, vor der sizilianischen Küste Sandbänke. Verursacht wird das durch Gezeitenunterschiede zwischen jonischem un tirrenischem Meer, die recht starken Unterschiede beider

Meere in Temperatur und Salzgehalt, die Strömungen müssen sich hier durch den schmalen und relativ flachen Stretto zwängen.

Feriendorf und Camping:

"Club dei Pioppi", in 7oo m Höhe, 1o km von Scilla im Dorf Melia, als Basis für den Aspromonte geeignet.

Azienda Romeo Rytano, in Melia. Campmöglichkeit und Haus. Verkauf von Wein, Öl, Früchten und Gemüse. Adresse: Francesca Romeo Rytano, Via Apollo 9, 891oo Reggio Cal. Tel. 0965/97 95 2.

AGRITOURISMUS

Ebenfalls im Gebiet von Melia haben im letzten Jahr etwa 3o Bauernfamilien, die in Cooperative arbeiten (Viehzucht, Käserei), mit der Aufnahme von Gästen begonnen.

Kontaktadresse: Ufficio agricolo di zona (vielleicht neuer Name!), Piazza del Rosario 1 (I. Stock), 89o18 Villa S. Giovanni, Tel. o965/ 752881 (Dr. Previtera).

Zwischen Scilla und Palmi bricht der Aspromonte 4oo—6oo m hoch direkt ins Meer ab, für Bahn und Straße bleibt nicht überall Platz, auch nicht für Strände. Eine großartige Szenerie. Auf lange Strecken unzugängliche Felsküste. Als Badebuchten zugänglich: Bagnara, wo die Uferpromenade nicht unbedingt eine Verschönerung ist.

Hotel "Bridge" (P.1)
Doppelzimmer ca. 5o DM. Tel. o966/37134o.

Fischertrattorien.

Die Ebene von Gioia Tauro

Ein unendlicher Wald aus uralten Ölbäumen. Die meisten Stadtdörfer trotz üppiger Vegetation in Gärten, Parks und auf Plätzen wenig ansprechend, aber gut zum Einkaufen hochwertiger Agrarprodukte (die Or Orte an der Hauptstraße wie Palmi, Gioia T. und Rosarno meiden, da wird an die Durchreisenden gern der anderswo unverkäufliche Rest zu unverschämten Preisen verkauft).

In den Orten, wo Ebene und Gebirge aneinaderstoßen noch sehr viel traditionelles Handwerk, besonders Töpferei.

VERKEHRSVERBINDUNGEN:
Bahn: Rosarno als Umsteigebahnhof Richtung Tropea. Gioia Tauro: Stichbahnen der FCL nach Palmi—Seminara— Sinopoli und Taurianova—Cittanova—Cinquefrondi. Zusätzlich Busse. Wichtigster Terminal der Bahnhofsvorplatz von Gioia Tauro — von dort auch viermal täglich Bus nach Locri über Gerace. Außerdem starten Busse von Palmi und Rosarno.

Cambio: Gioia Tauro, Oppido Manertina, Taurianova, Palmi.

Auch in vielen der kleineren Orte, ausschließlich für Vertreter und Händler der Agrarbranche geschaffen. Nicht teuer, außer an der Küste, aber zwischen einfach und primitiv.

Campingplätze an der Küste bei Palmi. Freicampen unmöglich, denn hier ist jeder Zipfel Land genützt.

Palmi (18 000 Einw.)

Moderne Stadt, taucht oft in den Schlagzeilen der "schwarzen Chronik" italienischer Zeitungen auf. Mafia-Zentrum, und zwei Sippen, die sich seit 4o Jahren gegenseitig ausrotten, da jede Blutrache produziert. Hat pro Kopf der Bevölkerung die meisten Morde in Italien und auch bei den Banküberfällen eine Spitzenplatz. Die Stadt gleicht oft einem Heerlager von Carabinieri und Militär.

Touristinformation: A.A., Via Poeta 113, Tel. o966/23294.

Zwischen Stazione (FS) und Stadt Busverkehr. Von Gioia Tauro den Bus der FCL nehmen (fährt ins Centro), die Stazione FCL liegt weit außerhalb.

Museo Civico di Etnografia e Folclore (im Rathaus), täglich 9—12.3o und 17—19 Uhr. Eines der bedeutenden Volkskundemuseen in Italien. Dokumentiert das Leben der Bauern, Hirten und Fischer, Volksmusik und Tarantella, Kunsthandwerk, Gebrauchsgegenstände, Feste, Aberglauben und Religiosität. Große Sammlung von Votivgaben. Der Begründer des Museums, Raffaile Corso, schrieb 1914 in deutscher Sprache ein Buch über "Das Geschlechtsleben in Sitte, Brauch, Glauben und Gewohnheitsrecht des italienischen Volkes" — ein umfängliches Werk voll fachwissenschaftlicher Akribie Der Berliner Verleger mußte es unter dem Ladentisch handeln lassen. Durch Nachlässe verstorbener Professoren ist es in die Geheimbestände vieler deutscher Staats- und Universitätsbibliotheken eingegangen und dort zumeist sekretiert — man muß wissenschaftliche Interessen nachweisen oder glaubhaft vorgeben.

Strände und Badebuchten:

Immer den Steilabfall des Aspromonte im Rücken. Viel unzugängliche Felsküste, das Wasser bis auf eine erträgliche Anspülung sauber. Relativ fischreich.

MARINA DI PALMI, kleine schmale Bucht mit einigen Fischerhäusern und einer dicht am Meer entspringenden Quelle. Grobsandig mit Steinen. Schmale Straße von der Stazione FS.

LIDO DI PALMI: Straße nach Taureana, etwa 1500 m langer Sandstrand, ca. 6 km von Palmi entfernt, der Hintergrund nicht mehr so dramatisch — Übergang in die Ebene von Gioia T. Touristisch stark erschlossen. Gute Fischristoranti, wo es den Pesce Spada gibt — in der üblichen calabrischen Art in Öl und Zitronensaft mit Knoblauch, Kapern, Petersilie und Origano gedünstet.

Oscar
III cat. Via Roma 85, in der Stadt, DZ 32 - 40 DM, tel. 9866/23293

Costa Viola
II cat., auf halber Höhe (Ri. Stazione FS), Panorama, DZ 36 - 44 DM, tel. 0966/22016.

Miami
IV cat., am Lido di Plami, gutes Fischristorante, tel. 0966/23456, DZ 31 DM

Hotels

CAMPING

Alle am Lido di Palmi in geringem Abstand zum Meer:
ANNA: Einigermaßen Schatten durch Bäume, Swimmingpool
S. FANTINO: Unter dichten Bäumen, Bootsverleih.
DONNA CANFORA: Einfacher, aber dicht bebäumter Platz.

Jeden Montag großer Markt. Außer Lebensmitteln (Käse und Fleischwaren aus dem Aspromonte) viel Keramik.

Ceramida: An der Straße nach Bagnara — Töpfersiedlung, Verkauf an der Straße. Ähnliche Keramik wie die Seminara.

MONTE S. ELIA   (5 km von Palmi, 580 m hoch): Wallfahrtskirche, Sommerfrische, Camping S. Elia im Wald. Von hier hat man den schönsten Blick auf den Stretto, das Meer wirkt wie ein breiter Fluß, bei klarem Wetter Sicht zu den Eolischen Inseln.

Feste in Palmi

"LA VARIA" (15. August) — auf einem Wagen gebaute Darstellung von Mariä Himmelfahrt aus Stoff, Pappe, Pappmaché, auf dem 'Gebirge", die unteren Engel von Kindern dargestellt, die oberen sind aus Pappmaché. Das Ganze ist 25 m hoch. Großes Volksfest mit Musikbande und Jahrmarkt. Am Tag darauf "festa di S. Rocco" mit Mata und Grifone, 5 m hohen Giganten mit dicken Pappköpfen, die sich im Tarantellatakt durch die Straßen bewegen, gefolgt von Pferde- und Kamelreitern, ebenfalls aus Stoff, Pappe und Glitzerkram.

In Taureana/Lido di Palmi am Abend des 15. August eine Fischerprozession ans Meer, die dann mit Barken und Lichtern weitergeht.

✶ SEMINARA (5.500 Einw.);

Kleinstadt, recht nüchtern. Wichtiges Töpferzentrum. Die Flaschen und Krüge überwiegend in Menschengestalt — vieles durch die Souvenierproduktion verkitscht. Die "babbaluti" — oft mit den Physiognomien bekannter Persönlichkeiten versehen, gelten als Glücksbringer. Man mauerte sie über Türportalen ein (um den bösen Blick zu erschrecken), setzte sie als große Schornsteinhauben aufs Dach. Daneben ländlicher Nippes, nicht immer edel in Form und Glasur, und robuste Gebrauchskeramik.

Mitte August wie in Palmi Mata und Griffone zum Fest der Madonna dei Proveri (14./15. Aug.), viel Tarantella.

Gioia Tauro (15000 Einw.)

Eine wenig ansehnliche Stadt, berüchtigt als Sitz eines Supercarcere, wo Mafiosi und Brigate Rosse einsitzen, die unbestrittene Hauptstadt der 'ndrangheta, auch wenn die "Familien" Locris jahrelang mit Dynamit, Maschinenpistole ("mitra") und Lupara (Flinte zur Wolfsjagd) ihrer Stadt diesen Ruf erkämpfen wollten. Inzwischen macht man sich in den beiden Metropolen stark für den Bau einer Schnellstraße, Gioia T.- Locri, wegen der damit verbundenen "tangenti" (= Schmiergeld) und man könnte die Straße zum schnelleren Reagieren- Können brauchen.

Augapfel der ehrenwerten Gesellschaft ist aber der Bau des 5. Stahlzentrums Italiens in Gioia Tauro, für das eine ganze Küste zerstört worden ist, einige Dörfer von der Landkarte verschwunden sind, Quadratkilometer jahrhunderte alter Ölbaumwälder abgeholzt wurden und eine ganze Reihe von eigensinnigen Bauern, Pächtern und Gewerkschaftern, die die Zeichen der Zeit und der Mafia nicht verstanden hatten, aus dem Wege geräumt wurden. Ökonomisch ein vollkommener Schwachsinn, weil die schon bestehenden Stahlküchen Italiens nicht ausgelastet sind. Gleichzeitig wird jede Chance, Landwirtschaft und Tourismus auf ein höheres Niveau zu bringen, für ewig blockiert. Und die Mafia hat einen Zugewinn an Macht, Einfluß und Reichtum, daß überhaupt nichts mehr ohne sie laufen wird.

Wenn das Ding fertig gebaut ist, werden die meisten Arbeiter wieder auf der Straße liegen, denn das Werk soll so modern werden, daß fast alles automatisch läuft. Wenn es überhaupt je im Zeichen der internationalen Stahlkrise produziert.

Die Rohstoffe werden von Übersee kommen und der Stahl würde natürlich nicht im Süden weiterverarbeitet. In Italien nennt man diese Ausgeburten der Gehirne römischer Bürokraten "Kathedralen in der Wüste".

Buchtip:

Share Gambino, Mafia in Calabria, Reggio Cal., Edizioni Parallelo 38, ca. DM 10. Anschaulich geschrieben, exzellent dokumentiert.

In Reggio Cal. in der Casa del Libro verschiedene Dokumentationen über Gioia Tauro.

Olivenöl (Kleine Warenkunde)

Mit dem Produkt, das die Ebene von Gioia seit jahrtausenden produziert, wird ähnlich Verschwendung, Vernichtung von Arbeitsplätzen und klassische Nord- Süd- Kolonialpolitik betrieben, dem Öl, natürlich dem Olivenöl.

Eine Fahrt durch die endlosen immer etwas dämmrigen Olivenwälder läßt ahnen, daß hier mehr produziert wird als in jeder anderen Zone Italiens.

Riesige Bäume, hoch wie anderswo die Eichen, darunter immer sauber gepflügt — das Zeichen für Ölgärten, die gepflegt sind und nur auf dieses Produkt spezialisiert. Denn die sonst in Italien verbreiteten Unterkukturen (Klee, Getreide, Bohnen) mindern den Ertrag. Qualitativ nicht das beste Olivenöl, die südliche Hitze macht es fett, dickflüssig und etwas kratzig. In Gioia, Cittanova, Rosarno, Taurianova lagert es in riesigen Beton-Becken bis zum Abtransport und bis zur Weiterverarbeitung in der Toscana und in Genua, wo man dann durch Raffinerien "Feinstes Toscana-Öl" oder "Olivenöl, mild — Riviera-Typ" daraus macht und es in Dosen und Flaschen füllt.

Das lokale Öl kann man bei Bauern und gelegentlich an Ständen am Straßenrand kaufen (meist eine leichte, gute Qualität, die für den Eigengebrauch aus unreifen Oliven gepreßt wird.) In den Läden aber die Büchsen aus Genua und Lucca.

✱POLISTENA (11.000 Einw.)

Verwinkelt gebaute Kleinstadt am Rand der Serre, einige Barockkirchen, Adelspaläste, die Gassen zum Teil so schmal, daß nur eine Person durchpaßt. Herstellung von "Pezzare" (Flickendecken) und Gebrauchskeramik. Markttag (großes Angebot an Töpferei): Mittwoch.

✱S. GIORGIO MORGETO (4.500 Einw.)

Malerisch um einen Berg herumgebaut. Ohne jeden Plan angelegt, Häuser Plätze, Gassen, Durchgänge. Herstellung von Parfümessenzen.

Tal des SCIARAPOTAMO (Zugang von Cinquefrondi oder Piano di Limina), meist trocken liegendes Flußtal, in dem eine mehrere Meter hohe

Farnwildnis und hohe Luftfeuchtigkeit die Illusion einer tropischen Berg-region geben.

AGRITOURISMUS in Calabrien
(letzte Ergänzungen !)

Die ersten agritouristischen Initiativen in Calabrien (seit 1979) sind auf ein überraschendes Echo gestoßen, und so hat sich innerhalb des letzten Jahres das Angebot praktisch verdoppelt.

Nachwievor sind zwei Arten zu unterscheiden:

①**Unterkunftsmöglichkeiten**, meist auch mit Halbpension, bei Bauernfami-lien und Cooperativen, die den Agritourismus als integrierten Bestandteil der bäuerlichen Wirtschaft führen.

Die Ausstattung ist in der Regel sehr einfach, von wenigen Ausnahmen abge-sehen, können nicht mehr als 5—10 Personen gleichzeitig aufgenommen werden.

Die organisatorische Initiative liegt beim Landwirtschaftsministerium der Region Calabrien, die auch Information und Vermittlung in die Hand ge-nommen hat:

Regione Calabria, Assessorato all' Agricoltura Signora Dr. Oliveti, Via S. Nicola, 88100 CATANZARO.

Preise (pro Person):
Unterkunft ca. 6 DM, Hauptmahlzeit ca. 14 DM, Vollpension ca. 35 DM; Zeltmöglichkeit ca. 2,5o DM, Mindestaufenthalt eine Woche.

Regionale Schwerpunkte:

★ POLLINO — SILA GRECA: (Prov.Cosenza)

Altomonte (Tirren. und Jon. Meer je 35 km entfernt):
Ca. 20 Familien mit rund 40 Plätzen, Unterkunft auf dem Hof.

S. Sofia d'Epiro (alban. Dorf): (Jon. Meer ca. 25 km, Sila 15—20 km) Unterkunft bei Familien, außerhalb des Ortes.

Civita (alban.Dorf):(Jon. Meer ca. 20 km entfernt, Zugangswege in die Polli-no - Kette).. Unterkunft bei Familien im Ort.

Sibari (ca. 10 km vom Meer): in großem Landwirtschaftsbetrieb (Gartenbau) Einfachquartiere in den alten Gutsgebäuden.

Acquappesa (am tirren. Meer): 18 km nördl. von Paola).
Unterkunft und Verpflegung auf Höfen außerhalb des Orts.

★ SILA PICCOLA (SÜDTEIL): (Prov. Catanzaro)

Decollatura (Tirren. Meer 40, Jon. Meer 55 km entfernt, Bergzonen zum Wandern in unmittelbarer Nähe.)
Landwirtschaftliche Cooperative von Jugendlichen, in Ortsnähe. Schlafsäle, Eßmöglichkeit. Daneben Unterkunft bei örtlichen Bauernfamilien.

Taverna (35 km vom Jon. Meer entfernt): Am Stausee Lago Passante (1.100 m hoch, Wälder)
Landwirtschaftliche Cooperative von Jugendlichen, Unterkunft in Holzhütten (2—3 Betten). Daneben Unterkunftsmöglichkeit bei Bauernfamilien in den Sila-Dörfern nahe am Lago Ampollino. Gute Wandermöglichkeiten, Angeln.

Cerenzia, Cotronei, Petilia Policastro, Castelsilano: (Dörfer auf halbem Weg und halber Höhe zwischen Jon. Meer — 40 km — und Sila-Hochregion — 10-20 km—. Unterkunft bei Bauernfamilien im Dorf und außerhalb.

Cirò: (ca. 5 km vom Jon. Meer) — Unterkunft bei Familien außerhalb des Ortes.

Pianopoli: (22 km vom Tirren. Meer)
Unterkunft auf Höfen in wenigen Kilometern Entfernung vom Dorf.

★ SERRE: (Prov.Catanzaro)

Im unmittelbaren Hinterland von Soverato in 10 km vom jon. Meer; Unterkunft bei Bauernfamilien in den Dörfern Palermiti, Borgia, Squillace.

★ ASPROMONTE: Prov, Reggio di Cal.

Jonische Küste (4—10 km vom Meer entfernt). Unterkunft bei Bauernfamilien in und außerhalb der Dörfer: Locri, Gerace, Bruzzano Zeffirio, Caraffa del Bianco. Portigliola, Condofuri — nicht immer Möglichkeit zum Essen.

Tirrenische Küste (7—12 km vom Meer): Einige Unterkunftsmöglichkeiten, teils in den Dörfern, teils außerhalb: Bagnara, Calanna, S. Roberto.

② Unterkunft überwiegend in leerstehenden Bauernhäusern, und in Appartments, aber auch in den von den Familien bewohnten Häusern — fast immer außerhalb der Ortschaften.

Information und Kontakt: Wenn angegeben beim Bauern oder Pächter selbst, sonst über AGRISCAMBI, Foro Traiano 1/A, 00187 Roma, t. 06/6795917 und 679 8694 (Reservierungen und Vorkontakte dort in jedem Fall möglich). Preise sehr verschieden je nach Ausstattung, manchmal nur längerer Aufenthalt möglich.
Alle in den Regionalbeschreibungen aufgeführten Adressen zählen in diese Kategorie.

★ POLLINO – SILA GRECA (Prov. Cosenza)

Azienda Tenuta, Mongrassano, Ortsteil Cocchiato (Crati - Tal).
Unterkunft im Bauernhaus oder Camping, in der Nähe Reitmöglichkeit.
Direktverkauf: Oliven und Öl, hausgemachte Wurst, Geflügel.
Adresse: Mario Tenuta, Via P. Rossi, 139, Cosenza, t. 0984/439o7+ 37357.

Roseto Capo Spulico, Torre Pucci - Cozelli (ca. 1 km vom Meer), Haus in
Pineta, nur für längeren Aufenthalt.
Adresse: Mario Tarsia, Montegiordano, t. o981/ 935o3o.

★ SILA (Prov. Cosenza und Catanzaro)

In der Umgebung von Cirò (Jon. Meer):

Azienda Attiva (2 km vom Meer) – altes, neu renoviertes Gut inmitten Olivenhainen,; Direktverkauf von Olivenöl und Wein.
Adresse. Gianfrancesco Pugliese, Cirò, t. o962/3216o oder Michele Colucci,
t. o962/ 323o6 in der Nachbarschaft.

Azienda S. Vincenzo (3 km vom Meer), großes Gut (Viehzucht, Oliven).
Gut ausgestattete Appartments, Direktverkauf: Öl, Wein.
Adresse: Michele Zito in der Azienda, t. o962/ 31213 oder Salvatore
Frustrilla, t. o962/ 323o2.

Oberhalb von Amantea (Tirren. Meer):

Bauernhaus in der Gemarkung Imbelli bei Serra d' Aiello - altes, renoviertes Haus mit Blick aufs Meer (2,5 km); Platz für 6 Personen, Monatsmiete
ca. 1.2oo DM, bei den Bauern der Umgebung Direktverkauf.
Adresse: Vincenzo Palermo, im Haus, t. o982/ 44o44 oder Giuseppina Palermo, Via Aurora 31, 00100 Roma, t. o6/ 475914o.
Über die selbe Adresse noch ein weiter landeinwärts gelegenes Bauernhaus
in 63o m Höhe. Monatsmiete ca. 1o5o DM.

★ TROPEA – KÜSTE:

Bauernhaus im Hügelland bei Draga, Gemeinde Maierato, Neubau mitten in
den Feldern - ca. 1o km vom Meer; Übernachtung rd. 5 DM. Direktverkauf
von Gartenbauprodukten.
Adresse: Antonio Chirico, Corso Garibaldi, Maierato (CZ) t. o963/ 253o51.

Bei S. Domenica di Ricadi (zwischen Tropea und Capo Vaticano) Azienda
Conte Ruggero, 1 km vom Meer. Anbau von Orangen, Pfirsichen - und dank
des milden Klimas versuchsweise von Bananen und Avocados. Unterkunft
in renovierten Bauernhäusern. Monatsmiete (5 Pers.) ca. 15oo—17oo DM.
Adresse: Nicolo Ianella, t. o963/ 69o15 u. 69o29 oder AGRISCAMBI,Roma.

SERRE: (Prov. Catanzaro)

Azienda Sorbara, Montauro (Gemarkung Tinelli), 3 km vom Jon.Meer. Neu-

es Bauernhaus umgeben von Orangenhainen; Monatsmiete 1ooo-12oo DM.
Kontakt an Ort und Stelle mit Giovanni Procopio oder in Catanzaro: Giovanni Polimeni, Via Ferdinandea 24, t. o961/ 24272.

Azienda Ser Leto, S. Caterina Ionio, 1 km vom Meer - altes befestigtes Gutshaus umgeben von Oliven und Agrumenhainen. Direktverkauf, Wein, Öl,
Käse, Orangen. Übernachtung ca. 17 DM. - Monatsmiete je nach Saison und
Größe der Wohneinheit (4 oder 6 Plätze) 5oo — 15oo DM.
Adresse: Domenico Marino, im Gut - oder Maria Teresa Pugliese, Via P. Jacini 5, oo1oo Roma, t. o6/ 3273425.

★ ASPROMONTE:

Azienda Macedonio Manferoce, Locri - Gemarkung Baldari, ca. 1,5 km vom
Meer. Altes, neu strukturiertes Gut, Wohneinheiten 3 - 5 Plätze, Monatsmiete 7oo — 11oo DM. Reitmöglichkeit. Direktverkauf von Gartenprodukten.
Adresse: Giuseppe Piccolo im Gut - oder Vincenco Macedonio Manferoce,
Via Viminale 38, 00100 Roma, t. o6/ 461352.

Seminara: Bauernhaus außerhalb des Ortes im Hügelland - ca. 1o km vom
Meer. Einfach eingerichtet, ohne elektr. Strom. Monatsmiete (4 Pers.) 7oo—
85o DM.
Adresse: Vincenzo Infantino, Corso Barlaam 158, Seminara (RC), t. o966/
317o26.
In der Umgebung bei den Bauern Direktverkauf von Öl, Wein, Gartenbauprodukten.

Agritourismus mit Pferden in Calabrien:
(genaue Angaben oben und im Regionalteil)

Azienda Vola del Ponte, SIBARI (CS), c/o Maria Luisa Toscano. t. o981/
71o31 und 72o12

Azienda Caccianova, SIBARI (CS), c/o Giuseppe Perciaccante, t; o981/
7116o und 264o7.

Azienda Pantano Martucci, MIRTO CROSIA (bei Rossano) (CS), c/o Jacobella Martucci. t. o983/ 31676.

Azienda Macedonio Manferoce, LOCRI (RC), t. o964/ 29767 (G. Piccolo).

Eolische
oder Liparische
Inseln

Zwischen Sizilien und Calabrien gelegen — historisch und kulturell ge-
hörten sie immer eindeutig zu Sizilien. Die 7 schon seit der Vorgeschich-
te bewohnten Inseln und eine Reihe von Klippen sind alle vulkanischen
Ursprungs, allerdings, außer auf Stromboli und Vulcano ist der Vulka-
nismus erloschen.

In der Antike hielt man sie für den Sitz des Windgottes Aeolos, und der
ist auch noch heute mitunter so aktiv, daß die Inseln durch Stürme
tagelang von der Außenwelt abgeschnitten sind. Seit Jahren als der
Geheimtip von Einsamkeitsfanatikern gehandelt, sind sie das schon lange nicht mehr. Wer allerdings außerhalb der Saison (Juli — September)
hinfährt und gewisse erträgliche Strapazen auf sich nimmt, kann noch
sehr wenig begangene Stellen finden. Im Sommer nur was für Leute, die
Mengen von Mittouristen aushalten.

Großartige Uferlandschaften rings um alle Inseln, zum allergrößten Teil nicht zugänglich, nicht einmal vom Wasser aus, weil gleich die Felsen senkrecht hochsteigen. Sandstrände gibt es eigentlich gar nicht, das feinste sind mittlere Kiesel.

Nur dort, wo Anbau möglich ist, erreicht die Vegetation Baumhöhe — sonst Macchia und Grasland, auf den Felsen die flach kriechenden Kapernbüsche (Kapern waren einmal der wichtigste Ausfuhrartikel der Inseln), an Stellen, wo sich die Nässe staut, Dschungel von Schilf und spanischem Rohr.

TOURIST INFO : Für schriftliche Anfragen, z.B. Prospektmaterial, das recht gut ist: EPT Messina, Via Calabria, Isolato 301/bis, 98100 Messina, und Azienda Autonoma di Soggioro e Turismo delle Isole Eolie, Corso Vittorio Emanuele 253, 98055 Lipari (ME) — tel. 090/9811410 (dort auch die Informationen vor Ort, Vermittlung von Hotels und Privatzimmern — funktioniert auf Lipari erstklassig.

Bei schriftlicher Anfrage bekommt man in der Regel auch einen gut bebilderten Gratisreiseführer (in Deutsch), der aber vor Ort nicht mehr so nützlich ist, weil im Detail recht unzuverlässig, aber er regt an und verlockt. Ansonsten bekommt man ein sehr vollständiges Adressenverzeichnis (Hotels, Privatvermieter, Camping, Jugendherberge, Ristoranti etc.). Die Touristinformationen der übrigen Inseln sind nur in der Hauptsaison besetzt.

Verkehrsverbindungen:

Alle der 7 Inseln sind ganzjährig, aber nicht unbedingt täglich von Milazzo aus mit Fähren und Aliscafi erreichbar. Aliscafo etwas mehr als doppelt so teuer.

Innerhalb der Inseln ist Lipari der zentrale Umsteigehafen.

Auto:

Anreise nach Milazzo: Autostrada A 20 (ME — PA) — gebührenpflichtig bis Milazzo. Der Wert des Autos auf den Inseln ist zweifelhaft, denn nur auf Lipari, Vulcano und Salina gibt es Straßen — und dort sind es auch nicht viele.

So ganz allein sollte man sein Auto nicht in den Fährhafen auf dem Festland oder Sizilien stehen lassen, lieber irgendwo z.B. in Calabrien mit der Rezeption von Campingplatz oder Hotel reden, daß man es dort lassen kann, oder doch mitnehmen — Garagen sind so teuer, daß sie nicht lohnen.

Bahn:

Wer es angenehm haben will, in Napoli raus aus dem Zug und auf die Fähre. Wer viel Geld sparen will, nimmt bis Milazzo den Zug — für die Strecke Brenner - Lipari runde 4o DM (einfache Fahrt). Wegen des Schiffsanschlusses sollte man vor 15 Uhr in Milazzo sein.

Vom Bahnhof zum Hafen braucht man kein Taxi, außer man führt Schrankkoffer mit sich. Es sind 5 Min. Fußweg und die Taxifahrer wollen ohne jeden Skrupel 10 DM (L. 5000) für die Strecke. Nicht handeln. Nützt doch nichts.

Flugzeug:

1. <u>Bis Napoli</u>, dann Flughafenbus, der bis dicht an den Hafen fährt, dann Schiff.

2. <u>Bis Reggio Cal</u>., Flughafenbus (Aufschrift Messina) zum Hafen, im Sommer Aliscafo RC — Lipari, sonst erst nach Messina, dann Bahn oder Bus nach Milazzo, dann Fähre — mit Abstand die teuerste und komplizierteste Lösung.

Für alle Verbindungen sind die Sommerfahrpläne zugrunde gelegt — 1.6 bis 3o.9.

SIREMAR: Information Siremar, Via F. Crispi 12o, I-9o1oo Palermo. Die Schiffsagenturen außer in Napoli in unmittelbarer Hafennähe. In Napoli: Agenzia Carlo Ge-

Fähren: novese, Via Depretis 78, Tel.081/31 21 09.

Für die Linie NA — Lipari im Sommer vorbuchen. Auskunft bei den Automobilclubs.

Napoli — Lipari — Milazzo (Di — Do — Sa), Abfahrt um 21.00 Uhr, läuft Stromboli — Panarea — S. Marina (Salina) — Lipari und Vulcano an, das Schiff am Sa. auch Ginostra und Rinella (beides nur für Unmotorisierte).
Milazzo — Vulcano — Lipari: mehrmals täglich
Milazzo — Vulcano — Lipari — S. Marina (Salina), täglich
Milazzo — Lipari — Salina — Filicudi — Alicudi (Mo, Mi, Fr, So)
Milazzo — Lipari — Stromboli, täglich außer Sonntag.

Die Fahrt von Milazzo mit dem langsam im Rücken verschwindenden Sizilien und Calabrien am stimmungsvollsten mit der Spätnachmittagverbindung. Intensive Farben des Meers, die Inseln scheinen über dem Wasser zu schweben und irgendwo zwischen und hinter ihnen verschwindet die Sonne im Meer. — Und hinter der Reeling, vor dem Fahrtwind geschützt, lesen die Rucksackler Hermann Hesse — und interessieren sich erst für ihre Insel, wenn das Landemanöver beginnt.

Aliscafi:

Atmosphäre eines Jumbo-Busses, verteufelt schnell, viel zu sehen bekommt man nicht.
Zwischen den Inseln sehr viele Verbindungen. Da ohnehin fast alle Inselreisenden in Lipari Halt machen, dort bei der A.A. alle Fahrpläne holen oder am Hafen die Agenturen abklappern. Die Biglietti der Gesellschaften sind untereinander nicht übertragbar. Milazzo und die großen Inseln 1 - 2 x täglich ein Aliscafo.

SIREMAR: Anschrift s. Fähren: fährt zu allen Inseln

SNAV: Molo Norimberga 22, 98100 Messina, zu allen Inseln außer Filicudi und Alicudi.

<u>SILEM</u>: Via Laurentina 456, 00142 Roma, nicht nach Filicudi und Alicudi, nach Stromboli und Panarea nur 3 x in der Woche. Von außerhalb Aliscafi der SNAV (teilweise auf Juli/Aug. beschränkt), von Reggio cal., Messina, Maratea (PZ), Vibo Valentia (CZ), Napoli — nicht auf allen Linien täglicher Verkehr.

<u>SIREMAR</u>: <u>von Cefalu</u> (PA) und Palermo (Juli/August). Achtung Umsteiger: In Lipari haben Traghetti und Aliscafi eigene Häfen, die ca. 20 Min. zu Fuß auseinander liegen.

Verkehr auf den Inseln:

<u>Inselbusse</u> auf Lipari, Vulcano und Salina.

Lipari: Garage Urso, Via Cappuccini, tel. 9811262 und 9811026
Basile, Via F. Crispi, tel. 9811049
S. Marina (Salina): Casolaro, Antonio, Via Risorgimento, tel. 9843060. Miete pro Tag 40 - 50 DM, Kilometer eingeschlossen, recht betagte Modelle. Vespa oder Mororino ca. 25 - 30 DM.

Karten und Bücher:

Landkarte und Literatur <u>Litografia Artistica Cartografica</u>, 1:25000, Isole Eolie, mit Kurzführer aus der Rückseite (auch deutsch), 5 DM, auf Lipari und Salina in den Zeitungsläden zu bekommen. Qualitativ den IGM fast gleichwertig und besser aktualisiert, aber damit rechnen, daß manche Wege durch die Wildnis zugewachsen, abgerutscht oder sonstwie verschwunden sind.

<u>Der Gratis- Führer des EPT</u> bietet die wichtigsten Informationen besonders zu Geschichte, Archäologie und Vulkanismus, ist aber nicht mehr immer aktuell.

Unterkunft:

<u>Hotels</u> auf allen Inseln, die meisten auf Lipari, Vulcano, Salina und Stromboli. Privatzimmer und Locanda auf allen Inseln, die Vermieter stehen meist am Quai. (Bisher trotz Tourismus noch relativ preiswert.)

<u>Betten in Privatzimmern</u> schon ab 6 - 8 DM. Jugendherberge in Lipari, Campingplätze nur auf Vulcano, Lipari und Salina. <u>Freies Campieren generell verboten</u>, außerhalb der Hauptsaison stellenweise geduldet, aber nicht immer.

Das Meer (Baden und so weiter):

<u>FKK</u> — wird praktiziert. Einsame Stellen suchen, wo nur Touristen hinkommen. Bei der Überfüllung auch einsamer Gestade im Hochsommer riskant, denn irgendwann kommen die Carabinieri. Die Inselbewohner vor allem auf den kleinen Inseln, reagieren meist empfindlich.

<u>Badesaison</u>: Juli bis Oktober, für Abgehärtete noch länger.

<u>Wasserqualität</u>: Bis auf gelegentliche Anspülungen in Vulcano sehr klar und alle Inseln außer Stromboli ausgesprochene Taucherreviere.

Unterwassersport: Auf allen Inseln außer Stromboli sehr lohnend. Unterwasserjagd weitestgehend verboten. Außer auf Stromboli und Alicudi Druckluftflaschenservice.

Medizinische Versorgung:

Apotheken nur auf Lipari, Vulcano und Salina. Ärztliche Versorgung auf allen Inseln, aber auf den kleinen Inseln ist der "Medico Condotto" (Amtsarzt) nicht telefonisch erreichbar, er kommt bei Bedarf auf die Inseln. Wenn es ernst ist: Ospedale Civile in Lipari: 9811555

Poliambulatorio in S. Marina Salina: tel. 9843064

Bei ganz ernsten Dingen (z.B. Taucherunfällen) die Carabinieri anrufen: Lipari: tel. 9811333, Vulcano: tel. 9852110, Salina: tel. 9843019, Stromboli: tel. 98621.

Fototip

Filme mitbringen. Lediglich auf Lipari Auswahl, aber teuer! Wegen des starken Lichtes und der extremen Reflektion Filter verwenden. Helldunkelkontrasten von mehr als 2 Blenden (die sind auf den Inseln die Regel) sind Farbfilme nicht gewachsen.

Post:

Postlagernd("fermo di Posta"). Die Insel deutlich angeben, wo die Sendung hinsoll, sonst landet alles in Lipari. Auf allen Inseln ein Postamt und öffentliches Telefon. Vorwahl für die Inseln 090/... Innerhalb der Inseln, mit Milazzo und Messina ohne Vorwahl telefonieren. Sind aber Ferngespräche!

Cambio: Ganzjährig nur in Lipari und Malfa (Isola Salina), im Sommer saisonale Schalter in Vulcano, S. Marina (Salina), Panarea und Stromboli.

Essen und Trinken

Trinkwasser: Auf den Inseln gibt es keine Quellen. Das Wasser ist entweder in Zisternen gesammeltes Regenwasser (das verblüffend gut schmeckt und unbedenklich auch frisch getrunken werden kann) oder kommt per Tankschiff auf die Inseln und kann knapp werden, im Sommer auch mal für ein, zwei Tage trockene Wasserleitungen, und ist stark gechlort, oder (auf Campings und in ländlichen Gegenden) Grundwasser, das mehr oder weniger salzig ist. Öffentliche Wasserhähne sind wegen des chronischen Wassermangels selten und wenn vorhanden, dann meist abgestellt.

Wein: War und ist berühmt, ziemlich stark, es gibt auch einen Dessertwein (Malvasia di Lipari). Durch die starke Abwanderung ist die Produktion sehr stark zurückgegangen. Praktisch nur in Lipari und auf Salina in wenigen Kellereien zu bekommen.

Sonst fast nur ziemlich mäßige Flaschenweine aus Westsizilien. Die Lokalen wegen ihres Seltenheitswertes und die Eingeführten wegen der Transportkosten ausgesprochen teuer.

Hohe Preise gelten auch für die übrigen Lebensmittel. Wo viel los ist (Lipari, Salina, Stromboli), sind die Preise niedriger. Obst und Gemüse kommt fast ausschließlich vom Festland und sieht so aus, als käme es aus dem archäologischen Museum.

Selbstverpfleger, die ohnehin ihr Auto mitbringen wollen, können viel sparen, wenn sie haltbare Sachen (Konserven, Salami, Hartkäse, Wein) in Sizilien oder noch preiswerter in Calabrien einkaufen. Melonen und Wassermelonen halten auch einige Zeit.

Fische: Obwohl die Inseln mitten im Meer liegen, ist Fisch rar und teuer. Dran schuld sind die brutalen Fangmethoden der Vergangenheit und auch noch in der Gegenwart wird immer wieder in Schutzzonen und mit Bomben gefischt. Die Inselbewohner sind fast völlig auf Fleisch umgestiegen — in Lipari die "salsiccia siciliana" probieren.

Wer durchs Land geht und sich auskennt, kann an günstigen Stellen seinen Speisezettel durch Wildgemüse aufbessern. Eine Plastiktüte ist in Minuten voll. Die Einheimischen machen das auch so.

Richtiggehende Märkte gibt es nicht, allenfalls etwas Straßenverkauf.

Zu Fuß:

Rucksackreisen: Auf den Inseln ein vertrauter Anblick. Erhöht die eigene Mobilität.

Die Sonne: Die Inselvegetation bietet wenig Schatten, die dunklen Lavagesteine heizen sich sehr stark auf und die hellen Bimssteine reflektieren das Sonnenlicht unvorstellbar stark.

Vor Sonnenbrand und Sonnenstich schützen!!

Wer die Inseln auch außerhalb der Ortschaften und gebahnter Wege ergründen will, einsame Strände erreichen will, kommt um die Mitnahme von Schuhen mit Profilsohlen und dornenresistenten Beinkleidern nicht herum.

Die meisten Strände sind so steinig, daß Flossen oder Badelatschen aus Plastik eine Wohltat für die Füße sind.

Für Exkursionen in jedem Fall die Wasserflasche mitnehmen!

Der Strom fällt auf den Inseln recht oft aus. Auf den kleinen Inseln sind nicht alle Häuser ans Stromnetz angeschlossen. Kerzen sind nicht immer auf den Inseln aufzutreiben.

Vulkanismus:

Auch wenn es die Werbung immer wieder versichert, die Inseln wurden in der Antike eigentlich nie für den Sitz des Feuergottes Vulcanus gehalten — man vermutete dessen Werkstatt unter dem Etna. Schließlich stand Vulcanus im Ruf, ein tüchtiger Waffenschmied zu sein, sein Beruf, der reichlich Rauch und Funken erzeugt, und verglichen mit dem vulkanischen Riesen Etna sind die Vulkaninseln, deren Tätigkeit in der Antike nicht anders war als heute, Vulkane im handlichen Kleinformat. Aktiv sind nur die Inseln Vulcano und Stromboli, letzterer ist ständig in Aktion, verglichen mit dem, was der Etna ausstößt, hätte hier der antike Gott höchstens eine Goldschmiedewerkstatt unterhalten können.

Die westlichen Inseln (Alicudi, Filicudi und Salina) sind längst erloschen, auf Salina gibt es lediglich noch Gas- und Dampfquellen. Vulkanisch aktiver sind noch die östlichen Inseln, Vulcano ist ein noch aktiver Feuerherd, der jederzeit wieder tätig werden kann, Lipari und Panarea zeigen noch Reste vulkanischer Tätigkeit (heiße Quellen, relativ junge vulkanische Gesteine, ob der Monte Pelato auf Lipari im 6. Jahrhundert unserer Zeit einen letzten Ausbruch hatte, ist in der Forschung strittig.

Der über 900 m hohe Stromboli war seit Menschengedenken für die Seefahrer ein natürlicher Leuchtturm, er schleudert dauernd, meist mehrfach in der Stunde, glühendes Material in die Höhe, es ist aber nie viel. Der letzte größere Ausbruch liegt über 40 Jahre zurück.

Verbunden mit dem vulkanischen Untergrund der Inseln gibt es eine ständige seismische Aktivität, die aber fast immer nur von den Seismologen registriert wird. Umso spürbarer sind die Winde. Die Antike vermutete auf den Inseln den Sitz des Windgottes Aeolus, denn dieses Gebiet ist sehr reich an Stürmen. Zu allen Jahreszeiten kann es passieren, daß die Schiffe tagelang wegen Sturms die Inseln nicht anlaufen können, besonders zwischen Oktober und April sind sie dann gelegentlich über 1 Woche von der Außenwelt abgeschnitten.

Lipari (37,6 km², 10000 Einw.)

Die Hauptinsel des Archipels. Landschaftlich die vielfältigste. Außer kurzen Küstenabschnitten im Osten und Norden unzugängliche Felsküsten, auf deren dem Wind ausgesetzten Hängen nur flache Macchia wächst.

Reiche mittelmeerische Gartenvegetation nur an den Hängen um Lipari und auf der Hochebene von Pianoconte. Im Nordwesten fast vegetationslose Bimssteinhalden. Der Bims wird abgebaut, so daß Lipari von Jahr zu Jahr an Masse verliert. Die vulkanischen Tuffe und Bimssteine sind außerordentlich weich und so ist die Insel überall von tiefeingeschnittenen Schluchten durchzogen.

Straßennetz: Ringstraße um die Insel, im Osten und Norden dicht an der Küste, im Westen dann auf die Hochebenen aufsteigend. Wenige Stich-Straßen in die höher gelegenen Dörfer abseits der Rundstraße.

Wegenetz: Durch die starke Aufgabe der Landwirtschaft und die neuen Autostraßen sind viele Wege verschwunden oder stellenweise unpassierbar geworden. Wegen der 'Burroni'' (Schluchten) immer wieder mit schweißtreibenden Auf- und Abstiegen rechnen, auf der Karte sieht das alles ganz einfach und flach aus! Auf den Fußwegen viel Geröll und lockeres Material. Schatten gibt es kaum.

Inselbusse:
Start aller Linien in der Nähe des Hafens (Via Marina Lunga): Nach Canetto und zur Spiaggia Bianca: 7 x, nach Acquacalda über Canneto 4 x, nach Pianoconte - Quatropiani (z.Teil Weiterfahrt nach Acquacalda) 4 x, je 2 x nach Pirrera und Lami (Fahrplan bei der A.A.)

Die Stadt *Lipari* :

Eine regelrechte Kleinstadt, optisch ein verkleinertes Abbild anderer sizilianischer Städte, aber frei von Schmutz und Unrat. Die zwei- und dreistöckigen Häuser entlang der innerstädtischen Hauptstraße (Via Garibaldi) haben Elemente einfacher barocker Palastarchitektur. In den engen Seitengassen die einfacheren Häuser der Fischer, zum Meer hin ist der Altstadt der Burgberg vorgelagert, dort das frühere Castell, alle 5 Kirchen Liparis, größere Grünflächen und Gärten, ein Teil der früheren Paläste dienen heute als Museum und Jugendherberge.

TOURIST INFO : A.A. Corso Vittorio Emanuele 253, Tel. 98 11 41 o, in der Nähe des Hafens (Fährschiffe).Haben umfangreiches Informationsmaterial. Vermitteln Hotels, Ferienwohnungen und Privatzimmer. Fahrpläne der Schiffe und Busse. Dort auch Information über Streiks. Im Sommer zusätzliches Informationsbüro an der Marina Corta, wo die Aliscafi landen.

Unterkunft:

<u>Hotels</u>: Besonders in den unteren Kategorien den Preis vorher absprechen. Was im Hotelverzeichnis steht, stimmt nur bedingt. Fragen, ob Verpflichtung besteht, im Hotel zu frühstücken, was meist doppelt so viel kostet, wie in der Bar und absolut nichts anderes ist. Die moderen Ferienhotels der oberen Kategorien bestehen fast immer auf Halb- oder Vollpension.

Preise saisonal stark abgestuft:

In den kleinen Hotels und den Locande weniger stark, meist 10 % Nachlaß für die Nebensaison (Bassa Stagione B.S.)

Nebensaison (B.S.): 1.10. - 31.3.
Zwischensaison I: 1.4. - 20.6.
Zwischensaison II: 21.6. - 15.7., 30.8. - 30.9.
Hauptsaison (A.S.): 16.7. - 29.8.

<u>In den Ferienwohnungen</u> der gehobenen Klasse und den großen Hotels kann die A.S. fast doppelt so teuer sein, wie die B.S.! Während die einfachen Hotels meist ganzjährig geöffnet sind, schließen die der oberen Kategorien meist zwischen November und März.

Privatzimmer pro Bett ca. 10 DM.

Hotels

"Melegunis"
I cat., Via Marte, tel. 9812426: In einem erst kürzlich restaurierten Adelspalast der Altstadt (Nähe Marina Corta). Innenhof, Dachterrasse, absolut ruhig gelegen. "Die geräumigen und sehr tröstlichen Zimmer sind alle mit Klimaanlage, Fernsehen, Telephon und Kühlschrankbar", so der Prospekt. Nur HP und VP
B.S. HP 64 DM, VP 80 DM. A.S. HP 120 DM, VP 150 DM
Sizilianische Küche. Viel Fisch und Meerestiere.

"Carasco"
II cat., Porto delle Genti, südlich des Ortes. tel. 9811605, modernes Ferienhotel direkt am Meer. Nur HP: B.S. 60 DM, A.S. 85 DM

"Gattopardo"
II cat., Via Diana, modernes Bungalowhotel im Grünen , ca. 1 km landeinwärts. tel. 9811035, DZ 50 DM.

"Augustus"
III cat., Via Ausonia, am Rand der Altstadt, einfacher moderner Bau um einen Innenhof, DZ 36 DM.

"Europeo"
IV cat., Via Vittorio Emanuele, tel. 9811589, einfaches älteres Hotel, DZ 34 DM.

"Regione"
IV cat., Via Maurolico/Ecke Via V. Emanuele, einfach, tel. 9811302, dazu gehört die

Locanda Trinacria, im Albergo DZ 26 DM, in der Loc. ca. 20 DM — nicht jeden geforderten Preis akzeptieren, sich an den flexibleren Sohn halten!

"Villa Diana"

(P. 2) schlichte Villa in einem Park — im Stil der Jahrhundertwende, landeinwärts im Ortsteil Diana-Tufo. tel. 9811403, DZ 45 DM — vorbestellen, viele Stammkunden aus Palermo

Auf dem Castello die Jugendherberge: tel. 090/9811540 — in jedem Fall Voranmeldung, die aber nicht immer akzeptiert wird. Von März — Oktober und fast immer voll bis zum letzten der 70 Betten. Im Hof kann gezeltet werden — eine reichlich staubige Angelegenheit.

Die Altstadt

Auf den Inseln einziger Ort mit städtischem Ambiente. Man sieht zwar, daß hier der Tourismus zur Hauptstütze der insularen Ökonomie geworden ist, aber nicht nur ausschließlichen.

Bummeln, Läden, Straßencaffes: Hauptsächlich entlang des Corso Vittorio Veneto., die Bars und Ristoranti schon zu stark dem jüngsten Wirtschaftszweig verfallen — Pizzabudenqualität bei stolzen Preisen. Besser siehts da an den anderen Fremdentreffs aus: Piazza Mazzini oben auf dem Burgberg, ein weiter, mit Bäumen bestandener Platz.

Dort Bar-Ristorante "FILIPPINO" mit ausgezeichnetem Eis sizilianischer Tradition — das Treppensteigen zum Castello rauf lohnt allein wegen einer Eiswaffel!

Das Ristorante draußen unter Bäumen zu sitzen, mit ca. 3o DM fürs Essen nicht ganz billig, aber... über 7o Jahre Küchentradition haben es zu einem der berühmtesten Ristoranti Siziliens gemacht: Risotto Nero (schwarz durch den Saft der Calamaretti), Languste (die legt liegt aber nicht im 3o-DM-Budget), Schwertfisch, Zuppa di Pesce, dann gelató und die zarten Dolci.

Nicht die Atmosphäre für allzu lockere Strandkleidung — die meisten Gäste sind Sizilianer aus dem oberen Bürgertum, und die kleiden sich zum Essen entsprechend.

"Filippino" vermietet auch gut ausgestattete Appartements, Preis je nach Größe pro Person A.S. 17 - 25 DM, B.S. 13 — 17 DM. Auch Möglichkeit der Halbpension bei Essen a la Carte. HP in A.S. 40 - 47 DM, B.S. 37 - 40 DM.

Hotel

Daneben das Museo Nazionale (gratis) — in zwei Palästen links und rechts der Cattedrale untergebracht. Man beginnt chronologisch richtig im linken Palazzo mit der Vorgeschichte. Alles andere als ein Provinzmuseum, denn Lipari mit den Nachbarinseln war in Vor- und Frühgeschichte mehr als ein armer Archipel von Fischern und Kapernsammlern.

Sein erster und solider Reichtum kam durch den Obsidian, ein vulkanisches Glas, das recht selten ist. Lipari ist einer der wenigen Fundorte im Mittelmeergebiet. Es sieht aus wie tiefschwarzer Glasfuß, ist härter als der sonst in den vormetallischen Zeiten für Waffen und Gerät verwendete Feuerstein, hat rasiermesserscharfe Schneiden, läßt sich hervorragend bearbeiten und sieht schön aus. War Exportartikel in den gesamten Mittelmeerraum. Der damals aufgehäufte Reichtum und die Handelsverbindungen nach Italien, Nordafrika und bis Griechenland machten Lipari auch in den folgenden Zeiten der Frühgeschichte, wo Obsidian durch Bronze verdrängt wurde, zu einem wichtigen Handels- und Seefahrerzentrum.

Die ausgestellten Sachen stammen zum großen Teil von der Akropolis Liparis, dort, wo heute die Gärten zwischen Museum, Kirchen und Jugendherberge sind, und aus den Gräberfeldern zwischen Corso Vittorio Emanuele und Umgehungsstraße.

Einige Gräber- und Urnenfelder sind im Museum so wiederaufgebaut worden, wie man sie gefunden hat — fast hat man die Illusion, sie seien am Ausstellungsort so ausgegraben worden. In der Abteilung mit Kleinkeramiken und Theatermasken aus spätgriechischer Zeit. Detaildarstellungen aus dem antiken Theaterleben.

MARINA CORTA: Aliscafi — Hafen, Bars, zum sich treffen, draußen zu sitzen, sich kennen zu lernen, zu verabreden und Abschied zu nehmen.

Die Marina Corta mit ihrer Wallfahrtskirche auf der Halbinsel gleichzeitig Fischereihafen.

 Preislich alle so um 15 - 2o DM. Frischen Fisch gibt es überall, ebenso Nudeln nach sizilianischen Rezepten, nicht unbedingt die ganz große Kochkunst. Die Enge der Straßen macht es nötig, drinnen zu essen.

TRATTORIA DEL VICO (da Sarino), hat Atmosphäre, sizilianische Küche mit einigen Inselspezialitäten. DA BARTOLOMEO: Überwiegend Fisch, ansprechender Geruch. Generell sind die Tavernen und Trattorie auf ausländisches Publikum zugeschnitten, auch in der Küche. Die Italiener auf Lipari mieten fast immer Appartements oder Villen, wo sie selbst kochen können, oder sie sind in den teuren Hotels, wo sie ohnehin zum Essen im Haus verurteilt sind.

Die Pizzerie und Snack- Bars am Corso Vittorio Emanuele sind teuer und mies und geben vielen mal wieder den Beweis in die Hand, daß man beim Italiener in Hamburg oder München "besser" ißt.

N.B. In der Jugendherberge eine eingerichtete Küche, wo man für DM -,60 kochen kann.

Selbstverpfleger: Beim Grünzeug unbedingt etwas rumgucken — es gibt auch frische Sachen. Fisch bei den Cooperativen in der Via Garibaldi genauso frisch, wie bei den Straßenhändlern auf dem Corso, aber billiger.

Guten offenen Wein gibt es in einer Taverne dicht bei der A.A. und im südlichen Teil des Corso, wo er schmal wird.

Andenken und Antiquitäten:

Meist grausames Zeug. Handwerkliche Sachen von den Inseln gibt es nicht mehr. Viel Kram aus Fernost. In den Kleiderboutiquen Positano - Moden.

Bei Umberto Buceti auf dem Corso hervorragendes altes Kunsthandwerk, reichlich echter palermitanischer Jugendstil, aber nicht billig.

Strände auf Lipari

Taucherservice und Druckluftflaschen: Officina Vajarelli, Via F. Crispi, tel. 9811324, Officina Mercury, Via Tenente Amendola, tel. 9811090.

1. Spiaggia di Porto Salvo, mehr Bootshafen, Straße und Häuser direkt

dahinter — nördlich des Fährhafens. Wasserqualität so la la.

Bucht von Canneto: Noch mehr Häuser dahinter. Ich finde ihn reichlich triste, lieber etwas länger im Bus bleiben und zur Spiaggia Bianca oder nach Acquacalda fahren.

2. Spiaggia Bianca: Weiß, weil er vor Jahren von Bimslapilli gebildet war, die inzwischen von den Stürmen weggeschwemmt sind (so leicht und voller Luft, daß sie wie Korken schwimmen). Übrig geblieben sind die schweren dunklen Lavakiesel. Von der Bushaltestelle auf Treppenweg zum Strand. In der Nebensaison freie Camper und Nacktbader, die im Hochsommer meist rasch Ärger bekommen.

Die Bucht ist durch Felsen gegliedert, nach Norden wird es steinig, wo Schilder vor dem Weitergehen warnen, besser umdrehen, denn dort beginnen die Bimssteinwerke und da wird manchmal LKW-weise abgekippt. Oft kleine Quallen.

3. Acquacalda: Auch ein Ort im Rücken, der ist aber klein, relativ breiter Schotterstrand, tiefschwarz, Wasser sehr klar, zu den Klippen hin gute Schnorchelmöglichkeiten, reich an Meerestieren. Schwimmend sind einige kleine verschwiegene Buchten erreichbar, wo mehr Betrieb ist, als man erwartet.

4. Die großartige Küstenlandschaft im Westen und Süden ist fast nirgendwo vom Land aus erreichbar. Wege führen da und dort bis an den Rand der Insel, dann fehlen aber noch 10 - 30 m bis zur Brandung.

5. Mit einer Ausnahme, die anstrengend ist, aber lohnt: Bei der Bus- Fermata Belvedere (toller Blick auf Vulcano, schon deshalb aussteigen) Weg zu der unterhalb gelegenen Häusergruppe von Quattrocchi, dahinter ein Pfad in die steil abwärtsführende Schlucht des Valle Mutria, an deren Ausgang ein langer, schmaler Kiesstrand, wo selten Mitmenschen anzutreffen sind. Etwas Kräfte für den Rückweg in Reserve halten, denn es muß ein Aufstieg mit über 210 m Höhenunterschied auf sehr kurze Distanz gemacht werden.

Wer Lust hat, kann von den häusern Quattrocchis auf alten Eselwegen über die Häusergruppe S. Bartolo al Monte durch Bauernland, Gärten und aufgegebene Kulturen nach Lipari zurückgehen (ca. 40 Min. ohne den Aufstieg vom Strand).

Inselrundfahrt und Terme di S.Calogero

(1) Inselrundfahrt 27 km, von Varesana Sopra Aufstieg auf den Monte S. Angelo (594 m), ca. 1 Stunde, von dort Abstieg möglich durch einsame Vulkanlandschaft nach Pirrera, dort auf der alten Lavafläche der Forgia Vecchia mit Obsidianvorkommen.

Macht den Eindruck eines zerfressenen rötlichen Obisidiangletschers, die weicheren Gesteine wie Bims sind im Laufe der Zeit ausgewaschen worden. Von Pirrera nach Canneto ca. 30 Min.

(2) In Pianoconte Abzweigstraße zu den Terme di S. Calogero, ca. 2 km. Wer die Reproduktionen von Plakaten der Jahrhundertwende in Liparis Andenkenläden gesehen hat, wo füllige Quellnymphen unter dampfenden Wasser-

fällen stehen, wird an den Terme angekommen erst einmal suchen.

Der Zustand der Gebäude läßt erste Zweifel aufkommen — die Bäder sind verlassen, alten Plakaten nach zu schließen 1978. Wer dann durch ein offenes Fenster einsteigt, betritt ein Kurbad in totaler Zerstörung. In einem Raum gleich am "Eingang" scheint man noch ein letztes Abschiedsfest von den Thermen gefeiert haben, gedeckte Tische, Flaschen, Gläser, Teller und nicht mehr ganz identifizierbare Reste, als hätten sich die Gäste des Baccanals erst kürzlich erhoben. Im hinteren Gebäudeteil, wo die Quelle mit 60 $^\circ$ C aus der Erde quillt, eine Schwitzgrotte, die noch aus römischer Zeit stammen soll. Wer Lust hat, kann sich dämpfen lassen — macht schlapp.

Der eigentliche Badebetrieb ist auf eine Emailebadewanne in der freien Landschaft beschränkt (Wasser bei 40 $^\circ$ C). Die Schüttung der Quelle ist sehr schwach.

Vulcano (21 km, 450 Einw.)

Kahl und dünn besiedelt. Vulkanisch noch aktiv, wenn auch im Augenblick außer warmen Quellen und Fumarolen nichts sichtbar. Die vulkanische Tätigkeit im Untergrund ist aber so wenig erloschen, daß es wieder zu explosionsartigen Ausbrüchen kommen kann wie 1888, als sich der Vulkan Luft machte und riesige Steinbrocken hunderte von Metern weit schleuderte.

Wegen der Bademöglichkeiten in den beiden Buchten im Norden der Insel und gut zugänglichen Felsküsten um die Halbinsel Vulcanello ziemlich stark besucht. Bis auf ein kleines Strandareal an der Südspitze (Gelso) sind die Steilküsten völlig unzugänglich.

Das Inselinnere nur auf dem Piano wegsam, die Wege enden am 300 - 500 m hohen Steilabfall zum Meer.

Das wichtigste bewohnte Zentrum in der Senke um den Hafen zwischen den Buchten Porto Levante und Porto Ponente. Hier Hotels, Campingplätze und Ferienwohnungen sowie die Läden.

Praktisches:

Touristinformation: (nur Juni - Sept.): Porto di Levante, Tel. 9852028.

Cambio: nur Juni - Sept. Banken am Porto Levante.

Schiffahrtsbüros: Porto di Levante.

Druckluftflaschen und Taucherservice: Eolian Hotel.

Busverbindungen Porto Levante - Vulcano Piano: 5 x täglich.

Autoverkehr: Auf die flachen Teile zwischen den beiden Badebuchten, die Straße Porto - Gelso und ein paar Feldwege beschränkt.

Unterkunft:

Eine Reihe Ferienwohnungen, daneben kann man auch bei Familien Platz finden. Vermittlung durch A.A., sonst in den Bars oder Läden nachfragen.

In Porto Levante und Porto Ponente.

<u>Camping</u>: Drei einfache Plätze, auf denen oft Trinkwasser Mangelware ist. Richtiger Betrieb nur Juni - September, danach, wenns lohnt. SICILIA an der Straße nach Piano, ca. 500 m vom Meer. TOGO, ca. 300 m vom Meer, zwischen beiden Buchten. SABBIE NERE, Porto Ponente direkt am Meer.

<u>Freies Campieren</u> eigentlich verboten, wird aber, außer im Hochsommer, an nicht so sichtbaren Stellen der Halbinsel Vulcanello geduldet. Keinen Müll rumliegen lassen!

<u>Trinkwasserbrunnen</u> an der Straße nach Piano ca. 150 m vom Porto.

<u>Hotels</u>: bis auf 2 Ausnahmen reine Ferienbetriebe, die nur zwischen April und Anfang Oktober offen haben. Die Hotels am Porto Ponente von der Lage her schöner: zwischen dichterer Vegetation und einfach die reizvollere Bucht und ab vom Verkehr.

Eolian Hotel
II cat., Porto Ponente, große Bungalowanlage direkt am Strand, tel. 9852152, April - Oktober, DZ 70 DM, VP 66 DM (B.S.) 105 DM (A.S.)

Garden Vulcano
II cat. Porto Ponente, tel. 9852069, Apirl - September, DZ 36 DM (B.S.), 68 DM (A.S.), VP 50 DM (B.S.), 82 DM (A.S.)

Conti
III cat. Porto Ponente, tel. 9852012, Mai - Oktober, DZ 20 DM (B.S.), 40 DM (A.S.), VP 44 DM (B.S.), 64 DM (A.S.)

Faraglione
III cat. Porto Levante am Hafen, ganzjährig. DZ 36 - 38 DM, VP 55 - 60 DM, tel. 9852054

Casa Fiorita
IV cat. Porto Levante, tel. 9852006, April - Oktober, DZ 20 DM, (B.S.) 35 DM (A.S.)

Casa Sipione
IV cat. Porto Levante, tel. 9852034, Juni - September, DZ 30 DM

Agostino
IV cat. Porto Levante, tel. 9852035, ganzjährig, DZ 30 ; 36 DM

Hotels

Die Fumarolen:

Die Fumarolen, für viele die Hauptattraktion der Inseln bis sie da waren. Denn die heißen Quellen und Fumarolen am Strand etwas nördlich des Porto Levante und im Meer sind längst nicht so stark wie es ihr Ruf ist.

Vor allem wird das Meer nicht zu Badewannentemperaturen aufgewärmt – und im Winter wird es wahrscheinlich nicht einmal lauwarm. Etwas stärkere Wellen reichen und das Meer präsentiert sich in seiner Normaltemperatur. Trotzdem: dort wo die Fumarolen austreten, mit den Füßen aufpassen, sonst verbrüht man sich die Sohlen.

<u>Acqua del Bagno</u>, etwas landeinwärts, natürliches Becken mit weißlichem, trüben und heißen mineralreichem Wasser. Soll gegen schmerzende Knochen und Glieder gut sein.

Die Halbinsel Vulcanello

Der jüngste Teil Vulcanos stieg 183 vor Chr. aus dem Meer auf und ist
später erloschen, besteht aus Bimsstein und Lapilli. Von Macchia und kleinen Bäumen bedeckt, im Inneren Bauruinen als Denkmäler übermäßiger
Erwartungen in den Tourismus. Ufer meist Felsenküste mit kleinen Buchten, relativ gut zugänglich. Gutes Tauchrevier.

Strände des Porto Levante und des Porto Ponente: Schwarzer grober Sand,
was auf den Inseln selten ist. An den Felsklippen Tauchgründe.

Der Gran Cratere

Aufstieg auf den Gran Cratere, ca. 40 Minuten, dann noch 30 Minuten für
die Umrundung des Kraters, wer Lust hat, kann auch reingehen, der Weg
ist undramatisch und sich durch Auslegen von Steinen verewigen, politische oder sportliche Bekenntnisse abgeben oder Herzensangelegenheiten
mitteilen.

Bis auf ein paar harmlose Kraxelstrecken gebahnter Weg, wegen der vielen
Lapilli sind Sandalen Mist, aber es haben auch schon Damen mit Stöckel-
schuhen die Unternehmung geschafft. Wer kurz nach Sonnenaufgang auf-
bricht, macht den Aufstieg noch im Schatten. Weg beginnt am Porto Levante. Schon beim Aufstieg einige Stellen, wo es zwischen Schwefelkristallen
dampft.

Die stärksten Fumarolen am östlichen Kraterrand, der Schwefelqualm ist
beißend, die Austrittstemperaturen liegen bei bis 500 ^{o} C, die Schwefel-
kristalle bei den tätigen Fumarolen oft glühend heiß. Die höchste Stelle
391 m, der Blick nach Süden über die Insel hinaus durch den höheren Kraterrand des Monte Aria versperrt. Man bekommt einen Eindruck von der
Unwirtlichkeit der Insel.

In Gelso, an der Südspitze der Insel, kleine Häusergruppe wie am Ende der
Welt, kleiner Strand und einige Badebuchten, gut zum Tauchen. In Piano
und Gelso einige kleine Trattorie, wo man sich von dem überraschen lassen muß, was es gerade gibt — leben zwar vom Tourismus, aber irgendwie
bleiben die großen Massen immer im Norden der Insel.

In Piano auch Möglichkeit, Zimmer zu mieten. Nach Signora Scaffi di
Maria Tindara fragen, ist gleichzeitig Trattoria.

Panarea (3,4 km, 270 Einw.)

Die kleinste der bewohnten Inseln. Auf dem Weg nach Stromboli. Die
bizarste und schroffste Insel, vulkanisch noch durch Heißwasserquellen
und Fumarolen aktiv. Von wilden Felsenklippen und Nadeln umgeben.
Panarea und seine Klippen sind die Reste eines größeren, zusammengestürzten und vom Meer demolierten Vulkans. Die Insel hat die farbenpräch-
tigste und vielfältigste Macchia. Gilt als das beste Taucherrevier der Eolischen Inseln.

Nur die sanftere Ostküste ist besiedelt. Kubenhäuser, schneeweiß gekalkt, mit Pergolen und großen Loggien und Bögen, zwischen Gärten und Ölbäumen.

Strände: Schotter und Klippen. Keine offizielle Touristinformation, aber in den Bars am Hafen bekommt man alle Auskünfte.

Cambio: nur in den Sommermonaten

Einkaufsmöglichkeiten: ziemlich teuer und eingeschränkt.

Taucherservice und Druckluftflaschen: Hotel Raya

Essen: Trattorien, wo es überwiegend Meerestiere gibt. Inselpreise!

Unterkunft:

La Piazza
III cat., Tel. 9811190, Pool und Garten, ohne Rist., DZ 45 DM

Lisca Bianca
III cat., tel. 9812422, Garten, ohne Rist., DZ 45 DM

Raya
III cat., abgelegen im Südteil der Insel, Taucherbasis, nur 10 Zimmer, fast immer Vorbestellung nötig, ohne Rist., Garten, DZ 45 DM, ohne Bad 30 DM (man sieht den Wert des Wassers).

Residence
III cat., tel 9811557, Garten, mit Ristorante, DZ 45 DM

Villaggio Turistico Cincotta
IV cat., tel. 9811650, Mittelding zwischen Hotel und Feriendorf. Garten, DZ 33 DM, VP 68 DM,

Basiluzzo
(loc.), tel. 9811650, DZ 26 DM

Caletta (loc.) und Panarea (loc.)
gleiche Telefon;Nummer und gleicher Preis wie Basiluzzo. Insgesamt 15 Zimmer

Roda
(loc.), tel. 9812333, DZ 16 DM

Stelle Maris
(loc), kein Telefon, ganzjährig, DZ 16,-, VP 36 DM

Hotels

Mit einer Ausnahme nur zwischen Juni und September geöffnet, relativ einfach bis sehr elementar ausgestattet. Panarea ist teuer. Da alle Hotels und Locande nur wenige Zimmer haben, hier alle Anschriften, denn oft muß man dort unterkriechen, wo gerade Platz ist.

Camping gibt es nicht. Frei Campieren ist verboten und fällt sofort auf. Wasser ist ausgesprochene Mangelware. Was aus dem Hahn kommt, ist nicht immer Trinkwasser. Das gibt es extra aus der Zisterne.

Außer Unterwassererlebnissen bietet die Insel bei längerem Aufenthalt nicht viel. Die Bewegungsmöglichkeiten auf der Insel sind recht beschränkt.

Die drei Dörfer, **S. PIETRO** mit dem Hafen in der Mitte, **DITELLA** im Norden und **DRAUTO** gehen ineinander über, bestehen aus locker in die Gärten und Felder verstreuten Häuser, von denen wie auf allen kleineren Inseln ein Teil verlassen ist (Emigration) und nur noch im Sommer als

Feriendomizil dienen.

An der Ostküste, unterhalb eines meist flachen Felsenkliffs, schmale Schotterstrände. Das Wasser wird rasch tief und ist unwahrscheinlich klar. Südlich von Drauto zwei tiefe Buchten, wenn man bis zur äußersten Südspitze der Insel weitergeht, kommt man zu den Ausgrabungen eines prähistorischen Dorfes, Grundrisse von Rundhäusern.

Dicht am Anleger von S. Pietro eine <u>Thermalquelle</u>, zusammen mit dem Meereswasser annehmbare Wassertemperatur.

Nördlich von Ditella, in der Gemarkung Calcara, hat der Boden runde 100 $^\circ$ C Wärme, heißes Gas kommt aus der Erde. Der Boden von den ausgeschiedenen Mineralien bunt verfärbt. Die Westküste ist unzugänglich.

<u>Besteigung der Punta del Corvo</u>, des höchsten Punktes der Insel (421 m): Von Drauto Aufstieg in die Gemarkung Castello, erst durch Gärten und Oliveten, dann durch Macchia. Von Castello an ist der Weg sehr schwer zu finden, verliert sich fast völlig in der Macchia aus Cistus, Lentiscus, Myrthe und Kapern. Vom Gipfel weiter Blick (Wegedauer 1.30 Stunden).

<u>Vom Hafen aus</u> in Fischerbooten <u>Inselrundfahrten</u>, Fahrten zu den Klippen im Meer und nach Basiluzzo, unbewohnt, ein 165 m hohes Felseneiland. Reich an Kapern. Aufstieg zur Spitze von einem kleinen Hafen aus. Entlang der Westküste von Panarea Felsennadeln und Meereshöhlen.

Stromboli (12,6 Km², 350 Einw.)

924 m über dem Meeresspiegel, in Wirklichkeit ist der Vulkan runde 3000 m hoch, denn er steigt vom Meeresboden aus hoch, gehört nicht wie die anderen Inseln zum Festlandsockel Siziliens. Die Insel ist nur Berg, nur Vulkan, nicht Ebene an den Rändern, nur wo es etwas flacher ist, sind Häuser und Felder.

TOURIST INFO : A.A.(nur zwischen Juli und September). Ficogrande (im Zentrum des Dorfes Stromboli) — nicht am Hafen, Tel. 98 62 3.

Fähr-verbindungen und Agenturen

<u>Verbindungen</u>: Neben Lipari der Hafen, wo die meisten Schiffe und Aliscafi landen. Auch wer nicht so weit nach Süden fährt, auf dem Kontinent bleiben will, mit der Fähre ist es von Napoli eine Nachtfahrt, mit dem Aliscafo von Napoli, Maratea (Cilento) und Vibo Marina (Tropea- Küste) sind es 1.30 Stunden (von Napoli 4 Stunden)

<u>Fährbüros</u> gibt es am Anleger und in Ginostra, hier die SIREMAR-Fähren von Juni bis September:

ab Milazzo Mo, Di, Mi, Fr, Sa (Direktverbindung)
ab Lipari täglich außer So
ab Salina (S. Marina) täglich (Siremar, Silem)
ab Napoli täglich (SNAV)
ab Maratea (nur Juli/August) täglich außer Mi (SNAV)

Ginostra wird nur von den Fähren der Siremar bedient, Ausbootung, die bei stürmischem Wetter nicht möglich ist !!

Von Milazzo: Di, Sa
Von Lipari : Di, Do, Sa
Von Napoli: Sa

Agenturen außer in Maratea und Vibo Val. am Hafen-

Vibo Valentia Marina: Billetts müssen besorgt werden bei: Agenzia Foderaro, Catanzaro, Corso Mazzini, tel. 0961/21426, Agenzia Foderaro, Tropea, Corso V. Emanuele 50, tel. o963/61 27 4

Maratea Porto: Azienda Autonoma di Soggiorno e Turismo, Piazza del Gesù, tel. 0973/87 63 21

Cambio: Nur in den Sommermonaten

Unterkunft:

Recht viele Privatzimmer, Ferienwohnungen und Häuser. Vermieter stehen, wenn die Schiffe kommen, vor den Häusern und fragen Obdachsuchende — wenn viele ausgestiegen sind, rasch handeln. Preis pro Bett ab 8 DM.

Hotels und Locande Insgesamt ca. 310 Betten, die Zahl wird 1982 etwas höher liegen (im Herbst '81 Bautätigkeit, aber in Maßen). Dazu 20 Betten in Ginostra. Die Mehrzahl der Hotels nur zwischen April und September offen. Hier alle Anschriften, denn es kann selbst im Oktober noch schwer sein, Platz zu finden.

La Sciara Residence
II. Cat., tel. 98605, modern, sehr gut ausgestattet, schön gelegen, Garten, Pool, Tennis, April - September, DZ 72 DM, VP 110 DM

La Sirenetta
III cat., tel. 98625, modern, wird weiter ausgebaut, April — Oktober, DZ 35 DM, VP 68 DM

Miramare
IV cat., tel. 98647, DZ 30 DM, April — September

Villaggio Stromboli
IV cat., tel. 98618, DZ 30 DM, VP 65 DM, ganzjährig.

Scari
(P.2), tel. 98606, mit Geschmack ausgestattet, DZ 45 DM, VP 87 DM, Juni — September.

Brasile
(loc.), tel. 98608, DZ 12 DM, ganzjährig.

Villa Petruas
(loc.), tel. 98645, DZ 17 DM, April — September

Stella
(loc.), tel. 98620, DZ 16 DM, ganzjährig

In Ginostra: (alle das ganze Jahr offen).;

Internazionale
(loc.), tel. 9812305, DZ 12 DM

Hotels

Merlino
(loc.), kein Telefon, DZ 10 DM
Petrusa
(loc.), tel. 9812305, DZ 15 DM

Camping gibt es nicht. Frei zelten ist unerwünscht. Zudem schwierig, denn auf Stromboli gibt es keine öffentlichen Brunnen. Wasser ist rar, zum Trinken Zisternenwasser.

Wer in einfachen Hotels, den Locande oder in bescheidenen Privatzimmern haust, lebt in der Regel authentisch im Inselhaus und inmitten insularer Wohnbedingungen — wozu allerdings auch grausame Betten gehören (die Wäsche ist sauber,wie die Inseln in jeder Hinsicht peinlich sauber sind), aber die Drahtnetze, auf die man die Matrazen breitet, sind nur etwas für Leute mit gesundem Rücken. Viele der privaten Gewölbe sind bei starkem Andrang Massenquartiere, dann auf einem niedrigen Preis bestehen, notfalls mit dem Auszug drohen. Wer in solchen bewegten Zeiten trauliche Einsam- oder Zweisamkeit schätzt, sollte sich nur auf kleine Zimmer, Hotel oder Locanda einlassen.

Sich in einfacheren Bleiben vorher unbedingt seiner Rechte auf Nutz- und Trinkwasser versichern! Ich habe von alten Inselkennern gehört, daß Wasser gelegentlich extra in Rechnung gestellt wird.

Essen und Trinken

1. Es gibt eine Reihe von Trattorie, die waren nur schon im Oktober geschlossen, gleiches bei den meisten Läden, Bars und Boutiquen.
2. Die Eigenproduktion der Insel ist mit der fast völligen Aufgabe der Landwirtschaft auf den kleinen Garten zum Familiengebrauch zusammengeschrumpft. Um an den einst berühmten Wein von Stromboli heranzukommen, muß man mit den Einheimischen vertraut werden — käuflich wird er dann aber noch lange nicht.

3. Fisch. Die Gewässer um die Insel sind fast fischleer, wahrscheinlich wegen untermeerischer Vulkanphänomene. Gefischt wird nur noch wenig — und das wenige landet meist bis zur letzten Flosse in den Ristoranti — teuer

4. Supermercati und Minimarkets: Sie gibt es, generell nicht teurer als auf Lipari. Fast ausschließlich Industrie- Nahrung. In Ginostra sehr begrenztes Einkaufsangebot, weil hier nur wenige Familien leben.

5. Wer sich nicht in der Nebensaison außerhalb mit Zigaretten eindeckt, kann leicht zum Nichtraucher werden.

6. Es gibt auf Stromboli viel verlassenes Land, die Erde ist extrem fruchtbar. Wer genau hinschaut, was die Einheimischen am Wegesrand in die Plastiktüte stopfen, kann so seinen Speisezettel bonifizieren — die meisten Wohngelegenheiten bei Privat sind mit Herd und Töpfen ausgestattet. Und wer mit seinen Nachbarn Kontakt pflegt, bekommt dann schon einmal bessere Pomidori oder Melanzane, als sie der Minimarket oder die Dose bieten.

Besteigung des Vulkans

Eine großartige Sache. Keinem Vulkan kann man sich derart nah und gefahrlos nähern – und keiner arbeitet derart ständig. Und er ist frei zugänglich, ohne Führer, Landrover, und oben ist es zwischen Mitte April und Ende Oktober klimatisch angenehm, daß man die Nacht übersteht, ohne halb zu erfrieren.

Tips und (mögliche) Fehlleistungen

<u>Der Aufstieg</u> dauert je nach Konstitution, Schuhen und Gepäck (kleine (!) Pausen eingerechnet) 3 – 4 Stunden. Vom Hafen aus durchquert man den Ort Stromboli seiner ganzen Länge nach.

Bis zu einer Höhe von 300 m ist der Weg eine sanft ansteigende, gepflasterte Mulattiera, dann wird es recht steil, der Weg ist fast immer gut sichtbar, man geht auf dem natürlichen Untergrund in steilem engem Zickzack, die weniger Gewitzten nehmen die Abkürzungen zwischen den Kehren und sind dann bald geschafft. Im oberen Wegabschnitt eine Strecke, wo man über den Felsen krabbeln muß und auch mal mit den Händen anfassen muß. Das letzte Stück durch tiefe nachgiebige Vulkanasche.

Der nächtliche Vulkan mit seinen Feuergarben ist das größte Erlebnis. Man startet ca. 4 Stunden vor Sonnenuntergang, macht so das steile Mittelstück, wenn es nicht mehr so heiß ist.

<u>Ausrüstung</u>: Man kommt mit guten Turnschuhen rauf, Schuhe mit Stollensohlen sind aber besser. Unterhemd und Pullover in den Rucksack packen – Rucksack, weil er sich besser als Taschen trägt und weil man stellenweise beide Hände und Balance bracht.

Taschenlampe und Reservebatterie (falls man im Dunklen runter muß, weil der Vulkan in gefährlicher Weise "Bomben" schleudert (was sehr selten ist) oder weil das Wetter umschlägt (was eher mal passiert). Schlafsack (man ist auf fast 1000 m Höhe und es kann recht windig sein) und etwas Wasserfestes zum Unterlegen (fast alle vergessen es), denn der Untergrund schwitzt viel Nässe aus und "ohne" ist nach kurzer Zeit der Schlafsack mistnaß. Windjacke, sonst pfeift Äolus durch die Maschen.

<u>Fotografieren</u>: Es lohnt. Noch mehr, wenn man ein leichtes Stativ und den Drahtauslöser mitnimmt. Filmmaterial: Profi Dia Film mit 27 Din, der mit Spezialentwicklung auf 33 Din gebracht werden kann (nicht vergessen die Rolle oder Patrone entsprechend zu kennzeichnen!) – Entwicklung dann je nach Marke direkt bei Kodak oder Agfa oder bei Profi-Labors (kostet nicht die Welt).

Bei den Nachtaufnahmen eventuelle Automatik abschalten und möglichst mit separatem Belichtungsmesser messen, wenn der Vulkan sich in voller Glut präsentiert. Nur so gibt es scharfe, farbechte Bilder. Wegen des Staubs immer mal wieder die Linse (oder besser den UV-Filter) putzen.

<u>Nahrhaftes</u>: Es werden unwahrscheinliche Mengen Wein auf den Berg ge-

schleppt und viel zu wenig Wasser, dessen Tauschwert auf dem Weg nach oben mächtig steigt.

Die warm gewordene und durchgeschüttelte Brühe ist oben ohnehin nur noch sauer und alkoholisch. Und die in Strombolis Läden gehandelten Rachenputzer werden dabei nicht besser.

Da zu später Stunde "un bel litro" die Stimmung hebt, was spezielles aus lokaler Produktion (auch von Lipari) mitnehmen, ein offener, der nach langer Kühlung und Beruhigung zeigt , ob er sich gehalten hat oder zu Essig geworden ist.

Bei den eßbaren Dingen an den starken Salzverlust des Körpers denken. Ich persönlich finde eingelegte Oliven und Hartkäse befriedigender als Thunfisch und Dosenfleisch. Zwiebeln sind nach Anstrengungen immer wohltuend. Ein paar Zitronen zum Aussaugen (auf dem Weg nach oben besser als Wasser). Brot nicht vergessen.

Generationen von Vulkanbesuchern haben Steinmäuerchen aufgerichtet zwischen denen man windgeschützt liegt.

Die Ausbrüche kommen aus mehreren, dicht beieinander liegenden Kratern, der Vulkan hustet, fliegen die glühenden Brocken nicht hoch genug und damit über den Kraterrand, fallen sie wieder in den Schlot zurück. Was über den Rand gerät, rutscht auf der Sciara di Fuoco ins Meer. (Nachts fahren da Boote hin). Die Ausbrüche sind häufig, manchmal in der Abfolge weniger Minuten, oft von Explosionsgeräuschen und dumpfem Grollen begleitet.

Aufstieg von Ginostra: Diejenigen, die ich kennen gelernt habe, die es geschafft hatten, grausten sich vor dem Abstieg. Ca. 4 − 5 Stunden steilster Aufstieg, fast immer ohne jeden Weg, durch die Macchia, auf allen Vieren krabbelnd, einzige Orientierung der Gipfel des Frontone. Oben angekommen, recht schwieriges Vorwärtskommen auf den Kraterrändern.

Die unteren Teile Strombolis

Das Dorf Stromboli besteht aus drei Teilen: S. Vincenzo am Anleger, Ficogrande in der Mitte, Piscita, dort wo der Weg auf den Vulkan beginnt. Das eigentliche Zentrum ist S. Vincenzo mit Kirche, Läden, Trattorien. Durch die Auswanderung viele Häuser verlassen.

Strände: Breit und recht fein von der Korngröße her, zwischen Hafen und Ficogrande, danach immer wieder kleine Buchten, auch mit etwas Sand, wo sie abgelegen sind, auch FKK.

Die Westküste ist unpassierbar. Vom Hafen führt am Meer entlang ein schwieriger Weg nach Ginostra, meist über den grobsteinigen Strand. Da der Weg bald sehr rauh wird, ist es entsprechend einsam (keinerlei Bekleidungsvorschriften, aber - ordentliche Schuhe!)

Lediglich an der südlichsten Stelle der Insel wird es einmal flach, dort verlassene Steinhütten und die Spuren früherer Felder, die schon längst verlassen sind. Unterwegs mehrfach die Reste von Bildstöcken und Kapellen und vor allem vier Stellen mit vielversprechenden Namen: La Petrazza (mieser Stein), Malpasseddu (schlechter Durchgang), dann noch zwei Stellen, die das Gleiche bedeuten: Malpasso und Malo Passo, die übelste Stelle überhaupt, aber dann ist es geschafft, kurz danach beginnt ein Weg, der nach Ginostra führt. 3 Stunden für die Unternehmung einplanen.

<u>Ginostra</u> ist der isolierteste Platz der Inseln, ohne elektrisches Licht. Man ist hier unter sich, nur zusammen mit den Bewohnern, die eher nach Lipari kommen als ins Dorf Stromboli. Nur eine Gruppe von Häuserkuben.

Die Inseln im Westen
(SALINA, FILICUDI, ALICUDI)

Vulkanisch längst erloschen, nicht so aufregend und längst nicht so besucht. Die Verbindungen sind schlechter. Archaische Landwirtschaft und Fischerei haben mehr überlebt als auf den mehr besuchten Inseln. Was zum Verlassen von Zivilisation, aber unentdeckt sind sie natürlich auch nicht mehr.

Wer "untertauchen" will, sollte ganz gut italienisch sprechen und mit der Mentalität entlegener Landstriche verstraut sein. Erfüllt man diese Voraussetzungen nicht, bleibt man immer im Umkreis jener welterfahrenen Menschen, die schon vor "Jaaahren" die Inseln entdeckt haben (obwohl die meist über Neuankömmlinge nicht so begeistert sind) oder derer, die als Wanderarbeiter die BRD aus der Sicht des Handlangers auf dem Bau kennen gelernt haben und nicht genau wissen, ob trotz aller Liebe zu den heimatlichen Inseln die Rückkehr das Richtige war. Nebenbei: Wer das Leben auf den Inseln kennen lernen will, geht besser nicht nur abends in die Taverne oder Trattoria, sondern ziemlich früh am Tag in die Bar.

Salina (26,8 Km², 2200 Einw.)

Nach Lipari die größte Insel des Archipels. Vom sizilianischen Festland aus an den zwei Bergspitzen zu erkennen. Die Insel mit dem meisten Grün und der intensivsten Landwirtschaft. Außer Macchia auch einige Wälder.

Insgesamt die Insel, wo es noch am meisten zu entdecken gibt — Kleinigkeiten.

Praktisches und Unterkunft:

<u>Touristinformation</u>: (nur in den Sommermonaten): Piazza S. Marina, Salina, tel. 984003.

<u>Cambio</u>: S. Marina (nur im Sommer) und Malfa (ganzjährig).

<u>Schiffsverbindungen</u>: S. Marina und Rinella

<u>Busse</u>: In Übereinstimmung mit Ankunft und Abfahrt der Fähren. Salina ist die Insel, wo das eigene Fahrzeug am ehesten nützt.

<u>Hotels</u> in S. Marina, Lingua und Rinella, etwas über 100 Betten. Camping in Rinella, Ferienwohnungen und Zimmervermietung in S. Marina, Lingua, Malfa, Leni und Rinella.

Salina ist das Weinfaß der Liparischen Inseln und auch an festen Nahrungs-
mitteln produktiver als die anderen. Rinella ist der wichtigste Fischereihafen, sonst ist die Insel mehr auf den Ackerbau orientiert.

Ristoranti und Trattorien fast ausschließlich in den maritimen Orten.

Strände: Entlang der Ost- und Nordküste gut zugänglich, im Süden bei
Rinella, Richtung Lingua eine Reihe von tiefen Buchten, die nur vom Meer
her zugänglich sind.

Zwischen Malfa und Rinella im Westen wilde, vom Land her nicht erreich-
bare Küste.

Taucherservice: La Tana del Sub, S. Marina Salina, tel. 9843092

Filicudi (9,5 Km², 160 Einw.) und Alicudi (5,2 Km², 120 Einw.)

Die beiden äußersten Inseln. Vulkanisch längst erloschen, nur von wenigen
Hundert Menschen bewohnt. Uralte Vulkankegel, die aus dem Meer ragen.
Beide Inseln vor allem von Unterwassersportlern besucht. Ansonsten die
Paradiese für Zivilisationsflüchtlinge, die keinen Inselkoller kriegen.
Möglichkeiten zum Auslauf beschränkt. Von flacher Macchia bewachsen.

Keine Banken, keine Tourismusinformation. Unterkunft überwiegend bei
den Familien, auf jeder Insel jeweils ein Hotel, auf Filicudi ein kleiner
Campingplatz.

Wandern am Ufer entlang: Alicudi läßt sich umrunden, wenn es auch
schwierige Stellen gibt. In Filicudi vom Porto und von Pecorini aus, so weit
es geht. Richtige Wege im Inneren beider Inseln, wo auch die meisten
Häuser sind.

Taucherservice: Hotel Phenicusa (Filicudi), Tel. 9844185

Inselrundfahrten:

Auskunft über Bootsvermieter A.A. in Lipari. Vor allem in der Saison ma-
chen Fischer auf allen Inseln mit ihren Barken Rundfahrten um die Inseln.
Der Preis hängt natürlich davon ab, wie viele Personen es sind, und ob die
Fahrt unterwegs unterbrochen werden soll.

Organisierte Rundfahrten: Kleine Motorschiffe der "Societa Navigazione
del Basso Tirreno", Lipari, tel. 9811242, Fahrkartenschalter an der Marina
Corta, tel. 9812592. Die Rundfahrten werden regelmäßig nur im Sommer
durchgeführt. Zu allen anderen Zeiten, wenn genügend Interessenten da
sind.

Start immer in Vulcano und Lipari:

Umrundung Vulcano, 2 x täglich
Umrundung Stromboli, mit Strombolicchio, Fahrt in der Dunkelheit zur
Sciara del Fuoco, 5 x in der Woche.
Umrundung Filicudi, mit Aufenthalt an der Grotta del Bue Marino, 2 x in
der Woche.
Umrundung Panarea, mit Badeaufenthalt an der Calajunco, Capomilazzese
und Fahrt durch die Klippen und nach Basiluzzo, täglich.

Umrundung Lipari mit Abstecher nach Salina und Lingua, Besichtigung von Meereshöhlen, 2 x wöchentlich.

Alle Fahrten, ausgenommen die Rundfahrt um Vulcano, dauern ab Lipari 7 9 Stunden.

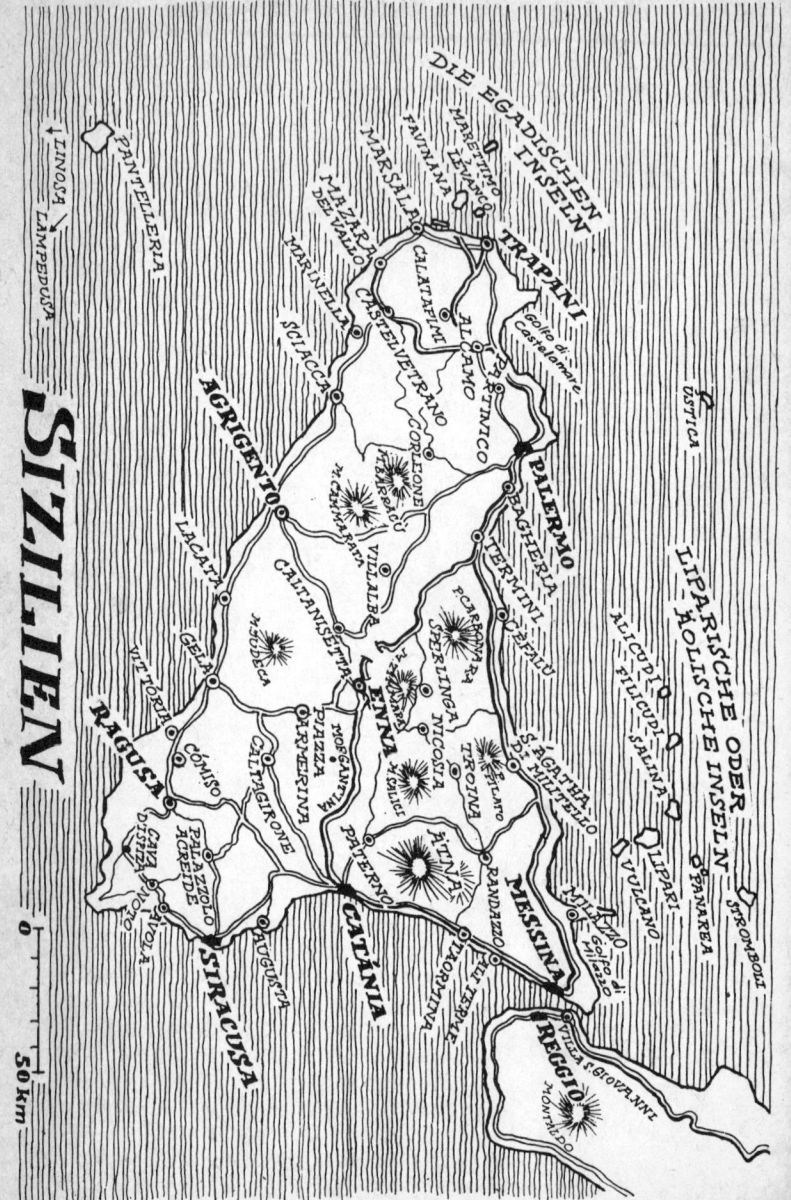

Sizilien

ANREISE

Auto ·· Auch ohne Süditalienprogramm und immer auf der Autobahn von nördlich der Alpen eine 3–Tage–Tour.

Überfahrtshafen ist Villa S. Giovanni, 14 km nördlich von Reggio di Cal. Von Reggio keine Autobeförderung.

FÄHREN ab Villa S. Giovanni:

FS – Ferrovie dello Stato: billiger als die privaten Gesellschaften. Verkehren aber seltener und entsprechend der Züge, die nach Sizilien rüber sollen.

Caronte und Tourist Ferry Boat, ca. alle 15 Min. Wesentlich kleinere Schiffe. Eine stürmische Überfahrt über den Stretto reicht für ein Opfer an Neptun.

An der Autobahnausfahrt rechtzeitig für die gewünschte Fähre einordnen. FS sehr schlecht ausgeschildert!

Preis (FS): Person 0,80 DM, Auto (bis 4,5o m) einfach 16 DM, H+R (innerhalb 3o Tagen) 26 DM.   In Messina haben die Gesellschaften verschiedene Anleger, deutlich ausgeschildert.
Vorbuchungen über den Stretto gibt es nicht. Selbst bei starkem Andrang mäßige Wartezeiten.

ALTERNATIVE:

Nur Sizilien, kein Süditalienprogramm – eigentlich schade, aber oft eine Zeitfrage. Per Autostrada den Stiefel vom Norden bis zum Süden durchmessen ist Streß. Die A 3 Salerno – Villa S.G. ist sicher landschaftlich eine der großartigsten Autobahnen Europas, hat aber tückische Kurven, viele Baustellen und Langsamfahrtstellen!

Kilometervergleich: Basel – Villa S. Giovanni: 1.660 km
München – Villa S. Giovanni: 1.640 km
Basel – Genova (via Gotthard): 520 km
München – Livorno (via Brenner-Modena-Parma-Viareggio):

Schiff: Spart einen Tag Fahrzeit, Autobahngebühren und Benzin. Schont Mensch und Fahrzeug.

Und wer außerhalb der Hauptreisezeit fährt und wenigstens eine Woche in Sizilien bleibt, bekommt von der Region Sizilien einen Zuschuß zu den Fahrtkosten:

(nur für die Fähren von Genua, Livorno, Napoli, Cagliari nach Palermo und die Fähre Cagliari–Trapani):

1.9. – 3o;1o. und 1.4. – 3o.6.: je Auto ca. 90 DM;

1.11. – 31.3.: je Auto ca. 90 DM und pro Person ca. 30 DM, Kinder die Hälfte.

Auszahlung vor der Rückreise in der Agentur der Schiffsgesellschaft. Hin- und Rückfahrt mit der selben Gesellschaft. Bei der TIRRENIA verschiedene Routen für Hin– und Rückfahrt möglich.

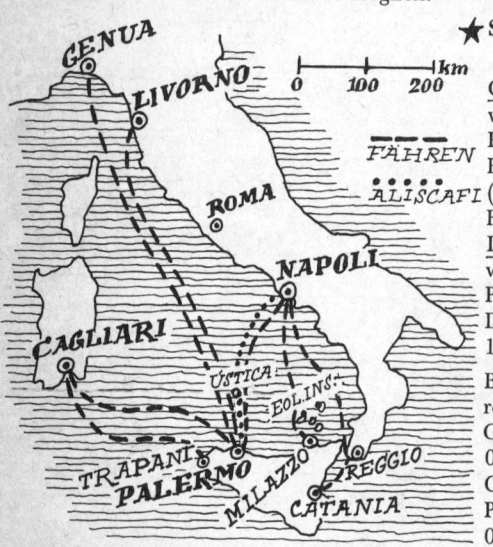

★ SICILFERRY –
GRANDI TRAGHETTI:

Genova – Palermo: 3-mal wöchentl., 22 Std. Fahrzeit. Passage (Schlafsessel) NS 92, HS 110–144 DM, Auto (4,5 m) NS 179 DM, HS 207–259 DM.

Livorno – Palermo: 3-mal wöchentl., 18 Std.Fahrzeit Passage NS 84, HS 102–136 DM, Auto NS 163 DM, HS 191–225 DM.

Buchung über viele Reisebüros. Agenturen an den Häfen: GENOVA: Calata Bettolo, t. 010/267128; LIVORNO: Calata Tripoli,t.0586/409804 PALERMO: Molo S. Lucia, t. 091/ 587801

Nebensaison (NS): 1.10.–14.6., Hauptsaison (HS): 15.6.–30.9.; in der Höchstsaison zusätzlicher Zuschlag.

★ TIRRENIA:

Genova – Palermo: 4-mal wöchentl., 23 Std. Fahrzeit.
Passage NS 111 DM, HS 121 DM, Auto: NS 179 DM, HS 193 DM.
Napoli – Palermo: täglich, 10 Std. Fahrzeit.
Passage NS 65 DM, HS 70 DM, Auto: NS 112 DM, HS 121 DM.
Napoli – Reggio C.– Catania – Siracusa: 1-mal wöchentl., Fahrzeiten:
Reggio: 10.30 Std., Catania 15.30 Std., Siracusa 19 Std.
Fahrpreis gleich. Passage: NS 64 DM, HS 70 DM, Auto NS 112, HS 121 DM
Buchung über viele Reisebüros. Agenturen an den Häfen:
GENOVA: Stazione Marittima – Ponte Colombo, t.010/ 26981; NAPOLI:

Stazione Marittima – Molo Angioino, t. 081/7201111 und 312181;
PALERMO: Via Roma 385, t. o91/ 585733; REGGIO DI C.: Via Bruno
Buozzi 31, t. o965/ 92032; CATANIA: Piazza Grenoble 26, t. 095/
SIRACUSA: Viale Mazzini 4–7, t. 0931/ 66956;
Nebensaison: 1.10. – 31.5.; Hauptsason: 1.6. – 30.9.

★ **SIREMAR:**
<u>Napoli – Stromboli – Lipari – Milazzo,</u> 2-3 mal wöchentl., wegen der
Fahrt durch die Eolischen (Liparischen) Inseln die aufregendste Route,
dauert wegen der Zwischenstops lang.
Preise ähnlich wie Tirrenia (Napoli – Palermo).
Buchung über Automobilclubs. Agenturen außer in Palermo und Napoli
unmittelbar am Hafen:
NAPOLI: Carlo Genovese, Via Depretis 78, t.081/ 312109; PALERMO:
SIREMAR, Via F. Crispi 120, t. o91/582688.;

Für alle Fähren frühzeitig buchen, besonders die Verbindungen Napoli –
Palermo (Tirrenia) und Napoli – Milazzo (SIREMAR).
Auf allen Routen sind erfahrungsgemäß die Kabinen schnell weg.–

Aliscafi (ohne den sizilianischen Nahverkehr):

Im Sommer Schnellverbindung Napoli – Palermo via Ustica, SNAV. Fast so
teuer wie der Flug – aber von Napoli kommt die 5-stündige Fahrt im Aliscafo eventuell kürzer, weil von Stadtzentrum zu Stadtzentrum, sowie kein
Ein-Checken. 6-mal in der Woche.

Mit Abstand das billigste. Von der DB, SSB und ÖBB   Di-
rektverbindung nur nach Messina–Catania–Siracusa.
Ab Stuttgart und Basel umsteigen in Milano C. oder Roma
Termini. Ab München und Wien nur in Roma Termini ratsam.
Sizilienzüge sind sehr voll. Deshalb mit reichlich Zeit zum Umsteigen, dort
einsteigen, wo der Zug eingesetzt wird!
Auf der langen Strecke mit Verspätungen rechnen!
Ab Milano und Roma Direktzüge nach Palermo, Trapani, Catania, Siracusa,
Agrigento.

 **Flug:**
Direktverbindungen:
Palermo mit Milano, Roma,
Napoli; ab Catania: Milano, Roma, Napo-
li. In der Zeit zwischen Ostern und Mitte
Oktober auch Frankfurt, Düsseldorf, Zü-
rich (Charterflüge).
Reggio d.C. (Zubringer per Bus und Alis
cafo nach Messina) mit Milano und
Roma.

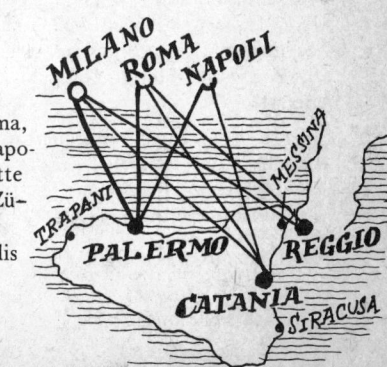

Alternative:

NACH SIZILIEN ÜBER CORSICA UND SARDINIEN:

Eine bisher wenig bekannte Alternative zur langen und öden Direktpassage per Schiff oder zur Autostrada—Tour den ganzen Stiefel hinunter.

Auf beiden Inseln das Erlebnis urwüchsiger, oft fast menschenleerer Landschaften, von Strandregionen, die zum schönsten im westlichen Mittelmeer zählen und längst nicht überall vom Massentourismus überrannt sind. Meeresverschmutzung gibt es kaum, ideale Reviere für Taucher und Surfer.

Meer und Gebirge sind in unmittelbarer Nachbarschaft — Wandern durch wilde Felslandschaften, mediterrane Gebirgswälder, duftende Macchia. In den Dörfern des Landesinneren spontane Gastfreundschaft, Freude über die Fremden, die sich in diese so sehr von der Außenwelt isolierten Regionen wagen.

Die SCHIFFSPASSAGEN Festland (ab Genua) nach Korsika oder Sardinien, bzw. die Strecke Sardinien —— Sizilien dauern eine Nacht. Man verschläft sie auf dem Schiff, verschenkt also keine Zeit.

Wer von ITALIEN (Genova oder Civitavecchia) nur über Sardinien fährt, legt finanziell nicht zu, die Einbeziehung Corsicas kommt teurer, weil die Fähren nicht die hochsubventionierten Tarife italienischer Inlandsverbindungen haben.

Ideal ist die Tour mit dem Auto, weil viele Strände und Bergregionen weit von den Routen der öffentlichen Verkehrsmittel abliegen.
Andererseits bieten die Kleinbahnen Corsicas und noch mehr Sardiniens Eisenbahnerlebnisse, wie man sie sonst kaum findet.

FÄHREN: (Auswahl der wichtigsten Hauptlinien):;
Außerhalb der Hochsaison kosten sie weniger, die Vorbestellung und damit die Festlegung auf feste Reisetermine entfallen und die Preise in Italien sind 10—4o % niedriger!

Für Sardinien und Sizilien gibt es in dieser Zeit Zuschüsse für den Transport des Autos, was die Anreisekosten noch einmal drückt. (Nicht für alle Fährverbindungen): Sardinien 54 DM, Sizilien 90 DM. Fahrpläne und Reservierung der wichtigsten Linien (SNCM, Corsica Ferries und TIRRENIA) in fast jedem Reisebüro.

Die Preisbeispiele sind bezogen auf die Nebensaison, Passage im Schlafsessel und ein Auto mit 4,00 — 4,50 m Länge.
Dachlasten wie Surfbretter werden überall extra berechnet!
Zuschlag für Kabine bei TIRRENIA und FS 8—12 DM, Corsica Ferries 18 DM.

FÄHREN NACH CORSICA:

Von den italienischen Häfen billiger als von Frankreich. Sowohl von Frankreich (Marseille und Nizza, SNCM—Fähren) wie von Italien (Corsica Ferries)

Fahrpläne und Tarife extrem stark nach der Saison abgestuft.
Die meisten Schiffe auf den Routen LA SPEZIA — BASTIA (Ende Juni —
Mitte Sept. täglich, Passage je nach Saison 51—61 DM, Auto 134—177 DM)
und LIVORNO — BASTIA (— je nach Saison 2—6 mal in der Woche), Preise
wie La Spezia — Bastia.

Korsika:

Ein zernagter, schroffer Granitrücken im Meer, bis 2.706 m hoch (M. Cinto). Im Inneren ausgedehnte Kiefern- und Kastanienwälder. Eine Welt der kleinen Dörfer. Entlang
der Ostküste flacher, ununterbrochener Sandstrand. Im Westen reichen die Berge bis
ans Meer, tiefe Felsbuchten, jede anders, reiche Unterwasserwelt.

Die Ostküste ein langes Sandband ohne Höhepunkte, gut für Bade- und Surfferien. Die
Westküste steil, mit tiefen Buchten (Bastia—Bonifacio über die Westküstenstraße
400 km).

Im Inneren kleinste Dörfer und enggebaute Bergstädte in Verteidigungslage - z.B.Corte,
die alte Hauptstadt Corsicas. In Ajaccio reichlich Napoleonrummel — der große Corse
ziert neben den üblichen Souvenirs auch Praktisches für den Haushalt aus buntem
Plastik — z.B.Klosettbürsten.;

Auf dem schon legendären Fernwanderweg GR 20 dauert die Inseldurchquerung fern
ab von der "Wanderzivilisation" wie in den Alpen runde 14 Tage. Ein großer Teil führt
durch Berglandschaften über 1500—2000 m, Dörfer werden nicht berührt.
Die Bahn Bastia—Corte—Ajaccio mit hunderten Kurven durchs Inselinnere — die Einheimischen sind weitgehend auf den schnelleren Bus umgestiegen!

Die Überfahrt nach Sardinien trotz ihrer Kürze ein Reiseerlebnis: Steilküsten, Inselchen, Klippen, die Sicht auf die Berge Sardiniens und Corsicas.

CORSICA — SARDINIEN

Fähre Bonifacio—S. Teresa di
Gallura (TIRRENIA): 1-3 mal
am Tag, Überfahrt eine knap-
pe Stunde. Passage 10 DM,
Auto je nach Größe 34—50 DM.
Fähre Bonifacio—Palau (Corsica Fer-
ries), Juni—Sept., 1-2 mal täglich.
Passage 13 DM Auto je nach
Saison 45—73 DM.

ITALIEN — SARDINIEN

nur die wichtigsten Linien. Es
gibt wesentlich mehr!
Genova—Porta Torres: tägl.,
(TIRRENIA) Passage ab 54 DM, Au-
to ab 112 DM. Genova—Olbia: (TIRRE-
NIA) 3-mal wöchentl., Passage ab 54 DM
Auto ab 122 DM zweimal in der Woche
Weiterfahrt nach Arbatax - gleicher Preis.
Civitavecchia—Golfo Aranci (Ferrovie dello
Stato) 2-5 mal am Tag, Reservierung außer-
halb Italiens schwierig. Passage ab 18 DM.

Auto ab 70 DM (Preise in Italien — in der BRD ca.25-40 % höher!)
Civitavecchia — Olbia (TIRRENIA), einmal täglich, Passage ab 28 DM, Auto
ab 93 DM, Civitavecchia — Cagliari (TIRRENIA), einmal täglich, Passage ab
48 DM, Auto ab 114 DM.

Sardinien

Zum ersten Kennenlernen die Ostküste mit Abstechern ins Hinterland, dabei die überwiegend in Küstennähe verlaufende S.S. 125 als "roten" Faden. (S.Teresa Gallura —
Cagliari 385 km).

Zwischen S.Teresa und Olbia über die Hälfte des Sardinien—Tourismus.
Eine herbe Macchialandschaft mit riesigen Granitblöcken, tiefen Buchten, Klippen im
Meer — aber unwahrscheinlich voll.
Die COSTA SMERALDA auf dem Weg vom Luxusghetto zum Massentourismus der
Edelkategorie.
Südlich von Olbia wird es ruhiger, weite Sandbuchten, unterbrochen von flachen Fels-
küsten bis Orosei — viel Freicamping.
Zwischen Orosei und S.Maria Navarrese Steilküste, die nur an wenigen Stellen vom
Land her erreichbar ist — vielfach nur auf stundenlangen Wanderungen durch wegelose
Karstschluchten. Hunderte von Höhlen, die erst zum Teil erforscht sind und bis auf die
GROTTA ISPINIGOLI und die GROTTA DEL BUE MARINO (Meershöhle) nur mit
Spezialausrüstung zugänglich sind.

Von Arbatax Kleinbahn durch die Berge Innersardiniens nach Cagliari – 229 km – in
fast 9 Stunden für 12 DM.

Im Südteil der Insel bis auf die Umgebung von Cagliari einsame weite Strandlandschaf-
ten, dahinter bizarre Gebirge oder Lagunenseen.
Die Gebirgsmassive im Landesinneren, Gennargentu und Supramonte trotz ihrer relativ
geringen Höhe (1200—1800 m) ausgesprochen unwegsam, stark verkarstet, Reste von
Steineichenurwäldern.
Die Bergdörfer Orgosolo, Urzulei, Fonni, Desulo Ausgangspunkt für Bergwanderungen-
Mehrtagestouren, mit Karte und Kompaß, auf denen man nur selten Hirten trifft.—
Überall im Inneren Feste, zu denen die Trachten nicht für die Touristen angezogen wer
den. Traditionelles Kunsthandwerk, das noch Gebrauchsgegenstände und nicht Souve-
nirs produziert — Teppiche, Decken, Keramik, Flechtarbeiten.

Überall auf der Insel, mehr im Landesinneren als an der Küste, die Nuraghen — vorgeschichtliche Türme, die oft ganze Verteidigungssysteme bilden, aus riesigen Blöcken
ohne Bindemittel aufgetürmt, die höchsten noch bis 12 Meter hoch.
An den riesigen Lagunen um Oristano und Cagliari überwintern ab August/September
tausende Flamingos.

SARDINIEN — SIZILIEN

Cagliari — Palermo (TIRRENIA), einmal wöchentlich, Passage ca. 40 DM,
Auto ca. 115 DM.   Cagliari — Trapani (TIRRENIA), einmal wöchentlich,
Passage ca. 40 DM, Autos ca. 115 DM.

Von Sizilien preisgünstige Fähren nach TUNIS und MALTA:

Palermo — Tunis (TIRRENIA), 1-mal wöchentlich, Passage ab 120 DM,
Auto ab 160 DM.   Trapani — Tunis (TIRRENIA), 1-mal wöchentllich,
Passage ab 77 DM, Auto ab 160 DM.
Beide Fährlinien haben sich bei Nordafrikareisenden als die billigsten über
das Mittelmeer herumgesprochen und sind entsprechend beliebt. Auch

außerhalb der Touristensaison rechtzeitig verbuchen, weil sonst Warterei
von über einer Woche keine Ausnahme wäre!
Catania — Siracusa — Malta (La Valetta) (TIRRENIA), dreimal wöchentl.,
Passage ab 66 DM, Auto ab 110 DM

<u>Anreise im Winter:</u>

Nicht glauben, daß alles geschafft ist, wenn Ihr die ALPEN hinter euch habt: es kann
in Italien mehr schneien, als man das vom Sommer her ahnt.

Insbesondere auf der Anreise über die Autostrada del Sole (A1/A2/A3) sind die Bergstrecken davon betroffen: Bologna—Firenze (Paß bei 726 m), Salerno—Castrovillari
(Paß bei 1.o2o m) und Cosenza—Lamezia Terme (Paß bei 68o m).

Starke Schneefälle sind hier nicht selten. Auch mit Schneeketten, die dann Vorschrift
sind, nicht immer leicht vorwärts zu kommen!

Wenn es nach Schnee riecht, ist die <u>Route an der Ostküste</u> (Adria und Jonisches Meer)
sicherer. Ab Bologna A14 bis Taranto, dann die weitgehend als vierspurige Schnellstraße ausgebaute S.S.106 bis Catanzaro Lido, dort S.S. 19/280 "Due Mari" zur A3
bei Lamezia.

Gesamtstrecke bis Villa S. Giovanni ab Basel 2.14o km, ab München 2.12o km.
Die Strecke ist erheblich weniger befahren und geradliniger. Auf der S.S. 106 nur
wenige Ortsdurchfahrten.

Landschaftlich bietet die Route wenig außer der bei klarem Wetter möglichen Sicht
auf die Bergmassive des Zentralappennin.
Leckerbissen in Architektur, städtisches Ambiente und auf dem Teller dicht an der
Autobahn in ganz Apulien — Barletta, Trani, Castel del Monte, Ruvo, Bitonto, Bari
und das Trulli—Gebiet. Mal im Abschnitt APULIEN blättern!

Innersizilianischer Verkehr

<u>Straßen:</u>
Besonders im dicht besiedelten Osten der Insel sind die Hauptstraßen
dem Verkehr nicht gewachsen. Der Raum Siracusa—Catania und die Nordküste, wo die Autobahnen erst teilweise fertig oder noch in Planung sind,
kann zum Horror werden. Ergänzende Schnellstraßen fehlen vielfach.

Anders im mafiosen Westen, wo die Bevölkerungsdichte zudem niedriger ist. Dort besteht ein engmaschiges Netz zum Teil völlig fahrzeug-
leerer Superpisten, in deren Brückenpfeilern die Mafiaopfer einbetoniert
sein sollen.

Im einsamen Landesinneren die Straßen kurvig und steigungsreich, Ausschilderung auf Nebenstraßen oft unzureichend. Tankstellen fast immer
nur in den Ortschaften — an Benzinreserve denken! Häufige "Blocchi
stradali" der Carabinieri wegen Mafia, Entführungen, Schmuggel, orga-
nisiertem Viehdiebstahl.

Alle Autobahnen außer der A18 Messina—Catania und A20 Messina—
Richtung Palermo sind gebührenfrei.

Landkarten:
TCI 1:2ooooo: Blätter 25 (Westen), 26 (Osten), 27 (Süden) oder die Grande Carta di Sicilia des TCI, ca. 10 DM (in BRD 16,80 DM).
Wanderkarten des IGM 1:5oooo, recht aktuell.

Die Gratiskarte des regionalen Assessorats für Tourismus ist Mist. Eine Menge Strassen drauf, die es noch gar nicht gibt. Die kleinen Straßen fehlen völlig.

Netz extrem weitmaschig, alle Linien eingleisig, selbst Expressi und Rapidi halten an jedem Feigenbaum. Auf einigen Nebenlinien nur 2 oder 3 Zugpaare am Tag. Insgesamt geht es langsam vorwärts. Züge, die vom Kontinent kommen, oft stundenlang verspätet. Die Bahnstationen im Landesinneren sind kilometerweit von den Ortschaften entfernt, und Zubringerbusse in die Dörfer gibt es nicht immer.

Liebhaber musealer Eisenbahnen kommen in Sizilien nicht auf ihre Kosten. Die einst so interessanten Schmalspurbahnen sind bis auf geringe Reste abgebrochen, auf den anderen Linien rollendes Material im Stil der Fünfzigerjahre — also Plastik ohne Komfort.

Für den Lokalverkehr den Zügen vorzuziehen. Sternförmig von allen größeren Orten aus, nicht nur von den Provinzhauptstädten. Zwischen den Großstädten und zu wichtigen Zentren in der Provinz Schnellbusse.

Schiffe zu den kleinen Inseln:

Fahrpläne extrem saisonabhängig. In der "toten" Zeit werden einige Inseln nur einmal in der Woche angefahren. Auskunft bei den örtlichen Touristeninformationen und den Fahrkartenagenturen, die oft aber erst kurz vor der Abfahrt besetzt sind.

Die Meere um Sizilien sind mit Ausnahme der Sommermonate häufig auf Tage so stürmisch, daß der Schiffsverkehr eingestellt wird. Wenn man Pech hat, gerät man in die Kombination von Sturm und Streik. Die SI—REMAR dürfte Italiens meist bestreikte Schiffahrtsgesellschaft sein. Mit Ausnahme einiger Aliscafi—Verbindungen hat sie zu den kleinen Inseln vor der sizilianischen Küste das absolute Monopol.

Wichtigste Abfahrtshäfen:
MILAZZO (ME) für die Eolischen Inseln.
PALERMO für Ústica.
TRAPANI
    für die Egadischen Inseln und Pantelleria
PORTO EMPEDOCLE (AG)
    für Linosa und Lampedusa

 **Fahrrad in Sizilien:**
Eigentlich überzeugt einen der Blick auf eine Landkarte mit deutlichem Gebirgsrelief vom Gegenteil: Sizilien sieht nach viel Schieben aus. Was es dann auch ist.

Vergeßt die Route, die im sonst hervorragenden "Fahrradreisebuch" des Fahrrad-Büros Berlin für Sizilien vorgeschlagen wird. Zum Teil führt über extrem stark befahrene Hauptstraßen ohne die Möglichkeit zu Streckenvarianten, zum größten Teil aber über harte Steigungsstrecken — was der FIAT im 2. Gang raufkeucht, wirft den Radler aus dem Sattel — besonders bei dem in Sizilien fast immer fehlenden Schatten.

Fahrradtransport per Bahn:
Für den durchgehenden Transport von der BRD bis Reggio di Cal./Messina 3-4 Tage rechnen, für Station innerhalb Siziliens einen Tag dazu — Muß als Reisegepäck aufgegeben werden.

INNERHALB SIZILIENS ein langwieriges Verfahren — immer mit 2 Tagen rechnen — denn außer auf den Hauptstrecken Palermo—Messina und Siracusa—Messina führen nur wenige Züge Gepäckwagen und oft muß das Rad umsteigen!

Meidet GROSSSTÄDTE: der Verkehr ist unerfreulich und viel aggressiver als sonst in Italien. Zudem hält man Euch für verrückt, behandelt Euch entsprechend — auf dem flachen Land ist das insofern anders, als Ihr mit den Menschen viel eher in Kontakt kommt, und da werden Vorurteile schnell abgebaut.

Und schließlich ist Euer Rad eine ständige Verlockung für Langfinger!

WO LÄßT SICH GUT RADELN: Im flachen Westen Siziliens, es gibt aber kürzere sehr harte Steigungen!

SÜDSIZILIEN DIE KÜSTE ENTLANG zwischen Siracusa und Agrigento, die Straße von Agrigento nach Castelvetrano steigungsreich, aber zu schaffen.

Unterkunftsmöglichkeiten: Camping, Agroturismo, wenige, aber in den kleinen Orten meist sehr preisgünstige Hotels.

Freicampen fast überall möglich, aber immer etwas in Deckung gehen!

Bei der Planung dran denken, daß bei kleinen Straßen die TCI—Karten nicht immer Steigungen angeben!

Für die größeren Inseln, die ein Straßennetz haben, ist das Rad ideal. Radbeförderung nur auf den Fähren, nicht in Aliscafi.

Landschaften

Sizilien ist vielgestaltig wie ein Kontinent und hat auf dem größten Teil seiner Oberfläche nicht mit Orangen— und Palmenromantik zu schaffen. Das Land, "wo die Citronen blühn", sind die Küstenebenen und Flußmündungen. Dahinter steigen fast immer steile, völlig abgekahlte Bergklippen auf, wo mit Mühe noch ein paar indische Feigen wachsen.

Das Landesinnere ist ein völlig baumloses Berg— und Hügelland, in dem hie und da bizarre Felsenformationen für Abwechslung sorgen - Afrika scheint nicht mehr nur nahe, scheint da zu sein. Auf den Hügelrücken von weitem die stadtgroßen weiß erscheinenden Dör-

fer, die beim Näherkommen immer weniger weiß werden. Von trocken-
liegenden Bach— und Flußtälern durchzogen — die Straßen immer rauf
und runter. Die Landschaft der Schwefelgruben zwischen Caltanisetta
und Canicatti durch den Schwefelqualm von Jahrhunderten und Bodenerosion fast zur Wüste geworden.

Hinter der Nordküste
— von Messina bis Erice wil-
de Bergketten, das Fehlen des Waldes gibt ihnen harte Formen. Im Abstand von wenigen Kilometern ein Flußtal nach dem anderen. Dort wo
die Fiumare aus den Bergen in die schmale Küstenebene treten, werden
sie zu breiten, fast immer trockenen Schotterbetten, die sich nur an wenigen Wintertagen füllen. Über der Küste die sich immer mehr entvöl-
kernden Dörfer auf 5oo—1ooo m Höhe, wohin sich zur Zeit der Piraten
und Sarazenen die Bewohner der Küste geflüchtet hatten.

Im Westen
wird die Insel flach — ein kaum endendes Wein-
feld, unterbrochen von Ödland. Landschaftliche Akzente durch hohe
Palmen. Die weißen Häuserkuben und die recht hohe Zahl tunesischer
Landarbeiter, Wanderhändler und Fischer (in den Städten) unterstreichen die Nähe Afrikas, vom Capo Lilibeo bei Marsala sind es noch 12o
km zur Tunesischen Küste.

Die Südküste
ist kahl wie ihr Hinterland, verarmt, hoffnungslos, das Gebiet mit der höchsten Auswanderungsrate.

Der Südosten
zwischen Siracusa und Ragusa eine verkar-
stete Kalkplatte. Im Inneren magere Schafweiden, die Küstenregionen
fruchtbar. Unmittelbar hinter den Dünen beginnen Weinfelder mit flachen im Sand steckenden Reben und Felder mit Gewächshäusern, wo
ganzjährig Tomaten, Salat, Gurken und Melanzane wachsen.
Sie schützen nicht vor Kälte, die gibt es hier nicht, sondern vor dem ständigen salzigen Wind und mehlfeinen Flugsand.

Der Etna
Bei klarem Winterwetter von jeder Ecke Siziliens
aus sichtbar. Auch die höchsten Berge der nordsizilischen Kette überragt er um fast 15oo m. — Eine Landschaft für sich, beginnend mit den
fruchtbaren Agrumengärten an seinem Fuß, und oben die sterile, sich
immer neu formende Lavalandschaft. Obwohl der Etna immer wieder
ganze Städte zerstört hat und fruchtbares Gartenland unter der Lava
verschwinden ließ, Siziliens dichtest besiedelte Gegend, wo kein Quadratmeter in den klimatisch günstigen Lagen ungenützt bleibt.
Der Etna mit seinem Umland, die Conca d' Oro von Palermo und die
fruchtbare Küstenregion um Messina und Siracusa — weniger als 1o %
der Insel — haben den Ruf des Gartens Sizilien begründet.

Geschichte:
Die GRÖSSTE INSEL DES MITTELMEERES ist eine Welt für sich, mehr als
es die 3,5 km des Stretto an seiner schmalsten Stelle erwarten lassen.
STÄRKER als das kontinentale Süditalien ist es durch zwei Jahrtausende Fremd
herrschaft gekennzeichnet. Griechen und Phönizier, die an den Küsten blühende
und reiche Hafenstädte gründeton und sich das Landesinnere mit Gewalt und
Handelsverträgen unterwarfen. Sizilien wurde Weizenland und Innersizilien blieb
es bis heute.

Als nächste stellten die RÖMER ein Gutteil ihres Getreidebedarfs durch die Eroberung der Insel sicher. Schon zu ihrer Zeit war sie fast völlig entwaldet. Die römischen Statthalter brachten System in die Ausbeutung der sizilianischen Reichtümer. Ihr Reichtum erreichte schwindelerregende Höhen, die Insel und ihre ehemals reichen Städte verkamen.

Nach dem Durcheinander der Völkerwanderungszeit und der byzantinischen Periode eroberten seit 827 die ARABER Sizilien, vielleicht die einzigen Fremdherrscher , die mehr für die Insel taten als sie herausholten. Sie machten neue Kulturpflanzen heimisch: Orangen, Zitronen, Zuckerrohr, Baumwolle als die wichtigsten. Sie führten in den Flußniederungen die künstliche Bewässerung ein, von der die neuen Kulturpflanzen abhängig waren, machten in diesen neu erschlossenen Gartenbaugebieten arabische Siedler heimisch und bauten Moscheen (allein Palermo hatte über 1oo), ließen der einheimischen Bevölkerung aber volle Glaubensfreiheit. Nicht jedoch der Amtskirche und den Klöstern, die allzusehr nach der Wiedervereinigung mit christlichen Herrscherhäusern schielten.

Nach 250 Jahren Araberzeit (nur noch durch geographische Namen belegt) brachten sich erst NORMANNISCHE EROBERER im Auftrag des Papstes und dann das HEILIGE RÖMISCHE REICH DEUTSCHER NATION in Besitz des Titels ”König von Sizilien”. Die arabischen Errungenschaften ließen sie als aufgeklärte und intelligente Herrscher bestehen. Für das wieder zu Macht und Allgemeinverbindlichkeit gelangte Christentum wurden Gotteshäuser gebaut, die prächtigsten, die es je in Sizilien gab. Und mit der gleichen Prachtentfaltung errichteten sie sich Paläste, Jagdschlößchen, Privatkapellen, Mosaik, Blattgold und das Heranziehen der besten Künstler der Zeit (auch arabischer) kennzeichnet die Periode. Es entstanden die Dome von Palermo, Messina, Cefalù und Monreale. In der Folge werden Franzosen, Spanier, die Könige von Neapel für kurze Zeit Herrscher.

Seit 1949 ist Sizilien 'AUTONOME REGION', was nach mehr klingt als es ist. 1943 war Sizilien der erste Brückenkopf der Alliierten bei der Befreiung Europas vom Faschismus und entsprechend stark zerstört, das traditionelle Elend schlimmer als je zuvor.

Mafia, Schwarzmarkt und Räuberbanden in den Bergen. Der bekannteste SALVATORE GIULIANO, dessen Bande westlich von Palermo operierte. Erinnerungen an die Aufstände der Schwefelarbeiter um Calanissetta und die Landarbeiterbewegung um 1900.

’Das Land denen, die es bebauen’, die Tage des Großgrundbesitzes scheinen gezählt. Die Allparteienregierung in Rom, an der auch die Democrazia Christiana beteiligt war, bereitet eine umfassende Bodenreform vor — die in ihrer Ausführung nach 1949 gründlich verwässert wurde. Aber 1945/46 waren die Ängste der Besitzenden konkret. Die Mafia, die nicht nur den Schwarzen Markt fest in der Hand hatte, sondern auch die Lebensmittelhilfen der USA und der UNO,und Siziliens herrschende Kaste setzten auf die Separatisten, die Sizilien zum 49. Staat der USA machen wollten. Trotz Terror und Morden verloren sie die ersten Nachkriegswahlen haushoch.

Inzwischen hatte der kalte Krieg begonnen, die DEMOCRISTIANA wandelte sich zur Partei der bestehenden Verhältnisse, am stärksten im Süden, wurde zum Vehikel von Mafia und Großgrundbesitz, gewann mit massiver Hilfe der Kirche die Wahlen von 1949 - der Papst hatte vor den Wahlen die Exkommunizierung aller ”gottlosen” Kommunisten und Marxisten verkündigt.

Die autonome Region blockierte die Bodenreform - in keiner Region Süditaliens wurde so wenig Land neuverteilt.

Angst, Resignation, eine Auswanderung, die zeitweise den Charakter einer Massenflucht annimmt.

Einige industrielle Monsterprojekte, die nur wenige Arbeitsplätze schaffen, ein mehrfaches in Handwerk und Landwirtschaft zerstören, aber gut sind, um bei Wahlen auf Stimmenfang zu gehen.

Siracusa, Augusta, Gela, Porto Empedocle, Milazzo, wo das Meer biologisch tot ist und

Seveso jeden Tag stattfindet.
Zwischen Augusta und Siracusa die höchste Rate an mißgebildet geborenen Kindern in Italien.

Und die weiten Agrargebiete Innersiziliens eine hoffnungslose Elendsregion im Armenhaus Süditalien.

Deutsche Reisende und Sizilien

Seit gut zweihundert Jahren suchen deutsche Reisende das "Land der Griechen" mit der Seele, und das war selten das hellenische Mutterland, sondern fast immer das "Land, wo die Zitronen blüh'n" –. Man wußte, daß in Süditalien die besterhaltenen griechischen Tempel stehen, Paestum, Agrigento, Segesta und die griechischen Altertümer von Catania, Syrakus und Agrigent waren dazumal leichter erreichbar als das türkische Athen.

Der Reisende, der Calabrien und Lucanien durchfahren hat und in Reggio oder Villa San Giovanni aufs Schiff geht, wird dort mehr Deutsche, Schweizer und Österreicher treffen, als zwischen Napoli, Bari und Reggio. Und viele von ihnen sind in ihren Erwartungen über Sizilien bös enttäuscht worden, weil sie mit dem Klang des Wortes Sizilien Vorstellungen verbunden haben, die mit sizilianischer Realität nichts zu tun haben.

Die häufigste Fehlerwartung an Sizilien ist, hier zu erhoffen, fast das ganze Jahr im mollig warmen Meer baden zu können und urwüchsiges, archaisches Süditalien finden zu wollen.

Heute hat sich einiges geändert. Sizilien ist nicht mehr ausschließliches Ziel im Süden, und die antiken Hinterlassenschaften sind nicht mehr das einzige, was lockt.

Risiken: Nicht anders als sonst in Süditalien. Auf dem flachen Land wird nicht geklaut, aber dran denken, daß Strände nicht zum flachen Land gehören.

In den Ballungszentren, besonders in und um Palermo und Catania, sollte man auf seine Sachen besonders gut aufpassen. In den riesigen Stadtdörfern Westsiziliens und um den Etna oft aggressiv und hartnäckig bettelnde Kinder, der Eintritt in viele Monumente der Baukunst führt an alten Frauen vorbei, die Wegezoll verlangen.

Aber fast überall, besonders in den Dörfern und Kleinstädten viel spontane Hilfsbereitschaft, daß man sich manchmal fragt, warum machen die das – denn "Trinkgelder" werden dann oft als Beleidigung empfunden.

Reisezeiten

Zwischen Juli und September unerträglich heiß, außerdem an den Küsten überfüllt.

Die Regenzeiten im November – Dezember und im Februar – März. Im Winter im Landesinneren sehr kalt, dafür dann an der Küste (besonders im Norden und Osten) die Saison der Orangen und Zitronen, es ist grün und blüht, die ideale Zeit für die Städte.

Die beste Zeit ist zwischen April und Juni. Man findet überall mit Leichtigkeit Platz, die Mehrzahl der im Winter geschlossenen Hotels am Meer hat geöffnet — und man hofft auf Gäste, die noch so vereinzelt auftreten, daß sie als die Vorboten einer guten Hauptsaison wie die Boten der Götter behandelt werden — zur Abkühlung gelegentlich auch süditalienische Wurstigkeit.

Baden am frühesten an der Nordküste, auf den Inseln und im Westen. Das 'Afrikanische Meer" im Süden ist meist sehr bewegt und das 'Jonio" im Osten hat ja das ganze Jahr über etwas unterdurchschnittliche Wassertemperaturen.

Wassertemparaturen: Wer schon im April baden will, muß abgehärtet sein. Dafür ist es noch bis in den Oktober hinein angenehm warm.

Palermo: April 16 Grad, Mai 19 Grad, Juni 22 Grad, Juli 28 Grad, August 27 Grad, September 24 Grad, Oktober 22 Grad.

Taormina: April 17 Grad, Mai 18 Grad, Juni 23 Grad, Juli 23 Grad, August 24 Grad, September 23 Grad, Oktober 18 Grad.

KLIMA

Bedeutend härter, afrikanischer als etwa in Calabrien, was auch durch das fast völlige Fehlen der Wälder kommt. Im Winter nur dort mild, wo Zitrusfrüchte gedeihen. Auf dem Etna (3323 m) ganzjährig Schnee. Die Meere um Sizilien, besonders im Norden und im Süden sind recht sturmreich, die Eolischen Inseln, Pantelleria, Lampedusa und Linosa sind manchmal tagelang von der Außenwelt abgeschnitten.

Das Meer: Sizilien ist keine ideale Badeinsel, verglichen mit großen Teilen des kontinentalen Süditaliens ist es dicht besiedelt und an den Küsten sind stellenweise elefantöse Industriekomplexe, die alles andere als umweltfreundlich sind. Wirklich perfekt sauberes Wasser (bei fehlenden Sandstränden) auf allen Inseln vor Sizilien, aber auch sonst gibt es noch lange Ufer, wo Strand und Meer in Ordnung sind, am ehesten dort, wo das Hinterland dünn bewohnt ist: Westlich von Palermo, Südküste.

Daß hier der Tourismus noch nicht voll zugeschlagen hat, liegt an ihrem trostlos öden Hinterland. Siziliens Südküste ist in ihrer Einförmigkeit noch die Steigerung der jonischen Küste Calabriens und Lucaniens.

Die Sizilianer lieben Ihre Insel außerordentlich und finden sie auch sehr schön — haben die nötige Portion Selbstkritik. Ein Sizilianisches Kurzmärchen, das immer wieder erzählt wird, verdeutlicht das:

Ed alla fine dei sette giorni il Signore creò un'isola triangolare fertile e con tutte le bellezze. Venne un'angelo e disse: "Oh Signore, hai fatto il Tuo capolavoro! Ma, non credi che fosse questa terra troppo paradiso per i suoi inabitanti?" — Rispose il Signore: 'Non preoccupare, li metto i Siciliani".

— Und am Ende der sieben Tage schuf der Herr eine dreieckige Insel, fruchtbar und voll aller Schönheit. Da kam ein Engel und sprach: "Herr, Du hast Dein Meisterstück gemacht! Aber glaubst Du nicht, daß dieses Land für seine Einwohner zu sehr Paradies ist?" Da antwortete der Herr: "Sei unbesorgt, ich setze die Sizilianer rein".

 Cambio: In Sizilien auch in kleineren Orten meist möglich.

HOTELS

Reichlich in Palermo, Messina, Catania, Siracusa, Taormina. Im Landesinneren spärlich — meist muß man nehmen, was es gibt. An den Küsten nur im Juli und August schwierig.

Am Meer die meisten Hotels und Pensionen nur zwischen Mitte Mai und Ende September offen (obwohl das Wasser bis Ende Oktober einladend warm ist).

CAMPING entlang der Küste, aber dünn gesät.

Frei Campen nicht überall erlaubt. Dran denken, daß sizilianische Bauern und Pächter bei ungefragtem Lagern auf Ihren Parzellen oft sehr gereizt reagieren. Wenn Euch jemand irgendwo in der Einöde zu verstehen gibt, besser zu verschwinden, geschieht das immer mit Grund und nicht unbedingt aus Fremdenfeindlichkeit.

Privatunterkunft und Ferienwohnungen.

Entlang der Küste am einfachsten auf den Inseln.

SIZILIANISCHE KÜCHE

Die fremden Herren haben nicht nur neue Zutaten mitgebracht, sondern gleich auch die Rezepte. Afrikanische, arabische und spanische Elemente stehen neben den einheimischen Traditionen. Siziliens Köche vereinigen diese Küchengeografie mit Geschick auf einem einzigen Teller.

Richtiggehend italienisch wohl nur die Verwendung von Nudeln, Tomaten und Hartkäse. Die Meere um die Insel sind fischreicher als die meisten italienischen Fanggründe. Allerdings geht der meiste Fisch per Schnelltransport nach Rom und Norditalien.

Die meisten typischen Gerichte bestehen aus einfachen, wohlfeilen Zutaten: Grünzeug, das hier so bunt ist, wie nirgendwo anders. Allein der Blumenkohl liefert auf den Märkten Farborgien: Es gibt ihn auch in weiß, bevorzugt wird er aber in allen Schattierungen zwischen gelb, grün und violett. Oliven, Sardinen, Schnecken (es gibt reichlich Ödland, wo nie gespritzt wird, und das lieben die langsamen Tierchen) Mandeln, indische Feigen (der Feigenkaktus wird richtiggehend in Kaktusfarmen gezogen), andere Feigen natürlich ebenso reichlich, Orangen und Zitronen so reichlich, daß man sie Sizilianern besser als kleiner Akt der Gastfreundlichkeit nicht anbietet; die Haustierwelt liefert süßen Quark (ricotta), unwahrscheinlich harte und salzige Käse mit Pfefferkörnern drin, die frischen, groben Bratwürste — mit Fenchel drin und etwas Weißwein lassen ihre Schwestern weit hinter sich.

Die Garküche verschafft preisgünstige und fremdartige Genüsse, man glaubt wirklich im Orient zu sein. Ebenso mit der Süßbäckerei — süß, daß einem die Zähne weh tun, früher in hohem Maße in der zarten Hand höherer Töchter, die von ihren Familien ins Kloster gesteckt wurden — Nonnenbrüstchen (so geformt, süß und hart) sospiri di monacelle — Nonnenseufzer und sonstiges aus dem geistlichen Bereich. "Martorana" — täuschend ähnliche Früchte aus Mandel- Zuckermasse. Aber auch zarteste Pasticceria mit Creme und Sahne, Ricotta und Honig. Und schließlich ist Eis eine sizilianische Erfindung.

Über den Wein geschmacklich fast nur Gutes, meist sehr herb und sehr alkoholreich. (Spitzensorten aus Westsizilien — Alcamo, "Corvo").

Dafür muß man — vor allem in den heißen Monaten (dazu gehört oft noch der Oktober) mit Trinkwasserknappheit rechnen, und in manchen Orten ist das Wasserleitungsnetz so desolat, daß es in den letzten Jahren immer wieder Hepatitis und Typhusepedemien aus dem Wasserhahn gab — vor allem im Südwesten.

Literatur:

Bildbände:
Thomas' Micek, Sizilien und Liparische Inseln, Bern 1973 (Kümmerly & Frey) DM 64. Gleichzeitig von Fachwissenschaftler verfaßte geografische Einführung.
Pepi Merisio und Wolftraud de Concini, Sizilien, Zürich (Atlantis) DM 59. Fotos und Text, die den Problemen der Insel nicht nach Bildbandart aus dem Wege gehen.

Zwei klassische Reiseschriftsteller:
Johann Wolfgang von Goethe, Italienische Reise. Der bekannte deutsche Autor reiste von März bis Mai 1787 durch Sizilien (Palermo, Segesta, Agrigent, Enna, Catania, Etna, Taormina und Messina).
Johann Gottfried Seume, Spaziergang in 90 Tagen von Leipzig nach Syracus. Den Fußmarsch machte der Tornistermann aus Weißenfels in Sachsen 1802 mit einem Paar Stiefel — allerdings manches auch per Kutsche, Reittier und Schiff. — um in Syrakus "seinen Theokrit" zu lesen, wie er es lästigen Paßbeamten in Wien zum Zweck seiner Reise erklärte.

Literarisches:
Guiseppe Tomasi di Lampedusa, Der Leopard, Roman. Schlüsselroman über den sizilianischen Hochadel, seine Anpassung (und die Unfähigkeit dazu) an die neuen Lebensbedingungen nach dem Anschluß an den italienischen Einheitsstaat.
Leonardo Sciascia. Eigentlich alle seine ironischen Kurzromane, die sich mit der aktuellen Realität der Insel beschäftigen (Mafia, Korruption, Unterentwicklung):
"Tote Richter reden nicht" — "Tag der Eule"— "Todomodo": das Spiel um die Macht —"Der Abbe' als Fälscher" und "Candido".

Ausführliche Reiseführer:
Klaus Gallas, Sizilien, Köln 1978 (DuMont), DM 28. Überwiegend Geschichte und Kunstgeschichte. Mit einem Kurzführer zu den Hauptsehenswürdigkeiten. Leider so gebunden, daß er nach einer Reise zur Loseblattsammlung wird.
TCI, Guida d' Italia. Das ausführlichste, was es gibt. ca. 44 DM (aber nur beim Kauf in Italien!). Mafia: Peter Chotjewitz, Malavita, Reinbek (Rowohlt) 6,80 DM.

Ostküste

MESSINA ⟩⟩⟩ SIRACUSA: landschaft-
lich schöne Küstenroute mit Bonbon
"ETNA" und das fantastisch gelegene,
aber sehr überlaufene TAORMINA.
Bis CATANIA Autobahn. Durch Catania
und bis SIRACUSA überlastete Straßen!

Messina 250.000 E.

Für über 9o % aller Sizilienfahrer die erste
sizilianische Stadt. 19o8 beim Erdbeben total zerstört, 1943 durch Bombardierung nochmal weitgehend in Schutt gelegt. Moderne
Stadt, die wenig Ausstrahlung mitteilt.

Die VIA S. MARTINO eine der bestbe-
stückten Shopping-Straßen im ganzen Süden,
aber Napoli, Bari, Lecce und Palermo
haben mehr italienischen Colorit.

 E P T , Piazza Roma, gegen-
über der Stazione Centrale.

 Fähren: FS, 2oo m von Staz.
Centrale an der Staz. Maritti-
ma (in der es lobenswerte Tavola Calda gibt — gefüllte Weiß-
brote — "panini imbottiti" her-
vorzuheben, für weniger als
2 Mark wird man lecker babbsatt. Vor dem
Konkurrenzunternehmen in der Staz. Centrale abzuraten: teurer, schleppender Service und nicht diese Panini.
Fähren Caronte und Aliscafi: ca. 8oo m
nördlich der Stazione, genau gegenüber der
Mariensäule, die alle Sizilienankömmlinge
mit ihren Segen versieht.

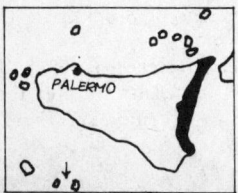

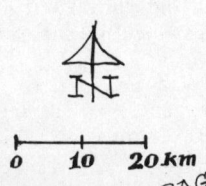

Sehenswertes: – aber nur wer Lust hat –

DUOMO, alles nach 19o8 wieder erstellt, die Mosaiken aus der Normannenzeit so perfekt nachempfunden, daß man sie für echt hält. Ansonsten frostiger Marmor in der Art steingewordener Buttercremetroten. Wird viel von US–Touristen und Italoamericans fotografiert. Die astronomische Uhr (1933) mehr kurios als formvollendet, aus Straßburg im Elsaß.

SS. ANNUNZIATA DEI CATALANI, am Hafen, einzige Kirche Messinas die so solide gebaut war, daß sie die vielen Beben überstanden hat. Von innen und außen ein wirklich preziöser Bau.

MUSEO NAZIONALE (2 km nördlich, Stadtbus): Einige großartige Bilder sizilianischer Meister des Mittelalters und der Renaissance. Das Spitzenstück ein mehrflügeliges Altarbild von Antonella da Messina – (1473) – Maler ausdrucksstarker Gesichter.

HOTELS   (falls es einem in MESSINA hält)

STADTZENTRUM:

"Milano" (III cat.) via Verdi 65, t. o9o/772o78, DZ 46–52 DM

" Moderno Terminus" (III cat.)   via I settembre, t. o9o/71o853 DZ 4o-6o DM

"Monza" (III cat.) . Viale S. Martino 63, t. o9o/773755, DZ 3o-52 DM.

AUßERHALB DER STADT

in Panoramalage hoch über dem Stretto, an der S.S. 113, ca. 8,5 km Richtung Palermo im Vorort Colle S. Rizzo (von dort kann man per Auto und dann zu Fuß in die waldigen Peloritani–Berge):

"Panoramic" (III cat.) t. o9o/37o228, DZ 36 DM,   "San Rizzo" (III cat),

t. o9o/41164 (nur März bis Okt.) DZ 17 DM

Zum Verweilen zwei klassische, feine Ristoranti im Stadtzentrum, beide nicht zu groß und man bestellt besser vor, besonders für den Abend. In allzu lockerem Urlauberzivil kein Einlaß! "RIST. PIPPO NUNNARI", Via Ugo Bassi 157 (t. 2928584) Do. dicht: Maccheroni in unüblicher Zubereitung. Schwertfisch. Cassata (kein Eis, sondern was kühles Luftiges aus ricotta, Zucker und Kandiertem). DM 30.

Nebenan, zum Ristorante gehörend, Salumeria, wo es Bauernsalami und Käse von Hirten gibt.

"RIST. ALBERTO", Via Ghibellina 95 (t. 71o711). Sonntags geschlossen und im August. Sizil. Nudelgerichte. Schwertfisch, Stockfisch. DM 30.

Wer weniger spendieren will, und mit was kleinen leckeren Süßen die erste Entdeckung Siziliens machen will, findet im Zentrum drei tolle Pasticcerie: BILLE', Piazza Cairoli; JENI, Viale S. Martino; TOTIF, Via Garibaldi – Zuckerbäckereien.

CAMPING (nördlich an der S.S. 113 dir.) bei Ganzirri
—dort wo Carybdis (Cariddi) haust und den kühnen Odysseus fast ersäuft hätte: "DELLO STRETTO", beim Leuchtturm.

In Ganzirri, 9 km nördlich (mäßiger Strand) lohnt es in der Gelateria "Il Fanalino" Eis zu schlecken.

BADEN im Stretto: nicht besonders verlockend.

 FISCHMÄRKTE im Bereich des Stretto hochinteressant, weil durch die starken Strömungen Tiefseefische in höhere Gewässer gerissen werden, wo dann die Netze auf sie warten. Haben große Augen, sehen wild aus, aber zu essen ist nicht viel dran. Schwertfisch und Thunfisch, im Stretto häufig, haben mehr auf den Gräten. (Saison überwiegend April bis August).

AVIS: Via Vittorio Emanuele 35, t. o9o/584o4 (Hafen)
Hertz: Via Vittorio Emanuele 113, t. o9o/ 36374o
Interrent: Via Garibaldi 2o9, t. o9o/ 47582
Maggiore: Via T. Cannizzaro 46, t. 775476

Taormina 9.1oo E.

Regelrecht von Touristen überflutet. Die Tourismusentwicklung der letzten 20 Jahre hat ihr Sündenregister hier so vollgestopft, wie es nur geht. Man spricht, singt, schunkelt deutsch — Weinseligkaiet wie in der Drosselgasse zu Rüdesheim am Rhein. Die Preise für das Glas Wein scheint man dort kopiert zu haben — etwa 5 — 10 mal über dem Niveau von Palermo.

Die Lage an den letzten Ausläufern der Peloritani, hoch über dem Meer, gegenüber dem Etna, macht es schon in der Antike zum Ziel vermögender Reisender und die Taormina- Begeisterung hat sich über die Jahrtausende gehalten, aber die Entwicklung der letzten Jahre läßt einen sauer aufstoßen:

Man hat es den Markttrends unterworfen, chartergerecht gemacht.
Komfortabel, mit allem ausgestattet, was die Prospekte versprechen.
Bis auf eines: Das speziell Sizilianische — es ist futsch.

Die alten Gassen, das Mittelalter der Fassaden sind kaum noch mehr als die Verpackung für das Gedrängel, das sich Traumurlaub unter südlicher Sonne nennt.

Dort, wo die Reisenden der Belle Epoque noch vereinzelt Villen über Buchten und Halbinseln zwischen einer reichen Vegetation erblickten, ist eine Woge von teuer und meist geschmacklos neureich ausgestattetem Beton ans Ufer geklatscht worden. Zwischen den vier Ortsteilen (Taormina, Giardini — Naxos, Mazzarò und Castelmola) ein infernalischer Verkehr, Reisebus an Reisebus, Auto an Auto, die Luft zum Schneiden dick, die Altstadt zum Glück Fußgängerzone.

Dort alle Qualitäten von Kitsch und Kunsthandwerk — je nach Geldbeutel und Geschmacksrichtung, auch sehr gute Sachen.

Delikatessengeschäfte mit Sauerkraut und tafelfertigem Rotkohl namhafter deutscher Blechbüchsenfüller, gutes Eis und mäßiger Caffè, aber es gibt auch deutschen Gefilterten.

 A.A., Palazzo Corvaja, t. o942/23243 und Stazione FF. SS. EPT, Corso Umberto 44, t. o942/23751.
Für die Vermittlung von Hotels, Privatzimmern und Ferienwohnungen in jedem Fall zur A.A.!

Verbindungen

Auto: A18 Ausfahrt Taormina Nord (auch wenn man von Süden kommt). Extrem schwierige Parkplatzsituation. Möglichst den Großparkplatz unterhalb benützen. Oben findet man nur Platz, wenn man sehr außerhalb der Saison.

Bahn: Alle Züge halten. Von der Stazione im Ortsteil Giardini—Naxos Stadtbus nach Taormina.

 Sehr häufige Verbindungen nach Messina und Catania. Nicht alle Busse fahren nach Taormina Stadt, dann am Bahnhof umsteigen!
Busterminal für Regional und Stadtbusse ca. 5oo m vom Centro Storico entfernt an der Straße nach Giardini, in einem Hof.

Außerdem **nach Mazzaro' eine Seilbahn.** alle 15 min. Nicht teurer als der Bus, bei starkem Wind wird der Verkehr eingestellt.

Flug: Reggio Cal. (Bus + Aliscafo, dann Bus oder Bahn) und Catania (einige Direktverbindungen Aeroporto—Taormina, sonst Bus in die Innenstadt von Catania, weiter per Bahn oder Bus. Charter: immer über Catania.

 AVIS: Via S. Pancrazio 6, t. o942/23o41
Europcar: Hotel Capo Taormina, Via Nazionale 10 (Mazzaro'), t. o942/21174; Interrent: Via Naxos 185, t. o942/52748 (Giardini—Naxos); Maggiore: Corso Umberto 411 (Giardini—Naxos), t. o942/51877 und: Stazione FF.SS. und: Via C. Patricio 28, t. o942/ 23172 daneben noch kleinere örtliche Vermieter, auch von Motorini, über die Reisebüros.

CAMPING "S. LEO", am Capo Taormina, kleiner, sehr schön über dem Meer gelegener Platz mit Blick auf Taormina und Etna. Primitiv eingerichtet. Auf die Bademöglichkeit in den Felsen darunter verzichten, weil in geringer Entfernung Taorminas Abwässer eingeleitet werden.

HOTELS

Hotels und Pensionen aller Klassen, über 60 an der Zahl. Vom Riesenmonster bis zur einfachen Familienpension. Reichlich Ferienwohnungen und Privatzimmer — dennoch nicht immer leicht, eine Bleibe zu finden!

In Taormina Stadt meist in ruhiger Lage, an der Küste immer in Nachbarschaft von Straße (sehr befahren) oder Bahn — oft auch von beiden.

An der Stazione Taormina — Giardini lauern die livrierten Haie, die nicht einmal in der Lage sind, die "Kundschaft" optisch zu sortieren. Sind recht penetrant, weil meist Doppelverdiener: Zutreiber und Taxifahrer — natürlich zu einem blumig- phantasievollen Preis "Unter Freunden", bei dem das Taxameter ausgeschaltet bleibt. Zuerst Informationsbüro des EPT im Bahnhof ansteuern, das allerdings oft geschlossen ist. Sonst Gepäck ins "Deposito" und rauf nach Taormina und dort zur A.A.!

Keine Spitzenleistungen zu Sozialtarifen erwarten! Es geht touristisch zu. Teuer. Meerestiere, die halt viel kosten. erleben mancherorts die wunderbare Wiederauferstehung vom Tode. Ein gekochter Krebs, der nach mangelnder Nachfrage in die Kühltruhe geschafft wird, hat nun einmal seine Identität verloren!

Und der Brauch, die wirkungsvollen Viecher zweimal am Tag in den Glaskästen auszustellen, noch voll von ersterbendem Leben, ist nicht allein brutal (denn Krebse sind Wassertiere), sondern haut auch auf den Geschmack — besonders wenn man auf Veteranen im Schaustellergewerbe trifft.

Außerhalb der Höchstsaison gibt es Langusten, die wochenlang den Tag an der frischen Luft verbringen dürfen und nachts in abgestandenes Wasser gepackt werden.

Rist: GARDEN, Porto Messina: Sizilianische Spezialitäten, wenn man sie verlangt, sonst aber reichlich Standardküche. Für Nudelfreunde interessant. Ca. 20 DM. — GAMBERO ROSSO Großes Angebot an Fischen und Meerestieren. Es gibt aber auch Würstel mit Pommes Frites und Ketchup. Landwein (teuer) vom Faß. ca. 20 - 22 DM.

Tratt. GIARDINO (kleiner Vorgarten): Fische, Gamberi (frisch) Involtini siciliani — Rouladen aus Kalbfleisch. An Nudeln das übliche ca. 20 - 25 DM. — TIMEO Traditionsrestaurant dicht beim Teatro Greco-Romano. Aussicht auf Etna und Meer, schöne Terrassen zum Draußensitzen. Täglich wechselnde Karte mit sizilianischen Sachen, die aber stark französisch inspiriert sind. Ca. 50 - 60 DM.

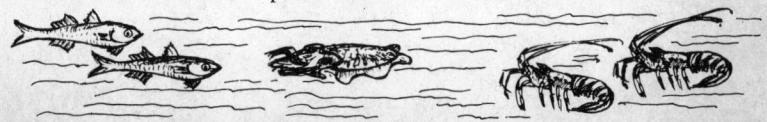

Sehenswertes:

①Palazzo Corvaja — hübscher gotischer Adelspalast, Innenhof, wo man mal kurz vor den Touristenströmen sicher ist — die sind wirklich unvorstellbar. Wenn ich von dem Geschiebe ausgehe, was Mitte Oktober, kurz vor Ende der Saison und eine Woche vor den letzten Charterrückflügen herrschte, dann muß Taormina im Hochsommer auf Straßen und Plätzen den Füllungsgrad eines U-Bahnwagens im Feierabendverkehr haben.

⑤Teatro Greco (griechisch-römisches Theater), Montags geschlossen. Großartige Sicht von Calabrien bis zum Etna. (von nirgendwo ist der Berg so beherrschend wie von Taormina).
Corso Umberto und Naumachia, die Hauptstraße, Fußgängern vorbehalten. Einige Fassaden sollen aus der Römerzeit stammen, meist bleibt man aber an der menschlichen Umwelt mit dem Auge hängen, an den Schaufenstern.

⑧Park der **Villa Comunale.** Ruheort und schöne Aussicht.

Castelmola — 5 km per Straße, auf den alten Fußwegen, die sehr steil sind, durch Baustellen und eine Müllkippe führen, sind es 2 km.

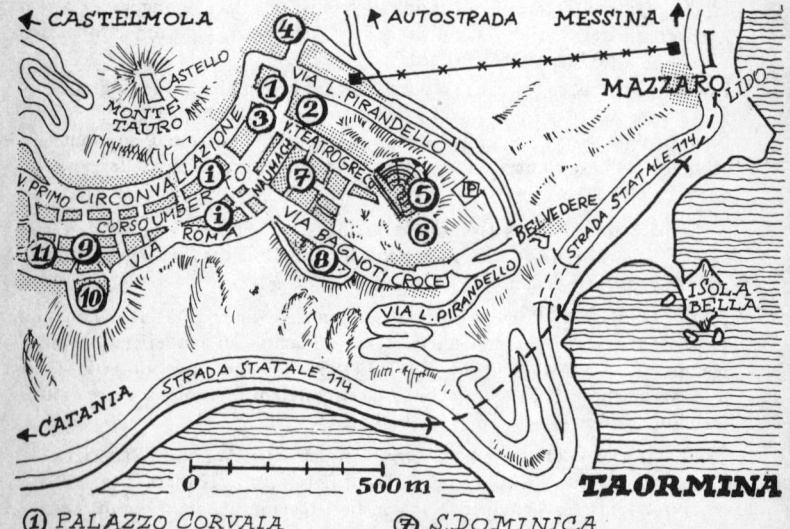

① PALAZZO CORVAIA
② TEATRO COMMUNALE
③ ODEON
④ S. PANCRAZIO
⑤ TEATRO GRECO
⑥ ANTIQUARIUM
⑦ S. DOMINICA
⑧ VILLA COMMUNALE
⑨ DUOMO
⑩ S. DOMINICO
⑪ PAL. SANTO STEFANO
ⓘ INFORMATION

Früher Dorf, heute voll im Tourismusgeschäft — aber etwas ruhiger als Taormina. Weiter Blick über die Landschaft und Einblick in die sie zerstörenden Trends: Zersiedelung und vor allem die Aufgabe der Landwirtschaft, die bis vor kurzem durch Terassenbau, Anpflanzung von Baumkulturen und einen Wegebau, der dem Bergprofil entsprach, Erosion, Abrutschen von ganzen Berghängen und Versteppung verhindert hat.

Strände kosten Eintritt. Einige Buchten, die wenig geräumig, dafür aber überfüllt sind. Die Bahn im Rücken ist gratis, Schotter, allenfalls mittelfeiner Kies. Wasserqualität mäßig. Bei Letojanni und bei Giardini wenig ansprechend und ziemlich verschmutzt — die wirklich schönen Stellen zwischen Capo Taormina und Mazzaro' sind Privateigentum.
Die kleinen allgemein zugänglichen Lidi kosten ca. 4—5 DM pro Tag .

Ausflüge von Taormina:
Gola di Alcantara, ca. 15 km (Richtung Francavilla di Sicilia).
Durchbruch des ganzjährig stark Wasser führenden Fiume Alcantara durch den Basalt, der die Basis des Etna bildet. Armdicke fünfeckige Basaltsäulen, vom Wasser glattgeschliffen. Steil aufsteigende Wände, Katarakte, mit Gummistiefeln kann man ein Stück aufwärts waten — voll vermarktet!

Catania (400.000 Einw.)

Mehrfach unter den Glutströmen des Etna begraben, das letzte Mal 1669. Noch vernichtender war das Erdbeben von 1693, das die Stadt völlig zerstörte. Danach rascher Wiederaufbau in barocker Pracht.

Heute mit über 400 000 Einwohnern Siziliens zweitgrößte Stadt, in den periferen neuen Stadtteilen chaotisches Wachstum. Für die Industriewerke im Süden der Stadt scheint es keinerlei Umweltauflagen zu geben, aber so mörderisch wie die Umweltzerstörung im Gebiet Siracusa — Augusta geht es nicht zu — einfach, weil weniger Industrie da ist.

Tourist INFO EPT: Largo Paisiello 5, im modernen Teil des Zentrums. t. o95/322124, Informationsbüros in der Stazione   Centrale FS und am Aeroporto Fontanarossa.

Verbindungen

 **Auto** In der Stadt eine Last. Die Stadt ist zwar sogar im innersten Zentrum geräumig, zeichnet sich aber durch eine Fülle von Parkverboten und Einbahnstraßen aus. Am ehesten in der Hafengegend (gebührenpflichtige) Parkplätze.
Besser ohne Auto anreisen, denn schon in die Stadt rein geht es Stoßstange an Stoßstange, weil sich der gesamte Fernverkehr durch die Innenstadt quälen muß.   Die Umgehungsautobahn, die einmal die A18 CT—ME (Catania—Messina) mit der A19 CT—PA (Catania—Palermo) und den Schnellstraßen nach Südsizilien verbinden soll, war 1981 noch nicht fertig

und wird es wohl auch nicht so schnell sein.

Empfehlungswerte und leistungsfähige Schleichwege um die Stadt gibt es nicht.

 Die Stazione Centrale liegt nicht übertrieben zentral. Gleich in einen Stadtbus, der die Piazza del Duomo ansteuert.

Häufige Verbindungen auf der Strecke nach Messina, etwas weniger oft nach Siracusa, Palermo, Agrigento und Gela.

Direktzüge nach Roma und Norditalien.

FCE — Ferrovia Circumetnea, Bahnhöfe an der Stazione FS und am Corso Italia: Fährt im Rücken des Etna nach Randazzo, in Randazzo Anschluß mit Bahn und Bus der FCE nach Riposto—Giarre, wo um den Etna zu umrunden, Anschluß an die FS Messina—Catania (ME—CT) besteht.

 Abfahrt an der Piazza Lupo und der Via Teatro Massimo (im Zentrum): Sehr viele Verbindungen entlang der Küste nach Acireale und Taormina, zu den Etna-Ortschaften.

Mehrmals täglich Schnellbusse nach Siracusa, Messina, Taormina, Palermo (Teurer, aber viel schneller als die Bahn).

<u>Fahrplanauskunft:</u> FCE: 431141 u. 431oo2, SAIS: 316942.

 Aeroporto Fontanarossa (Stadtbus Linie 24): Buchung. Alitalia, Corso Sicilia 111/113, t. o95/317311 Direktflüge nach Reggio Cal., Napoli, Roma, Milano, Torino.

 Tirrenia (Piazza Grenoble 26, t. o95/316394): Einmal in der Woche nach Napoli, 3—mal nach Reggio und Malta.

<u>CATANIA—STADT:</u>

AVIS: Via S. Giuseppe Larena 87, t. o95/34667o u. 347 116 und Piazza Verga 21/F, t. o95/3749o5

Hertz: Via Toselli 45, t. o95/32256o, Interrent: Via Firenze 1o4/B, t. o95/444o63, Maggiore: Viale XX Settembre 53, t. o95/44725o u. 447127 und Piazza Verga, t. o95/31ooo2, Condorelli, Via Palermo 29o, t. o95/511740, Cortese, Via Corridoni 8, t. o95/3119o9, Manara, Via Pulvirenti 5, t. o95/31219o, Ognibene, Via S. Maria del Rosario 25, t. o95/223972, ONA, Via Firenze 104, t. o95/444o63, Pappalardo, Via Mazzaglia 10, t. o95/363111, SAT, Via Ventimiglia 124, t. o95/326582

<u>AM FLUGHAFEN:</u> (t. o95/)

AVIS (t. 34o5oo), Europcar (t. 348125), Hertz (t. 341595), Interrent (t. 346231), Maggiore (34o594), ONA (t. 346231), Union Car (341595).

 **Wichtige Stadtbuslinien (AMT):**
Stazione FS — Centro: 1,5 (rot von Bahnhof), 5 (schwarz, zum Bahnhof), 7.
Stadtzentrum — Via Etna: 1,2,3,4,5,7, 7 barr.

Stadtplan und ein etwas veralteter deutschsprachiger Führer beim E P T.

Sehenswertes:

① PIAZZA DUOMO: Der Mittelpunkt Catanias der Brunnen in der Mitte des Platzes mit einem schwarzen Elefanten aus Lava, Stoßzähne und Augen aus weißem Marmor. Der Duomo ein repräsentativer, erdrückender Barockbau.

VIA ETNA   und VIA CROCIFERI: Die beiden Repräsentationsstraßen, verschnörkelte Fassaden, große Portale — wie überall in Catania auf Handtaschen aufpassen. Die "Scippatori" Catanias genießen in ganz Italien hohen Ruf und die breiten, geraden Straßen eröffnen erheblich bessere Fluchtwege als etwa in den verwinkelten Altstädten Palermos oder Napolis. Zudem wandeln hier, durch die Nähe Taorminas, erheblich rentablere Opfer.

③ S. NICOLO : Siziliens größte Kirche — ein Superlativ, der nicht fertig geworden ist — außer den Steinmassen ist nichts Beeindruckendes dran.

④ CASTELLO URSINO :   Das mittelalterliche Stadtschloß, gleichzeitig Zwingburg mit soliden schwarzen Lavamauern und dicken Türmen. Stand ursprünglich am Meer, seit 1669 durch die Lava etwa 500 m landeinwärts. Innen als Museum eingerichtet.

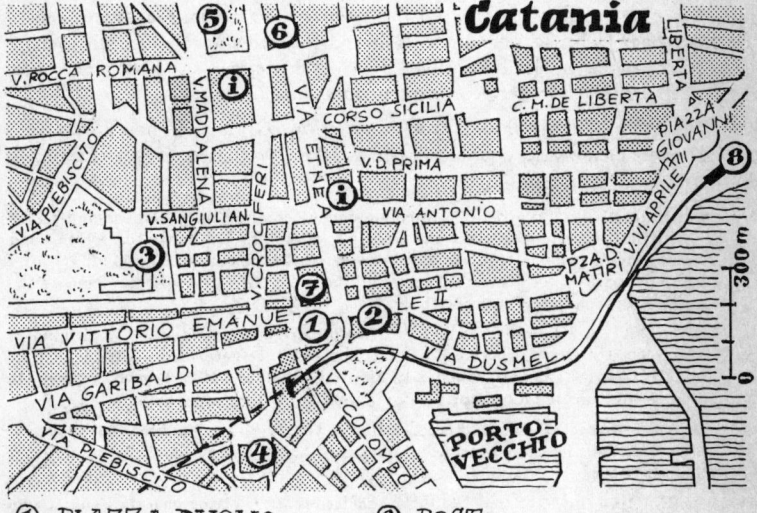

① PIAZZA DUOMO	⑥ POST
② DUOMO	⑦ PALAZZO DEL
③ S. NICOLO	MUNICIPIO
④ CASTELLO URSINO	⑧ STAZIONE CENTRALE
⑤ VILLA BELLINI	ⓘ INFORMATION

Monte Etna

Wird auch oft mit seinem sizilianisch- arabischen Namen Mongibello (Monte
+ Gibel = arab. "Berg") genannt. Europas größter und aktivster Vulkan.
Nach Jahren relativer Ruhe seit 1980 wieder ausgesprochen aktiv. Höhe
zur Zeit 3.323 m die sich nach starken Ausbrüchen aber immer wieder
ändert.

Seit der Wiederentdeckung der Natur im ausgehenden 18. Jahrhundert
nicht nur in Metern ausdrückbarer Höhepunkt fast aller Sizilienreisenden.
Die Riesenmasse des Bergs lockt. Ausflüge auf den Etna sind mehr als die
Besteigung des Gipfelkraters, die 160 km Umfang bieten Beschäftigung für
Wochen und Monate.

Obwohl immer von Lavaflüssen zerstört, sind die Städte und Dörfer um den
Etna jedesmal wieder aufgebaut worden. Die rasche Zersetzung der Laven
zu fruchtbarer Erde macht besonders die Meerseite zu einer der dichtest
besiedelten Regionen Siziliens.

Ausflüge im Etna-Gebiet:

Zwischen voll arrangiert und völlig selbst organisiert. Kleines, nach Abenteuer duftendes Ausflügchen (bis zum Kraterrand im Geländewagen, dann
ein paar Schritte gegen die Kälte, den Sonnenuntergang genießen) oder
sorgfältig organisierte Bergtour, die viel schwieriger ist, als der scheinbar
flach ansteigende Berg von weitem aussieht.

Der aktive Vulkanismus ist nicht nur auf die Gipfelzone beschränkt. —
Dort ist es meist ruhiger als an den Flanken, wo die häufigsten Lavenaus-
brüche stattfinden.

Der Etna ist vor etwa 500 000 Jahren aus dem Meer aufgetaucht und wandert seit seiner
Entstehung langsam westwärts. Der Vulkan bedeckt eine Fläche von 1.337 km^2 und hat
einen Umfang von über 160 km, der Durchmesser liegt zwischen 35 und 50 km. An den
Hängen sind über 200 Krater früherer Ausbrüche. Die Gestalt des Berges ändert sich
durch Ausbrüche und Erosion ständig.

Besonders schwer waren in historischer Zeit die Eruptionen von 1669, als sich bei
Monti Rossi an der Südflanke kilometerlang die Erde öffnete, die Lava Catania erreichte
und das Festland um 600 m weiter ins Meer vorschob, und 1928 begrub die Lava Masca-
li im Norden und die Lava kam nur wenig vom Meer entfernt zu Stehen.

Die vulkanische Tätigkeit und der Lavafluß der letzten Jahre beschränkte sich auf die
oberen und mittleren Gebiete, wobei aber auch Felder und einzeln gelegene Häuser
unter der Lava verschwanden.

Die Eruption von 1971 und 1980/81 veränderten den Gipfelbereich stark, unter anderem wurden die Seilbahn, das Observatorium und einige Schutzhütten zerstört.

Klima und Vegetationsstufen:

Die Ostseite bis auf 1200 m Höhe eine fruchtbare, intensiv bebaute Garten-
landschaft, im unteren Teil überwiegend Citrusplantagen, Bananen werden
reif. Wo es trockener ist, Ölbäume und Weingärten, ab 600 m ausgedehnte

Obstkulturen und Haselnußpflanzungen bis ca. 1200 m.

Die Rückseite des Etna ist weniger fruchtbar, statt Weinanbau Mandeln und viel Macchia, die als magere Weide für Ziegen und Schafe dient.

Ab 1200 m im Winter regelmäßig Schnee, der oberhalb von 1600 m monatelang liegen bleibt. Die ersten Schneefälle im November. Zwischen Juni und Oktober sind auch die Gipfelbereiche fast völlig schneefrei.

Zwischen 1200 und 1700m waren ursprünglich dichte Wälder (Kastanien Buchen, verschiedene Eichen und Kiefern), die aber durch übermäßiges Abholzen und die Köhlerei nur noch in Resten bestehen. An ihrer Stelle Ginstermacchia.

1700 – 2500 m' Macchia, die nach oben immer dürftiger wird, dazwischen die noch vegetationslose frische Lava in breiten Zungen. Oberhalb dann nur noch flache polsterbildende Kräuter.

Ab 2400 m steckt der Berg oft in den Wolken, auch im Sommer. Starke, oft stürmische Winde, meist aus West und Nordwest, Nachttemperaturen in der Gipfelzone auch im Sommer vielfach unter 0 ° C.

PraktischeTips:

 Telefonvorwahl im Etnagebiet: o95/ EPT Catania. CAI (Club Alpino Italiano): Rifugio Sapienza, t. 911o62. Comune di Linguaglossa, t. 643322.

Organisierte Tagestouren (Bus + Geländewagen bis zum Gipfelbereich): in der Saison (Juni – Sept.) von Reisebüros in Taormina und Catania veranstaltet. Preis ca. 50 DM.
Etna–Umrundung mit Bahn und Bus: FCE.

┌─ ÖFFENTLICHE VERKEHRSMITTEL ─────────────

★ **Bahn:** FCE: Catania–Randazzo–Giarre/Riposto.

★ **FS:** Taormina–Randazzo (nur 4–mal täglich!)

★ **Busse:** Von der Autostazione in Catania Linienbusse in die Dörfer am Etna–Hang. Tägliche Sonderbusse von der Piazza Stazione in Catania zum Rifugio Sapienza.
Wer ohne eigenes Auto ist, Mietwagen anzuraten, weil man dann überall hinkommt und lange Anmarschwege spart. Die Pisten in die Gipfelregionen sind nur mit Geländewagen befahrbar.

★ **Autovermieter** in Catania und Taormina.

★ **Straßennetz:**
Gut ausgebaut. Die wichtigsten Anfahrtsstraßen:
Catania–Nicolosi–Rifugio Sapienza, A 18 (Ausfahrt Giarre) – Zafferana–Rif. Sapienza, Strada Mareneve Catania–Zafferana–Milo–Linguaglossa, Stichstraßen von Randazzo und Adrano bis auf ca. 17oo m.
Bei Schneefall sind Ketten obligatorisch – die Straßen werden nur freigepflügt, aber in der Regel nicht gestreut.

WANDERUNGEN
BESTEIGUNGEN
BERGÜBERQUERUNGEN

Seitdem 1980 neun Touristen von Lavabrocken erschlagen worden sind, muß man sich im Kraterbereich einem der autorisierten Führer des CAI anvertrauen. Ist nach Ansicht des vulkanologischen Instituts in Catania und der Führer die Situation brenzlig, finden keine Führungen statt und die Aufstiegswege sind gesperrt.

Hauptausgangspunkte für Wanderungen: Rif. Sapienza, Zafferana und Pineta di Linguaglossa an der Strade Mareneve.

Wanderungen abseits der beiden Autopisten zum Gipfel (vom Rifugio Sapienza und von der Pineta) erfordern alpine Wandererfahrung, sehr gutes Orientierungsvermögen, Vertrautheit mit Karte und Kompaß, robuste Kleidung und Wanderstiefel, die sich nicht auf der scharfkantigen Lava auflösen und einen jeden Stein spüren lassen.

Die Wege sind oft schwer erkennbar, verändern sich immer wieder. Man kann sich auch von Führern des CAI, die maximal 4 Wanderer betreuen, führen lassen — vorherige Preisabsprache. Möglichst einige Tage vorher anmelden.

Karten:
1968 aufgenommen, seither nicht berichtigt, es hat sich seitdem einiges verändert. Trotzdem für Wanderungen durchs Gelände unverzichtbar:
IGM 1:25ooo: Nr. 261—II—NE Bronte, Nr. 261—II—SE M. Minardo, Nr. 262—III— NO M. Etna Nord, Nr. 262—III—SO M. Etna Süd. Die Karte 1:5oooo ist zu ungenau.

SCHUTZHÜTTEN:
Die Mehrzahl der auf den Karten verzeichneten Rifugi sind geschlossen. Auskunft bei CAI im Rif. Sapienza.

PROVIANT:
Wasser ist problematisch, denn oberhalb 12oom gibt es keine Quellen. Die Rifugi haben Zisternen. Schnee die einzige Möglichkeit des Trinkwassernachschubs, im Sommer nur in schattigen Mulden in großer Höhe. Auch im Sommer Wetterstürze. An der Ausgangsbasis bei schwierigen Wanderungen Information über Dauer und Ziel hinterlassen

BERGRETTUNG:
Nicolosi, Guardia di Finanza, t. 911666
Carabinieri, Linguaglossa, t. 643111.

WANDERTIPS
bekommt man beim CAI, Rif. Sapienza, und in der Trattoria "Da Filippo", Strada Mareneve, Pineta di Linguaglossa.

Unterkunft:

CAMPING Linguaglossa, auf 1.5oo Höhe, auch im Winter: Clan dei Ragazzi, t. 611454. Milo, auf 750 m Höhe, an der Straße Milo—Zafferana, auch im Winter, großer, gut eingerichteter Platz mit Tennis, Swimming Pool, Einkaufsmöglichkeit.
Serra La Nave, Gelände zum Freicampieren in der Nähe des Grande Albergo dell' Etna.
Freies Campieren möglich, aber an Schwierigkeiten mit der Wasserversorgung denken.

Rifugi (Schutzhütten, teilweise einfache Hotels mit größeren Schlafsälen).
Rif. Sapienza, tel. 911062, (1882 m). Hauptausgangspunkt für Wanderungen zum Krater — von hier auch geführte Gruppenwanderungen, die in der Nacht rechtzeitig zum Sonnenaufgang auf den Gipfel starten. Im Sommer frühzeitig Quartier anmelden. Posto Letto: DM 16.

Rif. Mareneve Linguaglossa Pineta (1400 m), tel. 643430, Posto Letto 17 DM.

Rif. Le Betulle (1800 m) Piano Provenzano, Linguaglossa.

> **Grande Albergo Etna**
> III cat., Serra La Nave (1715 m), tel. 911500, DZ 48 DM.
> Von den Orten auf 500 - 800 m Höhe haben ein oder mehrere Hotels, Adrano, Linguaglossa, Milo, Nicolosi, Pedara, Viagrande, Zafferana Etnea.

Hotels

WINTERSPORT:
Zwischen Dezember und April schneesicher, Höhen zwischen 17oo und 26oo m oberhalb von Nicolosi und Linguaglossa. Sessellifte.

① Aufstieg vom Rif. Sapienza, entlang der Piste ca. 4 Stunden. Man sieht die Reste der von der Lava zerstörten Seilbahn. Ab 2500 m Höhe beginnt die vulkanische Wüste, tiefschwarzer Sand und riesige Lavaflächen, an Stellen früherer vulkanischer Aktivität ist der Boden durch mineralische Dämpfe rot, schwefelgelb oder gipsweiß verfärbt. Die Lava in erstarrten Formen wie dicker Schlamm, in Blasen, Runzeln, an der Oberfläche schon nach wenigen Jahren zerbröselt.

Der Gipfel besteht aus drei Hauptkratern, der Kratergipfel im Nordosten am höchsten. Aus dem Hauptkrater quillt fast immer schwefeliger, beißender Rauch. Die aktiven Krater der letzten Jahre liegen tiefer.

Welche Gipfel und Kraterränder für den Besucher freigegeben sind, entscheiden die Führer, ohne die oben nichts läuft, die bei großem Ansturm ausgesprochen nervös auf alle reagieren, die Neugier und Forscherdrang dorthin zieht, wo es am meisten dampft und unter Grollen und Krachen Brocken aus den Schloten fliegen. Seit dem Unglück von 1980, wo sich eine Gruppe ausgesprochen unvorsichtig bewegt hat, sind sie sehr auf Vermeiden jedes Risikos bedacht, auch Trinkgelder ziehen dann nicht.

Höhepunkt ist der Sonnenaufgang. Die ersten Sonnenstrahlen treffen den Gipfel, dann wird der Etna nach unten hin immer mehr sichtbar. Meer und tiefergelegene Regionen bleiben noch im tiefen Dunkel und auch der Himmel bleibt trotz der Sonnenstrahlen noch eigenartig zwischen Nacht und Tag.

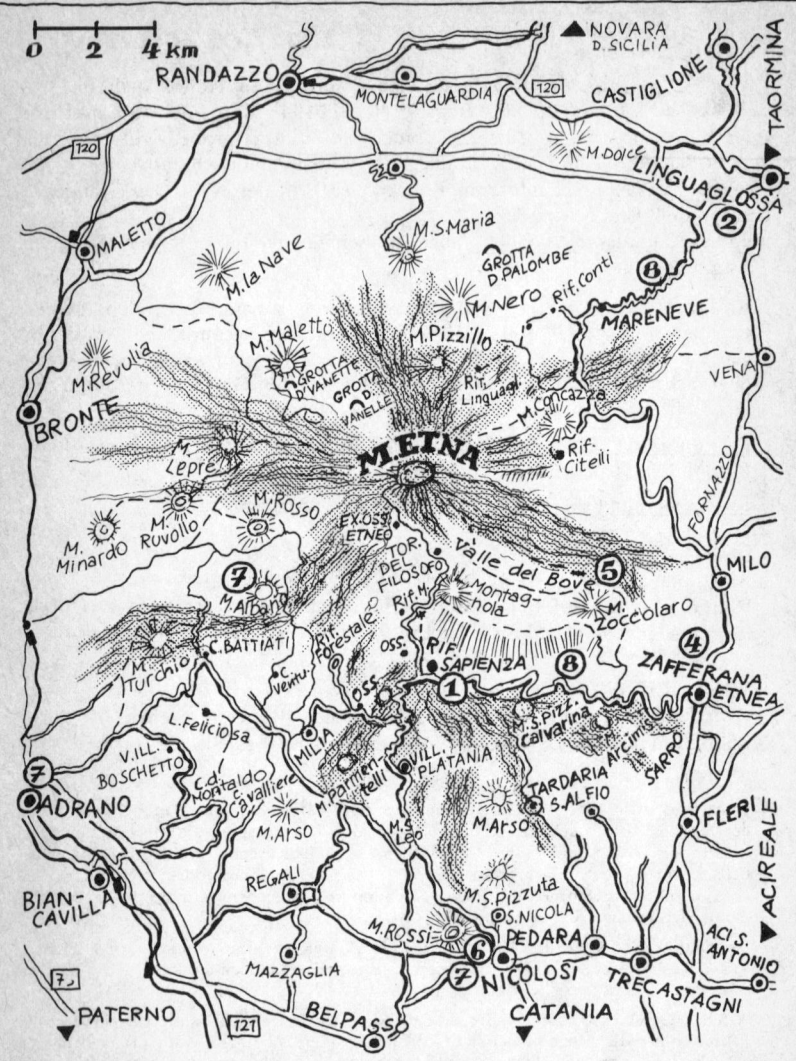

Nachdem es sich beim Etna um einen aktiven Vulkan handelt, der permanent Lava ausschüttet, — sind laufende Änderungen in der Karte "drin". So wurden die südl. Route ① liegenden Dörfer durch Lavamassen bedroht, die durch eine Sprengung des Schweden Lennart Abersten (11 Mill.- DM-Projekt) am 14.5.83 die Lavamassen von den Dörfern ableiten sollte. Hat nicht geklappt. Weitere Kartenveränderungen möglich! —

Als erstes werden dann die Bergspitzen der calabrischen Berge, dann der höchsten Gipfel der nordsizilianischen Ketten sichtbar. Dann immer mehr das hohe Hügelland, die Täler und Ebenen immer noch im dunklen Dunst.

Im klaren harten Frühlicht liegt dann später ganz Sizilien unter einem, nach Süden und Westen verliert sich die Landschaft in den unendlich gewellten Hügeln und bizzarren Felsketten. Im Norden bei gutem Wetter die Eolischen Inseln sichtbar.

Ganz anders der Sonnenuntergang, wenn das Landesinnere im dunstigen Gegenlicht verschwindet. Nächtliche Lavafeuerwerke gibt es wegen längeren Ruhepausen des Vulkans nicht immer.

(2) Aufstieg von Linguaglossa (Pineta), entlang der Piste, langer und anstrengender Aufstieg (6 - 5 Stunden) — wird auch im Geländewagen gemacht. Führt an älteren, nicht mehr aktiven Kratern vorbei.

(3) Westseite: Ausgesprochen unwegsam und extrem steile Aufstiege, die allgemein abgeraten werden.

(4) Aufstiege von Zafferana: Sehr schwierig, die Wege teilweise unter der Lava von 1972 verschwunden. Vorher mit Etna - Erfahrenen durchsprechen, auf der Karte markieren oder mit einem Führer machen.

(5) Val del Bove, eine bis zu 1200 m tiefe Schlucht im Vulkantuff, in die ein Teil der Laven von 1972 geflossen ist. Aufstieg von Zafferana über den Monte Zoccolaro (1739 m) zum ehemaligen Rifugio Menza (1685 m), ca. 3.30 Stunden. In der Nähe eigenartige "Mauern" aus harter Lava, Gesteinseinschlüsse im weicheren Tuff, der im Laufe der Zeit herauswitterte. Vom Rifugio Menza in 6 Stunden durchs Val del Bove Abstieg nach Zafferana oder Milo. Extrem schwierig, nur als Abstieg zu bewältigen. Man kommt an Lava- Mauern vorbei, die wie Ruinenstädte aussehen. Auch diesen Weg vorher mit Bergkundigen besprechen.

(6) Monti Rossi: Zu Fuß oder mit Auto von Nicolosi (2 km), die Stellen des Ausbruchs von 1669, der Catania verschüttete. Noch heute sind hier riesige Kahlflächen, wie eine schwarze Wüste.

(7) Stichstraße zum Monte Albano, 1727 m hoch. Von Adrano 15 km , von Nicolosi 21 km. Mitten in einer wilden Kraterlandschaft und großen Lavafeldern.

(8) Etnaumrundung: Die Bahn außer an der meerzugewandten Seite immer in Straßennähe. 143 km, am Osthang die Strada Mareneve. Die Straße führt durch alle Klimazonen der unteren Etnahälfte. Im Westen wilde, einsame Landschaften. In Bronte kann man gut sehen, wie die Stadt mehrfach von der Lava überflutet und wieder über die Lava gebaut wurde. Randazzo, mittelalterliche Stadt, die einen kurzen Abstecher in die Gassen lohnt.

Die Zyklopenküste

Die Klippen und Basaltnadeln im Meer von Aci Trezza werden als die Steine interpretiert, die der von Odysseus geblendete Polyphem in seiner Wut dem gerissenen Weltreisenden hinterher geworfen hat. Den sagenhaften Ort des Geschehens sehen zwar Homergelehrte aller Nationen mit Bestimmtheit woanders, aber die Fremdenverkehrswerbung mag der reinen Wissenschaft zuliebe nicht auf ihre bisherige Werbestrategie verzichten.

Die Basaltnadeln sind die letzten sichtbaren Zeugnisse der Geburt des Ur-ETNA, der hier noch ganz flach aus dem Meer aufgestiegen ist, bevor er dann weiter westlich zum Riesenvulkan wurde.

Dieser Küstenstreifen bietet wenig Bademöglichkeiten. Steile, nicht immer leicht zugängliche Felsenküste. Dem Meer merkt man die Nähe Catanias an, und die Abwässer der Dörfer und Kleinstädte fließen nach alter Sitte ungeklärt ins Meer.

★ **ACIREALE** (47.000 Einw.)

Hauptort der Küste, Thermalbad aus dem letzten Jahrhundert, heute mehr Sommeraufenthalt für reiche Sizilianer, denen in Taormina zu viele Ausländer sind. Barocke Innenstadt mit Ambiente, Straßenleben. Wir Deutschen verdanken den Fischern von Acireale die Melodie von "Oh Du Fröhliche...", was hier mit anderem Text bei Prozessionen mit Inbrunst gesungen wird.

OPERA DEI PUPI (Marionettentheater). Generell ähnlich wie in Palermo. Die Marionetten sind "hübscher", prächtiger. Mehrere Puppentheater. Auskunft bei der A.A., Corso Umberto 177, tel. 095/604521.

Siracusa

Die heutige Stadt wirkt auf den ersten Blick wenig verlockend, die modernen Stadtteile, die den Blick auf alte Siracusa verstellen, sind nichtssagend und groß, der Industriedreck von Augusta und Priolo ist spürbar.

Vom antiken Syrakus ist viel zu sehen, es beeindruckt aber weit weniger, als die mit ihren Tempeln erhaltenen Griechenstädte Agrigento oder Selinunte. Trotzdem lohnt sich ein Tag Archäologie—Programm in dieser Supergroßstadt der Antike — ohne eigenes Auto anstrengend, denn zwischen den einzelnen archäologischen Zonen liegen Kilometer und sie befinden sich zum Teil weit außerhalb der heutigen Stadt in einer sonnendurchglühten Karstlandschaft.

Als Beispiel einer mittelalterlichen sizilianischen Stadt mit viel Barock und pulsierendem Leben die Altstadt auf der Insel ORTYGIA — ganz in den Dimensionen des Fußgängers — das Auto besser außen lassen — der Verleger dieses Buches hat hier vor Jahren seinen Käfer arg zerbeult bekommen.

Excurs:

DAS ANTIKE SIZILIEN (Großgriechenland):

Syrakus war die größte und mächtigste Stadt der Griechen auf Sizilien und in Süditalien — in seiner Blütezeit zwischen 5oo und 241 v. Chr. soll es über 5oo.000 Einwohner gehabt haben, Schätzungen, die höher gehen, dürften allerdings übertreiben.

Daß in Siracusa weit weniger von der antiken Stadt zu sehen ist, als beispielsweise in Agrigento und Selinunte, liegt daran, daß die Stadt die römische Eroberung überlebt hat, nicht zu einem von seinen Einwohnern verlassenen Trümmerfeld mit leer—, aber aufrechtstehenden Tempeln wurde.

In nachrömischer Zeit verlor es gegenüber den verkehrsgeografisch wesentlich günstiger liegenden Palermo, Messina und Catania stark an Bedeutung.

Tourist INFO EPT, Corso Gelone 92 (Neustadt) t. o931/676o7; A.A., Via Maestranza 33, t. o931/652o1 (Altstadt) und saisonal am Eingang zur Archäologischen Zone an Teatro Greco.

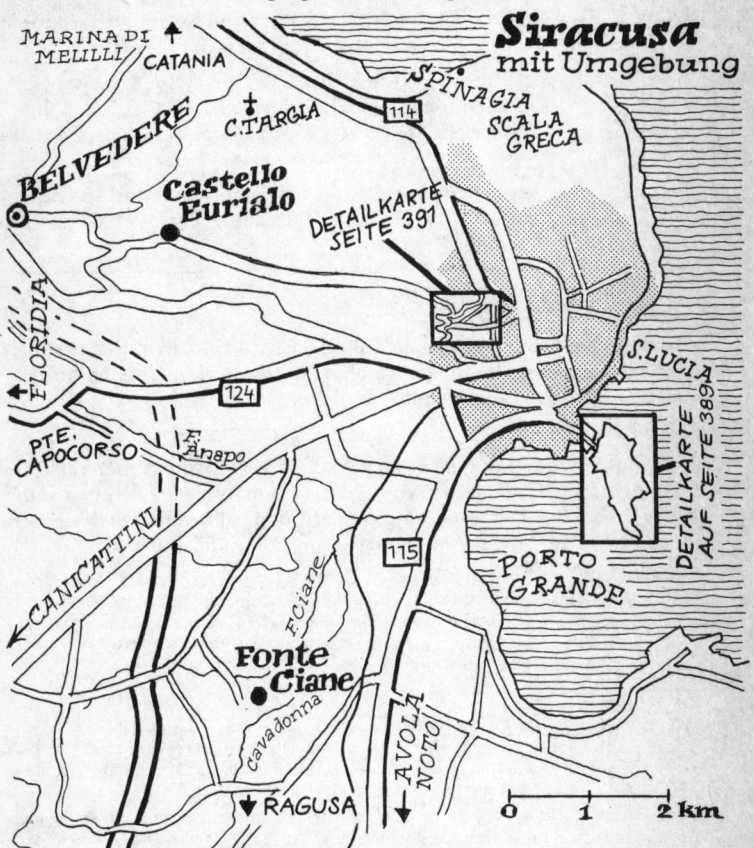

SIRACUSA ALS TAGESTOUR VON TAORMINA:

Natürlich gibts den vollklimatisierten Reisebus mit Reiseführer, der einen unnachsichtig durch die Steinwüsten der antiken Stadt jagt und die Altstadt auf ein, zwei Monumente beschränkt. Entdeckung auf eigene Faust heißt sehr früh aufstehen, denn auch Expresszüge brauchen für die 14o km 3 volle Stunden. Der Bus fährt zwar schneller, aber man verliert in Catania viel Zeit beim Umsteigen!

Verbindungen

Auto: Die Altstadt meiden. Ihr gegenüber an der Stazione Marittima relativ gute Chancen, einen Parkplatz zu finden. Gefüllte Autos nicht allein lassen — es geht zwar nicht so wild zu wie in Palermo oder Catania, aber.....

Bahn: Endstation für die Direktzüge aus Rom und Norditalien. Der Bahnhof liegt ziemlich abseits, aber häufige Stadtbusse in die Altstadt.

 Einziger Stützpunkt in Südsizilien:
Avis, Piazza della Repubblica 11, t. o931/652o7, Interrent Via Tevere 19, t. o931/685o5; Maggiore, Via Tevere 14, t. o931/66548.

Flugzeug: Kein eigener Airport, läuft über Catania, von dort per Bahn nach Siracusa. Agentur in Siracusa: Bozzanca, Corso Matteotti 88—92 t. o931/67122 u. 6o683.

Unterkunft:

Bis auf wenige Hotels der oberen Preisklasse, liegen sie in der reichlich langweiligen Neustadt. Billige Hotels sind oft von Dauergästen belegt — und ausgesprochen abgewohnt.

PERIPHERIE:

Die Lidosiedlung "Fontane Bianche": Eine weite, von Felsen eingerahmte Sandbucht, der Hauptstrand von Siracusa. An Wochenenden und im August pulsierendes Leben und Motorengedröhn, sonst eher ausgestorben. Keine besonders guten Verbindungen mit Bahn und Bus.

Hotel—Camping Fontane Bianche, Hotel (II cat.), t. o931/79o356, moderne Bungalowanlage, der Camping nur Mai—Okt., gut ausgestattet. Tennisplatz und Swimmingpool. Gratiszugang zum Lido. Windsurfen, Tauchen (mit Luftflaschenservice), Wasserski. Der Campingplatz gemessen am Gebotenen preiswert — vielleicht, weil 5oo m von Meer entfernt. Hotel DZ ca. 6o DM. (Bungalow).

STADT:

Grand Hotel—Villa Politi (II cat.), an der Latomia Cappuccini an der nördlichen Stadteinfahrt gelegen, aber abseits vom Durchgangsverkehr. In einem Park mit Tennisplatz und Swimmingpool. Zimmer mit TV (braucht man abends, denn die eigentliche Stadt ist entfernt! t. o931/32l0o, DZ 75 DM

Panorama (II cat.), Via Necropoli Grotticelle, hinter der großen archäologischen Zone, komfortable moderne Ausstattung. t. o931/32122, DZ 5o DM.

Aretusa (III cat.) Via F. Crispi 75, dicht am Bahnhof, t. o931/65o2o, DZ 35 DM.

Centrale (IV cat.), Corso Umberto 141, t. o931/6o528, DZ 23 DM.

Gran Greteagna (IV cat.) Via Savoia 21, t. o931/68765, DZ 21 DM.

Milano (IV cat.), Corso Umberto 10, t. o931/66981, DZ 21 DM

Drei Einfachhotels zwischen Bahnhof und Altstadt, die aber oft total belegt sind.

Die im Prospekt der Region Sicilia verzeichnete Jugendherberge gibt's nimmer!

Hotels in Siracusa

Siracusa

- ① TEMPIO DI APOLLO
- ② DUOMO
- ③ MUSEO ARCHEOLOGICO
- ④ FONTE ARETUSA
- ⑤ CASTELLO MANIACE
- ⑥ MUSEO NAZIONALE (PALAZZO BELLOMO)
- ⑦ STAZ. MARITTIMA
- ⑧ POST
- ⑨ INFORMATION

0 100 200 300 m

DIE ALTSTADT

Die Insel Ortygia ist nur durch einen schmalen Kanal vom Festland, heutige Neustadt) getrennt. Sie ist der älteste besiedelte Teil der Stadt, wurde nie aufgegeben wie im Mittelalter das festländische Siracusa. Die Felsinsel ließ sich gut verteidigen, bot auf beiden Seiten zwei gute, geschützte Häfen — und besaß eine starke Süßwasserquelle.

Die Altstadt heute ist ein Gewirr von Gassen, sich aus den wenigen Hauptstraßen erweiternden Plätzen (auf ihnen die für Siracusa typischen hohen
Palmen). Geschwungene Barockfassaden von Kirchen und Palästen,
schwere Portalbögen — auch in den nicht repräsentativen Teilen der Altstadt sauberer, viel weniger verkommen als andere sizilianische Großstädte — und noch fast völlig verschont vom Angriff der Bauspekulation.
Lohnend einmal um die Insel herumzugehen — am wirkungsvollsten wenn
die Wellen gegen das flache Felsufer klatschen!

(1) Gleich am Eingang der **Tempio di Apollo**, großflächiges Ausgrabungsgelände mit einigen Säulenstümpfen.

(2) **Duomo**:   Bewegte Barockfassade, die sich gut in die Gesamtarchitektur
des Platzes einpaßt. Das Innere einmalig — man ist in einem griechisch-
en Säulentempel (fast völlig in seinen Strukturen erhalten), der zur Kirche umgebaut ist. Interessante Barockfiguren und schöne Schmiedeeisen-
tore, die sich sehr harmonisch in die antiken Baumassen einfügen.

(3) **Museo Archeologico**   (Piazza Duomo). Großes Antikenmuseum, das gleichzeitig einen guten Überblick über die sizilianische Vorgeschichte und die
Kultur der nicht—griechischen Völker gibt.

(4) **Fonte Aretusa**:   In einem Becken direkt am Meer — eine starke Süßwasserquelle, heute allerdings durch Veränderungen des Meeresgrundes leicht
salzig! In der Vergangenheit Rückgrat des Wasserversorgung. Am Rand
einige Papyrus—Stauden.

(5) **Castello Maniace**:   Mittelalterliches Castell auf der äußersten Spitze der
Insel — heute Militärgelände.

(6) **Museo Nazionale**   (Palazzo Bellomo): schöner mittelalterlicher Palast-
bau. Gemäldegallerie, besonders mit Bildern sizilianischer mittelalterlicher Meister. Die Prachtstücke: Madonna mit Kind von Francesco
Laurana (Renaissanceskulptur) und das Verkündigungsbild von Antonello da Messina — ausdrucksvolle, sehr sizilianische Gesichter. Weitere
Werke in Palermo, Messina, Cefalù, Reggio Cal.

FESTLAND:
Die sehr weitläufigen Reste des griechischen Syrakus und seiner Festungen.
Ohne Auto wird man sich auf den wichtigsten Bereich um das Griechische Theater und die Latomia del Paradiso beschränken, mit Auto sind
auch abgelegenere Ziele wie Epipoli, die anderen Latomien und die Ciane—Quelle möglich. (Als "Bildungsprogramm" möglichst nicht in einen
Tag pressen — großartige Architekturreste wie in Agrigento oder Pompei sind es nicht, dafür eine eigenartige Welt des Steins!).
Für die langen Mittagsstunden einen schattigen Platz suchen — es gibt
davon reichlich, und einfach etwas vor sich hinträumen, ausspannen,
was um die Zeit durch die Steine stolpert und in Sonne und gleißendem
Stein leidet, sind Zeitgenossen, die pflichtgemäß unter Syrakus als Bil-
dungserlebnis leiden!

① Teatro Greco (das griechische Theater) — in seiner heutigen Gestalt stammt es von 238 v. Chr. — dem Jahr als die selbständige Geschichte Großgriechenlands zu Ende ging, es zur römischen Provinz wurde. Die Stufen wurden in den gewachsenen Stein gegraben, mit ca. 14o m Durchmesser eines der größten Theater der Antike.

② Agora und Altare di Ierone. Der Altar in der Größe der Machtposition der Stadt (und dem dafür nötigen Segen der Götter) angepaßt: Fast 2oo m lang, antike Autoren sprechen von einem alljährlichen Opfer von 45o Stieren (auf einmal!).

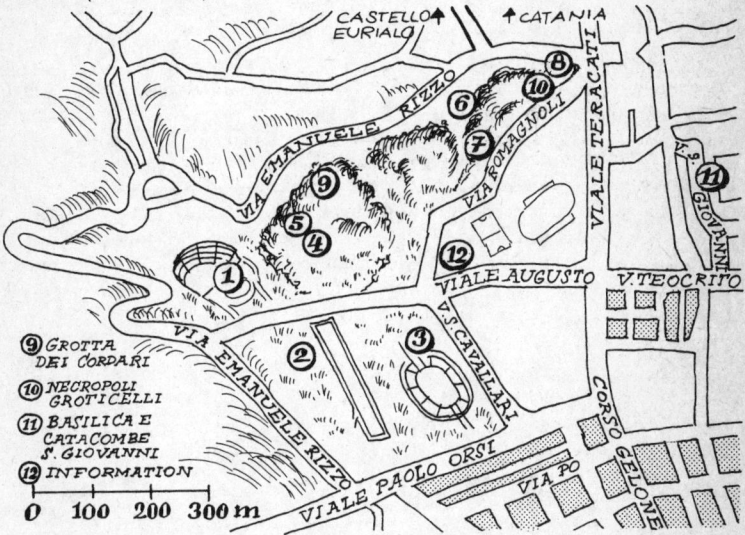

⑨ GROTTA DEI CORDARI
⑩ NECROPOLI GROTICELLI
⑪ BASILICA E CATACOMBE S. GIOVANNI
⑫ INFORMATION

0   100   200   300 m

③ Das Anfiteatro (Amphitheater) erst aus spätrömischer Zeit — diente wie alle diese Anlagen vorwiegend Gladiatorenkämpfen.
Latomie (Steinbrüche) — der weiche Kalktuff läßt sich mit einem spatenähnlichen Werkzeug abstechen, an der Luft härtet er dann aus. Solche Steinbruchgruben gibt es in vielen Teilen Süditaliens (Apulien, Matera) und Siziliens (Südosten, Westen), moderne Anlagen kann man fast überall sehen. Hier in Siracusa sind sie ein Dokument antiker Sklavenarbeit — unter anderem schufteten sich hier die Tausenden Überlebenden des athenischen Expeditionsheers nach der Niederlage von 423 zu Tode (eine der ersten bekannten Totalniederlagen eines Riesenheers, wo kaum jemand die Gefangenschaft überlebte) — Begleitlektüre: Thukydides, Peloponnesischer Krieg—. Heute sind die Riesengruben kleine Paradiesgärten in einer sonst fast vegetationslosen Steinlandschaft.
Stellenweise wurde der Stein in unterirdischen Gängen abgebaut.

④ In der **Latomia del Paradiso** (der größten Latomia), das
⑤ Orecchio di Dionisto, das Ohr des Dionys, ein Gang von 65 m Länge,

5–11 m breit und 23 m hoch mit einer einzigartigen, wenn auch sicher völlig ungewollten Akustik. Kleinste Geräusche werden zu starken Geräuschen verstärkt — Zerreißen von Papier wird zu explosionsartigem Lärm. Der Überlieferung nach soll der Tyrann Dionysos so die Sklaven bespitzelt haben.

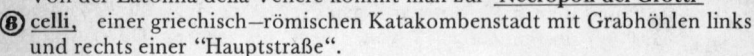 Weitere Latomien: **Latomia Intagliatella** und **Latomia della Venere.** ⑦ Von der Latomia della Venere kommt man zur **Necropoli dei Grotti-** ⑧ **celli,** einer griechisch–römischen Katakombenstadt mit Grabhöhlen links und rechts einer "Hauptstraße".

EPIPOLI:

Eine weitere Hochfläche nördlich von Siracusa:
an den Rändern Mauerreste der Festungsanlagen, besonders gut erhalten die Festung **Castello Eurialo,** ca. 7 km von Siracusa.

FONTE CIANE:

Seit jeher eines der Hauptziele von Sizilienreisenden — eine starke Karstquelle, aus der hier ein mit Booten befahrbarer Fluß entspringt. An den Ufern— einmalig in Italien —Papyrusstauden, deren Bestand aber immer mehr von den touristischen Motorbootfahrten auf dem Ciane—Fluß zerstört wird.

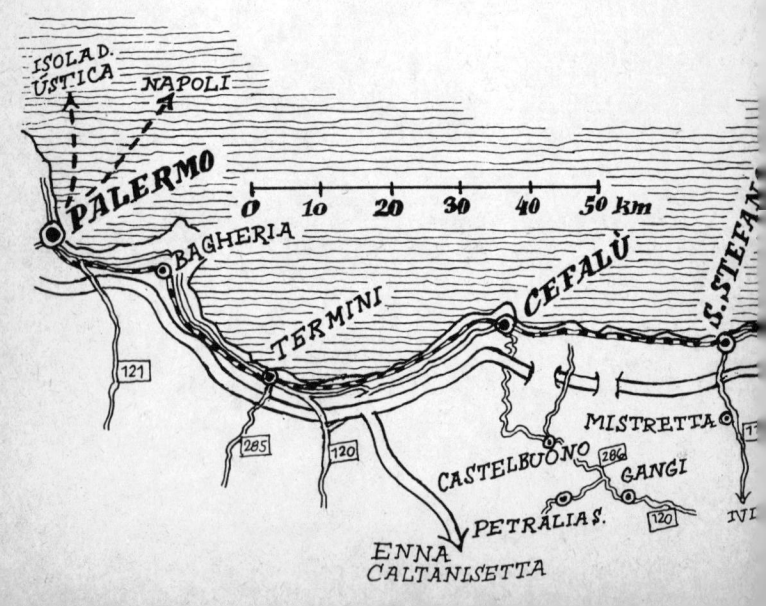

Nordküste
bis Palermo

Fast am gesamten Küstenverlauf die Eisenbahn dicht am Strand, verschwindet oft in Tunnels. Zwischen Messina und Milazzo ein fast ununterbrochener Ort. Als Strände nicht attraktiv, um Milazzo das Meer biologisch tot.

Weiter westlich überwiegend gute Wasserqualität. Längere Sandbuchten, in denen die Orte liegen. Dazwischen Felspartien, die vielfach nur vom Meer zugänglich sind. Das Meer oft sehr bewegt. Nicht selten müssen Bahnreisende zwischen Milazzo und Termini Imerese die Fenster schliessen, weil sonst Gischt reinspritzt.

Wenige CAMPINGPLÄTZE. In CEFALU:"Club Mediterranee". Recht wenige Hotels und Pensionen. Dafür mit Ferienhäusern kräftig zugekleistert.

Die ORTE sind harsch. Allein die reiche Vegetation der Gärten versöhnt

★ **TINDARI:**   (7o Einwohner)

Die berühmten überreichlich fotografierten Sandbänke sind nur auf dem Wasserweg (also auch schwimmend) zugänglich. Oben auf dem Felsen ein antikes Heiligtum (ausgegraben)
und ein Marienkloster, Ziel zahlrei-

cher Wallfahrten, 8. Sept., Pilger aus der gesamten Provinz Messina und aus dem südlichen Calabrien. Scavi: Theater, Basilica. Sicht übers Meer auf die Eolischen Inseln. Hotel: Tyndaris (III. cat.) DZ 31 DM.

★ CAPO D' ORLANDO: (9.5oo E.)

(37 km Richtung Palermo):

 Ristorante LA TARTARUGA (Lido di S. Gregorio), mit Garten. Über dem Meer, ist die Luft klar, sieht man die Eolischen Inseln. Eines der besten Fischrestaurants Siziliens, von der Familie des Besitzers geführt. DM 26. Die Gelati Spitze (die kann man auch so auf die Faust mitnehmen). Hotel angeschlossen: DZ 45-55 DM. t. o941/91657. Ristorante BONTEMPO, Naso: frazione Fiumara, 1o km landeinwärts (oft durch Hochzeiten blockiert). Nino und Filomena sind Meister in Huhn, Schwein und Karnickel und Nudelaufläufen. Eis und andere Dolci, DM 3o,

Strände um Capo Orlando, am schönsten zwischen Capo Calava' (Gioiosa Marea) und Capo d' Orlando, Sandbuchten und Klippen lösen ab, die Eisenbahn ist nicht immer präsent, hinter dem Strand in den Buchten reiches Gartenland.

Feriendorf (kleiner, weniger hochgestochen und Ghetto als die meisten Dörfer): Villaggio Capo Calava', großes Sportangebot. t. o941/31188.

CAMPING am CAPO CALAVA': GIOIOSA. Umfangreiches Sportangebot. Tauchen. Basis für Druckluftflaschen. TIRRENO: einfacher Platz.

Westlich von Capo d' Orlando weite Strände, immer die Eisenbahn im Rücken. In S. Stefano di Camastra Keramikproduktion.

POLLINA: Villaggio Turistico VALTUR: Perfektes, sehr schön gelegenes Ghetto, alles an Sport– und Freizeitmöglichkeiten.

Cefalu   (12.ooo E.)

Malerisch auf Felsvorsprung gelegene Kleinstadt mit Ambiente, am Strand Fischerviertel. Die Stadt überragt von der riesenhohen Cattedrale.

Tourist INFO A.A., Corso Ruggero 114, t. o921/21o5o.

Einer der wenigen Orte der Nordküste, wo der große Tourismus angekommen ist.

Feriendorf des Club Mediterranee. Über 2o Hotels und Pensionen, 3 Campeggi.

CATTEDRALE: Eines der großartigen Zeugnisse arabisch beeinflußter Normannenbaukunst. Im Inneren in der Absis Mosaiken auf Goldgrund (Christus, Maria, Engel, Apostel) von 1148. Seitlich schöner, verspielter Kreuzgang.

MUSEO MANDRALISCA: Lokale Bilder und Antikensammlung, von Wert ein Portraitbild von Antonello da Messina.

Oberhalb der Stadt: Wallfahrtskirche SANTUARIO DI GIBIL–MANNA, 15 km landeinwärts in 800 m Höhe, von Wäldern umgeben, Ziel für Wallfahrer aus vielen Teilen Siziliens, besonders aus den Bergdörfern der Madonie. Fest am 8. September.

MADONIE: vom Etna abgesehen, Siziliens höchstes Bergland, das bergige Hinterland von Cefalù. Eine der wenigen Ecken, wo es noch Wälder gibt. Aber auch sie sind von Schafen und Ziegen stark gelichtet worden. Nach Süden ins Innere völlig kahl, Weizenfelder und noch mehr Weideland.

PIANO DI ZUCCHI und PIANO BATTAGLIA, gut per Auto erreichbar, Ausgangspunkt für die höchsten Teile der Madonie. Unterkunft in bewirtschafteten Berghütten. Rifugio Luigi Orestano (Piano Zucchi) und Rifugio Giulio Marini (Piano Battaglia).
Rifugio Ostello della Gioventù (Piano Battaglia), Rifugio Monte Cervi (unterhalb des Monte Cervi), Rifugio Francesco Crispi (Piano Sempria).

Hotels in Gangi, Petralia Sottana, Castelbuono.

Viele Möglichkeiten zum Wandern, die Bergspitzen sind ohne alpinistische Tricks zu begehen. Höhenlage 1000 – 1979 m

Karten: IGM 1: 50 000 Nr. 610 Castelbuono und 622 Gangi.

Interessante Dörfer: Gangi, Petralia Soprana, Petralia Sottana (dort im September interessantes Fest "Ballo della Cordella"), handgewebte Teppiche, Polizzi Generosa, hier kann man sehr gut essen:

Ristorante DA CICCIO, eine alte frühere Osteria, Schlupfwinkel palermitanischer Buongustai, gerade 30 Plätze, außerhalb der Saison und an Wochentagen (Dienstags nie) aber Platz zu finden. Rosa steht in der Küche und Rosa ist zu allererst sizilianische Hausfrau.

Überraschen lassen, was sie hat. Alles stammt aus den Bergen und Wäldern, ist absolut genuin. Und sie hat einen eigenen Gebirgswein, rosafarben und leicht. Sie kocht wie eine Mutter, nur teurer. Ab 40 DM.

Wer weniger ausgeben will: in den Dörfern gibt es Brot, das einen Wert und Mythos dieses Grundnahrungsmittels verstehen läßt. Wer Lust hat und sich auskennt und in der richtigen Jahreszeit kommt: Es gibt reichlich Walderdbeeren und Pilze, und auch eine ganze Menge frisches Quellwasser.

Wers wie die Hirten machen will, ißt die "scacciata" — noch heißes Brot (rund) wird aufgeschnitten, so daß man eine Schüssel mit Deckel hat und dahinein kommen Olivenöl, geriebener Schafskäse, Sardellen oder Sardinen und kräftig Pfeffer, frische Kräuter nach gusto.

Palermo

645.ooo Einw.

Hauptstadt Siziliens und der Mafia.

Von der Pracht und dem Glanz des mittelalterlichen und barocken Palermo sind nur noch die Museumsstücke geblieben, der Rest der Altstadt ist Ruine oder Elendsquartier. Die Fassaden der Gründerzeit entlang der Hauptstraßen sind düstere Fremdkörper vor den Hinterhöfen der EWG.

Umgeben ist die weitgehend entvölkerte Altstadt von monströsen und schon nach wenigen Jahren heruntergekommenen Betonmonstren, denen man die Riesengewinne genauso ansieht wie die Rieseneinsparungen bei den Baumaterialien.

Palermo ist mehr als jede andere Stadt Italiens der Ort der brutalen und offenen Gegensätze, des verzweifelten täglichen Überlebens, und eines unwahrscheinlichen, zur Schau gestellten Lebensstandards.

Die Landschaftsszenerie um Palermo ist großartig, am meisten vom Meer aus oder die Küste entlangfahrend von Osten.

In einer weiten Fruchtebene, der Conca d' Oro, mit Orangen— und Zitronenbäumen, Palmen und Tropengewächsen gelegen, umgeben von wilden, völlig kahlen Kalkbergen, die Küste sich zu Kaps und ins Meer ragenden Gebirgszügen staffelnd, eine Szenerie, die begeistert, solange man nicht die konkreten Details täglichen Lebens aus nächster Nähe sieht:

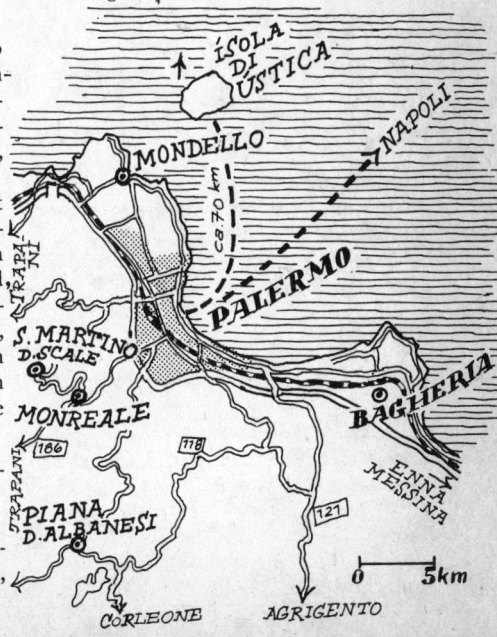

Je näher man auf Palermo zufährt, desto mehr verkommen die Plantagen zu verwildertem Bauerwartungsland, voll mit Schutt, Müll, Autowracks. Verelendete Bauernhäuser, die längst Massenquartiere für Zuwanderer aus den Agrargebieten Innersiziliens geworden sind, deren Hoffnungen auf Palermo sich nicht erfüllt haben, Barackensiedlungen, Ratten an der Ufern der Flüsse, in denen eine schwarze Brühe steht.

 EPT: Piazza Castelnuovo 35, t. o91/ 586122. zusätzlich Informationsbüros in der Staz.Centrale FS,

am Hafen und am Aeroporto Punta Raisi.

A.A.: (für sehr individuelle und detaillierte Informationen besser, guter Stadtplan): Albergo Villa Igiea, Via Salita Belmonte 1, t. o91/54o141.

𝕍𝕖𝕣𝕓𝕚𝕟𝕕𝕦𝕟𝕘𝕖𝕟

A18/A2o nach Catania und Messina. Mit A29 nach Trapani durch Umgehungsstraße verbunden.

Stazione Centrale am Rand der Altstadt, zusätzlich (nur Züge nach Trapani) Stazione PA—Notarbartolo, günstig für die Neustadt. Von PA—Centrale Züge nach Messina, Catania, Agrigento, nach Nord— und Mittelitalien. Tip für die Rückfahrt: Frühzeitig da sein, Züge werden eine Stunde vorher bereit gestellt, der Kampf um die Plätze kann beginnen.

Tägliche Verbindungen mit Napoli, nicht täglich nach Genova, Livorno, Cagliari, Tunis. Sizilianischer Nahverkehr: Ustica, Lipari (nur Sommer).

Schiffsagenturen:
Tirrenia, Via Roma 385, t. o91/585733; Sicilferry (Grandi Traghetti), Via M. Stabile 179, t. o91/587832 u. 587939.; SIREMAR, Via Francesco Crispi 12o, t. o91/5824o3; SNAV, Agenzia Barbaro, t. o91/586533, Via Principe Belmonte 51/55.

Aeroporto Punta Raisi (31 km westlich): Direktflüge nach Roma, Milano, Napoli, Torino, Cagliari, Trapani, Pantelleria und Lampedusa.

Buchung und Bus—Terminal: Alitalia/ATI: Via Mazzini 59, t. o91/58 4533.

Nach Meinung der internationalen Zivilpilotenvereinigung gilt Punta Raisi als einer der gefährlichsten Flughäfen Europas. Unmittelbar hinter der Landsbahn türmt sich der 91o m hohe Monte Pecoraro auf. Das Gelände gehörte zuvor einem Paten, und so hat sich die Ehrenwerte Gesellschaft eingeschaltet.

Autostazione an der Staz. FS Centrale. Regionalbusse in fast alle Orte der Provinzen Palermo, Agrigento und Trapani. Schnellbusse nach Catania, Agrigento und Trapani.

Vom Fleck kommen in Palermo:

PALERMO—STADT: AVIS: Via Principe Scordina 12/14, t. o91/58694o u. 3338o6 (Neustadt/Hafennähe). Europcar: Via F. Guardione 7o/C, t. o91/321949 (Neustadt/ Hafen). Hertz: Via Messina 7/E, t. o91/331668 u. 323439 (Neustadt/ Via Libertà . Interrent: Via Cavour 61, t. o91/328631. Maggiore: Via Agrigento 27/33, t. o91/297128 u. 291297.

PA – AEROPORTO PUNTA RAISI: AVIS, t. o91/281135; Europcar: t. o91/237526; Hertz: t. o91/284222; Interrent , t. o91/231518; Maggiore, t. o91/28o413.

Stadtbusse: Nützlich, um das eigene Auto zu ersetzen, das ohnehin im Stau stecken bleibt und für das man nur Parkverbote findet. Sammelfahrschein vorteilhaft. Die meisten Linien im Innenstadtbereich fahren die Via Roma und die Via Vitt. Emanuele. Linien nach Monreale starten an der Piazza XIII Vittime, dann Via Cavour–Porta Nuova.

TAXIS: Nur solche mit Uhr nehmen. Wohlfeil. Was arg auf die Börse hauen kann, ist die Benutzung einer Carrozella, ein Taxi mit Pferd davor: Entweder haben die bei nicht sprachmächtigen Ausländern Spezialtarife, oder eine Stunde Palermo per Gaul kostet wirklich L. 2o ooo (DM 4o).

Unterkunft:

Hotels und Locande so reichlich, daß es kaum Probleme gibt. Überwiegend konzentriert um den Bahnhof, Via Roma und die Neustadtviertel zwischen Via Cavour und Via Amari.

CAMPING Nur zwei Plätze in Sferracavallo: Club dell' Ulivo und Trinacria (11 km nach Westen).
Freicampieren: So sehr sich die Grünanlagen der Villa Favorita dazu eignen könnten, ideal ist es dort nicht: Straßenstrich, Spanner und Carabinieri.

HOTELS in Palermo:

Lieber eine Kategorie höher als sonst. Wer dennoch in die IV cat. geht oder den Mut aufbringt, sich in einer Locanda zu betten, rechne in der Altstadt und um den Bahnhof mit finsteren Absteigen. Die billigen Hotels und Pensionen in der Neustadt sind meist wesentlich erfreulicher.

Einige Straßen sind regelrecht von Hotels gesäumt.
ALTSTADT: die beiden Hauptstraßen Via Roma und Via Maqueda.
NEUSTADT: Via Mariano Stabile, Via E. Amari, Via Principe Belmonte und auch viele der kleineren Querstraßen in der Nähe.

Villa Igiea (Luxus). Selbst wenn man nicht drin wohnt, man sollte es wenigstens besichtigen. Ein wunderschönes Jugendstilhotel, erbaut von Ernesto Basile, dem Meister palermitaner Jugendstils. Besichtigung vorher mit der Direzione telefonisch absprechen. Speisesaal, Salone und Glasmalerei.
DZ 165–2oo DM, t. o91/543744. An modernem hat es Tennisplatz und Schwimmbecken. Unterhalb des Monte Pellegrino gelegen (Via Belmonte).

STADTRAND: **Motel Agip,** Umgehungsstraße, t. o91/552o33, DZ 65 DM.

ALTSTADT UND BAHNHOFSVIERTEL: **Sausele (III cat.)** Via Vincenzo Errante 12, t. o91/237524, DZ 48 DM, direkt an Stazione Centrale; **Terminus**

Hotels in Palermo

Hotels in Palermo

(III cat.) , Piazza Giulio Cesare 37, t. o91/235821, DZ 48 DM, am Bahnhofsvorplatz. **Villa Archirafi (III cat.)** Via Archirafi 10, t. o91/285827, DZ 45 DM. Villa in Park am Botanischen Garten. **Olimpia (III cat.),** Piazza Cassa Risparmio 18., t. o91/23o276, DZ 30 DM. etwas vergammelt. Mitten im Zentrum, ruhig. **Del Sole (II cat.)**Corso Vittorio Emanuele 291, t. o91/581811, traditionelle Absteige der Mafia—Bosse. DZ 72 DM.

NEUSTADT: **Europa (II cat.)**Via Agrigento 3, t. o91/266673, DZ 75 DM **Mediterraneo (II cat.)** Via Cerda 44, t. o91/581133, DZ 75 DM. **Metropol (II cat.),**Via Turrisi Colonna 4, t. o91/588608, DZ 60 DM. **Ponte (II cat.),** Via Francesco Crispi 99, t. o91/583744, DZ 72 DM. **Touring (II cat.)** ,Via M. Stabile 136, t. o91/584444, DZ 56 DM.

Hotels der IV cat. in der Neustadt DZ 2o—28 DM, ebenso Pensionen.

Buchtip:

Danilo Dolci, Umfrage in Palermo, nur noch in Bibliotheken, Befragungen zur Lebensituation in der Altstadt Palermos um 195o — viel hat sich nicht geändert.
Goethe, Italienische Reise — das Tagebuch über Palermo zählt zum lebendigsten dieses Buches — Widerspruch zwischen der damals modernen Barockpracht und der auch schon vor 2oo Jahren vorhandenen Unfähigkeit der Palermitaner, mit ihrem Schmutz fertig zu werden.

Aktuelle Informationen, über das was los ist:

Plakate — das sicherste Medium. Zeitungen: Giornale di Sicilia, L' Ora (erst ab 16 Uhr im Verkauf).
Telefon: SIP, gegenüber der Staz. Centrale.
Post: Via Roma, neben dem Museo Archeologico.
Cambio: Überwiegend Via Roma. Wenn die Banken geschlossen haben auch beim EPT in der Staz. Centrale.

BAU-UND STADT-GESCHICHTE

Die 25o Jahre arabischer Herrschaft, die Anwesenheit einer starken islamischen Minderheit auch nach der christlichen Wiedereroberung Siziliens und deren kulturelle und religiöse Identität noch über Jahrzehnte prägen das Sizilien, speziell Palermo der normannisch—staufischen Periode (bis 1255).

Am Hof und den Akademien Palermos forschten und lehrten Wissenschaftler aus dem Orient und Nordafrika, die ihren christlichen Kollegen wissenschaftlich weit voraus waren und Europäer, die es mit dem Dogma nicht allzu genau nahmen. Handwerker und Baumeister hatten Techniken und Ornamentik aus 1ooo und einer Nacht in Sizilien heimisch gemacht, woraus sich zusammen mit den Traditionen der Antike und und der Byzantiner eine eigene sizilianische Tradition entwickelte:

großflächige Mosaiken auf Goldgrund, Steinintarsien, eine zu extremer Raffinesse getriebene Ornamentik und eine anderswo seit der Antike nicht mehr gekannte Kunst, Menschen und Natur sogar in religiösem Bereich lebendig und nahbar darzustellen. Ein typisches Element arabischer Bautradition sind die Stalaktitendecken in Kirchen und Palästen: Holzdecken mit viel Gold und Farbe, die in ihrer Unregelmäßigkeit an Tropfsteinhöhlen erinnern.

Auch die meisten Baukörper kleinerer Kirchen und Villen mit den steilen roten Kuppeln haben orientalische Vorbilder, ebenso die Einbeziehung von Natur und Brunnen in Kreuzgänge und Innenhöfe — im heißen Sizilien kleine Paradiese in der Steinwüste der Städte.

Wo der Platz für echte Palmen fehlte, holte man sie als Mosaik in den Raum.

Während der spanischen Periode (1282−1516) bestanden mehr Verbindungen nach Spanien als nach Italien. Die formale Entwicklung ist steif, der heiligen Inquisition angemessen, die lebensbejahende Renaissance Mittel− und Norditaliens geht an Sizilien fast völlig vorbei, auch wenn einige Künstler (Antonello da Messina und Francesco Laurana) in Sizilien einige wenige Spitzenleistungen schaffen.

Die Werke bleiben in der erstarrten Gesellschaft von Hof und Hochadel mehr Auftragswerke und kirchliche Dekoration. Gleichzeitig wird Sizilien mit glatten Marienskulpturen überschwemmt. Besonders erfolgreich waren die Werkstätten der Gagini−Sippe (ursprünglich aus dem Tessin stammend), die in der Politur des Marmors Spitzenleistungen erzielt haben.

In der anschließenden Barockzeit gehört die Insel wenigen hundert Adelsfamilien, deren Repräsentation in Palermo stattfindet. Die anderen Städte Siziliens, soweit sie nicht wie Messina und Catania wichtige Metropolen des Mittelmeerhandels sind, verkommen zu drittrangigen Landstädten. Auf dem flachen Land herrschen Bedingungen wie unter der völligen Leibeigenheit.

Die Bautätigkeit von Adel und den Mönchsorden ist fieberhaft. Sie können sich es leisten, sie sind nicht steuerpflichtig, fast alles Land gehört ihnen, Rebellionen in den Tagesreisen auseinander liegenden Dörfern werden Dorf für Dorf niedergeschlagen. Was aus den Landgebieten herausgepresst wird, wandert in die weltliche und geistliche Repräsentation, sizilianische Spezialitäten entwickeln sich zur Perfektion: Zuckerbäckerei in den Nonnenklöstern, wo die eingesperrten höheren Töchter ihre Frustration in Zucker− und Mandelteig abreagieren. Die zum Mönchsleben verpflichteten Söhne der Adelsfamilien stolpern entweder die Stufenleiter der kirchlichen Hierarchie rauf oder betätigen sich wissenschaftlich zwischen Okkultismus, Astrologie und der Lebensbeschreibung besonders ausgefallener süditalienischer Heiliger. Die Raumdekoration kirchlicher Bauten greift auf edelste Materalien wie Marmor, Porphyr (fein poliert) zurück, verwendet auch großflächig Tigerauge und Lapislazuli, oder imitiert alles gekonnt in Gips.

Auch in dieser Blüteperiode Siziliens stießen ausländischen Reisenden andere Spezialitäten kräftig auf: Der unbeschreibliche Schmutz auf den Straßen, der eigentlich nur dazu diente, das Pflaster vor den Abnutzungen zu bewahren, Straßenraub, Erpressung und Entführung.

Der sächsische Wandersmann Seume entging 18o3 bei Licata im Süden Siziliens nur dadurch dem Straßenraub, daß er so heruntergekommen aussah, daß ihn die Signori Briganti erst einmal zu einem kräftigen Imbiß mit einem guten Schluck Wein einluden.

Palermo entdecken:

Die drei großen Hauptstraßen der Altstadt nur begehen, wenn man sich anders nicht zurechtfindet, oder wenn man eilig größere Distanzen in der Altstadt zurücklegen möchte. Sie sind langweilige Allerweltsstraßen.

Am besten zerlegt man sich in der Pedanterie früherer deutscher Schulmeister die Altstadt in vier Viertel und taucht in deren Gassengewirr ein, ohne ständig auf den Stadtplan zu schielen, und hat die Augen offen für Kleinhandwerk, Fassaden, Lotterieannahmestellen, die meist voll sind, finstere Durchgänge, die von den Lebensbedingungen gezeichneten Gesichter.

Die vier Viertel werden durch die beiden traditionellen Hauptstraßen Altpalermos zertrennt: den Cassaro (Via Vittorio Emanuele) und recht-

winklig kreuzend an den Quattro Canti (zentraler Punkt der Stadt) die
Via Maqueda.
Die architektonischen und künstlerischen Zeugnisse aus den Glanzperio-
den Palermos finden sich oft zwischen Ruinen, vielfach sind sie selbst
nur noch ein schwacher Abglanz ihres früheren Reichtums.

DIE ALTSTADT:

Erschreckendes Beispiel für Stadtzerstörung. Ganze Straßenzüge sind nach den Bom-
bardements von 1943 nie wieder aufgebaut worden, manches provisorisch wieder
bewohnbar gemacht worden. Im Gassengewirr Plätze in der Größe von Fußballfeldern
voller Staub und Müll, in den noch brauchbaren Gemäuern des palermitaner Barocks
unvorstellbare Wohnlöcher. Verglichen mit anderen süditalienischen Städten wenig
Straßenleben, zerlumpte und ungesund aussehende Kinder ausgenommen.

Nur auf dem Vucciria—Markt bekommt man noch eine Ahnung von der
früheren Lebensfülle Alt—Palermos.

NORD—OST—VIERTEL der Altstadt, begrenzt durch Stazione Centrale,
Via Lincoln, eine Uferpromenade, die sich bei näherem Hinsehen als stau-
bige Mole herausstellt, den Cassaro und die Via Maqueda. Quartiere di
Kalsa (Kalsa—Viertel): Seit über einem Jahrhundert das Elendviertel der
Altstadt. Im Mittelalter und noch zur Zeit Goethes hatten hier die großen
Adelsfamilien zwischen den Handwerkerstraßen ihre Paläste, deren Fas-
saden wie museale Fremdkörper in diesem von Bomben und Spekula-
tion am stärksten zerstörten Viertel wirken.

① Hauptplatz des Viertels: PIAZZA DELLA KALSA — zerbröckelnde Fassaden, Barockkirchen, die wegen Baufälligkeit nicht besichtigt werden
können, deren von Kunsthistorikern viel gerühmte und beschriebene
Substanz verloren geht — viel Müll.

② PALAZZO ABATIELLIS: Sitz der Galleria Nazionale di Sicilia — Siziliens wichtigstes Museum für Malerei und Skulptur — ausstellungstech-
nisch ein Genuß, Beschränkung auf die Hauptwerke, die Raumstrukturen
des spätgotischen Palastes sind erhalten. In der Kapelle des Untergeschosses
das Fresko Triumph des Todes, ein düsteres Riesenbild eines unbekannten, wahrscheinlich aus Katalonien (Spanien) stammenden unbekannten
Malers mit aller Negavität, die dem Zeitalter der großen Pestepidemien
angemessen ist.

Unbedingt sehenswert die Büste der Eleonora d' Aragona von Francesco
Laurana, einem Renaissancebildhauer, der lange in Sizilien gearbeitet
hat: ein unvorstellbar fein gearbeiteter Kopf einer jungen Frau, voller
Ruhe und Gelöstheit.
Im Obergeschoß Bilder sizilianischer Maler des 13. — 18. Jahrhunderts,
beeindruckend die Verkündigung Antonello da Messinas, nur auf das
ausdrucksstarke Gesicht der Maria beschränkt.

③ PALAZZO CHIAROMONTE (Lo Steri): klare sparsame Formen des
normannischen Mittelalters. War lange Sitz der spanischen Vizekönige,
dann Gefängnis. Seit Jahren Restaurierungsarbeiten. Vor dem Palast der
Giardino Garibaldi, solide eingezäunt und verschlossen mit Gummibäumen

PALERMO CENTRO

① INFO, STAZ. CENTRALE
② PALAZZO ABATIELLIS
③ PALAZZO CHIAROMONTE
④ PZZA. CASA DI RISPARMIO
⑤ S. FRANCESCO D'ASSISI
⑥ CHIESA DELLA MAGIONE
⑦ PIAZZA PRETORIO
⑧ MARTORANA/S. CATALDO
⑨ S. CATARINA
⑩ MUSEO ARCHEOLOGICO
⑪ TEATRO MASSIMO
⑫ PALAZZO DEI NORMANNI

⑬ CATTEDRALE (DOM)
⑭ CHIESA DEL GESU
⑮ CHIESA DEL CARMINE
⑯ S GIUSEPPE DEI TEATINI
⑰ BOTANISCHER GARTEN
⑱ VILLA GIULIA
⑲ GALERIA ARTE + MODERNE
⑳ S. DOMENICO
Ⓐ PIAZZA DELLA KALSA
Ⓑ QUATTRO CANTI
Ⓒ VUCCIRIA
Ⓓ POSTA

und anderen Tropengewächsen, hoch wie ausgewachsene Eichen. Die Häuser rings um den Platz in verschieden weit vorangeschrittenem Verfall.

SEITENSTRAßEN DER VIA ROMA:
Unmittelbar hinter den Protzfassaden der Via Roma ohne jeden Übergang heruntergekommene Straßen und Trümmerflächen. Um die Piazza Cassa di Risparmio eine Reihe altmodischer Ladenmagazine (Stoffe, Seilereiwaren, Devotionalien, Kirchenbedarf) und kleine Werkstätten.

(6) CHIESA DELLA MAGIONE, formal eine der geschlossensten Kirchen der Normannenzeit. Innen und außen sparsamste Formen, nur die Proportionen gliedern die großen Flächen. Schlüssel in der Nähe.

(5) S. FRANCESCO D' ASSISI, formal an die Kirchen der mittelalterlichen Bettelorden in Mittelitalien und Napoli (S. Chiara) angelehnt — einfacher, großer Innenraum ohne viel Schmuck. In den Seitenkapellen die übliche spätere Prachtentfaltung.

(7) PIAZZA PRETORIO: das städtische Zentrum des alten Palermo. Der grosse runde Brunnen mit den recht steifen Nymphen füllt fast den ganzen Platz, denn ursprünglich war er für den Park einer toscanischen Villa vorgesehen, dessen Geräumigkeit ihm angemessener gewesen wäre. Jetzt wirkt er recht eingeklemmt, zu seiner Zeit war er ein günstiger Gelegenheitskauf.

(8) MARTORANA UND S. CATALDO: Zwei der Hauptschöpfungen des arabisch beeinflußten Baustils der Normannenzeit. Wer beide Kirchen von Fotografien kennt, wird zuerst durch ihre Kleinheit überrascht sein. Ihr Reiz liegt in der Harmonie der Formen, der orientalische Eindruck wird durch große Palmen verstärkt.

Die CAPPELLA DI S. CATALDO mit drei roten steilen Kuppeln in arabischer Tradition.
Die MARTORANA ist die Kirche der in Palermo lebenden Albanier, die der griechisch—katholischen Kirche angehören und deren 5oo Jahre alte Kolonie in Palermo und Piana degli Albanesi die Tradition der ethnischen und religiösen Minderheit bewahrt hat. Im Inneren prächtige Mosaiken des 12. Jahrhunderts, die allerdings teilweise barocker Ausmalung zum Opfer gefallen sind. Beides harmonisiert aber gut.

(9) S. CATERINA: Bunte, reich ausgestattete Barockkirche mit viel Stuck und Steinintarsien — ein typisches Beispiel für den verspielten, manierierten sehr bunten Kirchenstil der Gegenreformation, wo durch Prachtentfaltung wie in Schlössern die "einfachen Gemüter des Volkes" wieder an die "Triumphierende Kirche" herangeführt wurden. S. Caterina ist nur während des Gottesdienstes offen!

(B) Die "QUATTRO CANTI" (die vier Ecken): Schnittpunkt von Cassaro und Via Maqueda. Das geografische Zentrum der Stadt. Kleiner Rundplatz, die Barockfassaden an den vier Seiten machen die Rundung des Platzes mit. Total verrußt. Eine der Stellen, wo Palermos Autoverkehr mit Regelmäßigkeit zum totalen Stillstand kommt.

NORD–WEST–VIERTEL: begrenzt durch den Hafen, die Via Cavour, an der das neue Palermo der Gründerzeit beginnt, die Via Maqueda und den Cassaro. Um den mittelalterlichen kleinen Hafen La Cala gruppiert, das Viertel der Hafenarbeiter, Kleinhandwerker, Straßenhändler, entlang der Via Roma Warenhäuser, Post und Verwaltungspaläste.

LA VUCCIRIA, in einer Seitengasse des Cassaro, zwischen Via Roma und Hafen, ragt in die abzweigenden Gassen hinein. Markterlebnis voller Farbenpracht und Gerüche — guter und schlechter, Gedränge, Geschiebe, Geschrei — nur um die Stände, wo es was zum Essen gibt, etwas ruhigeres Verweilen. So schön der Markt aussieht, vor dem Kaufen - - besonders abends, im Halbdämmer, wenn am meisten los ist —– zweimal hinsehen. Beim Gemüse nicht, das ist so billig und reichlich, daß kein Gammelkram verkauft wird. Bei Käse, Fleisch und Fisch ist das nicht unbedingt so. Die frische Ware landet erst einmal in den Läden und Märkten des "besseren" Palermo, was dort keinen Käufer gefunden hat, kommt auf die Vucciria.

An den Fischständen trifft, wer Tag für Tag über den Markt geht, manchen alten Bekannten, der langsam immer mehr Gräten zeigt (speziell bei Tonno und Pesce Spada) und einen aus immer milchiger werdenden Augen ansieht.

An den Fleischständen stapeln sich die Kalbsfüße, Innereien, hängen Hühner, Lämmer und Kaninchen in Reihe, sie ebenso wie die Berge von Stockfisch mit kleinen Hecken von Myrthenästen appetitlich eingerahmt und mit Wasserspritzern immer wieder optisch aufgefrischt.

Viele der Stände münden in tiefe Ladengewölbe, wo es ruhiger zugeht, da man aber hier sehr die persönliche Kommunikation pflegt, beim Kaufen keine Unruhe an den Tag legen — es geht auch dann nicht schneller!

Die Garküchen sind eine Wonne: aus den einfachsten Dingen wie Hefeteig, Reis, Kichererbsenmehl, Sardellen, Gemüsestückchen entstehen im rauchenden Fett Leckerbissen, mit denen an Preis und Wohlgeschmack auch die Frigitorie Napolis nicht konkurrieren können (aber ruhig ein Auge auf die Zutaten werfen, denn gelegentlich werden verdorbene Zutaten verwendet). Das Ragout, das in großen Töpfen brodelt und in Panini gefüllt wird, besteht meist aus Lunge und Milz — vorurteilslos probieren!

Jenseits der Via Roma setzt sich der Straßenmarkt als Verkauf billiger Kleider, Schuhe und Hausgeräte fort.

An der Cala die Kirche S. MARIA DELLA CATENA, ein präziöser Bau der katalonischen Gotik.

S. DOMENICO, große Barockkirche mit einer bewegten Fassade, die Wirkung des Platzes ist durch den Durchbruch der Via Roma im letzten Jahrhundert beeinträchtigt. Hinter S. Domenico das ORATORIO DEL ROSARIO, Kapelle mit schönen Stuckaturen von Serpotta. Schlüssel im Haus Nr. 16. In der gleichen Gasse (Via Bambinai und Via Squarcialupo) Kirche S. MARIA DI VALVERDE mit reichen Marmorarbeiten und Steinintarsien.

Kirche S. CITA (S. Zita): Barocker Innenraum, bemerkenswerte Plasti-
ken. Daneben das ORATORIO DI S. CITA, eine der fantasievollsten
Schöpfungen des Stuckateurs Serpotta.

(10) MUSEO NAZIONALE, Piazza Olivella, Archäologisches Museum, hauptsächlich Funde aus den Griechenstädten Westsiziliens. Fundstücke der Phö-
nizierzeit, Dekorationsmaterialien griechischer Tempel, die Metopen
(Relief der Dachfriese) von Selinunte. Große etruskische Sammlung mit
Fundstücken aus der Gegend von Chiusi (an der Grenze zwischen Toscana
und Umbrien). Wie in allen großen archäologischen Museen Süditaliens
eine Fülle von Keramik, Kleinkunst, Glas und Statuen.

SÜD — WEST — VIERTEL der Altstadt, zwischen Via Volturno, hinter der
das reiche Palermo der Jahrhundertwende beginnt, Corso Alberto Amadeo,
dahinter Vorstadt, Cassaro und Via Maqueda. Als Viertel relativ langweilig,
recht viele Neubauten, aber auch noch große Trümmerflächen, am äußeren
Rand der Dom und der Palast des Erzbischofs — gegenüber der PALAZZO
(12) NORMANNO (——> Süd—Ost—Viertel) — dort die einzige Ecke Palermos,
wo Touristen massiert auftreten!

(11) Vor dem TEATRO MASSIMO, einem ziemlichen Klotz — dunkel und
neoklassizistisch — Lampen und Kiosk im Jugendstil. Kirche S. AGO-
STINO, schöne Fassade mit Rosette und Blumenornamenten, sonst ganz
einfach, im Inneren Serpotta- Stuck, vor den Pfeilern 14 große Heiligenfiguren von Serpotta, die 2. auf der rechten Seite hat zu ihren Füßen als
versteckte Signierung eine Eidechse (auf sizilianisch "sirpuzza").

(13) CATTEDRALE (Dom), an dem ursprünglich normannischen Riesenbau
haben sich alle Jahrhunderte versucht und verewigt. Von der alten Konstruktion ist nicht mehr viel zu erkennen, innen kalter muffiger Spätbarock
— enttäuschend, die formale Geschlossenheit von normannischer und katalonischer Gotik wird durch die Barockkuppel gestört, die Türme (die obere
Hälfte) sind Nachempfindungen des letzten Jahrhunderts, haben was von
aufgesetztem Zuckerwerk an sich.

Haupteingang vom Vorplatz durch einen breiten dreibogigen Vorbau mit
viel Rankenwerk aus der katalonischen Periode. In der Kirche die wuchti-
gen Porphyrsarkophage des Stauferkaisers Friedrich II und seiner Frau Con-
stanza und seines Vaters Heinrich VI als Dokument des Deutschen Reiches
in den Grenzen von 1255.

Der Dom ist die Kirche alter Damen mit Spitzenkopftüchern und altmodisch korrekt gekleideter Herren, denen man ansieht, daß Titel und
Besitz seit Jahrhunderten in der Familie sind. Und die Kirche des Erzbischofs von Palermo, Pappalardo, der nicht nur mit repräsentativen Messen, viel Pomp, großem Priesteraufgebot und seiner operreifen Singstimme
den gesellschaftlichen Rahmen für die anachronistische Welt der "Leo-
parden" gibt, der Kardinal greift in den Lebensalltag der Sizilianer ein,
bezieht Stellung für die Opfer der sizilianischen Gesellschaft, Opfer von

Verelendung, Ausweglosigkeit, Mafia. Der erste hohe kirchliche Würden-
träger, der das Wort "Mafia" ausspricht, es konkret gebraucht — während
gleichzeitig oberste Repräsentanten der herrschenden Politikerkaste von
Mafia in Sizilien nie gehört haben.

Nach den jüngsten Morden prominentester Mafiagegner, die bisher durch
Stellung und Popularität als unantastbar galten, hat der Kardinal die Exkommunikation bekannter Spitzenmafiosi durchgesetzt, von Leuten,
die sich bisher immer als die treuesten und großherzigsten Diener der
Kirche gegeben haben.

Beim Dom an der Piazza Sette Angeli Läden mit Souveniers, wenig echtem
und viel nachgemachtem Kunstgewerbe, das meist sehr grob gearbeitet
ist.

SÜD—OST—VIERTEL der Altstadt, zwischen Corso Ruggero unterhalb
des Palazzo dei Normanni, Via Tuköry, die zu Stazione Cantrale führt,
Via Maqueda und Cassaro.

Der provinzielle Teil der Altstadt, besonders wenn man sich von den
beiden Hauptarterien am Innenrand des Viertels entfernt.

PORTA NUOVA: Stadttor an der Straße nach Süden, früher das meist
passierte, denn hier begannen fast alle Straßen in die Provinzen. In der
Renaissance gebaut, heute ein Nadelöhr. Vier riesige Mohren mit Turban
blicken auf die in die Stadt Eintretenden — etwas melancholisch und miß-
mutig, aber durchaus mild.

⑫PALAZZO DEI NORMANNI Im Mittelalter Königspalast, heute Sitz der
Regionalregierung, nur die Normannenkapelle (Cappella Palatina), die Sala
di Ruggero und die Innenhöfe können besichtigt werden. Da es in der
Cappella ziemlich dunkel ist, kleine Geldscheine für den Kustoden mitnehmen, der dann die Beleuchtung einschaltet.

Öffnungszeiten: Sommer 9.00 — 13.00 Uhr, 15.00 — 18.00 Uhr, im Winter
nachmittags nur bis 17.00 Uhr, an Sonn- und Feiertagen nur 9.00 — 13.00
Uhr.

CAPPELLA PALATINA (1. Stock), zwischen 1132 und 1140 als Hof-
kapelle gebaut. Die Seitenwände völlig von Mosaiken auf Goldgrund bedeckt, um 1150 entstanden, allerdings auch Zutaten des 15. und 19. Jahrhunderts, die Mosaiken des Mittelschiffs und der beiden Seitenschiffe sind
original. Nördliches Seitenschiff: Leben des Apostels Petrus. Südliches
Seitenschiff: Leben des Apostels Paulus.

Wände des Mittelschiffs über den Arkaden Szenen aus dem Alten Testament
von der Schöpfung bis zum Kampf Jakobs mit dem Engel. Die ältesten
Mosaiken sind die des Altarraums mit der Darstellung des Evangeliums von
der Verkündigung bis zum Einzug nach Jerusalem. In der Kuppel Christus
als Weltenherrscher, Evangelisten, Engel und Propheten.

Die Decke des Mittelschiffs eine in arabischer Tradition stehende Stalak-
titendecke.

Plastische Holzdecke, die in ihrer Unregelmäßigkeit an eine Tropfsteinhöhle erinnert. Bunt und mit viel Gold.
Fußboden und Kanzel in Marmorintarsien.

SALA DI RUGGERO, Repräsentationssaal der Normannenkönige um
1170, Goldgrundmosaiken mit Jagdszenen, Darstellungen aus Tier- und
Pflanzenwelt.

S. GIOVANNI DEGLI EREMITI, unterhalb des Palazzo dei Normanni.
Auf den Grundmauern einer Moschee. Eine der frühen Normannenkirchen
mit den eigenartigen roten Kuppeln über dem Flachdach. Schlichter Innenraum. An die Kirche schließt ein romantisch patinierter und zugewucherter
Kreuzgang an.

(14) CHIESA DEL GESU, Palermos größte Barockkirche, nach Zerstörungen
im letzten Krieg restauriert, die Deckengemälde expressiver Frömmigkeits-
kitsch unserer Tage in allen Farben des Regenbogens. Säulen und Wände
in bunten Marmorintarsien, ganz im Geist der Jesuiten, die aus den Kirchen
während der Gegenreformation Paläste machten und mit diesem Vorgeschmack aufs Paradies die Leute wieder in die Kirche lockten.

(15) CHIESA DEL CARMINE; Von weitem an seiner bunten Majolikakuppel
zu erkennen. Innen erdrückende Stukkatur.

Bei der Kirche ein interessanter Markt.

(16) Kirche S. GIUSEPPE DEI TEATINI (gegenüber der Piazza Pretoria).
Monumentale Barockkirche, wilde Stuckdekorationen in den Kuppeln und
so viele Fresken an den Decken und Gewölben, daß man sich selbst bei
langandauernden Messen nicht zu langweilen braucht.

PERIPHERIE DER ALTSTADT: Via Lincoln (Verbindung zwischen
(17) Bahnhof und Meer). Botanischer Garten werktags 9.00 – 14.00 Uhr.

1779 angelegt. Neben süditalienischer Flora ein großer Bestand an Tropen-
pflanzen, die im sizilianischen Klima gut gedeihen. Einiges erinnert daran,
daß die Araber in Sizilien eine Reihe von Nutzpflanzen heimisch gemacht
hatten, die heute nicht mehr kultiviert werden, wie Baumwolle, Erdnuß,
Banane, Zuckerrohr, Papyrus (der außer bei Siracusa nirgends in Sizilien
wild wächst), verschiedene Palmen.

(18) Unmittelbar an der Orto Botanico schließt sich die VILLA GIULIA, ein öffentlicher Park mit prächtiger Vegetation, an. Auch hier glaubt man kaum,
noch in Europa zu sein. Guter Ort um auszuspannen, Siesta zu machen oder
für ein paar Stunden der Steinwüste der Altstadt zu entrinnen — gleich gegenüber das Kalsa - Viertel. Goethe hatte im April 1787 der Park einen
solchen Eindruck gemacht ("Wundergarten"), daß er sich auf die "Insel
der seeligen Phäaken" versetzt fühlte, "eilte sogleich, einen Homer zu kaufen, jenen Gesang mit großer Erbauung zu lesen und eine Übersetzung aus
dem Stehgreif Kniepen (sein Reisebegleiter) vorzutragen, der wohl verdiente, bei einem guten Glase Wein von seinen strengen heutigen Bemühun-
gen behaglich auszuruhen".

S. GIOVANNI DEI LEBROSI, im Vorort Brancaccio, in einem kleinen Park arabisch wirkende Kirche mit drei roten Kuppeln. Bus: 21 und 31.

Kirche S. SPIRITO: Im Friedhof S. Orsola hinter dem Ospedale Civico, Normannenkirche, außen arabisch beeinflußte Steinintarsien. Bus Nr. 2

CONVENTO DEI CAPPUCCINI (Katakomben): Palermos makabre Touristenattraktion, nachmal werden ganze Reisebusse durchgeschleust. In den Katakomben etwa 8000 mumifizierte Leichen, Mönche und wohlhabende Bürger. Die Leichen wurden immer wieder neu eingekleidet, viele sind mit Namensschildern versehen.

Sie hängen, sitzen, liegen in langen Gängen, manche in Glasschreinen. Frauen und Priester sind in gesonderten Abteilungen untergebracht. 1881 wurde diese Bestattungsart verboten, es gab aber noch bis vor 60 Jahren illegale Beisetzungen dieser Art, darunter die eines Kindes, an dem chemische Konservierungsmethoden mit Erfolg ausprobiert wurden. Eintritt zu den Zeiten, an denen Kirchen geöffnet sind. An der Klosterpforte klingeln, Offerte nicht vergessen.

PUPPENTHEATER ("Opra dei Pupi"), ein Stück sizilianisches Volksleben, das wie die bunten Karren, die Cantastorie (Geschichtenerzähler) weitgehend nur noch museal und für den Tourismus verwertet fortlebt — oder mal genossen wird, um die vom vielen Fernsehen gelangweilten Sinne mit "bodenständigen" Kontrastprogrammen zu erfreuen.

Die "Pupari" (die Marionettenspieler) machen ihr altes authentisches Theater über die Paladine Karls des Großen, den "Rasenden Roland" (Orlando), die schöne Angelica, die von der Reihe nach von Sarazenen, Zauberern, Drachen gefangengehalten wird. Die knapp 1 m hohen Ritter kämpfen mit Getrampel und Geschepper, verteilen artig Küßchen, sehen jeder neuen Gefahr gefaßt ins Auge, gelegentlich fliegen Köpfe, und immer dann, wenn die Situation ausweglos erscheint, weiß das einheimische Publikum, daß sich gleich wieder alles zum Guten wendet — die Geschichte ist immer die Gleiche.

Das frühere Publikum hat sich dank TV den Pupari weitgehend entfernt — es waren Kinder die Bewohner der Altstadtstraßen und der Dörfer.

Pupari in Palermo: Giuseppe Argento, Via del Pappagallo 1o; Giacomo Cuticchio, Vicolo Regusi 6; Girolamo Cuticchio, Via Bara all'Olivella 95; Antonino Mancuso, Piazza Luigi Sturzo 4; Giuseppe Mancuso, Via del Medico 6;
in Monreale: Vincenzo Munna, Cortile Manin 8; gelegentlich auch Vorführungen im Museo Pitrè.

CANTASTORIE trugen auf den Straßen in Sprechgesang die Geschichten berühmter Briganten und Banditen vor und zwar so, daß das Volk sie ins Herz schloß. Deren Tod oder die Gefangennahme war immer ein Stück eigener Niederlage. Meist wurden die Abenteuer in Episoden erzählt, denn etwa die Geschichte von Salvatore Giuliano von Anfang bis Ende dauert 8 Stunden, wenn sie Ciccio Busacca, einer der letzten Cantastorie, erzählt. Gibt es auch auf Platte und Cassette.

Cantastorie und auch Puppentheater sind recht häufig auf den von Parteien und Gemeindeverwaltungen organisierten Freiluftfesten zu sehen. (Festa dell'Unità, Festa dell'Emigrante)

Die Neustadt: In den letzten Jahrzenten verlagerte sich das Zentrum westwärts aus der Altstadt heraus. Die durch die Altstadt gebrochene Via Roma war zwar als Prachtstraße des Bürgertums konzipiert, sie wurde aber nicht viel mehr als eine Straße der Banken und Verwaltungspaläste; das Bürgertum zog nach außen, wo keine verkommene Altstadt ihre Lebensverhältnisse beeinträchtigen konnte.

Die neue Hauptstraße wurde die Via Ruggero Settimo, weiter draußen heißt sie Via Libertà und ist die Verlängerung der Via Maqueda. Nach 1945 wurde das Viertel bis an den Park der Villa Favorita und die Hänge des Montepellegrino ausgedehnt. Im älteren Teil der Altstadt die meisten Hotels, die Geschäfte und Treffpunkte des eleganten Palermos und besonders in den Nebenstraßen sind noch eine Reihe von Villen im Jugendstil zu finden, obwohl hier die Bauspekulation der Fünfziger Jahre sehr viel zerstört hat.

JUGENDSTIL IN PALERMO: Lohnend – aber möglichst mit dem Auto machen. In der Neustadt ist der Verkehr nicht so dicht und das, was nicht von der Spekulanten- Mafia in Bauland für Beton verwandelt wurde, liegt weit auseinander!

Wer sich fürs Interieur interessiert, leider nur das Grand Hotel Villa Igiea, sonst nur die Fassaden. Wer sich für Art Nouveau (ital.: "Liberty") begeistert, Palermo bietet mehr als die meisten Städte Italiens. Das Großbürgertum um 1900 – 1915 investierte in ausgefallenen Geschmack – Anknüpfung an die Normannenarchitektur und an internationale Vorbilder – und ans sizilianische Keramik- und Schmiedehandwerk.

Villino Florio, Viale Regina Margherita; Villa ex- Caruso (heute Valenti), Via Dante 159; Villa Favaloro, Piazza Virgilio; Palazzo Alagna, Via Brunetto Latini 26; Palazzo Cirricione, Via Valerio Villareale 69; Casa Utveggio Via Siracusa, Ecke Via Settembre; Villino Basile, Via Siracusa 15; Palazzo Dato, Via Settembre 36.

Eine kleine Besonderheit der Chiosco Ribaudo, ein kleiner Jugendstil-Kiosk, Piazza Castelnuovo. Eisenbahnersiedlung südlich der Stazione Centrale, Via Giudici und Via Perez, einer der Versuche, eine menschenwürdige

Arbeitersiedlung zu schaffen. Um 1910 entstanden. Anlehnung an ländliche Wohnverhältnisse, wo jede Hauseinheit das Reich einer Familie war.

Umgebung Palermos

Westen: Monte Pellegrino, Favorita und Museo Pitre, Mondello.
Süden: Monreale, S. Martino delle Scale, Piana degli Albanesi
Osten: Bagheria, Solunto
Norden: Die Insel Ustica

Der Kalkklotz des Monte Pellegrino ist Palermos heiliger Berg. Weitgehend abgekahlt nimmt er im Laufe des Tages immer wieder andere Farben an — mittags, wenn er grellweiß leuchtet, besser nicht rauf, die Fernsicht ist schlecht, die Berge, die die Conca d'Oro begrenzen, verschwimmen dann im Dunst.

Die heilige Rosalia soll hier um 1160 als Einsiedlerin gehaust haben und sie wäre vergessen worden, denn vielleicht gab es die fromme Büßerin aus dem Hochadel gar nicht, aber 1624 wütete in Palermo die Pest, einem Jäger erschien die Heilige und er fand auch in einer Grotte ihre Knochen (es gibt Kritiker, die sie anatomisch als Ziegenknochen interpretieren). Man trug sie in die Stadt und die Epidemie hörte auf. Seitdem ist S. Rosalia Schutzpatronin der Stadt. (Fest mit Prozession in allem kirchlichen und weltlichen Pomp am 13.— 15.Juli).

① SANTUARIO DI S.ROSALIA
② STATUA DI S.ROSALIA
③ MUSEO PITRÈ
④ PALAZZINA CINESE
⑤ DUOMO IN MONREALE
⑥ STAZ. CENTRALE

①SANTUARIO DI S. ROSALIA auf 458 m Höhe. In der Kirche die Grotte, wo Rosalie gelebt haben soll. Von der Decke tropft wundertätiges Wasser, was sorgfältig aufgefangen wird und fläschchenweise überall dorthin geht, wo Sizilianer leben. Rosaliens hochverehrte Marmorstatue, die mit einem Gewand aus vergoldetem Blech bekleidet ist, gefiel dem Sizilienbegeisterten Goethe ausnehmend und er nannte sie "ein schönes Frauenzimmer".

Im kleinen Museum des Heiligtums eine große Sammlung alter Ex- Voti. Zum eigentlichen Gipfel (606 m) eine Militärstraße, ca. 2 km. Am 4. September auf dem Berg Wallfahrer aus ganz Sizilien, weniger aus Palermo, als aus den Dörfern im Landesinneren. Verbindungen: Straßen von Palermo (Acquasanta) und Mondello. Bus Nr. 12 ab Piazza 13 Vittime.

LA FAVORITA und MUSEO PITRÈ: Straße nach Sferracavallo oder Mondello. Busse 1, 6, 14, 15. Im stadtnahen Teil die städtischen Sportanlagen, wo es einsamer wird, Straßenstrich, der Park ist ziemlich verwildert und verwahrlost und, weil einsam, hauptsächlich von Gestalten bevölkert, die nicht ungebrochenes Vertrauen ausstrahlen.

③MUSEO PITRÈ : Siziliens bedeutendes Volkskundemuseum, entstanden durch die Sammelleidenschaft des Arztes Guiseppe Pitre', der in den letzten Jahrzehnten Material aus ganz Sizilien zusammengetragen hat: Arbeitsgeräte, Keramik, Votiv—Gaben und —Bilder, sizilianische Karren, Marionetten, Trachten.
Einige Säle sind thematisch geordnet: Lebensbereich der Hirten, der Bauern, der Fischer, Handwerker, ambulanten Händler.
Weihnachten, Osterwoche, Fest der S. Rosalia. Weihnachtskrippen aus Trapani — ganz anders als die napoletanischen, recht verrenkte, manirierte Figuren, auch wenn es Volkskunst ist, hart am Kitsch entlang. Das Museum ist stark vernachlässigt, ausstellungsdidaktisch ein Beispiel für Sammlungen des letzten Jahrhunderts, wo alles, was man hatte, in die Vitrinen gepackt wurde.

④Beim Museum die PALAZZINA CINESE, 1799 als Villa im chinesischen Geschmack für die von Revolution und Franzosen aus Napoli vertriebene Königsfamilie gebaut.

MONDELLO: Der Badestrand von Palermo. Eigentlich nichts dran, Uferpromenade und viele Häuser dahinter, das Wasser recht sauber. An heißen Tagen sieht man vor Sonnenschirmen und Menschen den Sand nicht mehr. Palermitaner halten ihn für einen der schönsten Flecken Siziliens — aus allzu einsamen Stränden machen sie sich nichts.

★ MONREALE   (24.000 Einw.)
Verbindung: S.S. 186, Stadtbus 8/9 und 9, ab Piazza 13 Vittime, man kann auch an der Porto Nuova zusteigen, dort aber oft so voll, daß man nicht mehr reinkommt.

Kleinstadt oberhalb Palermos mit Blick über die Conca d'Oro. Fast zu allen Jahreszeiten bekommt man hier mit, wie viele Touristen nach Sizilien reisen, denn Monreale ist eine Etappe, die unter keinen Umständen ausgelassen wird. Schwer, einen Parkplatz zu finden, außerdem sollen recht oft Autos geknackt werden – es rentiert bestimmt!

⑤ DUOMO: Das größte und geschlossenste Werk sizilianisch- normannischer Mosaikkunst. Der Dom wurde in für das Mittelalter kurzer Zeit (10 Jahre) fertig. Während das Innere sehr geschlossen erhalten ist, haben am Außenbau fast alle Stilrichtungen ihre Spuren hinterlassen.

Zwei romanische Bronzetüren: Nordfassade, Tür des Barisano da Trani von 1179, formal sehr fein gearbeitet, Darstellung von Heiligen und Evangelisten (vom gleichen Meister die Türen in Trani und Ravello). Westfassade, Tür des Bonnano Pisano von 1186 mit Szenen aus biblischer Geschichte. (Sein anderes Werk, die Bronzetüren des Doms von Pisa)

Die Mosaiken: Über 6000 m^2, bis auf einige Rekonstruktionen nach dem Kirchenbrand von 1811 original. In der Mittagszeit gutes Licht. Wegen Restaurierung (Jan. 1981) ist der Genuß wahrscheinlich noch für Jahre nur halb, weil vieles hinter Gerüsten und Netzen verdeckt und nur mäßig gut sichtbar ist.

Eine der vollständigsten Bilderbibeln des Mittelalters. Dabei bedenken, daß im Mittelalter die Messen Stunden dauerten, Bänke oder Stühle unbekannt waren und man sich frei in der Kirche bewegte, unterhielt, umschaute. Die Messe wurde ohnehin in der Fremdsprache Latein gehalten. Wer aus dem Volk wissen wollte, wie die Welt erschaffen wurde oder NSG (Nostro Signore Gesù) auf Erden gewandelt ist, war auf diese Bildergeschichten angewiesen.

Wer die Mosaiken Szene für Szene verstehen will, sollte sich einen der überall angebotenen Kirchenführer (auch in Deutsch zu bekommen) besorgen. Ein brauchbares Schema auch in Klaus Gallas, Sizilien.

Die Darstellungen auf den Wänden folgen nicht immer der Chronologie der Bibel, es gibt sogar Sprünge vom Alten ins Neue Testament.

Mittelschiff (Nordwand): Sündenfall und Vertreibung aus dem Paradies, Kain und Abel, Szenen aus der Geschichte Abrahams, Isaaks und Jakobs, dabei auch die Szene, wie Jakob sich das Recht der Erstgeburt erschleicht.

Mittelschiff (Südwand: Schöpfungsgeschichte, Adam (noch allein) im Paradies, Arche Noah, Abraham und die drei Engel.

Seitenschiff (Nord): Wunderheilung durch Jesus, Vertreibung der Händler aus dem Tempel.

Seitenschiff (Süd): Weitere Wunderheilung, Hochzeit zu Kanaa, Jesus schreitet über den See Genezareth, Speisung der 5000.

Querschiffe und Vierung (die Kreuzung zwischen Längs- und Querbau):
Nordwand des Presbyteriums: Mosaiken in den Feldern über dem Bogen. Die Hl. drei Könige, Kindermord von Bethlehem, Hochzeit von Kanaa, Taufe im Jordan.

Südwand des Presbyteriums: Wilhelm II überreicht Maria das Modell des Doms, Zachariasgeschichte (Vater von Johannes dem Täufer), Gebut Christi, Flucht nach Ägypten, Beschneidung von NSG, Jesus im Tempel, wie er den Schriftgelehrten die Wissenlücken nachweist.

Querschiff (Nordseite): Kreuzigung, Kreuzabnahme und Grablegung, Wiederaufer stehung, Jesus erscheint nach seinem Tod den Jüngern und Maria. Himmelfahrt, Pfingstwunder. Krönung von Wilhelm II durch Christus, Propheten.

Querschiff (Südseite): Versuchung Jesus durch den Teufel, Heilung des Lazarus, Einzug in Jerusalem, Abendmahl, Ölberg mit den schlafenden Jüngern, Judaskuß, Jesus vor Pilatus.

Chor: (Hauptabsis) Christus als Weltenherrscher, darunter Maria mit dem Kind, Engel, Propheten, Evangelisten und Heilige.

In den Seitenabsiden die beiden Apostel Paulus und Petrus.

Seitenwände des Chors und die dahinterliegende Seitenkapelle: Paulus- Geschichte, Heilige und Erzengel. (Nordseite).

Südseite: Propheten, Petrus und Paulus in Rom, Heilige und Erzengel.

Westwand: Erschaffung Evas, Sodoms Zerstörung, verschiedene Wunder.

Chiostro (Kreuzgang): Etwa zur gleichen Zeit wie der Dom und die Mosaiken entstanden (an der Wende zum 13. Jahrhundert).

Eine in Stein gearbeitete Märchenwelt. Der "goldene Käfig" für die Mönche, die der Welt Lebewohl gesagt haben. Jede der reich gearbeiteten Säulen ist anders, auf den Kapitellen Geschichten und Fabelwesen.

Wenn nicht zuviel los ist, ein Ort zum Ausruhen, Meditieren, Träumen und auch zum Nachfragen, wer die Baumeister waren, wer das Ganze bezahlt hat.

★ S. MARTINO DELLE SCALE   350 Einw.

Ein Belvedere 10 km oberhalb von Monreale, der eindrucksvollste Aussichtspunkt über Palermo und seine Küste. Zur Zeit der klassischen Reisenden ein beliebtes Ziel, denn die Benediktiner des Klosters waren geschätzt und berühmt für ihre Tafel, sie störten sich auch nicht am überwiegend protestantischen Bekenntnis der meisten ihrer ausländischen Gäste, sie mußten nur geistreich sein, in der Literatur beschlagen und man schätzte sie besonders, wenn sie Billard, den Lieblingszeitvertreib der frommen Brüder, konnten. Heute ist ein Waisenhaus drin. Kirche und Kloster im üblichen Barock.

Zwischen 1782 und 1794 war das Kloster im Gespräch der gelehrten Stände ganz Europas, erst als Sensation, dann als Skandal: Man hatte in der Bibliothek eine Reihe arabischer Handschriften entdeckt und die damalige Begeisterung für sizilianische Geschichte ließ die Aufarbeitung der arabischen Vergangenheit der Insel gelegen erscheinen.

Man richtete eine Professur (und Pfründe) für arabische Geschichte ein und berief einen Abate aus Malta, Giuseppe Vella, der von Hocharabisch mit Sicherheit keine Ahnung hatte, aber das sehr stark mit arabisch durchmischte Maltesische sprach.

Vella gefiel die neue Position gut, sie war mit Wohlleben und gesicherten Einkünften verbunden, zumindest solange er mit der Übersetzung und Herausgabe der Manuskripte beschäftigt war, und er wollte das zur Lebensbeschäftigung machen — und erfand Handschriften (an die nicht vorhandenen Originale ließ er niemanden heran). Unter anderem entdeckte er in ihnen die arabischen Übersetzungen von den verlorenen Teilen Livius Römischer Geschichte.

Die Welt horchte auf, wurde dann aber immer mißtrauischer als Vella mit seinen Handschriften ausgesprochene Geheimniskrämerei betrieb. Entlarvt wurde er dann von einem österreichischen Gelehrten, der mit Sicherheit auch nicht mehr arabisch konnte als er. Von Leonardo Sciascia zum Roman "Der Abt als Fälscher" verarbeitet.

★ PIANA DEGLI ALBANESI   6.200 Einw.

25 km südlich von Palermo. Albanierkleinstadt, die noch sehr stark die
Identität der nationalen Minderheit gewahrt hat. Zu den Festen (Hochzeit
und Taufe, Ostern, S. Giorgio — 23.4. und 2. Sept.) sieht man noch vielfach die alten, sehr farbenprächtigen albanischen Trachten, an Tourismus
denkt keiner.

★ BAGHERIA   35.000 Einw.

Kleinstadt 15 km östlich von Palermo, ehemals der Villenort des palermitaner Hochadels — die Villen stehen noch, sind aber meist in starkem Verfall.

Verbindung: A 19, Ausfahrt Bagheria, häufige Bahnverbindung, nur Locali
und Diretti halten. Außerdem Busse.

An der Piazza Garibaldi im Zentrum: VILLA VALGUARNERA (18. Jahrhundert) eher Schloß als Villa. VILLA PALAGONIA (18. Jahrhundert),
die bekannteste Villa um Palermo, über deren grotesken Figuren die nach
Klassizität strebenden Reisenden der Goethezeit seitenweise Worte des
Abscheus geschrieben haben. Park und Villa (beides ziemlich im Verfall)
sind voll von phantasieanregenden Abstrusitäten. Der Auftraggeber muß
die Fassungskraft der Gehirne seiner Zeit reichlich überanstrengt haben.

So ging er in höfischen Kleidern, geleitet von einem Diener in Livree,
durch die Straßen Palermos und sammelte Geld, um in sarazenische Sklaverei geratene Sizilianer freizukaufen. Seine Erben entmündigten ihn später. Öffnungszeiten: 9.00 — 13.00 Uhr, 17.00 — 19.00 Uhr.

VILLA CATTOLICA, außerhalb, an der S.S. 113: Stiftung des neoreali-
stischen Malers Renato Guttuso, Ausstellung engagierter, meist realistischer
zeitgenössischer Künstler Siziliens und Süditaliens. 9.00 — 13.00 Uhr, 15.30
— 17.30 Uhr, Mo. geschlossen.

★ USTICA   8,6 km^2, 1.100 Einw.

Insel vulkanischen Ursprungs, 60 km nördlich von Palermo. Fähre (Siremar): im Sommer täglich, außerdem Aliscafi der Siremar und SNAV
(diese auch mit Weiterfahrt nach Napoli).

Unterkunft in Hotels und Vermietung von Privatzimmern.

Touristinformation: Pro Ustica, Piazza Vito Longo.

Architektur ähnlich der auf den Eolischen Inseln, von wo Ustica erst wieder
im 18. Jahrhundert besiedelt wurde, nachdem es jahrhundertelang Sara-
zenenstützpunkt war und die Bewohner mehrfach in die Sklaverei verkauft
worden waren.

Die Gewässer um die Insel sind sehr fischreich und es gibt viele Arten, und
so ist sie ein besuchter Treffpunkt für Unterwassersportler.

Auf der Insel Terrassenfelder mit recht starker landwirtschaftlicher Produktion, besonders Trauben, Feigen und Kaktusfrüchte. Verglichen mit den

Eolischen Inseln ist Ustica recht grün (artenreiche Macchia). Dichtes Wegenetz und eine Straße,die fast um die ganze Insel führt.

Karte IGM 1:25 000 Nr. 249 — IV — NE Ustica.

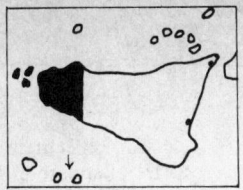

West Sizilien

Das kahle Hügel— und Bergland der Provinzen Palermo, Trapani, Agrigento und Caltanissetta mit nicht endenwollenden Stoppelfeldern und verbrannten Weiden im Sommer und Herbst.

Die Dörfer in der Größe von Kleinstädten, weithin sichtbar auf den Bergspitzen, mit bekannten und klangvollen Namen. Geburtsorte und Wirkungsstätten von Männern, die Sizilien so bekannt gemacht haben wie griechische Tempel und mittelalterliche Mosaiken.

Das Reich der Landmafia.

Heute verglichen mit der Stadtmafia bedeutungslos, die schon längst nicht mehr auf Palermo beschränkt ist, sondern überregional und interkontinental operiert und runde 50 % des Drogenhandels zwischen Herstellungsländern im Orient und den USA kontrolliert.

Romane und Filme haben Partinico, Corleone, Villalba, Mussomeli... zu Zielen nervenkitzelnder Neugier gemacht.

Tips:

Als Reisegebiet schwierig. Die Straßen eng, kurvig, in schlechtem Zustand. Die Entfernungen zwischen den Orten groß. Die Landschaft wiederholt sich. Zwischen Mai und Oktober gleißende Sonne, die alles verbrennt, im Auto für Spitzentemperaturen sorgt.

Mit öffentlichen Verkehrsmitteln fast überall so schwierig, daß man besser drauf verzichtet.

In der Mehrzahl auch der größeren Orte keine Unterkunftsmöglichkeit. Die wenigen Hotels vielfach weit ab von den Ortschaften an den Durchgangsstraßen. Zimmer kahl, Mobiliar meist verbraucht, obwohl selten alt, meist nicht besonders sauber.

PROV. PALERMO:

Castronovo di Sicilia: **Motel S. Pietro (III cat.),** an der S.S. 189 Palermo — Agrigento, t. o91/7170o8, Doppelzimmer 45 DM.

Contessa Entellina: **Aurora (IV cat.),** t. o91/755o16, DZ 11 DM.

PROV. AGRIGENTO:

Bivona: **Delle Palme (IV cat.),** DZ 18 — 32 DM.

Cammarata: **Villa Letizia (IV cat.),** t. o922/9o9114, DZ 12 DM.

Rio Platani (III cat.), t. o922/9o9o51, DZ 16 — 21 DM.

S. Giovanni Gemini: **Gemini (IV cat.),** t. o922/9oo747, DZ 24 DM.

PROV. CALTANISSETTA:

Campofranco: Motel La Fazenda (III cat.), t. o934/959212, an der S.S. 189 Palermo—Agrigento, DZ 23 — 30 DM.

S. Caterina Villarmosa: Hotel 2ooo (III cat.), DZ 22 DM.

Campana (IV cat.), t. o934/971o64, DZ 2o DM.

Unterkunft

Man wird euch in den Dörfern mit Mißtrauen beobachten. Über Mafia spricht man nicht. Ihr oberstes Gesetz, die "omertà" die Verschwiegenheit, gilt für jeden und jedem gegenüber. Nicht jeder ist Mafioso, irgendwie beteiligt sind alle, und wenn es nur die Angst ist.

Fotografieren, besonders von Menschen, stößt leicht auf spürbare Feindseligkeit.

Am besten seid Ihr auf der Durchreise, Eure Anwesenheit ist ein zufälliger Zwischenhalt auf dem Weg zum Meer und zu griechischen Säulen, nicht als Schutzbehauptung vor unmittelbarer Bedrohung, sondern weil man Euch für reichlich verschroben halten würde. Einen Nervenkitzel stellt das Ganze nicht dar, für Euch gilt das Gesetz freundlicher Aufnahme, wie in jeder anderen ländlichen Region Süditaliens, solange Ihr nicht mit dem Gehabe eines Untersuchungsrichters auftretet.

Hoffnung auf Mafia in action? Ihr seid nicht im Kino.

Schauplätze und Personen:

✶ PARTINICO

Westlich von Palermo, A29 und S.S. 186, Bahnstation an der Strecke Palermo—Trapani. Verelendetes Riesendorf zwischen kahlem Gebirge

und Meer, umgeben von Orangenplantagen und anderen Bewässerungskulturen. Das Wasser steht allen zu, die Wasserkontingente verteilt die
Mafia — sie läßt sich nicht für das Wasser bezahlen, sondern sorgt gegen
Zahlung dafür, daß nicht irgendeine Macht das Wasser hindert, auf die
Felder zu kommen. Wer hier ausschert erlebt den Terror von der freund-
schaftlichen Verwarnung, wo die Bäume umgehackt werden, über den
schon ernster gemeinten Besuch eines "guten Freundes" bis zur wirtschaftlichen und physischen Liquidierung.
Berühmte Männer: Salvatore Giuliano, Danilo Dolci.

PARTINICO, MONTELEPRE
UND DIE UMLIEGENDEN BERGREGIONEN
waren das Operationsgebiet von Salvatore Giuliano in der Nachkriegszeit.

GIULIANO begann seine Karriere als Schwarzhändler, erschoß dann einen Carabini-
ere, ging als Bandit in die Berge, wo sich um ihn eine größere Bande formierte, die
von Mafia und sizilianischen Separatisten unterstützt unter den Linken aufräumte,
die sich dem Anschluß der Insel an die USA widersetzten und vor allem auf eine Bodenreform drängten. Trotz des Terrors Giulianos und der Mafia erlitten die Separatisten bei den Wahlen von 1946 eine vernichtende Niederlage, die Mafia setzte fortan
auf die stärkste Partei des gesellschaftlichen Stillstands, die Democrazia Cristiana.
Giuliano wurde abgeschrieben, seine sizilianische Freiwilligenarmee aufgelöst und er
selbst zu Kriminellen erklärt. Er kannte nur noch ein Ziel: Weg — mit einem guten
Paß nach Amerika, und um die Gunst der aufsteigenden DC zu erwerben, agierte er
noch brutaler gegen die Linke; vor den Regionalwahlen von 1947 gingen an die zehn
Büros der Linken in Flammen auf, und nach der Wahl, die für die DC eine Niederlage
war, veranstaltete er am 1. Mai 1947 auf der Portella delle Ginstre bei Piana degli
Albanesi unter den dort versammelten Teilnehmern einer antifaschistischen Kund-
gebung ein Blutbad, 11 Tote. Nach dem Tod Giulianos, beim Prozeß gegen einen Kom-
plizen, war von der Anstiftung durch einen DC—Minister die Rede. (Der Gesprächige
starb im Ucciardone—Gefängnis in Palermo an vergiftetem Kaffee.)

DC UND MONARCHISTEN revanchierten sich nicht gegenüber   Giuliano, der
nach den Wahlerfolgen von 1949 lästig geworden war, man lockte ihn in eine Falle
und am 5.7.1950 wurde er in einem Hinterhof von Castelvetrano angeblich nach hef-
tigem Widerstand von der Polizei erschossen — wahrscheinlich hatte ihn die Mafia
ans Messer geliefert, zu deren Einvernehmen mit den neuen christlich — demokrati-
schen Herren Siziliens nicht mehr der inzwischen verzweifelte und wahllos gegen alle
ballernde Salvatore Giuliano paßte, der allmählich im Bewußtsein der kleinen Leute
zum ausgenützten und mißbrauchten Opfer und zum Volkshelden wurde.
Details im Film von Francesco Rosi, "Wer erschoß Salvatore G."

DANILO DOLCI, Norditaliener, ist der aktive Gegenpol und Symbolfigur im Kampf
gegen die Qualen Siziliens.

Er organisierte in den Nachkriegsjahren Landbesetzungen, richtete erste Alfabetisie-
rungskurse ein, ohne jede Unterstützung, gegen die örtliche Macht, zum Teil auch
gegen die politische Linke, welcher der kämpferische Katholizimus Dolcis suspekt
war, in einer Zeit, wo die bloße Mitgliedschaft in der Kommunistischen Partei nach
dem Willen von Papst Pius XII für die Exkommunikation ausreichte.

Vor Ort, in Partinico, Balestrate, Trappeto erreichte er erst einmal nichts, außer daß
er gelegentlich wegen des Verstoßes gegen alle möglichen Gesetze einsitzen mußte,
was den Attakierten, Grundbesitzern, korrupten Politikern und der Mafia das einfache
Argument an die Hand gab, der Mann sei ja kriminell.

Es folgten dann Besetzungen, um Straßen und Feldwege, Bewässerungsanlagen zu bauen, Sozialstationen und Beratungsdienste einzurichten und es gab die erste Zusammenarbeit von Gewerkschaften und Dolcis Mitstreitern und Cooperativen von Bauern und Fischern als Gegengewicht zur mafiakontrollierten "freien Unternehmerwirtschaft" auf die Beine zu stellen. Erfolg dabei brachte, daß Dolci seine Erfahrungen sofort publizierte, mit den Büchern Riesenauflagen hat, und damit Rückhalt.

Im Centro D. Dolci in Partinico ein großes Dokumentationszentrum. Wer sich interessiert, lange vorher schriftlich Kontakt aufnehmen und nicht aus irgendeiner Ferienlaune hinfahren oder aus dem unbestimmten Gefühl heraus, den "armen Menschen" dort müsse geholfen werden.

CORLEONE: Bergdorf südlich von Palermo. In der veröffentlichten Meinung über Sizilien das "klassische" Mafianest überhaupt.

Der berühmte Wald von Ficuzza in der Nähe. Ziemlich schütter. Der Ort malerisch zwischen Felsen, und die Gassen sehen aus, als ob hinter jeder Ecke ein "Pate" hervorkommen würde. Heimat hochkarätiger "Familien"-Oberhäupter, die es nach der Lehrzeit in ihrer Heimat in den großen Zentren zu etwas gebracht haben.

Corleone war eines der Zentren der Viehmafia, die im großen Stil ganze Herden verschwinden ließ, die dann provisorisch auf den Weiden oder im Wald von Ficuzza geschlachtet wurden und im mafiakontrollierten Schlachthof von Palermo mit legalen Papieren und Stempeln in den Handel gebracht wurden.

Heimat des LUCIANO LIGGIO, eine der großen Figuren der Nachkriegsmafia, in der sich Wagemut, Killertum und Unternehmergeist vereinigten.

1925 hier als Sohn armer Bauern geboren, wurde er mit gerade 2o Jahren Gutsverwalter: das Gut lag einsam, man hatte ihn nachdrücklich empfohlen. Der Ort war ein ideales Zwischenlager für Entführte und gestohlenes Vieh. Ab 1948 polizeilich gesucht, tauchte er unter. Das hieß, er blieb, wo er war, bewegte sich wie immer, wurde gegrüßt, geachtet — man sah ihn nur nicht mehr. Seit 1963 einer der großen Bosse, längst nicht mehr in Corleone. Mehrfach verhaftet, aber fast immer mangels Beweise freigesprochen. Seine Verteidiger hohe Politiker der regierenden Democristiana.

VILLALBA, abgelegenes Bergdorf auf halbem Weg zwischen Palermo und Caltanissetta. Bahnstation ca. 5 km entfernt, wird von der S.S. 121 PA-CL berührt.

Mit den Namen Don Calogero Vizzini (Don Calò), Lucky Luciano, Genco Russo und Vito Genovese verbunden.

DON CALOGERO VIZZINI, nicht nur einer der einflußreichsten Bosse Westsiziliens, sondern eine Gestalt der Zeitgeschichte. Er organisierte die Besetzung Westsiziliens durch die US—Truppen im Jahr1943. Medium war der aus dem benachbarten Lercara Friddi stammende LUCKY LUCIANO, der wegen organisierter Prostitution in den Staaten einsaß, und dem der Geheimdienst für sein Eingreifen die Aufhebung der Strafe versprach. Über ihn nahmen allerte Militärs mit der Mafia Kontakt auf, und als es soweit war, organisierte Don Calo' und die Bosse der Nachbarorte einen Einmarsch, bei dem praktisch kein Schuß fiel. Die GIs wurden mit amerikanischen Fahnen empfangen: die faschistischen Verwaltungen waren abgesetzt und man hatte schon eine Liste für die neue demokratische Gemeindeverwaltung zusammen. Die US—Truppen hatten für diese Antifaschisten, mit dicker Sonnenbrille, Amerika - Erfahrung, umgänglichem Verhalten und goldenem Madonnenanhänger um den Hals weit mehr übrig als für die aus der Illegalität auftauchenden Antifaschisten kommunistischer oder sozialistischer Richtung. Zudem hatten Don Calo', Genco Russo und die anderen Mafia—Gewaltigen entlang der Vormarschlinie die Massendesertion der italienischen Truppen organisiert. Die große Stunde Don Calo's war die unmittelbare Nachkriegszeit, als man vom abseitsgelegenen Villalba den Schwarzhandel für ganz

Süditalien organisierte. Hilfreich war hier die Eigenschaft von Genco Russo, dem Boß von Mussomeli, als Mühlenbesitzer und noch mehr ein Dolmetscher sizilianischer Abstammung beim Stab der US—Truppen in Napoli, Vito Genovese aus Castelvetrano. Lebensmittel, die für die Truppen oder als Spenden für die Bevölkerung bestimmt waren, wurden LKW—weise nach Villalba verschoben (US—LKWs, um hinderlichen Kontrollen aus dem Weg zu gehen).

DON CALÒ, der 1954 friedlich im Bett starb, war ein Wohltäter. Man erinnert sich noch heute daran, wie er 1915, als überall Pferde für die Armee abgeliefert werden mußten, seine uneigennützige Hilfe anbot. Er kaufte für die Truppe die ältesten Mähren auf, damit sein Aufgebot nicht zu schäbig aussah, trennte er sich von einer großen Zahl gestohlener Pferde, für die der Staat ohnehin besser zahlte als der Hehler.

Nach der recht unblutigen Besetzung Siziliens 1943 ist er Nationalheld, dann wird er Separatist, danach fühlt er sich rechtzeitig der DC verbunden. 1945 wird er Gutsverwalter der Gräfin Giulia Florio d' Ontes, Prinzessin von Trabia und Butera und damit Gebieter über 4 Millionen Hektar Land, in denen wegen der bevorstehenden Bodenreform nicht mehr soviel Zukunft steckte. Eher schon in den Entschädigungen. Don Calo', siedelt nach Palermo über, wird Geliebter der Gräfin und es ist ein Wink des Schicksals, daß die Dame rauschgiftsüchtig ist. Don Calo' erschließt sich ein neuer Wirkungskreis. Zusammen mit Lucky Luciano gründet er eine Fabrik, in der gefüllte Bonbons für den Export in die USA hergestellt wurden, die auch in die USA exportiert werden. Als die Drogenfahndung über die Art der Füllung Vermutungen anstellt, ist Fabrik demontiert. Bei seinem Tod hinterließ er 2 Mrd. Lire, damals etwa 15 Millionen DM.

Westküste mit Hinterland

Siziliens westlichster Teil. An der Nordküste eine gewaltige Felsküste mit Kaps, tiefen Buchten, bis vor wenigen Jahren noch völlig unberührt, inzwischen Tourismus in der Bau—Boom—Periode, aber noch einsame Stellen. Die Dörfer im Hinterland deprimierend. Südlich von Trapani laufen die Hügel flach zum Meer aus. Das Landesinnere dünn besiedelt, eine Steppenlandschaft, nur um die küstennahen Städte Alcamo und Castelvetrano riesige Monokulturen (Wein und Öl).
Touristisch zwar weitgehend unerschlossen, wegen der griechischen Tempel von Segesta und Selinunte viele Rundreisetouristen.

 EPT Trapani, Corso Italia, 1o; t. o923/27273.

Unterkunft:

An den Stränden zwischen Trapani und Capo S. Vito Ferienwohnungen, Villen und Hotels, die in den letzten Jahren gebaut wurden. Im Juli/ August voll besetzt.
Im Strandgebiet zwischen Mazzara und Selinunte beginnender Tourismus, aber noch wenig Hotels.
Erice wegen seiner Höhenlage bei Sizilianern geschätzter Sommeraufenthalt. Sonst Hotels nur in den Städten.

CAMPING Frei Campieren eigentlich überall möglich. An den Stränden noch viel Platz. Generell etwas vorsichtig sein. Im Sommer und an Wochenenden machen Organisierte immer wieder

"Fischzüge".

Campingplätze nur im Gebiet des Capo S. Vito und um Selinunte.

Verbindungen

Autobahnen und Schnellstraßen, mehr als eigentlich nötig, Asphaltgewordene Gewinnbilanzen der Mafia.

Bahn:

Palermo — Trapani. In Alcamo Diramazione gabelt sich die Strecke, die direkten Züge fahren die kürzere über Segesta und Milo, die andere Strecke führt im großen Bogen über Castelvetrano — Mazzara — Marsala nach Trapani. Achtung: Meist bestehen die Züge aus zwei Teilen, die in Alcamo Dir. auseinandergehängt werden.

Von Castelvetrano Schmalspurbahn nach Ribera über Selinunte und Sciacca mit Busanschluß nach Agrigento.

Flug:

Aeroporto Trapani Birgi, auf halben Weg zwischen Trapani und Marsala. Direktflüge nach Palermo, Roma, Pantelleria.

Agenturen (gleichzeitig Abfahrt des Flughafenbusses):

Trapani: Agenzia N. Salvo, Corso Italia 44/46, tel. 0923/27480

Marsala: Agenzia Ruggieri, Via Roma 33, tel. 0923/951426

Mazzara: Agenzia Lombardo, Corso Umberto I 64, tel. 0923/941873

Busverbindungen: Von Trapani, Castelvetrano, Mazzara und Marsala.

Trapani
61.000 Einw.

Hafenstadt. Die Altstadt auf eine Landzunge gebaut. Im Süden der Stadt große Salinen mit Windmühlen, die dazu dienten, überschüssiges Wasser aus den Becken zu pumpen.

Die Altstadt grell weiß, verwinkelt, Paläste mit Barockfassaden, einige Barockkirchen, zum Teil mit Bauresten älterer gotischer Substanz. Daß die Stadt ein wichtiger Fischereihafen ist und vor allem eines der Hauptzentren der Thunfischverarbeitung, riecht man.

Außerhalb der Altstadt, an der Straße nach Palermo, ca. 2 km, SANTUARIO DELL'ANNUNZIATA. Fassade mit gotischer Fensterrose, Inneres barockisiert, zwei interessante Seitenkapellen — Stiftungen der beiden Hauptberufsgruppen, der Fischer und der Seeleute. Über dem Altar unter einem Baldachin die Madonna di Trapani, Werk der toscanischen Frührenaissance.

Neben dem Santuario, in den ehemaligen Klostergebäuden, das Museo NAZIONALE PEPOLI, eine der größten Bildergalerien Siziliens, Schwerpunkt 11. — 18. Jahrhundert, zum Teil Werke von Meistern, die man hier am "Ende Italiens" nicht erwarten würde (Tizian, Salvatore Rosa, frühe toscanische Kunst).

In der Sammlung "Arti minori" Korallenarbeiten, ziemlich exaltierte Krippenfiguren aus den verschiedensten Materialien.

Feste:

Venerdi Santo (Karfreitag): Processione dei Misteri — die größte und interessanteste Mysterienprozession Siziliens, sie ist auch noch viel ursprünglicher wie etwa die entsprechende Prozession in Catania.

Lebensgroße Holzfiguren, die die Leidensgeschichte darstellen (20 Gruppen), werden durch die Straßen getragen. Sonst kann man die schweren Figuren in der Chiesa del Purgatorio ansehen (Via S. Francesco).

Sagra di S. Liberante (Pfingstmontag) — Fischerfest außerhalb der Stadt, wo riesige Mengen Polipi und dicke Bohnen zu Ehren des Schutzpatrons der Fischer verdrückt werden — unter freiem Himmel.

 **Schiffverbindungen:**
Wer weiter nach Afrika will, hat von hier die kürzeste und billigste Fähre (Trapani—Tunis): Tirrenia, einmal wöchentlich. Mittleres Auto ca. 12o DM, pro Person ca. 7o DM. Außerdem Fähren der Tirrenia nach Cagliari, einmal in der Woche. Agentur: Corso Italia 52/56.

SIZILIANISCHER NAHVERKEHR:

Fähren und Aliscafi der SIREMAR und CONAMAR SUD.
Favignano—Levanzo—Marettimo (Fähre täglich, nach Marettimo 2—mal in der Woche; Aliscafi mindestens einmal täglich). Pantelleria (Fähre, mindestens 3—mal in der Woche, Aliscafi, nur im Sommer, mindestens 2—mal in der Woche). Agentur: Molo Dogana, t. o923/2778o.

Erice
22.000 Einw.

Mittelalterliche Bergstadt (751 m hoch) — man scheint übers Meer zu fliegen, hin zu den Inseln oder über die Salinen und Lagunen südlich von Trapani, wo Festland und Meer ganz unbestimmt ineinander übergehen. Vorausgesetzt, es ist nicht alles unsichtbar, weil Erice in einer dicken Wolke steckt (was häufig passiert).

— Verbindungen —

Am schönsten die enge Panoramastraße (Via Nuova) von Trapani (14 km); wenn viel los ist, besser die breite Straße über Valderice (zweigt von der S.S. 187 PA—TP ab). Oben kann es Parkplatzprobleme geben!

Seilbahn Trapani (ca. 2 km vom Zentrum) — Erice.

Die alte Straße von TP über Cappuccini ist so eng und steil (meist einspurig), daß man besser nicht mit dem Auto drauf fährt. Wer es als Fußweg abwärts machen will, hat 11 km vor sich und weite Aussichten.

Die Seilbahn ist in den letzten Jahren immer wieder außer Betrieb gewesen, bei starkem Wind verkehrt sie auch nicht. Dann Busse.

 A.A. Viale Conte Pepoli, tel. 0923/29701

Hotels

Pineta
II cat. — nur April - Sept., Bungalowhotel in Pinienhain, Viale N. Nasi, am Nordrand der Stadt, Blick, DZ 42 DM, tel. 0923/869115

Moderno
III cat. Via Vittorio Emanuele 67, tel. 0923/869300, hervorragend geführtes traditionelles Hotel. DZ 55 DM, im Stadtzentrum.

 **TAVERNA DI RE ACESTE,** Viale Conte Pepoli, modern mit viel Panorama. Die nordafrikanisch beeinflußte Küche Trapanis präsentiert sich hier mit der lokalen Variante des Cuscus (mit Fisch), Fisch in vielen Varianten, z.B. Grigliate miste, Thunfisch vom Rost, gelegentlich Langusten. Hervorragende Dolci.

PASTICCERIA: Piazza S. Domenico — Zuckerbäckerei in der Machart von Nonnen — sehr zart, sehr süß.

Erice war in der Antike das Heiligtum der Elymer, einem stark phönizisch beeinflußten Volk Westsiziliens, das auch den Tempel von Segesta baute. Auf dem Berg war ein Tempel für ihre Fruchtbarkeitsgöttin, Griechen, Phönizier und Römer hielten den Berg für einen Sitz der Aphrodite, Astarte, Venus — die neben ihrer Aufgabe als Fruchtbarkeitsbringerin an dem stürmischen Kap auch die der Beschützerin der Seefahrer übernahm.

Das heutige Erice ist vielleicht die reizvollste mittelalterliche Stadt Siziliens, mit engen Gassen, wo zwischen den sauberen Steinmauern die Zeit stehengeblieben zu sein scheint. Allerdings nicht im Hochsommer, wenn hier der Touristenzirkus auf Hochtouren ist.

CHIESA MATRICE, eigenwillige gotische Konstruktion. Wenn Erice im Nebel steckt, glaubt man, in Schottland zu sein.

S. Vito lo Capo
3.6oo Einw.

Fischerdorf, in dem sich einiger Badetourismus entwickelt hat. In der Nähe ein Feriendorf, wo Bundesbürger von Animateuren auf Touren gebracht werden — aber die bleiben meist hinter ihrem "Stacheldraht".

Im Westen lange Sandbuchten, im Osten reine Felsenküste (Stichstraße von Castellammare del Golfo) — dort Initiativen der Naturschützer und Fischer, einen weiteren Straßenbau und die Bauspekulation zu stoppen. Bei Scopello mehrere "Tonnare" — küstennahe Stellen, an denen Jahr für Jahr die Thunfischschwärme vorbeischwimmen. Ihre "Straße" wird dann von Booten und Netzen abgesperrt und sie werden in Buchten getrieben, wo dann das Schlachten mit Harpunen losgeht. In der Endphase haben die Fische kaum noch Wasser um sich, das Meer ist rot und scheint zu kochen.

Ähnliche Tonnare bei Trapani (Tonnara di Bonagia) und auf den Egadischen Inseln.

Segesta

unbewohnt

Elymerstadt im Landesinneren. Heute in einer völlig unbewohnten Berglandschaft. Zu sehen der Tempel im griechischen Stil und ein Theater, vor dem sich als Szene die zum Meer offene Berglandschaft aufbaut.

Verbindungen

A 29 dir. Ausfahrt Segesta, dann Straße bis dicht an den Tempel.

 Stazione di Segsta im pathetischen Marmorstil der Mussolinizeit an der Linie PA — Alcamo Dir.- Trapani via Milo. Nicht alle Züge halten! Ca. 3o Min. zu laufen.

Eintritt von 9.00 Uhr — Sonnenuntergang.

Neben Paestum und Agrigento der besterhaltenste Tempel im griechischen Stil. Der Tempel ist wohl nie fertig geworden, denn den Säulen fehlt noch die Kannellierung und auch noch der ummauerte Innenraum für das Heiligtum (Cella).

Landschaft und Tempel haben etwas düsteres, die kahlen Berge und Hochflächen, nur wenige Hirten, die zwischen den wenigen Resten der alten Stadt leben , bilden einen merkwürdigen Kontrast zu den Touristenmassen (hier trifft man mal wieder alle Zufallsbekanntschaften, die Sizilien nach den Drei- Sterne- Schönheiten abklappern.

Wer sie loswerden will, oder einfach auch so die Landschaft erleben will, macht den Abstieg ins Tal entlang der Schlucht, im Süden des Berges, auf dem das Theater ist.

Karte: Mit etwas Orientierungssinn kann man sie sparen. IGM 1:50 000 Nr. 606 "Alcamo." Steiler, stellenweise schlecht sichtbarer Pfad, zwischen recht üppiger Ferula (Steckenkraut) — sieht ähnlich aus wie wilder Fenchel, ist aber größer und robuster. Wird von den Hirten gehaßt, weil giftig und von den Schafen immer wieder gefressen. Kann bis zu 2 m hoch werden (früher machte man aus gut gewachsenen Pflanzen leichte Spazierstöcke).

Bei feuchtem Wetter zweierlei beachten: Es gibt sehr viele Zecken — eine große, bunte Art, und im Tal steht man vor einem Flüßchen (Furt) — wer trockenen Fußes rüber will, muß sich meist eine Brücke bauen, Holz, dicke Steine und Strünke von indischen Feigen liegen reichlich rum. Im Sommer freilich nur ein stinkendes Rinnsal, das aus den Abwässern von Calatafimi besteht.

Unten angekommen, entweder zur Stazione di Calatafimi oder auf dem früheren Bahndamm nach Calatafimi, den dort verlassen, wo ein abgesperrter Tunnel (Champignons wachsen drinnen) das Weitergehen unmöglich macht. Lohnender Spaziergang durchs kleinbäuerliche Sizilien — in der richtigen Jahreszeit blühn und reifen hier die Orangen.

Calatafimi

Calatafimi ist eine typische Bauernstadt Innersiziliens: Fast nur von Frauen, Kindern und Pensionären bewohnt — nur zu Weihnachten und im Sommer sind die verlorenen Söhne da — mit FIATs und Alfas, die Nummernschilder überwiegend aus dem Großraum Stuttgart — also keine Sprachprobleme.

In fast jedem Ort Italiens, der mehr als 15–2o Straßennamen hat, gibt es eine Via Calatafimi. Am 15. Mai 186o, kurz nach seiner Landung bei Marsala, gab es hier die erste Schlacht zwischen dem "Abenteurer" Garibaldi und den bourbonischen Truppen — übrigens die einzig nennenswerte auf dem Zug der 1ooo durch ganz Süditalien — die bourbonischen Truppen hatten nach Calatafimi einfach keine Lust mehr, sich für das überlebte Regime in Napoli zu schlagen.

HOTEL Mille Pini (IV cat.), Piazza F. Vivona 2, t. o924/5126o, DZ 18 DM.

Alcamo

45.ooo Einw.

Landarbeiterstadt mit viel Barock und Mafia. Obwohl fast 50 000 Einwohner als Dorf klassifiziert! Hauptprodukt Wein. Unten im Bahnhof stehen die Tankwagen, die den Bianco in die Spumante- und Vermouth- Fabriken des Nordens abtransportieren. Diese süßen Gesöffe vergessen und in Alcamo einen Bianco erstehen. Einer der besten trockenen Weißweine Siziliens, zu Fisch oder Krebsen nicht zu übertreffen — auch der berühmte "Corvo" kann da nicht mithalten. Gute Qualitäten sind nicht billig.

Wer sich für versponnenen Barock interessiert, sollte die Kirchen entlang der Hauptstraße eine nach der anderen ansehen. Reichlich feine Geschäfte und Boutiquen an der Hauptstraße, wo man sich immer wieder nach den potentiellen Käufern in einem verarmten Provinznest mit starker Emigration fragt — einige Geschäfte erreichen ihre volle Größe erst durch raffinierte Spiegeleffekte.

Die Auswanderung nach Amerika hat die Kunst Chicken with Potatoes zuzubereiten in Alcamo heimisch gemacht — die Kartoffeln sind im Huhn — sonntags der stärkste Umsatz — außen knusprig, innen der ganze Fleischsaft von den Kartoffelstücken aufgefangen.

Wer mit der Bahn angereist kommt, findet an den beiden Stationen Alcamo Dir. und Alcamo keine Busse, also zu Fuß rauf — von Alcamo Dir. kürzer und ohne Autoverkehr. (Besser Bus von Trapani oder Palermo). Dort die Möglichkeit in den Terme Gorga heiß zu schwimmen, gegenüber dem Bahnhof ein Lebensmittelladen, wo einfache Speisen zubereitet werden — auf Wunsch auch nach islamischen Geboten, die Wirtin weiß, was ihre marokkanischen und tunesischen Kunden schätzen.

Hotels

ALCAMO (STADT): **Centrale (IV cat.),** Via Giovanni Amendola 3o, t.0924/21549 21549, DZ 24 DM. **Miramare (IV cat.),** Corso G. Medici 72, t. 0924/ 21197, DZ 24 DM.

ÜBER ALCAMO (auf dem Monte Bonifato/825 m): **La Funtanazza (IV - cat.),** DZ 24 DM (t. o924/ 25314), mit Blick nach Segesta, zum Golf von Castellamare mit der Halbinsel von S. Vito und zur Küste bei Trapani mit den Egadischen Inseln.

AM BAHNHOF ALCAMO DIRAMAZIONE (wo sich die Linien gabeln), ca. 3oo m von der Station: **Hotel Terme Gorga (IV cat.),** mit fast 4oo heißen Thermalpool (wird separat berechnet) t. 0924/23842, DZ 2o DM.

Marsala
80.000 Einw.

Siziliens westlichster Punkt. Bekannt durch seine Süßweine, die keine italienische Erfindung sind. Sondern ein Produkt englischen Unternehmergeistes und englischen Weingeschmacks.

Und ein Ausweg aus der Süßweinkrise während der napoleonischen Zeit, als die britannischen Weinkenner durch die Eroberungen des Korsen von ihren Portweinquellen für fast zwei Jahrzehnte abgeschnitten waren. Sizilien blieb ihnen erhalten und ein Mr. Woodhouse entdeckte in Marsala neue wunderbare Methoden, durch den Einsatz von Rosinen, durch kochen, mischen, zuckern, einen Nektar nach englischem Geschmack zu schaffen. Höhepunkt der Veredelungsbestrebungen der Zusatz von Eigelb "Marsala al Uovo".

Die Weinfabriken und ihre Lager (am Meer) können besichtigt werden. Jahresproduktion über 3 Millionen Hektoliter. In einem ehemaligen Lagergewölbe sind die restaurierten Reste eines karthagischen Schiffes ausgestellt, das 1969 bei der Isola dello Stagnone entdeckt wurde.

Beim Capo Boeo Ausgrabungsgelände mit einem spätrömischen Straßenviertel Bunte Fußbodenmosaiken mit Tierdarstellungen.

Mazara del Vallo
39.000 E.

Italiens größter Fischereihafen. Fischfang in den Gewässern zwischen beiden Kontinenten ("Canale di Sicilia") — immer wieder Streitereien um Fischfangrechte und Hoheitsgebiete. Die Altstadt macht einen ausgesprochenen afrikanischen Eindruck und wird auch von Tausenden Nordafrikanern bewohnt, die auf den Schiffen zu derartig miserablen Bedingungen arbeiten, daß sie selbst von Sizilianern nicht akzeptiert werden.

Die Mündung des Fiume Mazzara hat einen natürlichen Hafen gebildet, dort die kleinen Normannenkirche (einfache konsequente Formen, arabisierende Schmuckelemente).

Am Hafen Fischmarkt und natürlich eine Menge Fischtrattorie. Zwischen Mazzara und Selinunte lange, oft noch einsame Strände. Landschaftlich aber sehr einförmig. Erst Uferstraße, dann kleinere Stichstraßen von Campobello und Castelvetrano aus.

Castelvetrano
3o.000 Einw.

Große Agrarstadt mit Verarbeitung von Wein und Oliven, reizvolle Altstadt mit Renaissance und Barockfassaden. Idealer Ausgangsort für die Besichtigung der Ausgrabungen und Tempel von Selinunte (13,5 km, Bahnverbindung).

In Castelvetrano ist leichter Platz zu finden.

Zeus (II cat.) Via Vittorio Veneto (Stazione FS), t. o924/81988, modernes Hotel der Oberklasse. Oft von Busrundreisen blockiert. DZ 55 DM.

Selinus (II cat.) Via Bonsignore 22, (Altstadt), t. o924/41lo4 u. 41638, DZ 5o DM.

Ideal (IV cat.) Via Partanna, hinter dem Bahnhof, t. o924/44299, nicht sehr ideal — eher Männerwohnheim, einfachst und schmuddelig. DZ 18 DM — kein Wasser im Zimmer.

Impero (IV cat.) Via Vittorio Emanuele (Altstadt), ohne Tel., auch nicht toll, aber immerhin Waschbecken im Zimmer. DZ 19 DM.

Wer sich am vielen sizilianischen Barock noch nicht die Sinne verdorben hat, kann weitermachen — im Inneren der Kirchen CHIESA MADRE, und S. GIOVANNI BATTISTA sehenswerte Statuen und Stukkaturen.

EX—CONVENTO S. DOMENICO: Museum mit Fundstücken aus Selinunte. Ob die Statue des Epheben (griechisch Klassik des 5. Jahrh.) inzwischen ausgestellt ist, weiß ich nicht. Die Jünglingsstatue gehört zu den Meisterwerken griechischer Kunst und wäre einen Abstecher wert.

Bis 1962 stand sie im Rathaus und wurde gestohlen — von der örtlichen Mafia, die einen in den USA zu Ansehen gekommenen Mitmafioso mit einem Souvenier aus der Heimat beglücken wollten, aber keine Ahnung hatten, was das Ding wert war. Die Fahndung lief auf Hochtouren, und man konnte den "heißen" Jüngling schließlich bei einer Mafiagruppe unterbringen, die in Foligno (Umbrien) in der Verbannung lebte. Diese versuchten, den Epheben in den Kunsthandel zu schleusen, wurden dabei in ein Scheingeschäft mit der Kripo verwickelt und mußten1975 den Jüngling nach einer Scheinerei rausrücken. Die Statue kam dann in einen Banksafe.

Umgebung:

S. S. TRINITA DI DELIA (3,5 km), Normannenkirche, der man deutlich die arabische Bautradition ansieht. Feines Filigranwerk aus Marmor als Fenster.

ROCCHE DI CUSA (10,5 km), bei Campobello di Mazzara. Antiker Steinbruch, den die Werkleute von einem Augenblick zum anderen verlassen haben. Man sieht halbfertige Säulentrommeln, die aus dem weichen Kalktuff herausgearbeitet wurden.

BELICE — TAL: 1968 wurden die Orte Gibellina, Salaparuta, Poggioreale, Montevago und S. Margherita vollständig, Partanna und S. Ninfa teilweise durch ein Erdbeben zerstört. Der sofort versprochene Aufbau fand bis heute nicht statt. Am Rand der Dörfer und der umliegenden Ortschaften riesige Barackenstädte.

Mittel wurden vom Staat sofort bereit gestellt, verschwanden aber spurlos oder wurden von der Region nicht in Anspruch genommen, weil angeblich kein Bedarf bestand. Die Barackenstädte wurden dorthin gesetzt, wo große Mafiosi Grundbesitz hatten, gebaut wurden sie von "empfohlenen, vertrauenswürdigen" Bauunternehmern der Gegend, von denen einige vor dem Beben nicht einmal eine Maurerkelle eigen nennen konnten. Der Bau der Baracken kam so teuer wie der Bau richtiger Häuser. Die alten Ortschaften und damit das Eigentum der Betroffenen verfallen. Die auf Landwirtschaft und Kleinhandwerk beruhende Wirtschaft ist zerstört, weil in den Barackenstädten weder für Haustiere noch für Werkstätten Platz ist. Was bleibt, ist Arbeit im mafiabeherrschten Bausektor und auf den Feldern der großen Güter.

Der Wiederaufbau der alten Ortschaften wurde verhindert, obwohl da die Betroffenen aus eigener Kraft einiges hätten machen können. Modellvorstellungen sind Wohnblockstädte wie am Bahnhof von Salemi, mit unerschwinglich teuren Wohnungen, die den Lebensbedürfnissen der Bevölkerung nicht entsprechen und so nie bewohnte Geisterstädte bleiben.

Selinunte ("Petersilienstadt")

Eine der großen Griechenstädte Siziliens, noch in der vorrömischen Zeit (um 250 v. Chr.) völlig und endgültig zerstört. Die Stadt kam durch das reiche agrarische Hinterland zu Wohlstand, der sich im Vorhandensein von 4 großen Säulentempeln im Stadtgebiet, 3 Tempeln in einem außerhalb liegenden heiligen Bezirk und einem großen Demeterheiligtum (Göttin der Landwirtschaft) manifestierte.

Den Namen der Stadt leitet man von "selinos" (Petersilie) ab, die an den Flußmündungen reichlich wächst. Nach der Zerstörung dienten die Ruinen als Steinbruch, geplündert wurden vor allem die kleineren Bauwerke, deren Steine einfach leichter zu transportieren waren. Die riesigen Säulentrommeln der größten Tempel blieben weitgehend an Ort und Stelle. Endgültig zerstört wurde Selinunte, das in einer verlassenen malariaträchtigen Sumpflandschaft lag, durch ein schweres Erdbeben in nachrömischer Zeit, das die Tempel endgültig zusammenstürzen ließ.

Zwei der Tempel sind wiederaufgerichtet worden, soweit das Material noch vorhanden war. Es bestehen Pläne zur Hebung der touristischen Atrraktivität der sizilianischen Südküste, die ja außer langen und geräumigen Sandstränden wenig zu bieten hat, noch mehr Säulen wieder zum Stehen zu bringen. Die Archäologen sind dagegen, einmal weil die zusammengestürzten Tempel nur mit Riesenmengen Beton wieder herzustellen wären und weil die spezielle Romantik von Selinunte verloren gehen würde.

Verbindungen

S.S. 115 dir., die östlich von Castelvetrano von der S.S. 115 (Trapani — Agrigento — Siracusa) abzweigt.

Bahn: Schmalspurbahn der FS bis Marinella — Selinunte, einige hundert Meter bis zu den Tempeln.

Öffnungszeiten: 9 Uhr bis Sonnenuntergang.

In **Marinella** einige Ferienhotels, ein kleiner Campingplatz am Meer. An der Küste vor allem westlich von den Ausgrabungen viele Möglichkeiten zum freien Campieren — Stichstraße von Castelvetrano oder nördlich von Selinunte an der Fermata Latomie westlich abbiegen, jenseits des Val di Margio, dann Stichstraße zum Meer.

Weitere Strände im Bereich der Belice — Mündung.

Tempelbezirk am Eingang:

Tempel E, F, G.: Der Tempel E weitgehend wiederaufgerichtet, mit seinen schlanken Säulen einer der klassisch- harmonischen Griechentempel ohne jedes Gefühl der Schwere.

Tempel G: Ein Chaos von Säulentrommeln. War einer der größten Tempel der Antike (50 x 110 m) und ist wahrscheinlich nie fertig geworden (denn es sind nichtkannelierte Trommeln gefunden worden — die Kannelierung wurde erst vorgenommen, wenn die Säule stand).

AKROPOLIS

Etwa 1,5 km von der ersten Tempelgruppe entfernt. (Fahrstraße). Ein ca. 40 m hoher Bergrücken über dem Meer. In den Tälern an ihren Seiten lagen die antiken, heute verlandeten Häfen. Etwa ein Drittel der Akropolis war Tempelstadt, die eigentliche Wohnstadt lag weiter landeinwärts auf einem Plateau (noch nicht ausgegraben). Der Tempel C ist, soweit möglich, aufgerichtet, 14 von 42 Säulen, vom Tempel D sieht man noch die zusammengestürzten Trümmer, von den anderen nur noch die Grundrisse.

Jenseits des Fiume Modione die Mauerreste des Demeterheiligtums, das Selinunte in der Antike zu einem besuchten Wallfahrtsort machte. Im Tal wilde Petersilie.

Sciacca

32.000 Einw.

In der Tourismusreklame gibt sich der Ort immer als Kurort aus. Doch das ist weniger als die Hälfte von Sciacca. Die Thermalbäder sind ein Anhängsel.

Sciacca, die Altstadt und der Fischereihafen sind ein Stück Orient, Nordafrika. Ein jeder Orientierung entgegenstehendes Gewirr von Gäßchen und Durchgängen, mit kleinen Innenhöfen und Gärten, gelegentlich ragt eine Palme über die flachen Dächer.

 A.A. Corso Vittorio Emanuele 84, t. o925/22744.

HOTELS an den Kurbetrieb gebunden. Es gibt aber Familien, die Zimmer vermieten (bei A.A. fragen!).

Verbindungen: Schmalspurbahn der FS nach Castelvetrano, Bahnhof ca. 1o min. vom Centro Storico entfernt. Busverbindungen nach Castelvetrano und Agrigento.

Sehenswertes:

PALAZZO STERIPINTO (Fassade), DUOMO (Innen eine Madonna von Francesco Laurana), CHIESA DEL CARMINE, S. MARIA DI VELVERDE, S. NICOLO — meist normannischen Ursprungs mit arabischen und katalonichen Einflüssen — und mit reichlich Zutaten der Barockzeit.

THERMEN: Am Ostrand von Sciacca auf einer Terasse über dem Meer.

Reines Kurbad — dem Hotel delle Terme angeschlossen, heißes Schwefelwasser und Fanghi.

7,5 km landeinwärts die STUFE DI S. CALOGERO, seit der Antike genützte Schwitzgrotten, die von vulkanischen Dämpfen gespeist werden. Gehören zum Kurkomplex des Hotels Monte Kronio.

Agriturismo:

Im Gebiet zwischen Selinunte und Sciacca ca. 35 landwirtschaftliche Betriebe, die Gäste aufnehmen. Unterbringung meist im Haus, aber vielfach auch die Möglichkeit, auf dem Gelände der Azienda sein Zelt aufzuschlagen. Wer Lust hat, kann fast immer bei den Feldarbeiten mitmachen. Direktverkauf: Wein, Öl, Obst, und Gemüse, gelegentlich auch Milchprodukte.

Etwa die Hälfte der Höfe liegt weniger als 1 km vom Meer entfernt, die restlichen meist 3—5 km, einige wenige aber auch bis 15 km landeinwärts. Preis pro Bett im Durchschnitt: 8 DM.

Adresse: Associazione Regionale Agrituristica Siciliana - ARAS, Via Goletta 6, 92019 Sciacca (AG), tel. 0925/25676. Übernehmen die Vermittlung, beschreiben den genauen Weg, geben Tips, wo man welche Produkte kaufen kann.

Nicht über die ARAS laufen folgende Agritourismus - Initiativen:

Im Gebiet von Selinunte: Camping oder Wohnen im Gutshaus in der Nähe von Capo Granitola. Sig. Mario Ferro, Via Val di Noto 55, 91026 Mazzara del Vallo, tel. 0923/942654. Ca. 2 km vom Meer entfernt. Direktverkauf: Käse, Wein, Oliven, Öl, Obst und Gemüse.

CAMPING in einem Viehzuchtbetrieb bei Selinunte. Sig. Filippo Bonsignore, Via R. Pilo 84, 91022 Castelvetrano, Direktverkauf: Wein, Milch, Käse, Obst und Gemüse.
Möglichkeit, Reitpferde zu mieten.

Camping in der Nähe von Thermalquellen, daneben Möglichkeit unter einem festen Dach zu wohnen. Signora Antonina Tiby Giuffrida, Loc. Acque Calde, 92o1o Montevago. Im Landesinneren. t. o91/599446 (in Palermo).

Barockes Gutshaus bei Menfi, 8 km vom Meer. Schön gelegen zwischen Olivenhainen und alten Eichen. Azienda Gurra di Nasca, sig. Liberatore Giaccone, Via Roma 93, 92o13 Menfi. Direktverkauf: Käse, Öl, Wein, Oliven, Hühner, Mandeln, Obst. Möglichkeit zum Reiten.

Azienda Macanda Maragani, in der Sandbucht von Torre Verdura ca. 12 km östlich von Sciacca. Signora Maria Luisa Borsellino, Via G. Licata 175, 92o19 Sciacca, t. o925/22116 oder 25765. Wohnen im Bauernhaus. Direktverkauf: Milch, Obst und Gemüse.

Den Strategen des Massentourismus ist inzwischen Sciacca in die Kataloge geraten. Außerhalb, über dem Meer ist "Sciaccammare" in die Landschaft gesetzt worden, eines der unsensibelsten und geschmacklosesten Touristenghettos Siziliens. Mit allem versehen, damit deutsche Pauschalurlauber nicht entgangene Erholung und Urlaubsfreude vor Gericht geltend machen müssen.

So "perfekt", daß es in jedem anderen Teil des Mittelmeers stehen könnte.

Die Egadischen Inseln

Drei Kalksteininseln, die Fortsetzung der nordsizilianischen Kalkkette. Sehr fischreich, einer der wichtigsten Fangplätze Italiens für Thunfisch.

Überwiegend steile und zerklüftete Felsküsten mit Meeresgrotten. Die Inseln sind recht kahl, wenig Ackerbau, die spärliche Macchia wird von Ziegen in Fleisch und Milch verwandelt. Fähren und Aliscafi von Trapani, Marettimo, die äußerste Insel nur für Fußgänger, auf Favignano und Levanzo einige Kilometer Straße.

Unterkunft:

Auf Favignana außer zwei Feriendorfanlagen drei Campings (Camping Egad, auf Unterwassersportler eingerichtet) und ein Hotel: **Egadi (IV cat.)**, Via C. Colombo 17, t. o923/ 921232 — einfach, aber ordentlich, DZ 24 DM; auch außerhalb der Saison vorbestellen!

Privatzimmer bei den Fischerfamilien, auch einzelne Ferienwohnungen.

 Pro Loco, Piazza Matrice, Favignana, t. o923/ 921647.

Levanzo: Nur Privatzimmer und eine Pension: **Paradiso (P. 3)**, t. o923/ 921 58o, DZ 24 DM.

Marettimo: Nur Privatzimmer und Locanda.

Wer nichts Festes hatte, sollte vor dem Übersetzen beim EPT in Trapani nach der Situation auf den Inseln fragen!

Landkarten: (für Levanzo und Favignana entbehrlich): IGM 1:25 000 Nr. 256 — IV — NO Marettimo

★ FAVIGNANA   19 km^2 , 3.700 Einw.

Die Hauptinsel, stellenweise üppige Vegetation in der Nähe der Siedlungen, sonst erschreckend kahl. Auf den höchsten Punkt (Monte S. Caterina Leuchtturm) führt ein Weg, von dort Überblick. Im Fort unterirdisches Gefängnis für die politischen Gefangenen der Bourbonenzeit.

Im Mai die Mattanza (Thunfischfang) in den Tonnare von Favignana und Formica (eine kleine, nur saisonal bewohnte Insel auf halbem Weg zum

Festland). Teilnahme kann organisiert werden, Informationen durch EPT Trapani und EPT Palermo.

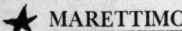 **LEVANZO**   10 km^2 , 230 Einw.

Die kleinste der Inseln. In der GROTTA DEL GENOVESE prähistorische Zeichnungen — auf der einzigen Straße der Insel erreichbar.

MARETTIMO   12 km^2 , 800 Einw.

Die wildeste und interessanteste der Inseln. Reiche Unterwassertierwelt, entlang der vom Land her schwer zugänglichen Küste Meeresgrotten.

Das Innere der Insel eine wilde Felslandschaft und Schluchten, Felsnadeln, kleine Wälder, besonders in der Nähe von Quellen, und einer artenreichen Macchia.

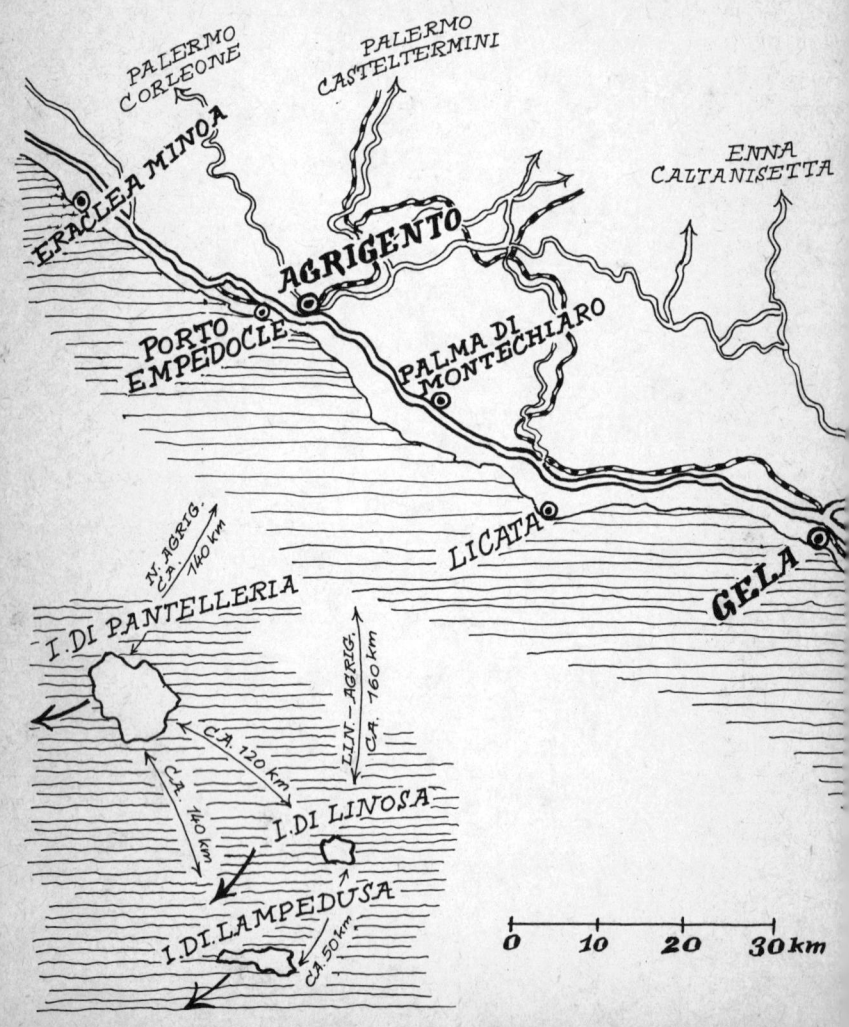

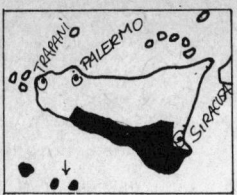

Süd Sizilien

Noch weitgehend touristisches Neuland — aber hier an Siziliens letzten Strandreserven tut sich was. Aber die Strände sind lang, kaum besiedelt, landschaftlich verglichen mit den anderen Küsten Siziliens einförmig, daß es noch viele Strecken gibt, wo Einsamkeitsfanatiker auf ihre Kosten kommen.

Küste und Hinterland sind unvorstellbar kahl, erst im Südosten hinter Gela wechselt die Landschaft ihren Charakter, wird weniger herb, dort auch die meisten Hotels und Campingplätze.

Eine durchgehende Küstenstraße gibt es nicht, die S.S. 115 verläuft aber meist in relativer Nähe zum Meer und es gibt viele Stichstrassen zu den Stränden, meist sogar asphaltiert.

— Verbindungen

STRASSEN: Entlang der Küste die S.S. 115 Siracusa—Agrigento—Trapani, nur auf einzelnen Streckenabschnitten zur Schnellstraße ausgebaut, sonst durch Kurven, unübersichtliche Trassenführung und sehr starken Verkehr ausgesprochen zeitraubend.

Im Landesinneren die gebührenfreie A 19 Catania—Enna—Palermo, die Schnellstraßen Catania—Gela, A 19 — Caltanisetta—Agrigento und Palermo—Agrigento. Alle anderen Straßen extrem kurvig und steigungsreich, vermitteln aber ein authentisches Bild Innersiziliens.

 Eingleisige Nebenstrecken, auf denen es sehr langsam vorwärts geht, die Küste wird praktisch nirgendwo berührt, fast alle Bahnhöfe liegen weit entfernt von den Ortschaften.

Achtung! Auf manchen Landkarten fristen auch bei den neuesten Ausgaben eine ganze Reihe früherer Schmalspurstrecken ein hartnäckiges Überleben, obwohl sie seit über 1o Jahren stillgelegt sind. Andrerseits fehlt die erst kürzlich rekonstruierte Strecke Gela—Caltagirone (mit Fortsetzung nach Catania und Siracusa). vom Streckenverlauf eines der größten Bahnerlebnisse Siziliens.

Wer es eilig hat, sollte unbedingt die Schnellbusse nehmen, die die Provinzmetropolen untereinander verbinden!
Für die 3oo km Bahn von Siracusa nach Agrigento — für Eisenbahnfreunde ein Höhepunkt! —muß man mit 7—1o Stunden rechnen!

 **Lokalbusse** wie fast überall in Süditalien oft nur ein— oder zweimal am Tag.

Schnellbusse (SAIS) haben die Sizilianer weitgehend von der Schiene abwandern lassen. Ihr größter Vorteil neben der Pünktlichkeit: sie fahren bis ins Stadtzentrum!

 Nur außerhalb Südsiziliens in Catania und Trapani—Birgi. Direkte Zubringerbusse gibt es nicht.

Wasserverschmutzung (I)
Zum Glück fast überall noch ein düsterer Zukunftstraum, aber im Bereich von Porto Empedocle, Gela und Siracusa—Priolo—Augusta weiträumige und schwerste Verschmutzung durch Ölrückstände, Industrieschmutz und Fäkalien. Die Selbstreinigungskraft des Meeres ist durch das sehr langsam sinkende Uferprofil ohnehin minimal.

Wasserverschmutzung (II)
In Gela, Porto Empedocle, Palma di Montechiaro und vielen kleinen Orten, wie fast nie ein Reporter hinkommt, gab es in den letzten Jahren Typhus—, Paratyphus— und Gelbsuchtepidemien durch verschmutztes Trinkwasser. Die Leitungsrohre sind uralt und brüchig, Fäkalien dingen ins Trinkwasser ein, die "Kanalisation" verläuft vielfach als stinkendes Rinnsal auf den Straßen der Elendsviertel.

In den Hotels wird das gerne bagatellisiert. Präzisere Auskünfte geben da oft die Kellner in den Bars und Ristoranti, wo man ohnehin etwas anderes einnimmt als Leitungswasser.

Unterkunft:

Hotels auch entlang der Küste extrem dünn gesät, eine größere Auswahl eigentlich nur in Agrigento und Siracusa, wegen der archäologischen Denkmäler klassische Reiseziele. Der spontan Reisende wird am ehesten in den Städten und im Landesinneren Platz finden — auch in der Hochsaison.

CAMPING Plätze noch sehr dünn gesät, meist landschaftlich ausgesprochen schön gelegen, zwischen Juli und September stark überfüllt. Freicampieren eigentlich überall möglich — nicht überall ohne Risiko. Lästig die Typen, die bei Tageslicht noch "gute" Freunde sind, in der Dämmerung lästig, und bei Nacht unheimlich werden — und über eine ungeheure Ausdauer verfügen.

Großgriechenland:

Um 75o v. Chr. setzt für knappe 1oo Jahre eine Massenauswanderung aus dem Landwirtschaftlich armen, überbevölkerten Griechenland in die Küstenregionen des Mittelmeers und des Schwarzen Meers ein. Sizilien und Süditalien sind dabei ein Hauptziel, und die dort gegründeten Städte kamen innerhalb kürzester Zeit zu Reichtum und Größe, der die meisten Städte des griechischen Mutterlandes weit übertraf.

Zwischen 75o und 6oo v. Chr. gab es in Sizilien und Süditalien ÜBER 5o STADT—GRÜNDUNGEN. Einige Städtegründungen waren ausgesprochen kurzlebig, weil die Griechenstädte untereinander fast ständig in Kriegen lagen, immer neue Bündniskonstellationen zustande kamen, wobei immer wieder Städte bis auf die Grundmauern verwüstet wurden und ihre Einwohner in die Sklaverei wanderten. Zu den mächtigsten Städten entwickelten sich Tarent, Kroton und Lokri in Süditalien — und noch mehr die sizilianischen Städte Agrigento, Gela und Syrakus.

Macht und Reichtum kamen aus der landwirtschaftlichen Überproduktion der Städte in ihrem unmittelbaren Umland, aber noch mehr aus dem Handel und der Kontrolle der wichtigsten Seewege. Die Bauern- und Hirtenvölker im Inneren Siziliens und Süditaliens blieben von kurzen Episoden abgesehen unabhängig, wehrten mehrfach griechische Vorstöße ab. Sie produzierten für die Griechenstädte Handelsware wie Weizen, Wein, Öl, Tierhäute, die im Austausch gegen Luxuswaren (Keramik, Glas, Parfümöle, Stoffe usw.) zu Bedingungen verkauft wurden, die wir heute kolonialistisch nennen würden.

Durch die Einführung der Geldwirtschaft seitens der Griechen wurde der Handel flexibler, sie ersetzte den schwerfälligen Tauschhandel.

Weiterer Reichtum kam daher, daß Sizilien von wichtigen Seehandelswegen der Antike berührt wurde — STRETTO DI MESSINA, aber auch die ganze Ostküste. Hier war von allergrößter Bedeutung die Seeverbindung zu den Etruskern in Mittelitalien, die auf Elba und in der Toscana über große Metallvorkommen verfügten, die mit den damaligen Techniken erschließbar waren. Versuche der Griechen, an den Erzreichtum Sardiniens heranzukommen, scheiterten am Widerstand der Phönizier, die sich diese Insel unterworfen hatten. Wenn man heute in den Ruinenflächen von Selinunte, Agrigento oder Syrakus steht, erstaunen zuerst die RIESENABMESSUNGEN DER STÄDTE UND IHRER BAUWERKE. Neben den Tempeln (oft nur noch den Grundmauern) von Agrigento oder Selinunt haben die im griechischen Mutterland meist zwerghafte Abmessungen. Und dann fällt das Fehlen von Marmor als Baumaterial auf, der in Griechenland fast die Regel war. In Süditalien und Sizilien gibt es im Gegensatz zu Griechenland keinen Marmor, und so mußten als Werkstein die meist sehr grobporigen Kalktuffe dienen, die dann verputzt und vielfach bunt bemalt wurden — ganz im Gegensatz zum Ideal "schlichter antiker Erhabenheit".

Baumaterial und Dimensionen produzieren seit Jahrhunderten bei Süditalienreisenden das Vorurteil "reich, mächtig, künstlerisch und kulturell aber provinziell". Goethe (und andere vor und nach ihm) hatten Schwierigkeiten mit den Steinmassen und den ihnen entsprechenden schweren Formen in Agrigent und noch mehr in Paestum.

Und man vermißte Kunstwerke aus Marmor und Bronze, wie sie in Rom, Pompei und Ercolano gefunden wurden. Und übersah, daß gerade ein Großteil der griechischen Originale in römischen Sammlungen aus den Städten Großgriechenlands stammte, das die Römer bei ihren Eroberungszügen in dieser Region gründlich ausplünderten.

Heute weiß man, daß Süditalien und Sizilien bis zur römischen Eroberung alles andere als "Provinz" waren. Schon seit der Frühzeit der großgriechischen Städte, waren sie Zuflucht für Philosophen, Dichter und Geschichtsschreiber, die anderswo in der griechischen Welt unter Gesinnungsschnüffelei und erstarrter öffentlicher Moral litten. Theaterstücke des Euripides wurden in Sizilien uraufgeführt, PLATON wollte — erfolglos — seinen Idealstaat im Gebiet siracusaner Herrschaft realisieren, der Betrag besonders der sizilianischen Stadtstaaten zur Naturwissenschaft war groß. Außerdem waren Künstler, Philosophen, Dichter und Naturwissenschaftler damals innerhalb der gesamten griechisch–sprechenden Welt ausgesprochen mobil, denn die sehr häufigen politischen Umschwüngen in den Stadtstaaten oft eine Überlebensfrage!

Verzerrt wird das Bild von Großgriechenland zudem dadurch, daß die besterhaltenen Reste von Bauwerken nicht immer in den Brennpunkten antiken Kulturlebens stehen. Paestum, Metaponto und Selinunte waren in der Antike Städte mit stark agrarischem Charakter, und von den kulturellen Zentren (Taranto, Crotone, Siracusa) ist an unmittelbar sichtbaren Resten wenig oder nichts geblieben.

Charakteristisches Element, besonders der sizilianischen Griechenstädte, sind ca. 570 v. Chr. die "TYRANNEN", die zuerst in Agrigent und Leontinoi (Lentini/SR), die dort getragen von der städtischen Unterschicht die Adelsherrschaft beseitigten. Die Tyrannen gehörten selbst zu den Adelsfamilien und begründeten eine Art Familienherrschaft, die einen gewissen Druck von Unten offen war, aber soziale Konflikte meist in außerpolitische Expansion verlagerte. Machtinstrument der Tyrannen das Söldnerheer und dessen militärische Erfolge gegen Nachbarstädte (und zunehmend gegen die phönizischen Siedlungen in Westsizilien).

"Demokratische" Zwischenspiele gab es fast überall, was bedeutete, daß die alten Aristokratenfamilien und die wirtschaftlichen Aufsteiger die Machtausübung eines einzigen Clans verhinderten.

Nach 400 beginnt die große Zeit der "Tyrannen", in der SYRAKUS die entscheidende Macht in Großgriechenland wird, für damalige Verhältnisse Weltmacht. Einige Städte verschwinden völlig und ohne Wiederbesiedlung von der Landkarte. Syrakus wird für 150 Jahre eines der wesentlichen Kulturzentren im Mittelmeerraum.

Das Ende der griechischen Zivilisation beginnt mit der Expansion Roms. Im 3. vorchristlichen Jahrhundert ist Rom die entscheidende Macht in Mittelitalien. Die Expansion Roms verlagert sich in Richtung Süditalien. Sichtbarer Ausdruck dessen der Bau der Via Appia, zuerst 312 bis Capua, dann bis zum Jahr 244 bis Brindisi verlängert. In dieser Zeit wurden die Hirtenvölker Inneritaliens von Rom abhängig gemacht, die ersten Griechenkolonien Süditaliens in sehr ungleiche "Bündnisverträge" mit Rom gezwungen.

Seit dem 1. Punischen Krieg (264–241) rückten Sizilien (241) und Sardinien in die Interessenspäre Roms, Sizilien wurde zur Kolonie, in der fast alle Städte ihre Eigenständigkeit verloren. Der Versuch fast aller unteritalienischen und sizilianischen Städte im 2. Punischen Krieg (218–201), die Selbstständigkeit zurück zu erlangen, brachte für die meisten Griechenstädte die völlige Zerstörung, von der sie sich kaum noch erholten.

Sizilien wird zur "Kornkammer" Roms — zusammen mit Sardinien — beide Inseln werden ausgebeutete Kolonien, in denen Großgrundbesitzer aus den Sklaven das letzte herauspressen.

Eraclea Minoa

Am Meer. Stichstraße. Schöne, noch einsame Strände an der Mündung des Fiume Platani. Wer zur Griechenstadt will, muß die 4 km weiter auf AG zu abzweigende Stichstraßen nehmen, die alte Stadt liegt ca. 7o m hoch über dem Meer.

GRIECH. THEATER mit weitem Blick, sonst nicht viel zu sehen.

Hotel (in Ribera): **Miravalle (II cat.),** t. 0925/61383. Außerhalb des Ortes an der Umgehungsstraße, gute Basis für die noch wenig besuchten Strände an den Flußmündungen des F. Verdura und des Rio Platani, und für die Ausgrabungen von Eraclea Minoa. DZ 3o—45 DM.

 **CAMPING** ERACLEA MINOA (AG) "Eraclea Minoa", Platz direkt am Meer (Sandstrand) unter viel Grün. Offen Mai—Okt.

Agriturismo:

CATTOLICA ERACLEA (bei Eraclea Minoa): Podere Cappellania, Altes Bauernhaus ca. 6 km vom Meer. Nicht von der Familie bewohnt. Ohne Stromanschluß. Direktverkauf in der Nachbarschaft: Wein, Oliven, Pistazien, Mandeln, Obst. Signora Dina Borsellino, Via Atena, 921oo Agrigento.

Agrigento

Wegen seiner griechischen Tempel eines der Hauptziele Siziliens. Die agressive in Beton verewigte Bauspekulation beeinträchtigt den Genuß des Antiken allerdings beträchtlich.

Und der Blick aufs Meer leidet unter den petrochemischen Fabriken von Porto Empedocle.

Nicht nur die Tempel begutachten, sondern auch die Altstadt des mittelalterlichen Agrigento — eine Stadt der Treppen.

 EPT: Via C. Battisti, t. o922/26926
A.A.: Piazzale Roma, t. o922/2o454

Verbindungen

Schnellstraße   S.S. 189 nach Palermo, Schnellstraße S.S. 64o zur A19 (Ausfahrt Imera) und nach Caltanissetta.

Bahn: Stazione Agrigento Centrale, nicht in AG Bassa voreilig aussteigen! Verbindungen nach Palermo, Catania (meist umsteigen in Xirbi), Roma

Milano, Torino.

Bus zu den Tempeln: Stadtverkehr nach Porto Empedocle und S. Leone.

Hotels in Agrigento

HOTELS:

IN DER STADT:

Nuovo Amici (III cat.), Piazza Stazione, t. o922/29691, direkt am Bahnhof, nach hinten kleiner Garten, Parkmöglichkeit im Hof, DZ 35 DM. **Bella Napoli (III cat.),** Piazza Lena, im Centrum der Altstadt, sehr starke Qualitäts— und Preisunterschiede bei den Zimmern. t. o922/2o435, DZ 15—38 DM. **Belvedere (III cat.),** Via S. Vito, t. o922/2oo51. Aussicht über das Hügelland Innersiziliens, nicht zu den Tempeln! In der Nähe des Bahnhofs, Garten— mit kleinem Tennisplatz, Garage, DZ 19—38 DM

IM BEREICH DES VALLE DEI TEMPLI — mit Sicht über die Ausgrabungen und Tempel — was sehr schön ist. Leider beeinträchtigen die meist in Größe und Bauformen unsensiblen Hotelklötze die Landschaft im Tempelbezirk.

Jolly Hotel der Templi (I cat.), an der S.S. 115, mit Park, Swimmingpool, TV in den Zimmern — aber ein brutaler Riesenklotz, t. o922/76144, DZ 1oo DM.

Villa Athena (I cat.), kleineres Hotel umgeben von viel Grün, luxuriös ausgestattet, Swimmingpool, t. o922/23833, DZ 1oo DM. Sehr gutes, wenn auch teures, Ristorante. **Hotel della Valle (II cat.),** zwischen Stadt und Tempeltal, gut eingerichtet, aber wenig Ausstrahlung, t. o922/26966, DZ 7o DM.

CAMPING S. LEONE (AG), "Internazionale", gute Basis für die Tempel von Agrigento. Dafür macht einem das Meer bewußt, daß man im "Industriezeitalter" lebt. Der Platz ist gut eingerichtet, liegt am Meer und ist gut mit Schatten versehen. Offen April — Sept.

GESCHICHTE

Verglichen mit anderen Griechenstädten von Bedeutung erst spät (582 v.) gegründet als Tochterstadt von Gela, das es innerhalb weniger Jahrzehnte an Größe und Bedeutung überflügelte. Dehnte seinen Machtbereich weit in das bis dahin phönizische Westsizilien aus und war für 2 Jahrhunderte neben Syrakus und Tarent die mächtigste Griechenstadt Süditaliens.

Durch Zerstörung der Phönizier im 4. und 3. Jahrhundert, schließlich durch die Versklavung durch die Römer im Jahr 21o verlor die Stadt ihre politische Bedeutung, blieb aber als Hauptumschlagshafen für die sizilianischen Weizenausfuhren reich. In der spätrömischen Zeit verödete die Stadt, 827 von den Arabern besetzt (oder korrekter: wiederbesiedelt) wurde es wieder die wichtigste Stadt an der Südküste, hieß fortan bis 1927 Girgenti und blieb das wichtigste und einzige Zentrum im äußersten Süden Siziliens.

Die Nachkriegsentwicklung ist in Agrigento nach der Mechanik eines Lehrstücks abgelaufen, wie in vielen Städten des Südens, wo es außer der Bauindustrie keine andere nennenswerte Industrie gibt. Die Entwicklungsmilliarden sind in Beton umgesetzt worden — Stadtsanierung bedeutet, die Altstadt verfallen zu lassen, zum Slum geworden wird sie Bauland. Die Stadt wuchert ohne jede Planung ins Umland, sie wird unwohnlich, verwechselbar mit allen anderen Städten des Südens, wo die gleiche Betonorgie stattgefunden hat. Das gleiche Gähnen vor Langeweile wie in Crotone, Catanzaro, Salerno oder Taranto, oder ....

Wer von den Tempeln aus die Hochhäuser sieht, verliert jede Lust in die Stadt hineinzufahren – auch weil er ahnt, daß es Schwierigkeiten geben wird, einen Parkplatz zu finden.

DAS MITTELALTERLICHE AGRIGENTO:
Nicht mit dem Auto rein, ist 1 km lang und 3oo m breit. die Straßen sind bis zu 1 km lang und selten mehr als 3 m breit, Treppenwege vorherrschend. Im gleichen gelben Stein gebaut wie die Tempel.

CHIESA S. SPIRITO: Kloster und Kirche in katalonischer Gotik.

CHIESA DEL PURGATORIO, wie üblich bei Kirchen dieses Namens die Fassade mit Motiven der Vergänglichkeit wie Knöchelchen und Schädeln geschmückt.
Innen 8 Tugenden aus Stuck von Serpotta.
DUOMO: Ein wildes Stilgemisch. Kunstbegeisterte können sich ihre Lieblingsepoche raussuchen.

Außerhalb auf dem Weg zum Tempelbezirk:

MUSEO ARCHEOLOGICO: Vor allem Fundstücke aus Agrigento, aber auch aus anderen Griechenstädten im südlichen Sizilien. Der große Gewichtsheber (7,75 m hoch), der früher einmal den Giebel des Zeus—Tempels stemmte, ist reichlich verwittert – der gelbe Stein von Agrigento ist sehr weich.

Daneben die KIRCHE S. NICOLA, früheres Zisterzienserkloster auf dem Ort von Eremitengrotten des früheren Christentums, auf dem Ort eines Heiligtums, dieses wieder auf dem Ort eines griechischen Heiligtums. Gotisch. In der 2. Kapelle von rechts ein sehr preziös gearbeiteter römischer Sarkophag in griechischer Tradition.

Gegenüber das Quartiere ELLENISTICO—ROMANO, Rest eines antiken Stadtviertels. Einblick in Haus— und Wohnungsgrundrisse. Mosaikfußböden, Zisternen, antike Abwasserleitungen.

VALLE DEI TEMPLI (Tempelbezirk):
TEMPIO DELLA CONCORDIA: gilt als der besterhaltene griechische Tempel überhaupt. Die Cella ist erhalten, weil man im Mittelalter den Tempel zur Kirche gemacht hat und nicht wie sonst die Steine und Säulen weggeschleppt hat.
TEMPEL DER HERA LACINIA, von dem noch 25 Säulen stehen, stark von Bodenerosion bedroht.
TEMPEL DES HERAKLES, ein Ruinenfeld, 8 verschieden lange Säulen.
TEMPIO DI CASTORE E POLLUCE, noch 4 Säulen – ein Meisterwerk der Rekonstruktion, das aus den Trümmern zweier Tempel zusammengesetzt ist; daneben Reste eines Demeterheiligtums.
TEMPIO DI GIOVE OLIMPICO: Ruinen— und Trümmerfeld. War der Koloß unter den Griechentempeln Süditaliens (112 x 56 m). Zwischen den etwa 2o m hohen Säulen standen fast 8 m hohe Atlethen.

 **CAMPING** FALCONARA (CL), "Eurocamping–Due Rocce", landschaftlich schön, Strand, der Spaß macht, Ausstattung mittel.
MARINA DI PALMA DI MONTECHIARO (AG), "Marina del Gattopardo", mittelprächtiger Platz in touristischem Pioniergebiet, dessen Strände lohnen — und dessen Hinterland extrem niederdrückend ist. Die Bäume müssen noch wachsen. Ganzjährig offen.

Strände:

Im weiten Umkreis von GELA (CL) großartige Dünenstrände, zum Teil nur unter Schwierigkeiten erreichbar, spürbare Wasserverschmutzung. Tolle Stranddünen in den "Macconi" zwischen Accate–Mündung (Brücke/ Provinzgrenze CL/RG) und Scoglitti. Viele Freicamper zwischen der neuen Uferstraße und den Dünen — aufpassen: hier wird professionell geklaut! Nur geringe Wasserverschmutzung. Wie auch an anderen Flachstränden in Südsizilien beste Chancen, sich ein Petermännchen ("pesce ragno") in die Fußsohle zu treten!

Hinter den Dünen, noch im Sand, Rebenlandschaft — auf Direktverkauf von Wein achten!

Die Inseln im Süden

PANTELLERIA – LAMPEDUSA – LINOSA

Näher an Afrika als an Sizilien. Linosa und Pantelleria sind vulkanischen Ursprungs, Lampedusa ein Kalkriff, das geologisch zum afrikanischen Kontinent gehört.

Inseln, die bis vor wenigen Jahren nur als Verbannungsort für Kriminelle, Mafiosi und während des Faschismus für politische Gegner dienten, bekannt für Sardellen, Kapern, Süßwein und ganz spezielle Linsen (gute Alimentari in Sizilien führen wenigstens 3–4 Sorten Linsen, mit genauem Hinweis auf ihre Herkunft).

Inzwischen touristisch entdeckt — vor allem Pantelleria, aber außerhalb der Touristensaison immer noch recht einsam. Die Insulaner haben auch für sich den Tourismus entdeckt und wer ihnen allzu forsch kommt, wird gnadenlos gerupft und gemolken — sonst aber alle Herzlichkeit.

 PANTELLERIA: Pro Loco, Via S. Nicola, t. o923/911838 und EPT Trapani.
LAMPEDUSA: Agenzia Le Pelagie, Via Roma 78, t. o922/ 97o17o.

Verbindungen

Auto mitnehmen lohnt nicht, ist teuer und viel Straße gibt es nicht. Eher das Fahrrad (Pantelleria ist aber nicht ohne kräftige Steigungen).

 Trapani–Pantelleria, im Sommer täglich außer Sonntag. Porto Empedocle–Lampedusa–Linosa–Pantelleria. 2–3 mal in der Woche. Im Sommer zusätzlich nach Pantelleria von Trapani und Marsala (Mehrfach in der Woche).

Die Fahrpläne wechseln sehr stark, Auskünfte bei Siremar, und Conamar Sud (beide Trapani Hafen).

 **Flug**
Pantelleria: täglich ab Trapani und Palermo.
Lampedusa: täglich ab Palermo.

Die Hochsaison ausgenommen spendiert der EPT für Besucher Pantellerias den Rückflug gratis, was sich allerdings so rasch unter "professionellen" Schnorrern herumgesprochen hat, daß ich das Ende dieser Förderungsmaßnahme vermute. Auch wenn man voll bezahlt, sind die Flugkosten zu den Inseln so niedrig, daß sich die recht lange und meist recht bewegte Überfahrt per Schiff kaum lohnt. (Trapani–Pantelleria ca. 3o DM).

Bei Sturm und Streik (beides gibt es häufig) bleiben die Inseln manchmal länger als 2 Wochen von der Außenwelt abgeschnitten!

★ **PANTELLERIA:**
Immerhin Italiens viertgrößte Insel (nach Sizilien, Sardinien und Elba). Auf der Insel überall noch Zeugen jungen Vulkanismus. Heiße Quellen, Dampffumarolen.

Im letzten Jahrhundert tauchte vor der Insel eine Vulkaninsel auf (S. Ferdinando), die als Besitztum von Franzosen, Spaniern, Engländern und Napoletanern beansprucht wurde, obwohl die Klippen unangenehm heiß dampften. Da eine diplomatische Regelung des Konflikts unmöglich war und sich auch noch Türken und Russen für die neue Insel interessierten, tauchte sie eines Tages wieder unter.

Neben 9 ausgesprochen teuren Hotels Privatzimmer.

Karte: IGM 1:25ooo Nr. 256–III Pantelleria.

Ringstraße um die Insel, Fahrwege bis unter den Gipfel des M. Gibele, den Vulkankrater unter den höchsten Punkt der Insel (Montagna Grande, 836 m.). Bei klarem Wetter sieht man das 7o km entfernte Afrika.

Wo nicht Reben wachsen, die den berühmten schweren und süßen Moscato liefern, ursprüngliche Inselmacchia mit vielen aromatischen Sträuchern und Kräutern. Durch die zum Teil abenteuerlichen Lavabildungen eine Urlandschaft.

Von den Betonburgen der Hotels abgesehen grellweiße Würfelhäuser. Strände: Überwiegend Felsküste, sehr reich an Meerestieren. Südlich vom Ort Pantelleria an der Küstenstraße die "Sesi", vorgeschichtliche Kuppelbauten.

★ **LAMPEDUSA:**
Südlichster Punkt Italiens. Eine flache Steppe. Das Meer ringsherum fischreich, früher wurden um die Insel in großem Umfang Badeschwämme gefischt.

Unterkunft: 6 Hotels, eine Pension, außerdem Zimmervermieter.

★ **LINOSA:**
Eine kahle Fischerinsel. Verbannungsort für Mafiosi, denen man nichts nachweisen kann, gegen die aber alle Indizien sprechen.
Hat eine reiche Tierwelt, die aus Mäusen und Katzen besteht.

Gela

Wer sich nicht für Archäologisches interessiert oder für unwürdigste Lebensbedingungen, kann einen Bogen um die Stadt machen. Gela ist häßlich, chaotisch gewachsen, Wasser und Luft durch die petrochemischen Industrien unerträglich verpestet.

Am Capo Soprano die griechischen Stadtmauern, unten aus Tuffquadern, oben aus luftgetrockneten Ziegeln — deshalb ist ein Dach drüber.
MUSEO NAZIONALE ARCHEOLOGICO, Coso V. Emanuele: Eine der umfänglichsten Vasen— und Münzensammlungen, viel Kleinkunst und Kunsthandwerk, Fotodokumentation der Ausgrabungen.

 A.A. Corso Vittorio Emanuele 222, t. o933/31159.

Hotels
Motel Gela (II cat.). außerhalb der Stadt, an der S.S. 117 bis nach Enna, DZ 57 DM.
Excelsior (III cat.), t. o933/927oo2, einfaches Hotel in der Stadt, DZ 22 DM.

Südl. Innersizilien

Ungefähr identisch mit den Provinzen Caltanissetta und Enna. Ein weites, dünnbesiedeltes Bergland mit Weizenfeldern und kümmerlichen Weideflächen. Die Städte weit auseinander, auf den Berggipfeln gelegen.

Mittelalterliche Nester, gut befestigt, dann Sarazenen. Türken und Piraten haben auch dem Landesinneren "Besuche" abgestattet, nachdem es an der Küste nichts mehr zu holen gab.

Im Nordosten beherrschend über der Landschaft der Etna.

 EPT Caltanissetta, Corso Vittorio Emanuele 1o9, t. o934/ 21731. EPT Enna, Piazza Garibaldi 1, t. o935/21184.

Verbindungen

A19 PA—Enna—CT, Schnellstraßen, dichtes Nebenstraßennetz.

> **Bahnlinie** PA—Caltanissetta Xirbi—Enna—CT, in Xirbi Abzweigung nach Caltanissetta und Agrigento. Die Stationen liegen in den Tälern weit von den Ortschaften auf den Bergen entfernt.
>
> **Busse:** von Enna, Caltanissetta und Piazza Armerina.

Unterkunft: Hotels nur in den größeren Städten. Freicampen möglich.

★ **CALTANISSETTA:**
Moderne Stadt, Zentrum des sizilianischen Schwefelbergbaus.

MUSEO DI FOLCLORE, Via N. Colajanni — unregelmäßig geöffnet — vorher beim EPT nachfragen! Mysterienfiguren aus Pappmache', die in der Osterwoche auf einer Prozession durch die Stadt getragen werden.
MUSEO MINERALOGICO: Viale della Regione 73: Mineralien und Versteinerungen. Besuch telefonisch ankündigen. t. o934/3128o.

★ **DAS SCHWEFELGEBIET:**
Das Gebiet zwischen Caltanissetta und Canicatti. Der Schwefelbergbau ist fast völlig eingestellt. Bis ins letzte Jahrhundert vor der Entdeckung viel größerer und leichter abbaubarer Vorkommen in Nordamerika hatten diese Gruben eine Art Weltmonopol. Liest man in älteren Reiseberichten, bekommt man ein deprimierendes Bild von Kinderarbeit, Hungerlöhnen, der Vergiftung des ganzen Landstriches. Heute erinnern nur noch die verfallenden Schwefelöfen an diese Zeit.

Enna

Mit 931 m Meereshöhe Italiens höchste Provinzhauptstadt, eine Art Sibirien für mißliebige Beamte. Im Sommer ein klimatisch ideales Standquartier für Touren in Innere Siziliens, zwischen Oktober und April unwirtlich, naß nebelig und kalt. Schöne mittelalterliche Gebirgsstadt, weite Sicht in alle Richtungen, besonders zum Etna, und auf das gegenüberliegende Bergnest Calascibetta.

HOTELS:

Belvedere (II cat.) Piazza F. Crispi 2, t. o935/21o2o. Am Rand der Altstadt mit großartigem Blick. DZ 34—45 DM. **Grande Albergo Sicilia (II cat.),** Piazza Colaianni 5, t. o935/21127. Im Stadtzentrum, DZ 45 DM. **Enna (IV cat),** Via S. Agata 43, t. o935/21882, sehr einfach, belebte Straße der Altstadt, DZ 15 DM.

 Rist. LA FONTANA, Via Volturno, preiswerte, aber sehr gut zubereitete sizilianische Provinzküche — tolle Pasta in vielen Variationen. Leckere Fleischgerichte, ca. ab 18 DM.

CASTELLO DI LOMBARDIA, teilweise restaurierte Ruine, weiter Blick.—
Die Fahrt nach Calascibetta landschaftlich lohnend — typisches Bergnest.

★ **NICOSIA, TROINA, SPERLINGA:**
Im Norden der Provinz. Das Hinterland des Etna. Bergdörfer, in denen sich
die mittelalterliche Struktur erhalten hat. In Sperlinga Höhlenwohnungen,
die heute meist als Magazine dienen. Treppen und Straßen teilweise in den
Felsen gearbeitet.

Piazza Armerina

Schön gelegen, umgeben von bewaldeten Hügeln (die zu den 4 % der
sizilianischen Oberfläche zählen, die bewaldet ist). Im Gegensatz zu den
öden Aufforstungen mit Eukalyptus und Zypressen dichte, durchsonnte
Eichenwälder.

Die Stadt ist reizvoll auf mehreren Hügeln gelegen, Treppenstraßen und
Barockfassaden, eine Reihe schöner Plätze.

 A.A., Piazza Garibaldi, t. o935/21184.

Die Hauptsehenswürdigkeit 6 km außerhalb:

<u>VILLA ROMANA DEL CASALE</u> (gelbe Schilder):

Eine spätrömische Villa, ausgestattet mit allem Luxus der damaligen Zeit mit prächtigen Mosaikfußböden.

Auftraggeber war der weströmische Kaiser Maximianus Herculius
(Mitregent unter Diocletian 286—3o4), der hier eine der größten Villen des Altertums
bauen ließ. Jagdvilla, wie sie vielfach bezeichnet wird, war sie sicher nicht — eher der
Alterswohnsitz des abgedankten Kaisers. In der nachrömischen Zeit wurde die Villa
mehrfach zerstört und wieder aufgebaut, im 12. Jahrhundert endgültig von den Nor-
mannen zerstört und dann unter einer Frana verschüttet. Die systematischen Ausgrabungen begannen 1929.

<u>Besichtigung:</u> 9 Uhr bis Sonnenuntergang, im Sommer gelegentlich abendliche Öff-
nung mit Illumination.

Am Eingang illustrierten Führer durch die Villa erwerben, das Gelände ist weitläufig,
man irrt ohne hin und her, sieht nur die Hälfte und wird aus der Struktur der Villa
nicht klug. Sehr ausführliche Beschreibung auch bei Gallas, Sizilien (Du Mont).

<u>35oo Quadratmeter sind mit Fußbodenmosaiken</u> ausgelegt. Darstellungen aus Mytho-
logie, Jagd, Tiere und Pflanzen, Zirkusdarstellungen, Leben der kaiserlichen Familie
und schließlich die berühmten zehn tanzenden Mädchen in Bikinis, deren Existenz in
der Antike durch das Mosaik erstmalig nachgewiesen ist. Dargestellt sind weniger
in sich geschlossene Geschichten mit einem Erzählfaden (wie bei den mittelalterlichen
Kirchenmosaiken), sondern es sind eher große Bilderbögen, Raumschmuck wie Teppiche.

Interessant der Sanitärbereich, gleich am (heutigen) Eingang mit Bädern, Thermen
und Latrinen, selbst bei den letzten wurde nicht an Dekor und edlen Materialien gespart.

Wirtschaftsräume, Behausungen von Dienern und Sklaven, von denen hier Heerscharen
gearbeitet haben müssen, sind nicht in der Villa — sie lagen wohl außerhalb und waren
weniger aufwendig und dauerhaft gebaut.

★ MORGANTINA:
Bei Aidone, an der S.S. 288 (Ri. Catania), 16 km östlich von Piazza Armerina. Ausgrabungsgelände einer griechisch beeinflußten Stadt der Sikuler. Gebäudegrundrisse. Mosaiken. Große Treppenanlagen und ein Theater. Landschaftlich schön gelegen.

Südostsizilien

Innerhalb Siziliens eine Welt für sich..

Die verkarstete, von tiefen Schluchten durchzogene Kalkplatte der Monti Iblei fällt nach Süden und Osten allmählich zum Meer hin ab.

Charakteristisch die Barockstädte, die nach dem vernichtenden Erdbeben von 1693 aus einem Guß wiederaufgebaut wurden — meist an neuem Ort und immer nach einem urbanistischen Plan, wo es möglich war in geometrischem Grundriß.

Zum Meer hin fruchtbar, viel Anbau von Frühgemüse. Das Landesinnere eine kahle, überweidete Hirtenlandschaft, wo es noch die alten breiten von Trockenmauern eingefaßten Viehwege ("trazzere") gibt. Riesige Johannisbrotbäume ("Carrubi"), deren Blätter und Schoten als Viehfutter dienen.

Die Strände der Südküste sind in den letzten Jahren entdeckt worden — vorerst meist von Italienern. Viel Sand, stellenweise auch Dünen, flach – landschaftlich aufregend sind sie nicht, aber viel Raum, ein weitgehend sauberes Meer. Der Sand vielfach rötlich braun. Straße meist direkt hinter den Dünen. Der sehr starke Wind von Süden kann störend sein. Wie ständig er weht, sieht man an den Bäumen, die krumm geblasen sind, zum Meer hin kahl, zum Land hin wie Windfahnen.

Um Siziliens südlichsten Punkt (Portopalo), umgeben von einsamen Sumpfgebieten spürt man das Land zu Ende gehen.
Eine flache amphibische Landschaft — vielfach noch unberührt.

 EPT Ragusa, Via Natalelli (Palazzo Camera di Commercio), t. o932/21421. EPT Siracusa, Corso Gelone 92/C, t. o931/676o7. EPT Catania, Largo Paisiello 5, t. o95/322124.

Die Provinzgrenzen verlaufen in diesem Gebiet ausgesprochen verwickelt. Bei kleineren Orten wird deshalb die Provinz angegeben.

Verbindungen

Die Pläne für die Autostrada Catania—Siracusa—Gela sind auf Eis gelegt. Die meist küstennah verlaufende Durchgangsstraße S.S. 114/115 ist ausgesprochen überlastet. Von Catania zusätzlich Schnellstraßen durchs Landesinnere nach Ragusa und Gela.

 Siracusa—Ragusa—Gela, ab Avola tief im Landesinneren. Catania—Caltagirone—Gela. Diese beiden Linien verhältnismäßig oft befahren und landschaftlich sehr lohnend. Noto—Pacchino: nur zwei Zugpaare am Tag.

Busse: An der Küste kaum Verkehr, weil einfach die Ortschaften fehlen. Zwischen den Städten ziemlich dichter Verkehr.

Flugzeug: Catania.

Unterkunft:

Hotels: Bislang, auch an der Küste recht dünn gesäht. Italiener ziehen eindeutig den Urlaub in Ferienwohnungen und Villen vor — und wer sich's nicht leisten kann, geht campen. In den Orten des Landesinneren einfache, aber billige Hotels.

CAMPING Recht wenige Plätze. Freicampen nicht immer leicht, weil die Dünen eingezäunt sind und die Felder oft bis fast ans Meer gehen.

Agriturismo
Neben vereinzelten Initiativen im Landesinneren bisher vor allem im Gebiet von Noto.

SÜDKÜSTE MIT HINTERLAND:

Ragusa

Eigentlich zwei Städte, die durch eine Schlucht voneinander getrennt sind:

Das moderne geometrische Ragusa, im Stadtbereich der auf Ibla zugeht Barockkirchen und Palästen (CATTEDRALE S. MARIA DELLE SCALE) und das verwinkelte, dörflich wirkende Ibla. Hinter beiden steigt eine schroffe Felswand auf, die von weitem Ragusa wie eine Krippenszenerie wirken läßt.

Ibla: KIRCHE S. GIORGIO, mit beschwingter Barockfassade, ähnlich S. Giuseppe, durch die Gassen und über die Plätze bummeln, die die Intimität von Innenhöfen haben.

Kirche S. GIORGIO VECCHIO mit gotisch—katalonischer Fassade.

HOTELS

Im modernen Teil von Ragusa: **Mediterraneo (II cat.)**, Ponte Nuovo. t. o932/ 21944, großer, moderner Kasten, am Rand einer Schlucht, DZ 35—45 DM. **San Giovanni (II cat.)** , Ponte dei Cappuccini, schräg gegenüber dem "Mediterraneo" am anderen Rand der Schlucht — hat die schönere Aussicht in Richtung Altstadt. t. o932/ 21o13, DZ 42 DM. **Belvedere (IV cat.),** Via A. Diaz 52, am Nordrand der Stadt mit schönem Blick in die Karstlandschaft, sehr einfach, DZ 15—18 DM.

Lohnend der Abstecher nach Ciaramonte Gulfi (RG), einem befestigten Bergnest in wilder Lage, aber auch lohnend wegen eines sehr traditionellen Dorfrestaurants:

Rist. MAJORE — sehr gute Antipasti aus eingelegtem Gemüse und lokalen Fleischwaren (z.B. Salami) — und ganz hervorragende Fleischgerichte, um 25 DM.

★ COMISO (RG):
Bauernstadt, die eine kurze Fahrtunterbrechung lohnt.

Bauernarchitektur neben herrschaftlichen Palästen und Kirchen. Soll Basis für Atomsprengköpfe werden. 1982 Ziel des Friedensmarsches Milano—Comiso.

★ VITTORIA (RG):
Die Barockstadt geht auf planmäßige Gründung zurück, benannt nach Vittoria Colonna, Tochter des spanischen Vizekönigs.

Ca. 15 km entfernt das Dünengebiet I Macconi, bisher noch nicht im Griff der Strandspekulanten, zwischen Scoglitti und Gela Siziliens größte Dünen (gelegentlich in den westlichen Teilen unappetitliche Anschwemmung von Gela).

HOTEL: Sicilia (III cat.), t. o932/981o87, DZ 11—2o DM.

★ MODICA (RG):
Bergstadt, nach dem Erdbeben von 1693 planmäßig aufgebaut. BAROCK-KIRCHE S. GIORGIO (Fassade). S. MARIA IN BETLEM, alle Stile vom 14.—18. Jahrhundert, trotzdem als Ganzes ganz harmonisch, innen Capella del Sacramento (Renaissance mit Einflüssen der arabisch—normannischen und katalonischen Tradition.

★ CAVA D' ISPICA:
Ca. 1o km östlich, tiefe Karstschlucht, in deren Wänden vorgeschichtliche und frühchristliche Felsgräber, Einsiedlerhöhlen und Felswohnungen der letzten Jahrhunderte eingegraben sind. Durch Erosion und Erdrutsche zum Teil zerstört. Reste byzantinischer Höhlenkirchen, verglichen mit denen Apuliens und Lucaniens ist aber wenig zu sehen. Bei trockenem Wetter kann man die Cava abwärts bis Ispica gehen, eine eindrucksvolle und anstengende Wanderung durch die ca. 15 km lange, meist 3o—5o m tiefe Schlucht.

Karte: IGM 1:5o ooo Nr. 648 Ragusa.

STRÄNDE DER SÜDKÜSTE:
Straße hinter den Dünen, es geht sehr flach ins Wasser, meist starke Brandung. In Marina di Ragusa, Donnalucata und Pozzallo beginnender Tourismus, die Dörfer karg.

S.Croce di Camerina

Landschaftlich vielfältiger, Sand— und Klippenküste wechseln sich ab. Nördlich der Punta Braccetto Aufforstungsgebiet mit Pinien. Camping Rocca dei Tramonti, bisher wenig Schatten durch Bäume. Einer der wenigen Plätze, der auf Unterwassersportler eingestellt ist. Offen Mai—Okt.

CAMPING CAMPING SCARABEO, kleiner Platz, Schatten durch Bäume mittel, schöne Lage über Sand— und Klippenstrand, Offen Mai—Sept. CAMPING BAIA DEI CORALLI, viele Bäume aber nur die Arten, die wenig Schatten spenden, Schwimming Pool, feiner flacher Sandstrand, ganzjährig offen.

Marina di Ragusa

Große Feriensiedlung, um die man im Hochsommer und an Wochenenden besser einen Bogen macht. Lungomare zum Promenieren, was hier wie in Süditalien üblich gern per Auto passiert.

CAMPING CAMPING BAIA DEL SOLE, sehr gut ausgestatteter großer Platz mit Tennisplatz und Swimmingpool, junger Baumbestand. Ganzjährig. CAMPING INTERNAZIONALE VILLA NIFOSI, in der Marina—Siedlung, ein Stück vom Meer entfernt. Feriendorf mit Campmöglichkeit, Tennisplatz und Schwimmingpool.

Die nächsten 6o km sind praktisch noch unerschlossen, lange Dünenstrände, die Landschaft dahinter intensiv genützt, viele Gewächshäuser, die nicht vor Kälte sondern vor Wind und Sonne schützen. Italiens wichtigstes Gebiet für Winter— und Frühgemüse. Die Straße fast immer in direkter Nähe der Küste. Lagunenseen und ausgedehnte Sumpfgebiete.

★ DONNALUCATA:

HOTEL/RISTORANTE **Al Sorcio (III cat.),** t. o932/937615, DZ 38 DM, mit mittlerem Komfort. Das Ristorante (Terasse über dem Meer) mit unwahrscheinlich reichhaltige Fischküche — immer das die örtlichen Fischer anlanden — aber das Meer zwischen Sizilien und Afrika ist sehr fischreich! Ca. 25 DM.

Capo Passero — Spatzenkap — (SR)

Südlichster Punkt Siziliens, auf einem flachen Felsplateau Felder, die mit Hecken und Schilfmatten vor dem ständigen Wind geschützt werden. Felsküste mit kleinen Buchten, dahinter Küstensümpfe, Fahrwege bis zur Küste.

Porto Palo, kleiner Fischereihafen, wirkt arm, desgleichen die Nachbarorte **Pachino** und **Marzamemi** — Tourismus und entsprechende Bautätigkeit im Kommen. Wo die Küste felsig ist, für Taucher interessant.

CAMPING CAMPING CAPTAIN, bei der durch einen Damm mit dem Festland verbundenen Isola delle Correnti (südlichster Punkt Siziliens), kahler, mäßig ausgestatteter Platz, aber landschaftlich toll. CAMPING CAPO PASSERO, sehr großer Platz in der Nähe des Hafens, direkt am Sandstrand, Bäume die noch wachsen müssen, offen Mai—Okt.

In der Gegend gibt es entlang der Küste noch einiges zu entdecken. Unverbaute Natur, Lagunen, Dünengebiete, seltene an Feuchtgebiete gebundene Tiere.

Seit Jahren sind Initiativen im Gang das Gebiet zwischen Marzamemi und Lido di Noto unter Naturschutz zu stellen, Straßenbau und vor allem den Bau von Feriensiedlungen gänzlich zu stoppen. Durchaus in Übereinstimmung mit den Bauern der Gegend, die aufgrund der Fruchtbarkeit des Bodens und des milden Klimas eine hochspezialisierte Landwirtschaft hinter dieser Lagunenlandschaft führen können und die Selbstständigkeit des Contadino nicht mit dem Glück des ein paar Monate lang beschäftigten Kellners vertauschen wollen.

Feld— und Fußwege lohnen. Besonders, wenn man Orientierung hat. KARTEN: IGM 1:5o ooo, Nr. 649 Noto, 652 Capo Passero.

Südlich der Tellaro—Mündung ist kürzlich eine römische Villa mit prächtigen Bodenmosaiken ausgegraben worden (soll der von Piazza Armerina ähnlich sein, nur kleiner — Mitteilung des Touring Club Italiano). Ein Feldweg unmittelbar der Tellaro—Brücke soll hinführen.

Aber auch ohne die Villa eine der eindrucksvollsten Küstenlandschaften Siziliens.

Noto

Siziliens schönste Barockstadt. Das beim Erdbeben von 1693 zerstörte NOTO ANTICA lag landeinwärts — Besuch der Ruinen lohnt. 16 km auf der Straße nach Palazzolo Acreide. Zwischen den Überwucherten Ruinen völlige Einsamkeit — von Eidechsen und gelegentlichen Ziegenherden abgesehen. Trümmerhäufen zwischen denen noch Mauerreste sich in den Himmel recken.

Das neue Noto ist nach 1693 als Symbol des Überlebens aufgebaut worden und vereinigt alle Barockstilrichtungen Siziliens, aber auch Einflüsse des französischen und süddeutschen Barocks sind eingearbeitet. Schöne Palastfassaden, Straßenfronten, Platzszenerien. Liebe zum Detail bei der Gestaltung von Portalen, Fensterumrahmungen und Balkons.

Stella (IV cat.), t. o931/835695, in der Stadt, recht einfach, für Reisende mit Auto Garage nützlich, DZ 18 DM. [Hotel]

★ AVOLA (SR):
Weniger prächtig als Noto, einfacher. Konsequenter achteckiger Grundriß des Zentrums, die Straßen strahlenförmig nach außen. Symbol für den Kampf gegen Großgrundbesitz und die Unterdrückung und Ausbeutung der Landarbeiter.   1968 fielen hier zum letzten Mal Schüsse der Carabinieri auf demonstrierende Landarbeiter.

Agriturismo um Noto:
AZIENDA ROVETO—VENDICARI: Bei den Lagunen von Vendicari barockes Gutshaus. Sig. Guiseppe Loreto, Via Adige 3. 961oo Siracusa, t. o931/66o24, Reitmöglichkeit, Direktverkauf: Käse, Öl, Wein, Obst, Orangen und Zitronen. Dreibettappartament pro Tag: DM 2o.

PODERE PIRAINITO, Rosolini (SR), 12 km vom Meer, Bauernhaus im Agrumenhain. Signora Giuseppina Cappellani, Via Platamone 127, 96o19 Rosolini (SR), oder Sig. Salvatore Ferla, Via Trento 1o, 96o19 Rosolini (SR). Reitmöglichkeit, wer will, kann sich auf den Feldern ver-

dingen. Direktverkauf: Käse, Gartenprodukte, Fleisch. Unterbringung
im Bauernhaus oder Camping.

PODERE SAITANY, gleiche Adresse.

CASSIBILE: Bauernhof ca. 3 km vom Meer, Preis je Bett 5 DM Direktverkauf: Agrumen, Oliven, Öl, Mandeln, Honig. Adresse: Marchese di
Cassibile, t. o931/718o14 (Sig. Paolo Uccello).

FATTORIA II GIRASOLE, S. Marco di Noto (SR), 22 km vom Meer
— bei Palazzolo Acreide, Viehzuchtbetrieb im Bergland. Preis pro Bett
1o DM. Direktverkauf: Käse. Sig. Andrea Musso, Via Maddalena 48, 96o1o
Palazzolo Acreide (SR), t. o931/871285 u. 945184.

PODERE VACCALI, in Buscemi am Anapo—Ufer, ca. 25 km vom Meer.
Signora Giuseppina Masuzzo, Viale Tunisi 6, 961oo Siracusa, t. o931/
33763. Bauernhaus. Übernachtung DM 4, Pension 2o DM. Direktverkauf:
Käse, Ricotta, Gartenprodukte.

★ MONTI IBLEI:
Kahl, von tiefen Schluchten durchzogen. Siziliens klassisches Weideland.

Palazzolo Acreide

Interessante Altstadt. Außerhalb archäologische Zone mit einem gut
erhaltenen griechischen Theater. Von den Santoni, aus dem gewachsenen
Felsen gearbeiteten Kybele—Statuen (Fruchtbarkeitsgöttin orientalischen
Ursprungs) sieht man nicht mehr viel.

MUSEO ANTONINO UCCELLO: Neben dem Museo Pitre' in Palermo
Siziliens wichtigste Volkskundesammlung.

Hotel Anapo (IV cat.)ʈ. o931/871o93, DZ 25 DM.

CAMPING (mit Bungalows) Elio Vittorini, ca. 1km von der
Stadt entfernt. Gut ausgestatteter Platz (u.a. mit Tennis und
Bocciabahn, Swimmingpool), was zum Entspannen und gleichzeitig brauch-
bares Standquartier für Siracusa und die Städte im Südosten, die Anapo—
Schluchten und Necropole von Pantalica.

★ PANTALICA:
Tal des Anapo mit rund 5ooo vorgeschichtlichen Höhlengräbern — sorg-
fältig in den Felsen gegraben. Wilde Landschaft mit tief eingeschnittenen
Schluchten. Abstieg in die Flußbetten nicht ungefährlich. KARTE: IGM
1:5o ooo Nr. 646 Siracusa. Zufahrt nur von Ferla, von Sortino ist der
Abstieg ins Tal unmöglich.

Caltagirone

Siziliens Keramikzentrum. Die klassische Keramik sind Flaschen in Menschen— und Tiergestalt, oft auch nur Köpfe.

Staatliche Töpferschule und <u>MUSEO STATALE DELLA CERAMICA:</u>
Offen 9—14 Uhr, Montags geschlossen. Gebrauchs— und Schmuckkera-
mik der letzten Jahrhunderte. Ländlicher liebevoll gemachter Nippes,
freundliche Hirtenfiguren und finstere Briganten, aber alles in Formen
gebracht, die auch im gutbürgerlichen Glasschrank keinen Anstoß erregen.

<u>Trinacria (IV cat.)</u> einfachst, einfach nicht mehr als ein Hängemattenbett und kal-
tes Wasser, DZ 13 DM.

Hotel

★ <u>GRAMMICHELE (CT):</u>
Nach dem Erdbeben von 1693 als Achteck planmäßig aufgebaut. Um den
Platz die Adelspaläste, der nächste Straßenring gut bürgerlich, dann bäu-
erlich, weiter draußen ursprünglich die Eselsställe, heute Neubauviertel.

NOTIZEN

NOTIZEN

In eigener Sache :

Es liegt in der Natur der Dinge, daß sich bei einer solchen Fülle an Informationen, wie sie dieses Buch enthält (über den Daumen gepeilt ca. 17.000 !!) sich im Laufe eines Jahres einiges ändern kann.

Deshalb bitten wir, uns diese Abweichungen mitzuteilen. Wer uns ansonsten irgendwelche ausgefallenen Tips, wie neue Routen, schöne Hotels mit viel Atmosphäre, gute Restaurants oder ähnliches schickt, wird in der Neuausgabe dieses Buches namentlich genannt.

Bitte schreibt uns, wir freuen uns über jeden brauchbaren Tip, weil wir wichtig finden, daß man nicht irgendein blödes Laberbuch, wie leider so viele Reiseführer mit sich schleppt, sondern etwas, was wirklich nützlich und hilfreich ist! — Die Redaktion

VERLAG
MARTIN VELBINGER

Petersbrunnerstr. 8 a
813o STARNBERG/See

SPRACHE UND VERSTÄNDIGUNG:

Wenigstens etwa italienisch können und das nicht zu suchend und stockend, ist nützlich, denn zur umfassenden Bildung von Italienern gehören nicht ausgefeilte Fremdsprachenkenntnisse. In Süditalien ist nachwievor die beliebteste Fremdsprache Französisch. Deutsch und Englisch holen zwar auf — bei allen dreien ist die Aussprache oft so, daß die Verständigung leidet. Der sprichwörtliche Gastarbeiter ist oft fern, der sich mit Wehmut seines Deutschlandaufenthaltes erinnert und mit Bravour den Interprete (Dolmetscher) macht.

Ämter: fast nie Fremdsprachenkenntnisse.
Ärzte: oft ja, meist französisch
Banken: gute Chancen für englisch oder deutsch.
Hotels und Ristoranti: hier am ehesten Deutschkenntnisse.
Autowerkstätten: recht oft deutsch.
Touristinformationen und Reisebüros: irgendeine Fremdsprache bekannt.
Fahrplanauskunft für Bahn, Bus, Schiff — eigentlich nie anders als auf italienisch.

Sprechen dient ja nicht allein dem Überleben im fremden Land. Italiener haben sehr viel Geduld mit Euch, wenn sie merken, daß ihr an Kommunikation interessiert seid. Einfachste Grammatik, die sich in wenigen Stunden lernen läßt, und ein paar hundert Worte — das reicht für mehr als Ihr glaubt. Zur Ermutigung: Italienisch ist leicht!

Kleiner Wortschatz

① Aussprache:

Italienische Schulkinder lieben ihre Rechtschreibung:
"Si scrive come si parla" — <u>man schreibt wie man spricht.</u>

Daß man das **'r'** rollt, macht vielen Beschwernis. Es muß aber sein, weil man sonst den Italienern so unverständlich bleibt wie der berühmte Chinese, der das "r" durch ein "l" ersetzt. Alle Buchstaben und deren Kombinationen werden wie im Deutschen gesprochen, außer:

'h' im Wortanlauf bleibt immer stimmlos: "hai" = "ai".

'c' und **'g'** machen die meisten Schwierigkeiten, normal werden sie wie "k" und "g" gesprochen außer es folgen "e" oder "i", dann sind sie ein "tsch" oder ein stimmhaftes "dsh":
caffè = "kaffè", cento = "tschento", gatto = "gatto", gelso = "dshelso".
Bei einem weiteren nachfolgenden Laut, entscheidet sich fürs "i" ob man es spricht. Unbetont fällt es unter den Tisch (gíorno = "dshorno"), ist es betont muß man es mitsprechen: Lucía = "Lucí—a").
Folgt dem "c" oder "g" ein "h" bleiben sie "k" oder "g":
maccheroni = "makkeroni" und spaghetti (man weiß schon, wie sie sich aussprechen). "sch" = "sk": mischio = "miskio", aber "—gn—" : lasagna = "lasanja" / liscio = "lischo".
"—gli—". miglia = "milja".

'sp' und **'st'**. Man s-tolpert wie ein Hanseat über den s-pitzen S-tein. Außer in Napoli, aber die nuscheln.

<u>Betonung überwiegend auf der vorletzten Silbe.</u>

<u>Endbetonung</u> immer durch Akzent angezeigt, die viel häufigere Betonung auf der drittletzten Silbe leider nur im Wörterbuch und bei Ortsnamen auf guten Landkarten, z.B. Réggio di Calábria.
Doppelvokale (z. B. "ai", "eu", "ie", "oa", "uo") sind zwei Silben, das regelt die Betonung entsprechend: buóno, miele = "mi—éle", wird getrennt, aber nicht abgehackt gesprochen.

② Allg. Worte + Redewendungen

buon giorno	guten Tag
buona sera	guten Abend (vom Nachmittag an zu gebrauchen)
buona notte	gute Nacht
arrivederci	auf Wiedersehen (aber wirklich nur als Abschied, sonst Buon Giorno, buona sera ...)

la mattina	Morgen
il pomeriggio	Nachmittag (zwischen beiden liegt la siesta)
la sera	Abend
la notte	Nacht
stammattina, stasera, stanotte	heute ...
fra ... giorni	in ... Tagen
settimana	Woche
mese	Monat
che ora abbiamo, che ore sono	wie spät ist es
presto	früh
tardi	spät
piano-piano (auch chiano-chiano)	bloß nicht so schnell

TAGE  MONATE...

		gennaio	Januar
		febbraio	Februar
		marzo	März
lunedì	Montag	aprile	April
martedì	Dienstag	maggio	Mai
mercoledì	Mittwoch	giugno	Juni
giovedì	Donnerstag	luglio	Juli
venerdì	Freitag	agosto	August
sabato	Samstag	settembre	September
domenica	Sonntag	ottobre	Oktober
		novembre	November
		dicembre	Dezember

 **mit dem Auto auf Achse**

Erst einige Weisheiten von Verkehrsschildern:

inizio	Anfang	strada interrotta	Straße gesperrt
continua	Fortsetzung	strada senza uscita	Sackgasse
fine	Ende	tornante	Haarnadelkurve
pericolo	Gefahr	deviazione	Umleitung
frana	Erdrutsch		

strada dissestata (oder Sagoma dissestata)	Holperstrecke
divieto di passaggio	Durchgang, Durchfahrt verboten
in caso di pioggia, neve, ghiaccio	bei Regen, Schnee, Eis
caduta massi, sassi	Erde oder Steine können runterfallen
rimozione forzata (rimozione carro gru)	geparkte Autos werden am Haken entfernt

salve, salute	freundlicher Gruß, besonders auf dem Lande
ciao	tschau
sì	ja
no	nein
grazie	danke
per favore, per cortesia	bitte (wenn man was haben will)
prego	bitte (wenn man was gibt)
scusi, scusate	Entschuldigung (wenn man was haben will, sonst perdono oder mi despiace
C'è (tsche)	es gibt, gibt es?, in der Mehrzahl ci sono
dove si trova	wo ist?
vorrei	ich möchte
va via	hau ab! , vattene — noch dramatischer

ZAHLEN,

		nove	9
		dieci	1o
		undici	11
uno	1	dodici	12
due	2	tredici	13
tre	3	quattordici	14
quattro	4	quindici	15
cinque	5	sedici	16
sei	6	diciasette	17
sette	7	diciotto	18
otto	8	dicianove	19

venti	2o
ventuno	21
ventidue	22
trenta	3o
quaranta	4o
cinquanta	5o
sessanta	6o
settanta	7o
ottanta	8o
novanta	9o
cento	1oo

die höhere Mathematik:

centuno	= 1o1	mille	= 1ooo	diecimila	= 1o ooo
duecento	= 2oo	duemila	= 2ooo	centomila	= 1oo ooo

noch mehr:

un millione, due millioni, un milliardo, cento milliardi, aber jetzt sind wir schon in den Bereichen von Lösegeldern.

1983: millenovecentottantare

ZEITEN:

oggi	heute
domani	morgen
dopodomani	übermorgen
ieri	gestern
l'altro ieri	vorgestern

guasto	Panne, "panna" = Sahne!
la macchina non si accende	die Kiste springt nicht an
autofficina	Werkstatt
le candele	Zündkerzen
il carburatore	Vergaser
la frizione	Kupplung
la trasmissione	Getriebe

le gomme	die Reifen
una gomma bucata	ein Platter
i freni	Bremsen
i cristalli	Scheiben, Fenster
olio	Öl
nafta, gasolio	Diesel
distributore	Tankstelle
tubo di scarico	Auspuff
si potrebbe aggiustare	können Sie reparieren
quando è pronta	wann ists fertig?
pressione	Reifendruck

Unterwegs auf Straßen und Wegen

sentiero	Weg
mulattiera	Maultierweg
carreggiabile, strada campestre	Feldweg
incrocio	Kreuzung
bivio	meist einsam gelegene Kreuzung oder Abzweig, wo es von einer großen Straße zu einer oder mehreren Ortschaften geht.

Das "bivio" ist häufig in der Geographie Süditaliens eine wichtige Landmarke, fast immer Bushaltestelle, wo leider oft umgestiegen und gewartet werden muß und nur allzu selten Menschenfreundlichkeit und Erwerbschancen zur Einrichtung einer Bar geführt haben.

a carreggiata unica	nur einspurig
a destra	rechts
a sinistra	links
svincolo	Autobahnausfahrt
tratturo	Viehweg
ingorgo	Stau
S.S. , strada statale	Staatsstraße
strada dismessa dall' ANAS	hier geht's in der Regel nicht mehr weiter. Hier parken in der Regel Liebespaare oder Camper, die nichts besseres finden — wörtlich bedeutet es "Straße

von der ANAS — Nationale Straßenbau-
behörde — aufgegeben.

come si arriva a	wie kommt man nach
dove stacca la strada per	wo biegt die Straße nach ... ab
sempre diretto (sempre dirittu)	immer geradeaus
al secondo angolo a ...	an der 2. Kreuzung nach ...
che bus porta a	welcher Bus fährt nach ...
è lontano	ist es weit
no, è vicino	nein, ganz nah

Öffentliche Verkehrsmittel

treno	Zug
pullman, corriera, auto	Überlandbus
bus	Stadtbus
tram	Straßenbahn
stazione	Bahnhof
fermata	Haltestelle

scalo dem Eisenbahnreisenden das gleiche wie dem Automobilisten das bivio — der eigentliche Ort ist fern. Bei weitem nicht jeder Zug hat Anschluß an einen Bus rauf in die weiß leuchtenden und so fernen Dörfer.

coincidenza Anschluß

uscita Ausgang. Meist das einzige Schild am Bahnhof, was gut zu lesen ist. Den Stationsnamen sucht man oft vergeblich. Meinen Groß-eltern passierte vor über 50 Jahren folgendes: An einem Bahn-hof nur mit kurzem Halt ist die Familie dabei auszusteigen, dann der Schrei: "Du Karl, wir sind erst in Uscita!"

binario	Gleis
arrivo	Ankunft
partenza	Abfahrt
ritardo	Verspätung
sciopero	Streik
biglietto	Fahrkarte
di andata e ritorno	Rückfahrkarte
treno straordinario oder sussidario	Zug den's im Fahrplan nicht gibt, aber dafür auf den Gleisen
deposito bagagli	Gepäckaufbewahrung (Schließfächer sind in Italien unbekannt)
feriale	werktags
festivo	sonn- und feiertags
giornaliero	täglich

traghetto	Fähre (mit Autotransport)
vaporetto	Dampfer
aliscafo	Flügelboot
aereo	Flugzeug
taxi	gesprochen "tassi" oder auch "taaksi" Mietdroschke
carozzella	pferdegezogener Vorläufer des Taxis — noch teurer

wenn's drückt:

gabinetto	Kabinett, Regierungsmannschaft, Klo (= gebräuchlichstes Wort dafür)
ritirata	Abort (die Eisenbahnverwaltungen lieben altertümliche und drastische Ausdrücke)
bagno	man wird oft die Badewanne suchen, dann gleichbedeutend mit W.C.
toeletta	ganz vornehmes Wort für gabinetto (wird aber nicht überall verstanden!)
cessi	antiquiert, heute von Wortfärbung und Einrichtungsstandard her gleichbedeutend mit "Scheißhaus"
signori — uomini	Männer
signore — donne	Frauen

Tierwelt (aber keinesfalls unter dem Gesichtspunkt, daß Tierliebe durch den Magen geht)

ciuccio (in Schriftitalienisch) asino	Esel
cavallo	Pferd, in Wirklichkeit oft "ciuccio", viele Bauern wollen ihrem Tier diese harte Anrede ersparen
pecora	Schaf
capra (crapa)	Ziege
bue	Rind (in der Pfanne nennt es sich dann vitello)
gallina	Huhn (in Topf und Pfanne "pollo")
maiale	Schwein (will man jemanden beleidigen, sage man "Porco")
cane	Hund
c.randaggio	wildernder Hund (Steinchen bereithalten!)
gatto	Katze
mulo	Mischung aus cavallo und ciuccio

...und etwas wildere Tiere

lupo	Wolf
lupomanaro	Wolfsmensch (tagsüber Mensch, nachts ... klopft er das 1.Mal an die Tür ist er noch Wolf, beim 2. Mal halb Mensch, halb Wolf und beim 3. Mal kann man ihn reinlassen.

riccio	Igel
istrice, porcospino	Stachelschwein
serpente	Schlange
tartaruga	Schildkröte
Paperino, paperone	Donald Duck (Entchen), Dagobert Duck (Große E.)

im Unterbringungsbetrieb

—————————— oder auch noch davor ! ——————————

c'è una singola/doppia/matrimoniale	Ist ein Einzel- Doppelzimmer, Zimmer mit Ehebett frei?
doccia, bagno, servizi	Dusche, Bad (W.C.), hygienischer Service im Allgemeinen
(non) mi piace	es gefällt mir (nicht)
d'accordo	in Ordnung
le reti sono consumate	das Bett hängt durch
c'è un' altra camera piu tranquilla	gibts ein ruhigeres Zimmer
la chiave	der Schlüssel
riscaldamento	Heizung
asciugamano	Handtuch

Musik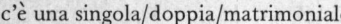

zampogna, cornamusa, sciaramella	Dudelsack
organetto, fisarmonica	Quetschkommode
tamburello	Tamburin
mangianastri	Kassettenrecorder (Bandfresser)

 # Mengenlehre

un chilo, due chili	ein, zwei Kilo
etto	1oo gramm (Mehrzahl: "due etti")
un mazzo	ein Strauß, Bündel
basta	es reicht, gesprochen "baasta" — durchaus höfliche Redewendung
è troppo	es ist zuviel
un pochino	ein wenig, bei dem Mengenver- ständnis und auch den Marktprei- sen kann das verflucht viel sein — etwa bei der so bitteren cicoria.

ERSTE HILFE
UM NICHT ZU VERDURSTEN
UND ZU VERHUNGERN

Durst (sete):

acqua	Wasser (A. minerale – Sprudel)
vino	gibts rosso oder bianco und rosato
amaro	so eine Art "ich trinke J...meister, weil ...)
latte	Milch
spremuta	frisch gepresster Saft von Orangen (arance) oder Zitronen (limoni)
mezzo litro	1/2 l
un litro	1 l,
"un bel litro"	Weinmaß nach Augenmaß, mehr als 1 l
bottiglia	Flasche bis 1 l
bottiglione	Flasche von 2 l
damigiana	jegliche Behälter über 5 l
birra (piccola/media/grande)	Bier - 0,2 l, 0,33 l, 0,66 l.

Hunger (fame):

pasta	im Notfall keine Nudeln, sondern süßes Stückchen (Bar)
panino	belegtes Brötchen ("si fanno i panini?)

dove si può mangiare come un cristiano   wo kann man gut essen?

chiuso per turno/per riposo settimanale   heute dicht

Grundbegriffe aus der *Gastronomie*

Die Werkzeuge:

Il piatto	Teller
il coltello	Messer
la forchetta	Gabel
il cucchiaio	Löffel
il cucchiaino	Teelöffel , gleichzeitig das Maß für den Zucker, der im Kaffee landet
il bicchiere	Glas (zum Trinken).

Bar:

	caffè	bedeutet den "Espresso"
	cappuccino	wo er als Caffelatte, oder noch schlimmer latte-caffe bezeichnet wird, fehlt dem Getränk die Stärke.
	caffè freddo	kalter, stark gezuckerter Espresso
	corretto	"korrigierter" caffè, Korrektur mit Cognak usw. Fernfahrertrunk

thè	Tee
latte caldo	heiße Milch
latte freddo	kalte Milch
lo scontrino	Bon (den man in vielen Bars vorher an der Kasse holt)

si da credito solo ai novantenni
  accompagnati da ambedue genitori · gepumpt wird nur an 9o-jährige in Begleitung beider Eltern

i clienti che bevono per dimenticarsi
  vengono pregati di pagare in anticipo · die Kunden die saufen um alles zu vergessen möchten bitte vorher bezahlen, so steht's oft über der Kasse.

﹏ SPEISEKARTE ﹏
-la Lista-

antipasto — Vorspeise
  prosciutto   Schinken (was es dazu gibt unter "frutta")
  carciofini   Artischocken, unter Öl
  olive   Oliven
      - dolci ohne viel Salz -nere schwarze -bianche grüne

primo piatto, Minestra, — erster Gang
  Pastasciutta   trockene Nudeln
  Pasta in Brodo Nudelsuppe
  minestrone   Gemüsesuppe, die eine gewisse Sättigung bringt.
  minestrina   dürres Süppchen, für Magenkranke
  sugo   Soße

il secondo, la pietanza — zweiter Gang
  carne   Fleisch
  pesce   Fisch
  uova   Eier
  contorni   Zuspeise

Auf Märkten, in Läden und auch im ristorante...
–eine winzige Auswahl–

legumi — Vegetarisches, das weder süß, noch Blatt ist

la patata	Kartoffel
la melanzana	Aubergine
il peperone	Paprika
il peperoncino	Pfefferschoten (auch diavoletti, diavolicchio - hier ist der Teufel in Spiel)
cipolla	Zwiebel
aglio	Knoblauch
pomodoro	Tomate, "tomato" oder ähnliches wird nicht verstanden
finocchio	Fenchel
fagioli	weiße Bohnen
fagiolini	grüne Bohnen
fave	dicke Bohnen, die im Süden mit Leidenschaft gegessen werden
piselli	Erbsen

verdura — Grünzeug (Blätter und Sprossen)

insalata	Salat aller Art
lattuga	Salat in Kopfform
rapa	Blattgemüse, erinnert an broccoli, aber herber
spinaci	Spinat
bieda	Mangold
cicoria	Zichorie, recht bitter, wird in Riesenbündeln gehandelt und entsprechend gern verdrückt, wer darauf besteht, gilt als voll akklimatisiert
asparagi	Spargel
ruccola, ruchchetta	ein meist wildes Salatkräutchen, herb ohne bitter zu sein, soll aphrodisiakisch wirken, in Apulien schwört man drauf!

frutta - Fruchtiges

anguria oder cocomero	Wassermelone
melone (mellone)	süße Melone
la pesca	Pfirsich (gespr. "la peska", Mehrzahl le pesche - "le peske" — beliebter Sprachschnitzer die Ver-

wechslung mit il pesce - "pesche" - dem Fisch!)
Ruft Grinsen hervor, aber beides gibt's nicht am
gleichen Stand.

ciliegia	Kirsche
mela	Apfel
pera	Birne
uva	Traube, vino ist immer das Getränk!
fragola	Erdbeere
il fico	Feige, bitte deutlich aussprechen ! (Mehrzahl i fichi)

denn "la fica" ist ein vielgebrauchtes Wort aus der
Pornosprache für was weiblich Anatomisches! Die
ehrbare Marktfrau glaubt dann nicht recht zu hören

fico d'India	Kaktusfeige
limone	normale Zitrone
cedro	große Zitrone, die weniger sauer ist
arancia	Orange
noce	Walnuß
nocciolo	Haselnuß
mandorla	Mandel

Das Warenangebot ist zu riesig, es wird euch niemand übelnehmen, wenn
ihr mit dem Finger draufzeigt und "un chilo di questo" verlangt.

Fische und andere Wasserbewohner

Auf dem mercato ittico, dem Fischmarkt, sich alles ansehen,
mit dem Finger drauf zeigen und fragen, wie das Tier heißt
(' come si chiama") - im Ristorante sind diese Kenntnisse der
beste Schutz vor der Überraschung auf dem Teller!

Fangen wir ganz klein an:

alice	Sardelle (eingesalzen:asciuga)
sarda	Sardine
triglia	rote Meerbarbe
dentice	Zahnbrasse (der Fisch, der am häufigsten auf dem Teller liegt)
orata	Goldbrasse
sogliola	Seezunge (aber bitte keine tiefgefrorenen aus Dänemark)
cefalo	

(auch muggine) Meeräsche

merluzzo Kabeljau, Seehecht

tonno Thunfisch

pesce spada Schwertfisch

palombo Katzenhai

baccalà Stockfisch, ursprünglich
war ein
"Baccalaureus"
ein Mensch mit Universitäts-
examen. Die Trockenheit wissenschaftlicher Studien scheint
aber auf norwegisches Fisch-
fleisch übergegangen zu sein.

<u>frutta di mare</u> — <u>Meersfrüchte</u>

(Meeresgetier aus dem Reich der Wirbellosen)

calamare, seppia, polipo	Tintenfische
gambero	Krebs
aragosta	Languste
cozze	Miesmuscheln
vongole	Sandmuscheln
riccio di mare	Seeigel

Fleischliches:

la carne	Fleisch
bistecca	Biefstehk (es gibt in Italien wahrlich besseres)
spezzatino	so eine Art Gulasch mit viel pomodoro
agnello	Lamm (abbacchio - Milchlamm)
capretto	Zicklein
maialetto	Ferkel
pollo	Huhn
piccione	Taube
salame	Hartwurst, wenn ein Mensch "salame" genannt wird, ist er eine absolute "Gurke"
salsiccia	grobe Frischwurst
wurstel	aus Nordeuropa übernommen, dauerhaft in Plaste eingeschweißt, extrem haltbar, in jedem alimentari zu kriegen.
prosciutto	Schinken
trippa	Kuttel
fegato	Leber

RAUCHER

UND BRANDSTIFTER

incendio	Feuersbrunst
sigarette	Zigaretten, man kauft sie beim Tabaccaio, der Sonntags geschlossen hat, Automaten sind unbekannt — wo es sie gibt, seit Jahren außer Betrieb.
Cerini	Wachsstreichhölzer
fiammiferi	Holzstreichhölzer, können auf jeder rauhen Fläche angerieben werden
vietato fumare	rauchen verboten
	(Strafe zwischen L.2ooo und 2o.ooo)

Aus dem **des Liebhabers für Sehenswürdigkeiten:**

museo, monumento nazionale, teatro, palazzo (bedeutet auch mehr-
stockiges Wohnhaus aus Beton)

chiesa	Kirche
Santuario	Heiligtum, Wallfahrtskirche
abbazia	Kloster, Abtei
tempio	Tempel
scavi	Ausgrabungen
ruderi	Ruinen
custode	Mensch, der Monumente verschlossen hält, lebt im günstigs- ten Falle vom Verkauf von Postkarten und Broschüren, sonst von Trinkgeldern (mancia oder regalo).

chiuso per restauro   Besichtigung erst in einigen Jahren, wird restauriert.

Ein paar Worte, die ganz anders sind:

(deutsch — italiano)

Auto	machina, "auto" ist ein Taxi oder Linienbus.
Kartoffel	patata, "kartoff" = liebesvolles Wort für "Deutscher"
Tomate	das rote Ding heißt "P O M O D O R O"
Film	der in den Fotoapparat kommt heißt "rollino" oder "rotolo"
Casino	nix zum Spielen, ist das Bordell; wenn einer sagt: "che casino" meint er "so eine Sch...."
Bar	hier schlittert kein Whisky über den Tresen, vielmehr - es wird Cappuccino gereicht und die langbeinigen Hocker gibt es erst recht nicht. Wer trotzdem danach sucht, frage nach ei- ner "american bar".

Die Zitrone heißt limone.

Dafür gibts ein paar <u>deutsche Worte, die ins Italienische übernommen</u>
<u>worden</u> sind:
il kindergarten, il hinterland, il berufsverbot...

GEBÄRDENSPRACHE:

Keineswegs für Taubstumme. Man setzt
Hände, Kopf und den ganzen Körper zur
Unterstreichung des gesprochenen Wortes ein,
einige Gesten erübrigen langes Gerede.

Nicht um Zeit zu sparen, aber das Wort (man verwendet es gerne und
reichlich) kann dann in Bereichen eingesetzt werden, wo Gesten nicht mehr
ausreichen.

Die Geste ist Basis - Information, einer energisch geführten Geste wird auch
nicht widersprochen — allein schon, weil es kein Zeichen für "ja, aber...."
gibt. Südländische Frauen tragen die Lasten auf dem Kopf, um die Hände
frei zum Sprechen zu haben — solche lastengekrönten Stehkonvente können den ganzen Vormittag eines Markttages andauern, und die Männer über-
geben die Lasten den Ciuccio, dem Tier mit langen Ohren, einem kräftigen
Rücken und viel Selbstbewußtsein.. Da der Ciuccio die Gebärdensprache
nur sehr unvollständig versteht, spricht man mit ihm meist sehr laut in gesprochener Sprache. Oder schiebt und zieht.

Gebärden im Gespräch sind keine Erzählfaden unterstreichende Fuchtelei —
jede Gebärde muß sitzen.

Das wenige, was nördlich der Alpen mit Gesten ausgedrückt wird, vergesse
man.

Kopfschütteln ist keine Verneinung, sondern bedeutet die Bitte um eine deutlichere Erklärung.

Kopfnicken = Komm her !

Kopf hochziehen, gleichzeitig die einwärts gekrümmten
Finger vor dem Kinn nach oben gezogen = "nein", als Antwort. -

Schultern hochziehen = ich weiß nicht.

Mehrfaches schnelles Zungenschnalzen = ein schwaches'" nein".

Handfläche nach oben =
    "es ist doch klar..."
Hin- und her - bewegen des erho-
    benen Zeigefingers = "nein"
    (Aufforderung!)

Langsame Bewegung mit der Handfläche nach unten = " Piano - piano".

Ausgestreckte Hand, Handfläche nach unten und die Finger bewegen sich
nach Einwärts = "Komm her".

Hand steht auf der Schneide, wird rasch zitternd vorwärts bewegt = "Hau ab".

Mit dem Finger schnippen = "bedeutet mir nichts"

Mit dem Daumen über die Schulter zeigen = "nicht der Mühe wert
Beide Hände mit den Daumen an die Ohren und dann kräftig mit den Händen gewedelt = "du Esel".

Mit zwei Fingern an die Nasenspitze fassen = "bist Du schlau". (ein ausgesprochenes Kompliment.)

Will man die Wichtigkeit gesprochener Worte unterstreichen, pflückt man
sie mit den spitz geschlossenen Fingern Wort für Wort von den Lippen ab.

Mit einem Auge zwinkern — Warnung
Der Zeigefinger zieht das untere Augenlid = Warnung vor Betrug oder man
gibt dem Partner zu verstehen, daß man ihn durchschaut hat.
Zeigefinger an der Nasenspitze = intensives Nachdenken.
Zeigefinger an der Stirn (in der Mitte) = Kapiert?
Zeigefinger an den Augenwinkel = Nicht vergessen!
Drei Finger zusammengelegt und einen Kuß drauf gehaucht, dann die Fin-
ger sich öffnend in die Luft geschleudert = Entzücken
Festgeballte Faust auf die Brust = "nein, ich will nichts sagen."
Flache Hand auf die Brust = "ich meine es ehrlich" (was aber keineswegs
der Fall sein muß).

Bohrende Bewegung mit dem Daumen in der Backe = schmeckt gut (aber
nur einmal bohren, mehrfaches Bohren bedeutet, daß man es runterwür-
gen kann).
"La Fica": Daumen wird in der geballten Faust durch Zeige- und Mittelfin-
ger gestreckt. Zuerst sexuelle Geste, dient aber ebenso als Schutz gegen Beschimpfung, Verwünschung und Bösen Blick ("malocchio")
Hörnerzeigen: Kleiner Finger und Zeigefinger vorstrecken: Beschimpfung
(im Straßenverkehr, was bei uns der Vogel ist), aber auch nützlich gegen
Malocchio.

Besser ist ein Dauerschutz gegen den Bösen Blick in Gestalt eines Cornicello
— eines Amuletts in Hörnchenform, meist aus Koralle, aber auch aus Plastik. Camions und Omnibusse sind oft auch mit echten Stierhörnern geschmückt, die hinter der Windschutzscheibe oder an der Stoßstange bau-
meln.

Hand mit der Schneide in die Zwerchfellgegend drücken = Hunger
Mit ausgestrecktem Daumen der Faust mehrfach rasch zum Mund fahren =
Durst
Mit gekreuzten Armen die Hände flach auf die Brust schlagen = "mi dispi-
ace' — tut mir leid, kann ich nichts machen.
Einige Gesten wie "Mundhalten", "Halsabschneider", Geld zählen sind die
Gleichen wie bei uns.

Zahlen:

Jeder Finger bedeutet 1ooo Lire, bei Summen über 1o.ooo behilft man sich dadurch, daß man entsprechend oft die beiden offenen Handflächen nach vorne bewegt — gut mitzählen, wird aber selten für Summen über 3o.ooo Lire gebraucht.

Begrüßungen:

Wangenküsse: Man gehört zur Familie oder ist in sie aufgenommen. Natürlich nicht der Gruß, wenn man sich zufällig auf dem Corso trifft. Frauen und Mädchen, die durch Umarmung und Wangenkuß in die Sippe aufgenommen worden sind (natürlich unter Zeugen und nicht irgendwo in der einsamen Strandmacchia) stehen unter dem gleichen Schutz der Sippe wie die Schwestern, Töchter und Ehefrauen.

Begegnen sich zwei (grundsätzlich nur unter Männern üblich) und fassen sich über den Ellenbogen an den Armen, ist es die freundschaftliche Begrüßung Gleichgestellter. Hinterher untergehaktes Bummeln über den Corso.

Will der sozial höher Stehende einen unter ihm Stehenden freundlich grüssen, ihm sein Wohlwollen und seinen Schutz sichtbar (auch für andere) zu erkennen geben, kneift er ihn in die Backe. Sein Gegenüber macht nichts anderes als die Mütze zu ziehen und auf den Boden zu schauen.

Tips für Tramper:

Immer schön die ganze Hand ausstrecken. Keine Faust machen und den Daumen nach oben halten — das sieht zu sehr nach der "Fica" aus.

INDEX

AP	=	Apulien
AS	=	Der Aspromonte (Cal.)
CA	=	Calabrien
EO	=	Eolische Inseln
GA	=	Gargano (Apul.)
KT	=	Die Küste um Tropea (Cal.)
LU	=	Lucanien
MA	=	Der Marchesato (Cal.)
MT	=	Murgia dei Trulli (Apul.)
PO	=	Pollino
RE	=	Reggio di Cal. (Cal.)
SA	=	Salento (Apul.)
SE	=	Die Serre (Cal.)
SI	=	Die Sila (Cal.)
SIZ	=	Sizilien
TA	=	Tavoliere (Apul.)
TB	=	Terra di Bari (Apul.)

Hans Bausenhardt

Golf von Neapel
Cilento

Vesuv
Neapel   Pompei
Ischia
Capri   Amalfi   Halbinsel

VERLAG MARTIN VELBINGER

Cilento Handbuch

umfangreiche und detaillierte Infos zur <u>Golf-Region</u> incl. Cilento.

★ "Schon 1 oder 2 Tips des Bandes zu preisgünstigem Restaurant oder Hotel kann bereits den Preis des Buches (19.80 DM) wieder einsparen" ★

<u>Hans Bausenhardt</u>
<u>256 Seiten ,- 19.80 DM</u>

<u>Bezug:</u>
Buchhandel,- bzw. siehe Ende dieses Buches

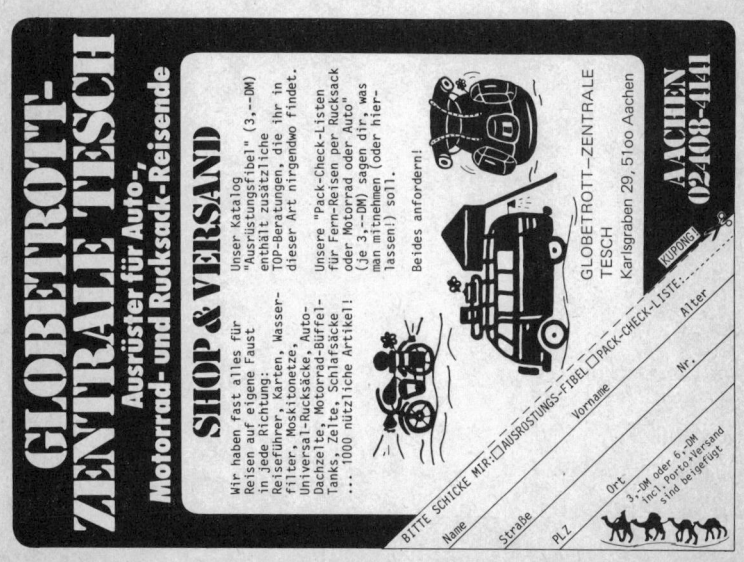

NOTIZEN

NOTIZEN

Nachtrag: Flüge

Eine preiswerte Möglichkeit besonders für Kurzreisen ohne Anreise-
stress bietet das Programm von ALITALIA in Verbindung mit dem
Autovermieter AVIS: "Jetdrive" — günstiger Flug mit Linienmaschi-
nen nach Rom oder Catania, dort umsteigen auf den bereitstehenden
Mietwagen.

Preisbeispiele:
Flug (H+R) Frankfurt — Roma 63o DM, Frankfurt — Catania 84o DM
Mietwagen je Woche (Fiat 127) ohne Kilometerlimit und alle Neben-
kosten außer Benzin eingeschlossen 462 DM, je Verlängerungstag 68 DM.

Besonders günstig: Der Wagen kann an jeder beliebigen AVIS - Station
zurückgegeben werden, in Süditalien/Sizilien sind das:
Napoli, Avellino, Caserta, Salerno, Sorrento, Foggia, Bari, Brindisi, Taranto, Amantea (Calabrien), Lamezia Terme (Calabrien), Catanzaro,
Reggio di Calabria, Messina, Taormina, Catania, Siracusa, Palermo.

Das Angebot ist ganzjährig.

Bedingungen für den Flug: (Pex - Fare - Tarif) Festbuchung, Rückflug
frühestens am Sonntag nach der Ankunft, nur Direktflüge. Gültigkeit
3 Monate. Kinder von 2—12 Jahre zahlen 5o %.—

Scharfe Rechner kombinieren Flug, Mietwagen und die sehr billige
Eisenbahn.

NOTIZEN

NOTIZEN

NOTIZEN

Vielen Dank für Tips und Hilfe

Den Mitarbeitern des E.P.T. Napoli
der Azienda Turismo Napoli
der Azienda Turismo Otranto (LE)

den Direktionen der
Soprintendenza Archeologica della Basilicata, Potenza
Soprintendenza per i Beni Artistici e Strorici della Campania, Napoli

und

      Papas Antonio Belusci, Frascineto (CS)
      Cooperativa Conserve Ecologiche, Morano Calabro (CS)
      Fausta Ferrari, Morano Calabro (CS)
      Pasquale Foti, Bova (RC)
      Marisa und Rosario Genovese, Matera
      Enza Granelli, Salerno und Calciano (MT)
      Gianfranco Lionetti, Matera
      Elzo und Rosina Manni, Spello (PG)
      Lucia Naviglio, Roma und Pescasseroli (AQ)
      Angiolina Oliveti, Catanzaro
      Franco Palumbo, Matera
      Marcello Pepponi, Spello (PG)
      Michele Peri, Rocchetta al Volturno (IS)
      Gaetano Previtera, Villa S. Giovanni (RC)
      Nicola Strammiello, Matera
      Franco Tassi, Pescasseroli (AQ)
      Mario Tommaselli, Matera
      Federico Valicenti, Terranova di Pollino (PZ)
      Pasquale Vecchione, Scapoli (IS)

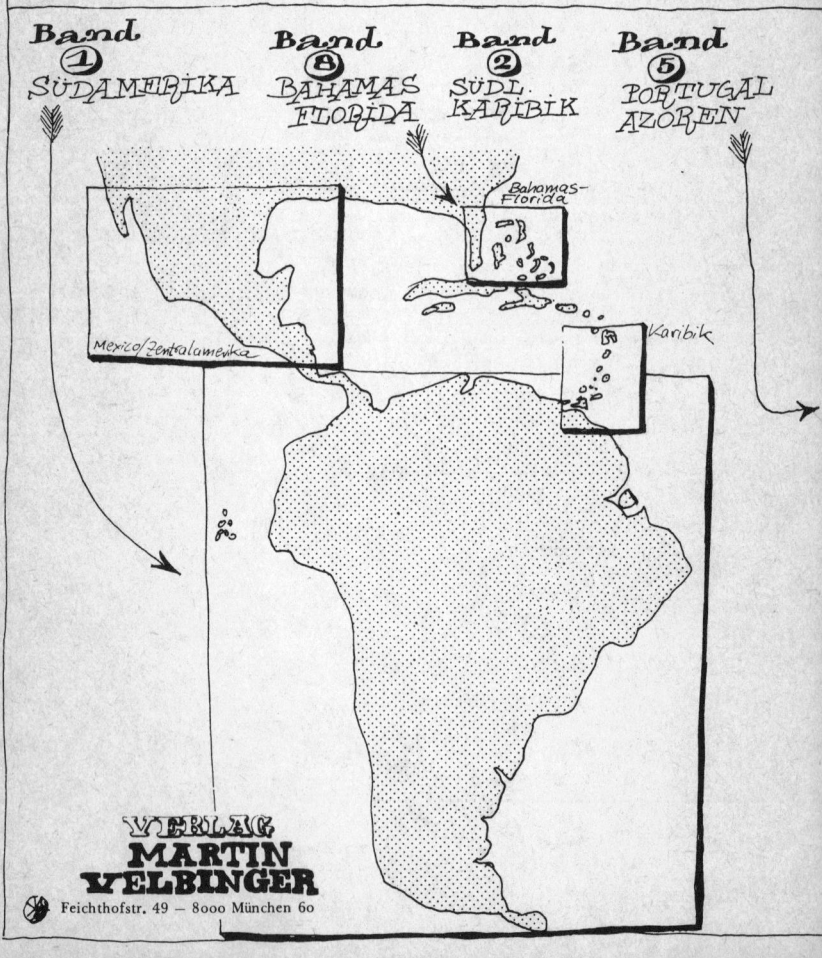

ROGRAMM

Verlag Martin Velbinger/München-Starnberg.
zur Planung und "für Unterwegs" braucht:
Details, - Strände, - Restaurants, - bis zur
Lebendig geschrieben - Unsere Autoren re-

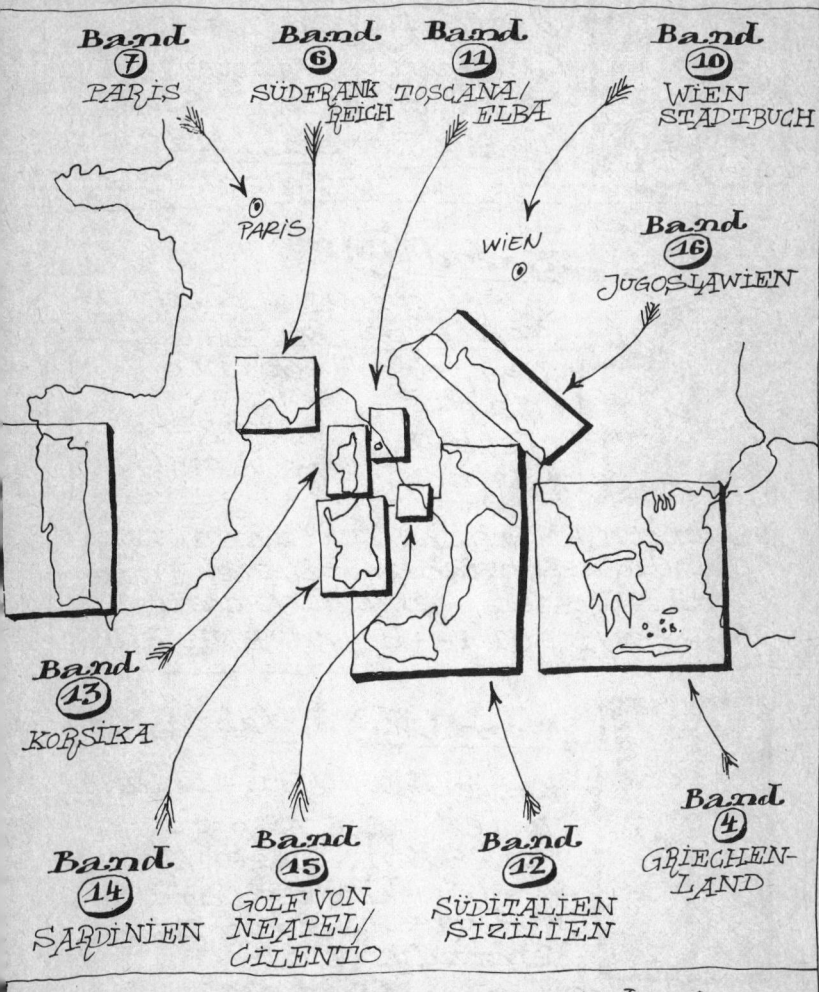

Band ⑦
PARIS

Band ⑥
SÜDFRANK-
REICH

Band ⑪
TOSCANA/
ELBA

Band ⑩
WIEN
STADTBUCH

PARIS

WIEN

Band ⑯
JUGOSLAWIEN

Band ⑬
KORSIKA

Band ⑭
SARDINIEN

Band ⑮
GOLF VON
NEAPEL/
CILENTO

Band ⑫
SÜDITALIEN
SIZILIEN

Band ④
GRIECHEN-
LAND

Weitere Details siehe folgende Seiten!
Sowie Bezugs - Coupon.

Süd-Europa
— FÜHRER —

Band (14)   (ab ca 6/83)

Bund 300 Seiten vollgepackt mit Ferieninformation zu Stränden, - Restaurants, - Camping, Wanderrouten Verbindungen, - SPORT.

Hans Bausenhardt
ca. 300 Seiten, - 19.80 DM

Band (15)

viele Tips und Kartenmaterial zu:

* Neapel   * Cilento
* Capri   * Vesuv
* Ischia   * Pompei
* Halbinsel von Amalfi

Ungemein hilfreiche Infosammlung, lebendig geschrieben mit viel Background-Wissen. — mit Wortschatz.
256 Seiten / 19.80 DM — H. BAUSENHARDT

Band (16)   (ab ca 3/84)

Küste, - Inseln, - Inland viele Tips zu Sport, - Stränden, - Essen (Restaurants), - Hotel & Camping, Wildwasser- Kanu Trips, - Verbindungen.

ca. 300 Seiten — 19.80 DM
Dirk Schröder / Ursel Pagenstecher

Süd-Europa
FÜHRER

Band 11

<u>TOSCANA/ELBA</u>

in ihren 9 Provinzen, so-
wie Insel Elba.
Anreise, - Verbindungen
in der Toscana, Tips zu
Essen, - Hotels
<u>Hans Jörg Sing</u>
ca. 300 Seiten   19.80 DM

Band 12

<u>SÜDITALIEN/SIZILIEN</u>

Anreise, Campanien, Gar-
gano, Apulien, Lucanien,
Calabrien, Eolische Inseln,
Sizilien.
Unzählige Tips zu Hotels, Bes-
taurants, Stränden, Verbindungen, Sport etc.
<u>Hans Bausenhardt</u>
ca. 500 Seiten   29.80 DM

Band 13

Kreativ-Ferien auf einer
der schönsten Inseln
des Mittelmeers.
Trails, - Baden, - Segeln -
Tauchen, - Wandern, -
Hotels, - Camping, -
Essen

SCHRÖDER/PAGENSTECHER

224 Seiten — 16.80 DM

Städte:
—FÜHRER—

Band ⑦

Das Leben genießen.
Für Leute, die mal ein
Wochenende ausspannen
wollen, – oder länger.
Viele Tips zu Hotels, – Restaurants. Ungeheure Tips
fülle!

HANS JÖRG SING
356 Seiten — 29.80 DM

Band ⑩

Wiener Szene, – Beisln, –
Schlafen, – Shopping, – Mu-
sik-Szene, – Kunst, –
Insider-Tips.
Geschrieben von Red. des
Österr. Rundfunks, – der
Wien kennt.

NORBERT STEIDL
448 Seiten — 49.80 DM

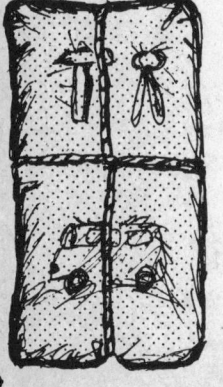

Band ⑨   (Ca. Herbst 83)
"Wohnmobil-Selbstbau"

geschrieben von Praktikern
Team Geißler & Treibel
Mit vielen "Know-How"
zu Ausbau bei wenig
Kapital.

Geißler-Treibel
Ca. 300 Seiten — 29.80 DM

EUROPA -REISEFÜHRER
Martin Velbinger

Band 4

ANREISE ÜBER JUGOS=
LAWIEN/ITALIEN & UN=
GARN — FÄHRSCHIFFE

TIPS ZU STRÄNDEN,
HOTELS, RESTAURANTS

FESTLAND, — PELOPON=
NES, — 36 INSELN

416 SEITEN, 29,80 DM
Martin Velbinger

Band 6

AUSGABE 1982

ANREISE, AUTO, FLUG,
EISENBAHN

TIPS ZU PROVENCE, —
CAMARGUE, — LANGUEDOC,
ROUSSILLON, ARDECHE,
KNEIPEN, — KANUTRIPS,
HOTELS, — WANDERUN=
GEN ETC.
288 SEITEN, — 19,80 DM
Michael Müller

Band 5

AUSGABE 1982/83

ANREISE, TIPS, NORD=
PORTUGAL, LISSABON, —
ALGARVE, AZOREN, —
LANDESINNERES.
RESTAURANT-TIPS,
STRÄNDE, SPORT
320 SEITEN, — 19,80 DM
Michael Müller